人民法院与银行业金融机构
执行理论与实践

主编 卫彦明 杨再平

Theory and Practice of People's Court and Banking
Financial Institutions Enforcement

图书在版编目（CIP）数据

人民法院与银行业金融机构执行理论与实践/卫彦明，杨再平主编．—北京：人民法院出版社，2013.6
ISBN 978-7-5109-0714-2

Ⅰ.①人… Ⅱ.①卫… ②杨… Ⅲ.①金融法—中国—文集 Ⅳ.①D922.280.4-53

中国版本图书馆 CIP 数据核字（2013）第 108024 号

人民法院与银行业金融机构执行理论与实践

卫彦明　杨再平　主编

责任编辑	陈燕华
出版发行	人民法院出版社
地　　址	北京市东城区东交民巷27号（100745）
电　　话	（010）67550583（责任编辑）　67550538（发行部销售） 67550558（发行部查询）　67550550
网　　址	http://www.courtbook.com.cn
E - mail	courtpress@sohu.com
印　　刷	三河市国英印务有限公司
经　　销	新华书店
开　　本	787×1092毫米　1/16
字　　数	879千字
印　　张	48.25
版　　次	2013年6月第1版　2013年6月第1次印刷
书　　号	ISBN 978-7-5109-0714-2
定　　价	98.00元

版权所有　侵权必究

《人民法院与银行业金融机构执行理论与实践》编辑委员会

编委会主任 卫彦明 杨再平

编委会副主任 张根大 陈远年 龚 成 余学军

委　　　员 （按姓氏笔画为序）

卜祥瑞　尹晓春　刘　涛　刘少阳
朱　燕　初本荣　迟　燕　苏　萌
苑多然　林　莹　娄亚杰　高玲玲
翁　敏　黄文艺

编写说明

近几年，在最高人民法院的整体部署下，各级人民法院与银行业金融机构积极开展合作，一方面，通过强化执行措施和手段，进一步加大对金融债权和金融安全的维护和保障力度；另一方面，通过落实协助执行义务，进一步推进执行联动机制建设，巩固综合治理执行难工作格局，实现协助执行理念和方式方法的创新。

为进一步搭建沟通桥梁，建立金融案件执行疑难法律问题研究平台，最高人民法院执行局与中国银行业协会共同开展了"人民法院与银行业金融机构执行合作研讨理论与实务征文活动"，面向全国各级人民法院和银行业金融机构广泛征集论文。本书收录的论文是从三百余篇征文中评选出来的优秀作品，论文作者各自从人民法院、银行业金融机构的职能定位出发，就诚信体系建设、金融债权保护、协助执行等问题进行了理论分析，结合具体工作实践对热点、难点问题进行了探索，多视角、多层面阐述，并提出了具有针对性的对策和建议，为人民法院和银行业金融机构的理论与实务研究提供了借鉴与参考。

由于编选时间仓促，疏漏之处在所难免，望读者批评指正。

编　者

2013 年 5 月

目 录

提高执行公信　共建商务诚信
　　——在"人民法院与银行业金融机构执行合作研讨会"上
　　的主题发言 …… 最高人民法院审判委员会专职委员　杜万华（ 1 ）
积极跟进配合扩大银法执行合作战果
　　——在"人民法院与银行业金融机构执行合作研讨会"
　　上的讲话 ………………… 中国银行业协会专职副会长　杨再平（ 10 ）

一、金融案件执行

浅谈金融案件执行难的成因及对策
　　………………………… 河北省高碑店市人民法院　吴江涛（ 3 ）
银行债权强制执行中的困境与出路
　　——以公证赋予抵押合同强制执行力为视角
　　………………………… 北京市平谷区人民法院　吴铭奂（ 10 ）
发挥审判和执行职能　有效防范金融风险发生
　　………………… 河北省承德市兴隆县人民法院　冯　静（ 15 ）
浅析金融债权的法律保护 ………… 河北省康保县人民法院　焦志华（ 21 ）
商业银行诉讼案件执行难问题浅析 …… 农业银行辽宁分行　武　翠（ 27 ）

金融债权案件执行现状分析	………… 河北省青县人民法院 刘立艳（31）
金融执行案件执行难调研报告	………… 山西省临汾市安泽县人民法院（35）
金融借款案件执行难的原因及对策	… 山西省临汾市曲沃县人民法院（37）

银行胜诉案件执行中信息公开机制的建构
………………………………… 广发银行武汉分行 陶 川（41）

浅谈金融案件执行方式 …………………… 临汾铁路运输法院（46）
关于执行金融案件的探究 ………… 山西省清徐县人民法院 郑寨生（49）
银行债权司法保护实务问题及建议 …… 泰州农村商业银行 吴亚平（54）

刍议金融债权案件的执行困境与出路
………… 山西省太原市晋源区人民法院 齐万喜 赵淑敏（66）

浅析金融借贷案件"执行难" ……… 山西省太原市迎泽区人民法院（74）
金融案件执行难的原因及对策 …………… 太原铁路运输法院（78）
涉金融案件执行难之初探 ………………… 太原铁路运输中级法院（84）

浅析金融借款合同纠纷案件的执行问题
——统计分析呼伦贝尔市中级人民法院近五年金融借款案件
………………… 内蒙古自治区呼伦贝尔市中级人民法院 刘会青（88）

论金融案件执行 …… 内蒙古自治区科右前旗人民法院 乌云毕力格（95）

保障金融债权有效实现的执行问题探究
………………………… 辽宁省本溪市中级人民法院 阚 玲（103）

破解金融案件执行难问题探讨 ………… 工商银行江苏分行 叶东明（109）

执行银行金融债权的路径探析
——担保物权与合同债权冲突之实体争议的处理
………………… 沈阳铁路运输中级法院 张宝利 朱海鹰（114）

银行主诉案件执行问题的法学思考 …… 上海银行南京分行 方 颖（120）

人民法院执行金融债权案件的方式研究
………………………………… 辽宁省高级人民法院 曹运柱（126）

金融债权案件执行方式及建议
………………… 吉林省通化市中级人民法院 钟 言 李蓬勃（134）

关于涉银行金融执行案件的调查报告
………………………… 上海市金山区人民法院 崔胜东 杨 锋（139）

涉金融案件"执行难"问题初探
………………………… 浙江省绍兴市新昌县人民法院 吴 康（148）

金融案件执行难的成因及建议
　　——以界首市人民法院金融案件执行现状为视角
　　………………………………安徽省界首市人民法院　刘　涛（154）
涉金融案件"执行难"的调研
　　——以滁州市来安县法院执行工作为视角
　　………………………………安徽省来安县人民法院　汪文俊　李云楼（163）
金融案件执行难的原因及对策分析
　　………………………………安徽省南陵县人民法院　张道海（173）
金融案件执行现状问题研究
　　………………………………河南省长垣县人民法院　付凤杰　刘红辉（178）
金融债权案件执行方式方法初探
　　——以法院与金融机构联动为视角
　　………………………………湖北省荆州市中级人民法院　樊　觅（183）
加强金融债权保护防范不良资产的制度构建与完善
　　………………………………广东省高级人民法院　庄绪义（188）
浅议涉金融案件执行难问题　……海南省第二中级人民法院　何　亮（199）
商业银行借贷纠纷案件执行难的成因和对策
　　………………………………四川省成都市青白江区人民法院　李　耿（206）
金融案件执行难问题分析及对策之我见
　　………………………………四川省德阳市中江县人民法院　马元旭（213）
关于商业银行金融债权执行问题的若干思考
　　………………………………武汉农村商业银行　骆　政（218）
浅议涉金融案件"执行难"　…四川省德阳市中级人民法院　邵　敏（224）
金融债权案件执行难问题研究
　　………………………………四川省乐山市中级人民法院　王永海（230）
涉金融案件执行存在的问题及对策
　　………………………………陕西省铜川市印台区人民法院　许志鹏（237）
试论金融执行案件执行难的成因及对策
　　………………………………甘肃省定西市中级人民法院　李　国（242）
金融案件执行之浅议　………甘肃省天水市麦积区人民法院　何建军（246）
浅析商业银行协助人民法院强制执行过程中保证金质押
　　债权的保护　………………………徽商银行南京分行　郭立平（252）

金融债权执行案件存在的问题及对策探析
·············· 新疆生产建设兵团奇台垦区人民法院　武　玲（259）
反规避执行的几点建议 ·············· 东亚银行厦门分行　邱文锋（263）

二、协助执行

关于金融机构协助执行的一点思考
　——从法律社会学的角度出发 ······ 天津市高级人民法院　钱扬帆（269）
商业银行信息化协助执行问题研究
　············· 工商银行　刘泽华　潘红星　王甲同（278）
被执行人银行账号查询工作调研分析
　················ 天津市第一中级人民法院　张志国（286）
商业银行协助人民法院执行银行业务保证金的理论与实务
　研究 ····· 工商银行湖南分行　戴立宏　程中明　张武高　李忠民　李勇（294）
刍议银行履行协助查、冻、扣义务现状及完善
　················ 农业银行山东分行　史　涛　黄　磊（301）
论金融机构在协助人民法院执行中存在的问题及对策
　·············· 河北省唐山市路北区人民法院　崔万强（308）
商业银行协助有权机关查询、冻结、扣划中的法律风险
　及其防范 ·········· 农业银行上海分行　金华琴　俞亮富（311）
浅谈法院与银行系统就查控财产如何进行合作
　·············· 吉林省龙井市人民法院　张　慧　翟丽娜（316）
银行协助执行法律问题浅析 ········· 农业银行广西分行　邝芳亮（321）
信息环境下查询与协助查询制度的完善
　——以查询被执行人银行存款为分析样本
　············ 上海市高级人民法院　余志强　张永红　金殿军（327）
浅议金融机构的协助执行问题
　·············· 山东省青岛市四方区人民法院　薛　勇（335）
商业银行协助人民法院执行客户理财产品的法律分析和
　执行措施适用 ··················· 西安银行　闫馨蕊（340）

银行协助扣划单位存款涉及的若干法律问题分析
　　…………………………………长城资产管理公司　申　文（349）
关于建立"点对点"商业银行协助查询网络的构想
　　——以四川省基层法院现有操作模式为视角
　　………………四川省成都市武侯区人民法院　曾　磊（356）
对存款执行的适用研究……云南省昭通市镇雄县人民法院　申时旺（362）
当前金融机构协助人民法院执行中存在的问题及对策
　　………………陕西省商洛市商州区人民法院　敬小涛（371）
银行业金融机构协助执行中遇到的问题及解决方法
　　…………………………………光大银行海口分行　吴清勇（375）
金融机构协助查询、冻结、扣划过程中存在的问题及对策
　　………………陕西省渭南市华县人民法院　弥继锋（380）
协助法院定期、定额扣划工资、退休金适格主体初探
　　…………………………………建设银行新疆分行　孙津疆（384）

三、联动机制建设

论诉讼失信与金融失信的共同反制
　　——以诉讼诚信体系与金融诚信体系的对接与互动为基点
　　………山东省潍坊市中级人民法院　李述胜　李欣红　韩崇华（391）
加强人民法院与各级金融机构合作破解金融债权执行难和
　　法院查询工作瓶颈………河北省滦南县人民法院　孙更生（403）
人民法院与金融机构协助执行联动机制现状分析及对策
　　——兼谈人民法院与金融机构"点对点"协助联动机制的
　　　构建…………福建省漳州市中级人民法院　吴顺和（406）
浅论法院如何与金融机构联动破解执行难问题
　　………………广西壮族自治区武宣县人民法院　陆华停（416）
合作双赢，共建和谐
　　——试论人民法院与商业银行的查控合作
　　…四川省阿坝藏族羌族自治州马尔康县人民法院　李　洋　曾敬松（421）

从互相纠结到合作共赢
　　——宁夏吴忠市中级法院建立法院与金融系统执行联动机制的
　　　实践与思考
　　　………宁夏回族自治区吴忠市中级人民法院　胡　超　白　伟（427）

四、具体问题研究

信用卡欠款等常态化批量案件执行的桎梏与突破
　　——以黄浦区法院万余件批量执行案件为样本的实证
　　　分析　………………………上海市黄浦区人民法院　郭华伟（437）
强制执行公证制度及其在信贷业务中适用的限制
　　　………………………………华夏银行石家庄分行　孙亚楠（450）
金融不良债权转让纠纷中的风险及司法控制
　　　………………北京市门头沟区人民法院　姚富国　于雪娟（456）
论金融不良债权转让案件的执行
　　　………………内蒙古自治区阿尔山市人民法院　陈　磊（467）
执行不良金融债权转让案件存在的问题及对策
　　　………………………………山东省诸城市人民法院　张纪亮（482）
法院执行是否排除私力救济
　　　………………………中国银行内蒙古分行　张漫堪　李树立（487）
"一套房"执行问题的破解对策…………江苏银行泰州分行　田　勇（492）
执行财产拍卖次数突破与执行款先予分配的新尝试
　　　………………………工商银行广东省分行　余保福　莫泽辉（497）
执行程序中房产抵押与建设工程款优先权冲突的处理
　　　………………工商银行上海分行　张锵锵　王　坚　沈　晓（502）
论抵押权与租赁权的竞合及风险防范　…华夏银行杭州分行　罗　俊（507）
浅议担保物权与财产保全的冲突　……工商银行重庆市分行　刘　婷（511）
银行授信中抵押权与租赁权并存的法律风险及防范
　　　………………………………中国银行江苏分行　张溧溧（517）
关于法院执行处置银行抵押资产过程中有关问题的探讨
　　　………………………………………天津银行　郑宏庆（521）

抵押权实现相关法律问题探讨
………………………… 重庆银行 张 涛 黄朝晖 敖树文（526）
影响商业银行抵押权实现的若干问题研究
………………………… 上海浦东发展银行西安分行 李 昕（532）
关于合理确定抵押物执行管辖法院相关问题的探讨
………………………… 兴业银行南京分行 丁 明 高 林（545）
执行实务中的经营权质押问题分析
………………………… 天津市第二中级人民法院 宋 斐（548）
对一起质押存款被扣划案的分析 ……… 汇丰银行 卢申玲 姚建波（553）
保证金质押案例分析及相关法律问题浅析
………………………… 徽商银行 洪 伟 王可邦（563）
对于人民法院强制执行保证金账户案件执行问题的探讨
… 西安市新城区农村信用合作联社 瞿 龙 陈秀娟 樊 虹（569）
银行承兑汇票保证金的保全困境及建议
…… 天津市高级人民法院 王立群 马世明 唱龙龙 张 宇（573）
从一则银行承兑汇票保证金被强行扣划看当前执行异议
程序存在的问题 ……………… 交通银行 张成龙 田宝峰（579）
裁判漏洞引发执行案款计算问题研究 … 农业银行重庆分行 王洪毅（586）
物保与人保并存且约定明确的，法院应否尊重当事人的意思
自治 ……………… 建设银行内蒙古分行 郭辰宇（590）
对共同共有人提出的执行异议应否依据民诉法规定
进行审查和处理 ……………… 华夏银行北京分行 林晓涛（594）
关于解决金融危机引发的相关纠纷案件审理情况的调研
………………………… 内蒙古自治区额尔古纳市人民法院 郭本强（599）
对最高额抵押权担保债权确定事由的若干探讨
——兼论"抵押财产被查封、扣押"作为债权确定事由的
规定 ……………… 华夏银行广州分行 胡晓军（603）
金融机构如何规避信贷资金"执行不能"的风险
………………………… 吉林省东丰县人民法院 杨宇超（609）
论金融债权执行中被执行人生存权的保护
………………………… 吉林延边朝鲜族自治州中级人民法院分院 朴 波（614）
商业银行行使抵销权相关法律问题探讨
………………………… 华夏银行长沙分行 文 惠（624）

浅析撤销权在银行资产案件中的行使
　　——以某蔬菜加工厂无偿转让财产案为例 …… 临商银行　刘敬利（631）
分配之争
　　——论最高额抵押最高限额的认定标准
　　　　……………………… 浙江省台州市椒江区人民法院　林　辰（635）
银行执行利器之债务人股东责任追索 … 华夏银行上海分行　徐云蓉（640）
信用卡汽车分期业务执行实务研究 …… 民生银行　郑　亮　朱安平（647）
民间借贷案件执行问题研究
　　……………………… 山东省青岛市黄岛区人民法院　李连军（654）
财产保全限度及相关问题探析 ……………… 浙商银行　李志强（658）
小额贷款执行难的成因及对策
　　………………… 河南省汝阳县人民法院　张风雷、王士杰（664）
浅谈船舶抵押贷款案件的执行 ……………… 武汉海事法院　邓　毅（668）
商业银行案件执行理论与实务问题研究
　　………………………… 江苏沭阳农村商业银行　王运鸿（674）
浅谈农村信用社贷款案件执行存在的问题及对策
　　…………………… 福建省长泰县人民法院　刘春建（680）
关于农村信用社民事诉讼案件"执行难"的思考
　　…………………… 山西省大同市新荣区联社　赵　江（686）
农村信用社小额贷款执行难问题对策研究
　　………………………… 山东省无棣县人民法院　刘国清（692）
金融债权转股权探析 …… 广西壮族自治区南宁市中级人民法院　赵　丹（696）
民事执行案件中迟延履行利息问题探讨
　　………………… 陕西省宝鸡市太白县人民法院　屈振江（702）
对法院在银行业案件执行中计算迟延履行期间债务
　利息的思考 ……………… 贵州花溪农村合作银行　李　榛（708）
融资租赁物取回权行使与执行的法律困境
　　………………………… 民生金融租赁股份有限公司　郑　颖（713）
关于参与分配制度相关问题的探析 …… 宁波银行南京分行　陈鹏远（722）
银行借款案件诉讼文书送达问题分析 …… 华夏银行南京分行　徐　磊（727）
创新完善送达制度　提升银行债权维护效率
　　………………………… 工商银行浙江分行　胡轶乐（731）
银行按揭贷款保证金扣划案例分析 …… 平安银行海口分行　段丽娟（738）

提高执行公信　共建商务诚信
——在"人民法院与银行业金融机构执行合作研讨会"上的主题发言

最高人民法院审判委员会专职委员　杜万华

（2012年12月6日）

随着中国特色社会主义市场经济的发展，商业银行发挥着愈加重要的作用，为促进国家金融业的发展，人民法院依法保护金融债权显得尤为关键。商业银行承担着协助执行的法定责任，在人民法院查控被执行人财产方面，对破解"执行难"问题，发挥着重要作用。正确认识执行法院与商业银行之间的关系，准确把握各自职责，既是构建执行工作长效机制的迫切需要，又是维护银行债权人合法权益的客观要求；既为树立司法权威、破解"执行难"创造了有利条件，又为防范信贷风险、保障金融安全提供了实现途径；既巩固了执行联动机制的组织架构，又加快了社会信用体系建设的攻坚步伐。

一、执行法院对商业银行债权的保护问题

近年来，人民法院审理和执行了大量涉及商业银行债权纠纷的案件。人民法院的执行程序是保障金融债权的关键环节，公正、高效实现金融债权，需要执行法院与商业银行共同努力。

（一）金融债权执行工作的意义

强化金融案件的执行对经济社会发展具有重要意义。金融是现代经济的核心，金融作用的发挥首先要以金融安全为前提。被执行人拖欠债务，导致信贷风险加大，损害金融安全，恶化投资环境，破坏经济运行秩序，危及银行业金融机构的生存，进而给整个经济社会的发展稳定带来负面影响。积极发挥人民法院职能作用，强化金融案件的执行，是防范和化解金融风险，促进经济良性、健康、高效发展的迫切要求，也是人民法院为大局服务，为经济建设提供司法保障的具体体现。

强化金融案件的执行对增强执行威慑具有积极意义。在社会信用体系建立和完善的进程中，社会公众的诚信观念尚待加强，债务人逃避履行、规避执行的现象仍然存在，侵犯了申请执行人的合法权利，破坏了法律的严肃性和强制性。为此，人民法院着力建设执行威慑机制，促进被执行人主动履行债务。金融案件是人民法院执行案件的重要组成部分，加大金融债权的实现力度，对于提高执行案件整体质量、效率和效果，彰显司法权威和执行威慑，具有积极意义。

强化金融案件的执行对诚信自觉履行具有示范意义。社会的诚信度，很大程度取决于对失信者法律惩罚和社会惩罚的力度。重视对金融债权的执行保护，彰显国家司法体系对违背诚信行为及时和适当的制裁，从而使失信者付出的代价远高于守信成本，强制被执行人依法及时履行金融债务，进而促进其他类型债务人主动履行债务，对社会信用体系的建设具有典型示范意义。

（二）金融债权执行的特点分析

胜诉率高，但执行难度却相对较大。金融案件绝大多数是信贷案件，这类案件法律关系明确，证据充分，商业银行维权意识强，行使法律权利较为及时，胜诉率高。但是，金融案件债权标的额大、涉及当事人及其他社会关系众多、社会影响面广，因此，案件执行难度较大。"执行难"问题尚未从根本上得到解决，金融债权执行没有完全走出困境。这其中，除了社会整体诚信意识缺失、信用体系不完善、体制机制不健全的深层次原因，也受企业经营状况以及地方干预因素、历史遗留问题的影响，当然还存在商业银行自身风险防控等方面的问题。

多有担保，但权利实现却遭遇困境。金融债权一般存在担保，但担保作用的发挥受种种因素限制。无效保证、相互保证、交叉保证、重复保证使得保证责任难以落实；担保物价值评估不当，担保手续不完备，造成多次抵押、擅自变卖和出租抵押物、担保物贬损的情况时有发生，为后续执行埋下隐患；实现担保权利过程中，遇有建筑工程款优先于抵押权、承租人合法租赁权保障等涉及案外人权利实现的情况时，阻力较大，处理不当易造成矛盾冲突和对抗；担保物被不同法院查封和执行，或者由其他执行法院先行查封，执行法院之间、申请执行人之间协调困难。

紧密配合，但执行和解却存有障碍。商业银行在财产信息的获取上具有优势，较之其他申请执行人更能主动向执行法院提供被执行人的财产状况及财产线索，最大限度主张债权人权利，申请并协助执行法院采取执行措施。总体而言，执行法院与金融机构之间的合作配合是顺畅的、紧密的，这为实现债权奠定了很好的基础。但是，有些案件通过执行和解的方式实现债权更为合理，在执行和解过程中，因商业银行管理体制的原因，放弃一定比例本金和利息的权限上移，通常情况下，商业银行作贷款本息让步的意愿较小，难以兼顾债务人的实际困难，执行和解存在难度。

（三）金融债权保护方面的建议

1. 完善金融债权风险的防控机制。针对金融债权受偿中存在的问题，就商业银行而言，应当着重强化以下措施：（1）强化信贷管理。严格审查借款人资信状况、履行能力，防止形式主义；完善贷后追踪，监督贷款用途，对债务人的生产经营、资产负债状况进行动态关注。（2）发挥担保作用。严格审查保证人资质，认真调查、核实用于担保的资产，规范担保手续，确保贷款安全。（3）及时行使权利。及时申请财产保全，积极运用代位权、撤销权、追偿权、参与分配制度，保障自身合法权益。（4）重视和解效用。注重和解在促进被执行人恢复偿债能力、保持良性发展以及激励其自觉履行义务方面的积极作用，注重发挥和解在提高效率、降低成本方面的优势。

2. 优化金融债权保护的执法环境。针对金融债权执行中存在的问题，在执法环境上应着重以下考量：（1）依法行使执行权。财产报告制度必须到位，确保被执行人依法如实报告财产情况；财产变现措施必须及时，公平公正进行财产拍卖、变卖，确保以所得价款实现金融债权；变更、追加被执行人必须准确，确保包括商业银行在内的申请执行人依法合理行使权利。（2）加大执行力度。加强立案、审判、执行配合，及时查明债务人财产并以有效措施控制，为后续执行创造条件；加强执行协调，解决跨区域委托执行问题，解决不同人民法院之间执行案件协调问题；加强财产查控，建立快速有效的被执行人及其财产发现和查控机制；加强执行改革，拓宽信息渠道，扩展执行方式方法；加强履行激励机制，综合运用查询、控制、警示、惩戒、制约等手段，使被执行人不能规避，不再规避，不敢规避，不愿规避。（3）创新执行措施。利用现代网络信息技术，建立和完善"点对点"网络执行查控机制，实现强制执行措施的高效、有力。（4）从典型案件入手，总结经验，搭建金融执行疑难法律问题研究平台，促金融执行案件清理。

3. 形成金融债权执行的社会合力。（1）转变观念，提升思想认识。解决金融案件"执行难"问题，不单纯是商业银行债权保护问题，也不仅是人民法院执行工作问题。金融债权的实现涉及金融资本循环和保值增值，关乎经济发展全局，全社会应当高度重视。（2）加强沟通，促进执行协作。维护金融债权是一项涉及面广、头绪众多、利益冲突剧烈的复杂工作，需要积极争取党委、政府的支持,需要商业银行之间、执行法院与商业银行等相关单位之间协调配合,各方面参与,全社会动员,多措并举反制规避执行行为。(3) 打造声势,营造良好环境。加大对社会诚信的宣传力度,借助社会力量和舆论压力,营造全社会共同打击失信者的声势,让逃避履行的被执行人失去避风港。(4) 排除干扰,打破地方保护。对因行政干预、地方保护主义与部门、行业保护主义而遇有阻力的案件,积极协调各方关系,及时采取指定执行、提级执行等方式排除干扰。(5) 提倡守信,构建诚信社会。运用多种社会力量,构建对失信被执行人的制约机制和惩戒机制,促使被执行人形成遵法守法的规则意识,树立诚实守信的道德观念。

二、商业银行对人民法院执行的协助问题

除了债权人、申请执行人之外,商业银行还扮演着另一个角色——协助执行人。商业银行协助人民法院对被执行人存款账户予以查询、冻结、扣划是执行程序中重要一环,作用举足轻重。

(一) 成就和现状

协助执行义务的落实,在一定条件下已成为民事执行行为顺利进行的基础。在人民法院、商业银行以及相关单位长期以来的共同努力下,协助执行工作已取得了不小的成绩。一是协助执行法定义务已予确立。商业银行作为协助执行的主体之一,其义务已由民事诉讼法明确规定。相关司法解释规定了具体的工作方式及程序,确立了操作依据。二是协助执行机制运行良好。很多执行法院与商业银行已经建立起了充分、紧密、常态化的合作机制,运行顺畅。随着执行案件数量的大幅增长,近几年,部分商业银行设置了专门的司法协助窗口,专人负责协助事宜,大力配合执行查控工作。三是执行工作的法律效果和社会效果显著提升。商业银行协助执行义务的确立和有效落实,为执行手段深度、广度上的拓展提供支持,为有效查控被执行人财产、及时实现申请执行人债权提供保障。

具体到执行法院查询、冻结、扣划被执行人银行存款的工作层面,目前我们已经确立了几种不同的查控方式:(1) 商业银行网点现场查控方式大量运用。执行人员赴商业银行网点,出示证件、出具法律文书实施查控的方式,在最高人民法院与相关单位联合发布的通知中有明确规定,也是各地较为普遍运用的模式。(2) 增加人民银行集中查询的方式作为补充。最高人民法院和中国人民银行发布的联合通知,增加了高级人民法院集中赴省级人民银行分行等机构查询被执行人开户银行名称的方式,作为对被执行人存款账户查询的辅助

手段。这里需要强调的是，这种新的查询方式的确立，并没有废除原有的查询方式。（3）网络化查控模式正在探索建立。近几年，上海、江苏、浙江、广东、北京、河南、湖南、辽宁等地探索进行了"点对点"网络执行查控机制建设，将网络化信息传递和反馈方式运用于查控工作中，成效显著。

（二）问题和发展

在肯定成绩的同时，我们也注意到，商业银行协助执行过程中的不和谐因素和摩擦仍然存在，甚至引发部分商业银行及负责人遭到处罚等严重后果，需要我们进一步总结问题，剖析成因。

1. 现有法律规定过于原则和滞后。现行法律关于协助执行事项的规定较为笼统和原则，操作性不强。同时，有的司法解释以及联合下发通知的部分内容已不适应时代发展要求，逐渐成为制约协助执行工作发展的滞后性规定。

2. 法制观念和业务素质仍有强化空间。在执行法院方面，主要表现为执法态度和方式问题，加之惩戒措施的不慎重运用，导致冲突和对立；在商业银行方面，主要表现为被自身眼前、局部利益驱使，引发强烈抵触情绪，不合作态度产生，甚至出现阻碍执行、通风报信的违法行为。

3. 操作程序的规范性问题未有效解决。协助执行制度仍不完善，协助执行机制仍不健全。执行法院与商业银行相互之间尚未完全建立权责明确的协作关系，影响执行及协助执行行为的规范化进程。

4. 协助执行的效率和成本问题反映突出。从当前总体情况上看，执行法院查控存款多需赴众多网点逐案查控，占用较多人财物资源。"人来文往"的查控方式存在着查询程序繁琐、查询效率低下、查询信息受限、反馈时间漫长等突出弊端，亟待解决。

针对上述问题和障碍，今后一段时间，协助执行工作的发展可考虑从三个方面重点把握：

1. 完善规定与制度。积极推进强制执行单独立法，以法律形式进一步细化协助执行责任义务；加快司法解释的梳理和修订，明确具体程序，消除现行规定之间的矛盾和抵触；出台联动机制配套制度，确立协作细则，强化监督管理。

2. 加强沟通与交流。及时转变观念，统一认识，从诚信社会构建、经济社会稳定的大局出发，把握协助执行工作的意义；搭建沟通桥梁，消除误会，互通相互支持中存在的难点，弥合差距，共建和谐执法环境，形成人民法院强制执行与社会联动协助执行相结合的工作格局。

3. 推进探索与创新。改革是发展的动力。要充分利用信息化发展契机，不断开拓协助执行新渠道，开创协助执行新方式，逐步建立程序合法、权责明确、运行规范、安全可靠、及时高效的执行查控模式。

（三）目标和路径

在人民法院与商业银行共同探索协助执行新模式的过程中，"点对点"网络执行查控模式孕育而生。该模式以网络化方式实现数据交换，达到对被执行人及其财产的查询和控制，具有降低查控成本，提高工作效率，规范查控流程，彰显执行威慑等显著优势，成为人民法院与协助执行单位切实履行法定职责，合力破解执行难题，实现良好社会环境的重要途径。其作为卓有成效的创新举措，值得在现阶段着力予以推进。

建立广泛覆盖、措施全面、便捷高效、安全有序的网络执行查控模式是今后的发展方向。"点对点"网络执行查控模式以对全部被执行人的查控为目标，覆盖自然人、法人和其他组织的银行存款账户；"点对点"网络执行查控模式以对被执行人人身和财产的有效查找和控制为目标，就商业银行协助执行来说，力争实现"查控一体化"，即囊括查询、冻结、扣划等强制措施的网络化施行；"点对点"网络执行查控模式以实时的网络化数据交换和系统批量处理为目标，由专人、专门设备集中处理，系统自动完成信息的传递、筛选与反馈，逐步实现便利化、快捷化、实效化执行查控；"点对点"网络执行查控模式以确保信息安全和保密为目标，通过安全网络链接，设置严格身份认证及信息核验程序，堵塞违法违规漏洞，确保信息仅能基于案件本身合法使用。

由于网络化传输方式是执行工作的创新之举，运行初期难免遇有质疑与障碍。部分执行法院对网络查控模式认识不足，也有一些商业银行对此仍持有不同看法，需要循序渐进，逐个突破，分阶段推进；"点对点"查控模式以科技手段为支撑，我国各地经济发展仍不平衡，有些地区的信息化程度不高，尚不完全具备发展"点对点"查控的硬件及软件条件，需要点面结合，以点带面，分阶段推进；创新查控方式过程中，各地区之间经验教训沟通不畅，仍以各自摸索为主，局限性较大。结合自身特色，利用现有资源和条件，取长补短，构建完善、先进的"点对点"查控模式，需要着眼长远，立足当前，分阶段推进。

三、执行法院与商业银行的信息共享问题

在人民法院执行金融债权和商业银行协助执行的过程中，双方拓展思路，提高能动性，建立信用信息共享机制，具有深远意义。

（一）信息共享的社会要求

社会信用体系建设是一项长期复杂的系统工程。建立和完善社会信用体系，是建设现代市场经济体系的必然选择，是整顿和规范市场经济秩序的治本之策，也是推动联动机制运行、解决执行难的一条根本途径。信息共享为社会信用体系的建立，提供了实现条件。

信息共享为社会信用体系建设提供基础。社会信用体系需以信用信息的记载为基础，执行法院和商业银行各自掌握的信息记录，构成了社会信用信息的重要组成部分，信息共享成为必然趋势。

信息共享为社会信用体系建设提供保障。社会信用体系需以信用信息的开放为手段，执行法院与商业银行的信息共享，是提高失信成本，施以社会惩戒，打造对失信者制约机制的重要基石。

信息共享为社会信用体系建设提供途径。社会信用体系需以信用信息的广泛传播为条件，通过信息交流、应用，真正促使被执行人自动履行法定义务。执行法院与商业银行的信息共享，对于营造诚实守信的社会氛围、彰显诚实信用的价值取向，具有积极的推动作用。

（二）信息共享的互利体现

信息共享推动金融案件个案执行。商业银行可以利用放贷时对财产状况调查的优势，提供被执行人财产线索，结合被执行人的财产申报，执行法院得以全面掌握被执行人财产信息；通过共享信息，执行法院向商业银行查询、控制财产更为及时、便捷，杜绝被执行人的转移、隐匿行为；通过信息共享机制，调动社会力量发现被执行人及其财产，提供有效信息，推动案件执结。

信息共享促进人民法院执行工作。信息共享有助于提高执行工作质效，降低执行成本，缩短执行时间，节约司法资源；有助于提高财产查控的效果，从根本上解决被执行人财产难找、协助执行人难求的问题；有助于规范执行工作，加强内部监管，降低消极执行、违法执行的可能性；有助于加大执行公开，提高当事人及社会公众的满意度，使执行工作赢得更多的支持，显著减少执行对抗，提升司法公信力。

信息共享强化商业银行经营管理。信息共享实现了协助执行流程的简化，减轻工作压力，节省协助时间；实现了执行法院与商业银行的互联互通，顺畅工作流程，加强协调、沟通，减少信息交流不畅、信息滞后所带来的争议和纠纷；实现了涉执行案件信息与征信系统的整合，权威、终局和客观的人民法院执行案件信息，为商业银行掌握客户信用情况提供了极大便利，为信用等级评定、贷款审批等工作提供了重要的衡量依据，进一步提高商业银行的资产质量和收益，控制经营风险，确保信贷安全。

(三) 信息共享的合作空间

1. 健全征信指标。完善征信体系，建立信息完备的国家征信系统，是我国社会信用体系建设的首要任务。征信系统应当涵盖自然人、法人及其他组织等所有社会主体的信用交易、出资置产、缴费纳税、日常消费、违法犯罪等社会经济活动的各个方面和各个环节。但是，我国的社会信用体系仍处于发展阶段，建成统一的国家征信系统尚需时日，相关的信用信息零散存在于行政、执法、金融等相关部门。加快步伐建立自身完备的系统，记录、披露、共享信息，形成健全的信用信息管理体系和有效的失信惩戒机制，是相关部门依据自身分工，为全社会信用信息整合所做的关键性工作。执行法院和商业银行作为信用信息的提供主体之一，应当继续加强联动，为社会信用体系建设打下更坚实的基础。

2. 全面的信息采集。最高人民法院已经建立了全国法院执行案件信息管理系统，今年又完成了系统的功能升级。该系统全面采集和管理全国各级人民法院执行案件相关信息，形成被执行人司法信用的基础数据信息。而商业银行也有自身的管理信息系统，建立了信用信息基础数据库，采集经营过程中掌握的社会主体经济活动相关信息。接下来，双方可以在数据库建设方面加强合作，加快信息基础设施建设，强化软件功能设计，完善对信息的科技化管理，消除信息盲点，确保信息记载的及时性、准确性和完整性，为相关信用信息系统的对接提供完备的数据资源。

3. 顺畅的信息交换。顺畅的信息交换包含两个方面的内容：一是信息传输；二是信息反馈。最高人民法院已面向社会开通全国法院被执行人信息查询平台，主动向社会公众提供被执行人的欠债和履行情况。以该平台为依托，各级人民法院积极探索，推进与商业银行等部门管理信息系统的数据交换，目前已经取得了实质性进展和阶段性成果。下一阶段，双方应积极实现系统之间的兼容，实现信息的整合与互联共享。一方面，通过执行法院与商业银行的系统链接，传输查控需求，接收反馈结果，落实法定职责；另一方面，执行法院向商业银行传输被执行人相关信息，供其在经营管理和信用评级中予以考量，商业银行则将被执行人贷款等社会活动反馈至执行法院，使执行法院迅速获取被执行人及其财产线索，依法采取强制执行措施。

4. 合理的信息筛选。在信息公开和共享的基础上，设置合理的标准对信用信息予以筛选必不可少。最高人民法院正在着手建立失信被执行人名单制度，对司法信用信息的评判标准予以研究，将已经形成并记载的全部被执行人信息进行深层次分析，就失信行为的严重程度予以区分，向商业银行等部门及社会公众提供更为明确的评价标准，以期真正实现信用信息的司法价值和社会价值。我们也期待与商业银行的进一步合作，就梳理双方相互提供信息的类别和内容，形成更为统一的观点。

5. 广泛的信息运用。信用信息运用范围越大、使用越合理，特别是对失信人的社会惩戒越严厉，失信成本越高，对社会主体的约束就越大，信用信息发挥的作用也越大。反之，信息共享和协调联动不理想，就必然造成惩治力度不够，不能发挥信用信息打击失信行为的威力。执行法院与商业银行在信息运用方面，存在广泛的合作空间。双方合力加大对被执行人规避、抗拒执行行为的公开曝光，将使失信者的社会评价恶化，遭到社会舆论谴责。商业银行及相关协助执行人充分发挥各自职能作用，对被执行人采取限制融资、投资、经营、置产、出境，限制高消费，减低信用等级或者取消行业准入资格等手段，将会压缩规避执行行为存在的空间，令失信被执行人承担不利后果，最终引导和威慑其自觉申报财产，主动履行债务，树立诚信观念。

6. 参与构建和谐社会。为经济社会发展提供保障和支持，是人民法院与商业银行不容推卸的重要职责。面临新形势、新机遇、新起点、新挑战，双方应当明确责任使命，充分认识并建立更为紧密的战略合作关系，增进沟通，深化协作，积极促进全社会参与、共同解决"执行难"，维护金融、经济秩序，促进公众树立诚信意识，为推进党的十八大提出的"加强政务诚信、商务诚信、社会诚信和司法公信建设"作出我们应有的贡献！

积极跟进配合扩大银法执行合作战果
——在"人民法院与银行业金融机构执行合作研讨会"上的讲话

中国银行业协会专职副会长　杨再平

一、提高维护金融债权的责任意识

众所周知，多种原因导致中国银行业在上个世纪八九十年代产生了巨额不良债权出现，并剥离给四大资产管理公司金融债权的维护与过去相比有了很大的进步，但还存在着不少问题。据某商业银行统计，一个省分行 600 多亿的债权有 400 多亿债权执行不了，保守估计全国银行业大概未执行到的款项还有几百亿，在一些区域执行难仍然是一个普遍存在的问题。其中相当一部分是银行赢了官司，却拿不回钱，除银行内部经营管理缺失、合同管理失范，一个重要的因素是胜诉案件执行问题，一方面是银行不够重视胜诉案件的执行，缺乏与法院之间有效合作，更没有建立长效的合作机制。另一个方面是被执行人利用各种各样的关系，把问题搞得极其复杂，给金融债权的维护造成了很大的难度。

加强执行合作更有效维护金融债权，也是维护法律尊严。如果借钱可以不还，而且已经判决了你还（hái）又不还（huán），那么法律的威严在哪里？杜万华专委讲到诚信建设，其一就是要提高裁判文书执行力，有效维护金融债权，从根本上要打造诚信社会。今天来了很多银行代表，我们应该认识到，金融债权的有效执行，不只是为我们拿回真金白银，更在于通过银行债权保护、执行等措施为打造法制社会、诚信社会做出贡献。

各地法院领导和执行法官们这么支持我们银行债权的维护，银行业系统各级领导干部一定要高度重视这项工作，一定要积极配合、协助人民法院执法活动，增强执行效力。我们要有一种责任意识，不能让金融债权被任意被侵犯。实际上，维护银行债权就是维护金融安全，维护法律尊严，打造诚信社会。

二、与人民法院执行合作是维护金融债权的重大有效举措

如何以司法手段有效保护银行业债权,最高人民法院执行局进行了有益的尝试,并主动与银行业开展执行合作,有效地带动了全国各级人民法院开展与银行业协会、银行业的执行合作,卓有成效地推进银行业债权的保护。最高人民法院执行局与银行业金融机构理论研讨和案件执行合作,是保护银行业金融债权的重大有效举措。

人民法院与银行业金融机构开展执行合作,已经取得了显著成果。深圳中级人民法院与深圳市国内银行同业公会建立有效的合作机制和执行信息共享平台,开创了国内人民法院与银行业执行合作的先河,为全国银行业开展与人民法院合作树立了典范,引发了全国各地法院和银行业学习观摩热潮,谱写人民法院与银行业合作的新篇章。今年以来,最高人民法院执行局领导,千方百计探讨如何推进银行业金融机构积案清理工作,在人员紧张、工作任务繁重的情况下,对协会申请报送的涉及国开行、工行、农行、中行、建行、交行等会员银行的六宗重大疑难执行案件分别确定了案件承办人,进行了集中督办。让我们感动的是,执行局局领导在百忙之中亲自听取案件汇报,对推进银行业重大疑难案件执行亲力亲为。各级法院执行局的领导和承办法官也高度重视我们银行业重大疑难案件的执行,克服多种困难,依法推进,正因如此,我们协会报送六宗重大疑难执行案件才有了今天这样显著的进展。我提议,让我们以热烈的掌声感谢最高人民法院领导、法官以及基层法院领导、法官为我们银行业案件的执行所做出的辛勤努力!

三、积极配合各级人民法院做好银行相关积案清理执行

当然,我们更应该珍惜这样的合作机会,积极跟进配合,在各级人民法院的指导下,通过积案清理执行,更有效维护金融债权

(一)要继续做好人民法院与银行业协会执行合作的理论与实务研究工作

为开好这次会议,最高人民法院执行局、中国银行业协会先后在人民法院系统、银行业会员单位开展了人民法院与银行业执行合作论文征集活动,双方共计征文223篇,论文作者遍布全国各地法院和银行,研究领域既包括人民法院执行方面理论,也包括执行方面实务研究,还有一部分作者从银行债权保护的角度,进行了多维的探讨,这是法院与银行合作新路径。按照最高人民法院执行局与中国银行业协会签订有关合作协议约定,今后,双方还将在适当时机举办执行合作研讨活动,银行业协会应当认真总结论文征集、评审方面的工作

经验，把论文征集成果运用到银行业债权保护、胜诉案件执行、协助执行、消费者权益保护等领域。各地协会（公会）也可以与当地法院组织开展相关研究工作，把人民法院与银行业执行合作理论与实务研究工作推向一个新境界。

（二）要努力完善银行业协会与人民法院执行合作机制

人民法院执行工作是一项法律性、规范性、政策性很强的司法活动，银行业协会和会员单位应当全力支持人民法院的执行工作。全国部分协会已经与当地法院开展了不同形式的合作，有力促进了银行业金融机构积案的清理。完善银行业与人民法院执行合作机制，不仅包括银行业金融积案清理以及新发胜诉案件的执行，还有更广泛的执行合作领域可以进行探索。

1. 推进银行业与人民法院协助查询、冻结、扣划存款工作系统化、网络化、信息化合作，推广深圳国内同业银行公会与深圳中院合作经验。

2. 推进银行业逃废银行债务机构名单管理与人民法院被执行人信息查询衔接合作，强化打击逃废银行债务机构工作力度，并探讨借助人民法院执行强制力实现联合制裁措施法制化。2009年3月31日全国法院被执行人信息查询平台开通，该平台旨在有效促使当事人自觉履行义务，是执行联动威慑机制的重要工作举措，其最直接、最有效的功能在于被执行人信息的公开，银行业可以通过该平台全面了解到被执行人在全国法院的欠债及履行情况，有助于银行业行使执行案件信息的知情权，有助于银行业降低经营风险，提升胜诉案件执行率，银行业应当探索如何将打击逃废债务机构"黑名单"管理、贷前尽职调查等与之有效结合的路径。我们要努力把与法院执行相应的网络机制应该建立起来。毛主席有一句话，就是世界上最怕"认真"二字，还有一句话是"世上无难事，只怕有心人"，我们一定要认真用心来做这件事，通过银行与法院合作的信息网络建设，在人民法院支持下打造"天罗地网"，让恶意逃废银行债务者无处可逃。

3. 银行业协会可以探讨协助法院执行会员单位之间因金融纠纷诉讼的执行调解工作。2008年4月1日修订的《民事诉讼法》第87条规定："人民法院进行调解，可以邀请有关单位和个人协助。被邀请的单位和个人，应当协助人民法院进行调解"2009年7月24日最高人民法院印发了《关于建立健全诉讼与非诉讼相衔接的矛盾纠纷解决机制的若干意见》，提出人民法院鼓励和支持行业协会建立健全调解相关纠纷的职能和机制。明确经行业调解组织或者其他具有调解职能的组织调解后达成的具有民事权利义务内容的调解协议，经双方当事人签字或者盖章后，具有民事合同性质。2011年4月22日中央等16部门联合印发《关于深入推进矛盾纠纷大调解工作的指导意见》中同样提出了鼓励行业协会设立调解委员会,调解协会成员之间的民事纠纷。这些规定,为银行业协会协助人民法院开展执行调解奠定了法律基础。

诚然,银行业协会参与会员单位执行调解,尚需要培育一支既有法律专业资质和执行经验,又精通银行业务的专家队伍,这项工作不可能一蹴而就,但仍不失为银行业与人民法院执行合作的一个方向。

(三)要着力加强重大疑难案件执行配合工作

为了全面配合最高人民法院对银行业金融机构重大疑难执行案件执行工作,协会在经费十分紧张情况下,专门开发了银行业诉讼案件信息系统,2013年将面向会员单位试运行,专门收集银行业会员单位金融纠纷诉讼信息、执行信息、重大疑难执行案件信息以及会员单位之间诉讼执行信息,旨在完善银行业诉讼案件管理基础工作,为会员单位维权、申请重大疑难执行案件督办提供行之有效的服务。同时协会维权部还指派专人负责与最高人民法院执行局联系、沟通重大疑难案件执行工作,努力为会员单位办实事、办好事。

这次会议的一项重要内容是最高人民法院执行局现场协调银行业协会集中报送六宗重大疑难案件执行工作,并在协调会后向各家银行通报协调情况。《诗经·大雅》有一句名言:"投我以桃,报之以李",《诗经·卫风中》还有一句是"投我以木瓜,报之以琼琚",用今天普通话来说,就是礼尚往来,最高人民法院院领导、执行局以及各级法院领导如此支持会员银行胜诉案件执行工作,安排那么多法官辛苦地督办、承办,会员银行应当全力做好人、财、物等方面的支持工作,同时还要配合人民法院查证被执行人财产线索,为人民法院执行提供翔实证据依据,实现人民法院与银行业执行合作双赢。

四、努力实现相关工作的四个转变

银行业与人民法院开展执行合作,还有很多工作要做,还需要我们银行业以及会员单位做出更多的努力。银行业协会以及会员单位必须提高对执行合作工作的认识,不仅要转变与法院合作基本观念,还要努力实现相关工作的四个转变:一是由被动申请执行向能动支持法院执行工作转变;二是由柜面协助、分散协助、单向的查、冻、扣存款协助执行向集约化、系统化、双向合作转变;三是对逃废银行债务机构"黑名单"狭义管理向与人民法院被执行人信息、人行征信系统广泛合作转变;四是银行业会员之间金融纠纷诉讼裁判与强制执行方式向银行业协会非诉调解、协助执行和解方式转变。

刚才,最高人民法院杜万华专委做了非常好的专业报告,可以说最高人民法院领导与人民银行、银监会、银行业协会和会员单位领导、同志们已经就执行合作问题取得共识,我提议这次银行界相关人员回去一定要把这次会议精神向你们的主管,不只是主管的部门领导,还要向行领导认真汇报。总之,我觉得我们要做的事情是积极协助司法、增强执行效力、维护金融债权、打造诚信社会,我们要将这些事情当成很严肃的事情来做,最高院以及司法系统的领导这么强有力地支持,我们没有理由不积极跟进配合。《周易大传》有句话是:"二人同心,其利断金;同心之言,其臭如兰。"今天还有很多法院学者和银行业同仁对执行合作相关法律问题进行研讨、交流,奥斯特·洛夫斯基曾经说过:"共同的事业,共同的斗争,可以使人们产生忍受一切的力量"。有理由相信,只要我们积极跟进配合,一定能够扩大银法执行合作战果。

一

金融案件执行

浅谈金融案件执行难的成因及对策

河北省高碑店市人民法院　吴江涛

近年来,金融案件执行难问题已经成为困扰法院执行工作的一个重点,在执行实践中,金融案件的标的额一般较大,往往是审判容易执行难,不仅影响了人民法院的形象,还给国家造成了很大的经济损失。如何切实保护金融单位的合法权益,既是人民法院执行工作的一个重点,也是人民法院执行工作的一个难点。因此,积极探索破解金融案件执行难的出路和方法,对于树立司法权威、维护金融秩序、保证法律严肃性、推动社会经济发展具有重要的意义。下面就金融案件执行难的成因及对策做一浅显地探索和分析,以求抛砖引玉,解决一些执行工作中的实际困难。

一、金融执行案件执行难的成因

（一）金融部门因素

1. 银行信贷工作人员责任心不强。有些信贷工作人员在对借款人未作认真调查的情况下,仅仅通过看一下借款人的有关财务报表就相信借款人的经营情况、资产情况,就发放了贷款,偿债能力不实,给以后还款留下了隐患。

2. 银行依法收贷意识不强,许多案件因时过境迁而错失执行良机。在有些借款人经营情况已经严重滑坡且负债数额巨大的情况下,银行仍然希望借款人的经营情况会变好,继续相信其仍具有还债能力。当其他债权人纷纷通过起诉解决纠纷时,银行才意识到自己的错误,此时再通过起诉来追款,为时已晚。

3. 银行对贷款的流向缺乏有效监管,银行之间的相互配合不够。在签订借款合同时,双方约定了贷款用途,但贷款到账后借款人是否将贷款用于借款合同签订时的用途,银行就缺少监管,或者说是没有有效的手段去监管。因为银行往往要求逐年增加存款的数量,因此对企业开立账户持欢迎的态度,这样借款人就可以通过随意开立的很多账户来转移款项，导致款项被借款人任意使用，银行就无法保障贷款资金的安全。银行之间相互不配合的情况还时有发生。有些银行认为法院执行的不是本银行的案件，因此，在法院要求有关银行配合，请其协助查询、冻结、划拨有关被执行人的银行存款时，有时会帮助被执行人转移存款，事实上这种行为看似保护了存款单位的利益，其实损害的是整个银行界的利益。

4. 银行对借款人提供的担保方式选择审查不严、担保的法律手续不完备。在有些借款人之间相互担保或关联企业相互担保时，银行的警惕性不高，致使看似手续齐全的担保形同虚设，失去了担保的意义。另外，《担保法》实施以来，银行一般都要求借款人提供与贷款数额相当的资产担保，在签订借款合同时会同时签订抵押担保合同。但银行有时对应该及时去有关法定机关办理抵押物登记手续的没有及时办理，或者是仅仅是部分办理，比较集中的反映就是借款人用房地产抵押贷款时，仅仅是去房管部门办理了登记手续而对于土地使用权就没有去办理。这样给借款人将土地使用权另行向其他银行办理借款抵押提供了机会，对以后金融案件的执行造成了相当大的难度。

5. 银行在贷款时对资产担保的实际效果估计不足。在涉及土地使用权抵押时比较明显。现在我们国家的土地使用权分为国有土地使用权和集体土地使用权，国有土地使用权又有出让和划拨之分。相对来说，国有土地使用权无论是出让地或划拨地，在作为抵押贷款的抵押物时，只要银行到土地管理部门办理了抵押登记，在处理抵押物时，还是相对好处理的。目前比较麻烦的是集体土地使用权抵押，因为根据我国的《土地管理法》的规定，集体土地使用权一般情况下是不能转让的。有些银行认为已经办理了抵押登记手续，到时如果借款人不能偿还到期债务，就可以通过处理抵押的集体土地使用权来实现银行债权，事实上在案件处理时执行难度是相当大的。另外，如果借款人用机器设备、化工设备、电子产品等资产进行抵押，在案件处理时又往往会发生抵押物贬值严重的情况，通过处理抵押物很难清偿银行债务。

(二) 借款人因素

1. 借款人采取转制和脱壳经营等手段逃避债务。有些借款人在企业经营不好，债务较重的情况下，另外成立一个新的法人企业，新法人用低价或者承担一定数额的债务来接收原企业的优质资产的手段来达到逃避银行债务的目的，使银行债务架空。

2. 借款人通过多种手段处理资产以达到逃避债务的目的。有些借款人想办法通过合法的非法的手段来逃避银行债务，转移、隐匿资产；低价变卖资产；通过其他的诉讼或者虚假债权债务关系来转移资产等。有些借款人甚至擅自处分抵押资产。由于银行在办理了抵押物登记手续发放贷款后，一般无法对借款人提供的抵押物进行有效的监管，于是借款人就有了擅自处分抵押物的机会，擅自变卖抵押物，擅自出租抵押物的情况时有发生。在案件执行时要借款人追回已经变卖的抵押物的难度是可想而知的，而出租的抵押物在处理时的阻力往往又非常大，执行时容易造成激烈矛盾冲突和对抗。

3. 原来效益较好的国有企业变为困难企业。国有工业企业原来的积累都变成了利税上缴给国家，现在由于管理水平不高、缺乏国拨资金、汇率变动、改建扩建和人员负担过重等原因造成负债水平较高，偿债能力大大下降。

4. 企业经营不善。由于我国正处于向市场经济转轨时期，各种高新技术又不断涌现，企业经营者如果缺乏对市场经济的足够认识，对新技术新工艺的采用滞后，经营方针、经营理念又不根据形势的变化而变化，往往造成企业效益直线下降，影响了企业的偿债能力。

（三）法院因素

1. 执行人员的素质不高。法院执行人员通过近几年的调整，综合素质有了很大程度的提高，但执行方法还是比较单一，变通比较少，凭习惯、凭经验处理案件的情况还是比较普遍的，碰到难度大点的案件，对应的措施较少，对有些资产是否可以执行吃不准，不敢动。另外有些执行人员就在吃不准的情况下乱执行，造成被执行人的对抗情绪大，增加了执行的难度。

2. 执行机构的设置不合理、科学。执行人员数量不多，内部分工不科学。绝大多数执行人员每天就是应付日常的执行案件，没有人员去开展对新情况新问题的研究，具体的执行人员经常就案办案，也没有精力去从事这项工作。由于对出现的新情况新问题的研究跟不上，当遇到具体案件时就会缺乏行之有效的应对之策。

3. 审执配合的力度不够。现在提倡审执分立，但是审判庭在审理案件时往往只顾及案件的审理，对诉讼保全的措施用得比较少。案件进入诉讼后，如果没有保全措施，被执行人有了充足的时间转移资产，等到执行阶段再由执行人员查找被执行人的资产时，难度就变得更大。

4. 判决的公信力不高。有些案件的判决缺乏令人信服的事实和依据，在被执行人对判决不服，但又不愿意通过正常的途径进行解决时，往往就以此为借口来对抗法院的执行。

（四）其他因素

1. 地方政府干预。地方政府在有关单位贷款时，特别是地方党政领导抓的招商引资项目和工业园区的企业，出于对地方企业的发展需要，千方百计地运用地方政府的影响，帮助有关企业要求银行发放贷款，有时银行迫于地方政府的压力，只能在审查不严的情况下，发放贷款。在有关单位无力还贷时，又认为银行是国家的，而贷款单位是地方的，税收是地方政府的，而且怕有些项目的成败和企业的效益影响到自己的政绩，就干预银行依法收贷，甚至帮有关单位想办法，出点子，帮助有关单位逃废银行债务。在法院执行阶段，又干预法院执行，用维护社会稳定和改善投资软环境的借口来阻止法院依法执行，在这种情况下，银行的贷款往往难以收回，法院执行的难度相当大。

2. 拍卖市场还不成熟，变卖没有规范的程序。我国的拍卖市场正处在逐步建立的过程中，还很不成熟。法院在执行案件时，经常需要对抵押物和其他资产进行拍卖变现，但是流拍的情况是经常发生的，拍卖成功的几率小。变卖是法律规定的另外一种法院处置执行资产的方法，但现在没有规范的变卖程序，变卖的可操作性不强，执行人员也往往不考虑通过变卖来处置被执行人的可执行资产。造成银行只能按照拍卖评估价格的一定比例接收被执行人的资产，接收下来处理起来也比较困难，银行的债权没有真正地得到保护。

3. 社会保障体系没有完善。现在我国的社会保障体系正在逐步建立，但还没有完善。有些企业，特别是国有特困企业，法院有时在执行一个案件时相当于办理破产案件，既要保证金融案件的执行，又要考虑企业职工的安置问题。因为社会保障体系的不完善，法院在执行时如果不考虑职工的安置问题，将职工无情地推向社会，而职工的基本生活又无法得到保障，使职工的基本生存权受到威胁，势必会造成社会的不稳定。最终的结果是银行的债权无法得到有效的保护。

4. 立法滞后，法律法规不健全。现在执行人员可以使用的法律法规既少又不健全。手上可以利用的只有民诉法的执行篇和散见于其他民事法律中的部分条款以及1998年最高人民法院出了一个执行工作若干问题的规定的司法解释，这些法律法规和司法解释已经很难适应当前形势下的执行工作。

二、涉金融执行案件执行难的对策

1. 金融部门应当完善贷款监管制度。加强对贷款的审查，完善担保抵押物的抵押手续，加大对贷款的监管力度，树立积极依法收贷的意识。金融部门应更加充分地发挥贷审会的作用，要求信贷调查人员调查仔细，汇报准确，在研究发放贷款时，充分发扬民主，提高决策的透明度。用于抵押的资产要认真调查核实，要考虑到抵押物市场变化的因素，完善抵押登记手续。对借款人的借款用途加强监管力度，如果用途不符合借款合同的约定，要及时采取有效的防范措施。在发现借款人生产经营发生重大变化时要及时诉讼。只有把好第一关，才是有效解决金融案件执行难的关键。

2. 加强对企业开立账户的监督。限制企业多头开户。每个企业只能开立一个基本账户和一个流动资金账户，这样能够让银行有效地对贷款使用进行监督，也能够防止借款人转移资金，也能够使法院快速便捷地查清被执行人的存款情况，提高了执行的工作效率。

3. 建立安全的银行网络、权威的社会征信体系。银行可以在现有的条件下，发挥《贷款证》的真正作用，并且尽快建立贷款查询网络，银行就可以立即查询出贷款人在各个银行的贷款情况，有利于银行掌握借款人的全部贷款情况。人民银行和其他相关的部门要密切配合，尽快建立权威的社会征信体系，对那些有信用不良记录的人和企业纳入贷款黑名单，从而有效地防范金融风险，有利于解决法院案件执行难的问题。

4. 培育成熟的拍卖市场，制定规范的变卖程序。一个市场的建立往往需要通过很多年的培育，才能够逐步地成熟，银行和法院不能因为在目前拍卖成功几率小就放弃拍卖，而作为拍卖企业来说，自身的努力也是非常重要。只有有关单位共同努力，通过大力的宣传，精心的策划，逐步发展，成熟的拍卖市场肯定是会建立起来的。目前应当在广泛调研的基础上，制定一个操作性强的变卖程序规范，作为执行人员来说，也要大胆地尝试运用变卖来处理执行资产。

5. 建立和完善社会保障体系。社会保障制度涉及每一个社会成员的切身利益，在执行案件时显得尤为重要。只有社会保障制度完善了，企业职工的基本生存权得到了切实的保护，职工的对抗情绪就会大大下降，执行案件的力度也会明显的加大，法院也就没有过多的后顾之忧。

6. 加快立法的步伐，健全法律法规。通过适当的途径，建议人大及早制定一部《强制执行法》，可以使法院的执行工作更加规范，对不自觉履行法院生效判决的被执行人依法进行有效的制裁，使法院的执行工作有法可依。建议修改和增加刑法的条款，对擅自处分抵押资产的行为应当追究其刑事责任，充分保护银行抵押资产的安全。对企业使用的集体土地使用权的处理和转让要有一个明确的可操作的规定。

7. 进一步深化执行体制改革，提高执行人员的素质，完善执行机构内部设置。增强法院判决的透明度和权威性，提高法院判决的公信力。加强审执配合的力度法院审判庭应该积极主动地配合执行，尽量为案件的执行创造有利的条件。执行人员的素质要通过人员调整和加强学习、科学考核来逐步提高，进一步完善执行机构内部设置，使执行人员的分工更加合理、科学。

8. 确立多种行之有效的执行手段。当前形势下，加强对企业到期债权、经营权、知识产权等的执行，通过审计来进一步查清被执行人的资产情况，通过拍卖变卖来处理被执行人的资产，对有履行能力而不自觉履行的或者逃避执行、抗拒执行的被执行人要大胆运用现有的法律法规进行制裁等手段来尽最大可能地保护金融债权。上级法院要灵活运用指定执行、交叉执行和提级执行的手段，这样可以最大程度地防止地方政府和其他社会干扰因素。

我们如何化解金融案件执行难的问题，除了人民法院加大执行力度、强化执行手段、依法用好执行措施之外，全社会亦应营造良好的执行环境、金融单位自身亦应严格把关，而从人民法院的执行方法上，可以从以下几个方面进行探索：

1. 建立金融案件被执行人财产情况申报制度。法院执行工作原本比较繁忙，不可能对金融案件的被执行人财产变化情况全部了解。为了及时摸清被执行人的清偿债务能力，给被执行人造成巨大的心理压力，有必要建立财产申报制度。财产申报可以定期和不定期地进行，具体时间由承办法官根据实际情况指定。法官可以对金融案件被执行人的申报情况进行核实，如果发现隐瞒财产真实情况的，立即对被执行人采取最严厉的执行措施。

2. 执行对第三人的到期债权。金融纠纷案件中，往往存在"三角债"的现象，即一个被执行人不仅是金融纠纷案件中的被执行人，同时也是第三人的债权人。因而，在实践中，应注意执行金融纠纷案件中被执行人的到期债权。

3. 灵活运用债权凭证制度。债权凭证是指在执行过程中，由执行法院向申请执行人发放载明债权债务关系的权利凭证。作为被执行人常常隐瞒财产、外出躲债、下落不明、暂时经济紧张等问题，申请执行人的金融单位和执行法院对被执行人的财产状况一时无法查清而又不能排除被执行人无财产可执行的情况时，金融单位可向人民法院申请领取债权凭证。向金融单位发放债权凭证后，金融单位发现被执行人可供执行的财产时可随即向人民法院申请执行，这样可以更好的保护金融部门的债权不受损失。

4. 全面细致的做好被执行人的思想工作。这是对法院要求最高的执行方式。随着执行力度的加大，被执行人的抵触情绪也可能相应加大，直接影响案件的顺利执行。作为执行法官必须注意攻心为上，尽量化解矛盾，要充分宣传有关法律规定，认真告知双方当事人的权利义务，并向当事人介绍人民法院在执行工作中的权利和职责，同时严肃地指出不履行生效法律文书的后果，必要时可对被执行人所在的单位领导、配偶、父母及委托代理人等做思想工作，争取让金融案件被执行人自觉履行债务或积极配合执行。

5. 穷尽执行措施。这就要求法院详细调查金融案件被执行人存款、收入、有形财产、股票债券等权益、到期债权。大力支持金融案件的申请执行人对接收财产权证照办理相关转移过户手续。坚持做好对被执行人的财产搜查工作，尽最大可能寻找被执行人隐藏的可供执行的财产，对执行前转移的财产要严厉追究。对于拒不履行生效法律文书的被执行人依法追究其刑事责任，决不姑息手软，以显示法律的威慑力和震撼力，这也是金融机构最希望法院对"老赖"们做的执行措施。

总之，金融案件的执行面广量大、被执行人情况复杂，人民法院要不断对金融案件执行情况进行分析，摸索金融案件执行的执行方法，可以有效化解金融案件执行难的问题。除了人民法院强化执行手段、依法用好执行措施、不断摸索新的执行方法之外，金融单位的理解配合、全社会各部门的支持配合也是一个方面。我们相信，随着全社会法治意识的提高，金融案件的执行一定会朝着依法、规范、有序的方向发展，金融案件执行难的问题会得到有效的化解。

银行债权强制执行中的困境与出路
——以公证赋予抵押合同强制执行力为视角

北京市平谷区人民法院 吴铭奂

银行业作为国民经济的重要组成部分越来越深入到各行各业，与整个社会甚至每一个人息息相关。银行业的安全稳定关系到国家经济的健康、稳定和发展。而银行债权的实现离不开司法的严格保护。随着银行业监管部门监管的逐步完善和各个银行自身业务流程审批的不断规范，越来越多的银行债权的实现依赖于抵押权的实现。而抵押权实现的司法程序，即抵押权的强制执行囿于立法和司法实践的限制仍存在困境。

一、我国银行债权强制执行的现状及面临的困境

目前我国银行债权强制执行的现状不容乐观，无财产担保的银行债权根据笔者对承办案件的统计实际执结率不足 20%；有财产担保的虽然实际执结率较高，但是也面临实现债权时间过长、成本高、效果差的问题。

根据有关机构的统计调查，首先我国银行抵押权的实现时间（法院审判和执行的总时间）超过一年的达 75% 以上，超过一年半的仍高达 50% 以上；接受调查的金融机构 100% 的认为实现债权的时间过长。相比之下，德国债权实现的时间在七天以下，美国约 2 周，加拿大约 1 个月，挪威和芬兰约 2 个月，泰国约 3 个月。其次，在成本上 85% 的银行认为实现抵押权的费用高昂，需要支付的平均司法费用占请求金额的 4.7%，有的金融机构担保物执行案件的费用更是高达请求金额的 34%，而加拿大和德国的实现相应债权的费用通常仅占债权数额的 1% 以下。最后，在效果方面，通过法院执行程序违约贷款的平均回收率为 46%，其中不动产为 50.4%，动产为 31.7%，第三方担保为

42.1%。①

因此，称我国银行债权强制执行中面临执行时间过长、执行成本过高、执行效果不好的困境是不足为过的。而将银行债权强制执行导入上述困境的原因除了社会整体诚信意识不高、信用体系不完备、历史遗留问题影响和银行自身经营问题外，笔者认为主要还是立法方面关于抵押权实现程序规定的缺憾所带来的。

二、抵押权实现程序的立法缺憾

《中华人民共和国担保法》（以下简称《担保法》）第53条规定，在实现抵押权时，如果抵押权人与抵押人"协商不成的，抵押权人可以向人民法院提起诉讼。"而在司法实践中，其中的"可以"已经变成了事实上的"应当"。也就是说，必须通过诉讼程序实现抵押权才能实现抵押权。因为在司法实践中，由于我国仍处在社会主义市场经济仍不发达的阶段，没有建立完备的信用体系，很多债务人严重缺乏诚信，恶意逃债现象层出不穷。在这种现实环境下，抵押权人与抵押人能够自行协商一致达成协议进而实现抵押权的情形极少，抵押权人就只能依靠诉讼程序实现抵押权。而民事诉讼有一审、二审甚至再审的冗长程序，要实现抵押权既耗时耗力又成本巨大、效率不高。更何况诉讼程序走完后，能够主动履行生效法律文书的债务人也不多，抵押权人往往还得经历一个比较漫长的强制执行程序，历经评估、拍卖、变卖、抵债等程序，才能最终实现抵押权。鉴于上述情况，有人建议"为使抵押权的实现程序更加简便，应当允许抵押权人在协议不成的情况下，直接向人民法院申请拍卖、变卖抵押财产。"②

基于司法实践的需求和理论界的呼吁，立法者也认识到既然"双方就债务履行期届满债权未受清偿的事实没有异议，只是就采用何种方式来处理抵押财产的问题达不成一致意见。抵押权人可以直接请求人民法院拍卖、变卖抵押财产。"③ 在《中华人民共和国物权法》（以下简称《物权法》）中与《担保法》的规定不同，《物权法》第195条第2款规定："抵押权人与抵押人未就

---

① 参见中国人民银行研究局、世界银行集团外国投资咨询服务局、世界银行集团国际金融公司中国项目开发中心：《中国动产担保物权与信贷市场发展》，中信出版社2006年版，第13、16、284页。
② 全国人大常委会法制工作委员会民法室编：《中华人民共和国物权法条文说明、立法理由及相关规定》，北京大学出版社2007年版，第357页。
③ 曹士兵：《中国担保制度与担保方法——根据物权法修订》，中国法制出版社2008年版，第357~358页。

抵押权实现方式达成协议的，抵押权人可以请求人民法院拍卖、变卖抵押财产。"对于此条的理解，有学者认为"关于非诉执行程序实现抵押权的规定，不失为一大进步"，因为它"明确排除了以诉讼方式实现抵押权。抵押权人向法院请求实现抵押权的程序性质上应属于非诉讼的执行程序。通过非诉讼执行程序实现抵押权，法院仅需对抵押权证明材料等证据进行审查，即可裁定实现抵押权，成本低，效率高。"① 但是，我们应当清醒的认识到，在《物权法》实施至今四年多的时间里，司法实践中该条文仍等于是一纸空文，在理论和实践中仍存在问题。

在理论界，仍有学者认为《物权法》所规定的"请求人民法院拍卖、变卖抵押财产"与《担保法》的"协商不成的，抵押权人可以向人民法院提起诉讼"并无本质区别，"只要向人民法院请求就必定是诉讼，因为法院要作出究竟是拍卖还是变卖的裁定。"②

而在实践中的问题更大，因为按照法律规定，抵押合同不能直接作为人民法院的执行依据。

按照《中华人民共和国民事诉讼法》（以下简称《民事诉讼法》）第201条和相关司法解释，即《最高人民法院关于人民法院执行工作若干问题的规定（试行）》第2条的界定的人民法院执行依据法律文书，根本没有包括抵押合同。可见，《物权法》第195条的规定与程序法的规定完全脱节，自然也就无法贯彻实施。因此，出现"第195条第2款关于抵押权实现的新规定基本上没有得到适用，全国各级法院就几乎没有此类采用非诉执行方式实现抵押权的案件"③ 现实状况也就不足为怪了。尽管《民事诉讼法》经过这次修正后，在第十五章特别程序中增设了"实现担保物权案件"，即第196条"申请实现担保物权，由担保物权人以及其他有权请求实现担保物权的人依照物权法等法律，向担保财产所在地或者担保物权登记地基层人民法院提出。"和第197条"人民法院受理申请后，经审查，符合法律规定的，裁定拍卖、变卖担保财产，当事人依据该裁定可以向人民法院申请执行；不符合法律规定的，裁定驳回申请，当事人可以向人民法院提起诉讼。"但是，该法条在今后的司法实践中的现实效果仍有待检验。

---

① 曹士兵：《中国担保制度与担保方法——根据物权法修订》，中国法制出版社2008年版，第265页。
② 江平主编：《物权法教程》，中国政法大学出版社2007年版，第238页。
③ 吴庆宝、王松、张媛媛：《抵押权实现：程序定性和规则设计》，载最高人民法院民事审判第二庭编：《民商事审判指导》（2008年第4辑），人民法院出版社2009年版，第45页。

由此可见，我国在立法上对抵押权实现程序的规定存在缺憾，导致了银行债权强制执行的进入程序繁复、费时和高成本，进而对银行债权的强制执行带来了不利影响。

三、脱困的出路之一——公证赋予抵押合同强制执行力

由前文的分析可以得出一个结论，目前完善银行债权保护亟须解决的问题是如何高效、安全和低成本的实现银行的抵押权。笔者认为，目前最好的脱困出路是通过公证机构赋予抵押合同强制执行效力以实现抵押权，理由如下：

1. 与由银行申请人民法院按实现担保物权的特别程序实现抵押权相比，该路径选择的优势主要有三点：（1）通过公证机构赋予抵押合同强制执行效力实现抵押权更为便捷。尽管新的民事诉讼法在特别程序中增设"实现担保物权案件"目的就在于简化诉讼程序，增加当事人便利。但是与公证相比，仍显繁琐。如银行可以就近选择公证机构而无需前往担保财产所在地或者担保物权登记地，同时也可以避免法院面临"案多人少"带来案件审理时限延长的现实窘境。（2）通过公证机构赋予抵押合同强制执行效力实现抵押权从一定程度上讲更有威慑。要同公证的方式赋予合同强制执行力需要在签订合同的同时办理公证，并在合同中载明当债务人（包括担保人）不履行或者不适当履行义务时，其愿意接受强制执行的承诺。与实现担保物权之诉比较，这在债务人违约之前就已明确了实现抵押权的强制效力，较之违约后的追诉往往更有威慑力。（3）通过公证机构赋予合同强制执行效力在实践中更加成熟。《中华人民共和国公证法》（以下简称《公证法》）、《民事诉讼法》对如何做出、执行具有强制执行力的公证债权文书的规定已有多年，无论是司法实践还是配套的司法解释和行政法规都更加成熟和完备。早在《物权法》颁布之前，不少银行就事先办理抵押合同公证，一旦债务人违约，就申请公证机构依据《民事诉讼法》第214条出具执行证书，然后直接申请人民法院强制执行。而实现担保物权之诉必然还将经历实践的检验后才能够成熟和完备。

2. 与由银行《民事诉讼法》规定的督促程序取得生效法律文书进而实现抵押权相比，选择该路径更具有现实性。从多年来支付令的司法实践来看，试图通过督促程序取得生效法律文书进而实现抵押权，无异于与虎谋皮，因为债务人往往都要提出异议，将案件拖入诉讼。

3. 从域外司法经验来看，大陆法系的很多国家，如瑞士、德国、法国、意大利、俄罗斯、日本等都确立了通过公证机制不经诉讼程序实现抵押权的司

法制度。① 由此可见，以公证赋予抵押合同强制执行力，不失为解决银行债权特别是抵押权实现面临困境的有效解决出路。

综上所述，笔者认为，以公证机构赋予抵押合同强制执行效力，能够更好地控制抵押权实现过程中效率、成本和风险平衡，不仅能够更好地保护银行债权尤其是抵押权，令其及时、便宜、有效的得以实现，更不失为目前正在倡导建立多元化纠纷解决机制的重要一环。

---

① 《瑞士民法典》第799条、《德国不动产法》第29条、《法国民法典》2127条、《意大利民法典》第2821条、《俄罗斯民法典》第339条。日本虽然民法未对抵押合同公证作出规定，但实践中许多债权文书都由公证人赋予强制执行效力。参见司法部律师公证工作指导司编：《中外公证法律制度资料汇编》，法律出版社2004年版，第602~603页。

发挥审判和执行职能　有效防范金融风险发生

河北省承德市兴隆县人民法院　冯　静

近年来，金融纠纷案件呈现高发态势。金融类案件纠纷已经由传统、单一的借贷为主向更复杂化发展，给传统的民商事审判工作带来巨大的挑战，因此，要求金融类案件审理必须专业化、专门化。兴隆县人民法院走在以司法创新推动金融发展的前沿，于 2010 年 8 月 18 日设立"金融合议庭"，充分发挥金融审判职能，努力营造良好的金融司法环境；完善并创新金融案件执行工作机制，加大对金融债权的强制执行力度；以专业化建设为重点，努力打造一支既精通金融法律政策、又熟悉金融市场运作的专业化金融审判队伍；积极延伸审判功能，加强与金融部门的沟通与交流，增强金融监管的针对性，促进金融市场的健康发展。通过专门的金融类案件的审判，对于金融案件纠纷中涉及的不利于金融机构债权实现的相关问题向金融企业提出建议和整改意见，争取通过对金融企业人员进行金融债权担保的相关法律培训，提高金融企业在设定金融债权担保方面的能力，以保证金融债权的最大化实现。通过加大审判和执行的力度，有效的防范金融风险的发生。下面结合具体的工作实践来谈谈几点看法。

一、实践中可能引发金融风险的金融借款合同之表现

1. 多人以自己名义借款，实被一人所用。这种现象最多，有作为借款人为他人借款的，也有把自己的信用卡给他人使用的小额信用卡透支的，这些"名义"借款人自己并未实际借用并使用借款，所以，借款到期后不愿意偿还，引发诉讼。这类案件的借款人多为农民或普通工人，法律意识淡薄，碍于亲朋好友或领导面子，过于相信他们的实力，便亲自以自己名义，或同意他人以自己名义申请贷款，实际款是为他人所借，而信用社在借款到期后只能起诉借款人，贷款的真正使用人逃避了法律责任。而"名义"借款人大都是家庭

困难，生活尚难以为继，根本没有能力偿还借款。而实际使用人因借款数额比较大，或是自己经营不景气资不抵债，也无力偿还贷款，成讼后，因无证据或证据不足，借款人无法推责，实际使用人无力偿还，借款人又不愿还，使案件既不能调解，判后执行又困难，搞不好还会形成涉法信访问题。

2. 借款人与担保人互不相识。许多案件借款人与担保人的居住地不同，且互不认识，往往是应熟人请求在空白的担保合同上签字，有一部分担保人则是将个人身份证借给他人使用，既不知为谁担保，也未到场签字，其结果是担保人、借款人、信用社经手人之间的借贷、担保程序漏洞百出，导致担保根本无效或担保不能发生作用，不仅增加了贷款的风险程度，而且可能造成国家的损失。一旦发生还贷不能问题进行诉讼时，熟人不露面了，担保人又提不出可以支持自己主张的证据，按照法律事实法院作出判决后，担保人的抵触情绪很大，这样的案件也只能进入到强制执行程序，带给执行法官的难度就可想而知了。

3. 多次借款、互为担保、多次担保。具体实践中，我们发现，有个别借款人借贷动机不纯，甚至有些人从一开始就抱着只借不还的心态运作借款事项，加之信用社与其他银行的管理部门没有不良行为的联网记录，贷款管理又存在漏洞，导致多次借款、互为担保、多次担保情况极易发生。等到贷款到期后，各个金融机构均起诉到法院才发现借款人与担保人间的多次循环、互为担保，而且因多次借款累计数额较大，担保人与借款人互相推脱，谁也不愿意承担还款义务，甚至有的当事人下落不明、有的当事人根本无还款能力，即使金融机构赢了官司，得到的也是一纸"法律白条"，法院强制执行的结果也是无可奈何，金融机构"赢"了官司却"输"了国家财产。

二、引发金融风险的原因分析

社会整体信用度下降、金融管理制度不健全、法律滞后是导致金融风险发生的客观原因。

社会整体信用度下降。从近几年案件审理看，相当部分的借贷人从开始就没打算还贷款，理由很充分，国家的钱谁都是花。一旦法院的判决下来了，实在躲不过去，花点钱托托人，钻国家政策的空子，把所欠的贷款作为"呆账、死账"一处理就完事。不客气地说，欠贷不还的人中绝大多数根本无视信用，根本不拿赖账当耻辱，甚至乡邻还对其能把欠账赖没的本事深感佩服。这样的社会诚信状态如任其发展下去，国家就有被掏空的一天。

金融机构管理制度不健全。金融机构内部风险防范意识不强。风险理念薄、风险意识不强,风险防控断链,导致管理不到位和管理失控等问题频频出现,特别是个别工作人员无视规章制度、法律法规,利用职权与借贷人内外勾结,违规违纪甚至违法操作,给国家财产造成损失隐患。从近几年案件来看,金融机构个别员工执行制度的质量很低,效果很差。执行力弱导致岗位职责不清,相互监督、相互制约乏力。员工对已制定下发的规章制度不仅不重视而且不受其约束,使执行流于形式,从而造成管理漏洞和风险隐患。监督、处罚力度不够。监管部门疏于行使监督责任,对员工执行制度不到位,甚至违规违法操作视而不见,形成管理真空,当内部发现了问题,惩处措施不力,隐患整改不及时、不到位,违章违制成本较低,使敢于冒险的人能心存侥幸,继而铤而走险,直至损失发生。所以,金融机构工作人员违规放贷、内部工作人员与借款人内外勾结弄虚作假骗取贷款、甚至与实际借款人恶意串通损害国家和担保人的利益、不按规定审查贷款人的家庭情况及还贷能力,盲目放贷是贷款损失的主要原因,更有甚者,一些金融工作人员在明知借贷人根本没有偿还能力,但因收取了借贷人给的好处后,便大额放贷或者多次放贷,人为地、故意地增加国家的损失,个别工作人员甚至亲手伪造借款人、担保人的签字或印章骗取贷款,当问题发生时借款人、担保人根本不存在,国家的损失无法挽回。

立法滞后。到现在为止,我县还没有哪个赖账者因欠债不还被追究刑事责任,除非是构成刑法中的拒执罪,否则没人追究他的刑事责任。没有规定,或许虽有规定因没人追究造成打击不力,给了那些居心不良,利用国家的借贷政策漏洞蚕食国家财产的人以合法的"保护伞",这也是防范金融风险、降低金融风险工作一直被动的因素之一。

三、法院在处理金融案件审判、执行中遇到的困难

大量借贷资金不能收回不仅给国家造成巨大损失,而且严重扰乱金融市场秩序,同时因大量的借贷案件涌入法院,给法院也造成巨大审、执的压力。当前,案多人少已成为制约法院各项工作发展的瓶颈,而借贷案件的特点之一就是一案多人,且居住分散,审理压力大,由于群众的维权意识增强,法院审理每起案件在程序上不能有丝毫差错,每件案子只有一名当事人找不到,便可导致开庭时间难以确定、全案事实难以查清,之后变得调解、和解根本就无从谈起,整个诉讼周期被人为延长,即便缺席判决后进入执行程序,因无法找到未到庭当事人,在担保人偿还借款后,会影响到担保人追偿权的行使,形成不公正。而根据金融案件的情况,进入到执行程序的案件被执行人有可供执行财产的寥寥无几,大部分被执行人是暂无执行能力或根本找不到被执行人,由此大

部分执行案件只得中止执行,金融机构又不能放弃债权,因此大量不能执行的案件积压在法院的"大筐"里,甚至还有可能引发涉法涉执行信访案件。

在执行环节,由于当事人的法律意识比较淡薄,一般不会自动履行发生法律效力的判决,判决让担保人偿还贷款的,因为担保人并没有实际使用借款,执行他都不见得掏钱,更不会自动履行生效判决。大部分的裁决都要进入到执行程序,强制执行过程中,法院需对当事人的存款、房屋、汽车等财产进行查封、扣押,当事人依旧不履行还款义务,再对这些财产进行拍卖、变卖,耗时耗力的结果一般来说达不到预期的效果,所以,金融案件的特点是审结易而执行难。造成执行难大都因或被执行人、担保人下落不明,或没有给付能力,案件只能长期中止,对此结果,法院、金融机构都无可奈何。

四、充分发挥职能作用,有效防范金融风险的发生

(一)注重诉前调解和快捷审判相结合

兴隆县法院注重金融案件诉前调解工作,提高服务意识,在"金融合议庭"建立金融案件审判的绿色通道,对金融案件迅速进行诉讼程序安排,包括送达、举证、开庭、合议等,对可能调解的案件尽快调解,调解不成则以最快的速度裁判,强调案结事了,积极采取措施,加大了财产保全力度,提高办案效率,依法认真审理各类金融案件纠纷,积极防范和化解金融风险,为金融机构保好驾、护好航。(1)明确维护金融秩序,防范和化解金融风险的指导思想;(2)加强有关法律、法规的学习,为提高干警业务素质、提高案件质量打好坚实基础;(3)出台规章制度,确定简便快捷的审判和执行模式,对金融纠纷案件快审速判,注重案结事了;(4)加强对金融纠纷的调研工作,对出现的新情况、新问题开展调查研究,认真总结经验,制定新的审理方案;切实维护好金融机构的合法权益,最大限度防止金融风险的发生。

(二)注重与金融机构的沟通,规范金融机构涉诉管理模式

2010年底,速裁办主任到各金融机构走访,与金融机构沟通,为了更好地做好以后的工作,征求各方对金融合议庭工作的意见和建议,积极整改。基于此兴隆县法院经研究出台了"金融合议庭工作流程",目的是为了程序化、系统化、集中化的审理与执行金融借款合同纠纷,同时加大了金融合议庭的审判力量。2011年元月,兴隆县法院就贷款清收工作与兴隆县农村信用联社达成共识,凡涉及信用社的贷款诉讼案件集中立案、集中审理、集中执行。县联社建立了不良贷款依法收贷资料库,各信用社建立了诉讼收贷案件台账,按照

已起诉未裁决、已裁决未执行和准备起诉三类分类管理。县联社确定两名同志专门配合金融合议庭做好依法收贷工作,加强金融合议庭与信用社的沟通,深入基层信用社摸清案源,并对将要起诉的案件进行偿债能力分析,找准对象,有的放矢,提高依法清收不良贷款的工作效率。

通过与金融机构的沟通,帮助金融企业完善落实监管制度。金融机构应积极发挥部门监管力度,及时发现问题并及时处理,对内部职工的违规行为加大惩处力度,以儆效尤。完善贷款审批到发放的跟踪机制,出台"死账、呆账"的责任追究办法,让放贷者树立责任意识和风险意识。放贷的同时考虑借贷人偿还能力,把贷款回收率与员工的收入挂钩,提高慎重放贷意识。对利用职权违法放贷涉嫌犯罪的绝不姑息,及时移送司法机关进行处理,起到警示和教育作用。加强对信贷工作人员的培训,增加他们的遵法守法责任心,做到依法放贷,防止违规放贷现象的发生。金融机构内部加大对逾期债权的追讨力度,积极配合司法部门清收债权。对到期没有归还的债务人,及时发出催收通知书,在担保期间内对担保人书面提出清偿债权要求,以确保诉讼时效和担保的效力,从根源上防范金融风险的发生,最大限度地减少金融机构的诉累。

(三) 加大审判和执行力度,强调执行效果

1. 对已经受理的审判和执行案件,依然主动上门听取金融机构的意见,共同分析执行难点。将对尚未执结的金融案件,特别是中止执行,程序性终结案件全面进行一次自查。在过堂的基础上,到银行和信用社进行一次上门巡回分析,以充分听取各银行和信用社的意见,拓宽思路,研究对策,各个击破。

2. 使用简便快捷的审判模式,快审速判,有效缩短了审判周期。兴隆县法院对金融案件开通简便快捷的"绿色通道",实行快立、快审、快结、快执,确保案件在较短的审限期限内结案,降低诉讼成本,减少国家损失。根据诉前调解百姓乐于参与、对抗性小的特点,加大诉前调解力度,争取更多的纠纷解决在诉前。针对审判案件多、审判压力大的问题,采取集中就地审理的方法,成批次进行巡回审理,送达同时进行庭前调解,能当庭履行就当庭履行,调解不成的就排期开庭,及时判决,有效缩短了审判周期。

3. 规范执行机制,分层管理与高效执行相结合,健全执行威慑机制。在执行工作中,整合金融执行案件和执行力量,提高执行能力。通过自查、过堂、上门听取意见,负责金融执行的干警要定期分析金融执行案件,加强业务学习,增强责任心,同时对金融执行工作进行量化管理。严格执行流程管理,限时完成必要工作。执行员收到案件后必须在三日内向被执行人送达执行通知书,十日内调阅审判卷宗,了解案情,见面谈话;一个月内完成对被执行人收

人、银行存款、有价证券、不动产、车辆、设备、知识产权、投资及收益、到期债权等资产状况的调查，并依法采取执行措施，四个月内执行结案。有特殊情况需延长的，必须经过批准，可以延长二个月。就审判案件采用集中审理、快速判决的方式，将主要精力放到执行上。审判人员分成三个组，定案件，定指标、定要求，争取审理一批案件，就执行一批案件，即使一时执行不了的案件，也必须做到穷尽措施，财产见底。执行中注重方式方法，努力做到法律效果与社会效果的有机统一。始终保持执行高压态势，适时开展金融案件专项执行活动，对有财产可供执行的案件，必须无条件执行。无财产可供执行的案件，在材料齐全和金融机构同意的基础上，依法决定终结和中止执行。对被执行人是公职人员的案件，除申请人同意和解外，对被执行人采取统一的集中执行措施，必要时通过其单位领导做工作，提高执行压力，促其积极、主动履行还贷义务，确保执行效果。对有条件履行义务但抗拒执行的被执行人，收集齐相关证据后采取强制措施，必要时以拒执罪报公安机关立案侦查，维护法律尊严，达到"执行一案震慑一方"的社会效果。

4. 抓反面典型，通过多层次的宣传，形成良好的执行氛围。执行中，对有履行能力而拒不履行，恶意逃债、躲债、赖债的被执行人，将用足用好法律赋予的各种强制措施，该罚款的罚款，该拘留的拘留。对拒不履行的典型案件，通过报纸电台，公开跟踪报道，让赖债者受到惩罚，让老百姓了解并支持法院执行工作，以形成良好的社会氛围。通过普法宣传，提高群众法律意识，树立正确的诚信观。充分利用乡镇的司法服务中心，将普法的触角延伸到村、组。法院尽可能把金融案件放到田间地头去审理，充分利用巡回审理的机会，用具体的案例来教育广大群众，提高诚信意识，依法借贷，积极还贷。同时，组织金融机构职工旁听金融犯罪案件的庭审过程，用真实案例教育他们遵守金融法规法纪，从内部降低金融风险发生概率。

浅析金融债权的法律保护

河北省康保县人民法院　焦志华

金融债权是指商业银行、政策性银行和信用合作社等经营贷款业务的金融机构根据借款合同发放贷款而产生的，以借款方到期给付一定数额金钱为内容的债权[①]。金融债权与一般的债权相比较，具有特殊性。这决定了必须对金融债权采取有效的保护，来维护金融债权的实现。我国法律对金融债权的保护态度也是十分明确的，但是在实践中，对金融债权的保护缺乏专门的法律规定，这对我国金融债权法律保护十分不利。因此推动我国有关法律的修改和完善，加强金融债权案件的执行力度，强化金融债权的法律保护具有重要意义，从而实现依法预防和化解银行的金融风险，维护国家的金融安全，保持金融市场的长期和谐与稳定，推动我国金融市场和国民经济的可持续健康发展。

一、金融债权案件执行难的原因

（一）被执行人信用缺失

社会主义市场经济是法治经济、信用经济，在社会转型时期，由于观念变化过速，但是法律却相对滞后及不健全，导致许多企业缺乏诚信意识。在许多经营者头脑中，守法经营观念很差，为了追求利润最大化，不惜占用他人资金或财产作为自己发展的手段，不讲商业信誉。金融债务人通过各种手段拖欠、规避金融贷款机构债权，甚至将正当经营、积极偿债的行为当做不合时宜的表现。在此类案件执行过程中，被执行人以各种理由和方式实施逃废债行为，正是由于信用缺失，造成了金融债权案件的执行陷入僵局。

（二）金融机构自身管理机制滞后缺失，监督不力

金融机构对贷款管理缺乏科学、系统、规范实用的风险管理和约束机制，

---

① 王洁：《金融债权保护法律问题研究》，山西财经大学出版社2011年版。

风险意识不强，信贷管理工作不到位，没有真正把贷款审查制度落到实处。使贷前调查流于形式，贷中审查跟着领导走，贷后检查空白①。放松对企业贷款使用情况的监督，目前贷款质量差、金融债权难落实正是多年来风险积淀的集中暴露。具体讲：有些银行在贷款时未按规定操作，没有严格审查借款人的主体资格、资信状况、还款能力、贷款用途等就盲目放贷；有些银行对借款人提供的抵押物、质押物权属的真实性、有效性及实现上述权利的可行性审查不实就轻易放贷；有些银行个别人员甚至发放关系贷、人情贷、金钱贷等。这些违规放贷和腐败行为直接导致了日后贷款无法收回，法院判决无法执行。

（三）地方保护主义严重

地方企业直接关系到当地的经济发展和当地政府的财政收入，也关系到地方官员的政绩。而银行等金融机构或者统属于中央政府，或者由私人及其他企业所有，与当地政府不存在直接的利益关系。地方政府为了当地企业的发展，就采用牺牲金融债权人利益的方法使地方企业甩掉金融债务。地方政府不但鼓励地方企业逃废金融债务，甚至为其出谋划策。当金融机构对企业提起诉讼时，地方政府就直接干预金融案件的审理和执行，禁止当地法院查封和执行企业财产。

（四）金融机构不及时行使诉权

许多金融纠纷案件金融机构在债务人有偿债能力或部分偿债能力时不起诉，而是采取各种方式长期催要无着后才诉至法院的。特别是因金融机构违规操作或有关人员从中渔利而导致的纠纷，往往要等到负责人更换后才起诉，这些案件因时过境迁，有关企业已倒闭或濒临破产，即使法院判决也难以执行。另据调查，目前金融机构大量的陈年贷款未能及时清收，其中有许多贷款已超过诉讼时效，失去法律的保护。

二、保护金融债权的必要性及紧迫性

（一）金融债权保护对金融机构的影响

在金融债权关系发生的时候，债务方不按照合同中的约定履行还款义务，或者是对于合同根本就没有履行，导致了负债方为了追逐其私人利益所带来的成本与社会成本之间的不相符的现象。金融债权如果不能实现，必然会削弱金

---

① 禹初华：《金融不良资产案件执行难问题研究》，载《宁夏大学学报（人文社会科学版）》2007年第2期。

融机构的服务效率，会减少金融服务的供给，阻碍了金融机构进行金融业务创新，降低银行信贷积极性，导致银行信贷资产质量下降，危及到银行的业务经营，最终造成金融动荡和经济危机，直接影响了社会主义市场经济的发展。

（二）金融债权保护对企业制度的影响

在我国的金融体系中，国有商业银行是主体，它们拥有的金融债权占主导地位。对于那种大批量的逃废债，如果不能得到有效地控制，结果就会使得金融机构的国有资产大量流失，商业银行的企业法人地位这个合法权益就必然会受到侵害。而对于企业来讲，建立现代企业制度，必须做到产权明晰、权责明确、政企分开、管理科学，一方面，产权明晰、权责明确必然会要求对金融债权进行保护，另一方面，加强金融债权的保护也是企业转变经营机制、改变企业的经营理念、增强企业竞争力的压力和动力。我们只有加强对金融债权的保护，才会促使企业真正地建立现代化的企业制度。

（三）金融债权保护对社会信用的影响

诚信是维护金融市场发展的基石，这就要求有借有还，到期归还，还要还本付息。近些年来，在金融债权的市场交易过程中，信用缺失的情况屡见不鲜，企业的信用度普遍降低。不少企业采取不守信用的方法，对自己的贷款能拖就拖，更严重的是作为金融债权债务人的企业，在亏损和逃废债产生之后引发的企业信用危机将会造成更深层次的金融危机。

因此，加强金融债权的保护，对那些不履行金融债务的责任方，要依法追究其法律责任，使得债务人增强还款意识，呼吁整个社会重视社会信用，有效遏制信用危机的产生。

三、对金融债权法律保护的建议

针对当前我国金融债权案件难以执行的现状及原因和进行金融债权保护的必要性分析，笔者认为，完善我国金融债权法律保护应该从以下几个方面努力：

（一）完善法律法规

法律、法规是金融债权保护的最后屏障，建立统一完善的法律制度和内容充实、可操作性强的法律内容对保护我国金融债权安全具有重要意义，特别是对于金融债权受到侵害时的维护，具有其他保护方式不可替代的位置。金融司法与民法的发展相互联系，同时又有自己独特的特征，金融债权问题涉及整个经济体系，运用传统的债权保护很显然不能满足当前金融债权保护的现状，金融司法应该在债权保护问题上，推动建立金融债权保障机制，应该推动金融立法的民事性特征，注重发挥《合同法》、《担保法》、《商业银行法》以及《破产法》的配合作用，特别要注重代位权、撤销权制度在金融债权保护中的重要作用。

在执行程序上，要以举证责任的分配为基础，在获得诉讼胜利的基础上，完善执行程序。适当延长金融债权案件的执行期，对确实复杂，执行有困难的，延长一个月，延长次数以两次为限。在合议庭的组成上，应成立专门的金融债权保护合议庭，专门负责金融债权案件的审理工作。案件的执行由执行局全面负责，赋予执行机关不受任何行政机关和个人干涉的权利。建立预防行政干涉监督检察部门，对出现干预金融债权保护工作的行政机关和负责人，严格追究责任。

（二）推动诚信建设

市场经济的基本特征之一体现为信用经济，针对当前我国信用制度不完善的现状，特别是金融债权保护领域，信用危机现象较为严重的问题，应该积极推动我国信贷信用制度的建立。要在民法等法律中对信用制度作出原则性规定，在有关金融机构信贷中严格按照信用制度审批贷款。从而有效缓解贷款企业逃废金融债权行为的发生所引起的金融机构与企业之间的信用危机。

积极推动社会信用制度法制化，由于我国缺乏支持法律良性运作的道德资源环境，缺乏人心深处的信用意识的复苏，信用陷入了不守信的恶性循环[①]，导致了我国信用法律化的进程缓慢。针对金融债权保护工作，各金融机构即各大银行之间，可以通过建立资源共享的共用信用数据库，完善相关的资产评估制度和企业信用评估制度，设立相关的企业信用评估机构，按照保护金融债权安全的需要出发，制定企业信用评估规范，明确评估机构提供虚假评估的法律责任，从而使金融机构在发放贷款的时候能够有效掌握企业和个人的资信状况，为贷款的发放提供信用依据。对信用状况较差的，严格限制其信用额度和贷款额度，对信用较低的企业，应该以提供必要的担保作为发放贷款的依据，从而有效保护金融债权的安全。

（三）严把信贷关

金融机构要从源头上加强预防，严格审查贷款方的资信证件，并深入进行实地考察；严格审查担保方的担保资格和抵押物的情况，确保担保的切实有

[①] 侯太领：《债权危机——法律漏洞的补救与债权保护案例分析》，法律出版社2005年版，第38页。

效,防止重复抵押。同时,金融机构要注重对放贷资金的管理,从中间环节上强化监督。对贷款人的资金使用、经营状况以及担保物资的保管、处置等情况,随时加以了解掌握,以便及时发现问题,请求法律保护。

(四)加强执法力度

通过司法救济获得金融债权的保护是金融债权保护的最后一道防线,但执行是保证债权得以实现的关键,但是,目前我国并没有一部完整的执行立法。在金融债权实现过程中,还存在执法力度不足的问题。造成这些问题的原因既有于执法过程中存在收费标准、执法效率也有地方保护的干涉。因此必须保证司法部门办案的独立性和权威性,严格按照法律的规定,平等的处理金融债权、债务关系,平等对待债权人和债务人,防止出于地方保护之目的对金融机构进行不必要的限制。充分发挥人大机关、检察机关对这一过程的监督。

对于金融债权案件的执行,必须加强业务人员的执法培训,提高业务人员基本素质,有条件的法院要建立专门的金融案件的执行办公室,加强对执法程序和执法行为的监督,严格责任机制,尽可能地提高执行效率和执行效果。

灵活运用各种执行手段提高执行效率,最大限度地实现债权回收。不应将被执行标的物局限在借款人、保证人的有限财产或抵押物上,应当对法定的各种执行手段加以灵活运用。例如:(1)执行被执行人对第三人的到期债权;(2)执行被执行人的投资权益,对被执行人从有关企业应得的已到期股息或红利等收益,禁止被执行人提取和有关企业直接向被执行人支付;(3)及时变更和追加被执行主体,对于被执行人被撤销、注销或歇业后,可以执行上级主管部门或开办单位所接收的财产;(4)利用悬赏的办法执行,对于被执行人采取多头开户、隐匿或转移财产拒不履行或逃避履行金融债务的,人民法院可以根据执行案件的实际需要,采取有奖举报公开悬赏的方法,寻找被执行人的财产及财产线索;(5)请审计部门协同执行,依法委托审计部门,被执行人的财产进行全面审计,确定其偿还能力并对发现的财产予以强制执行;(6)限制被执行人的消费,针对一些被执行人恶意拖欠金融债务、花天酒地高消费生活的现象,对其采取限制消费的方法,可以将其名单通过新闻媒体和报纸等手段予以公布,请社会各界和人民群众监督。

结 语:

金融债权的安全关系到整个金融市场的发展,关系到社会信用制度的建立，关系到社会主义市场经济的顺利、快速发展。对金融债权的法律保护必须多管齐下，重视执法和司法救济手段的运用。加强社会信用制度的建立，推动信用制度的法律化。不断完善相关立法，加大金融债权案件的执行力度，保障金融债权的顺利实现，维护金融市场的稳定，推动国民经济的健康发展。

商业银行诉讼案件执行难问题浅析

农业银行辽宁分行　武　翠

近年来，我国商业银行发展态势迅猛，营利能力突出，依法合规经营和现代化公司治理水平不断提高，但随着商业化进程的深入推进和业务经营的多元化发展，以银行为诉讼主体的各类法律纠纷屡见不鲜，银行一方面要积极应对被诉案件所引发的各种不良后果，另一方面要全力以赴追求主诉案件的胜诉结果，最大程度保全银行利益不受损失，而胜诉案件的执行难问题则严重影响甚至是阻碍了商业银行诉讼效益的实现，同时在一定程度上对银行信贷资产质量和经营效益构成了威胁，司法的公平正义也难以得到切实体现。因此，对银行诉讼案件执行难问题进行分析，寻求银行权利实现的合法、有效途径显得尤为迫切和重要。

一、银行胜诉案件执行难问题的现状

2008年年底开始，全国各级人民法院掀起了一场轰轰烈烈的清理执行积案的暴风运动，使执行工作向前迈进了一大步。2010年，引人注目的深化执行工作全面展开，一系列行之有效的执行措施相继出台，使执行工作又跨上了新的历史阶梯。但在肯定成绩的同时，我们应清醒地认识到，执行难现象仍然大量存在，执行难问题尚未从根本上得以解决，其所带来的各方面负面影响不容忽视：一方面，执行难问题的存在成为阻碍银行诉讼权益实现的一条难以逾越的"鸿沟"，严重影响了银行等债权人利益的实现；另一方面，执行难问题的存在也使民事诉讼制度的价值难以充分发挥，司法的公平和正义也难以切实体现。

执行难问题在具体的执行案件中基本表现为以下五种情况：（1）债务人没有履行能力。通常情况下债务人逾期未能偿还欠款的主要原因在于其还款能力的丧失，这种情况下债务人自身经营情况严重恶化，负债多、亏损重，甚至濒临破产边缘,可供执行的有价资产十分有限,给执行工作带来了很大难度。(2)债务人故意逃避履行。由于一些企业管理不规范、不诚信,法律意识薄弱,在银行贷款到期前采取各种手段转移、隐匿资产,造成"无财产可供执行"的假象。如将有效资产从原企业剥离出来成立新的股份企业,不承担或少承担债务,将债务挂在没有偿债能力的老企业上,新企业不承担老企业的任何债务等。(3)担保物权处置不畅。担保物权作为保障债权实现的有效方式并未完全发挥效用,以往年度执行积案中虽然银行债权上存在有效担保,但往往因担保物流通性、可变现性较差或是担保物自身存在物理、权属上的瑕疵导致处置存在一定障碍,执行工作困难重重、举步维艰。(4)执法环境不佳,外部因素干扰较多。一些执行案件中,债务人利用各种资源、关系需求外部保护,某些地方政府为保护地方企业利益不惜利用手中职权不当干预正常的司法审判和执行工作,严重损害了债权人的合法权益。(5)个别法院执行不力。案件执行是一项艰难的工作,个别法院、执行人员有畏难情绪;个别执行人员素质不高,不给个人好处就故意推诿,致使案件无法执结。

二、银行诉讼案件执行难原因分析

(一)外部环境原因

一是在观念层面上,整个社会的信用意识还比较淡薄,人们对信用评价的认识还没达到应有的高度,还存在一些原有的旧思想,认为银行的钱是国家的,存在一种"占便宜"的心理,所以对人民法院的裁判逃避执行,这种市场经济道德观念的缺位是造成执行难的一个首要原因;二是在体制层面上,司法独立性不到位,导致地方保护主义纵容。长期以来,地方法院的人、财、物都受制于地方,机构产生于地方,院长由地方人民代表大会选举,经费也是同级政府拨付,这种体制下,法院很难保持完全的司法独立性,其执行工作不同程度地受到地方政府的干预,地方企业在政府行政权力的保护下有恃无恐;[1]三是在立法层面上,化解执行难的制度还不够完善。我国至今未有系统的、全面的、完整的执行立法,现有的法律和司法解释已不能满足执行工作的需要。实践表明,执行难的状况与在执行中有些问题的处理无法律依据有很大关系。四是在实践层面上,缺乏行之有效的执行措施。在我国当前社会中,由于司法缺乏应有的权威性,很少有当事人主动履行人民法院的判决,而是想尽各种办

---

[1] 韩大新、潘维荣、孙雁鸣:《金融危机环境中商业银行胜诉案件执行难的对策研究》,载《沈阳师范大学学报(社会科学版)》2009年第4期(总第154期)。

法逃避执行,而法院和债权人对债务人财产状况的查询、控制手段有限,缺乏有效的措施保证执行工作的深入进行。

（二）内部管理原因

由于历史原因,部分信贷资产质量差,起诉和执行时间滞后。由于原来商业银行的管理存在一定的漏洞,尤其国有商业银行在上市前和地方商业银行在转制前,都存在一定的违规经营行为,信贷资产质量较差,放贷时缺乏法律风险意识,忽视对借款方自身经济实力及债权债务的调查,没有从法律角度防范风险；放款后,没有对借款人进行跟踪检查、也未能随时注意借款人经营情况的变化和及时催收贷款,导致出现借款人主体资格不合法、不具备偿债能力、担保不能有效落实等问题,给银行现在依法清收和转化不良资产工作中带来了很大困难。

三、解决商业银行诉讼案件执行难问题的几点建议

为了最大限度地实现银行债权,保全金融资产,使银行的胜诉案件执行工作得以顺利进行,可以从以下方面着手努力:

1. 优化外部执法环境,加强法治建设

一是健全完善企业信用评估制度和体系。在金融危机环境中加快完善成熟的市场运行体系和社会信用制度,在各商业银行信用评估制度的基础上,健全一套完整统一的对企业信用评估的制度和评估体系,建立统一的企业信用服务中心,构筑统一的企业信用服务平台,对企业信用进行调查、监控等工作；二是改革司法体制,健全执行管理。要建立符合现代法治原则的司法体系,实现司法独立性和权威性,同时不断创新创新执行措施,完善提级执行、委托执行、异地执行等,积极会同公安、工商等部门,实行部门联动和地区联动,进一步加大执行工作执法力度。

2. 加强商业银行内部管理,提高执行效益

一是采取事前防范措施,加强贷前审查,确保将贷款发放给效益好、还贷有保障、风险小的企业；同时严格审查保证人的保证能力以及担保物的合法性和价值变现能力,合理选择担保方式,主动避免循环保证、超额保证等现象出现,坚决杜绝担保的形式化；二是加强贷后管理,紧密跟踪贷款企业,全面掌握贷款企业的贷款运用、经营及财产状况,关注企业的重大资产处置情况,关注企业经营管理体制的变化,企业面临的诉讼风险等。同时要加强合同管理,特别注意在履行合同过程中发生变化情况时的法律审查,确保合同履行全过程均合法有效。

3. 丰富执行策略,加强协调配合

一是商业银行要主动运用不同的策略促使逃赖债务的企业还款。例如通过金融法制宣传、新闻曝光、发动社会力量举报、请求人民银行在银行业内实施行业制裁等手段,迫使企业注重信用,归还银行贷款;二是灵活运用多种诉讼及执行手段为提高执行率。商业银行在债权实现中,不应将视角仅仅局限于借款人、保证人及其有限财产或仅仅将目光盯在抵押物上,可以综合运用法律规定保护债权。比如说,在诉讼阶段提起代位权诉讼、撤销权诉讼等,在执行阶段及时变更和追加被执行主体,申请执行企业尚未支取的收入等;三是商业银行要积极加强与法院、政府的联系,争取理解和支持。同时,积极协助、配合法院的执行工作,及时向法院提供案件执行线索;主动、积极、经常性地向政府汇报,争取政府部门的行政支持和理解。

参考文献

1. 韩大新、潘维荣、孙雁鸣:《金融危机环境中商业银行胜诉案件执行难的对策研究》,载《沈阳师范大学学报(社会科学版)》2009 年第 4 期(总第 154 期)。

2. 马洪伟:《执行难现象的法律透视》,载《中南民族大学学报(人文社会科学版)》2005 年第 1 期。

3. 张杰:《关于解决商业银行胜诉案件执行难问题的法律对策》,载《武汉金融》2001 年第 4 期(总第 16 期)。

4. 张敏:《银行借贷案件执行难问题研究》,华中师范大学硕士学位论文,2011 年 10 月。

5. 刘泽华、唐慧丽:《银行债权执行难的原因分析及对策选择》,载《西安金融》2001 年第 1 期。

金融债权案件执行现状分析

河北省青县人民法院 刘立艳

我县辖区现有七家一般金融单位，分别是工商银行青县支行、建设银行青县支行、农业银行青县支行、中国银行青县支行、邮政储蓄银行青县支行、青县农村信用合作联社及其信用分社、沧州银行青县支行。现就该七家金融单位作为申请执行人得金融债权案件执行情况作如下调查分析，以期对今后的执行工作有所启发：

一、案件受理情况

工商银行、建行、农行、中行、随着其改制成为股份银行时，不良资产的剥离，近五年均未作为申请执行人向人民法院申请执行过借款合同的纠纷案件。沧州银行青县支行2012年5月份才成立营业，因营业时间短，现暂未出现借款合同纠纷案件。青县农村信用合作联社是我院近些年来受理的其作为申请人申请执行借款合同纠纷最多的一家单位。其自2007年至今共申请执行了897件金融执行案件，涉案标的额3000余万元，其中2007年立案15件，2008年立案132件，2009年立案187件，2010年立案303件，2011年立案156件，2012年截止到9月1日立案104件。2010年立案突出多是与本年度开展集中清理活动有关。邮政储蓄银行因成立时间短，自2010年才开始向法院申请执行借款合同纠纷案件，其中2010年申请执行9件案件，2011年申请执行12件。从上述统计数字来看，金融执行案件呈逐年上升势态。

二、案件执行情况

近些年来，我院对金融执行案件比较重视。或开展集中清理活动，或设立专项清理庭室或小组。尤其是2010年省高级人民法院与河北省农村信用合作联社联合开展的农村信用合作联社借款合同执行案件集中清理活动。我县法院清理积案 200 余件，效果显著，为青县农村信用合作联社收回资金 1000 余万元。我院对该类借款合同纠纷案件重视程度等同于其他一般案件，并非因申请执行人为企业而轻视。对因被执行人暂无财产可供执行而终结本次执行程序结案的案件，严格控制。其执行手段、方法如下：

（一）扩展被执行主体和财产查询范围

因案件诉讼时仅列借款人和担保人为当事人，而判决时确定的承担责任的就仅为借款人和担保人，故执行立案后，首先对案件进行审查，审核该借款的年限和用途，调查借款人、担保人基本情况，分析是否可以归结为夫妻共同债务或家庭债务。如果是夫妻共同债务或是家庭债务，那么案件在执行中，扩展被执行人主体，追加被执行人。对财产的查询范围也扩展到被执行人家庭共同成员。对财产查询也要具体到下面几个方面：（1）存款或储蓄类型的保险金；（2）收入；（3）车辆；（4）城镇住房；（5）企业开办情况。绝不能有遗漏的死角。

（二）财产查、报相结合

在办案过程中，一是责令被执行人报告财产措施必须到位。以避免法院查询被执行人财产有遗漏，故要求被执行人必须按照民诉法的要求。严格的、如实的向法院报告财产现状及一年前的财产变动情况，以此深挖执行线索；二是调动申请执行人的积极性，利用放贷时曾经对借款人财产状况调查的优势，向人民法院申报已掌握的被执行人可供执行的财产线索，使法院执行中做到对被执行人的财产控制足够的及时、快捷、准确。通过被执行人的报告和申请执行人的申报，配合法院自身向相关单位调查、控制财产的职权和职责，从而做到对被执行人财产控制足够的全面和及时，以利于执结案件。

（三）执行中多做被执行人的思想工作，调动被执行人还款积极性

在执行中，具体案件具体分析，做到细致执行，和谐执行。对履行能力较差的被执行人在争取申请执行人的同意后，以先还本，后还息的手段，激励其多还款。因先还了本金，其利息不会再增加先还本金减轻被执行人的负担。对暂无清偿能力的被执行人，可督促其制定切实可行的还款计划，使其还款。

虽然对金融执行案件在执行中不怠慢，但该类执行案件结案方式大多为终结本次执行程序，还清本息后真正执结的案件，仅占该类案件总数的 5% ~ 7% 左右。此类案件的执结率极低，也大大拖累了法院整体执行率，对此现象法院也是无可奈何。

三、金融案件执结率偏低的原因分析

金融执行案件执结率低,究其主、客观原因存在如下几个方面:

（一）延迟诉讼、执行,贻误最佳执行时机

凡借款合同签订时,均制定了借款期限、还款日期及付息的时间。当借款人在借款期限内不能及时给付利息时,就应调查其不能按期付息的原因,如发现借款人出现经营状况不良或改变借款时约定的借款用途等,有可能发生风险的情况下,应及时诉讼并申请执行。而在诉讼执行中发现,凡进入诉讼,执行程序的案件,大多数为该还款日期已过,申请展期后又未能还款,经催收后又无结果,已形成呆滞贷款,借款人早已失去清偿能力,不提起诉讼金融单位有可能失去诉讼时效的案件,才诉讼至法院,到执行时,借款人已无履行能力,贻误了最佳执行时机,导致案件无法执结。

（二）放贷存在瑕疵,增加了还贷的风险

因自己从事民事审理及执行工作已十多年。经自己审理、执行的案件或接触到的案件在放贷时确实存在不少问题,集中体现为互为借款人与担保人的案件或多个借款人借款的案件,执行中发现,真正使用了这些借款的人均为一人。因为对公民个人的借款,按规定是有额度限制的,真正的用款人为了规避此限制性规定,就找第三人来充当借款人,金融单位的主管人员在此业务办理过程中,或失职、或帮办、或纵容,当真正的资金使用者经营不善时,还款就成为泡影。所谓的"借款人、担保人"因金融单位办理此项业务人员的虚假承诺或真正用款人的信誓旦旦而气愤,想方设法转移财产,规避执行,为案件的执结增加了难度。

（三）申请执行人提供被执行人财产状况不积极主动

在执行案件过程中,法院主动查询被执行人的财产状况是一方面。毕竟面临众多执行案件的工作压力,工作精力是有限的,由申请执行人去积极主动地调查被执行人的财产状况,收入状况及其他个人信息,向法院申报,对执行来说极为重要。凡金融执行案件多为金融单位委托本单位职员来法院代为诉讼或申请执行。而代为诉讼或申请执行均有单位的清欠组织实施,委托的代理人并非放贷业务员,对借款人和担保人的状况不熟悉,导致不能及时的将被执行的各种情况及时反馈到法院,导致案件执行缓慢。再者金融单位委托到法院参与诉讼执行的工作人员,抱着拿工资,不得罪人的态度,对其应该申报被执行人财产状况的义务消极对待,为法院执行该类案件不能提起到助推作用。

（四）和解方式结案的案例为零

一般的民事执行案件，以和解方式结案的案件大约能占到总案件数的50%左右。申请执行人总能考虑到被执行人的履行能力，做出让步，而双方和解结案。作为金融执行案件，虽申请执行人的委托代理人委托权限为全权代理，但其没有放弃被执行人少偿还利息的权利，不但委托代理人没有此权利，就连金融单位的负责人或法院代理人均不行使此权利，怕单位追责。在金融执行案件中，能够执行本金到位的可达到30%左右，能够执行本金及部分利息到位的可达到25%左右，能够执行本息全清的仅达到5%左右。在实际中，金融执行案件的利息数额平均能达到本金数额的1/3至1/2左右。利息数额之所以偏高与上述提到的迟延诉讼、执行现象有关。早已形成了不良贷款的势头，却又迟延诉讼执行对于被执行人来说，简直是雪上加霜，对于该类案件的执行来说，不更是难上加难吗？此原因是金融执行案件执结率极低的最重要原因，建议金融部门能改变现状，减小金融执行案件给法院执行工作带来的压力。

以上调查分析，受我院实际情况及本人工作经历的限制，有不当之处，请谅解。

金融执行案件执行难调研报告

山西省临汾市安泽县人民法院

近年来,随着我国市场经济及金融活动的蓬勃发展,金融执行案件呈逐渐上升趋势。此类案件的执行标的额较大,执行到位率偏低,已经成为困扰法院执行工作的一大难点。积极探索破解金融案件执行难的出路和方法,对于提高执行效率,保护金融债权,防范金融风险和保障市场经济健全体制具有重要意义。结合我院近几年的工作实际现将执行难的原因与对策分析如下:

一、金融纠纷案件执行难的原因

1. 借款人的原因。一是部分借款人或借款企业经营管理不善,到期无力偿还借款,本身无财产可供执行,这也是造成金融案件执行难的主要原因;二是存在恶意贷款、规避还款的现象。有的借款人在贷款之初就没有打算还款,擅自改变借款用途,将借款挥霍。有的借款人债务观念淡薄,为躲避还贷,转移、隐匿财产,给执行工作设置障碍;三是担保流于形式。部分担保人法律意识淡薄,在借款人无力归还时拒不履行保证责任,逃避或对抗法院执行,起不到担保的作用;四是政策性不良贷款,在我县存在着大量的政策性不良贷款。为了发展本地经济,突出领导政绩,政府干预金融机构,盲目号召企业或农民搞基建、上项目,结果使得一些企业或农民脱离实际、经营失败,造成还款困难。

2. 金融机构的原因。一是信贷人员工作不负责任,在对借款人和担保人还款能力未作详细调查的情况下盲目发放贷款,给以后的执行工作造成被动;二是信贷人员依法收贷意识差,当借款人资信下降,经营恶化,贷款出现较大风险时,不能及时通过法律手段清收不良贷款,通常采用不断地展期、转贷、借新还旧等手段掩盖贷款风险的真实情况,错过了执行的最佳时机,造成以后的执行难。有相当部分案件是在借款人经营状况严重恶化或被其他债权人起诉的情况下，仓促起诉，导致还款来源落空，造成执行难。三是金融部门管理不严，制度不完善，有大量的"人情贷"、"关系贷"，也有信贷人员私自截留或挪用贷款情况。

二、解决执行难的建议与决策：

1. 金融部门要加强监管，规范借贷业务。严格借款审批程序，完善借款手续，特别是担保手续，做好借前调查、借中审查、借后检查，堵塞漏洞，减少失误，确保借款放得出、收得回。同时，提高信贷人员素质，增强依法办事观念，杜绝"人情款"、"关系款"，并建立有效的信贷人员责任追究制度。

2. 信贷人员要充分重视贷前资信调查，从源头上消除借款安全隐患。资信情况是决定借款人能否从金融机构取得借款的重要因素，金融机构在要求借款人提供相关资料并予以核实的同时，还应主动进行补充调查，以排除各种不符合借款要求的情况。借款人及其保证人的基本信息包括个人身份情况、单位的工商登记情况、地址、有效联系方式应首先予以查明，尽可能减少以后被执行人无处可寻的困境。其次，借款人的借款用途、资产状况、负债状况、经营情况、还款资金来源、未到期其他借款情况、以往信用记录等，均应一一核实并取得相关书面资料，以备发生纠纷后及时向法院提供财产线索。

3. 全社会营造良好的诚信环境。应当在全社会倡导光荣守信的良好风气，积极尝试建立个人和企业的金融信贷信誉档案体系。对不守信用的借款人将列入黑名单，使其从借款、就业、经商等方面受到制约；法院也将对不守信用的被执行人情况及时向社会公布，让欠款人无处藏身，敦促其自动履行义务，并以此建立守信光荣、背信可耻的金融信用风尚，为解决金融案件执行难打下坚实的基础。

4. 人民法院要加大执行力度、强化执行手段。执行人员更应拓宽执行思路，认真研究，积极探索以土地、财产使用权和所有权抵债以及债权转股权，资产抵债、返租经营等行之有效的执行措施，促进案件执行。

金融借款案件执行难的原因及对策

山西省临汾市曲沃县人民法院

金融借款合同纠纷执行案件在基层法院案件中一直占有较大比重，个案在原告、案情、判决结果、执行情况等方面非常相似，可以说是基层法院的一类典型案件，不仅数量多而且执行难，致使许多生效裁判文书成为"一纸空文"，债权人的权益无法真正实现，也影响了司法的权威。现针对其特点、成因和存在的问题，提出相应的对策和建议。

一、金融借款合同纠纷案件数量多、执行难的原因

在我县法院每年的金融借款合同纠纷案件中，四分之三以上的原告都为当地农村信用社，其他四分之一涉及邮政储蓄银行、农业银行和建设银行。与放贷方相对应，该类案件的被告方绝大多数为当地农民，通过办理农村信用社的农户贷款或农户联保贷款业务成为债务人。金融借款合同关系的出现和增多，尤其是农村金融借款合同关系的增多，与县域经济的发展、信贷政策的放宽、农民生活水平的提高和消费观念的转变都有关系。从促进经济发展、改善农民生活和充分利用资金的角度来看，这种市场经济中的资金运用方式无疑具有积极的意义，运用得当对借贷双方是一种"双赢"的合作关系。涉农贷款的投放在服务"三农"方面的确发挥了很大作用，但随之而来的是农村金融机构不良贷款率一直较高，这一现状反映到法院审判中，就表现为以当地涉农金融机构为原告的借款合同纠纷案件数量多且判决后执行难，究其根本原因，主要有以下几个方面：

在于当前社会诚信体系的不健全，制度上没有完善的诚信评价和奖惩约束机制，社会中缺乏守信光荣背信可耻的文化支持，再加上借款方本身对不诚信行为的不以为然甚至故意为之，没钱也不想还或有钱也不还，对物质利益的追求大于对道德价值的坚守，使金融借款合同在签订之初就存在产生纠纷的极大

隐患。诚信体系的建设和良好运转不是一朝一夕的事情，在认识到其根本性并全方位着力建设的同时，还需要分析寻找导致纠纷产生的直接原因，以便有针对性地采取措施，维护金融债权的安全，引导合理恰当的资金使用方式。

（一）金融机构方面

1. 内部管理漏洞多。按照金融机构风险控制和贷款流程的要求，贷款必须本人使用，不允许隐名贷款；贷款用途必须在规定的范围内，申请时要在合同中明确记载；慎重发放信用贷款，对申请人的还贷能力和申请资料要认真审查审批。但现实中金融机构的贷前审批制度落实不够，存在信用评级形式化、资料审查走过场的现象，有的对贷款用途并未实际考察，有的借用身份证进行隐名贷款，有的担保人经济状况并不符合要求，这些都使借款合同先天不足，极大地加大了金融机构的资金风险。比如我院受理的农村合作信用社与张某某金融借款合同纠纷一案，借款额上百万元，借款人张某某人根本找不到，也无任何财产可供执行，这显然是信贷员审查不严造成的严重后果。

2. 贷后管理不到位。贷后管理是指从贷款发放后到本息收回或信用结束的全过程的信贷管理，"重放轻收、重放轻管"的现象在基层金融机构尤其是农村信用社系统依然十分普遍，贷后管理是农村信用社的最薄弱环节。一方面表现为对这一工作的重要性认识不足，所以重视不够，检查监管预警措施不到位；另一方面从业人员的业务知识、能力不足，责任心不强，对客户信息和风险信号缺乏敏锐的识别和分析应对能力，使贷后管理停留在表面，难以深入有效，致使许多贷款不能按时收回，诉诸法院后即使胜诉也有相当一部分执行不了，形成呆账、坏账，成为实际损失。

（二）借款人方面

基层金融机构尤其是农村信用社涉诉借款合同的借款方以农户个人居多，其借款目的和拖欠债务的原因有多种情况。

1. 经营不善。很大一部分农户贷款的目的是用于购买原料进行种养业生产或从事餐饮、零售等小本生意，受认知水平、知识信息的限制和气候、市场等客观因素的影响，入不敷出的情况多有发生。或种养物收成不佳，或销路不畅丰产不丰收，或经营不善发生亏损，都会使本来就脆弱的经济状况更加恶化，确实丧失还款能力。

2. 主观恶意。在个人贷款中也不乏主观恶意的情况，借款之初就没打算还款，利用金融机构放贷任务重、审查把关不严的现状，编个理由先把钱拿到手，等到期时即使能还也不还，能拖就拖，能躲就躲，进入到法院执行程序后仍是要钱没有、要命一条的"老赖"。

(三)执法环境和法官素质的影响

1. 行政干预和地方保护主义是目前案件"执行难"的一个主要原因。有的企业以某一行政部门为主管单位或有的企业是本地的主要税源,法院往往就会受到行政干预或者地方保护主义的干涉,致使法院无法独立办案,严重影响法院的执行,侵害了债权人的合法权益。

2. 法官的素质对于金融案件的执行也起着关键性的作用。有的案件在审理期间就对可供执行的财产采取了保全措施,就大大地提高了金融企业对债权的实现。而有的案件在审理期间忽略了对有效财产的保全,使有些被执行人趁机转移或变卖财产,到执行环节时被执行人已无财产可供执行,使债权人的权益无法得到保护。

二、对策和建议

1. 营造良好的外部执法环境。倡导优良的信贷理念,同时消除各种形式的地方、部门保护主义。只有充分营造良好的外部执法环境,减少法院执行工作的阻力和困难,才能为彻底解决金融纠纷案件"执行难"提供保证。

2. 金融部门要加强管理,严格把关、控制源头。金融部门要规范金融秩序,加强对企业开户和个人贷款的监管力度,在信贷中要严格审查制度,特别是对贷款人的资信情况要严格审查,切实做好贷前审批和贷后管理工作,落实每一个细节控制点,加强对合同签字、借款人和担保人的实质性审查,收集借款人和担保人从事经营活动情况、收入情况、还款记录等信息资料,建立完整的个人档案;在贷后管理方面多下功夫,及时掌握客户的相关信息变化和财产状况,及时采取催收措施,对信用不良的客户进行信息登记和共享,确保信贷质量,只有从源头上控制住,才能为以后的债权实现打下坚实的基础。

3. 加强法院审判、执行延伸服务工作。帮助金融机构提高自我防范和化解风险的能力;及时把审理和执行金融纠纷案件过程中发现的涉及金融业务管理方面的疏漏和违规情况反馈给有关部门,帮助了金融机构规范管理。在审理阶段,对于有财产的被告,要及时有效的采取保全措施,以防止其转移或变卖财产。同时加强与地方党委、人大等有关部门的协调配合,对涉及地方保护主义以及职工生活等影响社会稳定的重大案件能够及时请示汇报,谨慎处理。

(四)加大法院执行力度,采取灵活的执行方式,确保执行效果

法院自身要加强队伍建设,进一步提高审判和执行效率,充分发挥主观能

动性,多方加大执行力度,因案制宜采取相应的执行方式,确保案件的执行效果。

1. 公告执行法。即对于具有履行金融债务能力,经多次教育仍拒不履行法院生效法律文书确定的给付义务的被执行人,执行法院可以在被执行人住所地或一定区域范围内的报纸、广播台、电视台等新闻媒体上公布为"赖账者"予以曝光,同时对其赖账金额等情况一并予以公告。

2. 悬赏执行法。对于金融案件被执行人采取多头开户、隐匿或转移财产拒不履行或逃避履行金融债务的,人民法院可以根据执行案件的实际需要,采取有奖举报公开悬赏的方法,寻找被执行人的财产及财产线索。

3. 代位执行法。金融债权案件执行中的"代位执行"是指被执行人现有财产不能清偿到期金融债务,但对第三人享有到期债务的情况下,人民法院可以根据申请执行人的申请,通知对被执行人负有到期债务的第三人,直接向申请执行人履行债务,第三人在履行期限内不履行的,法院予以强制执行的一种执行方法。

4. 分期执行法。人民法院在执行金融债权案件中,对于被执行人是经营状况暂时困难的企业,或暂无偿还金融债务能力但产品适销有市场的企业,可以采取分期执行的方法,为这些被执行企业创造生存、发展的机会。这样,既可以保证被执行企业生产经营的正常进行,渡过暂时的困难,增强其偿还金融债务的能力。同时也可以最大限度地保障金融债权的实现,更有效地维护金融债权人的合法权益。

5. 抵债返租法。所谓抵债返租,又称为以资抵债,返租经营,是指人民法院在执行程序中将被执行人(困难企业)固定资产中的不动产委托评估部门评估作价后折抵债权,不动产所有权(土地只有使用权)归债权人所有,然后由债权人将该不动产返租给债务人经营的执行方式。抵债返租这种以困难企业的不动产变现抵债的方式有利于金融债权的实现。

6. 以物抵债执行法。所谓以物抵债执行法,又称以物抵债、拍卖执行法,是指在民事执行程序中,负有给付债款义务的被执行人不能偿付到期债务时,用其享有所有权的财物(包括动产和不动产)交付给由当事人双方协商选择的或法院指定的评估拍卖机构进行评估拍卖,拍卖所得款项交付给债权人,以抵其所欠的债务。

银行胜诉案件执行中信息公开机制的建构

广发银行武汉分行 陶 川

一、银行胜诉案件执行难问题初析

当前,银行胜诉案件执行难已是一个不争的事实,集中表现为银行在胜诉后难以顺利实现债权清收。从执行实践来看,银行胜诉案件执行有三大特征,即生效判决的执结率低、实际执行效果差、执行的可挖潜力小。造成银行胜诉案件执行难问题的原因是复杂而多方面的,既有经济发展方面的原因,又有金融管理体制、运行机制以及整个社会执法环境等方面的原因。归结起来主要有以下几点:

1. 社会因素。长期以来,我国社会信用观念较为淡薄,法治意识有待加强。市场经济是信用经济、法治经济。但现阶段,我国社会主义市场经济体制尚处于发展和完善阶段,市场信用观念、法治意识等市场经济特有精神价值尚未完全确立,导致部分债务人拒不履行债务清偿义务,甚至逃避银行债权执行。这集中表现在如下几方面:频繁变换居住地;将被执行财产隐匿、转移或低价变卖;拒不配合执行人员工作,甚至"暴力抗执"。债务人市场信用观念和法治意识欠缺是银行胜诉案件执行难的深层次原因。

2. 政治因素。部门和地方保护主义是银行胜诉案件执行难的政治原因。某些债务人是某行政管理部门的下属单位,或是当地的主要税源,对这些企业的执行往往会引发相关部门或地方的抵制,甚至是直接干预,从而严重影响银行债权执行工作的顺利开展。在部门和地方保护主义的庇护下,相关债务人往往无视银行的合法权益,对法院的执行工作也缺乏必要的配合和支持。在当前社会主义市场机制尚不健全的情境下,部门和地方保护主义已经成为了银行胜诉案件执行工作的痼疾,是导致银行胜诉案件执行难问题的一个重要原因。

3. 经济因素。在经济方面,我国正处于经济转轨阶段,经济体制和企业治理机制正沿着市场经济体制和现代企业制度方向迅速转变。在此过程中，大量企业面临改制问题。部分企业从挂靠单位、挂靠企业脱钩成为自收自支的独立法人，原有的债务担保落空，现有的财产已经不足以抵偿银行债务；部分企业通过重组将不良债务剥离，以债务剥离为由拒绝偿还银行债务；部分资不抵债企业破产清算，银行的债务更是遥遥无期。由此可见，社会经济转型导致大量企业优胜劣汰，而银行在此过程中成了最大的输家，大量贷款无法收回，即使运用诉讼手段，也往往因无财产可供执行而面临贷款损失风险。

4. 银行自身因素。有些银行在发放贷款时未按规定操作，没有严格审查借款人的主体资格、资信状况、还款能力、贷款用途等就盲目放贷；有些银行对借款人提供的抵押物、质押物权属的真实性、有效性及实现上述权利的可行性审查不实就轻易放贷；有些银行在债务人有偿债能力或部分偿债能力时不起诉，而是在采取各种方式长期催要无果后才诉至法院。这些问题直接导致了银行贷款无法收回，法院判决无法执行。

二、银行胜诉案件执行难问题的症结：信息公开机制缺失

银行胜诉案件执行难问题存在社会因素、政治因素、经济因素和银行自身因素等四方面原因。然而，前述原因主要是建立在被执行人自身不愿意偿还或无力偿还贷款的基础之上。在假定被执人有能力且其自愿偿还银行债务的情况下，上述因素并不会成为银行胜诉案件难执行的根本原因。因此，我们需要探究的是，为什么被执行人意欲使自己的财产不被执行的愿望能够得以实现？我们的法律机制本身就为被执行人逃废债务提供了生存土壤吗？抑或被执行人即使逃废债务也并不会给其带来任何经济上的不利益？

在西方国家，胜诉案件执行难问题或许并不存在。其原因就在于，西方国家普遍建立了有效的社会信用制度和相对公正的司法体制。前者在合同当事人间建立了有效的内心约束，社会信用制度将使违约者的商业信誉和个人权益受到严重贬损，甚至丧失再次交易的商业机会。此所谓"良币驱逐劣币"。鉴于违约将带来巨大的不利益，合同当事人一般会信守合同承诺，即便因为一些非自身原因导致违约，执行也不是难题，因为被执行人为了维护自己的商业声誉仍会通过各种方式和手段积极主动偿还债务。即使当事人将违约作为谋取利益的手段，社会信用制度的作用无法充分展现，公正高效的司法力量便会跟进介入，运用国家强制力量，迫使该当事人回归市场理性、恪守合同义务。西方国家信用制度建立的基础是发达的信用体系和声誉褒贬机制，保证了在充满陌生人的契约社会，不诚信的交易者将被市场自发惩罚；而公正的法院则成为独立

的第三方强制执行力量。完善的信用制度与高效的强制执行机制有效地解决了胜诉案件的执行问题。

当下中国，由于信用体系尚未建立、法院强制执行机制尚不健全，执行难问题便凸显出来。在现行体制下，市场交易者能够通过违约来谋取不正当利益，并且很少受到市场的自我约束和法院的强制执行，这导致债权执行无论在道德层面还是司法层面都陷入两难。换言之，被执行人能够逃避执行并且不会产生不利益的根本原因，并不在于被执行人本身，而在于市场不能自发地排斥不诚信交易者，司法强制执行机制不能保证诚信交易者受到妥当保护。由于合同交易的短期性与熟人社会的有限性，对合同当事人违约的防范显然已不能寄希望于内心自觉与道德规劝。那么，在现有条件下，是否存在一种机制可以使合同当事人自我约束，即使未启动司法强制执行程序也能有效化解执行难问题？

事实上，信用制度和熟人社会的机理在于信息成本的低廉。熟人间交易最大的好处在于相互了解，信息收集成本低廉。交易当事人的资产状况和信用记录一目了然，违约的风险降至最低。即使因为某些不测原因违约，执行也不是难题。其原因就在于：熟人关系的强大约束使得当事人很难作出违约的选择。在熟人社会和信用体系里，保持良好的商业信誉是一种无形的资产，其效益远远超过交易本身所带来的经济利益。但在陌生人社会和信用制度尚未建立的社会，良好的信誉并不被视为一种高价值资产，因为维护信誉的成本非常高，但是收益却很低。不诚信的交易者和诚信的交易者可能收益相当，但是后者却要为之付出巨大的信誉维护成本。理性的经济人自然会做出有利于自己的选择。这是不诚信的交易者能够在市场中生存的原因，也是执行难的根本原因。

为应对交易者的违约情况，震慑交易者试图通过主动违约博取利益的投机心理，我们需要建立一种降低交易信息收集成本的机制，使得交易者的信用记录不难被收集、信用者的违约可能性不难被考量。显然，建立降低交易信息收集成本机制的措施是信息公开，也就是建立交易者信息公开机制。当市场交易者的违约、拒不执行等不诚信信息被披露之后，另一方交易主体会理性地选择交易伙伴，从而自然地摒弃不诚信交易者、选择诚信交易者。交易者信息公开机制将对所有市场交易主体形成威慑，极大地降低交易信息搜集成本，事实上延长了整个社会合约的期限，从而变被执行人逃避执行为主动履约，从根本上解决执行难问题。

三、信息公开机制的建构

建立交易者信息公开机制是求解执行难题的合理路径。笔者以为，以银行胜诉案件执行为落脚点，需要建立一种全国性的银行业交易者信息公开机制，以从根本上解决银行胜诉案件执行难问题。通过对交易者的信息公开，交易主体将获得完整而充分的信用信息，进而给不诚信交易者形成巨大的内心威慑，提高其违约成本，迫使其积极履约、主动担责。具体而言，笔者以为，可从以下几个方面尝试建立这种信息公开机制：

1. 公开主体。法院是信息公开机制建设和信息公开的首要主体。法院通过权威司法判决，阐述案件事实，分析双方法律行为，明确败诉方的法律责任，披露案件执行情况，使市场上的任何第三方均能获知被执行人的相关情况，促使市场主体形成信用约束。工商登记机关应该完善工商登记查询内容，公开登记主体的关联关系，使银行能够判别哪些交易主体的关联体中存在不诚信交易行为，掌握更全面的市场信息。房地产登记机关也应该参与信息公开机制建立之中，将市场主体的不动产资产状况进行公开，方便公众查询。中国人民银行应该完善征信查询系统，将不诚信交易者的信息定期对外公示。商业银行则应该将与自身不诚信交易的对象公开，以警示银行同业机构。其他相关部门也应该及时将在执法活动中发现的不诚信交易行为及时披露。通过多方主体参与，不诚信交易者的信息将得到及时地对外公开，从而提高不诚信交易者的交易成本。

2. 公开方式。在公开方式上，可以通过多种形式公开不诚信交易者的信息。对于常规性信息，由不同的公开主体公开自己管理领域内的相关信息，同时，应实现不同公开主体查询系统的有效衔接，例如实现中国人民银行查询系统与全国法院执行案件信息管理系统的有效对接，达致信息共享。在条件允许的情况下，为降低查询成本，可以考虑建立全国性的统一查询络平台，在该平台上汇总和分析公开主体所公开的所有信息，使拟交易的银行获取尽可能多的交易信息，科学地作出交易决策。对于"老赖"案件，可以通过各种媒体进行专门的披露，通过分析该类逃避、拒绝、抵抗执行行为的特点和规律，一方面营造全社会对"老赖"行为的群防群治氛围，另一方面也为其他市场主体选择交易对象提供更科学的决策依据。在信息公开的过程中，要注重不同部门之间的联运效应，实现信息互补，共同治理，保证公开信息的客观性和科学性。

3. 公开内容。在公开内容上，应着重披露市场主体的名称（包括企业名称、企业法定代表人、代理人姓名、担保人等）、关联关系、地址、具体案件号、案件标的额、实际执行情况、执行中止与终结的理由等。对于下落不明、故意逃避执行的被执行人，要及时向社会公布其个人基本信息；对于转移资产、故意破产以逃避执行的企业,要及时公布与其有关联关系的单位、自然人;对于执行中止、终结的案件,要客观阐述执行过程,分析原因。在信息公开的过程中,应尽量搜集更全面的信息,除涉及商业机密和被执行人隐私等不可公开信息以外,其他信息都可以向社会公开。

4. 公开信息的运用。人民法院应该从公开的信息中寻找被执行人的财产情况,一旦发现被执行人有可供执行的财产,应该及时、主动恢复执行。公安机关则应该在日常的人口管理中,重点关注下落不明的被执行人,一经发现,应及时通知有关人民法院和债权人。出入境管理机关对逃避执行的人,一经发现,应该限制其出境。中国人民银行应该将逃避执行、拒绝执行的主体纳入黑名单,限制其在银行开展结算业务、贷款融资等业务。工商行政机关对于故意转移财产、逃避执行、拒绝执行的市场主体可以施行吊销营业执照、罚款等处罚措施。其他相关部门均可通过公开信息来识别经营者的不诚信行为,通过营业禁入、行政处罚等惩罚措施,规范其经营行为。市场交易主体则可通过公开信息主动甄别交易伙伴。

参考文献

1. 韩大新、潘维荣、孙雁鸣:《金融危机环境中商业银行胜诉案件执行难的对策研究》,载《沈阳师范大学学报》(社会科学版) 2009 年第 4 期。
2. 王一鸣、李敏波:《合同违约、执行难与合约期界无限化效应——对全国法院执行案件信息管理系统的威慑效应经济学分析》,载《系统工程理论与实践》2011 年第 5 期。

浅谈金融案件执行方式

临汾铁路运输法院

金融案件执行是一项既复杂又艰巨的工作，其执行方式既要严格依照法律的规定，又须执行员有一定创造性思维。由于金融案件事关金融安全，有时甚至影响区域稳定，因此，以有效方式做好金融案件执行工作具有很重要的意义。

一、金融案件执行有效方式的一般性思维

1. 法院在人、物上对金融案件执行的支持

法院应加强与队伍建设机制的链接，抽调精兵强将充实执行力量；加强与物质保障机制的衔接，为执行局配好车辆、通讯和摄像器材等先进装备，为执行工作做好铺垫。如有可能，建议法院成立专门的金融案件执行机构，专事金融案件执行工作。

2. 以"三个穷尽"执行金融案件

首先，"穷尽执行线索"。要求法院在立案、审判的过程中必须查明核实当事人的基本情况，做好诉前准备和诉讼财产保全。执行人员接到金融案件后，要全面了解财产保全情况，必要时在征得金融机构同意的情况下，进行悬赏举报，对提供真实线索者按一定比例予以重奖。同时，要善于通过被执行人的协作单位、亲属、朋友、邻居以及被执行人所在地政府、街道办事处、村委会等有关部门查找被执行人及财产线索。

其次，"穷尽执行措施"要求法院详细调查金融案件被执行人存款、收入、有形财产、股票债券等权益、知识产权、到期债权，大力支持金融案件申请执行人对财产权证照办理相关转移手续。坚持做好对执行人的财产搜查工作，尽最大可能寻找被执行人隐藏的可供执行的财产，对执行前转移的财产要深入追究。对于拒不履行生效法律文书的被执行人依法司法拘留，决不姑息手

软,以显示法律的威慑力和震撼力,这也是金融机构最希望法院对金融"老赖"们做到的执行措施。

最后,"穷尽思想工作"。这是对法院要求最高的执行方式。随着执行力度的加大,金融被执行人的抵触情绪也可能相应加大,直接影响案件的顺利执行。此时,法官必须注意攻心为上,尽量化解矛盾,要充分宣传法律有关规定,认真告知双方当事人的权利义务,并向当事人介绍人民法院在执行工作中的权利和责任,同时严肃地指出不履行生效法律文书的后果,必要时可与被执行人所在地的党政机关、他的委托代理人等做思想工作,争取让金融案件被执行人自觉履行债务或积极配合执行。

二、金融案件执行有效方式的创造性思维

1. 建立执行 110 的快速反应机制

在金融案件被执行人有履行能力却躲避、逃债的情况下,如果发现线索执行法官们能快速出击,被申请人就难以失踪或转移、隐匿财产。作为申请人的金融机构往往心急如焚,执行良机稍纵即逝,遇到这样的情况,需要法院建立执行 110 制度。法院可以制作执行 110 联络表,将执行局的值班电话和执行人员的电话向金融案件申请人和社会公开,利用社会力量搜寻执行线索,每天至少有二组人员轮流值班,做到只要有线索,立即出击开展执行。

2. 建立限制金融案件被执行人高消费制度

金融"老赖"们(包括企业组织和自然人)中有许多欠着金融机构的钱不还,但在高消费上却一点也不含糊,频频若无其事地进入高档消费场所。由于缺乏法律上的约束,金融机构往往对他们毫无办法,此时建立限制金融案件被执行人高消费制度显得尤为重要。限制金融案件被执行人高消费,一要规定限制消费的范围,并在执行过程中告知被执行人;二要组建对被执行人高消费的调查队伍,对金融机构的举报及时进行调查;三要加重对被执行人高消费行为的处罚力度,情节严重的,按拒不履行生效法律文书罪对其进行刑事处分。

3. 建立金融案件被执行人财产情况申报制度

法院执行工作大都比较繁忙,不可能对金融案件的被执行人财产变化情况全部了解。为了及时摸清被执行人的清偿债务能力,给被执行人造成巨大的心理压力,有必要建立财产申报制度。财产申报可以定期或不定期地进行,具体时间由承办法官根据实际情况指定。法官可以对金融案件被执行人的申报情况进行核实,如果发现隐瞒财产真实情况的,立即对被执行人采取最严厉的执行措施——司法拘留。

总之，金融案件执行除一些基本的方式外，还具有很大的创造性和弹性，方式运用得好可以促进执行工作的开展，因此，执行实践中应注意对复杂的执行环境采用各种灵活方式，并不断总结经验教训，以达到确保一方金融安全，最大限度减少金融机构损失的目的。

关于执行金融案件的探究

山西省清徐县人民法院 郑寨生

近几年来,随着社会经济的不断发展,人们的经济交往趋于频繁,对金钱的需求量也就越来越大,而银行作为我国的贷款企业,对企业和个人的贷款就相应增多。而贷款到期后企业或个人无法及时归贷,银行就会采用司法手段追偿逾期贷款,法院受理的金融纠纷案件也就随之增多。涉金融纠纷案件的执行不仅是人民法院执行工作的一大重点,也是一大难点。而成为涉金融执行案件执行难的原因是什么呢;对于金融案件的执行有什么好的对策呢?我们进行一下系统的分析。

一、金融纠纷案件执行难的主要原因

从执行实践来看,涉金融纠纷案件的执行主要有三个特点,即生效判决的执结率低、实际执行的效果差、执行的可挖潜力小。金融纠纷案件执行难的原因主要有以下几个方面:

(一)被执行人的原因

1. 被执行人是企业的,效益不景气,经营亏损;是个人的因其他原因无力清偿债务。从实践中看,被执行人是企业的经营严重亏损,致使无财产可供执行或可供执行的财产价值较低。被执行人是个人的,贷款的目的是为了消费或还债,一旦贷的款花完了就无力清偿贷款且其家中也无财产可供执行。这是造成金融纠纷案件"执行难"的主要原因。

2. 被执行人是企业的自觉履行债务的观念淡薄,思想存在误区。他们认为企业负债是社会经济大环境造成的,企业长期拖欠银行等金融系统的款项是普遍现象,对还贷态度消极,甚至不予理会。被执行人是个人的,在贷款时从思想上存在恶意,贷款时就没有考虑还款,在贷款到期前就转移财产或外出找工作,使案件的执行陷入僵局。

3. 被执行企业的财产产权不明确。有些企业在成立之初,就钻法律的空子,造成财产不清,权属不明。有的企业在成立时,企业没有资金,注册成立时就是利用贷款进行验资,而公司一旦成立后,企业往往以贷款投入生产而亏损为由,拒不偿还贷款。

4. 假借改制之名逃避债务。有的企业趁改制之机,采取各种手段,设立新公司,从而逃避债务。致使债权人的利益得不到充分的保护。

(二) 金融企业自身的原因

1. 金融机构经营管理漏洞多,防范和化解措施不力,缺乏规范化、制度化、严格化。多年来的信贷政策变化较多,时宽时严,信贷处于混乱的怪圈之中。缺乏必要的监督机制,对于放贷的权力限制较小。在我们执行的案件中,有的信贷员对于贷款人的信息知之甚少,甚至连最起码的家庭住址都不知道,更不要说对被执行人财产信息的提供了。

2. 风险意识淡薄,担保流于形式,影响法院执行。由于在信贷担保过程中,金融系统的工作人员没有对保证人以及担保物作深入的细致审查,有的保证人没有到场,贷款人只拿保证人的印鉴银行就给予办理,有的担保物是重复担保;而有的担保只是签订一份担保合同并没有在相关部门进行登记,造成虽有信贷担保存在,但起不到担保应有的作用,流于形式。

3. 金融部门对于其债权的实现仅局限于以现金的方式清偿债权,而不愿用以物抵债或变债权为股权等其他方式来清偿债权,造成了一些案件无法执结,金融部门也无法实现其基本的债权。

(三) 执法环境和法官素质的影响

1. 行政干预和地方保护主义是目前案件"执行难"的一个主要原因。有的企业以某一行政部门为主管单位或有的企业是本地的主要税源,法院往往就会受到行政干预或者地方保护主义的干涉,致使法院无法独立办案,严重影响法院的执行,侵害了债权人的合法权益。

2. 法官的素质对于金融案件的执行也起着关键性的作用。有的案件在审理期间就对可供执行的财产采取了保全措施,就大大地提高了金融企业对债权的实现。而有的案件在审理期间忽略了对有效财产的保全,使有些被执行人趁机转移或变卖财产,到执行环节时被执行人已无财产可供执行,使债权人的权益无法得到保护。

造成金融纠纷案件"执行难"的原因是复杂的多方面的,既有经济发展的原因,又有金融部门管理体制、运行机制以及整个社会执法环境等方面的原因。要解决这一问题，我认为有以下几方面的对策：

1. 营造良好的外部执法环境。倡导优良的信贷理念，同时消除各种形式的地方、部门保护主义。只有充分营造良好的外部执法环境，减少法院执行工作的阻力和困难，才能为彻底解决金融纠纷案件"执行难"提供保证。

2. 金融部门要加强管理，严格把关、控制源头。金融部门要规范金融秩序，加强对企业开户和个人贷款的监管力度，在信贷中要严格审查制度，特别是对贷款人的资信情况要严格审查，确保信贷质量，只有从源头上控制住，才能为以后的债权实现打下坚实的基础。

3. 加强法院审判、执行延伸服务工作，帮助金融机构提高自我防范和化解风险的能力；及时把审理和执行金融纠纷案件过程中发现的涉及金融业务管理方面的疏漏和违规情况反馈给有关部门，帮助金融机构规范管理。在审理阶段，对于有财产的被告，要及时有效的采取保全措施，以防止其转移或变卖财产。同时加强与地方党委、人大等有关部门的协调配合，对涉及地方保护主义以及职工生活等影响社会稳定的重大案件能够及时请示汇报，谨慎处理。

4. 法院自身要加强队伍建设和物质装备建设等措施，进一步提高审判和执行效率，充分发挥主观能动性，多方加大执行力度，查找被执行企业的财产，采取多种方式的执行方式，确保案件的执行效果。

二、金融债权案件的执行方式

随着我国市场经济及金融活动的蓬勃发展，近年来金融部门申请执行的金融案件及标的额也呈持续上升趋势。金融案件的执行不仅是法院执行工作的重点，也是一大难点。积极探索金融债权案件的执行方式，对于提高执行效率，保护金融债权，防范金融风险和保障市场经济健康发展都具有重要意义。人民法院执行人员在执行金融债权案件时，应从实际情况出发，根据具体案件中被执行人履行能力和有无逃避执行等情形，因案制宜采取相应的执行方式。

（一）被执行人有履行能力而拒不偿还金融债务或逃避执行的执行方式

1. 公告执行法。即对于具有履行金融债务能力，经多次教育仍拒不履行法院生效法律文书确定的给付义务的被执行人，执行法院可以在被执行人住所地或一定区域范围内的报纸、广播台、电视台等新闻媒体上公布为"赖账者"予以曝光，同时对其赖账金额等情况一并予以公告。

2. 悬赏执行法。对于金融案件被执行人采取多头开户、隐匿或转移财产拒不履行或逃避履行金融债务的，人民法院可以根据执行案件的实际需要，采取有奖举报公开悬赏的方法，寻找被执行人的财产及财产线索。

3. 搜查执行法。人民法院执行金融债权案件采取搜查执行方法时，须同时具备三个条件：一是生效法律文书确定的履行金融债务期限已经届满；二是被执行人不履行法律文书确定的偿还金融债务义务；三是执行法院认为被执行人有隐匿财产的行为。

4. 财产审计执行法。人民法院在执行金融案件中，可以依法委托审计部门或借用社会审计力量，运用社会审计监督的制度和方法，结合法律规定的执行调查措施，对反映被执行人（金融债务人）履行义务能力的全部资产、负债和所有权益等进行强制审查、统计，发现其可供执行的财产证据，并对发现的被执行人财产予以强制执行的一种执行方法。

5. 限制消费执行法。该方法又称为"限制被执行人高消费制度"，即由执行法院对被执行人（恶意欠债不还的金融债务人）发出"限制高消费令"，责令其在金融债务没有清偿完毕之前不得进行超过当地生活标准的高消费活动。对限制高消费的金融案件被执行人，法院将其名单在其住所地有关报纸、电视台等新闻媒体上公布，请社会各界和人民群众监督。

（二）被执行人是暂无履行金融债务能力的企业或特困企业的执行方式

1. 代位执行法。金融债权案件执行中的"代位执行"是指被执行人现有财产不能清偿到期金融债务，但对第三人享有到期债务的情况下，人民法院可以根据申请执行人的申请，通知对被执行人负有到期债务的第三人，直接向申请执行人履行债务，第三人在履行期限内不履行的，法院予以强制执行的一种执行方法。

2. 分期执行法。人民法院在执行金融债权案件中，对于被执行人是经营状况暂时困难的企业，或暂无偿还金融债务能力但产品适销有市场的企业，可以采取分期执行的方法，为这些被执行企业创造生存、发展的机会。这样，既可以保证被执行企业生产经营的正常进行，渡过暂时的困难，增强其偿还金融债务的能力。同时也可以最大限度地保障金融债权的实现，更有效地维护金融债权人的合法权益。

3. 抵债返租法。所谓抵债返租，又称为以资抵债，返租经营，是指人民法院在执行程序中将被执行人（困难企业）固定资产中的不动产委托评估部门评估作价后折抵债权，不动产所有权（土地只有使用权）归债权人所有，然后由债权人将该不动产返租给债务人经营的执行方式。抵债返租这种以困难企业的不动产变现抵债的方式有利于金融债权的实现。实践中，法院实施抵债返租这一执行方式应注意以下几点：一是要查清被执行企业抵债的不动产的性质。如要查清该不动产是否属于该企业所有，是否设定担保情况；二是对抵债企业所占有的土地使用权不属于该企业的，应征得土地使用权人和所有权人的同意方可实施抵债返租，否则不能采取此种方式；三是原则上一个企业的不动产抵债给一个金融部门。其所欠其他债务的，金融债权人可以代为支付，企业再以等值不动产抵给该金融债权人；四是抵债返租主要是针对还贷无望的企业所采取的执行方式，有履行债务能力或正常生产经营的企业，不能采用这种方式；五是采用抵债返租这种执行方式应征得申请执行人即金融债权人的同意后方可实施；六是被执行企业以房屋等不动产及土地使用权抵债返租的，当事人双方须依法到有关登记部门办理过户手续，以免日后发生纠纷。

4. 以物抵债执行法。所谓以物抵债执行法，又称以物抵债、拍卖执行法，是指在民事执行程序中，负有给付债款义务的被执行人不能偿付到期债务时，用其享有所有权的财物（包括动产和不动产）交付给由当事人双方协商选择的或法院指定的评估拍卖机构进行评估拍卖，拍卖所得款项交付给债权人，以抵其所欠的债务。实践中，对于金融执行案件中被执行企业逾期不能履行生效法律文书确定的义务，账上无钱而有财物可供执行或账上虽有钱但不足以执行的，为使执行得以顺利进行，人民法院可以采取以物抵债、拍卖执行的方式。法院执行人员在具体实施该执行方式时，要正确确认抵债财物的权利归属，执行人员在对被执行人有关财物采取以物抵债和委托拍卖前，应经过一定的公示程序，确认该财物是否存在权利争议，以防止财产权属纠纷和案外人提出异议的现象发生。

5. 债权转股权执行法。所谓债权转股权，是指债权人将其所享有的合法债权依法转变为对债务人的投资，增加债务人的注册资本的行为。它是债权人自愿将其对债务人的债权折资入股，成为债务人股东的法律行为，其包括债权的消灭和股权的产生两种法律行为。债转股既是化解银行不良资产的一种重要方式，也是法院在执行金融案件中，解决被执行企业无力偿还金融债务的一种执行方式。实践中法院采用这种执行方式应注意以下几个问题：一是须被执行人现有财产不能清偿到期金融债务。能够清偿的，不得适用债转股；二是债转股的债权人应是国有商业银行，债务人一般应是大型国有企业或重点国有企业；三是将被执行企业不能归还的贷款转化为银行对企业的投资，需要银行、金融资产管理公司和企业三方相互配合，才能有效实施；四是金融债权人将债权转为股权后，双方当事人须依法到工商管理部门办理注册资本变更登记手续。

银行债权司法保护实务问题及建议

泰州农村商业银行　吴亚平

银行债权保护是银行维护资金安全的重要一环。目前而言,银行债权的保护基本是通过司法程序实现。在银行债权保护的司法程序中,存在着法律适用、司法执行等诸多问题。笔者以一线实务工作角度,阐述工作中遇见的一些问题,提出一些建议,探求司法有效保护银行债权改进方法。

一、司法程序中需关注的几个问题及建议

(一)优化法院诉前调解

诉前调解是指当事人在起诉至法院后,法院先不予立案,而告知当事人须先经法院主持双方当事人进行调解,若调解不成,法院再行立案的制度。该制度虽然暂时还没有明确的法律依据,但是目前在各级法院中已被广泛运用。与其他纠纷解决机制相比,诉前调解制度既继承了传统调解制度的特点,也有着自己独特的优势。但是,在银行寻求司法保护时,法院一般不进行诉前调解,而是重视诉中调解。对于大量事实清楚、证据确凿的银行诉讼案件,有必要重视诉前调解的功能。由于诉前调解严格意义上讲并非属司法程序,加之尚无明确的法律依据,导致法官在诉前调解中存在诸多问题,在此就银行诉讼案件特点,提出完善诉前调解的几点建议:

1. 诉前调解机制应当专门化、规范化,对调解时间、程序等做出详细规定,建议在法院设立专职调解部门。

2. 银行诉讼案件相当一部分是由于债务人不讲诚信引起,诉前调解人员的组成有必要引入法院法官、人民陪审员、司法行政人员,加强调解的权威性。

3. 加快相关司法解释,诉前调解协议经法院确认后赋予强制执行效力,提高银行债权保护的效率。

（二）为银行诉讼提供便捷

目前银行债权在司法保护中面临诉讼成本较高的问题，简言之是耗时耗力。建议应在诉讼过程中为银行提供相应的便利条件：

1. 依法及时为银行保全财产提供便利。依照《民事诉讼法》的规定，法院采取财产保全措施时，可以责令申请人提供保全担保。鉴于银行资信较高，建议法院可对银行放宽担保要求。

2. 降低银行的诉讼费用。《最高人民法院关于四大金融资产管理公司处置银行不良信贷资产案件交纳诉费的通知》规定了减轻四大金融资产管理公司诉讼费负担。当前，农村金融机构小额诉讼案件明显比其他银行多，除去银行内部管理原因，涉农小额贷款的客观风险程度明显高于其他类型贷款，建议最高院从支持农村金融机构角度出发，出台规定减轻这些机构的诉讼、保全等费用，这有助于涉农金融机构进一步发挥支农热情。

（三）完善诉讼时效制度

目前，银行在诉讼时效保护方面一般通过邮寄贷款催收通知单、上门送达债权逾期通知单这两种形式。由于相当多的债务人失踪、恶意逃避债权，导致银行债权诉讼时效保护耗时耗力。因此，这两种催收方式目前都不尽如人意。根据规定，通过报纸公告的方式进行贷款催收只有金融资产管理公司有权进行，银行无法通过这一便捷形式进行债权催缴，在此建议：

1. 赋予银行通过报纸进行公告的权利，提高银行诉讼时效保护的效率。本着平衡银行与债务人双方利益的角度，可对报纸公告的时间、报纸的种类等进行详细规范，充分尊重债务人的合法权利。

2. 对于借款合同约定的通联方式给予最大程度承认。如借款人在合同中明示了自己的手机号码、电子邮箱、通信地址，经双方确认后，银行在向这些通联方式进行贷款催收时，在相关证据下法院应当积极认为银行有效地维护了诉讼时效。

银行在送达贷款催收通知单时需要同时对保证人进行送达，但是在实务中保证人抵触情绪较大，更多情形下不予签收，导致债务人签字行为的法律后果不能及于保证人。建议对保证人进行催收可适用上述建议，进一步加强银行债权维护力度。

（四）扩大简便程序适用范围

银行债权保护案件一般案情简单、权利义务清楚。因此，法院对于银行债权保护案件，可以灵活扩大标的额的范围，适用简易程序进行审理，以提高审判效率。

1. 法院可灵活发挥督促程序的便捷功能，提高诉讼效率。银行向法院申请支付令请求督促债务人还款，法院经审查后应予以受理，审查后确定债权债务关系明确、合法的，可直接向债务人发出支付令。

2. 银行持有的具有强制执行力的仲裁文书、公证债权文书，建议法院进一步规范对这些文书审查、执行程序，有效加快司法保护进程。但是在实务中，抵押合同经过公证后不被赋予强制执行力，这给银行带来较大的困扰，建议司法部门酌情考虑，把银行抵押合同公证后赋予强制执行的效力。

（五）妥善处理民商事纠纷与刑事犯罪交叉的情形

借款人涉及刑事犯罪，银行对其民事诉讼常被法院驳回起诉，由此导致银行债权一时无法得到司法保护的问题在当前尤为突出。例如本行曾经遇见一起案件：一企业法定代表人在借款过程中利用企业名义实施了诈骗行为，被公安机关刑事拘留，但是担保人有足够的偿还能力，由于存在民商事纠纷与刑事犯罪交叉的情形，法院驳回了银行对该案件诉讼请求。由于刑事案件迟迟未决，借款企业与担保人经营情况发生变化，履约能力大幅下降，债权的实现变得困难重重。因此，妥善处理民商事纠纷与刑事犯罪交叉的情形，需做到：

1. 在立案的问题上，"树立民事与刑事两个法律关系可以分开审理的理念"，[①] 能够对民事立案的应予立案。

2. 当民商事纠纷与刑事犯罪案件分别立案时，人民法院在立案和审理时对于民商事部分可先从实体上作出处理。

3. 人民法院在审理民商事纠纷案件过程中，如因民事部分与刑事犯罪有牵连且影响民事审判结果，如刑事部分已进入刑事诉讼阶段但尚未结案，应当根据法律规定中止诉讼，一旦中止原因消除后，再恢复审理。

从法院实务看，目前相当一部分法院在审理民商事纠纷与刑事犯罪交叉的情形时忽视其中的法律内涵，简单地裁定驳回债权人的起诉或判决驳回债权人的诉讼请求，一味坚持先刑后民的观点。在本段列举的案件中，如果人民法院把民刑分开审理，既可保护银行债权又能维护刑事正义，充分发挥司法的社会效益、法律效益。

---

① 张韬：《当前国有商业银行债权司法实务问题研究》，见中国知网，2006年12月23日。

二、法律适用中需关注的几个问题及建议

（一）准确适用合同法保护银行债权

1. 关于借款合同效力的几个问题

在司法实践中，借款人常常以银行违反《商业银行法》的相关规定为由主张合同无效，或者以违反监管规定提出抗辩，主张减轻责任，主要有三种情况：一是借款人或担保人以银行违反《商业银行法》的有关规定为由，主张借款合同无效；二是担保人以借款人不具有向银行借款的资格条件，银行没有尽到相应审查义务就发放贷款有过错，主张借款合同无效；三是借款人或担保人以银行违反监管规定主张借款合同无效减免责任。《最高人民法院关于适用合同法若干问题的解释（一）》第 4 条规定：人民法院确认合同无效应当以全国人大及其常委会制定的法律和国务院制定的行政法规为依据，不得以地方性法规、行政规章为依据。《合同法》第 52 条规定：违反法律、法规的强制性规定的合同无效。

因此，需要充分辨别清楚合同违反何种规范可构成无效情形。法律规范可分为任意性规范和强制性规范。任意性规范不具备强制推行，违反任意性规范并不导致合同无效。强制性规范是指必须依照法律适用，不能以个人意志予以变更和排除适用的规范，它是行为主体必须按行为指示作为或不作为的规则，它的特点是主体没有自行选择的余地。强制性规范可分为取缔性规定和效力性规定：违反效力性规定可导致合同无效，违反取缔性规定不能从民法上认定合同无效，只能由相关行政管理规范来调整。① 取缔性规范体现的是一种国家管理，以《商业银行法》第 39 条为例，该条规定银行不得超过一定的存款比例对外发放贷款，但因为《商业银行法》是银行的组织和管理法，直接约束银行的行为，而不能直接约束银行的客户，故这样的"不得"只是管理性质的要求。再如《商业银行法》第 7 条规定：银行开展信贷业务应当严格审查借款人的资信。这里的"应当"是国家对银行的管理的指导性要求，所以银行在具体业务中没有遵循这一规范不影响借款合同的效力。进一步讲，判断合同是否违反强制性规范而无效需把合同是否符合一定利益进行判断：首先，对严重损害国家、社会公共利益及他人利益的合同，应当否认其效力。其次，对合同当事人之间的利益进行相对公平判断。合同当事人之间的利益显失公平时，可按规定进行效力全部或部分否定。因此，《商业银行法》第 39 条虽有"不

---

① 王利明：《合同法新问题研究》，中国社会科学出版社 2003 年版，第 321~322 页。

得"的表述，但从该条款体现的目的看，实质是对银行资产负债比例管理的要求，是从维护银行流动性安全出发，是一种指导性规范。银行与借款人之间的借款合同属于市场交易范围，市场经济中更多的是维护正常经济秩序，不轻易否认交易的效力性。因此，法院在否认合同效力时应十分审慎，绝大多数情况下依法认定借款合同有效既保护了银行的利益，也不会损害他人的利益。

所以，借款人或担保人以银行内部管理有悖《商业银行法》等要求主张借款合同无效的，不应得到支持。借款人或担保人更不能以银行违反监管规定提出合同无效的抗辩，监管规定一般只是以规章或是规范性文件形式出现，不足以成为合同无效的法律渊源。

2. 关于银行提前收回贷款问题

实践中，银行在借款合同中都详细规定了银行有权提前收回贷款的几种情形。提前收回贷款一般是因为借款人经营情况恶化或违反合同相关约定，银行担心借款人到期无法履约而要求提前解除合同。如何把握银行提前解除合同的标准，维护银行债权的同时避免损害借款人利益需要法院综合考量。不能因为借款人的轻微违约便判令解除合同，也不能无视借款人严重违约或发生导致无法履约的情形而不依法支持银行提前收回贷款。对于借款合同而言，法院判定合同解除的标准应该是合同约定提前解除的事项是否出现及贷款人收回本息的目的是否能实现。一般而言，出现以下几种情形银行有权提前收回贷款：

（1）借款人没有依照合同约定支付利息，情形严重者。实践中银行一般约定利随本清或者按季结息。对按季结息的，借款人如不能按时支付利息构成违约。取得利息是贷款人订立合同的主要目的，借款人不按时结息构成违约。如果逾期在合理期限内不足以构成根本违约，不能成为解除合同的条件。借款人在宽限期间内仍不支付，也不作出支付利息的具体承诺或保证，才能认定借款人根本违约，从而损害到银行的根本利益，银行可以由此解除合同。

（2）借款人构成预期违约。银行在实践中会遇到失信借款人，贷款期限尚未届满，对方就失踪、或者抵制银行贷后检查，表现出不再履约意思。预期违约制度在《合同法》第9条第（2）项规定：在合同履行期限届满之前，当事人一方明确表示或以自己的行为表明不履行主要债务的，另一方当事人可以解除合同。预期违约分为明示预期违约和默示预期违约。明示预期违约制度较易判断，重点在于判断默示预期违约。在实务中，银行由于其合同制定的主动性、严谨性，都在贷款合同中约定了借款人构成违约的详细情形。笔者认为对于预期违约首先可参照这些条款执行，其次可以参考《合同法》中关于不安抗辩权的规定。如借款人出现《合同法》第68条规定的情形，而又不提供相应的担保,银行债权将丧失,此时适用预期违约制度,赋予银行提前解除合同的权利,以期维护银行债权。

(3) 借款人擅自改变借款用途。确定借款用途是银行审查贷款时重点评估的因素,更是监管部门以规范性文件要求银行放贷时的规定动作。在实务中,银行与借款人在信贷谈话中都详细记载借款用途,在合同中对借款用途也有阐述,这成为借贷双方达成合同的重要条件。银行一般在贷款合同条款中明确约定借款人改变借款用途构成严重违约,贷款人有权提前收回贷款。借款人不按约定用途使用借款,使得贷款人无法按照贷前审查的结论预见合同风险,严重损害贷款人利益,有必要赋予贷款人提前解除借款合同或提前收回贷款的权利,作为保护债权安全的手段。

(二) 准确适用担保法保护银行债权

1. 关于优先权问题

优先权是指法律直接规定的特种债权的债权人对特定物享有的优先受偿的权利。一般而言,银行在抵押贷款中出现优先权问题。在房地产项目建设抵押贷款中,银行履行抵押权时遭遇了优先于抵押权的其他法定优先权。《合同法》第286条规定:"发包人未按照约定支付价款的,承包人可以催告发包人在合理期限内支付价款。发包人逾期不支付的,除按照建设工程的性质不宜折价、拍卖的以外,承包人可以与发包人协议将该工程折价,也可以申请人民法院将该工程依法拍卖,建设工程的价款就该工程折价或者拍卖的价款优先受偿。"2002年6月20日公布的《最高人民法院关于建设工程价款优先受偿权问题的批复》进一步明确:"一、人民法院在审理房地产纠纷案件和办理执行案件中,应当依照《中华人民共和国合同法》第286条的规定,认定建筑工程的承包人的优先受偿权优于抵押权和其他债权。二、消费者交付购买商品房的全部或者大部分款项后,承包人就该商品房享有的工程价款优先受偿权不得对抗买受人。三、建设工程价款包括承包人为建设工程应当支付的工作人员报酬、材料款等实际支出的费用,不包括承包人因发包人违约所造成的损失。四、建设工程承包人行使优先权的期限为六个月,自建设工程竣工之日或者建设工程合同约定的竣工之日起计算"。这一操作性较强的《批复》出台后,银行建设工程贷款特别是房地产项目开发贷款让位于工程价款优先受偿权,银行甚至还丧失了第一位的担保抵押优先受偿权,导致发放的贷款面临无法追回的风险。对于银行而言,做好贷前调查的同时需关注如何防范虚构的优先权。对于法院而言,需密切防范当事一方虚构债务,滥用优先权。在此建议:

(1) 司法部门联合相关部门设立"建设工程价款优先受偿权备案登记"制度。由建设工程的施工承包人凭"施工许可证"和"建设工程施工合同（副本）"，在现行的房地产登记管理部门进行登记备案，明确表示其是否存在垫资行为，是否保留或抛弃就该项目的建设工程价款优先受偿权，如果其明确抛弃就不得对抗银行抵押权。当然，法定优先权的抛弃事关法理问题，需相关司法部门进行解释，提供法律依据。

(2) 登记备案信息向社会公开，帮助银行在房地产项目开发贷款发放前详细了解施工承包商有无垫资行为、与发包商资金往来关系，做到提前防范风险；同时也进一步完善社会信用体系。

2. 保证期间内主张权利的认定问题

《担保法》及相关司法解释规定了保证期限的时间、适用方法。债权人如不在保证期间内向保证人主张权利，保证人即可免责。当然这里排除《物权法》规定的抵押权行使期间问题，单纯讨论保证担保。银行在保证期间内向保证人主张权利，是防止债权悬空的重要步骤。但是现实中，债权人向保证人主张权利，保证人借故不是借款人，常常不予配合，银行只好通过邮件催收、公证送达等方式向保证人主张权利。在以特快专递方式向保证人发出逾期贷款催收通知书时，保证人常拒收或失踪，银行缺乏对邮件签收或拒收的证据。因此，建议法院灵活认定银行对保证人在保证期间权利的主张：

(1) 严格遵循最高人民法院复函规定。最高人民法院于2003年6月12日以（2003）民二他字第6号复函的形式作出了规定：债权人通过邮局以特快专递的方式向保证人发出逾期贷款催收通知书，在债权人能够提供特快专递邮件存根及内容的情况下，除非保证人有相反的证据推翻债权人所提供的证据，应当认定债权人向保证人主张了权利。建议法院考虑银行案件特点，对银行以挂号邮寄主张权利给予最大的保护。

(2) 扩大银行主张权利的形式。正如上文对诉讼时效的建议，建议司法系统出台相关解释、规定，把银行主张权利的形式进一步扩大，适当允许银行比照金融资产管理公司进行报纸公示催告。

(三) 合理运用公司法相关规定保护银行债权

1. 公司法人人格否认制度问题

《公司法》第20条规定："公司股东应当遵守法律、行政法规和公司章程，依法行使股东权利，不得滥用股东权利损害公司或者其他股东的利益；不得滥用公司法人独立地位和股东有限责任损害公司债权人的利益。公司股东滥用公司法人独立地位和股东有限责任，逃避债务，严重损害公司债权人利益的，应当对公司债务承担连带责任。"第64条规定："一人有限责任公司的股东不能证明公司财产独立于股东自己的财产的，应当对公司债务承担连带责任。"《公司法》确立了法人人格否认制度，对追究公司股东滥用公司法人独立地位和有限责任的逃债行为提供了法律依据，但由于缺乏相应的配套条款和实施细则，造成法官拥有过多的自由裁量权，一旦法官由于外界干扰或者其他原因，并不能公正的运用这一制度。因此，法人人格否认制度在实务中尚未彰显其真正价值，也未能达到保护债权人利益的目的。在当前银行支持实体经济，支持小微企业发展的背景下，银行信贷资金大量投向小微企业，但从结果看，小微企业的坏账率远远超出大中型企业。这固然有银行内部治理的原因，但是小微企业管理不健全，社会信用体系约束乏力的原因也不容忽视。很多小微企业虽冠名有限责任公司，名义上符合有限公司的法律要求，但在内部管理中股东权益与公司权益不分，相当多的股东在公司赚钱时把公司当成提款机，一旦公司亏损后则置之不理，这种情况并非鲜见。因此，对股东滥用公司法人独立地位逃避银行债务的行为必须依法追究。建议从法律层面详细规定法人人格否认制度的具体标准及审判依据，并采取如下标准：

（1）资本不足。资本不足体现在股东设立公司时未按规定出资以及股东在公司经营过程中抽逃资金导致资本不足，从而导致法人人格缺失。个别股东利用社会不良中介虚假出资或者在公司设立后抽逃资金、转移资产，伪造虚假财务报表，利用公司的名义从银行借入信贷资金，致使银行债权陷入危险。至于如何界定公司资本不足的标准，应当根据公司具体的风险和经营性质来确定。

（2）人格混同。即股东与公司在财产、内部管理等方面混为一体，一般表现为股东与公司对外两块牌子，实则一套人马。公司法人人格独立性体现在公司的财产独立性，如果股东财产与公司财产混沌不分，公司法人人格的独立性必然缺乏支撑基础。在这种人格混同的情形下，股东可能会为自身私利，以公司为白手套，从事损害公司利益的行为，进而损害银行作为债权人的利益。

（3）关联交易。即表现为股东与公司进行关联交易，把公司利益向股东进行不正常的输送，以达到分配利润，逃避债务的目的。这种手段较为隐蔽，往往以合法形式掩盖非法目的，很难觉察。关联交易一般涉及金额较大，对银行债权造成极大危害。

在运用公司法人人格否认制度时，需要银行依法举证，然法院依职权调查、取证更为重要，在认定过程中，对于公司财务报表的辨伪、机构组织的混同等问题需法院依法强势介入。

2. 银行对公司监督权问题

这是一个较为复杂的问题，也是实务中容易忽略但又在银行借贷合同中常见的事项。银行在与借款人订立合同时，往往要求借款人接受银行查阅账目、定期报送财务报表及报告相关重大事项，这是银行行使贷后检查的主要手段。但是，由于没有法律明文规定，在公司发生人格混同、虚假交易等行为时，银行往往无权查阅公司账目。新《公司法》对公司债权人加强了保护，平衡了公司有限责任与债权人的利益。但是在实践中，银行与公司的诉讼纠纷，往往由于银行难以了解公司内情，造成举证难的尴尬，在此，在现行法律框架下，适当扩大银行对公司治理权的参与：

（1）借款合同中银行可约定对债务公司的有限监督权。银行对公司监督实际是银行参与公司治理这一理论的体现[①]，但目前存在法律障碍，可按照急事先办原则赋予银行对公司的监督权，进一步细化监督权行使的机制。

（2）诉讼中充分考虑银行举证的困难。在本行遇见的一则案例中，被诉公司出示了财务证据，这些证据存在重大疑点，银行提出异议，但是法院认为银行应提供质疑证据，银行认为自己根本无权查阅公司银行账目，无法举证。建议法院充分理解银行有时在对公司诉讼时存在的举证困难，就如揭开公司法人面纱一样，需要法院强势介入。

三、司法执行中需关注的几个问题

银行案件其本质问题是执行问题，因为绝大多数案件中，权利义务清楚，不存在疑难法律问题，剩下的就是执行问题。由于当前社会信用体系尚未建立，法院执行案件较多，执行难的问题较为突出。笔者提出以下几点建议，以应对银行债权执行难的问题：[②]

（一）创新执行方法

法院在执行银行债权案件时可采取以下几种方式：

1. 将拒不履行法院生效判决的赖债企业及个人档案定期向社会和金融主管部门通报，提高执行威慑力。这一方式在个别地区法院已经运用，把老赖名单、照片等公布在报纸、广告显示屏，收到很好的效果，且这一措施有法律依据。

2. 利用政府、社会公共资源，合法加大财产调查力度。按照中央政法委、

---

① 安毓秀：《银行债权保护与公司治理》，见中国知网，2006年4月。
② 张韬：《当前国有商业银行债权司法实务问题研究》，见中国知网，2006年12月23日。

最高人民法院〔2009〕15号文件规定：法院有权向有关金融机构查询银行存款，向有关房地产部门查询房地产登记，向法人登记机关查询股权，向有关车管部门查询车辆等。但是囿于法院执行人员相应较少，如果一一查询无疑大大降低执行效率。建议司法与政府、社会中介组织建立财产协查机制，如把房管部门、金融部门及征信部门等相关信息进行汇总，及时全面地掌握债务人的财产状况。建立这一信息库涉及立法问题，尤其关于公民信息保护问题，但是这项工作一旦完成对法院执行工作乃至社会信用体系建设无疑具有重要意义。

3. 建立被执行人财产申报制。在执行案件中，现在更多的依赖法院进行相应的调查工作，但是忽视了被执行人所具有的义务。建议建立被执行人财产申报制，明确被执行人申报事项及处罚后果，加大对被执行人的威慑力。如对下列财产必须向法院申报：（1）存款金额及所在的金融机构；（2）动产、不动产及其相关权属证书；（3）持有的债权及证据；（4）对外投资的股权等；（5）其他财产权利。申报应当定期进行，直至在案件执行完毕前。对于不如实申报、不及时申报引入相应处罚措施。对于非法转移财产等情形加大处罚力度，对于配合被执行人转移财产的共犯，共犯者应承担连带执行担保义务。

4. 实行对被执行人财产悬赏举报制度。建议在征得银行同意的情况下，法院可制定悬赏举报制度，调动社会力量挖掘被执行人的财产线索。悬赏金额由执行人与被执行人各负担一半，如果存在被执行人恶意隐瞒财产情形则全部由被执行人承担。同时约束法院执行人员行为，防止执行人员过多的运用悬赏制度，消极执行乃至与外界勾结骗取赏金。

5. 依法运用拒不履行法院判决、裁定罪等制裁方式对债务人进行法律制裁。拒不执行判决、裁定罪是指对人民法院的判决、裁定有能力执行而拒不执行，情节严重的行为。对这些有能力履行而恶意逃避的债务人进行制裁，提高执行震慑力。实践中，拒不履行银行债务的借款人很多是丧失诚信的人，进入执行阶段更是以老赖面孔出现。因此，建议严格依据刑法规定，对这些老赖进行刑事处罚，提高法院执行的严肃性、权威性。

（二）提高执行透明度，建立执行情况信息化工作平台

在法院执行阶段，银行往往难以掌握执行进度和情况，更多的是通过电话、上门了解等方式进行，使得银行投入大量人力物力，也加大了法院的工作量。因此，落实银行对执行工作的知情权和监督权，方便银行适时了解执行信息显得尤为重要。

1. 建立执行信息网上查询交流平台。建议法院执行局把每件案件的执行进展发布到信息平台，银行可通过这一平台及时查询，回复执行线索，避免银

行信息获取度不足的问题发生。

2. 推行执行听证制度。在执行的重要阶段，如决定追加、变更被执行人及上级法院决定纠正下级法院的错误执行行为等，都应举行听证程序，充分听取银行意见，反映其合法诉求。

（三）排除地方保护主义和权力部门非法干预

在法院执行过程中，应严格依法执行，排除干扰，一旦遇见干扰，可采取提级执行、交叉执行，保障银行债权执行顺畅。人民法院应坚决落实中纪委、最高人民法院、监察部《关于在办理党员和机关公务员非法干预人民法院执行工作的案件中沟通情况及建立典型案例通报制度的通知》，对领导干部、公务员干预执行的，积极向纪检、监察等部门汇报，纪检监察机关可依法依纪查处，排除执行工作中的非法干扰和阻力，打掉干预执行的"保护伞"。

（四）把握好保护银行债权与维持被执行人生存权之间的平衡

生存权指在一定社会关系中和历史条件下，人们维持正常生活所必需的基本条件的权利。在执行过程中，法院要考虑被执行人维持生存的权利，但当银行债权与被执行人的生存权发生冲突时，如何寻找两个平衡点，体现法律的公平和正义：

1. 准确界定被执行人的保护范围、标准。被执行人生存权的标准是维持最基本的、简朴的生活条件，所保留的范围限于生活用品、基本生活费用、居住的房屋这三个方面的基本生存条件；在执行过程中，对生存权的界定应以保障被执行人基本生存条件为依据，严格依法进行。

2. 在执行中严格依照《最高人民法院关于人民法院民事执行中查封、扣押、冻结财产的规定》，合理合情的采取一定的变通方法。

3. 在执行顺序上，以改善型财产为先、以保障生活性财产最后执行为原则。

4. 防止被执行人利用其生存权为幌子恶意逃废银行债务，一旦发现引入相关惩罚措施。

结语：银行债权保护在司法程序、法律适用及司法执行三个方面还有很多值得探讨的部分，笔者就工作中遇见的几个司法问题进行了探讨。截至完稿之际，民事诉讼法进行了相应修改，有针对的引入一审终审制，笔者希望针对银行金融案件，放宽范围，适当引入一审终审制度；法律适用上主要靠司法部门不断探索，切实保护银行债权；执行层面是银行最关注的，执行效率、力度及效果恐怕还要司法部门加大工作力度及创新执行方法。

参考文献

1. 张韬:《当前国有商业银行债权司法实务问题研究》,见中国知网,2006年12月23日。
2. 广东省高级人民法院民二庭:《审理金融借贷纠纷案件的几个实务问题》,载《人民司法》2005年第11期。
3. 徐瑞柏:《科学司法观与金融债权的司法保护》,载《人民司法》2005年第11期。
4. 孔祥俊:《法律适用需要妥善处理的八大关系(一)》,载《法律适用》2005年第6期。

刍议金融债权案件的执行困境与出路

山西省太原市晋源区人民法院　齐万喜　赵淑敏

当前，金融执行积案清理工作正如火如荼开展，而随着我国市场经济及金融活动的蓬勃发展，近年来金融机构申请执行的金融案件及标的额也呈持续上升趋势，在各类案件的执行情况中，相对于其他案件，金融债权案件的完全执结率明显偏低。金融案件执行是一项既复杂又艰巨的工作，执行人员既要坚持公正与效率原则，用足用好法律，加大执行力度，又需讲究执行艺术，有一定创造性思维，创新执行方式，注重执行效果，实现法律效果与社会效果的有机统一。由于金融案件事关金融安全，有时甚至影响区域稳定，因此，为保障金融债权的有效实现，积极与金融机构查控合作，以有效方式做好金融案件执行工作，对于提高执行效率与执结率，化解金融风险及保障市场经济健康发展具有很重要的现实意义。

一、金融债权案件的执行困境及其成因

所谓金融债权是指银行、信用社等金融部门依据借款合同发放贷款而产生的以借款方到期给付一定数额金钱为内容的债权。金融债权案件的执行方式是指人民法院对于当事人（金融部门）申请执行的金融债权案件，在对被执行人执行时，根据案件的不同情况所采取的方法和形式。

由于金融债权纠纷自身的特点以及执行部门的原因，导致此类案件执行面临困境：金融机构申请执行时被执行人确无可供执行的财产，或者有的债务人有可供执行的财产但需要评估、拍卖等程序，使得执行成本高于债权人所实现的那部分债权，得不偿失，最终影响了案件的执行。

之所以造成此类案件执行面临困境，从金融机构、执行部门、社会环境三方面来看主要有以下几点原因：

1. 金融机构自身多方面原因

一是信贷人员工作不负责任,对贷款人及其保证人的信用评价、还款能力的考量只流于形式,因此未能制定相应风险预警机制,防范和减少贷款风险,给以后的执行工作造成被动。诸如贷款人使用他人身份证件贷款归自己使用,贷款的实际使用人无法偿还贷款,而提供身份证件的人也不履行还款责任,从而引发纠纷的情况时有发生;二是信贷人员依法收贷意识差,责任心不强,在案件执行时不主动提供执行线索,导致被执行人逃跑或转移财产,造成执行良机的贻误;三是"人情贷款"、"关系贷款"大量存在,或信贷人员私自截留或挪用贷款,收取好处,造成执行难。

2. 贷款人和保证人法律知识缺乏

贷款人和保证人法律知识都相对缺乏,尤其是贷款人。实践中存在这样的情况:贷款人在贷款到期后无法偿还贷款,又没有在保证时效内向保证人主张承担保证责任,使贷款的保证失去了作用,导致无法执行。有这样一则实例,贷款人金某向某银行借款15万元,吴某作为连带责任保证人,双方未约定保证期间,贷款到期后金某也未向吴某要求承担保证责任,一年后银行将金某诉至法院要求还款,而金某此时才要求吴某承担连带责任,根据担保法有关规定,此时保证人已经免除了保证责任。由此可见,由于当事人缺乏法律知识,也会使债权难以实现。

3. 贷款担保形式单一,风险大

贷款担保形式单一,风险大不仅是农村金融贷款合同纠纷的一个特点也是案件执行困难的原因之一。农户签订贷款合同大多只有一个保证人作为担保,没有其他财产抵押担保,加之很多担保人法律观念淡薄,有"借款谁使用的就该谁还"的观念,这样一来,人民法院进入执行程序后其想方设法规避保证责任,在给法院执行工作带来阻碍的同时,也增大了金融机构债权实现的风险。

4. 执行成本较高

很多金融债权案件的贷款人没有还款能力,进入执行程序后,只能用处分抵押物的方式来清偿债务,而这个程序需要经评估、拍卖、权属转移等手续,产生的评估费、拍卖佣金、权属转移税费等费用较高,会造成被执行人更大的压力,而申请执行人最后实现的债权也可能远远低于其享有的债权。执行成本较高,耗时耗力成为金融债权案件执行难的又一重要原因。

5. 被执行人不配合执行工作

存在恶意贷款、规避还款的现象。有的借款人在贷款之初就没有打算还款，擅自改变借款用途，将借款挥霍；有的借款人债务观念淡薄，为躲避还贷，转移、隐匿财产；还有一些有能力还款的人受教育水平等限制，存有"借的是国家的钱可以不还"的错误思想，采取躲避甚至阻碍执行的方式拒不履行还款义务，给执行工作设置障碍，这些都是造成金融债权案件执行难的最直接原因。

6. 社会因素的影响

一是行政干预和地方保护主义严重，许多欠款大户都是当地有影响力的企业，是地方政府的主要税源，因此法院执行受到的干预比较严重；二是社会"说情风"影响执行。法院执行时，总会有这样那样的关系来说情拉拢，影响了法院工作的正常开展。

二、金融债权案件的常规执行思路

金融执行案件涉案金额在法院执行案件总标的中占据很大一部分。因此，法院在人员、物质上对金融债权案件执行应给予支持，加强与队伍建设机制的链接，抽调精兵强将充实执行力量；加强与物质保障机制的衔接，为执行局配好车辆、通讯和摄像器材等先进装备，为执行工作做好铺垫。如有可能，建议法院成立专门的金融案件执行机构，专事金融案件执行工作。

1. "穷尽执行线索"。法院在立案、审判的过程中必须查明核实当事人的基本情况，做好诉前准备和诉讼财产保全。执行人员接到金融债权案件后，要全面了解财产保全情况，对于金融案件被执行人采取多头开户、隐匿或转移财产拒不履行或逃避履行金融债务的，人民法院可以根据执行案件的实际需要，必要时在征得金融机构同意的情况下，进行悬赏举报，寻找被执行人的财产及财产线索。悬赏金由执行法院按知情人提供的被执行人财产线索并执行的财产总额的一定比例，予以兑现。同时，要善于通过被执行人的协作单位、亲属、朋友、邻居以及被执行人所在地政府、街道办事处、村委会等有关部门查找被执行人及财产线索。

2. "穷尽执行措施"。法院详细调查金融案件被执行人存款、收入、有形财产、股票债券等权益、知识产权、到期债权，大力支持金融案件申请执行人对财产权证照办理相关转移手续。坚持做好对执行人的财产搜查工作，尽最大可能寻找被执行人隐藏的可供执行的财产，对执行前转移的财产要深入追究。对于拒不履行生效法律文书的被执行人依法司法拘留，决不姑息手软，以显示法律的威慑力和震撼力。对于具有履行金融债务能力，经多次教育仍拒不履行法院生效法律文书确定的给付义务的被执行人，执行法院可以在被执行人住所地或一定区域范围内的报纸、广播台、电视台等新闻媒体上公布为"赖账者"予以曝光，同时对其赖账金额等情况一并予以公告。

3. "穷尽思想工作"。随着执行力度的加大，金融债权被执行人的抵触情绪也可能相应加大，直接影响案件的顺利执行。此时，法官必须注意攻心为上，尽量化解矛盾，要充分宣传法律有关规定，认真告知双方当事人的权利义务，并向当事人介绍人民法院在执行工作中的权利和责任，同时严肃指出不履行生效法律文书的后果，必要时可与被执行人所在地的党政机关、其委托代理人等做思想工作，争取让金融债权案件被执行人自觉履行债务或积极配合执行。

三、金融债权案件的执行出路与体制完善

1. 查抵受偿

执行金融债权案件中，首先应从查明有无抵押，然后从抵押入手进行执行。注意：（1）不能简单地以抵押物抵消债权。抵押物拍卖、变卖后的价款超过债权数额的部分必须归还抵押人，不足部分由债务人继续清偿；（2）不能侵犯其他抵押人的权益。借款人以同一财产向两个以上债权人抵押的，以抵押物的登记的先后顺序受偿；同顺序的，按债权比例受偿；（3）征得金融债权人同意。被执行人所抵押的财产无法拍卖或者变卖的，经金融债权人同意，执行时可以将该项财产作价后交付金融债权人处理；（4）抵押人对抵押物无所有权但有用益物权的，且该用益物权是能给权利人带来利益的财产权利，对这种抵押，人民法院可以加以认可并予以执行。

2. 分期执行

人民法院在执行金融债权案件中，对于被执行人是经营状况暂时困难的企业，或暂无偿还金融债务能力但产品适销有市场的企业，执行法院在金融债权人的配合、支持下，可以采取分期执行的方法，为这些被执行企业创造生存、发展的机会。这样，既可以保证被执行企业生产经营的正常进行，渡过暂时的困难，增强其偿还金融债务的能力。同时也可以最大限度地保障金融债权的实现，更有效地维护金融债权人的合法权益。

3. 代位执行

金融纠纷案件中，往往存在"三角债"现象，即一个被执行人不仅是金融纠纷案件中的被执行人，同时也是第三人的债权人。因而，在实践中，应注意执行金融债权案件中被执行人的到期债权。金融债权案件执行中的"代位执行"是指被执行人现有财产不能清偿到期金融债务，但对第三人享有到期

债务的情况下,人民法院可以根据申请执行人的申请,通知对被执行人负有到期债务的第三人,直接向申请执行人履行债务,第三人在履行期限内不履行的,法院予以强制执行的一种执行方法。在金融纠纷案件中执行第三人的到期债权应注意以下几点:(1)必须是被执行人未按规定期限履行金融债务;(2)准确认定被执行人和第三人的债权债务关系;(3)金融债权人须向法院提出申请,人民法院不能依职权决定;(4)执行法院须向第三人发出并直接送达代为履行通知书;(5)第三人对债务没有异议。其包括两种情形:一是在收到执行法院的通知后,明确表示无异议;二是在收到履行通知后的规定期限内未提出异议或者提出后又撤回异议的,均视为没有异议;(6)第三人在履行期限内不履行债务。以上六个条件须同时具备,执行法院方可对金融债权案件中的第三人采用代位执行的方法。

4. 抵贷返租

抵贷返租,是指金融纠纷案件中的被执行企业在无力清偿金融债权的情况下,将该企业所有的固定资产等财产作价后折抵债权,以清偿其债务,然后金融机构再将上述资产租赁给被执行人的执行方法。这种方法,主要适用于目前企业破产受到一定限制的现实情况,是金融系统对困难企业实现金融债权的最好方式。这一方式有三方面意义:一是金融债权虽有可能得不到完全受偿,但可部分受偿,不至于使国有资产完全流失;二是有利于企业和金融机构共同走上良性发展道路;三是增强了金融债权单位的起诉积极性。但要注意:(1)要查清抵贷的不动产性质。如是否属于企业所有、是否被其他法院查封、是否设定担保、是否被租赁等。企业所占有的土地使用权不属于企业的,首先应征得土地使用权人和所有权人的同意;(2)必须是一企业抵给一金融机构。企业只能以其他财产抵顶其他债权人的债务,其他财产不够抵顶的,金融债权人可以代为支付其他债权人的债务,企业再以等价值的不动产抵顶给该金融债权人;(3)必须程序合法,处理得当。土地使用权、房产抵债返租后双方必须过户,制作不动产大小、位置等详细示意图,以免后患。金融机构不宜将取得的不动产使用权作他途。除非企业已停产,无法重新开始运转,一般返租时应租给原企业。如取得该企业的全部产权属于例外;(4)正常生产的企业不能以此方式执行,只能针对还贷无望的企业。只限于诉讼中的企业。对金融部门没有起诉的,法院不主动介入,但如对某一区域进行集中清理时,可以征求未起诉银行是否提起诉讼之意见。

5. 债权入股

所谓债权转股权,是指债权人将其所享有的合法债权依法转变为对债务人的投资，增加债务人的注册资本的行为。它是债权人自愿将其对债务人的债权折资入股，成为债务人股东的法律行为，其包括债权的消灭和股权的产生两种法律行为。债转股既是化解银行不良资产的一种重要方式，也是法院在执行金融案件中，解决被执行企业无力偿还金融债务的一种执行方式。在金融债权案件的执行中，被执行人有履行能力，但由于被执行人的资产以不动产或不宜拆卸的机器设备为主，如强制执行，一方面，银行等金融机构因上述资产不易变现而不愿采用以物抵贷的方式接受；另一方面，如果将上述资产进行变价（拍卖或变卖）则易严重损坏上述资产的价值，并导致停工、停产、企业倒闭等不良的社会后果，不利于维护社会的稳定。对于这种情况，在出现下列情形时，可以适用债权人入股的方式解决金融债权案件的执行：（1）作为申请执行人的金融机构同意债权入股的；（2）被执行人的资产大于金融机构的执行标的，而被执行人应当履行义务部分的财产无法拍卖或变卖的；（3）被执行企业有发展潜力，尚不存在破产、倒闭情况的；（4）金融机构的债权因被执行人的固定资产、机器设备等存在而能保值的；（5）被执行人也愿意按公司法的相关规定进行资产重组，对此已作了可行性调查的。

6. 反保执行

金融债权案件在执行过程中受到地方和部门保护主义干扰时，执行法院应主动及时向当地党委、人大汇报有关情况，争取其支持，及时排除地方和部门保护主义的干扰。同时，上级法院对于下一级法院在执行金融案件过程中受到地方和部门保护主义干扰的，上级法院执行局可以采取依法提级执行，或指定执行即指定其他法院执行，或交叉执行，即将甲地法院的执行案件移交乙地法院执行，乙地法院的执行案件移交甲地法院执行，以切实有效排除外界干扰，确保执行工作依法顺利进行。此外，还可适时开展集中执行和专项执行等方式，通过列出重点案件和典型案件，召开集中执行大会，督促到会的被执行人履行金融债务。同时应通过当地报纸、广播电台、电视台等新闻媒体广泛宣传，形成强劲的金融执行态势，使全社会都关注和支持法院执行工作，给被执行人以心理上压力，促使其慑于法律的威力而履行金融债务。

四、金融债权案件的执行创新制度

1. 建议建立执行 110 的快速反应机制

在金融案件被执行人有履行能力却躲避、逃债的情况下，如果发现线索执行法官们能快速出击，被申请人就难以失踪或转移、隐匿财产。作为申请人的金融机构往往心急如焚，执行良机稍纵即逝，遇到这样的情况，需要法院建立执行 110 制度。法院可以制作执行 110 联络表，将执行局的值班电话和执行人员的电话向金融案件申请人和社会公开，利用社会力量搜寻执行线索，每天至少有两组人员轮流值班，做到只要有线索，立即出击开展执行。

2. 建议建立限制金融案件被执行人高消费制度

金融"老赖"们（包括企业组织和自然人）中有许多欠着金融机构的钱不还，但在高消费上却一点也不含糊，频频若无其事地进入高档消费场所。由于缺乏法律上的约束，金融机构往往对其毫无办法，此时建立限制金融案件被执行人高消费制度显得尤为重要。限制金融案件被执行人高消费，一要规定限制消费的范围，并在执行过程中告知被执行人；二要组建对被执行人高消费的调查队伍，对金融机构的举报及时进行调查；三要加重对被执行人高消费行为的处罚力度，情节严重的，可考虑按拒不履行生效法律文书罪对其进行刑事处分。

3. 建议建立金融案件被执行人财产情况申报制度

法院执行工作大都比较繁忙，不可能对金融案件的被执行人财产变化情况全部了解。为及时摸清被执行人的清偿债务能力，给被执行人造成巨大心理压力，有必要建立财产申报制度。财产申报可以定期或不定期地进行，具体时间由承办法官根据实际情况指定。法官可以对金融案件被执行人的申报情况进行核实，如果发现隐瞒财产真实情况的，立即对被执行人采取最严厉的执行措施——司法拘留。

结　语

总之，针对金融债权案件执行难的困境，执行法官应当加强对金融案件中新情况新问题的研究，金融案件执行除一些基本的方式外，还具有很大的创造性和弹性，方式运用得好可以促进执行工作的开展。因此，执行实践中应注意对复杂的执行环境采用各种灵活方式，确立多种行之有效的执行手段，并不断总结经验教训，以达到确保一方金融安全，最大限度减少金融机构损失的目的。

参考文献

1. 周小川:《金融业标准制定与执行的若干问题》,载《中国金融》2012年第1期。
2. 王志根、戴玉龙、苏国华:《涉金融执行案件调查分析》,载《人民司法》2010年第3期。
3. 张成:《金融案件"执行难"的原因及对策》,载《河北金融》2010年第3期。
4. 田彬,陈安阔:《完善法律手段 破解执行难题》,载《现代金融》2010年第1期。
5. 许哲华:《金融案件执行难点分析及对策》,载《上海金融》2003年第7期。
6. 张杰:《关于解决商业银行胜诉案件执行难问题的法律对策》,载《武汉金融》2001年第4期。
7. 《金融案件执行难的成因与对策》,见找法网 http://china.findlaw.cninfominshangzwzqfyzx/68086.html,于2012年9月21日访问。

浅析金融借贷案件"执行难"

山西省太原市迎泽区人民法院

金融执行案件由于其执行标的额大、执行到位率偏低,长期以来深受"赢了官司输了钱"即胜诉案件"执行难"问题的困扰。银行等金融机构在当前的金融危机背景下,其借贷案件执行率的高低事关金融资产的安全和金融秩序的稳定,也吸引了更多关注的目光。

自改革开放以来,我国经济迅猛发展,经济的多元化结构以及消费观念的不断更新,使得人们在日常经济活动中,向银行等金融部门借款用于公司经营、购房买车以及个人生活消费等行为日趋频繁,但由于诚信缺失和前期金融危机等诸多因素,大量金融案件的发生,并伴随着执行案件的不断增多,执行难度的不断加大。

一、涉及金融借贷案件"执行难"的成因

金融借贷案件"执行难"的成因主要有以下九个方面:

1. 抵押中房屋所有权与土地使用权的分离导致该类案件很难执行到位。执行实践中经常碰到,划拨土地使用权和房屋所有权的分离、动产和土地使用权分离、租地建房时房屋所有权和土地使用权的分离、抵押关系中抵押物的所有权和土地使用权的分离等样态。虽然我国法律上一贯坚持"房随地走""地随房走"的总体原则,但可能由于土地和房屋是两类不同的资源和生产资料、生活资料的原因,我国法律规定始终未将房屋产权和土地使用权变更的实际办理手续归入一口,这样的结果,给实际带来的就是变更土地使用权而不变更房屋所有权的现象。这类案件往往很难执行,即使执行也很难真正到位。

2. 银行自身的原因。银行一直以来的一种做法就是,如果企业还有一口气或是只要还能偿还一点点利息,总不愿扯破脸来进行诉讼,只有到了实在没有能力进行任何方式的还款方才进入诉讼程序。这种情况下,往往法院审理时

被告不到庭参加诉讼,所有文书均以公告的方式进行送达,金融机构借贷纠纷很容易胜诉,而到了执行阶段往往已失去了执行的条件,导致无法执行。另外,金融机构信贷人员工作不负责任盲目发放贷款,或者贷款手续不完备,以及"人情贷款"、"关系贷款"的存在,都对以后的执行工作造成了很大的被动,甚至一些金融机构工作人员在执行中怠于提供执行线索,贻误执行时机,人为造成了执行难。

3. 政府保护主义仍然存在。人民法院执行难,地方和部门保护主义作祟是也是一个重要原因。个别地方和部门规定涉及国有企业的案件采取查封、冻结措施,必须经地方领导同意;极个别地方政府甚至规定,未经地方领导同意,法院裁定、拍卖的划拨土地使用权不予办理过户手续等等,诸多的内部规定、约定俗成的做法给法院执行案件工作造成困难。

4. 部分案件因涉及重大民生案件,可能影响社会和谐而无法执行。在涉及金融案件的执行,不可避免地与被执行企业的生产经营、职工安置和局部地区的地方利益发生矛盾。少数地方政府部门迫于压力直接对法院施加压力,干预法院对案件的执行,或者默许当事人干扰法院执行工作。有些企业甚至鼓动职工集体上访,以对法院和地方政府施加压力。

5. 部分抵债资产处置变现手续多、费用高,如划拨和集体使用土地除需支付评估费、过户费外,还需支付高额出让金和征地补偿安置费,加上少数乡镇土地管理中存在权证不清等不规范行为,金融机构难以办理产权过户手续,更难以处置变现。

6. 被执行人钻法律空子,故意逃避债务。在现实案件中有部分被执行人恶意骗贷后,通过假离婚转移财产,消空财产逃之夭夭,使国家财产受到巨大的损失。也有的人以借款办公司为幌子,向银行套取大量现金,将其投入证券市场或房地产市场获取暴利,但因为国家政策调控、市场波动较大,导致资金大量沉淀,甚至出现亏空,无法正常偿还银行借贷。有的借款人采取变更企业名称、住所,变更法人代表或分立多个企业搞脱壳经营等方法逃避还贷。有的借款人与保证人之间搞连环担保,看似手续齐全实际无担保意义。有的借款人进行重复抵押或虚假抵押。有的借款人为躲避还贷,转移、隐匿财产,给执行工作设置障碍。

7. 法院在执行过程中,存在个别案件的执行不作为,假作为。不可否认有部分法院干警怠于执行,或在办理"人情案"、"关系案"而不予执行或慢执行。

8. 许多企业特别是民营企业的老板本身多为人大代表甚至是人大常委,

法院人员的调整等均需要人大常委、人大代表的投票支持,这样无形之中也束缚了法院的手脚。

9. 金融监管机构的诚信网络体系的准确度、真实度、银行资料的透明度还不够,使得有些个人或单位在同一银行的多个网点或多家银行分别进行贷款,贷款数额与偿贷能力严重不符,致使贷款到期后难以收回,造成执行难。

二、解决金融借贷案件"执行难"的对策

1. 从金融机构内部要加强监管,规范借贷业务。首先要对放贷人员进行规范管理,严格贷款审批程序,对借贷人、担保人进行严格审查,特别是对有无偿贷能力及借款用途进行严审,确保贷款放得出、收得回,从源头上减少金融借款案件的发生。其次要在全国范围内建立信用网络,将法院判决、案件执行、借贷资讯、房屋抵押、逃匿通缉、关系人员、公司破产等资讯及时上网,向社会公布,用限制出境、入住宾馆、乘坐飞机、火车、等限制高消费等手段使得无信用的自然人和法人在社会上寸步难行,而不得不进行信用恢复,主动履行法律义务。第三要建立并完善行之有效的信贷人员责任追究制度,杜绝"人情款"、"关系款"。

2. 在诉讼过程中,金融机构应当派信贷员参加诉讼。因为许多从事案件是由于信贷出员不负责任而产生的,许多手续不全,贷款质量不高,导致许多可执行信息法院掌握不全。因此,开庭审理时让当事信贷员出庭参加诉讼,更有利于案件的事实查清及财产的落实,以便以后案件的执行。

3. 拓宽联络机构,强化内外联动机制,与公安、工商、税务、车辆管理等部门联动,加大执行力度,丰富执行手段,通过限制高消费、强制审计、公安协查、限制出境等措施,最大限度的发现被执行人的财产,敦促被执行人提出切实可行的还款计划。

4. 加强与新闻媒体的协调合作,加大对执行工作的宣传力度,构建多方联动、良性循环的"大执行"工作格局,合力破解执行难问题。拓展执行思路,加大执行力度,丰富执行手段,对拒不履行法定义务的被执行人依法适用冻结存款、查封财产、司法拘留等强制措施,有效地保护当事人合法权益。

5. 完善执行联动机制,优化执行外部环境。依党委、人大、政府的有力支持,凝聚执行合力,对重大金融案件要和地方党委、人大搞好协调沟通,争取他们的理解支持,稳妥谨慎地执行好案件。

6. 对被执行人采取躲避方式抵赖债务的,法院应采取强制执行措施,将之拘留,当被执行人以暴力抗法或涉嫌金融诈骗时,法院应及时与公安机关取

得联系，以拒不履行法院判决、裁定为由提请公安机关立案侦查，将其绳之以法，让拒不履行、逃避履行债务的被执行人付出更大的经济代价，更高的拒执成本。

7. 尝试实行悬赏执行。开展悬赏举报活动，采取网上公告、街头宣传、散发资料、媒体曝光等手段促进执行工作的社会化和信息化。对于被执行人找不到或执行财产难找，法院在措施穷尽后，先不急于中止执行，可经申请执行人申请，按一定协约，在一定时间内，实行悬赏执行。这个举措，会对被执行人及其家属造成沉重的精神压力，也将对被执行人的今后生产及生活带来较大的负面影响，有利于扭转执行难的被动局面。

涉金融案件"执行难"是由多方面的原因造成的，破解执行难问题是一项综合性的工程，它既不可能一蹴而就，也不可能仅凭法院一家的努力就能完成，它需要有关各方面的共同努力，需要整个社会长期的、不懈的共同努力才能逐步加以解决。

金融案件执行难的原因及对策

太原铁路运输法院

金融是国民经济的核心,也是促进经济发展维护社会稳定的重要方面;然而,近年来金融案件数量多、标的大、执行难,已成为困扰人民法院执行工作的一个突出问题。它不仅破坏了社会主义法制,损害了金融机构的合法权益,而且严重影响着社会稳定和经济建设。在整顿金融秩序、保障金融安全、化解金融风险、创建金融安全区的新形势下,着力解决金融案件执行难,已成为一项亟待解决的重大问题。

一、金融案件执行难的原因

之所以形成金融案件执行难的问题,原因是多方面的,既有经济发展、法制观念、利益格局等方面的问题,也有法院执行人员素质、执行方法滞后、体制等方面的原因;可以说金融案件执行难是社会各方面矛盾在执行工作中的综合反映。从我院的执行情况看,造成当前金融案件执行难的主要原因有:

1. 企业效益差,偿债能力弱。随着社会主义市场经济的逐步建立和改革的深化,一些企业长期在计划经济模式下运行,不适应市场竞争的要求,且经营管理薄弱、产品科技含量低、产品更新慢、决策失误等原因,造成企业经济效益下降、负债率高、亏损严重,无力偿还银行巨额债务。

2. 金融案件多,标的额巨大。由于金融案件执行数量多、标的大,涉及的被执行单位有相当一部分是国有大中型企业,且经济效益差、职工人数多、执行资产少、难以偿还巨额银行债务。

3. 恶意逃债多,查找财产难。从目前的金融执行案件情况看,被执行人恶意逃债带有普遍性,有相当一部分企业千方百计逃债、赖账,采用改制、转制、分立、合并、投资、体外循环等手段,逃避应承担的银行债务。特别是在企业改制、转制过程中,违规操作、暗箱操作大量存在。法院在执行中,由于金融机构对被执行人的财产了解不多,执行人员投入了大量的人力、物力多方寻找被执行人的财产及财产线索,但往往收效甚微。

4. 担保财产少,处理困难大。在金融案件执行中,金融机构在发放贷款中,缺乏风险意识、有章不循、违规经营时有发生,有相当一部分案件担保的财产远远低于贷款的本金,从而使金融案件执行带来先天不足;即使有担保财产,往往担保的财产手续不完备,证照不全,在实际处理中难度加大。

5. 立法滞后,执行阻力大。我国目前尚未颁布《强制执行法》,强制执行措施散见于《民事诉讼法》、《最高人民法院关于人民法院执行工作若干问题的规定(试行)》等法律、法规和司法解释中,强制执行的措施远远跟不上执行工作的要求。执行工作中的新情况、新问题层出不穷,迫切需要法律、法规和司法解释解决执行中实践中存在的问题。由于立法滞后,司法解释缓慢,从而使执行工作阻力加大。如农村的集体土地的处理、职工的安置、被执行人的生存权的保护等。

6. 严肃执法与社会稳定发生冲突。"欠债还钱,天经地义",对于不履行债务的被执行人,法律赋予人民法院强制执行的权利。由于我国社会保障制度尚未真正建立起来,社会福利保障制度正在培育之中。一方面金融机构要求人民法院加大执行力度,依法拍卖、变卖被执行人的财产,另一方面被执行人以维护社会稳定为借口,要求法院不要强制执行,甚至用职工集体上访、到政府有关部门告状等相威胁,千方百计阻碍人民法院执行工作。人民法院在严肃执法与兼顾社会稳定之间难以取得平衡,处于两难境地。

二、金融案件执行难的对策

金融案件执行难作为一个现实的、客观的问题仍将长期存在,造成金融案件执行难的原因是多种多样的,有些原因不是单靠法院的力量就能解决的,需要全社会的共同努力才能逐步解决的重大问题。人民法院作为国家的审判机关,在依法治国,建设社会主义法治国家中发挥着不可替代的作用,因此,要进一步加强大局意识,拓宽执行思路,强化服务功能,化解金融风险,为社会稳定和经济建设提供强有力的司法保障。

1. 强化队伍建设,提高执行人员素质

金融案件执行工作是一项政策性、法律性、艺术性和社会性很强的工作,执行人员自身素质的高低直接影响到执行工作的法律效果、经济效果和社会效果。一名优秀的执行人员,既要有较深的法律功底,又要有良好的语言表达能力,还要有任劳任怨无私奉献的敬业精神和善于做当事人工作的能力。为此,必须强化执行队伍建设，着力提高执行人员素质。一是要加强政治学习，提高执行人员的思想素质。要认真组织执行干警学习邓小平建设有中国特色的社会主义理论和党的十七大文件精神，牢牢把握执行工作为改革、发展、稳定服务的政治方向，自觉服从服务于党和国家的中心工作；二是加强业务学习，提高执行人员的业务素质。金融案件执行工作是一项涵盖面很广的司法工作，没有高素质的执行人员，金融债权难以落到实处。执行人员要不断学习新知识，掌握新法律，拓宽新思路，解决新问题，在复杂的执行工作中驾轻就熟，游刃有余；三是要加强执行技巧的培训，提高执行工作的实际效果。要坚持原则性和灵活性相结合，思想疏导和强制措施并用，从实际出发因案制宜通常能达到事半功倍的效果。要采取定期轮岗培训、任职考试等方法提高执行人员的执行技巧，提高执行工作的实际效果。

2. 加大执行力度，全力维护金融债权

人民法院生效法律文书的有效执行，不仅关系到金融债权的实现，也关系到人民法院的司法权威。在被执行人有履行能力而拒不履行的情况下，必须依法加大执行力度，严肃执法，坚决打消被执行人恶意赖账的侥幸心理，树立法院的司法权威。由于强制执行的力度不到位，客观上放纵了被执行人的逃债、赖账行为。为此，要加大执行力度，对拒不履行法院判决的被执行人以强大的压力，真正起到"敲山震虎"的作用。一是要及时采取控制性强制执行措施。对进入执行程序的案件，要求被执行人及时申报单位和个人财产，法院根据申报财产进行核实，对不按时、不如实申报或隐藏、转移、处理财产的被执行人，依法追究法律责任；并及时采取查封、冻结、扣押等强制措施，控制被执行人的所有财产，确保金融债权的实现；二是要坚决采取处分性强制执行措施。对被执行人及时采取搜查、划拨、拍卖、变卖等强制措施，对那些故意阻碍、抗拒执行的被执行人应依照《民事诉讼法》的规定，适用拘传、罚款、拘留等强制措施；三是要敢于碰硬敢动真格。对被执行人有能力执行而拒不履行情节严重的，要坚决按照《刑法》第313条的规定追究刑事责任，绝不心慈手软。

3. 探索执行方法，努力提高执行效果

在当前经济转轨时期，国有大中型企业大量进行改制、转制，众多国有大中型企业成为被执行人，特别是一部分企业生产经营陷入困难，资产负债率高、职工人数多、金融债务重的情况下，依法保护金融机构的合法权益，显得尤为重要和迫切。既要依法保护金融债权，又要维护社会稳定促进经济发展，在依法办案的前提下，积极探索执行方法，努力提高执行效果。一是要争取党委领导人大监督政府支持。人民法院的执行工作，必须紧紧依靠党委领导、人大监督和政府支持，在涉及国有大中型企业的重大金融案件时，在严格依法办事的前提下，要多做当事人的思想导工作和协调工作，努力化解矛盾。金融债权的实现，涉及的不仅仅是经济问题，还直接关系到社会的稳定。在复杂多变的执法环境中，争取党委领导、人大监督和政府支持，是一项标本兼治和行之有效的工作；二是要采取灵活的执行方法。对被执行人有适销对路的产品，且有发展潜力的企业，可以采取"暂缓执行"、"中止执行"的方式，放长履行期限，待其经营好转时再清收债权。对被执行人有较多债权的企业，可以采取执行到期债权，帮助企业清理债权。并适时采取公开曝光、限制消费、奖励举报、集中执行、交叉执行、指定执行、提级执行等方法清收金融债权；三是积极探索执行工作新方法。人民法院要加强与公安、人民银行、工商、房管、土管等机关的合作，对长期下落不明的被执行人，请公安机关帮助查找；对恶意赖账的被执行人，由人民银行与各商业银行联系，积极寻找被执行人的财产及财产线索；对可能隐藏财产的被执行人，请工商、房管、土管等机关在办理相关权证的时候积极协助和配合，寻找被执行人的财产及财产线索。对社会信誉差、恶意逃债的被执行人定期在新闻媒介上"曝光"，并建立"黑名单库"。

4. 规范金融管理，努力化解金融风险

《商业银行法》第4条规定：商业银行以效益性、安全性、流动性为经营原则，实行自主经营，自担风险，自负盈亏，自我约束。中国人民银行颁布的《贷款通则》对借款人的条件作了一系列的规定和限制，对贷款人在从事贷款过程时也规定一系列程序。但在实际操作中，违反原则、规定、条件发放贷款的大量存在。因此，规范金融机构贷款行为是化解金融风险的重要环节。一是要严格执行各类规章制度。《商业银行法》和《贷款通则》对贷款申请程序、贷款申请评估、贷款调查、贷款审批、贷款发放、贷款检查、贷款归还作了明确的规定，并实行行长负责制、审贷分离制与分级审批制，要使各项规章制度真正落到实处；二是要完善各类担保手续。各商业银行要认真执行和贯彻《担保法》，完善各类保证措施，特别是在办理抵押贷款、质押贷款过程中，应当做到权属清楚，证照齐全，并由抵押人、出质人与贷款人签订抵押合同、质押合同，且要依法办理登记手续，从而使各类担保手续合法有效；三是要加快金融立法步伐。金融立法是全面实现金融监管、化解金融风险的前提条件，也是金融工作走上法制化、规范化、制度化的重要方面。我国目前已建立了一系列的金融法律、法规，但要完全适应市场经济建设的需要还相差甚远，因此必须加快金融立法步伐，建立科学、合理的金融立法体系；特别是要从体制、机制、制度、人员、责任制等方面建立和完善金融监管体系，真正从源头上把好关。

5. 加大宣传力度，全力营造执行环境

宣传工作是法院工作的重要组成部分，是一项事关全局性的工作，直接关系到人民法院执行工作的社会效果。良好的法制宣传工作，可以调动社会舆论的力量，给被执行人以强大的社会压力，从而改变执行工作的被动局面。从某种意义上讲，执行难是不学法、不懂法、不守法的结果，是将个人利益、部门利益、地方利益凌驾于社会整体利益和国家法律之上的结果，更是不懂法、不守法的表现，因此必须加强社会主义法制宣传。一是要认真开展法制宣传。教育公民、法人自觉学法、用法、守法，提高公民、法人的法律意识和法制观念。要通过报纸、电视、广播电台、网络等媒体宣传法律，在全社会形成生效法律文书必须执行的法律意识，以抗拒、阻碍、干扰人民法院执行为耻的法治氛围；二是通过典型案例震慑被执行人。要定期在报纸、电视、广播电台、网络等媒体，对拒不履行、恶意赖账、逃债的被执行人定期进行公开"曝光"，使社会公众知悉被执行人的信用状况，从而避免产生新的不良贷款；三是建立和完善社会信用体系。诚实守信是现代文明的基石，信用贫困已成为制约我国经济和社会发展的重大问题，同样也制约着金融债权的实现。人民银行和有关职能部门，要建立和完善社会信用评价体系，建立贷款信用评价体系，从而在全社会形成诚信为本，操守为重的良好风尚。

6. 加大改革力度，整体推进执行工作

司法独立是现代法治的一项重要原则，是司法公正的客观要求和体制保障。毋庸讳言，现行的执行体制缺乏效率，阻碍了金融债权的有效执行。执行工作直接涉及地方、部门的经济利益，现行的法院管理体制使得执行工作成为地方保护主义的重灾区，执行工作也常常受到来自地方各方面的干扰，难以理直气壮地公正执法。因此，改革法院现行管理体制和执行工作体制，建立有利于法院严肃执法、公正裁决执行、运转高效的执行工作运行机制已成为一项十分紧迫的任务。一是要加快执行体制改革。在遵循法律的前提下，建立全国统一的执行机构，实行垂直领导和分级管理，使本地区法院的人、财、物等方面与地方政府脱钩，执行人员的任免由上级法院直接任命。法院的人、财、物若能解决，必将大大地增强人民法院抵御地方保护主义的能力；二是要加快执行的机制改革。针对过去执行权过分集中的弊端，真正将执行权分解为执行实施权、执行裁决权、执行监督权，并将三权交由不同的执行员和执行组行使，强化执行权制约的新的执行工作机制。提高执行工作的公信度、透明度和执行工作效率；三是要加快执行监督纠错机制的改革。任何权力都必须受到约束，否则必然要走向腐败。尽管我们已建立了一系列执行监督纠错机制，但现行的执行监督纠错机制软弱乏力。下级法院对上级法院的决定置之不理的情况还时有发生。为此，必须加快执行监督纠错机制的改革，建立严格、科学、合理的操作规则，采取定期汇报、限期纠正、案件提执、定期通报、纪律处分等强有力的措施，最大限度地保护金融债权。

涉金融案件执行难之初探

太原铁路运输中级法院

金融机构作为申请执行人的案件,是涉金融执行案件的重点和难点。近年来,金融执行案件呈逐渐上升趋势,金融执行案件的未结执行标的金额较大,影响面广,已经成为困扰法院执行工作的一大难点。在工作实践中,往往存在审判易执行难的现象。探索和分析涉金融案件执行难的成因,寻求解决涉金融案件执行难的出路及执行方法,以保证法律权威,树立法院形象,维护金融信用,保护金融债权,建立良好信用的金融秩序,具有重大而深远的意义。

一、涉及金融执行案件现状与特点

1. 涉金融执行案件比例呈逐年上升的趋势。

2. 涉金融执行案件的执行标的金额大,尤其是中级以上法院所受理的金融执行案件标的金额巨大,影响面大。

3. 大量涉金融执行案件已基本处于"呆账"、"坏账"状态,一般不具备继续执行的可能和条件。

4. 涉金融执行案件的执行成效不平衡,尤其在地区分布上呈现出较大的差异。金融执行案件的数量、标的金额基本与各地的经济发展水平的高低成正比。

5. 涉金融执行案件的纠纷类别集中。主要是借款合同纠纷,约占金融执行案件受理总数的 96% 以上;其他类别的案件,如保险合同纠纷、证券交易合同纠纷、票据纠纷等则较少。在案件被执行人的类别方面,主要集中在具有法人资格的企事业单位,其余则为个人和其他组织;基层法院涉金融执行案件被执行人更以个人居绝大多数。

二、构成涉金融案件"执行难"的症结有三重原因

（一）金融机构自身原因

金融机构自身的原因主要表现在：

1. 金融机构与被执行人订立合同时，风险意识淡薄，担保流于形式。放贷时对贷款方资信审查不严，对担保的设立审查不严、不细，存在严重的瑕疵。有的担保方根本不具备担保资格，或不符合担保条件，致使执行时缺乏执行能力；有的则属"一女多嫁"，重复抵押，进入执行程序便引发案外人异议，难以执行。

2. 对贷款资金监管力度不够，监管手段滞后。部分金融机构对贷出资金疏于管理，致使有的专项贷款被挪作他用，或被转借他人，增加了经营风险。同时，由于不能及时掌握贷款方的经营状况，往往错过诉讼和执行的最佳时机。

3. 信贷人员依法收贷意识淡薄。许多案件因逾期起诉，时过境迁而丧失执行良机或者在诉讼时未申请财产保全，使得借贷人趁机转移财产。同时，执行过程中拘泥于仅以现金的方式清偿债权，不愿用以物抵债等其他方式来清偿债权。

（二）被执行人方面的原因

1. 部分被执行人缺乏执行能力。当事人经济状况很差，缺乏履行义务能力，这是影响执行工作顺利开展的根本性因素。有的企业因经营不善严重亏损，处于停产、半停产状态或临近倒闭、破产边缘，难以执行。

2. 被执行人对金融案件自觉履行债务观念淡薄，认识上存在误区。许多有执行能力的被执行人也认为企业负债是大环境造成的，企业长期拖欠银行等金融系统的款项是普遍现象，又不是他一家，金融机构家大业大，对金融欠款能拖则拖，能顶则顶，能躲则躲，不愿自觉履行。

（三）法院自身存在的原因

1. 审判流程中存在的问题。涉金融案件诉前保全、诉讼保全较少，审理过程中缺乏对执行后续程序的考虑，对被执行人的有关信息查证不全，执行立案时对申请人所提供线索审查不严等，造成执行难度的加大。

2. 执行力度不够大，缺乏有效惩治措施。行政干预和地方保护主义是目前案件"执行难"的一个主要原因。由于人力、物力、财力等因素的制约，执行中时机的把握、连续集中执行等措施、力度不到位，对被执行人缺乏明确

的惩治措施，也是造成执行难的重要原因。

3. 执行方式、方法还不够灵活。涉金融执行案件具有其特殊性，执行人员应拓宽思路，认真研究，积极探索以土地、财产使用和权所有权抵债以及债权转股权、资产抵债、返租经营等行之有效的执行措施，促进案件的顺利执行。

三、解决涉金融案件"执行难"的对策及建议

造成涉金融案件"执行难"的原因是复杂的、多层次、多方面的。要解决这一问题，需要社会的共同努力，从源头着手，正本清源。法治社会，文明诚信，金融机构努力防范金融风险，人民法院解决执行难，建立良好信用的金融秩序，共建以人为本的和谐社会。

（一）金融机构严格规范管理，积极配合解决涉金融案件"执行难"问题

金融部门要加强管理，严格把关、控制源头。金融部门要规范金融秩序，加强对企业开户的监管力度，在信贷中要严格"三查"制度，确保信贷质量，只有从源头上控制住，才能为以后的执行到位打下坚实的基础。严格审查贷款方的资信证件，并深入进行实地考察；严格审查担保方的担保资格和抵押物的情况，确保担保的切实有效，防止重复抵押。同时，金融机构要注重对放贷资金的管理，从中间环节上强化监督。对贷款人的资金使用、经营状况以及担保物资的保管、处置等情况，随时加以了解掌握，以便及时发现问题，请求法律保护。金融机构应当主动取消对人民法院采取执行措施的各项限制性规定，积极依法协助人民法院做好案件的执行。及时了解掌握借款人的财产状况和商业信用状况，确保贷款的安全，并为在执行阶段能够向法院提供被执行人财产情报创造基础条件。

（二）人民法院积极探索解决涉金融案件"执行难"问题的新方式、新方法

1. 高度重视执行涉金融案件，维护良好的金融秩序，促进经济发展，集中时间，统一调度，强化力度，有计划地对金融案件进行专项执行。在相对集中的时间内，集中优势力量，对金融案件进行统一专项清理；在法院内部成立专门的金融案件执行组织，有计划地进行清理；利用金融机构垂直领导的管理体制，最大程度地发挥金融机构集体的积极性和获得其对执行工作的帮助。

2. 加强审判流程管理，及时发出司法建议，使金融机构提高自我防范和

化解风险的能力。同时把审理和执行金融纠纷案件过程中发现的涉及金融业务管理方面的疏漏和违规情况反馈给有关部门,帮助金融机构规范管理。加强与地方党委人大等有关行政管理部门的协调配合,对涉及地方保护主义以及职工生活等影响社会稳定的重大案件能够及时请示汇报,谨慎处理。

3. 不断提高执行队伍素质,加强物质装备建设,进一步提高审判和执行效率,充分发挥主观能动性。对涉金融案件,要针对其特点加强研究,制定具体可行的执行措施;要加大专项执行的力度,依法穷尽法律赋予的执行措施,确保案件及时有效地执行,提高执行标的实际到位率,使案件的执行效果与社会效果、经济效果相统一。

浅析金融借款合同纠纷案件的执行问题
——统计分析呼伦贝尔市中级人民法院近五年金融借款案件

内蒙古自治区呼伦贝尔市中级人民法院　刘会青

一、引言

近年来经济的稳步发展和消费观念、经济结构等的更新，涉金融的诉讼、执行案件频发，清理金融执行积案工作成为法院执行工作的重要内容。2002年最高人民法院将涉及金融机构的案件列为清理执行积案工作的重点之一，最高人民法院副院长沈德咏在"全国法院加强执行工作电视电话会议"的讲话中明确指出，涉金融机构和金融资产管理公司的案件，涉及国企改制的案件，应为当前清理执行积案的工作重点。2009年最高人民法院副院长江必新要求各级人民法院结合当前正在开展的集中清理执行积案活动，有计划地对金融案件进行执行，为国家和企业解难。2012年最高人民法院征集金融执行论文及典型金融执行案例分析，要求加强金融执行积案的理论研究，与中国银行业协会召开研讨会，以促进金融执行积案的清理工作。

金融是国民经济的核心，金融安全意义重大。然而金融涉执案件的执行并不顺畅，金融涉执案件一般都标的额较大，执行不到位不仅损害了法律的威严，还会给国家造成了很大的经济损失。在实践中，金融借款合同纠纷占金融涉执案件的很大比例，因此有必要研究分析金融借款合同纠纷的执行情况，进而促进金融执行积案清理工作的开展，保障金融债权的有效实现，推动和金融机构的查控合作，加强执行方式的完善和创新。金融涉执案件的顺利执行、标的到位有助于促进国民经济发展、社会主义法治国家的构建。

二、金融借款合同纠纷案件的执行现状

2009年江必新副院长在清理执行积案活动中，提出金融案件的执行"通

过集中时间、集中力量、统一调度，力求在较短的时间内，使目前的未结金融案件能有较大幅度的下降，金融债权的实现比例能够得到大幅度提高，金融市场秩序能够得到进一步改善"。但到目前为止金融案件的执行工作依然存在不小的阻力，并未形成良性循环，几次全国性清理积案效果显著，这得益于在集中清积专项活动中中央的高度重视和地方各级法院的努力，金融案件自身存在的质量问题决定了某些甚至是大多金融执行案件的执行率不高。

（一）统计分析我院金融借款合同纠纷执行情况

以呼伦贝尔市中级人民法院近五年来金融借款合同的执行情况为例，金融债权类纠纷是我院执行工作的难点，以下为呼伦贝尔市中级人民法院在近五年中有关金融借款合同纠纷案件的统计数字：

项目期间	执行案件（含旧存）	金融借款合同纠纷		原告为农村信用社		金融借款合同纠纷案件标的额	
		数量	比例	数量	比例	金额（万）	比例
2007年	86	9	10.5%	4	44.4%	2702.22103	48.13%
2008年	91	7	7.7%	2	28.6%	26718.85211	91.42%
2009年	98	6	6.1%	1	16.7%	1371.989916	12.8%
2010年	42	6	14.3%	0	0	1874.924261	18.4%
2011年	51	4	7.8%	0	0	4627.909861	42.5%
合计	368	32	8.7%	7	24.1%	37295.89718	55.9%

说明：原告为农村信用社所占比例的计算公式为：原告为农村信用社的案件数/金融借款合同纠纷的案件数；金融借款合同纠纷案件标的额所占比例的公式为：金融借款合同纠纷案件标的额/当年执行案件总数的涉案金额。

以金融机构为申请执行人的金融借贷纠纷案件在法院执行案件中所占比例并不大，从上表的分析比例不到10%，但由于受各种因素影响，实际执行率并不高。呼伦贝尔市中级人民法院近五年金融借款合同纠纷案件的执行情况如下：

项目期间	金融借款合同执行立案数	自动履行		执行和解		发放债权凭证		强制执行		执行终结	
		数量	比例	数量	比例	数量	比例	数量	比例	数量	比例
2007年	9	0	0	4	45%	2	22%	2	22%	1	11%
2008年	7	0	0	1	14%	1	14%	3	43%	2	29%
2009年	6	0	0	1	17%	0	0	1	17%	4	67%
2010年	6	4	66%	1	17%	0	0	0	0	1	17%
2011年	4	0	0	2	50%	0	0	0	0	2	50%
合计	32	4	12.5%	9	28.1%	3	9.4%	6	18.8%	10	31.2%

通过上表数据的分析，可以看出金融借款合同案件的执行呈现出的特点：

1. 申请执行人均为金融机构。在每年的该类案件中，有农业银行、工商银行、中国银行、建设银行等金融机构的分支机构，07年、08年、09年中当地农村信用合作社占有将近1/4的比例。与放贷方相对应，该类案件的被申请人大多数为当地的中小企业和个人的农牧场，通过办理农村信用社的农户贷款或农户联保贷款业务成为债务人。在执行程序中，中小金融机构均作为执行申请人向法院申请强制执行。从诉讼和执行中的地位来看，中小金融机构作为原告和申请执行人，均为主动引发诉讼和执行程序的当事人。但实质上，中小金融机构大多因迫于保全金融资产和降低贷款损失的压力而被动提起诉讼和申请强制执行。

2. 涉案标的额大。金融借款合同纠纷案件的案情一般都较为简单，但金融执行案件的标的额相对于其他案件来说，金额巨大。如2008年中国银行某分行申请执行满洲里一化工公司，执行标的额为14339.39万元，这些金融借贷案件动辄几百万、几千万元。该年份金融借款合同案件为7件，但标的额占全年的91%。

3. 执行难度大、终止率高。该类案件的自动履行比例较低，执行难度大。以2009年为例，全年的金融借款合同纠纷仅6件，其中终止4件。此外还存在着发放债权凭证终止的情形或者以终止本次执行程序的方式先行结案，待发现财产后再恢复执行。

(二) 金融借款合同纠纷案件数量多、执行难的原因

根据呼伦贝尔金融办发布的《2012年上半年全市金融运行情况通报》，2012年是"十二五"规划实施关键之年，全市各金融机构在把握好"稳中求进"的工作总基调的基础上，采取有针对性、灵活性和前瞻性等有力措施，加大信贷投放力度。截止到2012年上半年，全市中小企业贷款余额为237.73亿元，同比增长28.81%。除政策性银行外，工商银行和中国银行支持中小企业力度相对较大，分别占全部贷款余额的36.12%和44.53%。金融借款合同执行案件的增多与当地信贷政策的放宽、农民生活水平的提高和消费观念的转变相关。从促进经济发展、改善农民生活和充分利用资金的角度来看，这种市场经济中的资金运用方式无疑具有积极的意义，运用得当对借贷双方是一种"双赢"的合作关系。涉农贷款的投放在服务"三农"方面的确发挥了很大作用，但随之而来的是农村金融机构不良贷款率一直较高，据银监会统计，目前

涉农贷款的不良率为 7.4%，而工业贷款不良率仅为 2.29%。①

金融借款合同案件的执行难根本原因在于当前社会诚信体系的不健全，尚没有形成一套能够促使当事人自动履行的法律制度和工作机制。而这套制度和机制恰恰在国外长期以来一直存在，而且作用明显。这套制度和机制的核心是要让不履行法律文书确定义务的当事人付出代价，包括法律层面、经济层面以及社会活动各个方面。如不履行法律文书确定的义务的当事人，作为商业诚信的污点被记录在案，不能从银行贷款、不能买房置地、不能招投标、不能高消费等等，这些后果在一个经济社会是很严重的，这样促使被执行人权衡考虑，迫使其在不自动履行法律文书时被动履行。②

在着力进行社会诚信体系建设的同时，还需要分析寻找导致纠纷产生的直接原因，以便更好的执结金融案件，维护金融债权的安全，保护国有资产不流失，引导合理恰当的资金使用方式。

1. 金融机构方面

2012 年上半年呼伦贝尔金融业的运行情况为贷款增速高于存款增长速度。2012 年第二季度全市金融机构人民币各项贷款余额为 561.65 亿元，比年初增加 75.41 亿元，同比增长 14.25%。贷款增速超过了存款增速 2.85 个百分点，新增贷款 68.45 亿元，占年度新增贷款目标 129.14 亿元的 53%；余额存贷比为 59.21%。金融业对于中小企业的支持力度不断加大，一方面在促进经济发展的同时也为金融机构的信贷纠纷埋下了隐患。

中小金融机构信贷管理不到位，尤其是农村信用合作社，借贷双方信息不对称，导致被执行人有效财产寻找难。中小金融机构由于受到资产规模和经营实力等因素影响，目前仍存在着信贷管理部门和岗位设置不合理、内部管理制度不健全、管理人员素质有待提高等问题。部分中小金融机构对信贷经营管理行为的监督机制未能有效建立，制约措施未能有效实施。部分信贷管理人员片面理解信贷管理责任制，对存量不良贷款的管理流于形式，责任制不完善。少数信贷管理人员对借款企业的财务状况和经营动态不掌握，对借款行业发展的前景和风险不研究，将按时收息代替监督贷款使用工作，以担保代管理、以担保代"三查"和担保抵押操作程序不规范等现象仍然存在。借贷双方信息的不对称，往往导致贷款不能还本付息的同时，借款企业的经营状况已经严重恶

---

① 陈晖：《商河县人民法院关于金融借款合同纠纷案件的统计分析》，载齐鲁法制网 http://www.qlfz365.cn/Articlefllfw201011/20101109100628.html，访问时间 2012 年 9 月 12 日。
② 《最高人民法院就全国集中清理执行积案活动答记者问》，见法制网 http://www.legaldaily.com.cnfjdtcontent/2008/12/15/content_ 1001789.htm，访问时间 2012 年 8 月 10。

化,或是担保抵押存在瑕疵,还款来源难以落实,财产难以寻找。由于缺乏有效信息,即使金融机构提出了申请,法院也难以执行到位。①

2. 借款人方面

(1) 一是在借贷关系发生前,往往以银行为主,银行主导,企业从属;借贷关系成立后,往往颠倒过来,企业为主,银行从属;二是企业对银行进行信息封锁。信息不对称使银行获取企业信息变得十分困难。为了逃避银行的资金监督与贷款回收,一些企业不向银行提供或不真实提供经营信息资料,致使银行无从有效监督企业的资金往来情况;三是企业对银行的贷后管理不理解、不配合、不沟通,甚至有抵触情绪。由于银行与借款人关系错位,无法从正常渠道了解到借款人的生产经营状况、偿债能力及还款意愿,更无法真正弄清借款人除抵押物以外的其他资产,也就无法对抵押物以外的其他资产进行诉前、诉讼中保全,从而导致无财产可供执行。②

(2) 部分被执行人确实暂无财产可供执行,缺乏执行能力。有的企业因经营不善严重亏损,处于停产、半停产状态或临近倒闭、破产边缘,无法偿还全部债务。

(3) 社会信用制度建设的缺乏导致借款人自觉履行债务观念淡薄,思想存在误区。一些企业长期拖欠银行等金融系统的款项是普遍现象,对金融欠款能拖则拖,能顶则顶,能躲则躲,不愿自觉履行。有的借款人进行重复抵押或虚假抵押,有的借款人为躲避还贷,转移、隐匿财产,给执行工作设置障碍。部分被执行人恶意骗贷后,通过假离婚转移财产,消空财产逃之夭夭,使国家财产受到巨大的损失。

三、对策和建议

江必新副院长对金融案件的执行提出总的目标是通过集中时间、集中力量、统一调度,力求在较短的时间内,使目前的未结金融案件能有较大幅度的下降,金融债权的实现比例能够得到大幅度提高,金融市场秩序能够得到进一步改善。因此,针对金融执行案件,考虑从以下几方面进行完善。

(一) 针对金融机构自身存在的问题

面对近年我国金融资产显著增长,信贷资产规模迅速扩张的状况,银监

---

① 王勇:《常州市中小金融机构涉诉案件执行现状、难点剖析及应对策略》,载http://www.jsczfy.gov.cnplusview.php?aid=15726,访问时间2012年9月15日。
② 《浅析农村商业银行胜诉案件执行难的内在原因及对策》,见中国金融界网,访问时间2012年9月15日。

会、银行部门要更加重视贷款资金的安全,有效防范信用风险。金融机构在严格放贷质量,切实做好贷前审批和贷后管理工作,从源头上控制信贷风险。严格审查贷款方的资信证件,并深入进行实地考察;严格审查担保方的担保资格和抵押物的情况,确保担保的切实有效,防止重复抵押。同时,金融机构要注重对放贷资金的管理,从中间环节上强化监督。对贷款人的资金使用、经营状况以及担保物资的保管、处置等情况,随时加以了解掌握,以便及时发现问题,请求法律保护。①

要加快建立与人民法院的执行联动机制。建立联动机制,一方面方便人民法院利用金融机构的资源优势,可以及时了解被执行人在金融机构的开户、存款和资金流转的状况和线索,为有效查控被执行人财产提供决策依据。另一方面也可以加大金融机构贷款信用的防控力度。金融机构可以利用人民法院掌握的拒不履行义务主体的信息资源,建立公共征信系统,杜绝与具有不良信用记录市场主体发生借贷关系。

(二)针对借款方存在的问题

针对借款人履行债务的自觉性不高的问题,由于我国尚未建立起这样一整套的信用评价体系,个人和企业在身份、财产、信用确认等方面信息分散,还没有唯一标识,信息渠道不畅导致被执行人躲债、转移财产等恶意逃债成为可能。因此,可借鉴他国社会信用评价系统,为个人和企业信用建立档案。个人信用给予信用度评分,由特定的机构在法律允许的范围内向社会提供,出具信用报告。企业信用的建立,也可以全国统一登记的登记号为唯一识别标志,将与企业信用度有关的信息纳入征信范围之中,由特定的征信主体在法律允许的范围内向查询主体出具信用报告。

同时借助正在建设和完善中的执行联动机制,通过社会合力的联动、综合治理执行难问题的多元化手段,对逃债赖债者联手进行"围追堵截",全方位挤压其生存发展空间,让其经济活动和社会生活寸步难行,迫使钻法律空子、逃避银行债务的被执行人自动履行法律义务,实现"不战而屈人之兵"。

(三)法院执行中注意的问题

法院在处理涉金融执行案件中社会责任重大,如何在现有制度范围内,保护好执行双方当事人的合法权益,尽可能减少国有资产流失,需要多角度的主动应对措施。

---

① 《涉金融案件"执行难"问题初探》,载 http://xgzy.chinacourt.org/,访问时间 2012 年 9 月 16 日。

1. 要穷尽执行手段。在执行工作中,执行人员要把依法保护、实现当事人合法权益作为自己的职责,不放过任何可供执行的线索和一切应当采取的措施,必须穷尽调查被执行人的财产的手段,穷尽各种强制执行措施及穷尽一切可能奏效的执行方法。[①] 即执行工作做到穷尽职责、穷尽程序、穷尽措施、穷尽财产线索、穷尽执行方法。通过穷尽一切法定执行措施,最大化保护债权人的合法权益,最大限度实现社会公平与正义。

2. 要重视执行中的调解工作。有一些借款的个人、农牧场、中小企业确因一时经济困难无力还款,他们对法院工作还是配合的。这就要充分了解实际情况,积极做好调解工作,向金融部门争取给对方一定的宽限期,或采取分期付款的方式,促使双方达成调解协议,这样不仅案结事了,还在一定程度上缓解了执行的压力。

3. 要建立法院与金融部门的联席会议制度。执行法官针执行过程中发现的金融机构信贷管理方面的疏漏,通过司法建议的形式予以反馈,以健全金融机构的信贷制度,防范金融风险。同时,法院要协调各专业银行、信用社对欠贷不还的被执行人在金融系统内部进行曝光,并形成一种联防机制,使信用差的被执行人在各金融部门无款可贷,最大限度地降低信贷风险。

四、结语

破解金融案件执行难问题需要金融机构、法院和社会的共同努力,一方面金融机构要把好信贷关,防控信用风险,法院要做好金融案件的执行,穷尽执行措施,在保护双方合法权益的同时减少国有资产流失,维护社会的和谐稳定。同时要逐步建立社会信用体系和诚信体系,从根源上减少涉金融案件的发生。金融在国家实行宏观经济调控、促进国民经济发展和维护社会稳定方面具有重要的作用。整顿金融秩序,保障金融安全,防范金融风险,不仅是当前整顿和规范市场经济秩序的重要任务,也是保障我国经济又好又快发展的主要目的,更是人民法院为改革开放和经济建设提供司法保障的重要方面。

---

① 郭兵主编:《强制执行论》,人民法院出版社2010年版。

论金融案件执行

内蒙古自治区科右前旗人民法院　乌云毕力格

审判与执行是人民法院的主要工作。在实际当中,执行工作涉及生效法律文书所确定的义务是否能实现,当事人的利益能否实现,法律的尊严能否得到维护。在执行工作当中,涉及金融的案件不在少数。因此,需要对金融案件的执行进行研究,把握其规律,从而更好地破解金融案件难执行问题。

近年来,伴随着我国经济的稳步发展、经济的多元化和经济结构、消费观念的不断更新,人们在日常经济活动中,向银行等金融部门借款用于公司经营、购房买车以及个人生活消费等行为日趋频繁,但由于诚信缺失和前期金融危机等诸多因素,导致金融纠纷案件判决生效后履行效果差,执行难度大。

涉金融案件的执行不仅是人民法院执行工作的一大重点,也是一大难点。当前各地人民法院为做好此类案件的执行工作,采取了各种措施和方法,有效地执结了一大批执行案件。然而,涉金融案件的"执行难"问题仍很突出,影响了执行工作的深入开展。为此,笔者对我院近年来受理的此类执行案件进行简单调查分析,试图从中找到执行过程中涉及的问题,对症下药,寻求破解"执行难"对策。

一、涉金融案件"执行难"主要原因

(一)金融部门自身的原因

正视金融机构自身存在的问题,杜绝贷款环节管理漏洞,即金融机构防范意识差、监管不严格,导致不良贷款案件增加。大量案件表明,金融机构信贷人员工作不负责任,盲目发放贷款;或者贷款手续不完备,以及"关系贷款"、"人情贷款"的存在,都对以后的执行工作造成了很大的影响。还有,如工作人员在执行中怠于提供执行线索,贻误执行时机,也人为造成了执行难。具体分析如下:

1. 银行放贷程序审查不严格

因金融行业制度改革，致使行业内部竞争加剧，有的银行为了追求放贷规模，对贷款人及担保人的基本信息及偿贷能力调查不够，造成未按程序严格审核盲目放贷，而产生风险后却无法查找借款人或其财产，造成执行难。

（1）银行对借款人、担保人的诚信、资质、还款能力审查不到位。有些金融机构发放的贷款虽有担保人担保，但相当部分借款人和担保人的家庭资产不足以偿还借款，有的甚至连其基本最低生活也难以保障；个别信贷人员贷前审查把关不严，对申请贷款的农户审查不到位，对借款人、担保人的主体资格、经营状况、借款用途、有无还贷能力疏于审查，造成贷款到期无法收回，或者明知借款人资信较差，放贷风险较大，但只要有担保人仍给予放贷。实际上有的担保人在多起贷款中担保，根本无力履行担保责任。

（2）银行对借款用途考察不细，对实际用款人和办理贷款手续的人是否一致考察不到位。在借款用途上大部分借款用于农业生产、公司经营等，但也有部分贷款被用于买彩票、炒股票、赌博，或者用于娶媳妇、盖房子等消费领域。有些农户在贷款时把自己的身份证、印鉴交给村干部和银行、信用社在基层委托的代办员，让他们代办贷款手续。实际却没有得到银行的贷款。贷款被那些代办员自用或借给他人使用。一旦实际借款人不偿还借款，金融部门只能起诉那些顶名贷款人，而不能起诉那些实际用款人，而这些顶名贷款人并没有实际用款，所以在诉讼中不愿意承担还款义务。

2. 银行业内部担保制度存在漏洞

银行在审查担保人的资料和担保的真实意思表示时存在随意性，不明确告知担保人的担保责任，缺乏对担保人资格的有效调查。担保人受人情所困或利益驱使为贷款人提供担保，其担保能力难以与担保金额相对等，产生风险后担保人不主动履行担保义务或无能力偿付贷款，造成执行难。

（1）银行风险意识淡薄，担保流于形式，影响法院执行。由于在信贷担保过程中，金融系统的工作人员没有对保证人以及担保物做深入细致的审查，造成虽有信贷担保存在，但起不到担保应有的作用，流于形式。放贷时对担保、抵押审查不细，有的担保方根本不具备担保资格，或不符合担保条件，执行时缺乏执行能力；有的则属"一女多嫁"，重复抵押，进入执行程序便引发案外人异议，难以执行。

（2）金融机构与被执行人订立合同时，未能设立有效的风险保证，对担保的设立审查不严，存在严重的瑕疵。有的金融机构未要求对方提供担保，有的提供了担保，金融机构对担保人疏于审查，致使担保存在着严重的先天性缺陷。贷款企业之间相互担保，交叉担保，一旦某一环节出现问题，实现的可能性很小。有的金融机构对债权人提供的抵押物状况不作了解，对其实际价值不作科学评估，对一些易损耗物品、价值波动幅度较大的物品抵押风险估计不足，致使抵偿债务时，物不足值；有的借款人用作抵扣的抵押物权属不明，抵押效力大打折扣，给抵押物的依法处置带来了极大的难度；有的案件当事人双方虽然设立了抵押担保，但未能到国家管理部门对抵押物进行他项权登记，导致抵押名存实亡；有的金融机构对抵押物监管不力，致使抵押财产被对方转移、隐匿，甚至毁损、灭失。

3. 部分金融机构对人民法院执行工作不协助、不配合

（1）金融机构作为协助执行人时，不能认真自觉地履行法定协助义务，配合人民法院做好执行工作，而只能是从维护本部门利益出发，人为设置各种障碍，百般阻挠执行。有的银行与当事人沆瀣一气，共同逃避抗拒执行。有的银行从自身效益考虑，违反财经制度，允许甚至主动要求当事人多头开户。同时，各金融机构之间各自为政，甚至为一己之私而互设障碍，这些从客观上给执行工作造成了难以解决的矛盾。

（2）金融机构作为当事人时，不能有效协助执行人员做好案件的执行工作或履行自己的义务。作为申请人，既不能积极提供对方的财产线索，也不能从被执行人的实际经济状况出发，客观地处理问题，而是抱定"只要钱、不要物"的立场使良好的执行时机丧失；作为被执行人时，不仅不能自觉的履行法定义务，而且以人民法院不得冻结、扣划两金的规定，故意逃避，对抗人民法院的执行。

4. 金融部门自身的失误，清欠不及时，诉讼时效过期

（1）信贷人员依法收贷意识差，许多案件因逾期起诉，时过境迁而丧失执行良机或者在诉讼时未申请保全，使得借贷人趁机转移财产。同时，金融系统对企业账号管理混乱，多头开户，虚实难辨，给法院查询、冻结、划拨当事人款项造成很大困难。

（2）有的金融机构不在规定的担保期限和还款期限内清理贷款，那些实际借款人和做贷款手续的人为了逃避债务，举家外迁，不知去向，即使没有离开本地，有的贷款合同因为超过了法定的担保期限和还款期限，金融机构也没有定期催收欠款，重新确定新的还款期限和担保期限，导致案件超过法定诉讼时效而被驳回诉讼请求。

（3）有不少是因为银行自己没有按时清收贷款，丧失了起诉索款的最佳时机，无奈银行作为呆死账处理，这样就给某些企业和个人以错误的信息，认

为国家的贷款可以只借不还，助长了一些借款人赖账不还的侥幸心理。

5. 信贷诚信评价系统尚待完善

因金融监管机构的诚信网络体系的准确度、真实度、银行资料的透明度还不够，使得有些个人或单位在同一银行的多个网点或多家银行分别进行贷款，贷款数额与偿贷能力严重不符，致使贷款到期后难以收回，造成执行难。

6. 金融行业的资金回收政策不够灵活

针对经济状况较差的当事人，如金融机构能根据实际作出一定让步，可能会激发被执行人自觉履行的积极性，收到比强制执行更好的效果。但实际执行工作中这种处分权受到较大限制，大部分金融行业对资金回收都坚持"宁欠勿损"，拘泥于仅以现金的方式清偿债权，大多不愿用以物抵债等其他方式来清偿债权，这在一定程度上也影响了案件的实际执行效。

(二) 被执行人方面的原因

1. 部分被执行人确实暂无财产可供执行，或缺乏执行能力

(1) 一些借款人是下岗工人、低保户和进城务工人员，他们经济条件差，无固定收入，一旦遇到特别重大的天灾人祸，便暂时无法偿还银行的借款。

(2) 有的企业因经营不善严重亏损，加之前期深受金融危机波及，处于停产、半停产状态或临近倒闭、破产边缘，有的法人选择在仅有财产范围内拿出财物冲抵欠款，无法偿还全部债务，而另一部分法人采取躲避、逃避的方式，对欠款进行抵赖，甚至一去无影无踪。企业不景气无力清偿债务，难以执行。从实践看，企业不景气无财产可供执行或可供执行的财产价值较低，这是造成金融纠纷案件"执行难"的主要原因。

2. 被执行人钻法律空子，故意逃避债务

(1) 部分被执行人恶意骗贷后，通过假离婚转移财产，消空财产逃之夭夭，使国家财产受到巨大的损失。

(2) 有的人以借款办公司为幌子，向银行套取大量现金，将其投入证券市场或房地产市场获取暴利，但因为国家政策调控、市场波动较大，导致资金大量沉淀，甚至出现亏空，无法正常偿还银行借贷。

(3) 有的企业趁改制之机，采取各种手段，设立新公司，从而逃避债务。有的借款人采取变更企业名称、住所，变更法人代表或分立多个企业搞脱壳经营等方法逃避还贷。有的借款人与保证人之间搞连环担保，看似手续齐全实际无担保意义。有的借款人进行重复抵押或虚假抵押。有的借款人为躲避还贷，转移、隐匿财产，给执行工作设置障碍。

3. 被执行人自觉履行债务观念淡薄，思想存在误区

（1）部分企业法人认为企业负债是大环境造成的，企业长期拖欠银行等金融系统的款项是普遍现象，又不是他一家。对金融欠款能拖则拖，能顶则顶，能躲则躲，不愿自觉履行。

（2）有些被执行人利用人大代表的身份抗拒法院执行，行政机关、村委会、地方扶持的重点企业等特殊对象作为被执行人时执行难度较大。

（三）法院自身原因

1. 法院审执部门工作上未能及时衔接配合好

（1）在涉金融纠纷案件审理阶段，因审判人员工作疏忽，导致诉前保全或财产保全的措施未及时有效的实施，对涉诉财产未进行有力监管，最终导致案件进入执行阶段时，全执结难度增大。

（2）裁判结果或法律文书存在实体程序错误，使再审案件数量增多，审理周期较长，使案件中止执行；或裁判法律文书不明确、不实际，导致案件难以执行。

2. 法院立案庭受案时把关不严

有的案件当事人属"皮包公司"，骗取担保，贷款到手即不见踪影，带有明显的金融诈骗性质。由于被执行人既无下落，又无财产，法院又缺乏侦查手段，难以执行。

3. 基层法院执行局软硬件条件不足

部分基层法院执行局原本执行人员严重不足及其年龄偏大，工作力度和强度较大，有时显得心有余而力不足；执行车辆破旧和短缺，难以保障及时调用车辆外出执行，也难以组织行之有效的大规模外出集中执行；再加之（微型）摄像机、照相机、录音笔等设备老化与短缺，基层法院执行局软硬件条件不足与案件数量增多、难度增大的矛盾日益突出。

（四）行政干预及部门保护主义严重阻碍法院涉金融案件的顺利执行

由于金融系统利益体系相对独立，一些地方行政部门为了维护地方利益、部门利益，主动充当案件被执行人的保护伞，有的部门专门列出需要保护的被执行人企业名单，要求法院在执行中网开一面，有的部门对被执行人单位采取强制措施强行干预，有的对执行国有企业、特困企业予以保护。

为了有效地解决金融案件执行难问题，在充分运用现有法律规定的前提下，要大胆开拓，积极探索切实可行的执行途径。

二、破解涉金融案件"执行难"主要对策

为了使国家经济不受损失，减少银行坏账、呆账现象，建立一种良性借贷、及时偿还的金融体系，笔者针对涉金融执行案件数量多、涉案标的数额大、被执行人查找困难等特点，基层法院执行局应在认真分析此类案件执行难原因的基础上，及时调整思路，总结经验，逐步探索了一套应对此类案件的有效方法。

（一）金融部门要加强监管，规范借贷业务

1. 金融部门应严格贷款审批程序

在贷款发放时，金融部门应对借款人与担保人的基本信息、财产状况、偿贷能力、借款用途进行严格审查，确保贷款出现风险后执行时能够顺利找到被执人或执行财产。堵塞漏洞，减少失误，确保贷款放得出、收得回。

2. 对贷款的使用进行跟踪和监督

加强贷款使用监督力度，确保贷款按合同约定用途使用，减少不良贷款风险的出现。一旦发生情况，金融部门要及时与法院取得联系，提供被执行人财产情况说明，如抵押物、房产等，使法院能够及时查封、拍卖，尽量挽回国家损失。

3. 金融部门应确实提高信贷人员素质，加强信贷人员的责任心

金融部门要加强自身素质的提高，定期对信贷人员进行培训，提高信贷人员的业务能力，加强法律意识和风险意识，减少不良贷款几率，建立并完善行之有效的信贷人员责任追究制度。同时，信贷人员除学习本职知识外，还要懂得市场经济规律，增强依法办事观念，杜绝"人情款"、"关系款"。

4. 建立信用网络和资信信息网络，使欠债者感到无形的压力

（1）在全国范围内建立和不断完善若干社会信用查询网络。其内容包括法院判决、案件执行、借贷资讯、房屋抵押、逃匿通缉、关系人员、公司破产等资讯。此资讯要作为当事人从事民事法律行为的重要信用依据，这是一个人的社会安全号码，一旦被列入信用网络，其将伴随一个人的一生。

（2）金融机构还应建立借款人资信信息网络的进程，及时了解掌握借款人的财产状况和商业信用状况，实现各银行贷款联网，出现不良贷款时每个银行都能进行全面监控，杜绝或减少盲目贷款的发放，确保贷款的安全，并为执行阶段能够向法院提供被执行人财产线索创造基础条件。

（二）法院加大执行力度，创新执行方式

1. 人民法院要充分发挥主观能动性，讲究执行艺术，解决执行难

人民法院要针对金融案件的特点，加大执行工作力度，多方面查找被执行

人财产，区分案件情况，采取不同的执行方法，将强制执行与执行和解相结合，集中执行与重点执行相结合，现金偿还与以物抵债相结合，同时与金融部门要多沟通、多配合。对重大金融案件要和地方党委、人大搞好协调沟通，争取他们的理解支持，稳妥谨慎地执行好案件。

2. 汇集类同案件，整合执行资源

在金融执行案件中做到"五集中"，即集中案件专人办理、集中送达执行通知和传票、集中查询执行线索、集中时间和人员在各地调查划款、集中优势力量采取强制措施。执行工作的集中量化处理，有效减少了执行成本的投入，大大提高了执行工作效率。

3. 协同相关机构，穷尽执行线索

法院执行人员应协同车辆管理部门，对车辆状况、型号、牌号、实际所有人和抵押状况等逐一调查，通过工商部门查证担保公司的相关信息，尽最大可能查找执行线索，同时保证相关法律手续的完备与司法程序的公正，切实维护当事人合法权益。

4. 加大执行力度和惩处力度，形成积极偿贷的良好氛围

对被执行人采取躲避方式抵赖债务的，法院应采取强制执行措施，将之拘留，当被执行人以暴力抗法或涉嫌金融诈骗时，法院应及时与公安机关取得联系，以拒不履行法院判决、裁定为由提请公安机关立案侦查，将其绳之以法，让拒不履行、逃避履行债务的被执行人付出更大的经济代价，更高的拒执成本。

5. 建立法院与金融部门的联席会议制度

各专业银行、信用社和法院民商事审判庭、执行局定期召开联席会议。法官要针对审判、执行过程中发现的金融机构信贷管理方面的疏漏，通过司法建议的形式予以反馈，以健全金融机构的信贷制度，防范金融风险。同时，法院要协调各专业银行、信用社对欠贷不还的被执行人在金融系统内部进行曝光，并形成一种联防机制，使信用差的被执行人在各金融部门无款可贷，最大限度地降低信贷风险。

6. 实行悬赏执行

开展悬赏举报活动，采取网上公告、街头宣传、散发资料、媒体曝光等手段促进执行工作的社会化和信息化。对于被执行人找不到或执行财产难找，法院在措施穷尽后，先不急于中止执行，可经申请执行人申请，按一定协约，在一定时间内，实行悬赏执行。这个举措，会对被执行人及其家属造成沉重的精神压力，也将对被执行人的今后生产及生活带来较大的负面影响，有利于扭转执行难的被动局面。

（三）利用舆论监督，争取社会支持

1. 加强法制宣传工作，提高公民的法律意识，通过报刊、电台、电视台等新闻媒介，宣传执行工作的作用和意义，倡导守信光荣、背信可耻的金融信用风尚，同时消除各种形式的地方、部门保护主义，重点批驳欠债有理、欠债有利的赖债思想，教育公民和社会团体自觉遵守法律，依法行使权利和履行义务。

2. 通过舆论督促执行。现在，一些被执行人中存在着只怕舆论曝光，不怕拘留、罚款的心理状态。利用宣传媒介公开曝光那些有能力履行而拒不履行的被执行人，往往能起到事半功倍的效果。

（四）营造良好的诚信环境

应当在全社会倡导光荣守信的良好风气，积极尝试建立个人和企业的金融信贷信誉档案体系，法院也将不守信用的被执行人情况及时向社会公布，让欠款人无处藏身，敦促其自动履行义务，并以此建立守信光荣、背信可耻的金融信用风尚，为解决金融案件执行难打下坚实的基础。

（五）发挥媒体作用加大执行力度

针对金融执行案件贷款标的流动性强、贷款主体较为分散、人员特点差异较大等特点，采取通过媒体发布悬赏公告、拒执人名单等措施，制造舆论压力，构建执行威慑机制，迫使被执行人履行义务。

另外，国家通过调整经济政策和产业结构，大力扶持国有、集体、民营、个体企业的发展，使其成为能够自觉遵循市场规律，富有市场竞争能力的经济实体，从而增强其经济实力，这也是解决金融案件执行难的重要途径。

金融，乃国民经济之核心，是现代经济的支柱和国家经济的命脉，在国家实行宏观经济调控，促进国民经济发展和维护社会稳定等方面均具有重要的作用。整顿金融秩序，保障金融安全，防范金融风险，不仅是当前整顿和规范市场经济秩序的重要任务，也是保障我国经济又好又快发展的主要目的，更是人民法院为改革开放和经济建设提供司法保障的重要方面。

涉金融案件"执行难"是由多方面的原因造成的，破解执行难问题是一项综合性的工程，它既不可能一蹴而就，也不可能仅凭法院一家的努力就能完成，它需要有关各方面的共同努力，需要整个社会长期的、不懈的共同努力才能逐步加以解决。相信，随着法制建设力度的不断加大，在不久的将来，涉及金融案件的执行能够踏上正轨，得到圆满执结。

保障金融债权有效实现的执行问题探究

辽宁省本溪市中级人民法院 阚 玲

悬空、逃废金融债务已成为近年来金融运行中的突出问题，扰乱了市场经济秩序，破坏了社会信用，严重危及金融资产的安全。为实现金融债权，有效降低和化解金融风险，着力维护了金融稳定与安全，保障了经济平稳较快发展。近年来全市两级法院将涉金融案件的执行列为全年执行工作的重中之重，针对此类案件数量多、标的大、难执行的状况，领导重视，统一认识，周密部署并适时组织会战，依法执结了一大批涉金融案件，取得了较好的法律效果和社会效果。但执行工作任重道远，因此正视过去此项工作中遇到的困难及存在的问题并加以分析总结，发扬好的工作经验和工作方法，为今后更好地开展涉金融案件的执行工作奠定基础。

涉金融执行案件的基本情况是：（1）案件分布不均匀；（2）案件数量多；（3）国有商业银行为申请执行人的案件数居首位；（4）以发放债权凭证等方式结案的占一定比例。

一、涉金融案件执行中遇到的主要问题

1. 案件的协调难度加大。法院在执行一些重点企业或特困企业时，大都面临企业职工的安置等切身利益问题，如不妥善处理好，势必造成矛盾激化，从而影响社会稳定。为此，总是主动与当地政府和主管部门协调解决方案。但地方行政主管部门的一些领导不支持、不配合，有的是撒手不管，有的在案件协调处理过程中，主要不是考虑如何帮助银行收回贷款，而是考虑如何帮企业少还，甚至不还，在维护社会稳定、帮助企业解决好职工问题的幌子下，往往给法院、金融机构施加较大的压力。在行政这把保护伞下，有的企业即使有履行能力也对金融债务采取推、拖、躲、赖的方式，能拖一天是一天，能少给就少给，能不给就不给，自觉履行的意识极差。

2. 被执行人的财产交付难。此类情况大多发生在被执行人是国有企业和集体企业的优质资产的执行上。被执行企业的房地产等优质资产被法院依法拍卖成交或被裁定以物抵债后，这些企业不是依法协助交付财产，而是以职工无法安置或以财产已经承包、租赁等为要挟，迫使债权人作出让步。其次，是在执行乡（镇）村企业厂房等涉及集体土地使用权时，土地所有权人往往提出不合理的租金和额外的经济补偿条件来强加于受让人银行，得不到满足，就给予断电、断水等制约措施。

3. 被执行人的财产变现难。由于金融部门普遍要求以现金方式而不愿用以物抵债的方式实现债权，因此，执行法院在被执行人无现金履行债务的情况下，必须对被执行人的财产进行变现。但由于本市拍卖市场不够繁荣，且财产变现所需时间长、有的财产难以变现，如证照不全的车辆、抵押房屋占用范围内的集体土地使用权等，较大程度地增加了法院的执行难度。

4. 被执行人借改制逃避债务。有的企业趁改制之机，想方设法将企业的有效资产从原企业中转移出去成立新的企业，不承担或少承担债务，将债务留给没有任何偿债能力的老企业，搞"金蝉脱壳"，架空金融债权。有的企业将固定资产作股卖给职工，一旦金融部门上门索债，则以企业改制、资产全部属于职工为由拒绝承担义务等等。

5. 被执行人以安置职工为名擅自处理抵押物。一些企业负责人在无法解决职工吃饭问题，内忧外困的境地下，竟然目无法纪，以"为了职工、为了稳定"为借口，违法处理已抵押给银行的财产。有的基层政府领导，明知企业在擅自处理抵押物，不是加以阻止，而是听之任之，甚至暗中支持，造成抵押物流失严重。

6. 被执行人提供的担保流于形式。表现在：有的担保主体不符合法律规定，如随意接受国家机关、社会团体等做担保；有的保证人本身就负债累累，根本不具备代为清偿的能力；有的动产抵押贷款中，由于银行未对抵押物的价值进行审查，致使抵押物的价值远远低于担保债权，特别是将生产设备作为抵押物的，至执行时设备贬值严重，有的设备甚至变成废铜烂铁，抵押担保形同虚设；有的不动产抵押贷款中，没有按法律规定办理抵押手续存在瑕疵，只抵押登记房屋，但房屋占用范围内的土地使用权未抵押的有之，只抵押登记土地使用权但土地上的房屋未抵押的有之，房屋或土地使用权抵押给一家银行、土地使用权或房屋又抵押登记给另一家银行的有之，致使执行中难以实现抵押权。去年还发现了一新问题，即有的企业在分立时，虽经银行等债权人同意了债务分割方案，但由于忽略了企业分立前的既有债务，致使法院在执行时分立后的企业相互推诿，谁也不愿承担保证责任。

二、执行涉金融案件的主要做法

1. 紧紧依靠党委的领导、人大的监督和政府的支持，充分发挥全市两级协调指导小组的作用。全市法院始终坚持向党委、人大请示汇报工作，争取政府的大力支持，作为推动执行工作发展，改善执行工作外部环境的重要措施。全市两级"执行工作协调指导小组"，充分发挥党对执行工作的领导职能，继续围绕克服"执行难"的问题，积极帮助全市法院营造较好的执法外部环境，理顺法院在执行工作方面的关系，支持法院严肃执法。

2. 为在全社会营造一种诚实守信的良好社会环境，实现涉金融诉讼案件的少发。推行"清收一户，教育一片"的办案理念，加大了法制宣传力度，发挥典型案件的辐射、示范和推动作用，扩大服务活动的社会影响，通过一案的执行推动其他债务人的自动履行，全面提高了金融债权的自动履行率。同时，对于案件中发现金融部门管理方面的问题，及时向相关金融机构发出司法建议，对金融机构在银行内部治理与外部经营活动中存在的法律风险提出整改意见，帮助金融机构堵塞管理和经营漏洞，降低信贷风险。

3. 成立专项执行领导小组，为金融案件的执行提供组织上的保障。为保证涉金融案件专项执行活动的顺利开展，常州市中级人民法院成立了以分管院长为组长的"全市法院开展涉金融案件专项活动"领导小组，加强了对专项执行工作的组织领导、检查监督和指导协调工作。各辖市、区也参照中院成立了相应的领导小组或组织机构，明确职责，统一指挥。

4. 加大金融案件的执行力度的同时，注重金融案件的执行方式和方法。人民法院执行人员在执行金融债权案件时，应从实际情况出发，根据具体案件中被执行人履行能力和有无逃避执行等情形，因案制宜采取相应的执行方式。

三、被执行人有履行能力而拒不偿还金融债务或逃避执行的执行方式

1. 公告执行法。即对于具有履行金融债务能力，经多次教育仍拒不履行法院生效法律文书确定的给付义务的被执行人，执行法院可以在被执行人住所地或一定区域范围内的报纸、广播台、电视台等新闻媒体上公布为"赖账者"予以曝光，同时对其赖账金额等情况一并予以公告。

2. 悬赏执行法。对于金融案件被执行人采取多头开户、隐匿或转移财产拒不履行或逃避履行金融债务的，人民法院可以根据执行案件的实际需要，采

取有奖举报公开悬赏的方法，寻找被执行人的财产及财产线索。

3. 搜查执行法。人民法院执行金融债权案件采取搜查执行方法时，须同时具备三个条件：一是生效法律文书确定的履行金融债务期限已经届满；二是被执行人不履行法律文书确定的偿还金融债务义务；三是执行法院认为被执行人有隐匿财产的行为。

4. 财产审计执行法。人民法院在执行金融案件中，可以依法委托审计部门或借用社会审计力量，运用社会审计监督的制度和方法，结合法律规定的执行调查措施，对反映被执行人（金融债务人）履行债务能力的全部资产、负债和所有权益等进行强制审查、统计，发现其可供执行的财产证据，并对发现的被执行人财产予以强制执行的一种执行方法。

5. 限制消费执行法。该方法又称为"限制被执行人高消费制度"，即由执行法院对被执行人（恶意欠债不还的金融债务人）发出"限制高消费令"，责令其在金融债务没有清偿完毕之前不得进行超过当地生活标准的高消费活动。对限制高消费的金融案件被执行人，法院将其名单在其住所地有关报纸、电视台等新闻媒体上公布，请社会各界和人民群众监督。

四、被执行人是暂无履行金融债务能力的企业或特困企业的执行方式

1. 代位执行法。金融债权案件执行中的"代位执行"是指被执行人现有财产不能清偿到期金融债务，但对第三人享有到期债务的情况下，人民法院可以根据申请执行人的申请，通知对被执行人负有到期债务的第三人，直接向申请执行人履行债务，第三人在履行期限内不履行的，法院予以强制执行的一种执行方法。

2. 分期执行法。人民法院在执行金融债权案件中，对于被执行人是经营状况暂时困难的企业，或暂无偿还金融债务能力但产品适销有市场的企业，可以采取分期执行的方法，为这些被执行企业创造生存、发展的机会。这样，既可以保证被执行企业生产经营的正常进行，渡过暂时的困难，增强其偿还金融债务的能力。同时也可以最大限度地保障金融债权的实现，更有效地维护金融债权人的合法权益。

3. 抵债返租法。所谓抵债返租，又称为以资抵债，返租经营，是指人民法院在执行程序中将被执行人（困难企业）固定资产中的不动产委托评估部门评估作价后折抵债权，不动产所有权（土地只有使用权）归债权人所有，然后由债权人将该不动产返租给债务人经营的执行方式。抵债返租这种以困难

企业的不动产变现抵债的方式有利于金融债权的实现。

实践中，法院实施抵债返租这一执行方式应注意以下几点：一是要查清被执行企业抵债的不动产的性质。如要查清该不动产是否属于该企业所有，是否设定担保情况；二是对抵债企业所占有的土地使用权不属于该企业的，应征得土地使用权人和所有权人的同意方可实施抵债返租，否则不能采取此种方式；三是原则上一个企业的不动产抵债给一个金融部门。其所欠其他债务的，金融债权人可以代为支付，企业再以等值不动产抵给该金融债权人；四是抵债返租主要是针对还贷无望的企业所采取的执行方式，有履行债务能力或正常生产经营的企业，不能采用这种方式；五是采用抵债返租这种执行方式应征得申请执行人即金融债权人的同意后方可实施；六是被执行企业以房屋等不动产及土地使用权抵债返租的，当事人双方须依法到有关登记部门办理过户手续，以免日后发生纠纷。

4. 以物抵债执行法。所谓以物抵债执行法，又称以物抵债、拍卖执行法，是指在民事执行程序中，负有给付债款义务的被执行人不能偿付到期债务时，用其享有所有权的财物（包括动产和不动产）交付给由当事人双方协商选择的或法院指定的评估拍卖机构进行评估拍卖，拍卖所得款项交付给债权人，以抵其所欠的债务。实践中，对于金融执行案件中被执行企业逾期不能履行生效法律文书确定的义务，账上无钱而有财物可供执行或账上虽有钱但不足以执行的，为使执行得以顺利进行，人民法院可以采取以物抵债、拍卖执行的方式。法院执行人员在具体实施该执行方式时，要正确确认抵债财物的权利归属，执行人员在对被执行人有关财物采取以物抵债和委托拍卖前，应经过一定的公示程序，确认该财物是否存在权利争议，以防止财产权属纠纷和案外人提出异议的现象发生。

5. 债权转股权执行法。所谓债权转股权，是指债权人将其所享有的合法债权依法转变为对债务人的投资，增加债务人的注册资本的行为。它是债权人自愿将其对债务人的债权折资入股，成为债务人股东的法律行为，其包括债权的消灭和股权的产生两种法律行为。债转股既是化解银行不良资产的一种重要方式，也是法院在执行金融案件中，解决被执行企业无力偿还金融债务的一种执行方式。

实践中法院采用这种执行方式应注意以下几个问题：一是须被执行人现有财产不能清偿到期金融债务。能够清偿的，不得适用债转股；二是债转股的债权人应是国有商业银行，债务人一般应是大型国有企业或重点国有企业；三是将被执行企业不能归还的贷款转化为银行对企业的投资，需要银行、金融资产管理公司和企业三方相互配合，才能有效实施；四是金融债权人将债权转为股权后，双方当事人须依法到工商管理部门办理注册资本变更登记手续。

6. 明确任务和目标，对涉金融案件的执行方案做到件件有落实。全市两级法院对未执结的涉金融案件进行了排查摸底，认真梳理，将各金融机构为申请执行人的未结案件全部罗列制表，使每一执行员明确任务，同时逐件确定执行方案，统一部署执行力量，排期执结。中院执行局在摸清底数的情况下，由局领导带各承办人携带金融案件走访了本市各大金融机构，逐件共同研究执行方案，制定执行措施，从而较好地取得了各金融机构的理解、支持和配合，保证了案件的按期执结。

人民法院执行工作担负着保护金融债权、维护国家金融安全的职责，支持金融监管机构有效行使管理职能，保障国家经济宏观调控目标的顺利实施。按照有关法律、司法解释和司法政策的规定和精神，采取积极有效的措施，坚决抵制地方保护主义干扰，依法加大对相关案件的执行力度，努力杜绝借各种名义逃废、悬空债务的现象，为国家金融债权清收提供司法保障，最大限度保障国有金融债权。

破解金融案件执行难问题探讨

工商银行江苏分行 叶东明

民事案件执行难一直以来是我国司法实践中普遍存在的难题，也是社会关注的热点问题之一，因此金融案件的执行在这个大环境中也难独善其身。基于金融案件金额大、涉及面广的特点，其在民事案件执行难中的金额占比一直居高不下，对整个社会经济的发展产生了很大的影响。因此破解金融案件执行难题，加大金融案件执行力度，对推进解决整个民事案件执行难具有积极作用，既是建设社会主义法制国家基本方略的重要内容，也是保障社会信用关系、确保社会主义市场经济正常运行、维护社会稳定所不可缺少的重要条件，更是国家实现长治久安的重要保障。

一、金融案件执行的种类及现状

根据《民事诉讼法》的规定，民事执行工作是指对发生效力的民事判决、裁定中的财产部分利用法律强制力予以实现的措施。具体包括：法院制作的民事判决书、裁定书、调解书、民事支付令和决定书；仲裁裁决书和调解书；公证债权文书。司法实践中金融债权的执行依据，主要是法院的民事判决书、调解书。金融案件执行难原因很复杂，根据金融案件执行的现状，主要存在以下几个因素：

（一）自动履行率低

金融案件中，被执行人一般都是企业法人和自然人，债权大多具有保证、质押、抵押等多种担保形式，案件主要涉及借贷、担保纠纷。由于该类案件法律关系简单、事实清楚，在诉讼阶段借款人对借款事实、担保人对担保关系基本上无异议，因此有些能很快调解结案，不能调解的对法院判决也能接受。然而调解、判决后，借款人、担保人很少主动履行，在一定程度上造成金融执行案件数居高不下。

（二）执行案件周期长

在金融案件执行中，法院按照法定程序通知被执行人，并给其一定的履行期，对履行期内不履行的再采取进一步措施；在资产处置的过程中，往往还需要经过协商、评估、拍卖等流程。这些程序和流程的初衷是为了保障执行实体的公平公正，维护双方当事人的合法权益，但部分被执行人缺乏信用，与法院执行人员打"游击战"，导致法律文书难以送达，财产状况难以查明，执行行为难以实施，导致案件很少能在三个月或半年的执行期内完成执行以清偿结案。执行周期的延长，对债权人和债务人都造成了一定的影响。一方面加重了被执行人的债务负担，因为执行周期的延长意味着债权利息和迟延履行罚息的增加，另一方面使资产处置丧失了最佳时机，造成案件执行难度的增加。

（三）资产处置难

金融案件大多数都有抵押资产，诉讼中被告的资产也往往被查封，但执行难的困境仍然未能解决，原因在于资产处置难。（1）难在受其他案件影响。有些案件中债务人的资产被数家法院查封，尽管具有优先受偿权，但是受到其他案件的影响而无法推进执行。（2）难在受保障个人的基本生活、企业维持生产、职工稳定等社会因素的影响。（3）难在有些资产的处置受到地方保护主义的干扰。

（四）规避执行

在执行案件办理中，被执行人通过各种形式来规避执行，例如隐匿、转移或低价处分财产；利用公司法人制度，虚假诉讼、恶意诉讼规避执行；利用执行和解、执行救济制度等。实务中主要存在以下几种表现形式：一是假离婚，假析产。通过这种方式将财产分给另一方或其他家庭成员用以规避执行；二是假诉讼、假破产。债务人与第三人串通，提起另一个假诉讼进行保全查封，或者对执行标的另行提起确权诉讼，或者虚构假债权取得执行依据后申请参与分配，干扰阻碍正常执行，使正常的执行活动难以进行；三是通过企业分立、改制或关联企业逃废债务。比如剥离企业优良资产另立新公司，或者采取"一套人马，多块牌子"等形式，"金蝉脱壳"，悬空债务；四是利用执行和解规避执行。此外，实践中规避执行的花样还有很多。比如将存款冠以职工工资、专项资金、封闭运行资金等名义阻止执行；利用特殊身份或背景对抗执行；以执行将引发职工下岗，群众上访等不稳定事件向执行法院施加压力；还有的被执行人甚至组织、煽动不明真相的群众暴力抗法，以达到规避执行的目的。

（五）执行率低

金融案件胜诉后，有些案件无法通过法律形式真正实现债权，即当事人虽然胜诉却未能得到实际执行，各银行系统虽然执行案件数量有多有少，债权数额有高有低，但执行率多数在 40～60% 之间，有些甚至起诉的相关费用都得不到赔偿。

二、解决金融案件执行难的机制

（一）加大普法教育力度

就现今中国的状况而言，有些人的法律意识相对较差，生效法律文书必须履行的意识还比较淡薄，相关法律制度滞后，社会信用体系尚未完备，信用惩戒机制不够健全，守信的成本和收益失衡，助长了被执行人不履行生效法律文书行为的滋生蔓延，执行手段不足，强制力度不够，制裁措施不力，地方、单位保护主义作祟也为被执行人规避执行提供了可乘之机。这在很大程度上妨碍了法律的实施。因此，在加大法制宣传的力度同时，通过加大金融案件的执行力度，对有能力履行而不履行的被执行人予以制裁处罚，提高其违法成本，并将此类案件通过媒体等方式宣传报道，用事实告诉人们法律必须被遵守，必须被执行，违法者必定受到法律的制裁，提高人们对法律的敬畏之心，提高全民法律素养。同时还应提高全体公民的道德素养，增强社会诚信意识，使广大公民自觉履行法律所确定的义务，减少社会矛盾纠纷，降低发案率，提高服判息诉率和自动履行率，减少执行案件。

（二）构建积极高效的社会执行机制

从立法的角度而言，必须有一个健全的法律制度，它能囊括现实社会的诸多问题，明确规定出调整的方法。对执行案件而言，《民事诉讼法》、最高人民法院的规定从执行依据、程序、措施、各方当事人的权利义务、社会各部门的协助义务等都有明确的规定，但是有一个健全的法律制度并不是最终目的，重要的是能够切实的贯彻实施。因此，构建一个积极高效的社会执行机制，能够最大限度地维护当事人的合法权益，实现社会利益的平衡。积极高效的社会执行机制的构建包括以下几个方面：

1. 社会协调机制。执行工作虽然是法院的工作，但涉及千家万户，关系到全社会的利益和稳定，所以，全社会都应重视和支持执行工作。应加强各级党组织、政府对执行工作的领导，把执行工作纳入相应的考核机制，制定出详细的考评标准，加以约束和监督，促使各单位积极配合、支持法院执行工作，在全社会形成重视执行工作、支持执行工作的良好氛围,举全社会之力,破解执行难题。同时也可以推广部分地区成立"执行工作联席会议制度"的经验,如解决信访案件那样,社会各界都参与进来,共同为解决"执行难"献策出力。

2. 社会信用体系。执行难的深层次原因在于社会信用制度的严重缺失,信用资源过于分散,信用惩戒机制不够健全,违法没有成本。因此,引入相应的信用约束机制,对有能力而不履行的被执行人,降低其社会诚信度,限制其生产经营和其他经济往来,是解决民事强制执行难问题的治本之策,民事强制执行也是维护社会信用体系的强有力的保障。

3. 社会信息资源系统。执行案件中,被执行人不申报、隐瞒财产,申请人也很难提供财产线索,造成法院执行人员大量的工作是到各银行、财产登记部门查询。目前有部分省高院与各银行协助建立一个查询系统,由各基层法院就查询需求报省高院,省高院在系统中向各银行系统查询被执行人的存款信息。此外,对工商、公安、房产土地、证券等财产登记部门的信息资源也应当予以整合,方便法院查询,提高执行效率。

(三) 合理施用强制措施,加大执行工作力度,建立执行威慑机制

宪法和法律赋予法院强制力。这种强制力在执行工作中显得尤为重要,它是法律确定义务履行的保证。但是如果对这种强制力不合理施用,会扰乱社会秩序,破坏公平、公正、公义,更不利于执行案件的推进。合理施用强制力应当注意以下几个方面:

1. 根据执行案件的具体情况,选择强制措施种类。例如,"搜查令"这一措施在被执行人有隐匿财产行为的案件中,效果明显。通过依法搜查,一般可以发现被执行人的银行存单、有价证券、股权证明、房产证件等可供执行的财产,从而使案件得以执行。

2. 及时施用强制措施。各种强制措施针对不同案件都会发挥一定的作用,所以该采取强制措施的案件一定要加大采取措施的力度,真正发挥各种强制措施的作用。

强制力的合理施用前提在于建立一个完善的执行威慑机制。而执行威慑机制建立在两个方面:

1. 完善的法律规定。如果法律规定债务人在债务履行完之前,联系地址有改变应该主动书面告知法院或债权人,否则执行法院向审理阶段确认的送达地送达法律文书即产生送达的法律效力,这样可以缩短执行周期。如果法律规定债务人存在隐匿、转移或低价处分财产、假诉讼、假破产、"金蝉脱壳"、

悬空债务等规避执行行为的，除依法确认无效外，还要给予处罚。在这样一个完善的法律体系下，规避执行的行为将大大受到打击，对于解决金融案件执行难题起到一定的作用。

2. 完善的监督机制。媒体是社会的眼睛，如果加强与媒体的合作，利用其强大有力的监督优势，加大威慑机制强度，对拒不执行的当事人，进行媒体曝光，鼓励社会各方提供财产线索，限制被执行人的消费水平，降低其社会诚信度，限制其生产经营和其他经济往来，在全社会形成抗拒执行可耻的道德氛围，迫使被执行人履行义务。

（四）加大拒不执行的追究力度，依法严惩拒执犯罪

修订后的《刑法》第313条、第314条分别对拒不执行和非法处置法院查封、扣押财产的犯罪和处罚有了规定。近几年，抗拒执行的案件数量有所上升，惩治拒执犯罪势在必行。在实际工作中，在严格区分案件类别的基础上对那些有执行能力故意抗拒执行或以暴力抗拒执行致使案件无法执行的被执行人，要坚决采取措施，追究其拒不执行的刑事责任，虽然最高刑是3年，但定罪处罚后，也能促其执行和教育广大群众，收到良好的法律效果和社会效果。在正确区分罪与非罪的前提下，应加大对拒不执行和非法处置查封、扣押、冻结财产的犯罪行为的打击力度，各政法机关要通力配合，减少干扰，有力打击拒不执行的犯罪行为，切实发挥职能作用，最大限度地维护当事人的合法权益，为构建和谐社会作出应有的贡献。

执行银行金融债权的路径探析
——担保物权与合同债权冲突之实体争议的处理

沈阳铁路运输中级法院　张宝利　朱海鹰

国家金融机构的资产质量和经营状态是国民经济的晴雨表，清理银行金融债权一直以来是法院执行工作的重点，探讨金融债权的执行方法和策略一直是法院的一项重要课题。笔者仅以所在法院的银行借款合同纠纷案件为视角，探寻执行工作中针对此类案件的现状和对策。

一、案件执行受阻原因

以 2009 年全国法院集中清理执行积案为例，沈铁两级法院有财产可供执行的积案共有 24 件，其中银行借款合同纠纷案件占据 18 件，从侧面反映出法院清理银行金融债权任务艰巨。在这 18 件案件中，被执行人多为个人，且多以房屋作为借款的抵押物。此类案件在执行中，有以下问题使执行受阻：

1. 被执行人履行债务能力较差。这些以消费贷款或房屋按揭贷款方式形成的债务，被执行人为中低收入家庭，有的因生活困窘外出务工，下落不明。

2. 作为借款抵押物的房屋变价困难。有的案件作为抵押物的房屋存在瑕疵，被开发商一房两卖，抵押物被支付对价的第三人占有使用，在实际执行中存在物权登记公示原则与合同债权、社会稳定的冲突，强迁变价难度极大。

3. 有的案件抵押物被不同的生效裁判确定为不同的所有权人所有，造成抵押物权属不清，无法变价处理，使案件无法继续执行。

4. 有的案件抵押物被抵押人擅自出售给第三人，第三人支付对价后占有抵押物，造成抵押担保物权与债权的冲突，且不适强迁，无法变现执行。

5. 被执行人恶意逃避债务，缺失诚信意识，将财产转移至其他家庭成员中，有的案件保证人虽有稳定的工作，但收入偏低，无法清偿债务。法院资产查控方法和技术不足，导致案件久拖不决。

通过以上分析，银行金融债权的执行已成为法院执行工作的难题，急需破解。

二、查控机制现状

面对人民群众对执行工作日益增长的司法需求，全国法院执行案件信息管理系统为基础的执行威慑机制，是解决执行难问题的有效措施。最高法院统一建立的全国法院执行案件信息管理系统即执行威慑机制，已被修改后的民事诉讼法予以确认。对有财产但拒不履行债务的被执行人，可以在新闻媒体及网上曝光；对转移隐匿财产逃避执行的，采取在新闻媒体悬赏等手段，发动全社会的力量提供被执行人的财产线索；通过与国土资源部门、建设管理部门、工商税务部门、银行监管部门的联动，对债务人的融资、投资、经营、置产、出境、注册新公司、高消费等活动加以约束和限制，提高不履行义务的失信成本，使赖账者付出沉重代价，迫使其主动履行义务。

虽然执行联动机制在近几年的法院执行工作为发挥了很大的作用，但在执行实践中最直接有效的执行方法和措施还是通过银行查询平台对被执行人的存款信息进行查询，并采取冻结、划拨强制措施以实现当事人的债权。

（一）财产查控渠道单一，周期长

关于查询被执行人的存款账户信息，2010年最高人民法院和中国人民银行联合下发了《关于人民法院查询和人民银行协助查询被执行人人民币银行结算账户开户银行名称的联合通知》：在执行案件中，人民法院通过人民币银行结算账户管理系统查询被执行人银行结算账户开户银行名称的，需统一经中级人民法院报送到省高级人民法院，由省高级人民法院统一向人民银行查询被执行人银行存款开户行名称，查询完毕后，再将查询结果告知下级查询法院。

目前在实践中查询被执行人的存款账户必须上报到省法院，外省的查询则需要两省之间的高院进行相互委托。这个工作流程是最高人民法院和中国人民银行联合确定的。由省法院统一查询能够保证执行行为的规范性，但却降低了执行效率。通常情况下，省内的协助查询通常要两周左右的时间法院才能获取查询结果；省外的委托查询至少要两个月以上的时间，有的经过三四个月还没有结果。这一短板造成执行案件执行周期延长，甚至造成当事人的误解，认为法院故意拖延执行期间，在一定程度上影响了执行公信力。

（二）查询人员资格限制过死，耗费司法资源

现在省内大部分银行在接受法院查询当事人的银行存款时，要求两人两

证,即两个人要同时具备工作证和执行公务证。有时候甚至要出示居民身份证,并在查询窗口进行视频录像,这种要求存在诸多不合理之处,应当改进。

关于人民法院工作人员到银行查询所需要的证件类型,有三个规范性文件作出了规定:

《执行规定》第8条规定:执行人员执行公务时,应当向有关人员出示工作证和执行公务证。1993年出台的《中国人民银行、最高人民法院、最高人民检察院、公安部关于查询、冻结、扣划企业事业单位、机关、团体银行存款的通知》第1条规定查询人必须出示本人工作证或执行公务证。该通知只要求出示工作证或执行公务证其中之一即可。2000年最高人民法院和中国人民银行联合下发《关于依法规范人民法院执行和金融机构协助执行的通知》(法发〔2000〕21号)第1条中作出了明确规定:人民法院查询被执行人在金融机构的存款时,执行人员应当出示本人工作证和执行公务证。这个通知中要求法院工作人员到银行查询时必须出示两证。但是否两名工作人员都必须出示两证没有明确。

近年来,最高人民法院严格控制执行公务证的发放,法院工作人员仅有少数人有执行公务证,如果要求到银行查询的两名工作人员必须出示两证,会给执行工作带来不必要的麻烦,从而客观上制约了查询、冻结工作的正常进行。在执行实践中,各家银行的做法各不相同,有的银行要求两名工作人员必须两证齐备,有的银行则要求一名法院工作人员有两证、另一名工作人员有工作证即可。

(三)查控手续复杂,容易错失时机

现在有少数银行要求法院在办理查询、冻结、扣划手续时,需要银行领导的签字,这样一来往往造成错过采取强制措施的时机。因为银行交转账支付采取电子网银的方式,客户转款无须到柜台办理手续,在任何地方均可办理转账业务。在案件承办人去找银行领导签字的灰色时间里,会给查控结果带来消极的影响。

法院去银行办理查询扣划手续时,是行使国家公权力的行为。银行的内部管理方面的规定不能对抗法院的执行。《最高人民法院、中国人民银行关于依法规范人民法院执行和金融机构协助执行的通知》(法发〔2000〕第21号)第1条明确规定:"人民法院查询被执行人在金融机构的存款时,执行人员应当出示本人工作证和执行公务证,并出具法院协助查询存款通知书。金融机构应当立即协助办理查询事宜,不需办理签字手续,对于查询的情况,由经办人签字确认。对协助执行手续完备拒不协助查询的,按照民事诉讼法第102条规定处理。"所以,银行内部规定的查控手续不应当成为法院执行的羁绊,已经是"执行难",不能再雪上加霜。

三、查控机制的完善

通过银行查控被执行人的资产是法院执行工作的最有效执行措施,建立科学化、制度化、人本化的查控机制,对解决"执行难"、提升法院化解社会纠纷的能力将起到重要的推进作用。

1. 建立点对点集中查询体系

由于目前的集中由省高院手工报送查询的工作效率较低,虽然减少了基层法院的工作量,但却造成执行案件的拖延,所以有必要改变现在的查询模式。最有效直接的办法是法院与银行采用专线对接,法院可以实时监查被执行人的存款信息。为了防止泄漏案外人的存款隐私,银行的存款信息可以通过最高法院的执行信息网来过滤,只要没有在最高院执行信息网上录入的主体信息,可以通过技术手段来屏蔽查询。由此可以解决大家担心的非案件当事人的存款信息泄漏问题。

2. 简化查控手续和执行人员主体限制

法院在对被执行人的银行存款采取冻结和扣划措施时,应当出具执行裁定书和协助执行通知书,法律文书是采取执行措施的载体,所以无需再由两名办案人员都出示两证,只要有一名执行人员两证齐备就可,另一名人员可作为辅助,只要是法院的工作人员即可,没有必要具有执行公务证。此外,银行应当简化工作程序,设立专人办理,取消内部审批手续。

3. 建设信用信息共享平台

近几年执行威慑机制的建立取得了一定的进展,但没有实现执行案件信息数据实时共享。所以应当加强执行信用信息数据系统的软、硬件建设,实现信用信息共享。这样包括法院和银行在内的执行联动部门可以第一时间掌握被执行人的信用等级和失信信息,从而通过限制出境、限制高消费、限制贷款融资等方式严格限制被执行人的社会生活空间,以此逐步提高社会主体的诚信意识,建设诚信社会。

四、实体争议的考量与处理

因为银行金融债权上大多设立了抵押担保物权,被执行人以其房屋作为抵押物以保证债务的实现。但在案件的实际执行中,无论是当事人还是案外人,对抵押物产生实体争议的情况时有发生,严重影响了银行金融债权的实现。最为典型的就是抵押人私自处置抵押物造成担保物权与合同债权冲突,导致案件执行陷入僵局。

如:2003年沈阳某甲房产建设有限公司从中国农业银行沈阳市沈河支行借款7500万元,乙公司以其自有的六处房产作为抵押物为此笔借款提供了担保。借款合同约定的还款期限届满后,甲公司没能偿还借款,农行向法院提起诉讼并获得胜诉。案件在执行过程中,法院拟对被执行人乙公司抵押的房产采取评估拍卖措施时,马永臣等12名自然人向法院提出执行异议,要求法院停止对抵押物采取拍卖措施。理由是异议人已于2005年从乙公司购买了这部分房屋,支付了部分购房款,并且一直占有、使用这些房屋,当时并不知道这是已被抵押的财产,如果法院强行处置这些房屋,会侵犯购房人的合同债权。至此,本案陷入执行僵局。一方面是判决书明确判定农行对抵押物享有优先受偿权,另一方面抵押物却被案外购买并占用。这是一起典型的案外人对执行标的物主张权利的案件,处置不当会产生群体性事件或使国家金融机构的利益受损。此案对执行权运行中法院处理实体争议的方式提出了挑战。

因案外人对执行的标的物主张权利而产生的实体争议。这也是最为常见的实体争议的表现形式。现行民事诉讼法对此情形的处理做出了规定,但过于原则化,可操作性不强,不利于解决纠纷。如果通过另行起诉的方式使其对所购买的房屋的权益得到了保护,那么抵押权人的利益如何维护?《民事诉讼法》第204条的规定不是化解纠纷的最佳路径。

司法奉行效率优先的原则,它要求法官通过充分、合理地运用司法资源,简化诉讼或执行程序,降低司法成本,提高诉讼效益。法院在执行案件时不能机械地行使执行权,而是要以执行依据为核心,充分考虑当事人的实体争议,运用能动司法理念执行案件,做到案结事了,以免案件执结后非但不能平息纠纷,还极易削弱司法平抑社会矛盾的功能,从而使原本简单的纠纷复杂化,引起涉案上访。针对执行过程中的实体争议,我们可以考虑运用多元化的纠纷解决机制来处理,在个案中展现司法执行的强大解纠功能。

(一) 通过执行和解解决争议

在执行中存在实体上的争议时,因为执行机构对实体争议无裁判权,所以通常要由审判机构通过诉讼程序解决,即实体性的救济是通过诉的途径实现的。但是从化解纠纷的角度来看,如果当事人愿意在执行机构的主持下,通过和解就可以解决实体争议,就没有必要启动一个新的程序,在执行程序中通过执行和解解决实体争议通常可以起到事半功倍的效果,既高效便捷,又能彻底化解纠纷。司法执行的可协商性要求还来源于执行对既判力的扩张、限缩理论。由于执行权有其独立存在价值,执行能对既判力产生修正的实证效果。

在前面所举的案例中,执行法院就是在充分考虑抵押物权和合同债权的冲突背景下,法院从多个维度出发,寻求化解纠纷和矛盾的路径,尊重当事人的意思自治,以执行和解的方式妥当解决了纠纷。

(二)完善执行权配置解决实体争议

现行法律关于执行权的配置上没有赋予执行机构对实体争议的裁判权,面对日益复杂的社会矛盾和纠纷,结合国情特点,我们可以尝试在执行机构中设置一个诉讼裁判合议庭,与执行实施庭建立诉调对接机制,如果执行实施庭对执行案件中实体争议经努力达不成执行和解的,则执行机构通过立案庭将实体争议导入诉讼程序,诉讼裁判合议庭作出裁判。由此通过执行权有限的扩张,可使执行机构化解纠纷的能力得到增强,从而可以公正高效的解决纠纷,满足时代背景下日益增长的执行司法需求。

银行主诉案件执行问题的法学思考

上海银行南京分行　方　颖

据初步了解，工、农、中、建四大国有独资商业银行目前的主诉经济纠纷诉讼案件每年均在数千件以上，标的额均在数十亿元以上。各股份制商业银行的主诉经济纠纷案件也呈逐年上升趋势。经分析，银行主诉经济纠纷主要围绕借款合同纠纷，在纠纷中银行通常为原告，因此银行在诉讼中对诉讼方式的采取、诉讼时机的选择、保全措施的采取等方面具有一定的选择权，在诉讼中具有一定的主动地位。但由于种种原因，当前商业银行在管理实践中存在诸多问题，导致银行主诉案件执行难，执行率低下。

一、银行主诉案件执行难的基本特点

据银监会人士分析，银行业主诉案件呈现出与过去完全不同的新特点：

1. 主诉案发机构和领域、案发环节和作案人员区域扩大，随机性和任意性加大，案发环节更隐蔽，作案难度下降，比例呈逐年上升的趋势，但生效判决的执结率低、实际执行的效果差、执行的可挖潜力余地小。

2. 银行的实际管理能力无法负荷业务粗放式增长，盲目扩张导致银行风险控制完全无法覆盖实际业务，大量债权执行案件已基本处于"呆账"、"坏账"状态，不具备继续执行的可能和条件。

3. 硬性监管体制的缺位导致新类型金融纠纷案件不断出现。如储蓄合同纠纷、委托理财合同纠纷、股票转让纠纷、融资租赁合同纠纷、保险保证合同纠纷、票据纠纷、汽车消费按揭贷款纠纷等金融纠纷主诉案件呈上升趋势。

4. 涉及刑事犯罪和贷新还旧借款主诉案件比例增高。目前许多金融机构都以贷新还旧方式，作为解决借款人拖欠贷款的主要办法，使经济纠纷与经济犯罪交融在一起，增加主诉案件审理和执行难度。

二、银行主诉案件执行难的主要原因

银行主诉案件执行难是金融机制在市场经济运行过程中深层次矛盾的具体表现：

1. 银行承担了转制企业改革的大量成本。一批高负债率的企业在体制转型、结构调整和产业升级过程中的风险损失和财务亏损基本上转嫁到了银行身上。特别是企业在当地政府的支持下通过形形色色的"改革改制"、"资产重组"、"脱壳重组"等方式逃废银行债权，使法院对空壳企业的债务无法执行，在具体个案处理上，大部分采取保护地方经济而牺牲国家利益的做法。

2. 公司法对债权人的法权保护严重不足。我国关联企业法律制度中欠缺对公司股东滥用有限责任的限制，没有相应的制衡机制规范控制企业利用关联交易损害债权人利益的行为。如个人注册10万元的独资公司，可出资几百万，出资额超过法人自身注册资本的几十倍，成为出资新公司几百万的法人股东。出资公司一旦资不抵债，破产清算，注册资本10万元的法人股东，也只能承担10万元的有限责任，很有可能使银行产生巨大的债权悬空。

3. 破产立法分散又未能得到有效的执行。现行破产立法分散在破产法和民事诉讼法的企业法人破产还债程序中，对于非法人组织，如合伙企业、个人独资企业及一般自然人的破产还未相应立法。加上现行破产法未能得到有效的执行，不可避免地造成大面积的企业破产。

4. 执行工作中有些问题处理无法律依据。我国至今未出台专门的执行法律。目前，法院在执行工作最基本的法律依据就是《民事诉讼法》第三编中的第230条至258条，这些条文过于原则，不具体，可操作性不强。最高人民法院于1992年7月出台的《关于适用〈中华人民共和国民事诉讼法〉若干问题的意见》、1998年6月出台的《关于人民法院执行工作若干问题的规定（试行）》以及其他一些针对执行工作中出现的具体问题的司法解释，虽解决了不少问题，有些内容仍有待完善。

5. 信用自律机制在银企之间形同虚设。债务人诚实信用原则未能得到很好地遵守，信用意识淡薄，直接导致银行借款合同诉讼后难以执行。金融机构作为协助执行人时，有的不能认真自觉地履行法定信用义务，配合法院做好执行工作，而是从自身效益考虑，不能有效协助法院履行应有义务。

6. 贷前风险审查不严担保设定不规范。部分案件得不到执行或执行效果差与贷款发放前对借款人的经营状况、资信状况、还贷能力审查不严，贷款操作手续尤其是担保设定不够规范，特别是受行业不正之风影响，担保人有名无实、空担保、乱担保、连环担保,有些甚至无担保等现象时有发生,造成有的借款人根本无偿还能力却取得借款,为案件胜诉后执行埋下了隐患。

7. 贷后管理薄弱风险预警机制不健全。贷后管理薄弱是目前商业银行普遍存在的问题,对贷款发放后借款企业的经营状况、财务状况、财产状况不及时了解,对抵押物减值未能及时采取有效补救措施,直接影响到案件胜诉后的执行。

8. 司法独立性不强导致地方保护严重。地方法院的人、财、物都受制于地方,机构产生于地方,院长是地方人民代表大会选举的,经费也是同级政府拨付。在这种体制下,保护地方利益也就有所难免,导致在银行胜诉判决执行中,执行被执行人的财产往往涉及地方利益,地方行政干涉,法院由于缺乏必要的制度保障难以对行政干预进行抵制。

9. 诉讼财产保全不到位胜诉后难执行。银行缺乏诉前准备工作,起诉仓促、被动,没有进行认真的可行性分析,没有进行诉讼方案论证,更没有对企业的经营状况尤其是财产状况及其归属情况进行摸底调查,证据收集和整理不充分,起诉不及时。同时起诉没有采取必要的诉前、诉中财产保全措施,给企业转移财产提供了可乘之机,致使案件判决后难以执行。加上胜诉案件执行措施和执行手段单一,仅限于主债务人或担保人的土地、房屋等不动产的查封、拍卖,使执行的力度和效果受到影响。

三、解决银行主诉案件执行问题的建议与探索

解决银行主诉案件执行问题,应从增强信贷业务风险意识、落实案件事前防控制度、加大主诉案件督查力度、建立隐患信息预警机制,减少银行坏账、呆账现象,建立一种良性借贷、及时偿还的金融体系等方面来解决。

(一)增强信贷业务风险意识

1. 通过多种形式,开展政纪、法纪教育,提高各级领导人员廉洁合规意识和拒腐防变的能力;对全体员工特别是新进行员工开展廉洁从业教育、法规制度教育,增强员工遵章守纪、按章操作的意识。

2. 充分利用各类宣传教育资源,学习案例,警示各岗位员工,从思想根源上消除风险案件隐患。

3. 从分析案件和重大违规事件暴露出的突出问题入手,梳理、提炼若干易于记诵、便于执行的风险防范要点,形成操作上的行为准则。

(二)落实案件事前防控制度

1. 严格贷款审批程序。在贷款发放时,应对借款人与担保人的基本信息、

财产状况、偿贷能力、借款用途进行严格审查，确保贷款出现风险后执行时能够顺利找到被执人或执行财产。

2. 落实贷前调查制度。在现行常规调查的基础上，要着重了解公司的治理结构是否规范（公司人员、资产、财务是否与公司控股股东分开等）；公司的业务运营模式、管理运作模式（尤其是财务管理模式）；公司的重大资产状况及其产权归属；存在关联企业的，要尽量弄清楚所有关联企业间的关联关系（包括但不限于股权控制关系）、关联企业间的财务关系等。

3. 落实贷前统一授信及贷款评审制度。严格、客观地审查借款企业的信用等级、发展前景、偿债能力、风险预测及我行对策等因素，根据不同企业的具体情况认真采取有针对性的措施防范贷款风险。

4. 落实以抵押、质押等物权担保方式为主的担保制度，避免或杜绝为了形式上的完美或追求对制度的形式上的遵守而采取互相担保或不考虑保证人保证能力的担保。

5. 落实党内、行内民主生活会、述职述廉、民主测评等各项基本制度，从作风建设、遵守廉洁从业规定、组织人事工作、执行回避制度、改进成本管理和执行财经纪律等方面加强对领导人员的监督，将案件防范纳入领导人员考核范围，促使其重视并严格落实制度。

6. 落实合同预防制度。借款合同中必须设置信息披露、资产转让限制、消极保证、关联交易限制、利润分配、交叉违约、加强贷后管理等预防性条款。

（三）加大主诉案件督查力度

强化问责机制，在加强各业务部门自身监督检查和岗位之间的相互监督检查的同时，专门监督检查部门进行专项检查，既包括人的监督，也包括物的监督，实现人机共防。对在日常检查中发现的薄弱环节和违纪违规行为严格落实整改措施，对各类案件或苗头性问题，做到发现一件，查处一件，加大打击和惩处力度，以儆效尤。

（四）建立隐患信息预警机制

探索传统防范模式与现代化创新防范手段的有机融合，合理确定考核目标内容，科学编制考核评价指标，并纳入全行内控与合规考核体系之中；建立网络防范窗口平台，充分发挥网上举报、网上排查的作用，为员工举报违规违纪行为提供必要的渠道和途径；完善隐患信息风险预警机制，及时进行风险提示，跟踪评价防范结果。

(五) 完善案件执行法规体系

1. 通过修改公司法的途径建立法人人格否认制度；健全对从属公司债权人的保护制度；剥夺控制公司的有限责任特权制度，确立非关联债权相对于关联债权的优先制度。

2. 社会保障体系列入破产法条款。不断完善社会保障体系，减轻国有企业破产职工安置的压力，减少无执行能力案件进入执行程序，从而将减轻执行压力。

3. 完善金融债权相关保护制度。尽早出台《金融债权保护条例》、《金融胜诉案件强制执行规定》等法规，以国家强制力打击拒不履行银行胜诉判决的行为。

(六) 确立案件执行司法权威

建立适应市场经济需求符合现代法治原则的司法体系，建议政府同级法院的人、财、物由上一级法院和政府实施垂直管理，摆脱地方的不正当束缚，建立符合现代法治原则的司法体系。同时要提高法官的职业技能和良好的法律素质，培育健全的人格修养和职业道德，建立一个有着崇高地位和高尚品格的法官职业群体。

(七) 强化案件执行管理力度

1. 提高诉讼的法律技巧。首先摸准对方的资产状况，要求法院对被告可能转移的财产采取查封、扣押、冻结等保全措施。再次，在债权债务仍然虚置，尚未判明被诉主体资格的情况下，不要轻易起诉。

2. 科学运用诉讼手段。科学选择运用诉讼形式，积极地与有关当事人进行磋商，必要时争取行政协调；运用非诉讼手段对有关当事人讲清法律依据，有理有力有节。

3. 注重拓宽执行视野。第三人在法院发出的履行通知指定的期限内没有提出异议，而又不履行的，执行法院有权裁定对其强制执行；对被执行人从有关企业中应得的已到期的股息或红利等收益，银行申请法院裁定禁止被执行人提取和有关企业向被执行人支付；对被执行人在其他公司中持有的股权（或股票），银行可以申请法院裁定冻结、扣押、拍卖、变卖或直接将股权抵偿给银行；被执行人在有关单位的收入尚未支取的，银行可以申请法院向该单位发出协助执行通知书，由其协助扣留或提取。

4. 运用多种非诉讼保全。赋予贷款公证文书以强制执行效力，在资产保全过程中出现危机时，可以直接向法院申请强制执行而无需经过诉讼程序，进而节约一笔诉讼费用;通过政府、行政机关、人民银行、新闻机构等沟通、联系、协调来解决问题,节约费用;对于确实无财产可供执行的,可以不起诉,但一定要保全诉讼时效;通过邮寄的方式进行催收并进行公证;上门催收并进行公证;通过督促程序予以保全。

5. 利用刑事手段威慑。对采取严重违规或虚假关联交易手段骗取贷款,恶意侵吞、挪用信贷资金造成债权银行重大经济损失,对法院已经生效的判决拒不执行,涉嫌构成贷款诈骗罪、贪污罪、挪用公款罪、拒不执行法院判决罪的,银行要及时向有关司法机关举报,请求司法机关追究有关责任人的刑事责任,并在司法机关的协助下保全银行债权。

6. 制定执行奖励措施。制订案件执行收回款物奖励办法,设立独立的考核指标体系。对积极协助法院执行、采取措施得力、效果好的个人实行奖励和表彰。

7. 完善案件处理机制。银行应从自身入手,提高案件处理的主动性和时效性。(1)若发现借款人有隐匿、转移、挥霍其财产,逃避依法应当履行的民事、经济义务时,根据《民事诉讼法》第100条、第101条规定,可向人民法院申请诉讼财产保全和诉前财产保全,请求法院对被告可能转移的财产采取查封、扣押、冻结等保全措施。(2)在债权债务已经虚置、未判明被诉主体资格的情况下,不要盲目起诉。(3)对可能危及合同的效力时,诉前要积极采取补救措施,以最大限度维护合同的合法性。(4)为防止被执行人逃逸、转移、隐藏、赠与他人财产,银行应特别注意及时申请人民法院强制执行。

总之,破解银行主诉案件执行难的问题,是整顿金融秩序、保障金融安全、防范金融风险的一项复杂的系统工程,需要整个社会长期、不懈的努力,才能步入良性循环的发展轨道。

人民法院执行金融债权案件的方式研究

辽宁省高级人民法院　曹运柱

近年来,金融部门在社会生活中的作用越来越大,金融活动日益增多,金融部门申请执行的金融案件也越来越多,标的额呈持续上升趋势,金融案件的执行成为法院执行工作的重点,也是一大难点。金融债权执行案件既有一般执行案件的执行规律,又有特殊债权主体的特殊执行规律,准确研究和把握这些一般规律和特殊规律,积极探索金融债权案件的执行方式,并对其进行总结、归纳、创新,对于提升执行水平、提高执行效率,保护金融债权,防范金融风险、保障社会主义市场经济健康有序发展,具有重要意义。人民法院执行人员在执行金融债权案件时,应从实际情况出发,根据具体案件中被执行人履行能力情况和有无逃避执行等情形,因案制宜采取相应的执行方式。

一、被执行人有履行能力却不予执行时,人民法院的执行方式

当被执行人有履行能力而拒不偿还金融债务或逃避执行时,人民法院可以采取以下几种执行方式:

(一) 财产审计执行法

人民法院在执行金融案件中,可以依法委托审计部门或借用社会审计力量,运用社会审计监督的制度和方法,结合法律规定的执行调查措施,对反映金融债务人履行义务能力的全部资产、负债和所有者权益等进行强制审查、统计,发现其可供执行的财产证据,并对发现的被执行人财产予以强制执行。该方法适用于被执行人有隐匿、转移财产、投资不足、抽逃资金以及其他逃避债务嫌疑的案件。执行法院在具体实施中,应注意以下问题:一是对审计中发现的违纪违法问题,执行法院应及时送交有关部门处理,及时向有关机关提出司法建议;二是审计中需对被执行人及其相应责任人随身携带物品、办公场所、居住场所进行搜查的,应严格按照搜查规定办理;三是在审计执行中,被执行

人的法定代表人及直接责任人妨碍依法执行的,应果断采取拘传、罚款、拘留措施,但应在依法批准后实施。构成犯罪的,应及时送交公安机关立案处理;四是应加强对审计工作的监督。审计结果是执行法院采取执行措施的重要证据,直接影响到当事人的切身利益,所以加强对审计工作的监督非常必要。在审计执行中,既要防止审计人员与当事人串通,也要防止执行人员给审计人员施加不正当的压力;五是注意审计人员的回避。根据注册会计师法,审计人员与被审计人有亲属关系和其他利害关系,可能影响审计的公正性和独立性的,应当回避。

(二) 公告执行法

即对于具有履行金融债务能力,经多次教育仍拒不履行法院生效法律文书确定的给付义务的被执行人,执行法院可以在被执行人住所地或一定区域范围内的报纸、广播台、电视台、网站等媒体上公布为"赖账者"予以曝光,同时对其赖账金额等情况一并予以公告。公告执行可以调动全社会的力量对被执行人的消费和隐匿财产行为进行监督,改变过去单凭法院的力量进行执行的局面,大大节省人力、物力和财力,提高执行效率。同时,公告执行可以使广大群众明白被执行人的负债情况,使被执行人产生较强的心理压力,有力地震慑和教育被执行人自觉履行义务。实践表明效果较好。公告执行中,执行公告应包括的内容有:责令被执行人在一定期限内申报财产;告知被执行人不履行义务的法律后果;承诺举报有奖。执行公告一般应发布在被执行人的住所地或经常居住地、主要经营场所等地的新闻媒介上。执行公告刊登后,执行法院应专门有人接听电话,收集线索,并将举报线索及时反馈给具体案件的承办人。为了保护举报人,应做好保密工作。

(三) 限制高消费执行法

该方法又称为"限制被执行人高消费制度",即由执行法院对被执行人(恶意欠债不还的金融债务人) 发出"限制高消费令",责令其在金融债务没有清偿完毕之前不得进行超过当地生活标准的高消费活动。并请社会各界和人民群众监督。执行中一般对被执行人限制实施以下高消费行为:乘坐交通工具时,选择飞机、列车软卧、轮船二等以上舱位;在星级以上宾馆、酒店、夜总会、高尔夫球场等场所进行高消费;购买不动产或者新建、扩建、高档装修房屋;租赁高档写字楼、宾馆、公寓等场所办公;购买非经营必需车辆;旅游、度假;子女就读高收费私立学校;支付高额保费购买保险理财产品;其他非生活和工作必需的高消费行为等。被执行人违反上述规定进行高消费,经查证属实的,人民法院将依法予以罚款、拘留;情节严重,构成犯罪的,依法追究刑事责任。有关单位应协助人民法院限制被执行人进行高消费,在收到人民法院协助执行通知书后,仍允许被执行人高消费的,人民法院可以依法追究其法律责任。

(四)限制出境执行法

限制出境执行法是指在民事执行程序中,为保证民事案件的顺利执行,人民法院应当事人的申请,对未履行判决的当事人或者其他利害关系人员,依法裁定限制其在一定的期限内不得出境的一种执行措施。正确适用限制出境措施既是对当事人诚信的否定,也是一种威慑,缩小了被执行人的生活和经营圈,对解决执行难能起到一定的作用。在目前各地法院采取的限制出境措施中,很多案件通过限制被执行人出境,迫使被执行人主动履行债务或者与申请执行人达成和解,使得限制出境成为追债"利器"。

执行中限制出境措施的正确适用要注意以下几点:

1. 把握限制出境的对象和条件。考虑到限制出境的目的主要是促使被执行人履行债务,防止其通过出境逃避执行,限制出境人员的具体范围,在被执行人是法人或其他组织的情况下,不仅包括其法定代表人、主要负责人,而且还包括诸如财会人员等影响债务履行的直接责任人员。被执行人为无民事行为能力人或限制民事行为能力人的,则可以对其法定代理人限制出境。

2. 把握限制出境的程序和救济。限制出境措施作为执行措施,当事人可以向法院申请,法院也可根据案件情况依职权采取。限制出境措施的法律性质是执行行为,在一定程度上限制了人身自由,采取限制出境措施应当经执行合议庭合议,并以书面裁定的方式作出,不宜适用决定或其他方式。裁定内容应包括限制出境的期限、具体方式及复议权利,因为限制出境措施属于执行行为的一种,当事人、利害关系人可依照《民事诉讼法》第202条的规定申请复议。

3. 把握限制出境的方式和期限。根据相关出入境管理法规,人民法院对中国公民可采取相应的禁止、限制、控制出境的措施有五种方式:(1)对一般的执行案件可向当事人口头通知或书面通知,在其案件执结之前,不得离境;(2)人民法院可直接扣留被执行人护照,使其不得离境;(3)人民法院不能扣留被执行人护照的,可裁定收缴、吊销其证件,请公安机关协助执行,或裁定作废证件,请公安机关协助执行;(4)对未持有护照或者其他出入境证件的,基层法院可裁定在一年内不予批准报备被执行人出国(境)申请,中级法院可裁定在五年内不予批准报备被执行人出国(境)申请,具体时限人民法院可根据案情而定；（5）对情况紧急的案件，需在边防检查站阻止出境的，可裁定采取边控，要求公安、边防机关协助边控，边控期限最长不超过三个月。当然，这些方式均可单独或并用，如裁定收缴、吊销护照的同时，还可采取边控。

4. 把握限制出境的联动和威慑。限制出境措施既是人民法院执行威慑机制，也是公安参与的执行联动机制。限制出境措施威慑力发挥如何，关键是公安机关的协调配合，所以，人民法院与出入境管理部门和边防检查部门之间信息共享和联动机制的建立尤其重要，只有建立信息共享和联动机制，才能使限制出境措施真正产生威慑力，使执行中的限制出境措施不致成为摆设。

二、被执行人暂无履行能力时，人民法院采取的执行方式

当被执行人为暂无履行金融债务能力的企业或特困企业时，宜采取以下的执行方式：

（一）处理抵押物执行法

因为银行金融债权上大多设立了抵押担保物权，债务人以其不动产作为抵押物以保证债务的实现。因此，人民法院处理抵押物是实现金融债权的最常见方式。

但在案件的实际执行中会出现很多问题，如抵押物评估价虚高，金融部门难以接受；抵押土地有出让金未交纳；抵押物过户产生大量费用等等。还有对抵押物产生实体争议的情况，严重影响了银行金融债权的实现。如抵押物被抵押人擅自出售给第三人，第三人支付对价后占有抵押物，造成抵押权人和实际占有人的冲突，且不适于强制迁出，导致案件执行陷入僵局。

2003年沈阳某甲房产建设有限公司从中国农业银行沈阳市沈河支行借款7500万元，乙公司以其自有的六处房产作为抵押物为此笔借款提供了担保。借款合同约定的还款期限届满后，甲公司没能偿还借款，农行向法院提起诉讼并获得胜诉。案件在执行过程中，法院拟对被执行人乙公司抵押的房产采取评估拍卖措施时，但有12名自然人向法院提出执行异议，要求法院停止对抵押物采取拍卖措施。理由是异议人已于2005年从乙公司购买了这部分房屋，支付了部分购房款，并且一直占有、使用这些房屋，当时并不知道这是已被抵押的财产，如果法院强行处置这些房屋，会侵犯购房人的合同债权。至此，本案陷入执行僵局。一方面是判决书明确判定农行对抵押物享有优先受偿权，另一方面抵押物却被案外购买并占用。这是一起典型的案外人对执行标的物主张权利的案件，处置不当会产生群体性事件或使国家金融机构的利益受损。

在执行中存在实体上的争议时，因为执行机构对实体争议无裁判权，所以通常要由审判机构通过诉讼程序解决，即实体性的救济是通过诉的途径实现的。但是从化解纠纷的角度来看，如果当事人愿意在执行机构的主持下，通过和解就可以解决实体争议，就没有必要启动一个新的程序，在执行程序中通过执行和解解决实体争议通常可以起到事半功倍的效果，既高效便捷，又能彻底化解纠纷。司法执行的可协商性来源于执行对既判力的扩张、限缩理论。此案执行法院充分考虑抵押物权和合同债权的冲突，从多个维度出发，寻求化解纠纷和矛盾的最佳路径，尊重当事人的意思自治，最终以执行和解的方式解决了纠纷。

(二) 贷新还旧执行法

贷新还旧又称为以贷还贷，它是同一借款人在未还清银行一笔或数笔到期贷款的情况下，又与该银行签订新的借款合同，以新贷出的款项清偿前面的到期贷款的行为。实施这一行为的目的，通常是在借款到期借款人无力偿还时，借款人与银行进行协商或银行主动与企业商量，在旧的借款利息还清的情况下，重新签订一份与前一贷款金额相等或超过原借款合同金额的借款合同，用后一贷款偿还前一贷款。贷新还旧在信贷领域是大量存在的一种信贷行为，我国法律、行政法规对此没有作出限制性的或禁止性的规定。2000年9月29日，最高人民法院审判委员会第1133次会议通过《关于适用〈中华人民共和国担保法〉若干问题的解释》，该解释第39条对贷新还旧合同中保证人的保证责任作了明确的规定，主合同当事人双方协议以新贷偿还旧贷，除保证人知道或者应当知道的外，保证人不承担民事责任。在贷新还旧借款合同的签订过程中，因双方是在平等、自愿、协商一致的情况下签订的新的借款合同，意思表示真实，又没有损害借款人的利益和贷款人的利益，符合《合同法》和《民法通则》关于有效民事行为的构成要件，是合法有效的合同。

贷新还旧执行法，适用于企业原贷款时限较短，企业有发展潜力但尚需时日发展和资金支持，原贷款抵押物存在，而且保值或增值，或原保证人继续保证还款或有新的保证人，在这种情况下，人民法院可以协调金融债权人和债务人贷新还旧，使得金融机构实现了债权和经营业绩，又给债务人提供了发展壮大的机遇，实现了双方共赢的局面。

辽宁高院受理的中国农业银行新疆阿拉山口支行（以下简称新疆农行）申请执行沈阳新拓置业发展有限公司案（以下简称新拓公司），涉及3.8亿元本金及利息。盛京银行股份有限公司沈阳市沈河支行（以下简称盛京银行）申请执行新拓公司案，涉及2.9亿元本金及利息。

在执行过程中，申请执行人新疆农行、盛京银行都要求对新拓公司建设的房产进行评估、拍卖以尽快实现债权，如采取此办法新拓公司将彻底停产而且不能偿还全部债务，经法院努力协调，申请执行人与被执行人新拓公司达成执行和解协议，盛京银行购买新疆农行对新拓公司的债权3.8亿元（本金部分），新疆农行放弃利息部分。新拓公司以其"领先国际城"二期的全部房地产抵押给盛京银行，贷新还旧，履行新拓公司对新疆农行、盛京银行的全部债务，新拓公司将卖出房产的款项逐步偿还盛京银行。至此，盛京银行、新疆农行申请执行的四件案件圆满执结。

（三）执行第三人法

金融债权案件执行中的执行第三人是指被执行人现有财产不能清偿到期金融债务，但对第三人享有到期债务的情况下，人民法院可以根据申请执行人的申请，通知对被执行人负有到期债务的第三人，直接向申请执行人履行债务，第三人在履行期限内不履行的，法院予以强制执行的一种执行方法。《最高人民法院关于适用〈中华人民共和国民事诉讼法〉若干问题的意见》和《最高人民法院关于执行工作若干问题的规定（试行）》将执行第三人的范围限于已到期的债权，而对未到期的债权采取执行措施未有规定。实践中，未到期的债权也有执行方法。对未到期的债权虽然不能立即通知第三人履行，但对目前虽然未到期，而即将到期的债权，如果债权人愿意接受，执行法院可以发出附期限的履行通知，由第三人在期限届至时向债权人履行，而且也可采取履行通知以外的方式执行。如债权转让，也可以采取先冻结债权的做法，禁止第三人在到期后向被执行人支付和被执行人支取，待到期后，再发出履行通知要求第三人直接向申请执行人履行。

（四）抵债返租法

所谓抵债返租，又称为以资抵债，返租经营，是指人民法院在执行过程中将被执行人（困难企业）固定资产中的不动产委托评估部门评估作价后折抵债权，不动产所有权（土地只有使用权）归债权人所有，然后由债权人将该不动产返租给债务人经营的执行方式。抵债返租这种以困难企业的不动产变现抵债的方式有利于金融债权的实现。实践中，法院实施抵债返租这一执行方式应注意以下几点：一是要查清被执行企业抵债的不动产的性质。如要查清该不动产是否属于该企业所有，是否设定担保情况；二是对抵债企业所占有的土地使用权不属于该企业的，应征得土地使用权人和所有权人的同意方可实施抵债返租，否则不能采取此种方式；三是原则上一个企业的不动产抵债给一个金融部门。其所欠其他债务的，金融债权人可以代为支付，企业再以等值不动产抵给该金融债权人；四是抵债返租主要是针对还贷无望的企业所采取的执行方式，有履行债务能力或正常生产经营的企业，不能采用这种方式；五是采用抵债返租这种执行方式应征得申请执行人即金融债权人的同意后方可实施；六是被执行企业以房屋等不动产及土地使用权抵债返租的，当事人双方须依法到有关登记部门办理过户手续，以免日后发生纠纷。

（五）债权转股权执行法

所谓债权转股权，是指债权人将其所享有的合法债权依法转变为对债务人的投资，增加债务人的注册资本的行为。它是债权人自愿将其对债务人的债权折资入股，成为债务人股东的法律行为，其包括债权的消灭和股权的产生两种法律行为。债转股既是化解银行不良资产的一种重要方式，也是法院在执行金融案件中，解决被执行企业无力偿还金融债务的一种执行方式。实践中法院采用这种执行方式应注意以下几个问题：一是须被执行人现有财产不能清偿到期金融债务。能够清偿的，不得适用债转股；二是债转股的债权人应是国有商业银行，债务人一般应是大型国有企业或重点国有企业；三是将被执行企业不能归还的贷款转化为银行对企业的投资，需要银行、金融资产管理公司和企业三方相互配合，才能有效实施；四是金融债权人将债权转为股权后，双方当事人须依法到工商管理部门办理注册资本变更登记手续。

（六）无形财产执行法

被执行人无有形财产可供执行，但尚有享有盛誉的商标、专利或专有技术等无形资产的，可以转让其无形资产清偿金融债务。具体可以执行的有：商标权。商标权作为一种工业产权，其本身就是注册人资产的组成部分。《公司法》第27条规定："股东可以用货币出资，也可以用实物、知识产权、土地使用权等可以用货币估价并可以依法转让的非货币财产作价出资。"专利权是工业产权的一种，属于特殊财产权，同样具有价值和使用价值。专利权人除自己实施专利外，还可以通过有偿转让专利权、有偿许可他人实施等途径来实现经济效益。企业名称权。企业名称权是指企业对其经工商行政管理机关依法核准登记注册的企业名称，在规定范围内所享有的拥有、使用、转让的权利，以及在自己的名称专用权受到不法侵害时申请行政保护和司法保护的权利。商业秘密权。"商业秘密是指不为公众所知悉、能为权利人带来经济利益、具有实用性并经权利人采取保密措施的技术信息和经营信息。"其中技术信息和经营信息包括设计程序、技术秘诀、产品配方、制作工艺、制作方法、管理诀窍、客户名单、货源情报、产销策略、招投标中的标底及标书内容等信息。商业秘密是其权利人投入一定的时间、资金和精力而得来的，对拥有人都具有实际或潜在的经济价值。特种经营权。特种经营权既包括有关政府部门授予企业的专营权、专卖权、特许经营权，也包括企业之间形成的独家代理权、产品经销权、原材料供应权、约定优惠权。对有股权的被执行人，可执行其股权或产生的投资权益股息，以息抵债。《最高人民法院关于人民法院执行工作若干问题的规定（试行）》明确地把股权列为强制执行的标的。最高人民法院颁布的《关于冻结、拍卖上市公司国有股和社会法人股若干问题的规定》，对强制执行有关上市公司的股权程序作出了较为详细、具体的司法解释。上述司法解释提供了股权执行程序的基本模式，对统一全国的股权执行工作起到了很好的规范作用。

金融债权案件执行方式及建议

吉林省通化市中级人民法院 钟 言 李蓬勃

随着我国市场经济及金融活动的蓬勃发展,以及整顿规范金融市场秩序的力度的加大和金融债权管理的进一步强化,近年来金融债权纠纷不断增多,金融部门申请执行的金融案件及标的额也呈持续上升趋势。金融案件的执行不仅是法院执行工作的重点,也是一大难点。积极探索金融债权案件的执行方式,对于提高执行效率与执结率,保护金融债权,化解金融风险和保障市场经济健康发展都具有重要意义。

金融债权案件的执行方式是指人民法院对于当事人(金融部门)申请执行的金融债权案件,在对被执行人执行时,根据案件的不同情况所采取的方法和形式。所谓金融债权是指银行、信用社等金融部门依据借款合同发放贷款而产生的以借款方到期给付一定数额金钱为内容的债权。根据当前金融债权执行案件多,涉案标的大,被执行人履行能力差异大和执行难等特点,人民法院在执行此类案件时,既要坚持公正与效率原则,用足用好法律,加大执行力度,提高执行效率及执结率,最大限度地保证金融债权的实现,又要讲究执行艺术,创新执行方式,注重执行效果,实现法律效果与社会效果的有机统一。也就是说,人民法院执行人员在执行金融债权案件时,应从实际情况出发,根据具体案件中被执行人履行能力和有无逃避执行等情形,因案制宜采取相应的执行方式。

一、执行抵押财产实现债权

执行金融案件中,首先应从查明有无抵押,然后从抵押入手进行执行。

1. 不能简单地以抵押物抵消债权。抵押物拍卖、变卖后的价款超过债权数额的部分必须归还抵押人,不足的部分由债务人继续清偿。

2. 不能侵犯其他抵押人的权益。借款人以同一财产向两个以上债权人抵押的,以抵押物的登记的先后顺序受偿;同顺序的,按债权比例受偿。

3. 征得金融债权人同意。被执行人所抵押的财产无法拍卖或者变卖的,经金融债权人同意,执行时可以将该项财产作价后交付金融债权人处理。

4. 抵押人对抵押物没有所有权但有用益物权的,且该用益物权是能够给权利人带来利益的财产权利,对这种抵押,人民法院可以加以认可并予以执行。

二、抵贷返租方式

所谓抵贷返租,是指金融纠纷案件中的被执行企业在无力清偿金融债权的情况下,将该企业所有的固定资产等财产作价后折抵债权,以清偿其债务,然后金融机构再将上述资产租赁给被执行人的执行方法。这种方法,主要适用于目前企业破产受到一定限制的现实情况,是金融系统对困难企业实现金融债权的最好方式。这一方式有三方面意义:一是金融债权虽有可能得不到完全受偿,但是可以部分受偿,不至于使国有资产完全流失;二是有利于企业和金融部门共同走上良性发展道路;三是增强了金融债权单位提起诉讼的积极性,由于法院采用抵贷返租的执行方式,金融部门看到了债权实现的希望,便愿意起诉了。

抵债返租是一种新的执行方式,具体实施时应注意以下几个问题:

1. 要查清抵债的不动产性质。如是否属于企业所有、是否被其他法院查封、是否设定担保、是否被租赁等。企业所占有的土地使用权不属于企业的,首先应征得土地使用权人和所有权人的同意(这种情况主要是乡镇企业),因为有些改制企业改制时没有将土地使用权价值折成股份计算在企业总资产内,土地使用权仍在当地政府手中。对此,抵债返租必须征得有关政府部门同意,否则不能进行。

2. 必须是一个企业抵给一个金融部门。企业只能以其他财产抵顶其他债权人的债务,其他财产不够抵顶的,金融债权人可以代为支付其他债权人的债务,企业再以等价值的不动产抵顶给该金融债权人。

3. 必须程序合法,处理得当。土地使用权、房产抵债返租后双方必须过户,制作不动产大小、位置等详细示意图,以免后患。金融部门不宜将取得的不动产使用权用作他途。除非企业已停产,无法重新开始运转,一般返租时应租给原企业。如取得该企业的全部产权属于例外。

4. 正常生产的企业不能以此方式执行,只能针对还贷无望的企业。只限于诉讼中的企业。对金融部门没有起诉的,法院不主动介入,但如对某一区域进行集中清理时，可以征求未起诉银行是否提起诉讼之意见。

三、执行第三人

根据《民事诉讼法》第233条和《最高人民法院关于适用〈中华人民共和国民事诉讼法〉若干问题的意见》，在民事、经济案件执行过程中，遇有被执行人不能清偿到期债务但对第三人享有到期债权的，可以执行第三人的到期债权。在金融案件的执行中，对数额相对较小，没有其他财产的被执行人，执行人员要积极寻找和执行第三人，达到实现金融债权的目的，使金融债权损失降低到最小的限度。

在金融纠纷案件中执行第三人的到期债权应注意以下几点：（1）必须是被执行人未按规定的期限履行金融债务；（2）准确认定被执行人和第三人的债权债务关系；（3）依照执行工作的相关规定，在执行第三人的到期债权时，要程序合法，手续齐全，包括：①要有金融部门或者被执行人申请执行第三人到期债权的书面报告；②要有证明被执行人对第三人拥有到期债权的相应证据材料；③要以书面通知的方式告知第三人向金融部门履行义务。

四、债权入股

在金融纠纷案件的执行中，被执行人有履行能力，但由于被执行人的资产以不动产或不宜拆卸的机器设备为主，如强制执行，一方面，银行等金融部门因上述资产不宜变现而不愿采用以物抵贷的方式接受；另一方面，如果将上述资产进行变价（拍卖或变卖）则易严重损坏上述资产的价值，并导致停工、停产、企业倒闭等不良的社会后果，不利于维护社会的稳定。对于这种情况，在出现下列情形时，可以适用债权人入股的方式解决金融纠纷案件的执行：（1）作为申请执行人的金融部门同意债权人入股的；（2）被执行人的资产大于金融部门的执行标的，而被执行人应当履行义务部分的财产无法拍卖或变卖的；（3）被执行企业有发展潜力，尚不存在破产、倒闭情况的；（4）金融部门的债权因被执行人的固定资产、机器设备等存在而能保值的；（5）被执行人也愿意按公司法的相关规定进行资产重组，对此已作了可行性调查的。

为进一步搞好金融案件执行工作，现提出以下几点建议：

（一）增强全社会金融风险意识，采取有力措施整顿社会信用

各级政府、有关部门及领导要深刻认识维护金融债权，是防范金融风险，促进经济、金融发展和社会稳定的大事，要以国家利益为重，从大局出发，规范企业破产、兼并、转制的操作，大力支持法院依法执行，使金融债权得以落

实;同时要注重个人和全社会的整体信用意识的提高。信用是经济持续发展的保证,加强信用环境建设,提高全社会的信用观念,整顿信用秩序是当务之急。因此,要加强信用宣传教育的力度,公开曝光一批逃废金融债务的典型案例,营造讲信用光荣、不讲信用可耻的舆论环境,形成人人讲信用的风气,使不讲信用的人和单位,成为"过街老鼠",无藏身之处。

(二)银行自身要提高风险防范意识,健全制度严格管理

1. 银行自身应强化风险意识,克服"银行不可能倒闭"的麻痹思想。

2. 要严格执行人民银行贷款证管理制度和开户管理制度,加强对企业开户的监管力度,防止企业多头开户,多头贷款。人民银行要利用现代先进手段,将借款企业在各家商业银行的开户和贷款情况联网,量化企业信用指标,对信用程度不高,在一个商业银行有逃债倾向或产生不良贷款的企业,通过上"黑名单"使其他银行不再对其贷款。同时建议建立资源共享的机制,不但使各银行之间,也使法院和银行之间对贷款户、赖债户、无能力还贷户的基本情况及时掌握和了解。

3. 严格贷前审查,使金融风险在贷款前得到控制。要认真贯彻执行《商业银行法》和《贷款通则》,建立、健全审贷委员会和风险管理委员会,实行审贷分离制度,按照贷款"三查"原则,严格审查贷款企业的信用情况,凡不具备条件的一律不予贷款。在信贷审查中应注意对借款合同的合法性、完整性进行论证,落实担保和有效抵押,重视对抵押物的审查及抵押登记手续的完善,防止抵押担保流于形式。

4. 加强贷后的跟踪监测和日常管理,对贷款用途跟踪检查,掌握企业经营、财务收支方面的信息,密切关注企业转制、兼并和破产清算等情况,一旦发现风险,及时采取措施。

5. 银行的决策者和信贷管理人员应注意对相关知识的学习,注重对新情况、新问题的调研,增强对风险的分析、预测能力,不断提高业务素质和职业道德水平。

(三)加大用法律手段落实金融债权的力度,联手打击逃废金融债务的行为

1. 金融部门要加大贷款清收力度,对到期不按时归还贷款本息的单位和个人,严格控制转贷,应及时诉讼,采取保全措施,查封账务资金和相应财产。对骗贷的企业和个人,要依法追究有关人员的刑事责任,不能姑息迁就;

2. 法院执行人员在提高认识、增强服务意识、做好协调工作的同时,要

加大对全国人大常委会对《刑法》313条的立法解释的宣传和贯彻力度，严厉打击拒不履行法院判决、裁定的行为，对恶意逃避或支持纵容逃废金融债务的相关责任人，及时提出司法建议，通过纪检监察机关追究其党纪、政纪及有关领导责任。对构成犯罪的，依法移送公安机关立案侦查，追究其刑事责任。

（四）注重对涉金融案件执行方式方法的研究，提高执行效率和效果

人民法院在涉金融案件过程中，已积累了一些好的、行之有效的工作方式和方法，如抵债返租法、执行第三人到期债权法等。但面对不断出现的新情况、新问题，法院在执行工作中如何更好地为金融机构提供优质、高效的服务，保护金融债权，化解金融风险，唯有锐意改革，开拓创新。当前，应积极探索和尝试一些新的工作方式和方法，如审计执行法、公告执行法、悬赏执行法、限制被执行人高消费执行法等等，同时，针对一些已暴露出来的问题，应及时调研，落实措施。如对被执行人擅自处分抵押物的，要从立法上研究打击问题；又如对呈不断上升的个人消费贷款案件的执行，如何在执行中保护公民的生存权问题等等。

关于涉银行金融执行案件的调查报告

上海市金山区人民法院　崔胜东　杨　锋

金融是国家经济的命脉，对国家宏观经济调控、国民经济发展和维护社会稳定具有重要作用。银行作为金融业的核心组成部分，是众多金融往来的纽带和中心，银行的稳健运作关乎国家宏观经济的安全，也关系社会稳定大局。次贷危机、欧债危机等带来的金融市场动荡引发的中小企业资金链断裂、企业破产、裁员等问题，已经成为影响国内金融秩序稳定的新因素。如何有效化解涉银行金融执行案件，如何有效维护金融秩序稳定，是人民法院司法工作的重中之重。

本报告以上海市金山区人民法院 2008 年至 2011 年四年间受理的银行作为申请执行人的全部案件为考察样本，进行调查研究，分析存在的问题，并有针对性地提出相应对策，以期促进涉银行金融案件的稳妥执行，促进银行业健康发展。

一、基本情况

2008 年至 2011 年四年间，上海市金山区人民法院共受理银行作为申请执行人的执行案件共 285 件，2008 年收案 64 件，2009 年收案 81 件，2010 年收案 92 件，2011 年收案 48 件。从案件数量变化来看，由于市场环境和资金链的变化等需要积累一段时间才能显现，涉银行金融执行案件的数量和国家经济形势有着关联性，是经济形势的滞后反映。如 2008 年下半年"次贷危机"发生后，法院涉银行的案件在 2009 年和 2010 年之间集中爆发，2011 年才归于平静。

（一）案件类型集中

从执行立案案由来看，主要有公证债权文书、借款合同、金融借款合同、信用卡纠纷等四种，金融借款合同和借款合同占到总数的 93%。具体见下图。

涉银行金融执行案件案由分布图

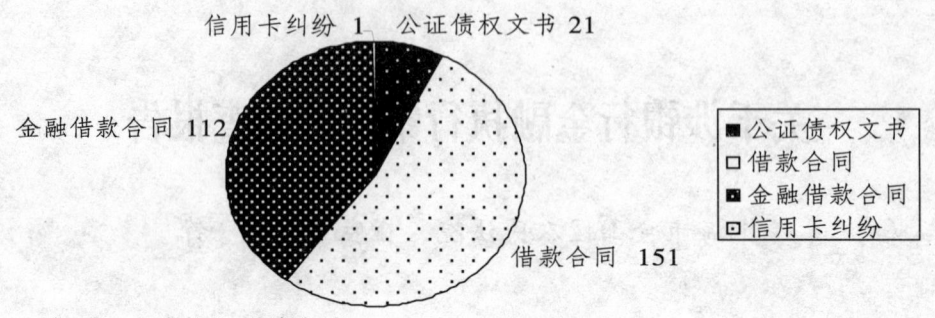

(二) 平均执行周期较长

从四年来的执行天数来看,涉银行金融执行案件的执行周期一直较长,年平均执行周期中最长的甚至达到 79.35 天。这说明相比于普通执行案件,涉银行执行案件执行难度较大,需要花费更多的司法成本予以执行。

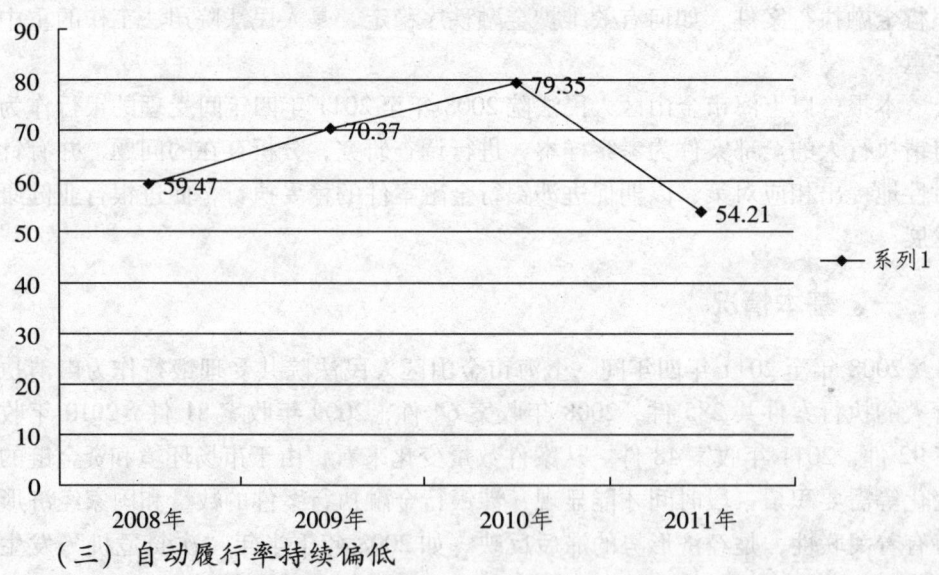

(三) 自动履行率持续偏低

从四年间案件的自动履行情况来看,2008 年全部案件中自动履行 5 件,自动履行率(自动履行案件数占总案件数的比例)为 7.8%;2009 年自动履行 12 件,自动履行率为 14.8%;2010 年自动履行 8 件,自动履行率为 8.7%;2010 年自动履行 7 件,自动履行率为 14.6%。由此可见,涉银行金融执行案件自动履行情况并不理想,自动履行率持续偏低,徘徊在 10% 上下。

涉金融执行案件自动履行率情况图

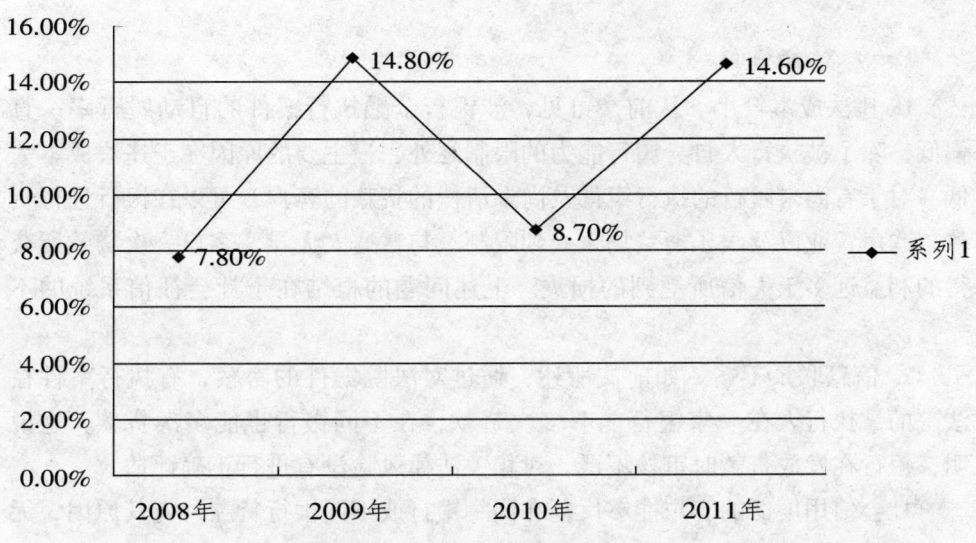

(四) 低信用客户重复贷款现象时有发生

从四年来的案件来看,存在着部分重复贷款的现象,且更为严重的是在贷款对象已经被诉、被执行的情况下,部分不同银行甚至同一银行仍在向其发放贷款,最后后发生的贷款又因拖欠涉诉涉执。如下表所选取的部分案件。

表一:

案　号	案　由	申请标的	原审案号	申请执行人	被执行人
(2010)金执恢复字第102号	借款合同纠纷	2000万	(2006)金民二(商)初字第105号	中国农业银行上海市金山支行	上海久琛精细化工有限公司;周玉芳等
(2010)金执恢复字第104号	借款合同纠纷	1500万	(2005)金民二(商)初字第444号	中国农业银行上海市金山支行	上海久琛精细化工有限公司;上海丽顿包装材料有限公司等
(2010)金执字第619号	借款合同纠纷	1500万	(2009)金民二(商)初字第327号	中国农业银行上海市金山支行	上海久琛精细化工有限公司

二、存在问题

（一）社会层面

1. 违法成本较小。从前文可见，涉银行金融执行案件的自动履行率一直偏低，除了被执行人自身履行能力的限制之外，最主要的原因在于违法成本太低。对于有尚未履行的执行案件及尚未清偿的贷款的客户，可以在银行进行贷款，购房置业以及娱乐消费均未受到限制，与普通人无异。客户一次贷款所获得的利益远多于失信所受到的损失。上述问题的根结在于社会征信系统的不完善。

2. 信息联系不畅。如前文所述，通过对法院案件的考察，有执行案件在法院的被执行人在一家银行能够多次贷款，在不同银行也能多次贷款，这说明，银行在发放贷款时审核不严，对相关法律风险没有进行正确评估。

社会信用度低的客户能够反复在同一银行或不同银行贷款，究其原因，无非是银行间的信息不畅通与法院与银行的信息交流也不畅通。两种信息传递渠道的不畅，导致贷款发放银行无法准确掌握客户的真实情况。

（二）法院层面

1. 执行方式单一。银行申请执行的案件，如果被执行人非自动履行，需要强制执行的，基本上都进入评估、拍卖的法定程序，但是走完该程序之后，很多情况下往往出现拍卖价格低于市场价，甚至二次流拍、又无法变卖情况，再加上银行基本上不接受以物抵债，那么案件清偿率必将受到一定的影响。由于银行自身案件管理的限制以及执行手段的局限造成法院执行方式的单一，这也是此类案件执行难的成因之一。

2. 稳定考量限制。银行是国家金融核心，是经济活动的枢纽，涉银行金融执行案件牵涉面较广，涉及到企业职工工资的兑现、国家税收的征收等问题，尤其是对于濒临破产的企业，由于职工工资优先与银行抵押权优先往往产生冲突，法院在执行时可能更多地要顾虑社会稳定，优先安抚职工。此外，对于只有一套住房的被执行人，法院从人权保障和社会稳定的角度考虑，通常也不会轻易进行司法拍卖。

3. 执行威慑不足。在被执行人拒不履行生效法律文书确定的义务时，在现有法律规定下，对其一般只能予以司法拘留、罚款，而这远远无法震慑被执行人的逃废债务的想法。从实践来看，适用效果最好的是对拒不执行的被执行人追究其拒不执行法院判决裁定罪，但该罪名适用前提苛刻，真正启动刑事追究的案件极少，执行威慑机制总体不足。

（三）银行层面

1. 信贷审查机制异化。在案件执行中发现，某些商业银行在放贷前对企业情况的审查，存在形式化倾向，未能掌握企业实际现状，导致贷款审查机制出现异化，主要体现在以下几个方面：一是忽视对信贷主体资格审查。未能落实银行贷款"三查"制度，未能对信贷主体企业资质证明材料进行严格审查。尤其是针对辖区内目前存在的企业挂靠申请贷款现象以及重复贷款给低信用客户的现象未能充分重视；二是对贷款人贷款担保的审查也未能加强。在案件执行过程中发现，个别商业银行在一些小额贷款发放时仅以自然人信用担保方式，并对保证人的资信等情况审查不严，贷款发放灵活较松，但一旦债务人及保证人无清偿能力，债权实现亦比较困难。

2. 法律救济意识薄弱。在案件执行中发现，一些银行在面临金融案件纠纷时，尚未用足法律救济手段。一是诉讼财产保全意识需要强化。个别银行在观念中仅存在"抵押权优先受偿"，没有重视在诉讼阶段申请财产保全。其忽略了先查封法院拥有对标的物的处置权，一旦先查封法院的申请执行人不愿提起评估、拍卖标的物，那么作为抵押权人（银行）的债权则难以实现；二是对保证人主张权利的时效意识需要强化。担保法明确规定债权人未在保证期间内要求保证人承担保证责任，保证人免除保证责任。保证期间为除斥期间，不适用诉讼时效期间关于中止、中断、延长的规定。个别案件中，由于申请人（银行）在被执行人未能履行执行义务的情况下，又未能及时对保证人主张权利，导致了金融资产的损失。

3. 风险发现机制虚化。在案件执行过程中发现，当前被执行人自动履行率偏低，规避执行意识、手段不断增强。部分被执行人在经营财务状况恶化后，不是着手改善经营、主动清偿债务，而是企图以转移、隐匿财产，恶意破产，甚至外出躲避的手段规避执行。而银行由于在监管上的滞后性，未能及时掌握借款人的财务状况。一旦发现问题，借款人往往已经资不抵债，甚至已经转移了剩余财产。由此给金融秩序的稳定运行带来了较大的风险，严重危害了金融资产的安全。特别是在个人贷款案件中，由于呈现出数量多、标的小、监管难度大的特点，银行往往对被执行人后来的工作、家庭情况等信息变化未及时掌握，也造成贷款风险的增加。

此外，银行在金融创新过程中探索出的一些新型融资放贷形式也在实践中发生异化，带来很大的负面影响，如"互联互保"方式。所谓"互联互保"，是银行为了降低风险，在贷款人不能提供足值抵（质）押物时，要求若干企业自愿组成一个互助小组,小组成员协商借款金额,联合向银行申请授信,联合对贷款提供担保,每名成员均对小组授信承担连带担保责任。这种模式看似降低了银行的风险,但联保小组的成员可能又处于另外一个联保小组之中,一旦联保小组任何一个企业资金链出现问题,不但联保小组其他成员随即受损,还牵连整个行业或整个区域的企业都要受到影响,带来区域性、行业性的信用崩塌。

三、意见建议

(一)社会层面

1. 完善征信系统,提高违法失信成本

征信系统乃是基于征信机构对个人、企业和其他组织的信用信息进行收集、核实、分类和贮存而形成的信用综合评价。社会征信系统是社会信用体系重要组成部分。在现代社会,信用应该是一个公民或企业安身立命之本,社会信用高将能获得更大便利和利益,而低信用的则应受到各方面的限制。

目前,对于征信信息的采集相对匮乏和滞后,我国个人及企业信用资料的数据主要掌握在银行、人事、税务等部门,信息来源广泛但分散,信息的准确性及及时性较差,大量有价值信息闲置。应在中国人民银行征信数据库的基础上,整合全国所有银行的信用数据,有效对接人民法院执行工作。对于失信个人、企业、其他组织应该在融资、购房、投资、经营、就业等各方面予以限制,提高失信成本,促进诚信经营、遵纪守法制度体系的建立。

2. 加强信息交流,实现多向互通互联

执行过程中发现,目前由于金融市场的复杂性,单家银行对金融风险监管的难度日益增加,往往在发现风险时被执行人已经资不抵债甚至不知所踪,为此有必要在银行之间、银行与法院之间加强信息共享,共同加大对金融风险的监管力度。主要是法院的审判执行管理系统要与银行信息系统对接,银行在发放贷款、资质审查时能及时查询到客户在法院的相关司法案件,以供银行对贷款风险及客户信用进行科学评估。

(1)进一步加强各银行间授信信息的沟通与共享。各银行之间要相互公开以及共享借款企业的授信信息,避免使资信平常的企业或关联企业获得过量贷款,从而导致贷款过度集中和风险高度累积。

(2)进一步深化法院与银行间的互动。在金融案件的执行过程中,银行要多利用自己掌握的金融信息优势,尽可能多地向法院提供当事人的各种相关信息,积极配合法院的各项执行举措。同时,法院及时向银行通报相关案件处理情况,对于在案件办理中发现的"老赖"建立"黑名单",及时向银行等银行发送"黑名单"信息,协助各银行做好风险防范,共同建设完善的社会诚信体系。

(二) 法院层面

1. 丰富执行手段,拓展案件受偿途径

当前银行单一的执行受偿途径,是影响金融执行案件清偿情况的一个重要因素。为此,人民法院可充分利用现有法律资源,在政策允许范围内,积极拓展执行方式。

(1) 银行以债权入股的方式来实现金融债权。在执行金融案件时发现被执行企业资不抵债现象的,建议银行可以采取以债权入股的方式,通过参与被执行企业资产管理,以股东身份参与企业经营,逐步盘活企业资产,实现债权。

(2) 银行以抵贷返租方式来实现金融债权。对于被执行企业不能虽然资不抵债但仍有一定的生产能力的,建议双方达成和解,可以将被执行企业名下生产设备转移至银行名下,再由银行将该资产回租给被执行企业使用,通过上述方式确保金融债权的实现。

(3) 银行以被执行企业的到期债权偿还债务。对于部分被执行企业无能力清偿金融债务,但是有到期债权存在的,银行可以查找其其他地方的到期债权,探索以被执行企业的到期债权偿还金融债务,有效降低金融资产损失。除上述受偿途径外,还可运用诸如以资产使用权抵债、企业整体承包经营以及托管等执行方式,妥善执结银行案件,全力维护金融秩序。

对于"一套房"问题,可以尝试进行"以大换小"、"以远换近"、"以租代住"等方式突破一套房的执行禁区。"以大换小"即以被执行人的大面积房屋置换成小面积房屋,"以远换近"即以被执行人的好地段房屋置换成稍远地段房屋、"以租换住"以被执行人自有住房置换成租赁房屋。

2. 加强执行威慑,提高金融执行权威

切实提升司法权威,加大执行力度,加强执行威慑,力促被执行人履行义务,让当事人不愿失信、不敢失信。对于拒不履行生效法律文书确定义务的被执行人,对于符合法定条件的,及时予以司法拘留、罚款。同时,既要严格拒执罪适用情形,又要简化符合条件的拒执罪的办理流程,使执行机构能够及时移交侦办拒执罪。此外,要进一步综合利用现有法律制度资源,充分依托限制高消费令、曝光、悬赏执行、限制出境等措施,提高涉银行金融执行案件的执行效果。

3. 集约专业执行，提高案件办理质效

针对金融案件执行的特殊性，为更好地发挥司法的服务作用，应积极探索人民法院执行案件办理机构设置，提高特定案件办理效率和专业化程度，尝试推行涉银行金融执行案件集约化执行模式，成立专门的金融案件执行组，专门办理金融案件执行，以突出专业化、集约化，提高金融案件执行能力。以高素质执行人员为基础，不断充实提高金融法律及政策知识，提高办理金融执行案件的执行能力。通过专业化、集约化执行机制，强化金融案件执行流程管理，及时调控执行各个阶段，特别是针对金融案件执行中大量涉及评估拍卖的情况，有针对性地在案件流程管理中设立"评估拍卖流程管理人"，由专人统一负责评估拍卖的管理工作，进一步提高效率。同时，专业对口各个银行，对口联系沟通。充分发挥专业执行小组的人员合理，及时调控各个执行阶段，尽可能缩短执行周期。

（三）银行层面

1. 转变工作理念，配合法院执行工作

长久以来，银行工作人员思想上未能充分认识到法院执行工作的重要性，对于法院协助查询、冻结、扣划，往往设置各种不必要环节和手续，拖延或拒绝办理法院协助执行工作，这一方面阻碍了执行案件的办理及法院执行工作的开展，给执行人员的执行积极性造成了负面影响；另一方面也放纵了被执行人的逃废债务的行为，影响了社会诚信体系的形成，进而影响到涉银行金融债权的实现。银行要加强与人民法院的联系，与人民法院审判执行管理系统对接，将被执行人履行生效法律文书确定义务的情况随时掌握，便利评估审查。

2. 控制信贷风险，从源头化解执行难题

针对当前金融案件执行的现状，建议银行在今后的信贷中，进一步严格审查，从源头降低金融风险。

（1）加强对信贷人主体资格的审查。详细查明借款人的经营情况以及财务状况，确保其偿债能力。尤其要加强对房贷的审查，防止因虚构房产买卖事实套取房贷而导致的金融风险的发生。

（2）加强对贷款担保有效性的审查。对于涉及担保的贷款，要严格核实担保人的财务状况以及担保财产的实际情况，按照公司法、担保法、物权法等法律规定，从形式上和内容上进行详细的审查。

（3）加强对贷款资金用途的审查。目前宏观货币环境紧缩，金融业信用风险仍然存在上升的可能，银行在发放贷款时要严格对贷款资金用途的审查，防范流入具有较大金融风险的行业，确保金融资产安全。

此外，银行要进一步规范金融创新，不断检讨完善实践中出现的各种贷款方式方法。对于实践中出现的"互联互保"等贷款模式，加强研究，区别对待，有效化解，既维护银行金融安全，又要维护区域社会稳定。对于联保小组中恶意脱逃银行贷款的企业要严惩，对信用良好而资金短缺的企业能给予信贷支持，对暂时无法还贷的企业能适当增加还贷延展期，而不是"一刀切"式的全部催收，避免引起社会动荡。

3. 用足法律救济，有效降低信贷损失

金融案件执行过程中，由于银行在人力、物力上的不足以及认识上的疏忽导致未能用足法律救济，也是造成金融案件清偿困难的一个重要因素。因此建议银行从用足法律救济手段着手，着力确保金融执行案件的清偿。

（1）进一步强化诉讼财产保全意识。案件进入审判执行程序后，尽快办理财产保全措施，通过快速的财产保全，有效减少可能面临的金融资产损失。

（2）进一步强化执行参与意识。案件进入执行程序后，通过发挥自身的主观能动性，积极主动配合法院查找被执行人财产线索、人员行踪，有效促进案件的快速执结。

（3）进一步强化案件时效意识。针对纷繁复杂的金融借贷企业、个人，建立有效的台账，严格控制时间节点，一旦发生金融纠纷，立即在法律规定的时效内主张权益，有效维护金融资产的安全。

涉金融案件"执行难"问题初探

浙江省绍兴市新昌县人民法院 吴 康

金融机构作为申请执行人的案件,是涉金融执行案件的重点和难点。涉金融案件在工作实践中,往往存在审判易执行难的现象。探索和分析涉金融案件执行难的成因,寻求解决涉金融案件执行难的出路及执行方法,以保证法律权威,树立法院形象,维护金融信用,保护金融债权,建立良好信用的金融秩序,具有重大而深远的意义。

一、涉金融执行案件现状与特点

1. 涉金融执行案件的执行标的金额大,牵连面大;

2. 涉金融执行案件被执行人往往已陷于经营困难,甚至处于歇业、停业状态,履行能力较差;

3. 涉金融执行案件的执行成效不平衡,尤其在地区分布上呈现出较大的差异。金融执行案件的数量、标的金额基本与各地的经济发展水平的高低成正比;

4. 涉金融执行案件的纠纷类别集中。主要是借款合同纠纷,约占金融执行案件受理总数的96%以上;其他类别的案件,如保险合同纠纷、证券交易合同纠纷、票据纠纷等则相对较少。在案件被执行人的类别方面,执行标的额大的案件以具有法人资格的企事业单位居多,以自然人、个体工商户、其他组织为被执行人案件,标的额相对较小,但案件数量、涉案当事人众多,处理难度大。

二、构成涉金融案件"执行难"的症结

（一）金融机构自身原因

金融机构的自身原因主要表现在:

1. 金融机构信贷工作人员责任心不强。有些金融机构工作人员在未对借款人、担保人的经营情况、资产状况、资信等级、对外担保等情况未作全面了解、充分掌握的情况下，即轻易放贷，给以后的执行工作留下了隐患，造成了困难。

2. 金融机构与借款人订立合同时，风险意识淡薄，担保流于形式。对拟抵押担保财产只重视形式审查，对其上有否设置权利负担如租赁等往往疏于注意，对在执行过程中处置抵押资产造成很大困难，往往引发案外人异议，严重影响执行效率，甚至造成资产无法处置。

3. 金融机构设计贷款产品时风险预估不足。各金融机构为应对金融危机，化解中小企业融资困难，设计了不少贷款产品，如企业联保贷款、设备融资租赁等，但存在风险预估不足的问题。从司法实践看，这些贷款产品，在一定程度上解决了上述问题，但其也是一柄双刃剑，在一家借款客户出现风险时，会连累其他参与联保借款企业，导致一家企业倒闭，几家联保企业同时陷入困境的现象频频出现，影响社会经济的和谐发展。

4. 对贷款资金监管力度不够，监管手段滞后。部分金融机构对贷出资金疏于管理，致使有的专项贷款被挪作他用，或被转借他人，增加了经营风险。同时，由于不能及时掌握贷款方的经营状况，往往错过诉讼和执行的最佳时机。

5. 信贷人员依法收贷意识淡薄。许多案件往往因起诉迟延，错过了起诉、执行的最佳时机；有些案件在诉讼时未及时申请财产保全，使得借款人趁机转移财产，并使涉金融案件承办法院丧失财产处置权、主持分配权，使执行工作陷于被动。

6. 金融机构账户管理存在问题。金融系统对企业存款账户管理不规范，甚至出现基本账户多头开户的情况，虚实难辨，给法院依法查询、冻结、划拨当事人款项造成了很大困难。

（二）被执行人方面的原因

1. 涉金融执行案件被执行人往往缺乏执行能力。受两次金融危机影响，近几年来，很多企业经营困难，加之融资难度增大、成本偏高，导致利润下滑，造成当事人经济状况恶化，履行义务能力缺乏，这是影响执行工作顺利开展的根本性因素。

2. 被执行人对金融案件自觉履行债务观念淡薄，认识上存在误区。许多有执行能力的被执行人也认为企业负债是大环境造成的，企业拖欠银行等金融系统的借款是普遍现象，又不是他一家，金融机构家大业大，对金融欠款能拖则拖，能顶则顶，能躲则躲，不愿自觉履行。

（三）法院自身存在的原因

1. 审判流程中存在的问题。涉金融案件诉讼中诉前保全、诉讼保全较少，审理过程中缺乏对后续执行程序的兼顾，对借款人的有关信息查证不全，执行立案时对申请执行人所提供线索审查不严等，对执行法院了解、掌握被执行人可供执行财产状况或其线索难度加大。

2. 执行力度不够大，缺乏有效惩治措施。因受金融危机影响，企业经营普遍不景气，同时由于企业间存在较多互保、联保，往往出现因一家借款企业的风险而拖垮其他参与互保、联保企业这一"多米诺骨牌"效应，地方政府为救市往往要求金融机构暂缓起诉、减免利息、增加贷款额度等，对法院审判、执行也给了更多干预、施加了更多影响，导致行政干预和地方保护主义有所抬头。由于人力、物力、财力等因素的制约，执行中时机的把握、连续集中执行等措施、力度不到位，对被执行人缺乏切实、有力的惩治措施，也是造成执行难的重要原因。

3. 执行创新意识不够，执行方式、方法还不够灵活。涉金融执行案件具有其特殊性，法院执行人员在执行此类案件时创新意识不够，思路不够宽，方式、方法不够灵活，遇到需腾退房产等案件时有畏难情绪，不敢碰硬。需要认真研究，积极探索以土地、财产使用权和所有权抵债以及债权转股权，资产抵债、强制管理等行之有效的执行措施，促进案件的顺利执行。

三、解决金融案件"执行难"的对策

综上所述，金融案件"执行难"的成因，既有外部原因，也有内部原因。既有客观上的，更有主观上的。而作为消解这些原因的对策，既有赖于执行法律制度的修改和完善、社会诚信体系的建设，也有赖于金融机构的自身努力。笔者仅就金融机构如何应对金融案件"执行难"问题进行若干阐述。

（一）加强诉前论证工作，制定有效的诉讼方案

金融机构加强诉前论证工作的重点，就是对债务人企业的综合经营情况、财产状况、贷款法律手续情况，以及案件可能受地方、部门保护主义影响的程度等进行全面细致的诉前调查与分析，并对起诉后可能遇到的情况进行充分预判，在此基础上提出缜密的诉讼方案，有计划、有针对性地向法院提起诉讼，提高诉讼技巧。另外，在查清债务人企业资产状况的基础上，还要考虑起诉后被告有无充足时间转移财产，进而要求法院对被告可能转移的财产采取查封、

扣押、冻结等诉讼保全措施。这样，既可防止借款人恶意转移资产，又能使涉金融案件执行法院取得被执行人财产处置权、主持参与分配权，及时、有效地维护金融债权。最后，在债权债务仍然虚置，尚未判明被诉主体资格的情况下，金融机构最好不要轻易起诉，对决定起诉的案件，应当事前做好保密工作，对内一定要纪律严明，避免企业闻风而动，转移资产。

笔者建议，在诉前准备中有必要充分发挥各种中介机构的作用，通过这些机构做好对债务人财产状况的调查工作。在实务中，由于金融资产管理公司缺乏财产调查手段，而债务人又倾向于隐匿资产，因此，要充分发挥律师事务所、会计师事务所、审计师事务所、拍卖公司、咨询公司甚至民间调查机构等社会中介机构的作用，利用这些机构社会关系广泛、信息灵通的优势，全方位、多渠道地调查债务人的财产状况和转移财产的线索，为判决得以顺利执行创造条件。具体而言，金融机构可以通过财产调查方案比较、招标、实行风险代理、更换或增加代理人等方法最大限度地发挥中介机构的作用。此外，风险代理制度在实践中也在一定程度上推进了疑难项目和陈年积案的执行工作。

（二）灵活运用各种执行手段

为提高执行效率，最大限度地实现债权回收，金融机构不应将被执行标的物局限在借款人、保证人的有限财产或抵押物上，应当对法定的各种执行手段加以灵活、组合式的运用，具体而言如下。

1. 申请执行第三人到期债权。对被执行人本人无力清偿债务，但对案外第三人享有到期债权的，金融机构可以向人民法院申请执行第三人到期债权。法律规定，第三人在法院发出的履行通知指定期限内没有提出异议且又不履行的，执行法院有权裁定对其强制执行。第三人收到人民法院要求其履行到期债务的通知后，擅自向被执行人履行且造成已向被执行人履行的财产不能追回的，除在已履行的财产范围内与被执行人承担连带清偿责任外，还可以追究其妨碍执行的法律责任。被执行人收到人民法院履行通知后，放弃其对第三人的债权或延缓第三人履行期限的行为无效。

2. 申请执行被执行人的投资权益。金融机构在处理金融案件实务中，经常会碰到企业利用法人有限责任制度，通过独资或与他人、其他企业联营或合资成立具有法人资格的公司的方式来逃废债务。在此情况下，金融机构可以通过执行债务人企业的投资权益方式以维护自身的合法权益。

对被执行人从有关企业应得的已到期股息或红利等收益，金融机构可以申请法院裁定禁止被执行人提取和有关企业直接向被执行人支付，而要求有关企业直接向金融机构支付。对被执行人预期从有关企业中应得的股息或红利等收益，金融机构可以申请法院裁定冻结措施，禁止到期后被执行人提取和有关企业直接向被执行人支付，到期后法院可从有关企业中提取，并出具提取收据。法律规定，有关企业收到人民法院发出的协助冻结通知后，擅自向被执行人支付股息或红利，或擅自为被执行人办理已冻结股权的转移手续，造成已转移的财产无法追回的，应与在所支付的股息或红利或转移的股权价值范围内向申请执行人承担责任。

对被执行人在其他公司中持有的股权（或股票），金融机构也可以申请法院裁定冻结、扣押、拍卖、变卖或直接将股权抵偿给银行。

3. 依法、及时变更、追加被执行人。被执行人被撤销、注销或歇业后，上级主管部门或开办单位无偿接受被执行人的财产，致使被执行人无遗留财产清偿债务或遗留财产不足清偿的，金融机构可以申请人民法院裁定由上级主管部门或开办单位在所接受的财产范围内承担责任。根据《民事诉讼法》第213条规定，执行中作为被执行人的法人或者其他组织分立、合并的，其权利义务由变更后的法人或者其他组织承受；被撤销的；如果依据有关实体法的规定有权利义务承受人的，金融机构可以申请人民法院裁定该权利义务承受人为被执行人。另外，法律还根据不同情形，作了如下具体规定：被执行人为无法人资格的私营独资企业，无能力履行法律文书确定的义务的，金融机构可以申请人民法院裁定执行该独资企业业主的其他财产。被执行人为个人合伙组织或合伙型联营企业，无能力履行生效法律文书确定的义务的，金融机构可以申请人民法院裁定追加该合伙组织的合伙人或参加该联营企业的法人为被执行人。被执行人为企业法人的分支机构不能清偿债务时，可以裁定企业法人为被执行人，企业法人直接经营管理的财产仍不能清偿债务的，金融机构可以申请人民法院裁定执行该企业法人其他分支机构的财产。被执行人无财产清偿债务，如果其开办单位对其开办时投入的注册资金不实或抽逃注册资金，金融机构可以申请人民法院裁定变更或追加其开办单位为被执行人，在注册资金不实或抽逃注册资金的范围内，对申请执行人承担责任。

4. 申请执行被执行人尚未支取的收入。被执行人在有关单位的收入尚未支取的，金融机构可以申请法院向该单位发出协助执行通知书，由其协助扣留或提取。有关单位擅自向被执行人或其他人支付的，金融机构可以申请人民法院责令其限期追回；逾期未追回的，金融机构可以申请人民法院裁定其在支付的数额内向申请执行人承担责任。

（三）利用执行和解，实现各方利益的调和

如前所述，由于涉金融案件往往涉及地方、部门利益，因此地方政府介入案件的情况也比较多,而地方政府一旦介入案件,又常常使得原本属于简单的债权债务关系纠纷变成了"三角债"或"多角债",如此增加了案件的处理难度,并最终使判决的执行也变得困难重重。因此,作为债权人的金融机构在申请执行过程中,应当本着务实的态度,积极主动地协调好与政府的关系,通过向上级机关请示、汇报以及与地方政府直接沟通的方式,最大限度地争取地方政府的理解和支持。应当主动向地方政府阐明地方、金融机构、企业三者之间的互利共赢关系,树立互相支持、互相配合推动地方经济发展的观念,特别是要让地方政府摒弃"企业是地方的,银行是国家的"这种地方保护主义的错误想法,在求得地方政府支持的基础上,理顺金融机构和企业的关系,以实现最大限度回收债权的可能性。在执行受到行政干预的情况下,如果金融机构不顾案件的实际情况一味要求法院继续强制执行则容易使执行工作陷入被动,进而影响法院或执行员解决执行问题的积极性,使执行工作陷入僵局。这种情形实际上不利于甚至会阻碍金融机构回收债权。在实务中,遇到行政干预的执行案件往往是被执行人尚具有一定财产和偿债能力的案件,在这种情况下,金融机构可以根据案件的具体情况,实事求是地提出执行和解方案,或者认真考虑债务人或执行法院提出的执行和解方案,从现实出发,有时应"放水养鱼",从而实现对金融债权的合理、有效维护,并避免使执行工作陷入僵持状态。实践证明,通过执行和解方式往往能够实现金融机构、债务人和地方政府三赢的局面,因此,这是一种克服行政干预的有效办法。

在金融产品的设计过程中,要摒弃急功近利思想,提高风险意识,做好金融产品风险评估,从源头上防范金融风险,维护金融资产的安全。

金融案件执行难的成因及建议
——以界首市人民法院金融案件执行现状为视角

安徽省界首市人民法院　刘　涛

法院案件执行难已经是一个老生常谈的话题，也是这些年来一直困扰法院工作的一个难题。金融执行案件作为法院众多执行案件类型中的一种，其执行难度更为突出，社会上曾有"金融案件执行难，难于上青天"这一说法。金融是国民经济的核心，防范金融风险，保障金融安全，是当前整顿和规范市场经济秩序的重要内容。大量的金融案件得不到执行，不仅破坏了金融秩序，也破坏了我国法制的权威和尊严。其实，金融执行案件有其自身的特点，比如案件事实较为清楚、审判容易、银行胜诉率高、常涉及抵押担保等。为了维护金融秩序，树立司法权威，增强人民群众对依法治国的信心，结合金融执行案件的特点，积极探索破解金融案件执行难的方法与技巧，就当前而言，具有很强的现实意义。本文结合界首市人民法院近两年在金融案件执行工作方面的情况浅显地谈几点看法及建议。

一、金融案件执行的现状

2010年，界首市人民法院共受理各类执行案件537件，其中金融执行案件117件，占执行案件的21.79%，执行标的额7661987元，执行兑现金额5223470元，执行兑现率68.17%。2011年，共受理各类执行案件433件，其中金融执行案件96件，占执行案件的22.17%，执行标的额7108740元，执行兑现金额4762855.8元，执行兑现率67%。

二、金融案件执行难的原因

从上述金融案件执行的现状可以看出，近年来金融执行案件所占比重逐年增加，但执行兑现率却一直不甚理想。1999年5月18日，中共最高人民法院党组在给中共中央"关于解决人民法院'执行难'问题的报告"中将法院案件执行难的现状归结为：被执行人难找，执行财产难寻，协助执行人难求，应执行财产难动。这句总结甚是精辟，很是全面，笔者结合界首市人民法院目前金融案件的执行情况，以点带面，将造成皖北金融案件执行难的原因具体总结如下：

（一）金融部门自身的原因

造成目前金融执行案件逐年增加，金融案件执行难现状的根源，应在金融部门自身。

1. 由于金融部门管理不严，信贷人员素质不高，工作不负责任等原因，金融部门在贷前调查时没有对借款人及担保人的还款能力及财产状况进行认真的调查，贷中审查时没有详细地记录借款人及担保人的基本信息，贷后没有及时对金融债权进行跟踪维权，甚至还存在相当数量的"人情贷"、"关系贷"、"指令贷"等情况，以致造成执行时部分被执行人信息难寻、财产难控的局面。

2. 部分金融机构为了提高市场竞争力，曾在20世纪90年代中期进行了机构改革，实施精简人员，竞争上岗机制，一大批老信贷员因不适应新的工作环境而被买断下岗。而这些老信贷员经办的贷款一旦进入诉讼执行程序，往往执行起来相当困难。本院在执行案件时经常遇到这种情况，新接手的金融机构人员往往对之前放贷的借款人及担保人了解不多，而那些下岗的老信贷员往往对上述人员的情况比较熟悉。但在实际执行中，这些已下岗的老信贷员却往往不愿意配合原单位及法院的工作，一是对买断自己的原单位抱有怨恨情绪；二是与被执行人大都有特殊的关系，不愿意得罪被执行人；三是配合原单位的执行工作得不到任何回报。在这种情况下，法院的执行难度无疑大大增加。

3. 金融机构在诉讼维权的方式上手段较单一，在对执行结果的追求上，往往只愿意接受现金回收，不愿意接受以物抵债、债权转股权等结果，这种单一化的诉讼维权方式给法院的执行造成了一定的难度。

（二）被执行人方面的原因

1. 被执行人确实无财产可供执行。金融执行案件的被执行人如果还能够支付利息，也很难进入到诉讼执行这个层面。被执行人为自然人的，大都因为生意经营失败，或家庭出现重大变故如疾病等，从而陷入困境，无力还贷。被执行人为企业等经济组织的，往往处于停产、半停产或临近倒闭、破产的状况，甚至有的企业人去楼空，无现金执行，在执行中就只能对其厂房、土地使用权以及机器设备进行处置,但由于皖北地区公开市场体系不够健全,处置变现相当困难。

2. 被执行人恶意逃避债务。实践中,部分被执行企业千方百计逃债、赖账,采用改制、分立、合并、破产等手段,逃避应承担的银行债务。特别是在企业改制、破产过程中,违规操作、暗箱操作大量存在,导致法院在执行中难以查控被执行人的财产,即便投入了大量的人力、物力,多方寻找被执行人的财产及财产线索,也往往收效甚微。被执行人为自然人的,有的为了躲避债务,长年外出,甚至多少年都不回家一次,有的被执行人与其家庭成员或近亲属搞假分家、假赠予、假离婚,致使财产所有权真实归属与表面情况不一致,导致人难找、财难查的局面。再次,皖北地区尤其阜阳市,是人力资源输出大市,外出务工人员多,人口流动性大,相当一部分被执行人在外居无定所,行踪无法确定,财产难以查询。

3. 社会诚信体系不完善,被执行人诚信意识匮乏。皖北地区经济落后,人们法律意识淡薄,诚信意识缺失,许多被执行人认为金融机构的钱都是国家的,对金融欠款能拖则拖,能顶则顶,能躲则躲,不愿自觉履行。甚至有些被执行人认为拖欠金融机构的贷款达到一定的年限,国家就会自动核销,不用再还了。还有一部分被执行人认为虽是以自己的名义贷款,但实际款项是别人用的,法院应该去执行实际用款人,对法院的执行有很强的抵触情绪。这些都给执行带来了一定的困难。

(三)法院系统内部的原因

法院内部的原因主要有:(1)部分法院重审判轻执行,认为审判才是法院的主业,所以在实际工作中往往对执行工作不够重视,执行力度不够。(2)不重视执行部门人员队伍建设,大多数法院认为法院执行只是体力活,没有技术含量,不需要很精的专业知识,在人员配备方面,业务精良的人员往往分配在审判庭,这在一定程度上造成了执行部门人员整体素质不高的结果。(3)金融案件执行激励措施不到位。由于法院重审判轻执行,在办案激励措施上往往向审判岗位倾斜,在一定程度上挫伤了执行人员的办案积极性。其实,金融案件的执行一定程度上要比审判难得多。(4)个别执行人员工作态度不端正,没有站在切实维护申请执行人利益的角度去想问题,干工作。往往接到金融执行案件后,只是到银行查查是否有存款就完结了事,没有深入地、详尽地调查被执行人的财产线索。在没有调查到被执行人财产的情况下,又往往草率地终结本次执行程序。(5)执行部门人员自身不注重自身业务知识学习,只是一味地凭经验办案,针对新颁布的执行法律法规没有认真地学习领悟,针对执行过程中出现的新情况新问题，没有积极探索有效的执行方式及技巧。

(四) 社会整体执法环境的影响

1. 地方保护主义严重。有些被执行人特别国有企业或集体企业，与当地政府有着千丝万缕的联系，在某些方面有着共同的利益，且某些地方或部门领导法制观念淡薄，法律意识不强，滥用权力，非法干预人民法院的执行工作。在这种环境下，对被执行人企业采取强制措施，势必受到当地政府的层层阻挠，执行起来可谓极其困难。

2. 人情案、关系案现象依然严重。在实际执行过程中，若对被执行人采取强制措施，往往会有几个甚至十几个人打电话求情，这往往也干扰了执行人员的办案进程。

3. 公开市场体系不健全，尤其是拍卖市场，正处在逐步建立的过程中，非现金财产变现困难，以致金融机构往往只愿意接受现金，不大愿意采取以物抵债或债转股等形式实现债权。四是社会诚信体系不健全。被执行人缺乏诚信意识，欠债不还在被执行人看来往往是天经地义的事，是合法、合情、合理的事，"我没有钱还，我就是不还钱，你们法院也不能把我一家老小怎么地"的意识依然存在。

(五) 执行法规不健全

目前，涉及执行的法规主要有《民事诉讼法》《最高人民法院关于适用〈中华人民共和国民事诉讼法〉若干问题的意见》《最高人民法院关于人民法院执行工作若干问题的规定（试行）》《最高人民法院关于适用〈中华人民共和国民事诉讼法〉执行程序若干问题的解释》《最高人民法院关于人民法院民事执行中查封扣押冻结财产的规定》《最高人民法院关于人民法院执行中拍卖变卖财产的规定》等。虽然上述法律法规对法院执行工作作了较为详尽的规定，但随着经济的发展及社会的进步，新情况、新问题不断出现，上述执行法规已很难适应当前形势下的执行工作。《民事诉讼法》第102条第1款第(6)项虽然规定了被执行人拒不履行人民法院已经发生法律效力的判决、裁定的，可以根据情节给予罚款、拘留，构成犯罪的，依法追究刑事责任。但这种规定实际上是笼统的、空洞的，不具有系统性、实用性和可操作性。首先，在实际执行中，十五天的拘留期限往往起不到威慑作用，个别被执行人为了要赖，甚至主动要求拘留。其次，给予被执行人罚款的决定，往往也很少适用，申请执行人的款项被执行人姑且不愿意还，法院的罚款可想而知往往也很难实现。至于追究被执行人的刑事责任，也往往因为维护社会稳定，缩小矛盾对立而极少适用。由上可知，由于没有一套系统的、具体的强制执行法规，法院在对被执行人适用强制措施时，往往不知其所，瞻前顾后，致使案件执行举步维艰。

（六）联动执行机制不健全

金融案件执行工作是一项系统的、整体的工作，既需要申请执行人积极提供被执行人的财产线索，更需要公安、房产、土地、银行、新闻媒体、社区等各部门的大力配合。只有这样，才能推动金融案件执行的顺利进行，才能维护申请人的合法权益，才能维护司法权威与尊严。但在实际执行中，虽然《关于查询、冻结、扣划企业事业单位、机关、团体银行存款的通知》、《最高人民法院、国土资源部、建设部关于依法规范人民法院执行和国土资源房地产管理部门协助执行若干问题的通知》已分别颁布并实施多年，但"协助执行人难求"的现状却一直存在。比如，个别金融部门借领导签批手续、系统升级、要复印执行人员身份证件、等待授权等理由拖延执行时间，不协助法院执行，甚至还出现个别银行帮助被执行人转移资金情况。这些都在一定程度上给法院的执行工作带来了很大的困难。

三、解决金融案件执行难的对策及建议

金融案件执行难的原因是有多方面造成的，既有历史因素，又有现实因素；既有金融机构自身方面的因素，又有被执行人方面的因素；既有法院系统内部的因素，又有外部执法环境方面的因素。解决金融案件执行难这一问题，需要完善一系列的规章制度，更需要社会各部门共同努力。

（一）金融机构自身要加强管理

金融案件执行难从表面上看是执行环节的问题，而实际上根源仍在金融机构自身授信环节上。金融机构要健全自身管理制度，强化风险防范意识，一方面认真执行"贷前调查、贷中审查、贷后检查"这一风险防控制度，特别是要加强对贷款抵押物及担保企业资产的调查了解；另一方面努力提高信贷人员综合素质，增强按章办事观念，杜绝"关系贷"、"人情贷"。只有这样，才能正本清源，从源头上化解金融债权执行难的问题。此外，金融案件进入执行程序后，金融机构要积极配合法院的执行工作，建立专门联络员制度，专人负责管理金融案件执行维权工作。积极收集被执行人财产线索，及时向法院举证，对新发现的有利于案件执行的有价值的线索，要及时与法院执行人员沟通等，这是金融案件能够顺利执行的前提。

（二）法院系统要完善金融案件执行工作管理体制，加大执行力度，维护司法权威

1. 法院自身要认识到执行工作的重要性。审判是执行的前提，执行是审判的保证，审判与执行就像自行车的两轮，缺少哪一个，都不能前进。法院内部既要制定相应的激励措施，提高执行人员办案的积极性，加大执行力度，又要制定一系列的约束制度，确保金融案件执行合法有序地进行。

2. 加强执行人员队伍建设，加大执行力度，切实维护司法权威。与金融案件审理相比，金融案件的执行更需要专业技术，要抽调法院内部的精兵强将，充实到一线执行人员队伍中去，不仅从数量上，更要从质量上壮大执行人员队伍。必要时，也可以尝试成立金融执行庭，专门负责执行金融案件。

3. 加强对执行人员的培训，既要进行业务知识培训，又要进行思想政治方面的培训。通过培训，引导执行人员抛弃过去单一化的执行模式，拓宽思路，认真研究，积极探索并尝试以物抵债、债权转股权、反租经营等行之有效的执行措施，促进案件执行。在对执法人员进行思想教育时，要引导他们以"三个至上"作为执行工作的指定思想，以"忠诚、为民、公正、廉洁"作为自己的核心价值观，从思想上树立责任意识，切实维护申请人的合法权益。

4. 加强执行部门的物质配备。执行工作强制性、机动性、对抗性较强，对执行工作所需的车辆、器械、通讯工具等要保障到位，否则，将影响执行工作的进行。

5. 执行人员自身要加强学习，努力提高业务水平和政治素质。本着对申请人负责的态度，在执行金融案件时既要尽心尽力，又要讲求方式方法。俗话说"攻心为上，略地次之"，在执行中要多做申请方和被执行方的工作，广泛依靠社会力量，提高和解执结率，达到案结事了。

（三）制定一部统一的《强制执行法》

目前，我国强制执行法规散见于《民事诉讼法》及相关司法解释，并没有一部统一的《强制执行法》。随着我国经济的发展和社会的进步，上述法规已很难适应目前执行工作的要求，且在一定程度上不具有实用性和可操作性。这种情况造成了法院在案件执行过程中采取强制措施时往往不知所措，犹豫不决。所以，针对执行工作中出现的新情况、新问题，国家应制定一部统一的《强制执行法》，将上述法律及司法解释予以整合，进行细化，在执行原则、执行范围、执行管理、执行程序、执行措施、执行费用的负担、协助执行义务

以及妨碍执行的法律后果等方面均需进行明确具体的规定。此外,《强制执行法》还应根据当前执行工作的需要增加相应的新内容,如农村集体房屋及宅基地的处置、被执行人无财产可供执行时对申请人的救助等。《强制执行法》使法院执行工作有法可依,法院在执行过程中才能抛弃顾虑,最终确保金融案件执行工作的顺利进行。

（四）建立并完善联动执行机制

所谓执行联动机制是人民法院为解决执行难而探索和推动的一项工作机制,指人民法院联合公安、税务、工商、海关、金融、出入境管理、房地产管理、工程招投标管理、车辆管理等部门,对拒不履行生效裁判确定的给付财产义务的被执行人,通过严格限制其市场交易行为、行政许可与行业准入审批、社会交往活动等办法,促使其自动履行生效裁判。由于目前"协助执行人难求"的状况依然存在,所以建立并完善联动执行机制很有必要。首先国家要制定一部关于联动执行机制方面的强制规定,使该项机制有法可依,有章可循。其次,法院在执行过程中要加强与上述相关部门的联系沟通,争取协助执行人的理解与支持,最终达到共享信息,共商对策,相互协助,健康有序的联动执行体系。

（五）建立并完善社会诚信体系

社会诚信体系是一种以社会诚信制度为核心的维护经济活动、社会生活正常秩序和促进诚信的社会机制。诚信是现代市场经济的基石,是政府取信于民的基础,是企业发展的生命,是个人立身的根本。所以说社会诚信体系的建立与完善,对金融案件的顺利执行具有很好的积极意义。皖北地区长期以来经济相对落后,人们法律意识淡薄,诚信意识缺失,以致金融案件执行起来相当困难。为了改变长期以来金融案件执行难的状况,建立并完善社会诚信体系很有必要。首先要全力普及诚信教育,使人们懂得诚信是中华民族的传统美德,是事业取得成功的基础,是赢得对方尊重的前提,个人、组织、市场乃至政府都需要讲求诚信。其次要大力加强法制宣传,进行普法教育,使人们懂得最基本法律常识,破除地方、部门保护主义。最后要大力发展经济,增强企业的市场竞争力,提高人们的收入水平,使被执行人有财产可供执行。

（六）尝试探索具有时代特色的金融案件执行措施

1. 被执行人为农民工的执行措施。金融执行案件有一部分被执行人为农民,而这些农民中又有相当一部分人常年在外地打工,行踪无法查询,财产难以查控,执行起来相当困难。但这类案件并非没有突破口,被执行人往往在农忙时节或春节时回家,所以对于这种案件,应充分利用执行时机,抓住农忙及春节这两个"执行黄金时间段",集中力量突击执行。同时利用联动执行机制,多方位、多渠道地查询被执行人的行踪及财产线索,采取两手抓,效果会更好。

2. 根据金融执行案件本身及被执行人的具体情况,灵活制定相应的执行方案,并采取对应的执行措施。适时采用以资产使用权抵债、资产抵债返租、企业整体承包经营、当事人双方共同开发被执行人闲置土地,以收益抵债、债权转股权等执行方式,抛弃过去单一化、僵硬化的执行执行模式,努力做到案结事了。

3. 尝试采取悬赏举报执行措施。采取悬赏执行,通过开展悬赏举报活动,采取媒体曝光、网上公告、街头宣传等手段,一方面对被执行人及其家属造成一定的精神压力,有利于督促其履行还款义务;另一方面通过举报人的举报,有时会获得意想不到的财产线索,有利于金融案件的及时执行。

4. 尝试采取限制高消费执行措施。所谓的限制高消费是指被执行人未履行财产给付义务之前不得有旅游、度假、购买非经营必须车辆、子女就读高收费私立学校等支付费用的行为。被执行人违反限制高消费规定的,属于拒不履行生效法律文书的行为,依法应承担法律责任,情节严重的,依法追究刑事责任。这种执行方式对于那些有履行能力而故意不履行的被执行人甚是有效。

5. 尝试采取舆论监督执行措施。俗话说"树要皮、人要脸",要抓住个别被执行人不怕拘留、罚款,就怕舆论曝光,死要面子的心理,充分利用电视、网络、报纸等宣传媒介,公开曝光那些有能力履行而拒不履行的被执行人名单及详细情况,往往能起到事半功倍的效果。

6. 尝试采取信用网络执行措施。采取这种执行措施,首先要在全国范围内建立若干社会信用查询网络,内容包括法院判决、案件执行、借贷资讯、房屋抵押、逃匿通缉、关系人员、公司破产等资讯,并以此资讯作为企业或个人今后从事民商事法律行为的重要信用依据。可想而知,这种信用网络的建立,将给被执行人一个无形的压力。执行人员可以通过信用网络公布被执行人不履行生效法律文书的情况,以此影响被执行人的社会信用度,从而达到督促被执行人及时履行还款义务的目的。

金融案件执行难的现状不仅损害了司法权威,降低了司法公信力,更扰乱了当前金融市场的正常秩序。它一方面损害了金融机构的合法权益,另一方面也不利于当前社会诚信体系的建立,更有悖于我国实施依法治国的法制理念。为了保护当事人的合法权益,维护社会主义市场经济秩序,捍卫社会主义法制的统一和尊严,增强人民群众对依法治国的信心,我们必须尽快扭转金融案件执行难这一局面。但是我们必须清醒地看到,解决金融案件执行难的现状是一项长期的、系统的工程,不能一蹴而就,需要整个社会共同努力,共同探索,相互协作,才能逐步加以解决。

涉金融案件"执行难"的调研
——以滁州市来安县法院执行工作为视角

安徽省来安县人民法院　汪文俊　李云楼

近年来,伴随着我国经济的稳步发展、经济的多元化和经济结构、消费观念的不断更新,人们在日常经济活动中,向银行等金融部门借款用于公司经营、购房买车以及个人生活消费等行为日趋频繁,但由于诚信缺失和前期金融危机等诸多因素,导致金融纠纷案件判决生效后履行效果差,执行难度大。

金融,乃国民经济之核心,是现代经济的支柱和国家经济的命脉,在国家实行宏观经济调控,促进国民经济发展和维护社会稳定等方面均具有重要的作用。整顿金融秩序,保障金融安全,防范金融风险,不仅是当前整顿和规范市场经济秩序的重要任务,也是保障我国经济又好又快发展的主要目的,更是人民法院为改革开放和经济建设提供司法保障的重要方面。

涉金融案件的执行不仅是人民法院执行工作的一大重点,也是一大难点。当前各地人民法院为做好此类案件的执行工作,采取了各种措施和方法,有效地执结了一大批执行案件。然而,涉金融案件的"执行难"问题仍很突出,影响了执行工作的深入开展。为此,笔者对我院执行局近年来受理的此类执行案件进行简单调查分析,试图从中找到执行过程中涉及的问题,对症下药,寻求破解"执行难"的对策。

一、涉金融借款合同案件执行的现状

2008年至2010年我院共受理涉金融借款合同执行案件160件,占执行案件收案总量的11.2%。申请执行总标的额高达近962.5元人民币。从数据上看,三年来,我院涉金融借款合同执行案件收案数呈骤升之势,在执行案件总数中所占比重在不断增加,执行标的额越来越大。(详见表一)

表一: 　　　　　　　　　　涉金融执行案件收案情况表

年度	执行收案总数	涉金融执行收案总数	涉金融执行案件结案情况		
			结案数	申请执行标的（万元）	到位标的（万元）
2008年	421	38	36	178.8	62.1
2009年	485	53	51	312.5	103.5
2010年	527	69	66	471.2	147.2
合 计	1433	160	153	962.5	312.8

近三年来我院共执结涉金融纠纷执行案件153件，执结率为95.6%，其中实际执结（结案方式为强制执行、和解、自动履行）71件，占执结案件数的46.4%；终结本次执行程序82件，占执结数的53.6%。涉金融案件执结标的额合计人民币312.8元，申请执行标的额到位率为32.5%。数据表明，该类案件实际执结率、申请执行标的额到位率都比较低。（详见表二）

表二: 　　　　　　　　　　涉金融执行案件执结方式情况表

执行结案方式	年度		
	2008年（%）	2009年（%）	2010年（%）
强制执行	9	18	13
执行和解	6	9	11
自动履行	2	6	7
终结本次执行程序	19	28	35

就其总体现状而言，纵观近三年以来我院执行局受理执行涉金融案件，数量逐年增多，标的逐年增大，实际执结率偏低。

因此，分析和探索涉金融纠纷案件"执行难"的原因，寻求解决该类案件行之有效的执行方法，以树立法院权威，保证法律的严肃性，对保护金融债权，维护金融信用，建立一个"有借有还、恪守信用"的良好金融秩序，推动我国社会经济发展具有十分重要的现实意义。

下面就对涉金融案件"执行难"的成因与对策进行浅析，抛砖引玉。

二、涉金融案件"执行难"的主要原因

（一）金融部门自身的原因

正视金融机构自身存在的问题，杜绝贷款环节管理漏洞，即金融机构防范意识差、监管不严格，导致不良贷款案件增加。大量案件表明，金融机构信贷人员工作不负责任，盲目发放贷款；或者贷款手续不完备，以及"关系贷款"、"人情贷款"的存在，都对以后的执行工作造成了很大的影响。还有，如工作人员在执行中怠于提供执行线索，贻误执行时机，也人为造成了执行难。具体分析如下：

1. 银行放贷程序审查不严格

因金融行业制度改革，致使行业内部竞争加剧，有的银行为了追求放贷规模，对贷款人及担保人的基本信息及偿贷能力调查不够，造成未按程序严格审核盲目放贷，而产生风险后却无法查找借款人或其财产，造成执行难。

（1）银行对借款人、担保人的诚信、资质、还款能力审查不到位。有些金融机构发放的贷款虽有担保人担保，但相当部分借款人和担保人的家庭资产不足以偿还借款，有的甚至连其基本最低生活也难以保障；个别信贷人员贷前审查把关不严，对申请贷款的农户审查不到位，对借款人、担保人的主体资格、经营状况、借款用途、有无还贷能力疏于审查，造成贷款到期无法收回，或者明知借款人资信较差，放贷风险较大，但只要有担保人仍给予放贷。实际上有的担保人在多起贷款中担保，根本无力履行担保责任。

（2）银行对借款用途考察不细，对实际用款人和办理贷款手续的人是否一致考察不到位。在借款用途上大部分借款用于农业生产、公司经营等，但也有部分贷款被用于娶媳妇、盖房子等消费领域，甚至有些贷款被用于买彩票、炒股票、赌博。有些农户在贷款时把自己的身份证、印鉴交给村干部和银行、信用社在基层委托的代办员，让他们代办贷款手续。实际却没有得到银行的贷款。贷款被那些代办员自用或借给他人使用。一旦实际借款人不偿还借款，金融部门只能起诉那些顶名贷款人，而不能起诉那些实际用款人，而这些顶名贷款人并没有实际用款，所以在诉讼中不愿意承担还款义务。

2. 银行业内部担保制度存在漏洞

银行在审查担保人的资料和担保的真实意思表示时存在随意性，不明确告知担保人的担保责任，缺乏对担保人资格的有效调查。担保人受人情所困或利益驱使为贷款人提供担保，其担保能力难以与担保金额相对等，产生风险后担保人不主动履行担保义务或无能力偿付贷款，造成执行难。

（1）银行风险意识淡薄，担保流于形式，影响法院执行。由于在信贷担保过程中，金融系统的工作人员没有对保证人以及担保物作深入细致的审查，造成虽有信贷担保存在，但起不到担保应有的作用，流于形式。放贷时对担保、抵押审查不细，有的担保方根本不具备担保资格，或不符合担保条件，执行时缺乏执行能力；有的则属"一女多嫁"，重复抵押，进入执行程序便引发案外人异议，难以执行。

（2）金融机构与被执行人订立合同时，未能设立有效的风险保证，对担保的设立审查不严，存在严重的瑕疵。有的金融机构未要求对方提供担保，有的提供了担保，金融机构对担保人疏于审查，致使担保存在着严重的先天性缺陷。贷款企业之间相互担保，交叉担保，一旦某一环节出现问题，实现的可能性很小。有的金融机构对债权人提供的抵押物状况不作了解，对其实际价值不作科学评估，对一些易损耗物品、价值波动幅度较大的物品抵押风险估计不足，致使抵偿债务时，物不足值；有的借款人用作抵扣的抵押物权属不明，抵押效力大打折扣，给抵押物的依法处置带来了极大的难度；有的案件当事人双方虽然设立了抵押担保，但未能到国家管理部门对抵押物进行他项权登记，导致抵押名存实亡；有的金融机构对抵押物监管不力，致使抵押财产被对方转移、隐匿，甚至毁损、灭失。

3. 部分金融机构对人民法院执行工作不协助、不配合

（1）金融机构作为协助执行人时，不能认真自觉地履行法定协助义务，配合人民法院做好执行工作，而只能是从维护本部门利益出发，人为设置各种障碍，百般阻挠执行。有的银行与当事人沆瀣一气，共同逃避抗拒执行。有的银行从自身效益考虑，违反财经制度，允许甚至主动要求当事人多头开户。同时，各金融机构之间各自为政，甚至为一己之私而互设障碍，这些从客观上给执行工作造成了难以解决的矛盾。

（2）金融机构作为当事人时，不能有效协助执行人员做好案件的执行工作或履行自己的义务。作为申请人，既不能积极提供对方的财产线索，也不能从被执行人的实际经济状况出发，客观地处理问题，而是抱定"只要钱、不要物"的立场使良好的执行时机丧失；作为被执行人时，不仅不能自觉地履行法定义务，而且以人民法院不得冻结、扣划两金的规定，故意逃避，对抗人民法院的执行。

4. 金融部门自身的失误，清欠不及时，诉讼时效过期

（1）信贷人员依法收贷意识差，许多案件因逾期起诉，时过境迁而丧失执行良机或者在诉讼时未申请保全，使得借贷人趁机转移财产。同时，金融系

统对企业账号管理混乱，多头开户，虚实难辨，给法院查询、冻结、划拨当事人款项造成很大困难。

（2）有的金融机构不在规定的担保期限和还款期限内清理贷款，那些实际借款人和做贷款手续的人为了逃避债务，举家外迁，不知去向，即使没有离开本地，有的贷款合同因为超过了法定的担保期限和还款期限，金融机构也没有定期催收欠款，重新确定新的还款期限和担保期限，导致案件超过法定诉讼时效而被驳回诉讼请求。

（3）有不少是因为银行自己没有按时清收贷款，丧失了起诉的最佳时机，无奈银行作为呆死账处理，这样就给某些企业和个人以错误的信息，认为国家的贷款可以只借不还，助长了一些借款人赖账不还的侥幸心理。

5. 信贷诚信评价系统尚待完善

因金融监管机构的诚信网络体系的准确度、真实度、银行资料的透明度还不够，使得有些个人或单位在同一银行的多个网点或多家银行分别进行贷款，贷款数额与偿贷能力严重不符，致使贷款到期后难以收回，造成执行难。

6. 金融行业的资金回收政策不够灵活

针对经济状况较差的当事人，如金融机构能根据实际作出一定让步，可能会激发被执行人自觉履行的积极性，收到比强制执行更好的效果。但实际执行工作中这种处分权受到较大限制，大部分金融行业对资金回收都坚持"宁欠勿损"，拘泥于仅以现金的方式清偿债权，大多不愿用以物抵债等其他方式来清偿债权，这在一定程度上也影响了案件的实际执行效。

（二）被执行人方面的原因

1. 部分被执行人确实暂无财产可供执行，或缺乏执行能力

（1）一些借款人是下岗工人、低保户和进城务工人员，他们经济条件差，无固定收入，一旦遇到特别重大的天灾人祸，便暂时无法偿还银行的借款。

（2）有的企业因经营不善严重亏损，加之前期深受金融危机波及，处于停产、半停产状态或临近倒闭、破产边缘，有的法人选择在仅有财产范围内拿出财物冲抵欠款，无法偿还全部债务，而另一部分法人采取躲避、逃避的方式，对欠款进行抵赖，甚至一去无影无踪。企业不景气无力清偿债务，难以执行。从实践看，企业不景气无财产可供执行或可供执行的财产价值较低，这是造成金融纠纷案件"执行难"的主要原因。

2. 被执行人钻法律空子，故意逃避债务

（1）部分被执行人恶意骗贷后，通过假离婚转移财产，消空财产逃之夭夭，使国家财产受到巨大的损失。

（2）有的人以借款办公司为幌子，向银行套取大量现金，将其投入证券市场或房地产市场获取暴利，但因为国家政策调控、市场波动较大，导致资金大量沉淀，甚至出现亏空，无法正常偿还银行借贷。

（3）有的企业趁改制之机，采取各种手段，设立新公司，从而逃避债务。有的借款人采取变更企业名称、住所，变更法人代表或分立多个企业搞脱壳经营等方法逃避还贷。有的借款人与保证人之间搞连环担保，看似手续齐全实际无担保意义。有的借款人进行重复抵押或虚假抵押。有的借款人为躲避还贷，转移、隐匿财产，给执行工作设置障碍。

3. 被执行人自觉履行债务观念淡薄，思想存在误区

（1）部分企业法人认为企业负债是大环境造成的，企业长期拖欠银行等金融系统的款项是普遍现象，又不是他一家。对金融欠款能拖则拖，能顶则顶，能躲则躲，不愿自觉履行。

（2）有些被执行人利用人大代表的身份抗拒法院执行，行政机关、村委会、地方扶持的重点企业等特殊对象作为被执行人时执行难度较大。

（三）法院自身原因

1. 法院审执部门工作上未能及时衔接配合好。首先，在涉金融纠纷案件审理阶段，因审判人员工作疏忽，导致诉前保全或财产保全的措施未及时有效的实施，对涉诉财产未进行有力监管，最终导致案件进入执行阶段时，全执结难度增大。其次，裁判结果或法律文书存在实体程序错误，使再审案件数量增多，审理周期较长，使案件中止执行；或裁判法律文书不明确、不实际，导致案件难以执行。

2. 法院立案庭受案时把关不严。有的案件当事人属"皮包公司"，骗取担保，贷款到手即不见踪影，带有明显的金融诈骗性质。由于被执行人既无下落，又无财产，法院又缺乏侦查手段，难以执行。有些案件（尤其是民事调解）被执行人分期还款期限尚未到期，金融部门就急着到立案庭申请执行，而立案庭工作人员受案时审查不太仔细，同意并办理立案执行。

3. 基层法院执行局软硬件条件不足。部分基层法院执行局原本执行人员严重不足及其年龄偏大，工作力度和强度较大，有时显得心有余而力不足；执行车辆破旧和短缺，难以保障及时调用车辆外出执行，也难以组织行之有效的大规模外出集中执行；再加之（微型）摄像机、照相机、录音笔等设备老化与短缺，基层法院执行局软硬件条件不足与案件数量增多、难度增大的矛盾日益突出。

（四）行政干预及部门保护主义严重阻碍法院涉金融案件的顺利执行

由于金融系统利益体系相对独立，一些地方行政部门为了维护地方利益、部门利益，主动充当案件被执行人的保护伞，有的部门专门列出需要保护的被执行人企业名单，要求法院在执行中网开一面，有的部门对被执行人单位采取强制措施强行干预，有的对执行国有企业、特困企业予以保护。

为了有效地解决金融案件执行难问题，在充分运用现有法律规定的前提下，要大胆开拓，积极探索切实可行的执行途径。

三、破解涉金融案件"执行难"的主要对策

为了使国家经济不受损失，减少银行坏账、呆账现象，建立一种良性借贷、及时偿还的金融体系，笔者针对涉金融执行案件数量多、涉案标的数额大、被执行人查找困难等特点，基层法院执行局应在认真分析此类案件执行难原因的基础上，及时调整思路，总结经验，逐步探索了一套应对此类案件的有效方法。

（一）金融部门要加强监管，规范借贷业务

1. 金融部门应严格贷款审批程序。在贷款发放时，金融部门应对借款人与担保人的基本信息、财产状况、偿贷能力、借款用途进行严格审查，确保贷款出现风险后执行时能够顺利找到被执人或执行财产。堵塞漏洞，减少失误，确保贷款放得出、收得回。

2. 对贷款的使用进行跟踪和监督。加强贷款使用监督力度，确保贷款按合同约定用途使用，减少不良贷款风险的出现。一旦发生情况，金融部门要及时与法院取得联系，提供被执行人财产情况说明，如抵押物、房产等，使法院能够及时查封、拍卖，尽量挽回国家损失。

3. 金融部门应确实提高信贷人员素质，加强信贷人员的责任心。金融部门要加强自身素质的提高，定期对信贷人员进行培训，提高信贷人员的业务能力，加强法律意识和风险意识，减少不良贷款几率，建立并完善行之有效的信贷人员责任追究制度。同时，信贷人员除学习本职知识外，还要懂得市场经济规律，增强依法办事观念，杜绝"人情款"、"关系款"。

4. 建立信用网络和资信信息网络，使欠债者感到无形的压力。一方面，在全国范围内建立和不断完善若干社会信用查询网络。其内容包括法院判决、案件执行、借贷资讯、房屋抵押、逃匿通缉、关系人员、公司破产等资讯。此

资讯要作为当事人从事民事法律行为的重要信用依据,这是一个人的社会安全号码,一旦被列入信用网络,其将伴随一个人的一生。另一方面,金融机构还应建立借款人资信信息网络的进程,及时了解掌握借款人的财产状况和商业信用状况,实现各银行贷款联网,出现不良贷款时每个银行都能进行全面监控,杜绝或减少盲目贷款的发放,确保贷款的安全,并为执行阶段能够向法院提供被执行人财产线索创造基础条件。

(二)法院加大执行力度,创新执行方式

1. 人民法院要高度重视,多措并举,高效执行涉金融案件。人民法院要针对金融案件的特点,加大执行工作力度,多方面查找被执行人财产,区分案件情况,采取不同的执行方法,将强制执行与执行和解相结合,集中执行与重点执行相结合,现金偿还与以物抵债相结合,同时与金融部门要多沟通、多配合。对重大金融案件要和地方党委、人大搞好协调沟通,争取他们的理解支持,稳妥谨慎地执行好案件。

2. 汇集类同案件,整合执行资源。在金融执行案件中做到"五集中",即集中案件专人办理、集中送达执行通知和传票、集中查询执行线索、集中时间和人员在各地调查划款、集中优势力量采取强制措施。执行工作的集中量化处理,有效减少了执行成本的投入,大大提高了执行工作效率。

3. 协同相关机构,穷尽执行线索。法院执行人员应协同车辆管理部门,对车辆状况、型号、牌号、实际所有人和抵押状况等逐一调查,通过工商部门查证担保公司的相关信息,尽最大可能查找执行线索,同时保证相关法律手续的完备与司法程序的公正,切实维护当事人合法权益。

4. 加大执行力度和惩处力度,形成积极偿贷的良好氛围。对被执行人采取躲避方式抵赖债务的,法院应采取强制执行措施,将之拘留,当被执行人以暴力抗法或涉嫌金融诈骗时,法院应及时与公安机关取得联系,以拒不履行法院判决、裁定为由提请公安机关立案侦查,将其绳之以法,让拒不履行、逃避履行债务的被执行人付出更大的经济代价,更高的拒执成本。

5. 建立法院与金融部门的联席会议制度。各专业银行、信用社和法院民商事审判庭、执行局定期召开联席会议。法官要针对审判、执行过程中发现的金融机构信贷管理方面的疏漏,通过司法建议的形式予以反馈,以健全金融机构的信贷制度,防范金融风险。同时,法院要协调各专业银行、信用社对欠贷不还的被执行人在金融系统内部进行曝光,并形成一种联防机制,使信用差的被执行人在各金融部门无款可贷,最大限度地降低信贷风险。

6. 采取悬赏执行。开展悬赏举报活动,采取网上公告、街头宣传、散发资料、媒体曝光等手段促进执行工作的社会化和信息化。对于被执行人找不到或执行财产难找,法院在措施穷尽后,先不急于中止执行,可经申请执行人申请,按一定协约,在一定时间内,实行悬赏执行。这个举措,会对被执行人及其家属造成沉重的精神压力,也将对被执行人的今后生产及生活带来较大的负面影响,有利于扭转执行难的被动局面。

7. 采取审计执行。在执行金融案件过程中,依法委托审计部门或借用社会审计力量,运用社会审计监督的制度和方法,结合法律规定的执行调查措施,对反映被执行人履行义务能力的全部资产、负债和所有者权益等进行强制审查、统计,发现其可供执行的财产证据,并对发现的被执行人财产予以强制执行。

8. 限制高消费。对被执行人(恶意欠债不还的金融债务人)发出"限制高消费令",责令其在金融债务没有清偿完毕之前不得进行超过当地生活标准的高消费活动。对限制高消费的金融案件被执行人,法院将其名单在其住所地有关报纸、电视台等新闻媒体上公布,请社会各界和人民群众监督。

(三)利用舆论监督,争取社会支持

1. 加强法制宣传工作,提高公民的法律意识,通过报刊、电台、电视台等新闻媒介,宣传执行工作的作用和意义,倡导守信光荣、背信可耻的金融信用风尚,同时消除各种形式的地方、部门保护主义,重点批驳欠债有理、欠债有利的赖债思想,教育公民和社会团体自觉遵守法律,依法行使权利和履行义务。

2. 通过舆论督促执行。现在,一些被执行人中存在着只怕舆论曝光,不怕拘留、罚款的心理状态。利用宣传媒介公开曝光那些有能力履行而拒不履行的被执行人,往往能起到事半功倍的效果。

(四)营造良好的诚信环境

应当在全社会倡导守信光荣的良好风气,积极尝试建立个人和企业的金融信贷信誉档案体系,法院也将不守信用的被执行人情况及时向社会公布,让欠款人无处藏身,敦促其自动履行义务,并以此建立守信光荣、背信可耻的金融信用风尚,为解决金融案件执行难打下坚实的基础。

(五)发挥媒体作用加大执行力度

针对金融执行案件贷款标的流动性强、贷款主体较为分散、人员特点差异较大等特点,采取通过媒体发布悬赏公告、拒执人名单等措施,制造舆论压力,构建执行威慑机制,迫使被执行人履行义务。

另外，国家通过调整经济政策和产业结构，大力扶持国有、集体、民营、个体企业的发展，使其成为自觉遵循市场规律，富有市场竞争能力的经济实体，从而增强其经济实力，这也是解决金融案件执行难的重要途径。

总之，涉金融案件"执行难"是由多方面的原因造成的，破解执行难问题是一项综合性的工程，它既不可能一蹴而就，也不可能仅凭法院一家的努力就能完成，它需要有关各方面的共同努力，需要整个社会长期的、不懈的共同努力才能逐步加以解决。

金融案件执行难的原因及对策分析

安徽省南陵县人民法院　张道海

近年来，金融执行案件呈逐渐上升趋势，案件的标的额较大、执行的难度大。许多金融执行案件由于各方面的原因而无法执结，不仅影响了人民法院的形象，还给国家造成了很大的经济损失。金融执行案件已经成为困扰法院执行工作的一大难点，因此，积极探索破解金融案件执行难的出路和方法，对于树立法院权威、维护金融秩序、保证法律严肃性、推动社会经济发展具有重要的意义。笔者结合自己在办理执行案件过程中的一些体会，对金融案件执行难的成因和对策进行了探索和分析，以求抛砖引玉。

一、金融案件执行难的原因

从执行工作实践来看，金融案件执行难主要有以下四方面的原因：

（一）借款当事人方面的原因

1. 案件被执行人偿债能力普遍欠缺

当事人的经济状况及履约能力始终是制约案件执行的根本性因素。在我国，尤其是中西部地区的市县，大多数企业的素质先天性不足，其经营管理人员、产品质量、资金实力等都不强。在经济竞争日趋激烈的今天，缺乏市场竞争力及抵御市场风险的能力，一遇经济波动，企业经营则陷入困境，最终无力偿还所欠债务。以本县为例，近年来，受欧洲债务危机、国内经济转型等众多复杂因素的影响，我国经济发展呈下行趋势，有一部分开发区企业因经营管理不善或资金链断裂，导致企业停产歇业。这些企业在金融机构有大量的贷款未归还，以这些企业为被执行人的案件执行存在相当大的难度，而被执行人为自然人的案件中，绝大多数的债务人无能力还款，笔者所在法院受理的以自然人为被执行人的金融执行案件中，此种情形占整个以自然人为被执行人的金融执行案件的55%。案件被执行人无能力偿还债务是造成执行案件难的最根本原因。

2. 被执行人存在恶意贷款、规避还款的行为

由于金融执行案件的执行标的额都比较大，于是一些企业作为借款人，往往采取变更企业名称、住所，变更法人代表或分立多个企业搞脱壳经营等方法逃避还贷；有的自然人借款人在贷款之初就没有打算还款，擅自改变借款用途，将借款挥霍；有的借款人债务观念淡薄，缺乏诚实信用，或为躲避还贷，转移、隐匿财产，给执行工作设置障碍；而金融案件中的的担保大多流于形式，部分担保人法律意识淡薄，在借款人无力归还时拒不履行保证责任，逃避或对抗法院执行，起不到担保的作用[①]。

(二) 金融部门自身存在问题

1. 金融系统特别是信用社对放贷审查不严，未能设立有效的风险保证，贷后监管不力

由于历史原因，以前金融系统特别是信用社在放贷时审核不够严格，对借贷人的经济履约能力和诚实守信能力不够重视，这部分信贷资产质量较差。且在借贷时较少采用房产等财产抵押担保，而多采用担保人个人信用担保，甚至多人联保的方式，且操作上不够规范，随意性较大，由于借贷人借贷时一般无需用房产、汽车等大额资产做抵押，故不触及其切身利益，致使对借贷无约束性和规范性，对担保人的担保能力审核也不够严格，致使担保人无法承担担保责任和归还借款[②]，未能设立有效的风险保证。有的金融机构在被执行人到期不能偿付贷款时仍然继续放贷，致使债务数额过大，债务历时较长，待执行时，已经错过最佳追偿时机。目前商业银行普遍存在重贷轻管的问题，银行的内部风险预警机制不够健全，对贷款的监管力度不够，监管手段滞后，导致贷款失控，难以执行到位。

2. 金融部门信贷人员素质高低不齐

部分金融机构内部管理不严，部分信贷人员工作不负责任，在对借款人和担保人还款能力未作详细调查的情况下盲目发放贷款，给以后的执行工作造成被动；信贷人员素质不高，以致贷款手续不完备，当事人资料如地址、工作单位等记录不全，执行难度增大；"人情贷款"、"关系贷款"大量存在，或信贷人员私自截留或挪用贷款，收取好处，造成执行难。[③]

---

① 王越江：《金融案件执行难问题分析》，见中国法律网，2005年10月13日。
② 张中华、袁昕明：《金融类案件执行难原因及对策》，载《东方法眼》2010年12月14日。
③ 王越江：《金融案件执行难问题分析》，见中国法律网，2005年10月13日。

3. 部分金融机构对人民法院执行工作配合不力,增加了案件执行的难度

金融机构作为执行案件的申请人时,大多是向法院提交一份强制执行申请人,既不积极提供被执行人的财产线索,也不能从被执行人的实际经济情况出发,客观的解决问题。不能有效的协助执行人员做好案件的执行工作[①]。各金融机构各自为政,为一己之私而互设障碍,客观上给执行工作造成矛盾,进一步加大了案件的执行难度。

(三)立法、及执行机制方面存在问题

1. 立法滞后,现行法律存在缺陷

(1)现行的法律法规对企业行为约束乏力。我国现行法律体系中,对于企业关停后,清算主体未能及时履行清算责任的法律责任承担缺乏法律规定,极大地损害了债权人的利益。2011年,笔者所在法院受理的县信用合作联社申请执行××建材公司借款合同一案,在执行中执行人员发现,该公司自从2008年年底就陷入停产状态,该公司的相关负责人也一直未发起对该公司的清算,致使该公司的资产严重贬值,极大地损害了债权人的利益。(2)法律对自然人的资产负债状况缺乏法律调整,现行法律体系中,没有法律对自然人的资产负债状况作出规定,尤其是在刑法中,缺少对恶意借贷数额较大且不归还的应承担刑事责任的规定。民事诉讼法授予执行人员对被执行人财产的强制处分权建立在法院能够控制和掌握被执行人的财产的前提下,这些又都依赖于国家对民事主体尤其是自然人的资产负债状况的法律调整,而民事主体资产形式多样,这些资产的处所及流向,只有所有权人清楚,法院很难取得被执行人拥有资产的确切证据[②]。

2. 司法权威性缺乏,执行法官素质良莠不齐,执行力度缺乏

在我国当前社会,司法缺乏应有的权威性,加之国民整体的法治意识不高,当事人主动履行法院法院判决的很少。而法官队伍素质不齐,部分执行法官自身素质不高,"关系案、人情案、金钱案"在一定程度上存在,执行措施不到位,执行力度不大。

3. 执行手段单一,执行机制不够完善

现有执行手段主要有查封、扣押、拘留,手段较为单一,难以对恶意逃避金融债务行为形成有力制裁。在执行实践中,查封大多数是"软查封",即法院发出协助执行通知书到相关管理机关进行查封,在一定期限内限制其转移该财产,而对于房产,即使查封了也不一定能够拍卖折现。而扣押更由于被执行

[①②] 胡绍来:《金融案件执行难的成因及对策》,载《现代金融》2003年4月期。

人的财产去向不明而难以实现；至于司法拘留，根据我国现行民事诉讼法的规定，只能拘留十五日，其使用也受限制，期限较短，威慑力也较小。部分被执行人为躲避债务而外出打工，长年不回，执行人员受限于客观条件，无法查明被执行人的下落。采取强制拘留因无法查找到被执行人无法实现。

法院系统实施"审执分立"促进了法院工作的进步。但是"审执分立"实施以后，由于未能设置比较科学完善审执对接机制，在一定程度上造成了审判与执行的脱节，审判法官掌握的被执行人的相关信息无法及时与执行法官沟通。同时，法院与金融、公安部门、房管等部门的联动执行机制尚未建立，或者正在建立中，已经建立联动机制的地方仍存在许多问题急没有沟通协调好，使得现阶段法院执行工作中面临许多困难。

（四）社会因素的影响

在金融案件的执行过程中，受到行政干预和地方保护主义的较多，执行实践中，许多欠款大户都是当地有影响力的企业，是地方政府的主要税源，地方政府为了狭隘的地方利益，干预法院执行；而金融案件的自然人被执行人多数是当地具有一定实力的人，在执行中，总会有这样那样的关系来说情拉拢，影响了法院执行工作的正常开展。

二、解决金融案件执行难的对策

金融案件执行难是由多方面的原因造成的，既有金融部门的问题，也有社会干预因素的影响，解决执行难问题，需要有关各方面的共同努力，笔者仅从法院执行工作的视角出发，提出自己的对策。

（一）完善强制执行立法，增加被执行人不履行义务的法律成本

在民事执行实务中，我国至今没有制定《强制执行法》，关于民事执行的法律只有一部《民事诉讼法》，9个有关执行工作的司法解释，10个以最高人民法院名义下发但未到达司法解释层次的规范性文件及近200个关于执行工作的批复和复函。法律规定的内容原则、笼统，而最高人民法院的相关规定虽然具有一定的可操作性，但缺乏权威性。现有的强制执行的法律及相关司法解释已经无法完全适应现在执行工作的实际，大量实践中出现的执行问题因为缺乏法律依据陷入困境。因此，制定符合现在执行工作实际的《强制执行法》，使新时期人民法院执行工作有法可依。同时尽快出台《金融债权保护条例》对于金融债权给予特殊保护，对于破解金融案件执行难具有重要意义。

同时作为处罚方式最严厉、对所有公民威慑力最大的《刑法》，其中涉及

执行的条文仅有第 313 条规定的拒不执行判决、裁定罪，对于超出自身财产范围而大数额借贷的被执行人的处罚在刑法上缺少，即使《刑法》第 313 条规定的拒不执行判决、裁定罪，实践中的适用也是困难重重，对被执行人的威慑力也不够。笔者认为有必要在刑法中增加关于债务人超出自身能力过多的欠贷行为的处罚，同时加重拒不执行判决、裁定罪的刑罚处罚，以充分发挥刑法的作用，增加被执行人不履行还贷义务的法律成本，为化解金融案件执行问题提供一把利器。

（二）金融部门加强与法院的配合，共同破解金融案件执行难问题

基层法院的执行部门，受限于人员、财力及技术手段，往往不能全面掌握被执行人的个人情况尤其是财产状况，因此金融机构除了加强内部管理，严格贷款审批程序，做好贷前调查、贷中审查、贷后管理，及时跟踪贷款流向、用途、债务人的经营状况、财产状况，做好诉讼的可行性分析、诉前准备工作外，还要设立专人专部门负责与法院执行机构联系，了解工作进展，同时，金融机构应当自觉打破对部门利益、行业利益的片面保护。积极依法协助法院做好金融案件的执行，金融机构还应当加快对借款人资信网络的建设，及时掌握借款人的资产状况，为在执行阶段能够向法院提供被执行人此财产状况创造基础条件。

（三）执行中讲究执行艺术，完善执行管理体制，创新执行方式方法

人民法院要针对金融案件的特点，区分案件情况，采取不同的执行方法，将强制执行与执行和解相结合，集中执行与重点执行相结合，现金偿还与以物抵债相结合。要根据法院执行工作的特殊性和规律性，健全完善执行体制，加快建立执行联动机制，加强与上级法院、房管、公安等部门的沟通，深化并拓展执行联动的内容和方式，对于大案、要案以及敏感案件通过提级执行、指定执行、执行协调机制来解决，排除地方干扰，维护执行权的公正行使。改变以往"一阵风"粗放的执行模式以及单一的执行方法，充分发挥主观能动性针对具体的案件情况采用"放水养鱼"、"腾笼换鸟"等新的执行方式、方法。同时，做好审执对接，实现案件信息的无障碍共享。尽最大可能的保障案件的快速、依法执结，维护法律的权威和当事人的合法权益。

金融案件执行现状问题研究

河南省长垣县人民法院 付凤杰 刘红辉

司法实践中,金融执行案件由于其执行标的额大、执行到位率偏低,在当前经济下行压力加大、经济形势日趋复杂的背景下,金融资产的安全和金融秩序的稳定显得愈发重要,因此,金融执行案件也吸引了更多关注的目光。笔者从法院执行工作的角度出发,在现行的制度设计下探索一些简便、可行的办法,也许更具有现实意义。

一、金融案件执行现状

2012年以来,长垣县人民法院共收到金融执行案件数12件,申请执行标的共计1020万元,从统计的情况可以看出,未兑现的金额较高,其主要原因有以下几方面:

1. 金融部门自身的问题

(1)金融机构信贷工作人员责任心不强。有些工作人员在未对借款人的资产状况作认真调查的情况下,或该设置抵押而未办理抵押手续,就轻易发放了贷款,给以后的执行工作留下了隐患,造成了很大的困难。

(2)金融机构对外放贷程序不规范。各金融机构盲目追求放贷规模,不惜违规操作,零首付、低付款等行为使贷款风险成倍增加,加之银行对贷款人的住址、身份情况、家庭状况、收入信息、还款能力等信息审核不严,导致在执行过程中,金融机构很难给法院提供有效的执行线索,其违规操作导致的实际情况与书面合同存在较大差异更是增加了执行工作的难度。

(3)金融系统账号管理存在问题。金融系统对企业存款基本账号管理混乱,多头开户的情况较多,虚实难辨,给法院查询、冻结、划拨当事人款项造成了很大困难。

2. 借贷方的责任问题

（1）一些企业作为借款人，往往采取变更企业名称、住所，变更法人代表或分立多个企业搞脱壳经营等方法逃避还贷，给执行工作造成了极大的阻力。

（2）有的借款人与保证人之间搞连环担保，看似手续齐全实际无担保意义；有的借款人进行重复抵押或虚假抵押。

（3）有的借款人为躲避还贷，转移、隐匿财产，给执行工作设置种种障碍。

二、金融执行积案产生的内在原因

造成金融案件执行到位率低的内在原因也有很多，归纳起来主要有下述三点：

1. 诉讼时机选择不当。在金融案件执行中，有相当一部分是因主债务人经营严重恶化、巨额亏损或严重资不抵债，几乎无财产可供执行造成的。而对于债务人上述原本几乎无财产可供执行的金融案件，金融机构却从避免因丧失诉讼时效而承担责任或基于加快不良资产处置进度等方面考虑，往往不惜花费巨额诉讼费用被迫起诉。在此情况下，诉讼的结果已十分明朗：官司肯定胜诉，但胜诉判决肯定无法执行。如此即使花费巨额诉讼费用，只能得到一纸根本无法执行的判决。

2. 诉讼准备不到位。诉前论证不充分，诉前、诉中财产保全措施不到位，也是造成金融机构胜诉后债权难以得到顺利执行的重要原因之一。由于缺乏诉前准备工作，没有对债务人企业的经营状况尤其是财产状况及其归属进行摸底调查，或诉前及诉讼中没有采取必要的财产保全措施，给企业转移财产提供了可乘之机，致使案件胜诉后判决难以执行。

3. 执行措施、执行手段过于单一。由于各种原因，金融机构胜诉案件的执行对象往往限于主债务人或担保人的土地、房屋等不动产，执行措施主要是查封、拍卖，这种执行措施及执行手段的单一化，将在一定程度上影响执行力度及效果，甚至导致执行不能。

三、当前司法实践的执行方式探索

积极探索破解金融案件执行的方式方法，对于树立法院权威、维护金融秩序、推动社会经济发展具有重要的意义。在金融案件的执行中，人民法院要充分发挥主观能动性，讲究执行艺术，采用灵活多样的方式解决执行难问题。

1. 抵贷返租方式。抵贷返租，是指金融纠纷案件中的被执行企业在无力清偿金融债权的情况下，将该企业所有的固定资产等财产作价后折抵债权，以清偿其债务，然后金融机构再将上述资产租赁给被执行人的执行方法。这种方法，主要适用于目前企业破产受到一定限制的现实情况，是金融系统对困难企业实现金融债权的最好方式。

2. 执行对第三人的到期债权。金融纠纷案件中，往往存在"三角债"的现象，即一个被执行人不仅是金融纠纷案件中的被执行人，同时也是第三人的债权人。因而，在实践中，应注意执行金融纠纷案件中被执行人的到期债权。在执行被执行人对第三人的到期债权时应注意以下几点：（1）必须是被执行人未按规定的期限履行金融债务；（2）要准确认定被执行人和第三人的债权债务关系；（3）在执行到期债权时，要程序合法、手续齐全；（4）在执行中要严格依法进行，以防止执行不当或执行错误的发生。

3. 债权入股。在金融纠纷案件的执行中，在出现下列情形时，可以考虑适用债权入股的方式解决金融纠纷案件的执行：（1）作为申请执行人的金融部门同意债权入股的；（2）被执行人的资产大于金融部门的执行标的，而被执行人应当履行义务部分的财产无法拍卖或变卖的；（3）被执行企业有发展潜力，尚不存在破产、倒闭情况的；（4）金融部门的债权因被执行人的固定资产、机器设备等存在而能保值的；（5）被执行企业也愿意按公司法的相关规定进行资产重组，对此已作了可行性调查的。

4. 灵活运用债权凭证制度。当被执行企业的财产状况一时无法查明，而又不能排除被执行企业无财产可供执行的情况时，可运用债权凭证制度，待金融部门发现被执行人有财产可供执行时，可随即向法院申请恢复执行，以保护金融部门的债权不受损失。

四、人民法院执行金融案件的工作方向

1. 正视金融机构自身存在的问题，杜绝贷款环节管理漏洞。大量案件表明，金融机构信贷人员工作不负责任，盲目发放贷款；或者贷款手续不完备，以及"人情贷款"、"关系贷款"的存在，都对以后的执行工作造成了很大的影响。还有，如工作人员在执行中怠于提供执行线索，贻误执行时机，也人为造成了执行难。因此，金融机构规范借贷业务，严格贷款审批程序，完善贷款手续，增强信贷人员依法办事观念，是构筑安全防线的第一道"篱笆"。

2. 充分重视贷前资信调查，消除贷款安全隐患。资信情况是决定借款人能否从金融机构取得贷款的重要因素，金融机构在要求借款人提供相关资料并

予以核实的同时,还应主动进行补充调查,以排除各种不符合贷款要求的情况。借款人及其保证人的基本信息包括个人身份情况、单位的工商登记情况、地址、有效联系方式等,尽可能减少以后被执行人无处可寻的困境。此外,还包括借款人的借款用途、资产状况、负债状况、经营情况、还款资金来源、未到期其他借款情况、以往信用记录等,这些信息均应一一核实并取得相关书面资料,以备发生纠纷后,及时向法院提供财产线索。

3. 灵活运用多种担保方式,确保担保合同或条款的有效性和担保责任的实际、有效承担。我国担保法和物权法规定的各种担保,是金融机构对外贷款时保护资金安全的有力保障。在签订合同时要避免担保流于形式,避免重贷款合同、轻担保合同的做法。一方面应依法行事,注意是否存在导致担保合同或条款无效的情形;另一方面,应审查合同中约定的担保方式是否能确保担保人最终承担担保责任,如担保人有无偿债能力,质押物、抵押物的实际价值能否满足偿债的需要,抵押的居住房屋是否属生活必需的惟一住处,等等。另外,不妨在借款人同意的情况下,几种担保方式并用。

4. 强化对贷款的跟踪监督,及时发现萌芽状态的问题,采取措施,防止事态恶化影响最终的执行。金融机构在贷款发放后,应对借款人进行常规的定期或不定期的跟踪监督,主要监督贷款的使用是否符合约定的用途、贷款的投入是否达到预期的效果、借款人的经营状况是否发生变化、是否存在影响借款人如期归还借款的情形等。对于存在上述问题的借款人,应令其限期进行整改,或提前收回借款。应避免放贷后对借款人不闻不问、对借款人资信状况变化毫不知情的情况出现,凡是借款人逾期未还贷才发现其资不抵债、人去楼空的案件,十之八九是无法执行的。

对于分期、分批借款的借款人,或在一定授信额度内循环借款的借款人,金融机构更应密切关注其经营中的异常行为。一旦有证据证明借款人有下列情形之一:经营状况严重恶化;转移财产、抽逃资金,以逃避债务;丧失商业信誉;有丧失或者可能丧失履行债务能力的其他情形,金融机构即可根据我国合同法的规定,中止履行向借款人发放贷款,及时止损。

同时,案件诉讼过程中充分考虑案件执行效果,以此为出发点采取适当措施,做到审、执兼顾。案件起诉前后,及时向人民法院申请采取诉前保全、诉讼保全措施,让借款人可用于偿债的财产处于一个稳定状态,防止其转移财产。案件审理中,金融机构尽可能与借款人协商解决纠纷,在法庭主持下达成调解协议,以减少借款人的对抗心理,增加借款人自动履行率,避免大量案件进入强制执行程序。

5. 全方位、多渠道查找被执行人的财产信息，为法院执行提供有价值的线索。随着经济的发展，财产形式趋于多元化、复杂化，被执行人财产也更具隐秘性。金融机构应利用自身掌握的信息优势，尽可能多地向法院提供线索。金融机构自身无法查找的财产，也应及时委托专业人员如律师进行调查或申请法院进行调查，不错过查找财产的任何机会。在穷尽一切查找手段后，还可以通过"悬赏广告"的方式搜集财产线索。

各种形式的财产均有相应的查找渠道和方法。一般情况下，自然人或法人可供法院执行的财产种类大致有：银行存款、有价证券、房屋、在建工程、土地使用权、车辆、船舶、机器设备、生产资料、对外投资的公司股权、股票、到期债权、专利权、商标权、著作权、租赁权、自然资源的开发权等，一切可转让的有形或无形的财产或财产权利，均可成为执行的标的物。

总之，针对当前金融债权执行案件多、涉案标的大、被执行人履行能力差异大和执行难等特点，人民法院在执行此类案件时，既要坚持公正与效率原则，用足用好法律，加大执行力度，提高执行效率及执结率，最大限度地保证金融债权的实现，又要讲究执行艺术，创新执行方式，注重执行效果，实现法律效果与社会效果的有机统一。也就是说，人民法院执行人员在执行金融债权案件时，应从实际情况出发，根据具体案件中被执行人履行能力和有无逃避执行等情形，因案制宜采取相应的执行方式，切实保护金融债权，化解金融风险，保障社会主义市场经济健康快速发展。

金融债权案件执行方式方法初探
——以法院与金融机构联动为视角

湖北省荆州市中级人民法院 樊 觅

一、金融债权案件的形成

（一）从构成角度分析

我市金融债权案件的被执行人可分为企业和个人两大类，以企业为被执行人的一般是企业贷款案件，企业需要大量资金以投入再生产，向银行贷款后由于经营不善等原因而难以偿还贷款；以个人为被执行人的有信用卡案件和小额贷款案件，个人被执行人或是在拖欠信用卡债务后迟迟不归还，或是作为个体工商户主或以个人名义向银行贷款进行投资或投入再生产，但以失败告终而无力归还债务。金融债权案件的案由集中在借款合同纠纷、担保合同纠纷上，在结案方式上，由于存在大量的被执行人下落不明或是被执行企业确无资产可供执行的情况，以终本方式结案的占据一定比重。

（二）从成因上分析

1. 金融机构的管理方面

（1）贷前审查不足。在贷款之前应对贷款人和担保人的还款能力做详细的了解，否则极易因其还款能力不足而导致贷款难以收回，而现实中存在一部分在未对贷款人和担保人的还款能力详细了解的情况下发放贷款的现象。一是对经营状况的审查方面。部分金融机构在签订合同之前，未能对借款人的资信情况进行仔细调查，对其生产规模、经营情况、市场销路不甚了解，盲目发放贷款，为金融债权案件的产生和难以执行埋下了隐患。二是在担保的设立方面。担保合同的设立不严密，或是签订了根本不可能实现的担保合同都会使得贷款难以收回。有的保证人根本不具备担保资格或担保能力，而金融机构未能审查出来，在这种情况下，一旦贷款人无法偿还贷款，保证人的保证责任根本无法实现，担保合同也变成一纸空文。还有的借款企业之间相互担保，而还款能力又有限，使得贷款的追回效果大打折扣，这都导致了一大批金融债权案件的形成。

（2）监管力度不够。金融机构在发放贷款后应继续监管，确保贷款实现专款专用，而在实际生活中存在大量借款人擅自改变贷款用途，或是将贷款用于其他投资，或是供自己挥霍；有的金融机构在贷款人到期不能偿付贷款时不仅不依法追讨，反而继续放贷，甚至违反规定允许贷款人以贷还贷，从而造成债务数额增大，债务历时过长，待诉讼形成，最佳追偿时机已经错失。这种对贷出款项的使用和借款人的经营状况难以形成有效的监督的现象，导致了贷款难以收回的恶果。

2. 被执行人方面的原因

有些被执行人在贷款时就存在恶意贷款、规避还款的心理，这使得金融机构防不胜防。有的贷款人根本没打算还款，贷款成功后便任意将款项挥霍，同时转移、隐匿财产，企图逃避执行；一些被执行企业钻法律、政策的空子，以破产、停产和投资入股、分立子公司等方式逃避银行债务，形成新企业有资无债、老企业有债无资，银行讨债无门的局面，更有甚者，通过事后虚拟债权、设定虚假担保物权等手段，使得贷款难以追回。

（三）导致金融债权案件向积案转化的原因

1. 被执行人确无履行能力

往往在作为申请执行人的金融机构提起诉讼时，被执行人已经陷入经济困难境地，个人被执行人或是外出躲债，或是除居住房屋外无其他财产可供执行，企业被执行人这时已基本处于停产状态，已无经营收益，可供执行的只有厂房、设备或到期债权等，甚至有的被执行企业已被工商部门注销，企业法人已去向不明，也无任何财产可供执行。还有的被执行人属"皮包公司"，骗取贷款后即不见踪影，带有明显的金融诈骗性质。由于被执行人既无下落，又无财产，导致难以执行。

2. 行政干预和地方保护主义的影响

在被执行企业中，有的是当地的经济支柱企业，承担着当地的主要税源，于是一些政府或部门出于地方保护主义考虑，会千方百计的阻止执行。有些被执行企业法定代表人属特殊主体，利用人大代表或政协委员等身份抗拒法院执行，给执行带来了很大阻力。行政机关、村委会、地方扶持的重点企业等特殊对象作为被执行人时执行难度也较大。

3. 部分金融机构的不配合

一是金融机构作为申请人时,不能很好地配合法院执行。作为申请人,应积极提供对方的财产线索,并从被执行人的实际经济状况出发,客观地处理问题,不能抱定"只要钱、不要物"的立场而使良好的执行时机丧失;二是金融机构作为协助执行人时,不能认真自觉地履行法定协助义务,配合人民法院做好执行工作,这些从客观上给执行工作带来了困难。

二、加强诉前联动,将金融债权案件执行风险防患于未然

(一) 金融机构做好诉前调查分析工作

金融机构加强诉前调查分析,有针对性的提起诉讼可极大提高金融债权案件的实现比例。金融机构可将诉前工作重点放在被执行企业的综合经营情况、财产状况、贷款法律手续情况,以及本案受地方保护主义的可能影响程度等方面,对以上情况做详细的了解及分析,并对起诉后可能遇到的情况进行充分考虑,在此基础上提出缜密的诉讼方案,有计划、有针对性地向法院提起诉讼。通过诉前详细调查被告的财产状况、经营情况,对诉讼结果和收回贷款的可能性有一个较为准确的分析,使诉讼投入与诉讼产出达到最大化。

(二) 注重诉讼的及时性、保密性

为了避免被执行人在诉讼前将财产转移,金融机构对决定起诉的案件,还要考虑起诉后被告有无充足时间转移财产的问题,进而视实际情况要求法院对被执行人可能转移的财产采取查封、扣押、冻结等诉讼保全措施,避免造成胜诉后无财产可供执行的情形发生。值得注意的是,在债权债务仍然虚置,尚未判明被诉主体资格的情况下,金融机构最好不要轻易起诉,对决定起诉的案件,应当事前做好保密工作,对内一定要纪律严明,避免被执行人闻风而动,转移资产。

三、加强执行中的沟通与合作

(一) 密切配合共同查找被执行人财产线索

由于被执行人可能会有隐匿财产的故意,所以查找被执行人财产线索意义重大,而且一旦进入执行程序,财产线索的查找会变得尤为艰难,这时需要法院与金融机构密切配合。金融机构应主动向法院提供被执行人留下的原始资料,住所地等,法院应积极与房管、车管、工商等部门联系,做好被执行人财产调查工作。必要时,作为申请执行人的金融机构可充分发挥律师事务所、会

计师事务所、审计师事务所、拍卖公司、咨询公司甚至民间调查机构等社会中介机构的作用，利用这些机构社会关系广泛、信息灵通的优势，全方位、多渠道地调查债务人的财产状况和转移财产的线索，为法院顺利执行创造条件。

（二）积极沟通探讨多种执行方式

由于各案件被执行人的经济状况不同，在执行中应因地制宜，如果金融机构不顾案件的实际情况一味要求法院继续强制执行则容易使执行工作陷入被动。这种情形实际上不利于甚至会阻碍金融机构回收债权。在这种情况下，法院要发挥业务优势，充分站在申请执行人立场，从被执行人和案件的具体情况出发，提出解决案件的良好方案，对金融机构阐明利弊供他们参考。金融机构也应认真考虑执行法院提出的解决方案，避免使执行工作陷入僵持状态。对长期未能执结的个人小额金融债权案件，可尝试以代位履行、分期履行等方式达成执行和解；对涉及单位被执行人的，可开拓抵债返租、以物抵债、债权转股权等执行方法。

（三）双方联手共同争取外部支持

由于金融债权案件往往涉及地方经济发展，因此地方政府介入案件的情况也比较多，这样增加了案件的执行难度，法院虽积极争取政府支持，但由于势单力孤，往往成效也有限，这时，双方联手共同争取外部支持显得尤为重要。因此，作为金融机构在申请执行过程中，也应积极主动地协调好与政府的关系，通过向上级机关请示、汇报以及与地方政府直接沟通的方式，最大限度地争取地方政府的理解和支持。法院与金融机构可通过主动向地方政府阐明地方经济发展、金融机构、企业发展三者之间的互惠互利关系，树立互相支持、互相配合推动地方经济发展的观念，让地方政府摒弃地方保护主义的错误想法。

四、注重平时联络，建立金融债权案件执行长效机制

1. 建立联席会议制度

法院与银行共同召开联席会议，促进信息沟通。法院可将建立的金融债权执行案件台账与金融机构进行核对清理，就个案听取意见，了解情况，以便落实具体工作。通过通报执行工作进展情况、对有关金融机构提出建议、听取金融机构的反馈意见等形式增进金融机构对法院执行工作的了解，增加执行信息透明度，金融机构也应通过会议自觉打破对部门利益、行业利益的片面保护，积极依法协助人民法院做好案件的执行工作。

2. 建立信息联络员制度

建立固定、双向的信息联络员有助于金融债权执行案件长效机制的建立,可通过双方联络员之间的沟通来及时传达和反馈双方日常工作中的具体问题。

3. 实现网络信息互联互通

建立贷款人资信信息网络有助于查询信息、及时掌控被执行人行踪和财产线索,对金融债权案件执行意义重大,金融机构应建立和完善贷款人资信信息网络,以便及时了解掌握贷款人的财产状况和商业信用状况,确保贷款的安全,并为执行阶段法院及时掌握被执行人财产线索创造有利条件。

加强金融债权保护防范不良资产的制度构建与完善

广东省高级人民法院　庄绪义

金融是现代经济的核心。金融债权执行案件是指金融机构作为申请人的执行案件，在民事执行案件中所占比例较高。金融债权案件的执行不仅是法院执行工作的重要组成部分，也是维护金融稳定和促进金融业发展的重要手段。笔者以广东金融债权案件的执行情况为样本，对案件执行中存在的困难和原因进行分析，并试图通过制度设计来完善和促进加强金融债权的司法保护，以达到预防和化解金融风险，保持金融市场的长期和谐与稳定的目的。

一、加强金融债权保护的正当性

虽然金融债权的执行保护直接受益的是具体的金融机构及其投资者，但是简单的利益受偿表象内，亦有深层的更广范围之经济、政治和社会意义。

金融是现代经济的核心和血液，是国家经济的命脉，作用于党和国家的执政综合能力。国家担负着社会经济的管理职能，亦主要通过经济手段作用于社会管理的其他方面。国家每项职能的发挥均要求有充足经济能力的供给。金融债权的实现不仅担负纯粹的经济利益，亦构成国家综合管理的必要储备，影响国家对社会发挥作用的整体力度。

金融机构构成国民经济运转的中心。其经营的存贷款业务有提高货币流通效率、刺激市场活力、引导资源配置的功效。金融债权的实现与否表征着国民经济运转的整体状态。强化金融债权案件的执行保护有助于减少不良金融资产的产生，使金融资产能真正应用于可产生经济效益的社会生产，亦能推动国民经济健康运转。

保护金融债权有助于防范国有资产流失。国家出资成为金融机构的重要股东。金融债权的很大部分融合有国有资产。依法执行保护金融债权，使国有资产不至于因金融债权的不能实现从而流失到少数的被执行人。国有资产的流失在经济上造成国家财产总量的不正当减少，在政治体制上还牵涉到社会资源的重新分配问题。

金融债权案件执行不仅是法院执行工作的重要组成部分，也是维护金融稳定和促进金融业发展的重要手段。金融债权是经济运行中社会整体信用状况的集中体现。强化金融债权的执行保护，对社会的信用秩序和维护法律的威严有典型的示范意义。

二、广东省金融债权案件执行的基本情况

从收集的数据来看，金融债权案件呈现出以下特点：

1. 金融债权案件申请执行标的总金额较大。如图一、图二所示，2010年1月1日至2012年7月31日期间，广东全省法院共受理金融案件49861件，占全省新收案件的7.35%，结案43051件，占全省执行结案的6.46%。申请执行标的额7617532.857万元，占全省申请执行标的额的32.08%。

2. 金融债权案件的执行结案率较高。如图三所示，各金融机构的执行案件结案率均高于75%。其中，受理中国工商银行广东省分行及其分支机构执行案件10132件，结案9254件，执行结案率91.33%，结案率最高；受理中国银行广东省分行及其分支机构执行案件3590件，结案2726件，执行结案率75.93%，结案率最低。后者与前者相差达15个百分点。

3. 金融债权案件的总体执行到位率偏低，且差距较大。如图三所示，执行到位金额1826477.578万元，执行标的到位率23.98%，远远低于全省执行案件75.98%的执行到位率。其中，中国工商银行广东省分行及其分支机构执行案件的执行到位率为35.69%，执行到位率最高；中国农业银行广东省分行及其分支机构执行案件执行到位率为21.84%，执行到位率最低。后者与前者相差近14个百分点。

根据人民银行广州分行的调研数据，2010年以来金融债权案件执行到位率平均为26.02%，其中招商银行广州分行的执行到位率最高为43.55%，广州银行最低仅为5.53%，两者相差38个百分点。

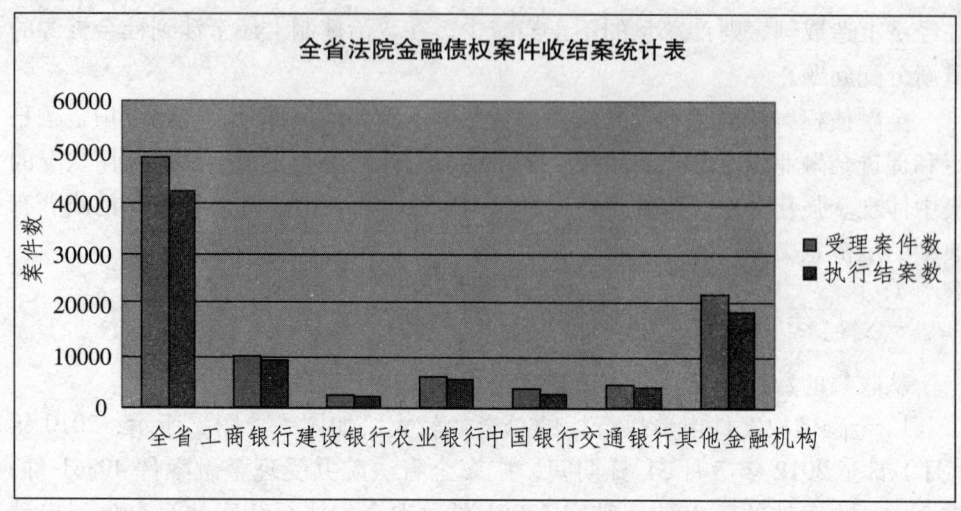

图一

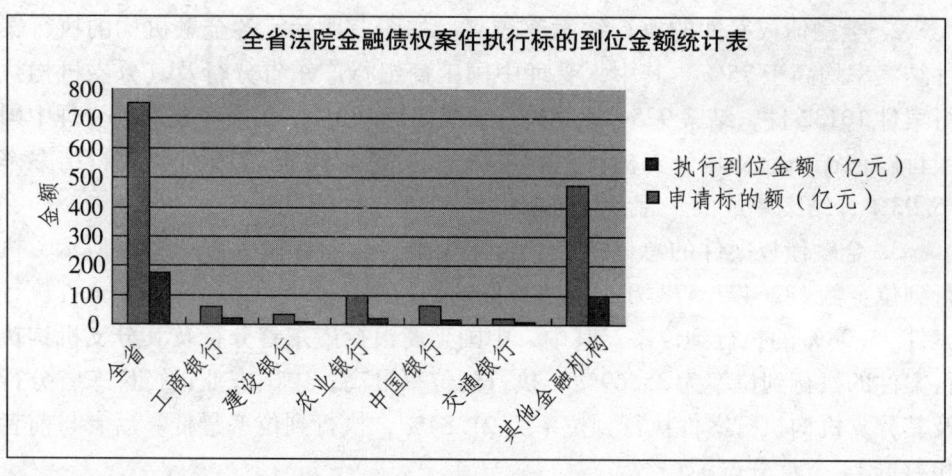

图二

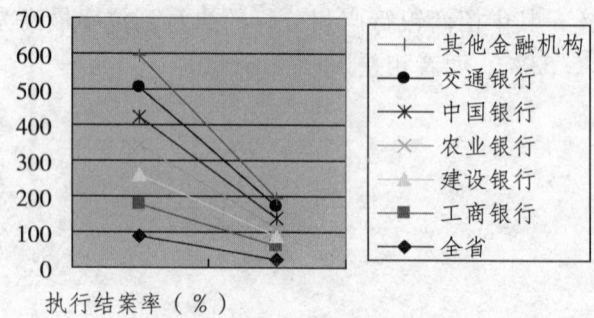

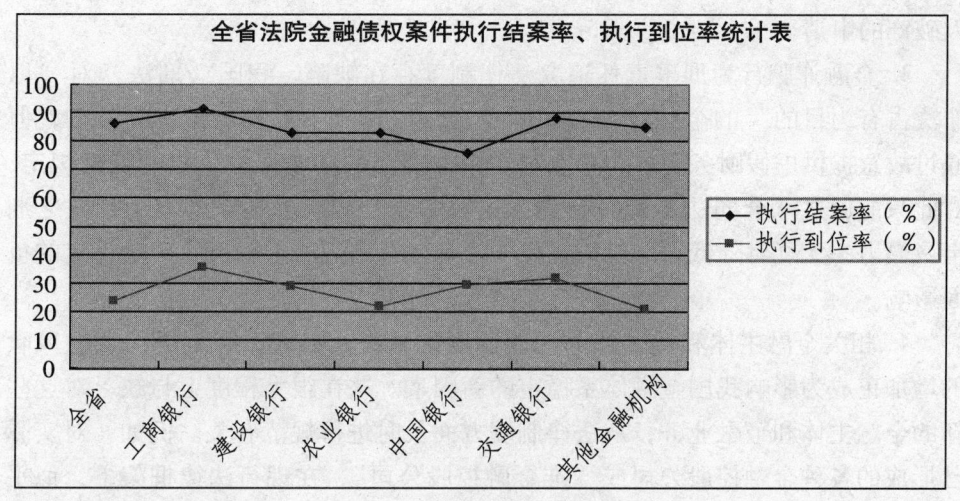

图三

三、金融债权案件执行到位率低的原因分析

金融债权案件的执行到位率之所以偏低，主要有以下几个方面的原因：

（一）执行立法及相关配套法律制度难以满足执行工作的需要

我国执行法律制度总体上看原则性强，不够完善、系统，不能满足执行工作的实际需要。同时，相关法律制度的缺失或不协调也影响了金融债权案件的保护。

1. 有关征信管理法规的缺失，影响了金融机构对借款人信用状况的评估。目前，我国还没有一部法律或法规为征信活动提供直接依据，由此造成了征信机构在信息采集、信息披露等关键环节上无法可依，征信当事人的权益难以保障，严重影响了征信业的健康发展，进而造成我国金融机构对借款人信用状况的评估处于较低水平。企业或个人在金融交易活动中存在多头骗款、资产重复抵押、关联担保等违规行为，未能被相关金融机构及时识别而导致资产损失。

2. 现行企业破产法律制度存在缺陷，不利于金融机构保全资产。现行《企业破产法》在直接关系到债权人利益的破产债权清偿顺序和破产条件规定不尽完善。一方面在债权清偿顺序上，采行了职工劳动债权优先于有抵押、质押的债权的规定，劳动债权优先于担保物权，直接后果是银行债权追索难、不良资产回收率低，从而导致金融机构债权人消化不良资产的能力弱化。另一方面，在破产条件上，将企业法人不能清偿到期债务和资产不足以清偿全部债务或者明显缺乏清偿能力并列为破产条件，使债权人不能及时、有效地提出债务人破产的申请。

3. 金融诈骗行为刑事责任追究法律制度存在缺陷。我国《刑法》对"以非法占有为目的"的金融诈骗有明确规定，但对"不以非法占有为目的，但通过故意提供虚假财务资料为企业利益骗取资金的欺诈行为"没有明确规定，对此只能通过《合同法》追究行为人的民事责任。对上述欺诈行为，缺乏刑事威慑力，无疑对降低金融机构在操作经营环节出现的金融风险产生一定的负面影响。

4. 相关金融主体和金融业务法律制度的缺失。目前，跨市场的金融风险的增加正成为影响我国金融体系稳定的新因素。这在很大程度上与缺乏对这些新的金融主体和金融业务，从法律制度方面及时进行规范有关。例如，对实际已形成的各种金融控股公司或"准金融控股公司"，在现行法律框架下，似乎《人民银行法》、《银行业监督管理法》、《商业银行法》、《证券法》和《保险法》等都与其有一定的关联，但上述法律又都不能完全解决对它的监管问题。在金融业务方面，对最为活跃的跨市场金融产品——各种委托理财产品，目前银行、证监、保险监管部门各自按照自己的标准分别进行监管，但缺乏统一的监管法律制度。由于现有的法律制度无法解决与金融控股公司有关的法律问题，金融机构开拓的新业务缺乏严格的法律界定，潜在的金融风险必然加大，并容易在不同金融市场之间传播扩散。

（二）行政干预和地方保护主义影响金融案件的执行

金融债权案件涉案标的额高、社会影响广，由于既得利益的存在，地方和部门保护主义的干扰问题近年来越发突出。从一定意义上讲，只要存在区域经济就有可能出现地方保护主义。区域经济的存在决定了当地经济状况与当地利益直接相关，也与当地人们的切身利益密不可分，作为地方政府可能侧重于维护当地利益。因此，有些地方政府或明或暗采取多种手段干预执行案件，主要存在以下几种情形：（1）涉及政府自身债务如借款人或担保人为政府或政府有关部门的，法院由于属地关系难以执行；（2）涉及的抵押物性质为农用地或政府划拨地的，法院受到的行政干预程度较严重；（3）涉及的抵押物被纳入政府改造范围的，法院难以通过拍卖进行处置，沟通协调难度大；（4）被执行企业是当地政府主要税源的，执行往往也会受到地方政府的干预，影响法院的执行。

（三）金融机构内部金融风险防控不足

目前，金融债权难实现是多年来金融防控风险积淀的集中暴露。

1. 金融机构贷前、贷后管理不规范。如贷前对借款人和担保人还款能力的调查流于形式，盲目发放贷款，贷中审查跟着领导走，贷款发放后又未对贷款资金的使用进行必要的追踪管理。

2. 担保流于形式，起不到担保应有的作用。如有的担保方不具备担保资格或不符合担保条件，致使执行时缺乏执行能力；有的则属"一女多嫁"，重复抵押，进入执行程序时便引发案外人异议；有的担保人法律意识淡薄，在借款人无力归还时拒不履行保证责任，逃避或对抗法院执行，起不到担保的作用。

3. 对担保物审查存在瑕疵，致使执行中对担保物无法处理或是处理所得价款不足以清偿债权，造成金融债权损失，主要表现在几个方面：（1）贷款前对担保物价值评估不准确，拍卖变现时无法达到预期价格；（2）处理的建筑物、土地分别被抵押给不同银行，并被不同法院查封和立案执行，难以协调；（3）用宅基地房屋、农村集体土地或行政划拨土地作为贷款抵押物，抵押债权难以实现；（4）抵押的动产属于专有设备或特殊设备，适用范围小，变现难；（5）是抵押的动产登记不清，与实际不符，难以辨别；（6）权属不清，执行中产生纠纷。

4. 金融机构采取诉讼手段追索债权的时机不当。金融机构有大量的金融债权未及时清收，其中许多贷款已超过诉讼时效或申请执行期限，失去了法律保护。另外，许多金融纠纷案件金融机构或债权人在债务人有清偿能力或部分清偿能力时不及时主张权利，而采取各种方式长期催要无着后才诉至法院。即使案件进入执行程序，很多债权人亦未积极主动提供债务人的财产或财产线索，致使案件错失了执行良机。

5. 金融机构内控制度不健全，业务创新步伐滞后。长期以来，金融机构尤其是国有商业银行受计划经济影响较大，往往偏重于人员管理，一定程度上削弱了内控制度的建设，造成制度建设严重滞后，内控制度不健全，比如内部管理制度不完善、业务规则不健全、信贷决策不科学、责任追究制度不落实等方面。另一方面是金融创新滞后，金融产品单一，表现在涉贷金融案件中，呈现"二多"现象：贷款类案件占绝大多数、涉及担保责任较多。

6. 重业绩、轻审核、缺监管，信用卡案件激增。银行等金融机构只注重业绩，对申请人、担保人的资信审核过于草率或形式化，大量推销信用卡，使信用卡纠纷案件激增。大部分信用卡恶意透支案件的被执行人均是"三无"人员，造成法院难以查找被执行人的财产，而发卡银行也无法提供有效的财产线索。如图四所示，2009年1月1日至2011年7月31日期间，中山市共受理金融债权执行案件 2069 件，其中信用卡纠纷案件 972 件，比例约为 46.98%，约占该市金融债权案件数的一半。

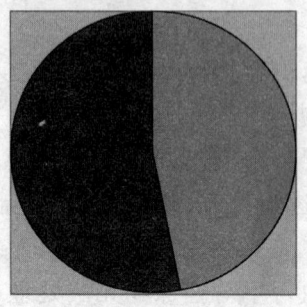

图四

（四）法院内部"执行难"尚未从根本上得到解决

法院内部"执行难"尚未从根本上解决也是造成金融债权执行到位率低的重要因素。

1. 执行依据内容不明确。一般来讲，金融债权的法律关系相对比较简单，执行依据有关执行内容较为明确，一般不会产生歧义，但在某些方面也存在争议。（1）民事调解书可否确认金融债权对特别财产享有优先受偿权争议较大。但由于调解书是当事人双方达成的，如约定金融机构对债务人某项财产（即使可能是抵押担保财产）享有优先受偿权，势必会影响到其他普通债权人利益。（2）如何理解"按中国人民银行公布的同期同类贷款利率计付利息"？

执行依据中关于利息计算一般表述为"按同期同类贷款利率计付利息"，但执行部门对如何理解"同类贷款"还没有统一的认识，争议在于多方面：（1）"同类"是指"同样期限"还是指"同样项目"；（2）名称五花八门的金融项目，是否还属于传统意义上的"贷款"；（3）金融项目的"违约金"计算方式能否作为"贷款利率"看待。此外还需说明的是，有部分金融债权所借货币是外币，如执行依据也表述为"按中国人民银行公布的同期同类贷款利率计付利息"，而目前中国人民银行已停止公布外币贷款利率，那就意味着该项判决无法执行。

2. 执行机构和执行人员的原因导致执行不力。在我国，被授予强制执行权的国家机关是人民法院，在人民法院内部则为执行机构和执行人员。在法院内部，由于重裁判轻执行的传统观念影响，执行机构相对处于较低的地位，相应的在执行机构的人员配置和工作装备上比较薄弱。

3. 执行措施、执行手段过于单一，导致执行不能。金融债权执行案件的执行对象往往限于主债务人或担保人的土地、房屋等不动产，执行措施主要是查封、拍卖，执行措施及执行手段的单一化，将在一定程度上影响执行力度及效果，甚至导致执行不能。四是执行配套机制不完善，执行管理体制薄弱。强制执行作为一种公力救济的手段，法院在其中的地位不容置疑，但仅靠法院一个机关"单打独斗"，不可能从根本上解决"执行难"，"执行难"应由全社会形成的合力予以解决。虽然最高人民法院颁发了一系列的司法解释，借此形成执行的社会联动机制，但目前颁布相关的配套机制还有待完善的地方。

（五）被执行人履行能力缺乏和诚信观念缺失

执行到位率高低的最关键因素是被执行人的履行能力和履行生效裁判的态度。目前，金融债权案件执行到位率低的主要原因就是被执行人履行能力缺乏和诚信观念缺失。

1. 部分被执行人缺乏履行能力。有的企业因经营不善严重亏损，处于停产、半停产状态或临近倒闭、破产边缘，企业不景气无力清偿债务，难以执行。从实践看，企业不景气无财产可供执行或可供执行的财产价值较低，这是造成金融纠纷案件"执行难"的主要原因。

2. 部分被执行人自觉履行债务观念淡薄，甚至还想方设法通过各种手段如改制、变更企业法人代表、重复抵押或虚假抵押、转移隐匿财产等方式来逃废银行债务；部分借款人在贷款之初就没有打算还款，擅自改变借款用途，将借款挥霍。

3. 部分借款人缺少社会诚信。在社会转型时期，由于观念变化过速加之法律滞后及不健全，导致社会上很多人缺乏诚信观念，通过各种方法恶意规避执行。

四、保护金融债权，防范不良资产产生的路径设计与完善

基于以上分析，笔者从执行立法、金融机构管理、加强人民法院执行工作、推动社会诚信体系建设等方面进行制度完善，以达到上述目标，解决上述问题。

（一）成文法的制定及完善：强制执行立法，优化执行法律环境

我国现行法律将强制执行的相关法律规范主要设置于民事诉讼法中，但是执行程序和诉讼程序在性质、地位、内容、任务和价值功能等方面都存在着非常明显的差异，将两者进行彻底分离，制定独立的强制执行法已成为目前各界的共识。从世界范围内的立法例来看，从审执不分到审执分离、从混合立法到

单独立法已成为发展趋势。为规范强制执行机构、执行当事人和执行参加人的执行行为和执行活动，同时为进一步解决我国现阶段司法实践中比较突出的执行难问题，制定独立的强制执行法已势在必行。从理论研究上看，强制执行制度中的主要问题和核心内容得到了进一步的充实和论证，将强制执行与民事审判中的诉权、既判力等重要理论结合在一起，强制执行理论日臻成熟。从司法实践上看，各级人民法院已经积累了丰富的强制执行实践经验，形成了许多强制执行工作的实施细则和具体规定，这为强制执行的单独立法奠定了坚实的实践基础。所有这些理论准备和实践基础为制定独立的强制执行法创造了成熟条件。

（二）管理制度的制定及完善：金融机构加强经营管理，提高风险防范意识及风险应对能力

1. 强化贷款审查义务。在发放贷款时按规定操作，严格审查借款人的主体资格、资信状况、还款能力、贷款用途；认真落实借款人提供的抵押物、质押物权属的真实性、有效性及实现上述权利的可行性；完善单位内部信贷审查管理的相关规章制度，落实责任追究制度，杜绝"人情贷"、"关系贷"的存在。

2. 依法申请诉前保全或诉讼保全，并及时行使诉权。债权人应在起诉前详细调查被告的财产状况、经营情况，对诉讼结果和收回贷款的可能性有一个较为准确的分析，使诉讼投入与诉讼产出达到最大化；在诉前或诉讼中向法院申请对债务人采取保全措施，对债务人的资产及时进行查封、冻结、扣押、防止债务人转移、藏匿财产逃废债务。在债务已届清偿期债务人未清偿债务时，应积极催收，催收无果可以向人民法院提起诉讼或申请强制执行。

3. 加强对贷款的跟踪监督。金融机构在贷款发放后，应对借款人进行定期或不定期的跟踪监督，特别是对贷款的使用是否符合合同约定的用途、贷款的投入是否达到预期的效果、债务人的生产经营状况及清偿贷款能力进行考量。对于相应债务人违反合同约定的行为，应令其限期进行整改，或提前收回借款。同时，金融机构在放贷后对抵押物的监管也必须落到实处，一旦有变动，必须及时采取措施。

4. 积极主动地向法院提供被执行人的有价值财产或财产线索。金融机构本身具有信息上的优势，应尽可能地向执行法院提供线索，及时主张债权人的权利。其他债权人也可以委托相关律师对被执行人的财产状况进行调查，及时向法院提供。债权人对于被执行人财产的调查消极配合，将会错过执行良机，直接影响到债权的实现。

(三)人民法院内部分工与配合的完善:加强金融债权审判、执行工作,进一步提高执行效率

依法采取诉讼保全措施,加大保全力度,为裁判后的执行创造条件。对金融机构起诉时申请财产保全的要及时对债务人的财产进行查封、冻结、扣押,防止债务人在案件审理期间转移、藏匿财产等逃废金融债务的行为。对金融机构在诉讼中提供的债务人财产线索,要及时查明债务人的财产,并采取有效措施予以控制。

为提高金融债权案件执行到位率,按照最高人民法院的部署,认真开展"金融债权案件专项清理活动",对以中止、终结本次执行等方式结案的金融债权案件进行全面清理,进一步健全和完善金融债权案件执行工作长效机制。

加强法院审判、执行延伸服务工作。帮助金融机构提高自我防范和化解风险的能力;及时把审理和执行金融纠纷案件中发现的涉及金融业务管理方面的疏漏和违规情况反馈给有关部门,帮助金融机构规范管理。同时加强与地方党委人大等有关行政管理部门的协调配合,对涉及地方保护主义以及职工生活等影响社会稳定的重大案件能够及时请示汇报,谨慎处理。

建立定期通报联络制度。定期召开金融部门与法院系统的涉金融债权案件联席会议,通报涉金融债权案件具体情况,讨论疑难案件办理;法院可根据新颁布的法律法规,在法律业务上对金融机构进行指导、帮助,促进金融部门依法诉讼,保护债权,降低风险。

(四)社会诚信体系的建立与完善:打破信息壁垒,实现信息共享,建立广东特色的执行联动机制和社会诚信体系

以各级法院的执行指挥中心和各商业银行的数据中心为依托,建立"点对点"银行存款余额直接查询机制。法院案多人少的矛盾和被执行人不讲诚信恶意逃避执行的现实,迫切要求法院要在第一时间、更大范围查找被执行人及其财产。借助高度发达的信息技术,改变传统派人上门查询的方式,建立一套信息全面、覆盖全省、查询快捷的被执行人信息查询系统是解决被执行人逃避执行的基础条件。省法院被执行人信息查询系统于2010年9月建成启用后,在全国法院引起巨大反响,外省法院纷纷参观学习,但该系统仍需继续完善。银行存款是被执行人最常见且最易于执行的财产,但目前被执行人多头开户逃避执行现象极为普遍;借助信息网络技术在最大范围内、在最短时间内查找到被执行人银行存款成为查找可供执行财产的最有效手段。因此尽快在省法院和广东省内各商业银行特别是国有商业银行之间建立"点对点"快速网络查询

存款协作机制成为当务之急。

按照广东省委、省政府的文件，人民法院要主动执行、依法执行，穷尽执行措施；各金融机构认真履行协助执行和联动执行义务。各金融机构除了是金融债权案件的申请执行人外，还是其他执行案件的协助执行人以及执行联动机制的成员单位。人民法院要通过执行联动和协助执行，充分发挥金融机构在解决执行难中的重要作用；各金融机构要以解决执行难为己任，依法协助人民法院执行，积极推动全社会解决执行难。

人民法院将执行案件信息定期提供给人民银行，公开曝光拒不履行债务的"老赖"，人民银行将信息纳入征信系统，并开放给有联动制约职能的国家机关、社会组织。商业银行和其他有联动职责的组织，依法利用信用信息，对不诚信者予以限制和制裁，通过信用征集和失信处罚，推动社会信用体系建设。

浅议涉金融案件执行难问题

海南省第二中级人民法院 何 亮

"执行难"是债权人最为担心的问题之一,金融机构也不例外。金融机构作为申请执行人的案件,是涉金融执行案件的重点和难点。近年来,这类案件呈逐渐上升趋势,诉讼标的额大,影响面广,执行难度高于普通民事案件,已经成为困扰法院执行工作的一大难点。早在2002年,四大金融资产管理公司法律事务部已在广泛调研和论证的基础上,联合拟就《关于金融资产管理公司执行难问题的反映》呈请国家有关部门审阅,并引起了高层领导的高度重视。2002年10月10日,最高人民法院副院长沈德咏在"全国法院加强执行工作电视电话会议"的讲话中坦言,法院执行工作面临着十分严峻的形势,他明确指出,涉及金融机构和金融资产管理公司的案件,涉及国企改制的案件,应为当前清理执行积案的工作重点。因此,如何解决金融案件的"执行难",就成了一个极具理论意义和实践意义的课题,这对于保证法律权威,树立法院形象,维护金融信用,保护金融债权,建立良好信用的金融秩序,具有重大而深远的意义。

一、涉金融执行案件现状与特点

涉金融执行案件呈现如下特点:

1. 涉金融执行案件比例呈逐年上升的趋势。

2. 涉金融执行案件的执行标的金额大,尤其是中级以上法院所受理的金融执行案件标的金额巨大,影响面广。

3. 大量涉金融执行案件已基本处于"呆账"、"坏账"状态,一般不具备继续执行的可能和条件,这也使得金融案件执行的可挖潜余地小。

4. 涉金融执行案件的执行成效不平衡,尤其在地区分布上呈现出较大的差异。金融执行案件的数量、标的金额基本与各地的经济发展水平的高低成正比。

5. 涉金融执行案件的纠纷类别集中。主要是借款合同纠纷，约占金融执行案件受理总数的 96% 以上；其他类别的案件，如保险合同纠纷、证券交易合同纠纷、票据纠纷等则较少。在案件被执行人的类别方面，主要集中在具有法人资格的企事业单位，其余则为个人和其他组织；基层法院涉金融执行案件被执行人更以个人居绝大多数。

二、金融案件执行难的原因

（一）被执行人的原因

1. 被执行人信用缺失。市场经济是法治经济、信用经济，在社会转型时期，由于观念变化过速加之法律滞后及不健全，导致我们的许多企业缺乏以"诚实信用、正当竞争"来经营企业的价值观。在许多经营者头脑中，守法经营观念很差，为了追求利润最大化，不惜占用他人资金或财产作为自己发展的手段，不讲商业信誉，认为逃债有利、废债发财、赖债不会坐牢，甚至将正当经营、积极偿债的行为当做不合时宜的表现。在不良资产案件执行过程中，被执行人以各种方式、理由实施逃废债行为，正是这种信用缺失的典型表现。

2. 被执行人对金融案件自觉履行债务观念淡薄，认识上存在误区。许多有执行能力的被执行人也认为负债是大环境造成的，企业长期拖欠银行等金融系统的款项是普遍现象，又不是他一家，金融机构家大业大，对金融欠款能拖则拖，能顶则顶，能躲则躲，不愿自觉履行。

3. 被执行人资不抵债。上文提及涉金融案件的被执行人主要是企业，从实践看，企业的资不抵债是造成金融纠纷案件"执行难"的主要原因。由于缺乏内外约束以及信息不对称情况，在产品生命的平台期，银行很难判定企业是否存在抽离、移用资金问题。一旦企业完成这一过程，则另起炉灶，异地开办或以他人名义开办新企业重新经营，原企业则任由贷款银行处置。至此，银行只有求助法律手段追偿，担保贷款尚可处置价值名不副实的抵押物、追索保证人，信用贷款则由于其他债权人的追偿而基本形成事实损失。另外，在这一过程中，有些企业还采取不断扩大投资的手段，掩盖资金链的残缺，迫使银行考虑先期注入信贷资金的安全而不断追加信贷投入，在产品生命的衰减期加速盘剥，不断加大了信贷风险与实现债权的难度。

4. 被执行人先天不足。一般企业注册时往往采取现金验资，来无踪去无影，且普遍存在财务失真的现象，银行很难根据企业的工商登记情况及财务报表判定其资金实力。在信贷实务中，资产负债率在 70% 以下的均认为可放款，银行信贷实际上承担了企业资金的硬缺口，留下了债权实现难、执行难的隐患。

（二）金融机构自身原因

1. 金融机构经营管理漏洞多，信贷管理多变，对贷款监督不力。金融案件执行难，银行自身的信贷管理因素不容忽视。银行重贷轻收、粗放的信贷管理体制，以至于贷款逾期、纠纷成诉才知企业已关停多时，这样的案例不胜枚举。而且，多年来的信贷政策多变，缺乏连续性和稳定性，银根或紧或松，时宽时严，信贷处于"一放就乱"、"一紧就死"的怪圈之中。与此同时，金融机构对贷款资金监管力度不够，监管手段滞后。部分金融机构对贷出资金疏于管理，致使有的专项贷款被挪作他用，或被转借他人，增加了经营风险。同时，由于不能及时掌握贷款方的经营状况，往往错过诉讼和执行的最佳时机。

2. 金融机构风险意识淡薄。金融机构与被执行人订立合同时，风险意识淡薄，担保流于形式。放贷时对贷款方资信审查不严，对担保的设立审查不严、不细，存在严重的瑕疵。有的担保方根本不具备担保资格，或不符合担保条件，致使执行时缺乏执行能力；有的则属"一女多嫁"，重复抵押，进入执行程序便引发案外人异议，难以执行。信贷人员依法收贷意识淡薄。许多案件因逾期起诉，时过境迁而丧失执行良机或者在诉讼时未申请财产保全，使得借贷人趁机转移财产。

3. 诉讼时机选择不当。在"执行难"的不良资产处置案件中，有相当一部分是因主债务人经营严重恶化、巨额亏损或严重资不抵债，几乎无财产可供执行造成的。而对于债务人上述原本几乎无财产可供执行的不良资产案件，金融资产管理公司却从避免因丧失诉讼时效而承担责任或基于加快不良资产处置进度等方面考虑，往往不惜花费巨额诉讼费用被迫起诉。在此情况下，诉讼的结果已十分明朗：官司肯定胜诉，但胜诉判决肯定无法执行。如此即使花费巨额诉讼费用，只能得到一纸根本无法执行的判决。

4. 诉讼准备不到位。诉前论证不充分，诉前、诉中财产保全措施不到位，也是造成金融资产管理公司胜诉后债权难以得到顺利执行的重要原因之一。由于缺乏诉前准备工作，没有对债务人企业的经营状况尤其是财产状况及其归属进行摸底调查，或诉前及诉讼中没有采取必要的财产保全措施，给企业转移财产提供了可乘之机，致使案件胜诉后判决难以执行。

5. 清偿对象、措施、手段单一。由于各种原因，金融机构胜诉案件的执行对象往往限于主债务人或担保人的土地、房屋等不动产，执行措施主要是查封、拍卖，这种执行措施及执行手段的单一化，将在一定程度上影响执行力度及效果,甚至导致执行不能。金融部门拘泥于仅以现金的方式清偿债权,不愿用以物抵债等其他方式来清偿债权。

(三) 法院自身存在的原因

1. 审判流程中存在的问题。涉金融案件诉前保全、诉讼保全较少,审理过程中缺乏对执行后续程序的考虑,对被执行人的有关信息查证不全,执行立案时对申请人所提供线索审查不严等,造成执行难度的加大。

2. 执行力度不够大,缺乏有效惩治措施。行政干预和地方保护主义是目前案件"执行难"的一个主要原因。由于人力、物力、财力等因素的制约,执行中时机的把握、连续集中执行等措施、力度不到位,对被执行人缺乏明确的惩治措施,也是造成执行难的重要原因。

3. 执行方式、方法还不够灵活。涉金融执行案件具有其特殊性,执行人员应拓宽思路,认真研究,积极探索以土地、财产使用权和所有权抵债以及债权转股权,资产抵债、反租经营等行之有效的执行措施,促进案件的顺利执行。而且,法院调查企业登记情况和经营状况的权力、强制冻结交易、强制过户的权力得不到保障,现有"一查封、二扣押、三抓人"的执行方法、措施,难于对恶意逃废金融债务行为形成有力制裁;虽然法律有相应禁止性和义务性条款,但这些条款对被执行人的法律约束过于软弱,难于形成震慑作用。

4. 执行体制和机制有待于完善。法院强制执行作为一种公力救济手段,实质上其行使了司法行政权,是有别于司法裁决权的行政行为,所以实施"审执分立"是一次进步。但是"审执分立"后,上级法院对下级法院仍是监督指导关系,并未解决缺乏统一管理与协调的问题,难于形成合力抗衡新形势下的地方和部门保护主义。近年来,为解决这些问题,强调了执行权是司法行政权,各级纷纷成立了执行局,从运作情况、实施效果看,感觉仅仅是执行庭的"翻版",提级执行、指令执行、交叉执行、委托执行等一些体现统一领导下的行之有效的执行方式方法,还未得到很好的运用。

(四) 法律与政策不完善的原因

1. 法律和政策上空白造成无法可依。随着全社会对处置不良资产问题关注度的不断提高,有关调整不良资产处置关系的法律政策已有相当程度的改善,但目前仍存在着大量不利于不良资产处置的法律规定、政策以及立法和政策上的空白,这些便是造成不良资产案件"执行难"的又一重要原因。

2. 法律和政策的不明确造成可操作性差。我国现行的法律体系中,对信用行为的债权提供了保证,但涵盖不全,对债务人履行债务的约束也不完善。

对债务人不具有强制性，可操作性较差，给司法实践带来了困难。如企业因未办工商年检被吊销营业执照而关停后，清算主体不履行或不完全履行清算义务的民事责任的承担问题，由于没有相关法律规定，使债权悬空。

（五）执法大环境复杂的原因

经济体制转型时期，人民法院面临的执法环境的普遍复杂和不断变化的特点，是其他国家不能类比的，现行执行管理体制薄弱的问题愈来愈突出。同时，在条块分割的利益分配体制下，由于既得利益的存在，司法机构的从属性（人、财、物均受制于地方），使之不足以有效抵御地方（部门）保护主义的干扰，司法公正面临着挑战。行政干预和地方保护主义是目前案件"执行难"的一个主要原因。有的企业以某一行政管理部门为主管单位或有的企业是本地的主要税源，对这些企业的执行往往会得到行政干预或者地方保护主义的干涉，严重影响法院的执行。

三、解决金融纠纷案件执行难的对策

造成金融纠纷案件"执行难"的原因是复杂的、多方面的，既有经济发展的原因，又有金融部门管理体制、运行机制以及整个社会执法环境等方面的原因。

要解决这一问题，需要法院、金融机构以及社会各界的积极努力、相互配合，这是一项长远且艰巨的工程。

1. 倡导守信光荣、背信可耻的金融信用风尚，建立执行信用体系，同时消除各种形式的地方、部门保护主义是市场经济的根本要求，同时也是建设社会主义法治国家的根本要求。只有充分营造良好的外部执法环境，减少法院执行工作的阻力和困难，才能为彻底解决金融纠纷案件"执行难"提供保证。

2. 建立执行案件信息披露制度，接受社会监督。建立执行案件信息披露制度，有利于当事人和社会各界的监督，有利于提高执行人员的执行水平和执法的自觉性，有利于法院领导及时掌握案情，支持和监督执行人员的工作。在不良金融债权转让案件中，造成国有资产流失的很重要的制度原因是，不良债权的评估和处置价格对社会和债务人不公开，不透明的处置给予了内幕人员可乘之机，成为违法操作的制度掩体。因此，完善不良金融债权处置制度，首先应当加强信息披露。通过信息公开制度，预防和限制内幕关联人员不当参与债权处置的活动。这里的信息公开，包括不良债权从评估到处置的每一个环节，不仅银行的有关信息应当对外公开，资产管理公司对外处置的行为过程也应公开，不仅应当对银行、金融资产管理公司和受让人公开，更应该对债务人、担保人和社会广泛公开,不仅应当在少数报纸上公开,更应通过互联网站公开,对于债务人和担保人应当以电话通知的形式告知公开方式。

3. 建立限制金融案件被执行人高消费制度。金融"老赖"们（包括企业组织和自然人）中有许多欠着金融机构的钱不还,但在高消费上却一点也不含糊,频频若无其事地进入高档消费场所。由于缺乏法律上的约束,金融机构往往对他们毫无办法,此时建立限制金融案件被执行人高消费制度显得尤为重要。限制金融案件被执行人高消费,(1)规定限制消费的范围,并在执行过程中告知被执行人；(2)组建对被执行人高消费的调查队伍,对金融机构的举报及时进行调查；(3)加重对被执行人高消费行为的处罚力度,情节严重的,按拒不履行生效法律文书罪对其进行刑事处分。

4. 金融机构要严格规范管理,积极配合解决涉金融案件"执行难"问题。金融机构要加强管理,严格把关、控制源头。(1)金融部门要规范金融秩序,加强对企业开户的监管力度,在信贷中要严格"三查"制度,确保信贷质量,只有从源头上控制住,才能为以后的执行到位打下坚实的基础。(2)严格审查贷款方的资信证件,并深入进行实地考查；严格审查担保方的担保资格和抵押物的情况,确保担保的切实有效,防止重复抵押。(3)金融机构要注重对放贷资金的管理,从中间环节上强化监督。对贷款人的资金使用、经营状况以及担保物资的保管、处置等情况,随时加以了解掌握,以便及时发现问题,请求法律保护。金融机构应当主动取消对人民法院采取执行措施的各项限制性规定,积极依法协助人民法院做好案件的执行。(4)金融机构应当加快建立借款人资信信息网络进程,及时了解掌握借款人的财产状况和商业信用状况,确保贷款的安全,并为在执行阶段能够向法院提供被执行人财产情报创造基础和条件。

5. 人民法院要重视执行金融案件工作,集中时间、统一调度,强化执行力量,有计划地对案件统一执行。在案件的执行措施和方法上,可以采取以资产使用权抵债；资产抵债返租；企业整体承包经营；当事人双方共同开发被执行人闲置土地,以收益抵债；债权转股权。人民法院应努力争取金融机构的支持和帮助,进一步加强与金融机构之间的沟通,认真听取金融机构的意见,帮助金融机构提高自我防范和化解风险的能力；及时把审理和执行金融纠纷案件过程中发现的涉及金融业务管理方面的疏漏和违规情况反馈给有关部门,帮助了金融机构规范管理。同时,人民法院要加强与地方党委人大等有关行政管理部门的协调配合,对涉及地方保护主义以及职工生活等影响社会稳定的重大案件能够及时请示汇报,谨慎处理。

6. 要加强立法以及司法解释。《商业银行法》作为《公司法》的特别法,对商业银行的法律地位、业务范围、权利义务等作了专门规定,使商业银行业务的开展进入了法制轨道。而金融执行案件涉及到的金融不良资产是一笔庞大的国有资产和社会财富,金融不良资产的处理同样关系到整个国民经济的稳定。因此,仅有《金融资产管理公司条例》还不够,目前迫切需要制定类似《金融不良资产管理法》这样一部法律,通过立法明确资产管理公司的地位、职责、业务范围及权利义务,明确不良资产管理的原则.保障各种资产管理手段的效力及力度,维护金融不良资产权利人的权益以及国有资产的安全。制定这样一部法律,还可以特别法的形式在一定程度上解除现行法律中落后于形势,不利于不良资产经营和处置的规定的制约,此外,国家以专门立法的形式规范金融不良资产的管理,还有利于提高全社会对解决金融不良资产问题的重视程度,有利于提高全社会的诚信意识,有利于防范不良资产管理过程中容易出现的各种形式且危害极大的道德风险。

总之,造成涉金融案件"执行难"的原因是复杂的、多层次、多方面的,要解决这一问题,需要社会的共同努力,从源头着手,正本清源。法治社会,文明诚信,金融机构努力防范金融风险,人民法院解决执行难,建立良好信用的金融秩序,共建以人为本的和谐社会。

商业银行借贷纠纷案件执行难的成因和对策

四川省成都市青白江区人民法院　李　耿

在社会主义市场经济飞速发展的当今社会，金融机构以其重要的经济地位已逐渐成为当前我国经济增长的重要推动力。金融业务的不断发展，在惠及社会各阶层、各领域的同时，也引发出了一系列的金融纠纷案件。人民法院作为国家司法机关，在开展审判和执行工作中，如何依法维护好金融机构的合法债权，保障国家利益不受损失，促进金融事业持续稳定发展，将是现阶段人民法院司法工作的重要任务之一。当前，人民法院受理金融机构申请执行的案件呈逐年上升趋势，其中尤其以商业银行借贷纠纷执行案件最为突出。因此，人民法院如何积极探索出破解此类案件的执行方法和思路，对于树立司法权威、维护金融秩序稳定、推动社会经济发展具有重要的意义。

一、商业银行借贷纠纷案件的执行现状及其特点

经济的发展离不开良好的金融环境，随着我国市场经济建设的不断推进，金融活动的日益繁荣，涉及金融纠纷的诉讼案件大量进入人民法院，由于金融案件多为新类型案件，而且涉案标的额往往较大，给当前法院的审理和执行工作提出了很大挑战。特别是近些年来，商业银行借贷纠纷案件呈现逐年上升的趋势，法院对于此类型案件执行难的现状较为突出，这不仅影响了人民法院的良好形象，也严重影响了我国经济金融环境的发展和稳定，给国家造成了很大的经济损失。

以S省C市Q区人民法院为例，自2008年至2011年，该院共受理金融机构申请执行的案件共计56件，涉案标的额达到3517.91万元。其中涉及商业银行借贷纠纷的执行案件达到29件，占到该院受理金融机构申请执行案件总数的51.79%（见图表一）。

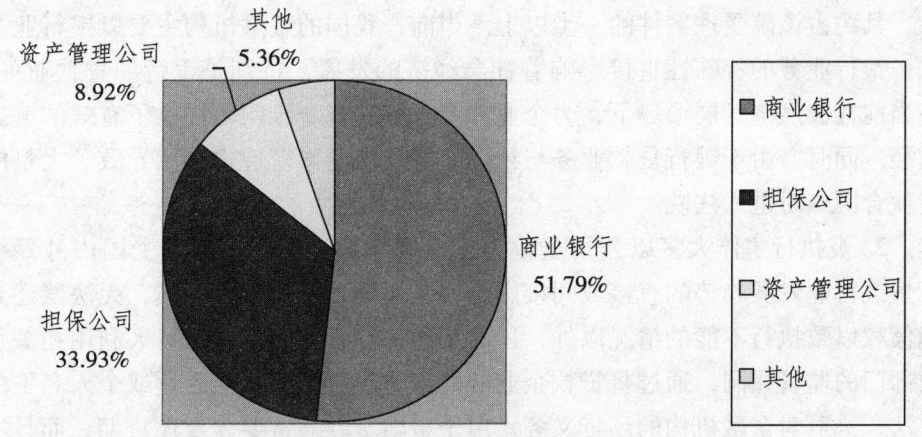

图一　2008~2011年受理金融执行案件涉案主体分布图

涉案标的额达到2248.15万元，占该院受理金融机构申请执行的案件总标的额的63.9%。其中，2010年受理涉商业银行借贷纠纷的执行案件标的额达到了1042.4万元，占当年受理金融机构申请执行案件标的额的81.6%，2011年受理涉商业银行借贷纠纷的执行案件数量达到了15件，占当年受理金融机构申请执行案件数量的48.4%。总体而言，商业银行作为金融机构的重要成员，其申请执行的案件无论在数量和涉案标的额上都呈现出递增之势，且在各类金融机构申请执行的案件中占据相当大的比例（见图二）。

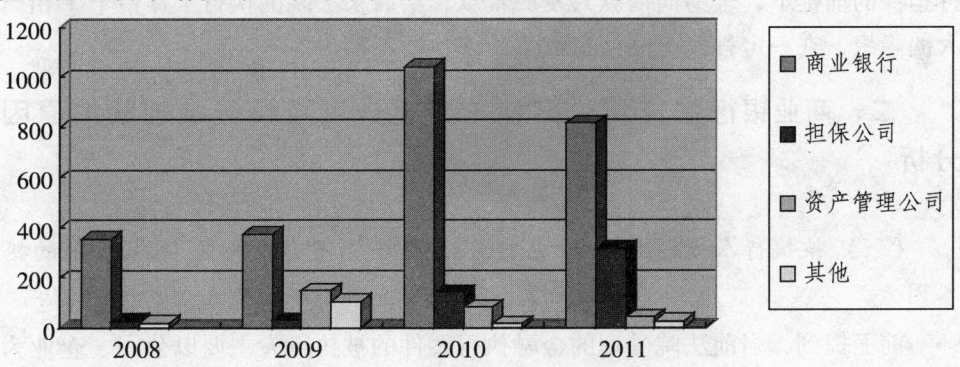

图二　2008~2011年受理金融执行案件标的额分布图

目前从法院对金融案件的执行情况来看，其案件执结率一般维持在80%左右，从统计的情况来看，仍有部分标的尚未兑现，执行工作面临一定难度，这类案件在执行中主要凸显出了以下特点：

1. 法院受理的金融执行案件种类比较单一，主要以商业银行借贷纠纷为主,其约占该院受理案件的一半以上。当前,我国的金融机构主要以银行业为主,银行业务的特殊性直接影响着社会经济的发展,特别是银行的贷款业务,在当前社会经济发展形势下,为企业和个人解决资金难问题提供了有效的解决途径。同时,由于银行贷款业务与社会经济发展的紧密性也必然导致了大量的借款合同纠纷进入法院。

2. 被执行主体大多以公司企业为主,这部分被执行人除了受国内外经济背景或行业发展趋势的直接或间接影响,从而导致企业资不抵债,无法偿还到期债权以致执行不能的情况以外,还有相当一部分原因是被执行人利用相关行政部门的监管漏洞,通过将贷款企业的财产非法转移至其他企业或个人名下的手法,逃避对金融机构的还贷义务。由于金融贷款通常要涉及还贷期,而且案件进入司法程序直至法院执行阶段往往还需要一定时间,因此,法院执行机构在查控被执行人财产行踪上具有一定难度。

3. 金融执行案件的执行标的金额普遍较大,特别在进入司法程序后,由于借款人的违约行为,往往在承担还贷义务的同时还可能要承担相应的违约赔偿金,特别在一些执行时间跨度较长的案件中,由于拖欠的利息不断增加,更进一步加大了案件执行的难度。

4. 被执行主体向金融机构借款时未设置抵押担保,个别金融机构为盲目追求放贷业务,在未对借款人的资产状况作认真调查,也未要求借款人提供抵押担保的前提下,轻易向借款人发放贷款,给后来法院的执行工作留下了相当大的隐患,在一定程度上间接造成了法院执行不能。

二、商业银行借贷纠纷案件不断上升以及执行难现状的原因分析

(一) 被执行人偿还债务的能力普遍较差是当前金融案件执行难的根本因素

前面提到,当前法院受理的金融执行案件的被执行人主要以公司、企业为主,而现阶段我国对兴办公司企业设置的门槛并不高,且在监督管理上尚不够完善。当前,我国正处于社会体制转型阶段,许多企业由于国家产业结构调整,经营管理理念落后,产品技术含量低、竞争力弱等因素,逐渐已被市场经济所淘汰。因此,这部分企业经营状况普遍不好,往往只能维持基本的生产经营,资金困难的现状导致其根本无法偿付银行的贷款,加之这部分企业大多缺乏市场竞争力,其生产设备、生产技术自然也相对落后,经济价值较低往往无

法偿付所欠债务。另外，有的企业由于经营不善甚至处于歇业状态，或者已被工商行政管理部门吊销了营业执照，其法人代表或负责人也往往不知去向，法院难以执行。

（二）借款人诚信意识淡薄，相关法律法规对借款人逃债行为缺乏约束力

由于缺乏相关法律法规的立法，目前我国的社会征信体制尚不健全，全社会没有形成一套完整的信用体系，社会信用意识和信用观念还未在人们意识中广泛形成，借款人诚信意识淡薄，无视银行和国家利益，也是导致当前金融执行案件不断上升的重要因素。特别是一些将借款用于投资经营的企业，错误的将经营风险与金融机构的债务混为一谈，认为反正银行的贷款都是国家的，因此一旦企业出现经营不善，无法偿还贷款时，便采取各种方式规避或逃避还款义务，当前国内对于这部分失信者的惩罚制约机制还比较有限，失信者所获得的利益远大于付出的成本，造成了大量的银行借贷纠纷。

（三）银行信贷管理制度执行不规范，给金融执行案件留下了很大隐患

近年来我国银行业发展迅猛，不论是银行数量还是业务范围都在不断增长，行业竞争逐渐凸显。特别是一些成立不久的中小型银行，盲目追求业绩，不惜降低信贷条件，在未对借款人进行全面的资信审查和评估的前提下，便采用免担保、零首付等信贷形式来吸引客户。加之银行内部信贷管理机制不完备，往往没有按照银行法规定对借款人的借款用途、偿还能力、还款方式等情况进行严格审查，以致借款人拖欠贷款不还时才发现问题，而贷款机构与借款人签订借款合同时，由于没有设立有效的风险担保，对担保的设立审查不严，导致设置的担保抵押价值无法清偿贷款，甚至根本就无抵押担保财产可供执行。进入司法程序后，这些金融机构很难给法院提供有效的执行线索，从而给法院执行工作增大了难度。

（四）银行借贷纠纷执行案件的案情复杂，难以查找可供执行的财产线索

金融执行案件具有一定特殊性，其执行标的一般以金钱给付为主。因此，被执行人偿付债务的能力将直接影响案件执行，特别是在涉银行业的借贷纠纷执行案件中，一些借款企业往往是在开展投资经营或扩大生产规模的背景下，由于资金不足才通过向银行贷款的方式满足其正常生产经营所需。因此，这类借款企业通常处于资金不足的境况，一旦企业经营不善，投资失败，其财产状

况自然不容乐观，法院在执行中通常不易发现有价值的执行线索，加之金融机构在贷款之初如果未要求借款人设定抵押担保，进入司法程序后，法院执行工作就更难顺利开展。另外，这类执行案件还可能面临企业破产，各债权人参与财产分配的局面，按照我国法律规定，破产财产要优先清偿破产企业职工的工资、社会保险等费用以及企业所欠税款，因此，最后分配给债权人的财产往往难以清偿银行贷款。

三、减少商业银行借贷纠纷以及破解案件执行难的对策

商业银行借贷纠纷案件执行难是由多方面原因造成的，如何化解此类案件执行难问题，从根源上避免或减少商业银行借贷纠纷的出现，单靠人民法院单方面的力量显然是不够的，还需要全社会营造良好的执行环境，同时银行业机构自身也要严把信贷关，做到多管齐下，标本兼治，切实打破银行借贷纠纷案件执行难的局面，维护社会主义市场经济的正常运行。

（一）注重对社会诚信意识的引导，加快建立完善社会信用体系

首先，社会各界要充分运用各种宣传方式，强化对人们信用观念的正确引导，在全社会努力倡导并形成诚实守信的优良作风。其次，要加快关于信用立法工作，修订完善现行的相关法律法规，明确相关信用人的权利义务和失信后的法律责任，建立健全对失信行为的约束和惩罚机制，对失信人的失信行为进行全方位的监督和约束，通过社会的监督和法律的制裁，严厉打击借款人恶意逃避金融债务的行为，以此加大失信人的失信成本和惩戒力度，从根本上减少金融机构的借贷纠纷。

（二）商业银行要加强风险防范意识，在信贷业务中尽量避免或减少借贷风险

金融机构在从事信贷业务中，应当严格管控信贷风险，在开展信贷业务过程中，应当严格按照商业银行法和银行业内部的规范，要对每一笔贷款的可行性进行严密的论证，充分预测分析贷款风险的大小。在完成贷款业务后要定期对借款人的还贷能力、经营状况进行有效的掌握，在出现贷款风险时能够及时地依法主张自身权益，从源头上避免金融借贷纠纷的发生，确保金融机构资金的安全性。

（三）完善银行信贷管理机制，从根源上杜绝或减少借款人逃避金融债务

依法申请强制执行、追偿银行贷款仅仅是金融机构正常开展信贷业务，保

障银行业合法权益的手段之一，要切实维护好金融资金的安全性，其根本还在于完善银行信贷管理机制，增强银行业自身防范信贷风险的能力，这就要求银行信贷部门要切实按照商业银行法的规定，严格实行审贷分离、分级审批的制度，建立健全科学系统的放贷授权机制，确保信贷程序合法、法律手续完备，同时还要完善风险预警机制，适时掌握贷款资金流向以及借款企业的经营状况，防范借贷风险。要依法严格要求相关借款人提供借款担保，着重对保证人的偿还能力，抵押物、质物的权属性质和经济价值以及实现抵押权、质权的可行性进行严格审查，一方面从制度上充分杜绝借款人恶意逃避金融债务的情况发生，另一方面从法律程序上设置好权利保障，不留丝毫隐患，确保银行财产不受损害，减少、避免借贷纠纷出现。

（四）法院要加大执行力度，创新执行方式方法，切实提高实际执行到位率

当前金融执行案件的被执行人逃避、躲避执行的方式呈现多样化，特别是一些企业利用行政部门的监管漏洞逃避债务，极大地损害了申请人的合法权益。由于不良企业手段隐秘，法院执行机构往往缺乏明确的线索查清资产动向，从而导致法院在查控被执行人财产上存在较大难度。因此，法院执行工作也应与时俱进，不断创新执行方法，丰富执行手段，要穷尽一切执行措施，将申请人的债权落到实处。注重在加大执行力度、增加被执行人责任、提高被执行人强制执行成本等方面下功夫，促使其自动履行债务，提高执行效率和力度；对于恶意规避法院执行的被执行人，要灵活使用曝光黑名单、限制高消费等执行措施，充分限制被执行人从事生产经营活动，限定被执行人生活消费金额，增加被执行人压力促使其履行义务；对于被执行人的严重失信、拒不申报财产甚至通过转移财产的方式逃避、抗拒法院执行的行为，要结合实际情况依法对其采取相应强制措施，对其中构成犯罪的，要依法追究相应刑事责任，从而有效地解决执行难题，彰显司法权威。

（五）加大对被执行财产的查控工作，重点排查第三人到期债权，合理运用资产处置方法，寻找案件突破口

执行部门在执行过程中要坚持做好对被执行人的财产搜查工作，尽最大可能寻找被执行人隐藏的可供执行的财产，要依法通过各种途径详细调查金融案件被执行人银行存款、工资收入、房屋、车辆、有价证券、股票债券等一切可转让的有形或无形的财产或财产权利，均可成为执行的标的物。由于银行借贷纠纷案件的被执行人主要以企业为主，因此这类被执行人在企业经营活动中往

往享有对第三人的到期债权。所以，执行部门在金融纠纷执行案件中要充分掌握被执行人的经营行为，重点排查被执行人是否享有案外第三人的到期债权，努力寻找出案件突破口。另外，法院在执行中要合理运用财产处置方法，针对案件执行中的房产、土地使用权、机器设备等财产或权利成为案件执行的主要对象的现状，在案件执行中，按照国家法律法规的规定，结合案件实际情况，通过资产使用权抵债、资产抵债返租、企业整体承包经营、债权转股权、放水养鱼等方法，有效提高资产处置的实际效果。①

四、结语

总之，要解决金融案件执行难问题，除了靠人民法院加大执行力度、创新执行手段、依法用好执行措施外，还需要金融信贷机构强化风险防范意识，不断完善信贷管理体制，切实把好信贷关。同时，金融执行案件的有效执行还需要社会各部门的支持和配合，立法部门要加快完善相关法律法规，执法部门认真抓好制度落实，切实堵牢借款人恶意逃避还贷义务的漏洞，从源头上杜绝或减少信贷风险，避免银行借贷纠纷的发生。此外，还要在社会上努力营造出良好的诚信环境，要始终坚持倡导诚实守信的良好风气，逐步建立个人和企业的金融信贷信誉档案体系，为金融机构营造出依法、规范、有序的信贷环境，充分化解金融案件执行难的问题。

---

① 谭震祥：《关于胜诉金融案件执行情况的调查报告》，载《金融纵横》2002年第2期。

金融案件执行难问题分析及对策之我见

四川省德阳市中江县人民法院　马元旭

近年来,金融执行案件呈逐渐上升复杂化趋势,由于金融执行案件的数量多、执行标的金额较大,但案件的执结率和标的到位率偏低,已经成为困扰法院执行工作的一大难点,因此,就金融案件执行难的成因和对策进行分析和探索,寻求破解金融案件执行难的对策,在当前形势下显得尤为迫切。笔者认为,以金融案件执行难的成因为切入点,进行深入的分析和探索,是破解金融案件执行难的基础。

一、金融案件执行难的原因

从执行工作实践来看,金融案件执行难的形成原因是多方面的,但主要由以下三方面的原因造成的:

（一）金融部门自身存在问题造成执行难

一是金融部门信贷制度不够完善,贷款审批制度上的缺陷,加上部分信贷人员工作不负责任,在对借款人和担保人还款能力未作详细调查的情况下就盲目发放贷款,特别是在办理抵押贷款的过程中,抵押物与贷款额度相差很大也盲目放贷,以及有的抵押物虽然评估价值相当,但抵押物的使用的局限性、特殊性导致在执行中无法拍卖、变卖,给以后的执行工作造成被动;二是金融部门管理不严,信贷人员素质不高,以致贷款手续不完备,当事人资料如地址、工作单位等记录不全,导致执行难度增大;三是信贷人员依法收贷意识差,责任心不强,在案件执行时不主动提供可供执行的财产线索,导致被执行人逃跑或转移财产,致使执行良机错失。四是"人情贷款"、"关系贷款"大量存在,或者是信贷人员私自截留或挪用贷款,或者是信贷人员收取贷款人的回扣费,造成执行难。

（二）借款当事人方面的原因造成执行难

一是部分借款人或借款企业经营管理不善，长期处于亏损状态，借款到期后无力偿还借款，而本身无财产可供执行，这也是造成金融案件执行难的主要原因；二是存在恶意贷款、规避还款的现象。有的借款人在贷款之初就没有打算还款，擅自改变借款用途，将借款挥霍。有的借款人债务观念淡薄，为躲避还贷，转移、隐匿财产，规避执行，给执行工作设置重重障碍；三是部分借款担保流于形式。部分担保人法律意识淡薄，在借款人无力归还时拒不履行保证责任，逃避或对抗人民法院执行，起不到担保的作用，造成执行难。

（三）社会综合因素的影响造成执行难

一是行政干预和地方保护主义严重，许多欠款大户都是在当地有影响力的企业，是当地地方政府的主要纳税大户，因此，法院在执行过程中受到的干预比较一般案件而言要严重得多，甚至有的干预来自上级法院；二是社会"说情风"影响案件执行。在法院执行时，总会有各种关系来说情拉拢办案人员，影响了法院执行工作的正常开展，导致金融案件执行难，到最后虽然案件大多能执结，但执行效率和结果都要或多或少的受到影响，造成执行难。

二、解决金融案件执行难的法律层面和执行方式之对策

随着市场经济的进一步发展，金融活动将更加频繁、更加复杂多样化，金融执行案件的数量也将越来越多，金融执行案件的类型也将更加复杂多样化，这无疑也会增加金融案件执行的难度。因此，人民法院应当从上述金融案件执行难形成的原因中积极分析和探索金融执行案件的执行方式，首先从执行方式层面解决金融执行案件的基础性问题，在此基础上再解决其他困扰金融执行案件的综合性问题，不失为一种较好的方法。结合笔者执行工作实践和一些执行案例来看，笔者认为依法采用以下几种方式是执行金融案件在法律和执行方式上的有效对策：

（一）执行抵押财产实现债权

执行金融案件中，首先应从查明有无抵押，然后从抵押入手进行执行。

1. 不能简单地以抵押物抵消债权。抵押物拍卖、变卖后的价款超过债权数额的部分必须归还抵押人，不足的部分由债务人继续清偿。

2. 不能侵犯其他抵押人的权益。借款人以同一财产向两个以上债权人抵押的，以抵押物登记的先后顺序受偿；同顺序的，按债权比例受偿。

3. 征得金融债权人同意。被执行人所抵押的财产无法拍卖或者变卖的，

经金融债权人同意，执行时可以将该项财产作价后交付金融债权人处理。

4. 抵押人对抵押物没有所有权但有用益物权的，且该用益物权是能够给权利人带来利益的财产权利，对这种抵押，人民法院可以加以认可并予以执行。

(二) 执行不动产抵债返租

抵债返租是一种新的执行方式，具体实施时应注意以下几个问题：

1. 要查清抵债的不动产性质。如是否属于企业所有、是否被其他法院查封、是否设定担保、是否被租赁等。企业所占有的土地使用权不属于企业的，首先应征得土地使用权人和所有权人的同意（这种情况主要是乡镇企业），因为有些改制企业改制时没有将土地使用权价值折成股份计算在企业总资产内，土地使用权仍在当地政府手中。对此，抵债返租必须征得有关政府部门同意，否则不能进行。

2. 必须是一个企业抵给一个金融部门。企业只能用其他财产抵偿其他债权人的债务，其他财产不够抵偿的，金融债权人可以代为支付其他债权人的债务，企业再以等价值的不动产抵偿给该金融债权人。

3. 必须程序合法，处理得当。土地使用权、房产抵债返租后双方必须办理过户手续，制作不动产大小、位置等详细示意图，以免产生新的矛盾。金融部门不宜将取得的不动产使用权用作他途。除非企业已停产，无法重新开始运转，一般返租时应租给原企业。如取得该企业的全部产权属于例外。

4. 正常生产的企业不能以此方式执行，只能针对还贷无望的企业。只限于诉讼中的企业。对金融部门没有起诉的，法院不主动介入，但如对某一区域进行集中清理时，可以征求未起诉银行是否提起诉讼之意见。

(三) 执行第三人

根据《民事诉讼法》第 233 条和《最高人民法院关于适用〈中华人民共和国民事诉讼法〉若干问题的意见》，在民事、经济案件执行过程中，遇有被执行人不能清偿到期债务但对第三人享有到期债权的，可以径行执行第三人。在金融案件的执行中，对数额相对较小，没有其他财产的被执行人，执行人员要积极寻找和执行第三人，达到实现金融债权的目的，使金融债权的损失降低到最小的程度。

金融执行案件执行第三人时要注意以下问题：

1. 所执行的必须是被执行人未按规定的限期履行之金融债务，同时准确认定被执行人和第三人的债权债务关系。金融部门申请执行第三人时，要提供被执行人对第三人到期债权的证据，或提供证据线索。证据要被执行人和第三人进行核实。要做到两不受理，一是对债权本身有争议的不受理，如质量违约争议等；二是对债权数额有争议的不受理。

2. 程序合法，手续齐全。一要有金融部门申请执行第三人的书面申请书；二要有证明被执行人对第三人到期债权的证明材料（包括执行人员自行收集的材料）；三要有通知第三人向申请人履行义务的履行通知。

3. 尊重第三人的权利。主要是尊重第三人提出的执行异议。《民事诉讼法》第300条规定：以被执行人对第三人享有的到期债权为执行标的时，第三人有提出异议的权利。《最高人民法院关于人民法院执行工作若干问题的规定（试行）》第63条规定："第三人在履行通知指定的期间内提出异议的，人民法院不得对第三人强制执行，对提出的异议不进行审查。"尊重第三人权利，可以有效防止执行出现错误。

三、解决困扰金融案件执行难的综合性问题之对策

金融案件执行难是由多方面的原因造成的，既有金融部门的问题，也有社会干预因素的影响，也有执行人员素质、责任心以及法律法规不尽完善等问题，要从根本上解决困扰金融案件执行难的综合性问题，笔者认为应采取如下对策：

（一）人民法院要充分发挥主观能动性，讲究执行艺术，解决执行难

人民法院要针对金融案件的特点，加大执行工作力度，多方面查找被执行人财产，区分案件情况，采取不同的执行方法，将强制执行与执行和解相结合，集中执行与重点执行相结合，现金偿还与以物抵债相结合，同时与金融部门要多沟通、多配合。在此基础上，进一步建立完善执行威慑机制和执行联动机制，涉及重大金融案件的执行要和地方党委、人大搞好协调沟通，争取地方党委政府的理解支持，稳妥谨慎地执行好重大金融案件。

（二）金融部门要加强监管，规范借贷业务

严格贷款审批程序，完善贷款手续，特别是担保手续和抵押贷款手续，做好抵押资产的价值评估工作。同时做好贷前调查、贷中审查、贷后检查，堵塞漏洞，减少失误，确保贷款放得出、收得回。同时，提高信贷人员素质，增强依法办事观念，杜绝"人情款"、"关系款"，并建立有效的信贷人员责任追究制度，从源头上减少金融案件执行难。

（三）营造良好的诚信环境

应当在全社会倡导诚实守信的良好风气，积极尝试建立个人和企业的金融

信贷信誉档案体系,结合人民法院征信体系,将不守信用的被执行人情况及时向社会公布曝光,让欠款人无处藏身,敦促其自动履行义务,并以此建立守信光荣、背信可耻的金融信用风尚,为解决金融案件执行难打下坚实的基础。

  金融案件执行难是由多方面的原因造成的,全国各地区金融执行案件执行难的具体情况也各不相同,随着中国经济的快速发展,还会不断产生各种新类型的金融执行案件,以上针对金融执行案件执行难提出的几点对策只是管窥之见,各地法院要根据各地不同的具体情况以及不断产生各种新类型的金融执行案件,因地制宜地调整金融执行案件的执行策略和执行方式,以达到最佳的执行效果,同时,还可以进一步丰富和完善金融执行案件的执行策略和执行方式,以达到法院主办、社会各界共同努力,解决执行难的最终目的。

关于商业银行金融债权执行问题的若干思考

武汉农村商业银行　骆　政

商业银行是特殊的企业——金融企业，以获取利润为经营目的和发展动力，实行自主经营、自担风险、自负盈亏、自我约束。目前，我国的商业银行存在大量的银行债权诉讼案件未执行，如果长期无法执行，势必导致商业银行负债累积，从而影响国家金融秩序和金融安全。在整顿金融秩序、保障金融安全、化解金融风险的新形势下，着力解决商业银行金融债权案件执行难，已成为一项亟待解决的重大问题，急需引起金融界、司法界的重视和解决。

一、商业银行金融债权案件的主要特征

1. 以借款合同纠纷案件为主。由于银行的经营范围、信贷业务品种等原因，在金融债权案件中，涉及借款合同纠纷的案件占绝大多数，剩余部分则为涉及存单、票据和信用证等的纠纷案件。

2. 标的额大诉讼成本高。一般来说，银行金融诉讼案件诉讼标的额均在100万元以上（不含个人住房按揭贷款），而且金融机构诉讼案件一般都签订有书面的借款合同，事实清楚、证据充分，绝大多数都是胜诉方。但银行在诉讼和执行过程中，需要垫付诉讼费、保全费、公告费、评估费等各类费用，这对银行来说是一个沉重的负担。

3. 消极避诉和规避执行现象突出。金融不良债权的债务人多为经营不善、名存实亡的企业，一般具有不按时年检、营业执照被吊销、仅剩个别工作人员、在注册地址也未安排留守人员等特点，导致在诉讼过程中，法律文书无法正常送达至债务人，需法院进行多次公告，延长了诉讼时间，导致诉讼活动无法顺利进行。即使债务人应诉的，表现也十分消极，一般都是承认欠款事实但无力偿还，无财产可供执行。

二、商业银行金融债权案件执行难的原因

1. 被执行人信用缺失。市场经济是法治经济、信用经济，在社会转型时期，少数相关法律法规滞后、法律体系不够健全，许多企业缺乏"诚实信用"的经营价值观，对于金融欠款能拖则拖、能顶则顶、能躲则躲，不愿自觉履行。他们认为其长期拖欠银行等金融系统的贷款是普遍现象，是大环境造成的。在金融债权执行过程中，有相当一部分企业采用改制、转制、分立、合并、投资、体外循环等手段恶意逃债，存在大量违规操作、暗箱操作的现象，很大程度上加大了法院查找财产的难度。

2. 相关法律和政策不够完善。我国目前尚未颁布《强制执行法》，强制执行措施散见于《民事诉讼法》、《关于人民法院执行工作若干问题的规定（试行）》等法律、法规和司法解释中，远远无法满足执行工作的要求；涉及执行工作的管理体制、执行救济、执行主体的变更和追加、参与分配、各种执行措施等基本问题还没有明确的法律规定，需要进一步的完善。执行工作中的新情况、新问题层出不穷，迫切需要法律、法规和司法解释解决实际执行中存在的问题。

3. 考核制度不合理。"执结率"是现在法院工作考核的主要目标，法院和执行法官为应对执行案件数量居高不下的局面、达到结案率的有关要求、显示执行工作的成果，往往在近年底的关键时期，采取不接受执行案件申请、要求债权人申请执行中止（暂缓执行）或者通过发放"债权凭证"等办法突击结案。这种考核机制给不良资产执行案件造成的影响是，许多本来有希望得以执行的案件因被中止或者领取债权凭证后，变得难以执行，从而使债务人乘机转移资产、躲避执行。

4. 政策性原因。目前，农村商业银行是以信用社为基础改制组建的。在农行管理农信社时期，农行贷款企业因资金周转困难或经营不善的风险转嫁给信用社，脱钩时又将该类贷款划给了信用社，这些企业现大都已关停或破产，使信用社贷款形成永久性损失类贷款。同时，在 2002 年农村债务锁定之前，地方政府指定农村信用社发放救济贷款，贷款行为行政化，削弱了贷款产生经济效益的基础；同时农信社还承担了国家税费改革、乡村经济组织的亏损倒闭的风险，这部分贷款基本上都成为了不良贷款；从现有的法律、政策上也无法向这些经济组织的上级主管部门（各级政府）承担还款责任。

5. 金融机构自身原因。首先，有的金融机构进行贷款审查时，未进行实地考察，而仅仅对申请材料进行书面审查，这类贷款往往回收困难，法院执行

也存在很大的难度。其次，部分金融机构工作人员风险意识淡漠，对抵押、质押等需要办理登记的财产，未办理完备的合法登记手续，导致执行时常常出现重复抵押、土地抵押权和地上建筑物抵押权分离等情形，这样在执行中便难以受偿。最后，在贷后管理工作中，金融机构客户经理对贷出资金疏于管理，未及时掌握借款人经营状况，甚至贷款挪作他用、转借他人时也未能及时发现，错过诉讼和保全的最佳时机，导致贷款逾期时难以收回。

三、我国现行执行法律体制的探索和改革

（一）尽快制定一部《强制执行法》

近年来，关于应否制订单行的强制执行法典，日益成为我国理论和实务界关注的一个热点问题。根据我国的立法精神与实际情况，建议由全国人大常委会借鉴奥地利、比利时模式，将《民事诉讼法》中有关执行的条文分离出来，制定独立的民事执行法典《强制执行法》；并对强制执行的有关条文进行进一步的细化、规范，规定审执分立，对执行机构及人员的法律地位、强制执行的基本原则、执行范围、执行管辖、执行程序、执行措施、执行费用的负担、协助执行义务以及妨碍执行的法律后果等问题作出明确的规定，使执行工作有法可依，保障执行工作的顺利进行。

（二）针对农村商业银行提供必要的政策支持

农村商业银行具有不同于一般商业银行的服务对象，即"三农"。但农业是高风险，低收益的弱势产业。目前，各家农村商业银行无法收回的债权中向"三农"发放的政策性贷款占了很大的比例，因此，为了化解该部分债权，除了通过法律给予支持外，我国可以借鉴美国模式——对于支持农业项目的金融机构免除存款准备金和税款的缴纳，以便农村商业银行能更好地服务三农，具体方式如下：一是对于原农信社归农业银行管理时期代理农行发放的扶贫贴息贷款形成的损失部分，可由地方财政和中央财政共同负担、消化；二是由于国家对改制企业中农信社的贷款债权有特殊要求，且农村商业银行支付安全涉及到广大农村金融稳定的大问题，因此，对在地方政府对乡镇企业等改制中形成的不良贷款，应由各级地方财政采用多种方式分期予以弥补；三是在现有的金融政策下，对"三农"发放的贷款，给予税收上的优惠政策。

四、执行措施的改制和完善

（一）设立专门的金融执行庭

金融执行庭主要是执行涉及银行、证券、保险等方面的金融民商事案件，

落实金融案件执行的信息传递和信息反馈机制，收集汇总案件执行有关信息、典型案例，并向金融机构发布，同时对其提出相关司法建议。

某市中级人民法院促进城市信用建设，搭建服务金融企业平台主动延伸司法职能，提出"搭建一个平台，实现沟通零距离；建立两项制度，有效整合资源；加大执行力度，尽快实现债权拓宽服务领域，提高服务水平"四项举措，积极为金融机构提供服务，维护金融债权安全。2011~2012年上半年，法院通过强制执行和重点督导执行，助该市农村商业银行收回信贷资金7536万元，其中重点督导执行案件收回资金2093万元。

由此可见，建立专业的执行平台对促进金融债权案件的执行起到了积极的促进作用。目前，河南省郑州市中级人民法院已设立了全国首家金融执行庭，这些都有助于切实化解金融领域纠纷，维护金融秩序，高效、及时、全面地保护当事人的合法权益。

（二）改革和完善执行过程中的送达制度

在执行过程中，被执行人或其法定代表人去向不明，无法送达执行通知书和被执行人财产报告通知书等各类法律文书，或者无法查明被执行人的财产，也无法对其采取强制措施，致使执行程序无法进行下去，这也是导致"执行难"的重要因素。被执行人玩"失踪"已经成为被执行人屡试不爽的逃债手段；其结果是，执行法院要么中止执行案件，要么采取"午夜行动"。经验证明，若被执行人有可供执行的财产便可进行拍卖，但若被执行人失踪，在执行过程中需要多个公告程序，累计时间可超过一年。

因此，建议明确规定公安机关协助"找人"的义务，并向法院开放公民身份证信息管理系统；完善执行送达制度，减少执行过程中的公告时间。例如对被执行人下落不明的案件，如果审理阶段已履行公告送达程序，执行阶段可将目前法律规定的六十日送达期间适当缩短为三十日，以尽快实现金融企业债权将执行工作的重点从"找人"转移到"找财产"上，这样才能提高执行效率。

（三）建立健全社会信用网络机制和政府联动平台

我国对企业和个人信息的社会信用网络机制正在建立和完善之中，但金融机构执行案件中涉及大标的额的债权被执行人一般为企业，建立健全企业的社会信用网络，包括企业的银行信息（除基本户以外，企业一般有多个结算账户或者以个人名义开立的账户）、房屋信息、借贷信息、涉及法院诉讼、关联企业、工商、税务等，这样不论是金融机构为企业放款、开展贷后管理，还是法院执行时，执行员可以通过网络随时掌握被执行人的情况，定期向社会公布被执行人的违法情况，从源头上把控风险，让被执行人逃避执行无利可图。

（四）在执行中摸索创新执行措施和执行方法

在被执行人逃避执行的方法日趋复杂的背景下，必须通过创新执行措施的方式，来提升执行工作的效果，彻底解决执行难的问题。一是可以采取以调查令、委托调查函等方式赋予银行及其代理律师法律规定范围内的财产调查权，代理律师持法院出具的协助调查令调查，视同执行人员的调查，有关单位和个人必须协助。《最高人民法院关于依法制裁规避执行行为的若干意见》（法〔2011〕195号）中也明确各地法院也可根据本地的实际情况，探索尝试这种方法；二是社会公众提供执行债务人财产线索，经查证属实的，应当给予举报人适当奖励，奖励费用由执行债务人负担；三是扩大限制被执行人相关人员高消费的范围。现在很多企业为民营的股份有限公司，其股东为夫妻或亲戚关系，公司财产与个人财产混同，滥用公司法人人格和股东的有限责任来逃避债务，申请人也无法将股东追加为被执行人。因此对被执行人是法人时，应该加大其法定代表人、主要负责人、实际控制人、影响债务履行的直接责任人员等被限制高消费的人员范围。

（五）强化妨害民事执行的强制措施

在民事执行程序中，人民法院对于妨害民事执行活动的行为人采取限制其人身自由或者实施财产处罚的制裁措施，以维护执行程序的顺利进行。此即所谓的妨害执行的强制措施，属于妨害民事诉讼强制措施的一种。《民事诉讼法（2007年修订）》第十章"对妨害民事诉讼的强制措施"中，对于破坏查封、扣押、冻结措施的行为，拒不履行判决裁定的行为，非法索债行为，以及违反协助调查、执行义务的行为一并规定了妨害执行的强制措施，该制度在维护执行秩序、保障民事执行的顺利进行发挥了积极的作用。在目前的现实环境下，我国应当充分借鉴国外的做法，进一步强化该制度的实际效果，加大对妨害执行行为的矫正、处罚力度。（1）延长司法拘留的期限。目前的拘留期限较短，不足以震慑妨害执行人，可以借鉴德国民事诉讼法的规定，将拘留期限规定为6个月以下。（2）提高罚款的数额。借鉴法国民事诉讼法上的"日增罚款"制度，规定按日罚款。（3）明确规定限制出境措施。执行法院对未履行生效法律文书确定义务的被执行人或其法定代表人、负责人不准出境。限制出境在出入境管理法中已有规定，实践中个别法院已采取了这种措施，效果明显。但现行《民事诉讼法》没有将限制出境明确地作为一种强制措施规定下来。（4）

完善追究刑事责任的程序。《刑法》中与妨害民事执行行为有关的罪名主要是第 277 条规定的妨害公务罪，第 313 条规定的拒不执行判决、裁定罪，第 314 条规定的非法处置查封、扣押、冻结的财产罪。按照刑诉法的规定，这些犯罪行为都属于公诉案件，由检察机关向法院提起公诉，法院进行审判。可以借鉴英美国家的藐视法庭罪，将拒不执行判决、裁定罪的追究程序，由公诉变为无控诉审判程序，由法院直接作出判决。

参考文献

1. 董皞：《民事执行策略与方法》。
2. 郭伟清：《执行案例精选》。
3. 管晓峰：《中外民事强制执行制度比较研究》。
4. 董少谋：《民事强制执行法论纲——理论与制度的深层分析》。
5. 邬耀广、周 强：《主动执行机制论要》。

浅议涉金融案件"执行难"

四川省德阳市中级人民法院 邵 敏

近年来，随着社会经济的不断发展，人们的经济交往趋于频繁，对金钱的需求量也就越来越大，法院受理的金融纠纷案件也就随之增多，金融纠纷案件的执行不仅是人民法院执行工作的一大重点，也是一大难点。受宏观经济形势的影响，金融执行案件的执行难问题仍很突出，甚至影响了执行工作的深入开展。据统计，自 2008 年以来，涉金融执行案件，特别是申请人为金融企业的案件大幅增长，而这些案件，全部执结到位的不足 30%。涉金融案件执行事关金融资产的安全和金融秩序的稳定，该类案件由于其执行标的额大、执行到位率偏低，更集中体现了执行之难。吸引了社会更多关注的目光。如何通过司法程序保护我国的金融市场稳定有序的发展，有效地防范金融危机是我们法院当前应当特别注意的问题，那么涉金融案件执行难的原因是什么呢？对于金融案件的执行有什么好的对策呢？

一、涉金融案件"执行难"主要原因

涉金融案件执行难，有经济层面的因素，也有社会建设层面的原因，但概括起来包含以下几个方面：

（一）金融部门自身的原因

在市场经济环境中，金融机构作为一个市场主体，参与市场经营，对其经营风险应有足够谨慎并采取相应的防范措施。纠纷的酿成及最终难以执行，往往与金融机构本身缺乏风险意识，存在制度漏洞或者监管到位等因素有关。具体如下：

1. 监管程序存在漏洞，放贷程序审查不严。随着市场经济的不断发展，金融行业制度改革不断深化，金融行业内部竞争加剧，有的银行为了追求放贷规模，对贷款人及担保人的基本信息及偿贷能力调查不够，未按程序严格审核盲目放贷，导致无法查找借款人或其财产，人为造成执行难。

（1）金融机构对借款人审查不到位。有些金融机构及信贷人员贷前审查把关不严，对借款人的主体资格、经营状况、借款用途、有无还贷能力疏于审查，造成贷款到期无法收回。

（2）金融机构对借款用途考察不细、监督不力。银行等金融机构对实际用款人和办理贷款手续的人是否一致考察不到位。存在贷款被用于炒股、赌博，或者用于其他消费领域。甚至存在代办贷款手续，冒用贷款的现象。贷款被那些代办员自用或借给他人使用。一旦实际借款人不偿还借款，而这些显名贷款人并没有实际用款，造成纠纷和执行难。

（3）金融机构对担保审查流于形式，存在漏洞。金融机构风险意识淡薄，担保流于形式，影响法院执行。虽有信贷担保存在，但由于金融单位工作人员没有对保证人以及担保物作深入的细致审查，流于形式，起不到应有的作用。对保证而言，有的担保方不符合条件，不具备主体资格，致使担保存在着严重的先天性缺陷；有的企业相互担保，交叉担保，一旦断裂，偿债能力很弱。对物保而言，有的金融机构对抵押物状况了解不够，评估不科学，对易耗品、价值波动幅度大的物品估计不足，造成物不足值；有的抵押物权属不明，难以处置；有的未对抵押物依法登记，抵押权没有排他效力；甚至存在金融机构监管不力，抵押财产被转移、隐匿、毁损、灭失等情况，导致诉讼后必然难以执行。

2. 金融部门不够主动，错过清欠时机。有的金融机构不在规定的担保期限和还款期限内清理贷款，或者在诉讼时未申请保全，给实际借款人逃避债务、转移财产创造了时间机会，增加了执行难度。一些金融工作人员依法收贷意识差，许多案件时过境迁而丧失执行良机。同时，一些银行等金融机构因为自己没有按时清收贷款，丧失了起诉索款的最佳时机，只能把债权作为呆死账处理，这样就给某些债务人以错误的诱导，助长其赖账不还的侥幸心理。

3. 金融单位信息平台缺乏共通共享，信贷诚信评价系统尚待完善。因金融监管机构的诚信网络体系的准确度、真实度、银行资料的透明度还不够，金融单位缺乏准确的共通共享平台，使得有些个人或单位在同一银行的多个网点或多家银行分别进行贷款，贷款数额与偿贷能力严重不符，致使贷款到期后难以收回，客观上造成执行难。

4. 金融行业的资金回收政策不够灵活。当前，大多数金融部门对于债权的实现方式仅局限于以金钱，即使是针对经济状况较差的当事人，金融单位也不愿用以物抵债或变债权为股权等其他方式来清偿债权，造成了一些案件无法执结,而金融部门也无法实现债权。如果金融机构能根据实际作出一定让步,可能会激发被执行人自觉履行的积极性,收到比强制执行更好的效果。

5. 少数金融机构利用监管漏洞,规避法院执行工作。在市场经济环境下,各金融单位作为平等的市场主体,相互之间竞争越来越激烈,少数金融单位为了自身的利益,对法院执行不积极配合、协助,甚至设法规避法院执行工作。当金融机构作为协助执行人时,非但不履行法定协助义务,反而从维护本单位、本部门的利益出发,人为设置各种障碍,百般阻挠执行。有的甚至与当事人互通信息、相互勾结,违反财经制度,允许甚至主动要求当事人多头开户,甚至为一己之私而设置障碍,共同逃避、抗拒执行。另一方面,当金融机构作为当事人时,不能有效协助执行人员做好案件的执行工作。特别是作为被执行人时,不仅不自觉履行法定义务,而且以人民法院不得冻结、扣划两金的规定,故意逃避,对抗人民法院的执行。

(二) 被执行人方面的原因

1. 部分被执行人确实暂无财产可供执行,缺乏清偿能力。从实践看,企业不景气无财产可供执行或可供执行的财产价值较低,这是造成金融纠纷案件"执行难"的主要原因。有的企业因经营不善严重亏损,前期加之深受金融危机波及,处于停产、半停产状态或临近倒闭、破产边缘,有的法人选择在仅有财产范围内拿出财物冲抵欠款,无法偿还全部债务。还有一些债务人是下岗工人、低保户和进城务工人员,一旦遇到特别重大的天灾人祸,便暂时无法偿还银行的借款。

2. 被执行人利用法律法规漏洞,故意逃避债务。部分债务人恶意骗贷,以借款办公司为幌子,向银行套取大量现金,将其投入证券市场或房地产市场以图获取暴利,一旦出现亏空,无法正常偿还银行借贷,又想方设法转移财产,甚至逃之夭夭;或采取变更企业名称、住所,变更法人代表或分立多个企业搞脱壳经营等方法逃避还贷。还有的借款人与保证人之间搞连环担保,看似手续齐全实际无担保意义。这些都给执行工作带来困难。

3. 债务人自觉履行观念淡薄,存在侥幸心理。有的债务人认为企业长期拖欠银行等金融系统的款项是普遍现象,对金融欠款能拖则拖,能躲则躲,不愿自觉履行。还有的债务人利用人大代表的身份抗拒法院执行,行政机关、村委会、地方扶持的重点企业等特殊对象作为被执行人时会寻找种种借口,以图对债务进行拖延,这些案件执行难度较大。

(三) 法院自身原因

1. 审执协调不足,财产保全不及时,为执行难埋下伏笔。在案多人少的情况下,迫于办案压力,在诉讼程序中,有的承办法官本着不告不理的原则,在涉金融纠纷案件审理阶段,未及时有效地实施保全措施,或者对涉诉财产未进行有力监管,最终导致案件进入执行阶段时,全执结难度增大。另外,再审案件数量增多,审理周期较长,使原执行案件中止执行;或裁判法律文书不明确、不实际,甚至产生歧义,导致案件难以执行。

2. 法院执行部门人员配备不足,软硬件条件落后,制约了执行工作的开展。长期以来,许多法院在人员岗位的分配、调整上,存在重审判、轻执行的倾向。近年来,执行案件大量增加,大部分法院,尤其是基层法院执行部门案多人少的矛盾更为突出,执行人员年龄偏大,面对高强度的工作,显得力不从心。执行装备配备不足,执行车辆破旧和短缺,难以保障及时调用车辆外出执行,也难以组织行之有效的大规模外出集中执行;(微型)摄像机、照相机、录音笔等执行装备老化与短缺,进一步制约了执行工作的开展。

二、化解涉金融案件"执行难"的几点思考

为了有效地解决金融案件执行难问题,在充分运用现有法律规定的前提下,要大胆开拓,积极探索切实可行的执行途径。

(一)金融部门要完善制度,加强监管,规范借贷业务

1. 严格贷款审批程序,提高业务人员素质,提高放贷质量。完善制度,做好贷款的前期调查工作;对业务人员加强培训,提高业务水平,避免工作失误。建立并完善行之有效的信贷人员责任追究制度,定期对信贷人员进行培训,提高信贷人员的业务能力,加强法律意识和风险意识,减少不良贷款几率。信贷人员要懂得市场经济规律,增强依法办事观念,杜绝"人情款"、"关系款"。在贷款发放前,金融部门应对借款人与担保人的基本信息、财产状况、偿贷能力、借款用途进行严格审查,确保贷款出现风险后执行时能够顺利找到被执人或执行财产。堵塞漏洞,减少失误,确保贷款放得出、收得回。

2. 加强信贷担保工作力度,对贷款的使用情况进行跟踪和监督,努力避免借贷风险。金融部门应加强信贷担保工作力度,切实做好借贷担保的调查、登记等工作,努力减少不良贷款风险的出现。加强贷款使用监督力度,确保贷款按合同约定用途使用。一旦发生情况,金融部门要及时维护自身权益,启动法律程序,最大限度地维护自身权益,避免造成进一步的损失。

3. 建立健全信息平台共通共享,从源头上避免借贷风险,提高借贷质量。金融机构还应建立借款人资信信息网络的进程,及时了解掌握借款人的财产状况和商业信用状况,实现各银行贷款联网,出现不良贷款时每个银行都能进行

全面监控，杜绝或减少盲目贷款的发放，确保贷款的安全。还可以在全国范围内建立和不断完善若干社会信用查询网络，可以包括法院判决、案件执行、借贷资讯、房屋抵押、逃匿通缉、公司破产等资讯，作为当事人从事民事法律行为的重要信用依据，为案件执行创造基础条件。

（二）法院加大执行力度，创新执行方式

1. 法院充分发挥主观能动性，努力化解执行难。人民法院要针对金融案件的特点，加大执行工作力度，多方面查找被执行人财产，区分案件情况，采取不同的执行方法，将强制执行与执行和解相结合，集中执行与重点执行相结合，现金偿还与以物抵债相结合，同时与金融部门要多沟通、多配合。对重大金融案件要和地方党委、人大搞好协调沟通，争取他们的理解支持，稳妥谨慎地执行好案件。

2. 协同相关机构，穷尽执行线索。法院执行人员应协同车辆管理部门，对车辆状况、型号、牌号、实际所有人和抵押状况等逐一调查，通过工商部门查证担保公司的相关信息，尽最大可能查找执行线索，同时保证相关法律手续的完备与司法程序的公正，切实维护当事人合法权益。

3. 加大执行力度和惩处力度，形成积极偿贷的良好氛围。对被执行人采取躲避方式抵赖债务的，法院应采取强制执行措施，将之拘留，当被执行人以暴力抗法或涉嫌金融诈骗时，法院应及时与公安机关取得联系，以拒不履行法院判决、裁定为由提请公安机关立案侦查，将其绳之以法，让拒不履行、逃避履行债务的被执行人付出更大的经济代价，更高的拒执成本。

4. 建立法院与金融部门的联席会议制度。各专业银行、信用社和法院民商事审判庭、执行局定期召开联席会议。法官要针对审判、执行过程中发现的金融机构信贷管理方面的疏漏，通过司法建议的形式予以反馈，以健全金融机构的信贷制度，防范金融风险。同时，法院要协调各专业银行、信用社对欠贷不还的被执行人在金融系统内部进行曝光，并形成一种联防机制，使信用差的被执行人在各金融部门无款可贷，最大限度地降低信贷风险。

（三）创造良好的舆论氛围，促进涉金融案件执行工作良性发展

加强法制宣传工作，营造良好的舆论环境，提高公民的法律意识，促进案件执行工作。通过报刊、电台、电视台等新闻媒介，宣传执行工作的作用和意义，倡导守信光荣、背信可耻的金融信用风尚，在全社会倡导光荣守信的良好风气；积极尝试建立个人和企业的金融信贷信誉档案体系，教育公民和社会团

体自觉遵守法律,依法行使权利和履行义务,为解决金融案件执行难打下坚实的基础。

发挥媒体作用,构建执行威慑机制,通过舆论督促执行。通过媒体发布悬赏公告、拒执人名单等措施,制造舆论压力,迫使被执行人履行义务,往往能起到事半功倍的效果。

结　语

金融是国民经济的核心,在国家实行宏观经济调控,促进国民经济发展和维护社会稳定方面具有重要的作用。整顿金融秩序,防范金融风险,保障金融安全,不仅是当前整顿和规范市场经济秩序的重要任务,也是人民法院为改革开放和经济建设提供司法保障的重要方面。涉金融案件"执行难"是由多方面的原因造成的,破解执行难问题是一项综合性的工程,不可能仅凭法院一家的努力就能完成,它既需要金融部门健全自身制度,提高人员业务水平,也需要包括社会有关各方面的共同努力,需要整个社会长期的、不懈的共同努力才能逐步加以解决。

金融债权案件执行难问题研究

四川省乐山市中级人民法院　王永海

一、引言

金融债权执行案件一直都是人民法院执行工作中的一个重要部分,金融债权执行案件具有标的大、偿还能力差、执行难度大的明显特点,长期以来高居人民法院执行积案之首。虽经人民法院多次运动式的涉金融执行案件专项执行活动,但都收效甚微,对绝大多数案件而言,仅是解决了案件从人民法院执行程序的暂时退出而已,并未真正实现债权人的民事权利。因此,研究金融债权案件执行难的根本原因,探索解决金融纠纷的有效方法,对彻底化解金融债权执行难具有十分重要的现实意义。下面就对金融债权执行案件执行难的原因进行系统分析,探讨和研究解决之道。

二、执行难的原因分析

从我市清理涉金融案件专项活动统计情况看,无财产可供执行的案件占涉金融未执结案件45%,其中32%属于农村经济贷款;有财产不能执行的占涉金融未执结的19%。根据统计分析,导致执行难既有金融机构自身原因,也有贷款人的原因及执法环境、自然灾害等原因。对于共通的执行难原因不是本文研究的目的,在此重点研究造成金融债权执行难的金融机构自身原因、贷款人原因和执法环境原因。

(一) 金融机构自身原因

1. 风险防范制度不健全,制度形式化。当前我国金融机构整体信贷风险防范和责任追究制度建设较之美国次贷危机前均有明显改观,但仍存缺乏科学化、规范化、制度化、严格化的漏洞,造成信贷风险。尤其近年在金融调控政策多变的宏观环境下，受制于行政和上级干预，金融机构对地方大规模项目贷款及政策性项目贷款中，对经营风险的调查研究明显不足，在贷款条件审查上走形式，贷款担保依赖于政府和政策信誉。因此，贷款人一旦遭遇经营风险，贷款风险便无法避免。比如，2009年国家公布四万亿投资计划后，金融机构就盲目跟进去了10万亿增量贷款，而对很多项目的可行性研究不完善，导致许多问题项目上马，许多地方债务已经成为死账。

2. 担保及保证制度流于形式，担保物变现能力差。债的担保作为一项重要的民事法律制度，在保证交易安全和维护经济秩序方面具有不可或缺的作用。金融机构在信贷中科学制定一套适合自己的担保制度并严格实施，就可以极大地减少不良信贷的发生。而现实中金融机构在对贷款人提供的保证以及担保物的审查方面缺乏深入细致的调查，造成虽有信贷担保存在，但起不到担保应有的作用，使保证制度流于形式。如上述占32%的农村经济贷款中，实际上保证人无财产可供执行；以住房进行担保的，因涉及贷款人基本生存权问题不能执行。此外，如特种设备抵押会因市场需求度极低无法转让；股权抵押会受制于行业和企业景气度导致的影响，产生流通性差等问题。

3. 贷款风险监管不力，错失法律救济时机。金融机构对贷款发放后的跟踪管理薄弱，往往对贷款人所贷款项的实际使用情况及经营出现的风险缺乏监管，执行难案件中很大部分案件实际上都是金融机构在贷款人已经出现经营严重恶化、巨额亏损或严重资不抵债时才被迫起诉造成的。虽然赢了官司但却已无财产可执行。

4. 以转贷代替还款，加大贷款风险。金融机构在贷款期满而出现贷款人无力及时归还借款的情况下，本应及时采取诉讼或其他手段收回贷款，防止风险进一步扩大，但现实中，发放贷款的金融机构往往为了自身业绩需要或符合内部考核制度需要，通常要求贷款人对无力归还的转贷本息进行转贷，以从形式上改变贷款到期无法收回的状况。其结果可能导致贷款人贷款本息滚雪球式增长，超过贷款人实际偿还能力和抵押物价值，导致执行难。

5. 忽视与法院执行工作的配合，处置资产机制僵化。现行有关执行法律规定，人民法院执行被执行人的财产方式包括银行存款的扣划，提取收益，对动产、不动产、其他财产权拍卖、变卖、强制转让及抵偿债务等。而在金融案件的执行中，目前金融机构都只选择以收取现款的方式清偿债务，拒绝以资产抵偿债务。这就导致有些案件执行财产在人民法院采取拍卖、变卖等方式后仍然无法变现的情况下，案件得不到执行。

(二) 贷款人原因

1. 经营困境导致贷款人无力归还贷款。贷款人因经营出现困境，使资金链断裂无力偿还贷款，或资产损耗导致无财产可供执行是导致执行难的主要原因，如占无财产可供执行比例较大农业经济贷款，因我国农业种植、养殖技术还处于低水平生产阶段，很大程度仍需靠天吃饭，农民收入极不稳定，遭遇自然灾害或瘟疫都可能导致亏损，一旦亏损贷款人还贷能力就将受损。再如国有企业的贷款，执行中遇到较多的老国企早已陷入经营困境，企业资金大多用于解决职工工资和基本生活保障问题，抵押资产长期损耗价值极低。

2. 贷款人法治观念淡薄，信用缺失。为了追求利润最大化，以长期占用银行资金作为自己发展的手段；或不讲商业信誉，以赖债为荣，外出躲藏和隐匿财产恶意拖欠。

3. 贷款人是国有企业或政府部门，地方政府干预执行。我国在经济转型过程中，国有商业银行的资金在相当长一段时期内被当成了"准财政资金"，用于支持国有企业和国家重点建设，由"预算软约束"到"信贷软约束"使大量的国有企业债务转化为金融机构的不良资产。国有企业的生存发展往往与当地经济状况和利益息息相关，有些项目公司本身就是地方政府。为了本地利益，有的地方政府无视法律尊严，滥用职权、以权压法，直接干预案执行。如对企业"挂牌保护"，以"维护稳定"、"职工安置"为由设置阻力，使法院执行"知难而退"等。

(三) 执法环境原因

1. 特种债权优先权及特定债务人优先权导致担保财产不足以清偿债务。金融机构在与贷款人签订贷款合同时都会着重于担保财产本身价值和变现能力问题，而往往忽略贷款人所用于担保的财产背后所涉及的特种债权优先权、特种债务优先权问题。特种债权优先权是基于法律的直接规定而产生和取得，效力强于担保的占有和登记。如我国《公司法》、《合伙企业法》、《个人独资企业法》、《税收征收管理法》关于劳动者权益优先支付的规定和国家税款优先清偿规定。特种债务人优先权是指法律规定债务人及其所扶养家属对生活必须费用和生活必需品的优先权。如《民事诉讼法》第219条、220条的规定。由于我国经济发展还处于社会主义初期阶段，国民收入较低加之社会保障不完善，因此，贷款人的基本生存权问题和劳动权益的优先权必然是执行中优先考虑的社会因素。因此抵押资产的价值同样存在相应的清偿风险。

2. 因公共利益和群体利益导致无法执行的风险。由于当前我国社会矛盾突出，影响国家安全和社会稳定的因素大量存在。因此，维护社会和谐稳定，减少社会矛盾产生成为当前各级政府和政法部门的第一要务。当经济纠纷与公共利益或群体利益发生冲突时，稳定压倒一切。调查发现这一现象在以开发用地为抵押贷款的案件执行中比较多见，往往因开发商以土地抵押贷款后，其项目受当地群众以公共利益为由干扰而无法实施，已作出的投入无法收回。人民法院在执行中同样面临执行难问题。

三、执行对策探讨

针对金融债权执行难的主要原因，要从根本上解决这一问题，首先应当从金融机构自身防范入手，加强管理、控制源头。人民法院则要着重于自身队伍建设和执法环境建设，加强执行力量，提高执行技术。

（一）关于金融机构的管理对策

1. 建立科学规范的信贷制度，严格落实信贷风险责任。只有建立健全科学规范的信贷制度，从制度上堵塞导致信贷风险的漏洞，才能使信贷安全有制度保障。将制度严格化和责任化，以制度管理信贷，以制度防止人为干预和行政干预，防止政策性无保障贷款。

2. 加强保证人审查制度，防止保证责任虚有化。信用担保执行难是金融债权执行难中最典型的现象，基本上信用担保就等同于无担保。如在农村信用担保中普遍存在的以村民委员会或村民担保的案件，在执行中都会发现，村民委员会实际上作为一个组织根本没有自己的财产；而以村民担保的案件，担保村民一般除了住房外，很难发现可执行的财产。这类保证形同虚设。因此金融机构必须切实对保证人的担保能力进行仔细调查核实，才能保证担保的有效性。

3. 建立抵押财产评估责任制度，防止抵押财产虚增化。金融机构对抵押财产的审查主要看抵押财产变现能力，而对财产价值一般委托资产评估机构进行评估，然后金融机构再以评估价值打折确定担保价值。表明看似乎合情合理，但是往往对评估机构的评估标准和评估的公正性缺乏约束，导致几乎所有的抵押资产评估价值远远高于实际市场价值。造成这个结果的原因是多方面的，其中，评估机构按照评估结果价值比例收取评估费是一方面原因；另一方面是贷款人为了贷到更多款项要求评估机构高估价值，甚至不惜采取向评估人员行贿手段获取高额的资产评估结果。结果差别之大在评估机构的解释里就分为所谓会计法、市价法评估。因此，金融机构要有效防止抵押资产虚增，则要建立与抵押资产评估机构的约束机制，并约定由评估机构承担对高估部分价值无法得到清偿的赔偿责任，有效杜绝评估机构虚增资产价值的行为。

4. 加强贷款人经营景气调查跟踪制度，及时发现风险。对贷款人经营景气的跟踪包括对贷款人产品市场销售状况，行政管理能力，重大合同安全，劳动合同实施等的调查跟踪。因为，一旦贷款人出现明显经营问题，还贷能力必然下降，并可能造成拖欠员工工资，欠缴职工劳动保险费、税费等系列问题，最终产生前文所述特种优先权问题及其他债务纠纷问题。因此，金融机构加强对贷款人经营景气调查跟踪具有十分重要的现实意义，一旦发现贷款人的经营有严重影响还贷能力的情况，必须及时采取适当的措施。

5. 增强与法院执行工作的配合，严防资产流失。是否控制被执行人财产是决定执行效果的关键。因此，金融机构要增强与法院审判、执行工作的配合。在诉讼、执行前或过程中，要详细调查和密切关注贷款人财产情况和债权情况，及时向人民法院申请财产查封、冻结等保全措施，以防止贷款人转移财产，避免造成胜诉后无财产可供执行的情形发生。对人民法院依照程序采取措施后仍不能变现的财产，金融机构要建立一套行之有效的接受和处置机制，尽可能地降低信贷损失。

（二）人民法院执行对策

1. 提高金融债权执行重要性的认识，加大执行创新力度。由美国次贷危机引发的金融危机已经导致全球经济发展的停滞或严重倒退。金融是现代经济的核心，金融体系的安全、高效、稳健运行对经济全局的稳定和发展至关重要。我国金融领域最大的风险来自于传统体制的影响以及监管失效导致的违规，长期以来积累了庞大的不良债权，如果不能得到有效化解，很可能会影响我国金融市场的稳定和发展，甚至引发社会政治危机。因此，人民法院应当把对金融债权的执行上升到关系国家安全的政治高度，通过进一步改善执行物质装备条件，充实执行力量，提高执行队伍的政治素质和业务素质，加大创新执行金融债权新思路等方式，增强金融债权的执行力度。

2. 开展执行延伸服务，帮助金融机构提高自我防范能力。人民法院在金融债权案件的执行中要加强对案件风险问题的调查研究，对发现存在属于金融机构信贷管理疏漏和违规操作的情况，要充分利用司法建议、执行联动机制等方式，及时反馈给相关部门，以帮助金融机构改进管理措施，严控信贷风险，达到从源头化解执行难的效果。

3. 建立和完善党委统一领导下的执行联动机制和威慑机制。人民法院应当从中国国情出发，加强与地方党政和人大的联系，发挥党委的领导和人大的监督作用。对执行中涉及稳定和涉及地方保护、部门保护的金融执行案件要主动向党委和人大汇报,争取党委和人大的支持。要积极主动协调好与地方政府的关系,争取政府的支持和配合,以排除干扰,确保金融案件执行工作顺利进行。

4. 促进执行和解,实现各方利益。实践证明,执行和解是实现执行双方当事人双赢的有效途径。人民法院在执行金融债权案件中,应当正确判断被执行人的经营状况,对暂时陷入困境无偿债能力的贷款人,如果具有适销市场的产品或具有恢复正常经营能力条件,人民法院可以引导双方当事人达成执行和解。既可以保证被执行人生产经营的正常进行,渡过暂时的困难,增强其偿还金融债务的能力,同时也可以最大限度地保障金融债权的实现,更有效地维护金融债权人的合法权益。

5. 变更、追加被执行主体,拓展执行目标。变更和追加被执行主体的规定来源于民事诉讼判决效力扩张理论。依照现行执行法律有关规定,对被执行人出现被撤销、注销或歇业的情况,人民法院可以为了债权人的利益直接裁定变更和追加被执行主体,达到拓展执行目标的目的。在具体实施方面,可以采取对被执行人财务审计或其他措施,对被执行人的注册资金到位情况,资产流动情况进行调查。如果存在注册资金不实,及其上级主管部门或开办单位无偿接受被执行人的财产,致使被执行人无遗留财产清偿债务或遗留财产不足清偿的情况,应裁定追加投资人及被执行人的上级主管部门或开办单位承担相应责任。对被执行人为无法人资格的私营独资企业,裁定执行该独资企业业主的其他财产。被执行人为个人合伙组织或合伙型联营企业,裁定追加该合伙组织的合伙人或参加该联营企业的法人为被执行人。

6. 完善协助执行制度,规范司法冲突解决机制。在执行过程中,对被执行人财产的调查、查封、冻结、转移及采取其他强制措施往往需要金融、房管、土地、工商、税务、公安、海关等部门的协助。在金融债权案件执行中还经常存在人民法院的执行与公安、检察机关的有关金融诈骗等类型刑事侦查活动相冲突等问题。因此,建立和完善协助执行制度及司法冲突解决机制,明确和强化各方职责,是提高执行效率,减少执行阻力的重要措施。

7. 及时进入破产程序,防止债务扩大化。破产程序作为一种概括执行程序,是民事强制执行程序的补充,两者共同维护着债权债务秩序的稳定。人民法院在执行金融案件中,通过依法委托审计机构对被执行人履行义务能力的全部资产、负债和所有权益等进行强制审计,既有利于发现其可供执行的财产证据,也能够查明被执行人偿债能力。如果发现被执行人存在符合破产的情形,则应当告知金融机构及时申请破产,防止久拖不执而导致债务继续恶化,资产继续贬值,最终损害金融机构的利益。

结　语

美国次贷危机和欧元区债务危机对全球经济的影响还需要相当长的时间进行调整和化解。我国金融债权案件执行难问题,已经从一个侧面反映了我国金融机构自身存在的问题,也反映了我国法制建设不完善,执行机制不科学的问题。在这场世界性金融危机面前,我们必须引以为鉴。金融机构应增强忧患意识和危机意识,从制度和管理上加强防范,严防金融危机对我国金融体系的危害;人民法院应当加强对金融债权案件的执行,为我国经济改革起到应有的保驾护航作用。

参考文献

1. 俞灵雨:《"执行难"的表现、成因及对策》,载《法院执行理论与实务讲座》。

2. 金剑锋:《优先权制度的基本理论和具体规则研究》,载《法院执行理论与实务讲座》。

涉金融案件执行存在的问题及对策

陕西省铜川市印台区人民法院　许志鹏

随着社会主义市场经济体制的建立，国有、集体、个体经济如雨后春笋迅速发展，以我区为例，每年注册企业近千家。企业要发展，就要不断扩大投资规模，注入流动资金，在商业银行和金融机构借款成为融资的主要渠道。但是由于种种原因，借款回收难成了困扰银行业和金融机构老大难问题，由于资金难以回收，造成银行资金运行不畅，有些有实力、规模化、效益好的经营企业贷款难，严重困扰企业经验，在一定程度影响我区社会经济发展。仅 2011 年银行和金融机构起诉到我院案件近 20 件，标的达 350 万元，占民事案件总标的的 20%。从执行总体情况来看，执行到位率不高（相对于其他民事案件）。笔者结合我区法院执行工作实际，对涉金融案件执行存在问题略加分析，并提出一些对策和建议，与各位同仁共同商榷，以达到促进涉金融案件执行上新水平，维护国家金融秩序正常运转，促进我区社会经济发展的目的。

一、涉金融案件执行存在的问题

（一）被执行人规避法律逃避履行义务伎俩多元化

被执行人素质先天不足，缺乏诚信意识。企业素质，是经营管理人员素质、产品竞争力、资金实力的综合体现。由于我国缺乏职业经理层，很多上规模的中小型企业以及个体企业，从白手起家、创办企业开始，主要经营管理权集董事长、总经理于一身，管理缺乏科学性和合理性，随意性较大。有些虽然经营管理模式已成定势，但不能适应激烈的市场竞争，缺乏长远考虑，极易造成目标行为短期化；从产品竞争力方面看出，小企业缺乏科技创新能力，也无嫁接最新科研成果的实力。有些被执行人在生产经营中遇到困难，无力按期偿还借款，不是想办法如何盘活资产，发展生产，开拓市场，搞活经营，而是采取各种方法规避法律，逃避债务，由传统的躲债、赖债、公款私存（多见于将公款存于法定代表人或会计、出纳名下)、公车私挂(公车挂私牌),到目前的隐匿财产、抽逃资金、假改制、假破产、虚假诉讼、假公证、假仲裁逃避债务,想尽一切办法规避执行。

(二)银行和金融机构监管不力

商业银行或金融机构起诉导致法院的案件大多是过去的旧账,由于原来银行和金融机构管理不规范,采取行政性的首长审批制发放贷款,对被执行人的履行能力缺乏前瞻性的判断。在资金运行上疏于监督管理,加之企业多头开户,有些企业特别是个体企业普遍存在债务失真的现象,银行和金融机构很难根据企业的工商注册情况及财务报表判定资金走向,对其实际经营情况无法掌握。在信贷管理方面也存在漏洞,资产负债率在70%以下的均认为可放款,银行信贷实际上承担了企业资金的硬缺口;还有的工作人员不认真履职,对即将到期贷款殆于催收,有些贷款逾期,丧失了胜诉时效,留下了债权实现难、执行难的隐患。

(三)立法滞后、方法单一、机制不完善

1. 相关法律法规对企业逃债行为约束乏力。我国现行的民事法律体系中,对信用行为的债权提供了保证,但涵盖不全,对债务人履行债务的约束也不完善。如《民法通则》第92条、第93条的"应当"、"有权"等用语涵义不明确,对债务人不具有强制性,可操作性较差,给司法实践带来了困难。又如企业因未办理年检被工商机关吊销营业执照,清算主体不履行或不完全履行清算义务的民事责任的承担问题,由于没有相关法律规定,使债权悬空。

2. 有关职能部门协助不力。执行难是人民群众反映强烈的热点问题,也是一些社会矛盾在人民法院执行工作的体现,必须在党委的领导下,动员全社会力量,进行综合治理。有些职能部门为了本部门利益,怠于履行协助职责,拒不配合人民法院调查、冻结、限制注册、限制高消费、办理证照手续等,有的地方党政领导搞地方和部门保护主义,甚至给法院施压,影响金融案件的执行,致使有些涉金融案件难以执行,执行标的到位率偏低。

3. 现行执行体制和机制不利于涉金融案件执行。法院强制执行作为一种公权利救济手段,实质上其行使了司法行政权,是有别于司法裁决权的行政行为,所以实施"审执分立"是一次进步。但是"审执分立"后,上级法院对下级法院仍是监督指导关系,并未解决缺乏统一管理与协调的问题,难于形成合力抗衡新形势下的地方和部门保护主义。近年来,为解决这些问题,强调了执行权是司法行政权,各级法院相继成立了执行局,从运作情况、实施效果看,感觉仅仅是执行庭的"翻版",提级执行、指令执行、交叉执行、委托执行等一些体现统一领导下的行之有效的执行方式方法,还未得到很好的运用。

4. 法院本身不重视涉金融案件执行。近年来,法院执行工作注重维护社会大局稳定,对一些涉及党和政府中心工作和容易引起社会稳定的交通肇事、拆迁安置等案件较为重视,措施有力,这部分案件执结率和实际到位率较高,而金融案件的申请执行人均为各商业银行等金融机构,案件不执行不会影响社会稳定,因而有些法院不够重视,力度不大,没有采取强制执行措施,造成涉金融案件执结率不高,实际到位率偏低的状况。

(四)社会管理体制对贷款回收有一定影响

目前我国正处于经济体制转型时期,司法环境的普遍复杂和不断变化的特点是其他国家不能类比的,现行社会管理体制以及由此造成贫富两极分化已近基尼系数,大多数人仇富仇官的心理因素导致社会道德滑坡,"别人可以贪、腐甚至不择手段捞钱,我欠债还总比他们道德吧!"有些被执行人在贷款时压根就没有想偿还。在条块分割的利益分配格局下,由于既得利益的存在,地方(部门)保护主义的干扰,司法公正面临着挑战。由于金融案件事实清晰、胜诉率高、金额标的大、社会影响面广,近年来随着社会法律意识的普遍增强,各类粗暴阻碍案件审结、暴力抗拒执行的地方(部门)保护主义行为大有改观,但隐性干扰问题更应引起重视。如以前企业惯用的是回避银行、搞"暗箱"操作逃避金融债务,规避法院执行,现在则往往由地方政府或主管部门牵头,召集银行、法院人员研究如何完备法律手续、减轻基层银行信贷管理责任、减少企业偿债支出等规避司法执行的变通措施。同时,政府将银行年度呆账核销、核销力度、核销金额,列入地方对金融机构的考核内容并进行奖励,导致鼓励银行向上级行增加申报呆账核销,在处置消化地方改革成本和企业经营风险的意识上存在逐级向上转嫁的倾向,政府行为导致银行债权回收难。

二、对策建议

(一)进一步加强社会诚信建设,依法规范信用行为

一是要进一步加大综合治理信用环境和社会诚信宣传的力度,"以德治信"、"以法治信"并举,从建设法治政府入手,提高全民法律意识和信用意识,培养良好的道德风尚;二是要加速信用立法,尽快清理、修订完善现行的法律法规,重点要及时完善《民法通则》《公司法》《担保法》《合同法》等法律,进一步明确有关信用行为对当事人权利与义务以及失信的法律责任,建

立健全对失信行为的约束惩戒机制;三是全社会联动,形成制裁失信行为的整体合力。由法院协调有关职能部门对欠债不还者实施限制高消费、限制出境、限制融资、停止有关行政审批等制度,同时借助新闻媒体实施曝光,在征信系统降低信用等级,对拒不履行清偿义务或暴力抗拒执行等行为移送追究刑事责任等,加大对拒执行为的打击力度。特别要规范企业破产行为,防止有些企业假破产逃避债务。建议在《刑法》中增设针对恶意逃废金融债务的禁止性条款,通过社会监督和法律制裁,严厉打击逃废金融债务行为,加大个人失信和职务失信的惩戒力度,使失信行为付出高昂的代价;四是规范政府行为,减少行政干预,各级政府要进一步强化宏观职能、弱化微观管理,积极发挥市场机制在配置资源方面的引导作用,营造良好的经济环境。

(二)完善执行管理体制,创新执行方式方法

要根据法院执行工作的特殊性,通过完善机制、创新方式,促进执行工作的规范化建设,确保执行权的公正廉洁行使,最后达到提高司法效率、解决执行难问题、维护司法公正的目的。一是健全完善执行管理体制。加快建立具有行政管理权和司法裁决权的执行体系,强化法院执行环节的垂直管理、统一领导,对大案、要案以及敏感案件通过提级执行、指定执行,实施执行监督权、执行协调权等,保障执行权的公正廉洁行使,有效抵御地方(部门)的行政干扰;二是转变执行观念,更新执行理念。要改变以往"一阵风"式的粗放的执行模式,积极引入程序公正观念,对执行案件实施流程管理,提高执行工作的透明度,使执行工作制度化、程序化、规范化;三是创新执行方法,提高执行工作效率,降低执行成本。严格按照执行流程管理规定,对被执行人进行"四查"即查银行、查工商、查房地产、查车管部门,穷尽一切手段,最大化实现债权人的利益。法院要和公安机关沟通协调,对下落不明的被执行人运用GPS定位系统查找其下落,为有效执行创造条件。要研究制定科学的立案标准和收费标准,对没有明确财产线索、暂时执行困难的案件,应允许债权人先登记、申请期限中断,待举证后正式立案启动执行程序。应改变按执行标的额收费的办法,根据案件执行的难易情况、实现债权程度,实行差别的执行收费政策。建议最高人民法院加大推行跨省委托执行的力度,加强对委托执行工作的监督,对执行委托案件不力的,要制订相应的制约措施。

(三)完善信贷管理机制,创新清收方式方法

申请强制执行、依法追偿债权仅仅是金融机构提高信贷资金质量、维护金融业稳健运行的手段之一,其根本还在于完善信贷管理机制、增强金融业自身

防范信贷风险的能力。一是加强自律，完善内控，规范信贷经营行为。要严格贷款审批程序，落实审贷分离制度，确保信贷程序合规、法律手续完备，同时，通过强化信贷"三查"工作、运用信贷登记咨询系统等手段，加强对企业的日常跟踪监测，重点关注多头贷款、跨行贷款以及存在改制、重组意向的企业，防范信贷风险；二是完善信贷管理制度，健全激励约束机制。要处理好信贷营销与防范信贷风险的关系，加强信贷投入有效性和风险性的研究，积极应对信贷管理、清收不良贷款过程中出现的新情况、新问题，改变"一刀切"的信贷管理模式，给基层行适当的信贷经营权，做到信息与信贷决策权对称，权力与责任对等，激励与约束同步；三是充分运用法律手段，维护金融债权。要建立信贷风险预警制度，有针对性地运用清收、压缩、盘活、司法追偿等多种手段，大力化解信贷风险。在司法追偿过程中，加强与司法机关沟通协调，发现被执行人有转移资产、假改制、假破产情况，及时与法院联系，依法采取诉讼保全等前瞻性措施，依法维护金融资金安全。银行信贷管理人员应加强新的法律知识的学习，提高新形势下维护金融风险能力，确保金融资金良性循环。

（四）加强调研，探索预防风险和多元化追偿机制

银行机关要加强业务和法律法规学习，结合典型案例，认真总结预防资金流失的风险防范机制，采取担保、抵押、质押、留置等有效方法，严格把握放贷关；加强对资金运行的全程监督，防止债务人转移用途、抽逃资金，严格按规定实行开户实名制，加强对工商行政管理、企业代码、法定代表人等信息采集核实，坚决取缔多头开户；必要时聘请一些监督人员，及时沟通信息。发现企业有恶意逃债行为，及时通过法律途径解决，依法采取强制执行措施。法院要坚持为大局服务，提高对金融案件重要性的认识，加大力度，采取有力措施，提高涉金融案件执结率和实际到位率，为我区社会经济发展提供有力的司法保障。

试论金融执行案件执行难的成因及对策

甘肃省定西市中级人民法院 李 国

随着社会主义市场经济的发展，金融行业已逐渐成为国民经济的支柱产业和命脉。随之而来的是，金融纠纷案件数量不断攀升，其执行不仅成了人民法院执行工作的一大重点，也成了一大难点。因此，人民法院做好金融案件的执行工作，对于协助金融机构防范金融风险、维护国家金融秩序的稳定和安全有着重要的现实意义。当前，金融执行案件的特点主要表现为：（1）数量逐年攀升。(2）案件类型相对集中，以借款合同纠纷为主。(3）执行标的额大的被执行人相对集中。(4）标的额巨大，管辖法院主要集中在中级法院。(5）案件执行难度大，部分不具备继续执行的可能，执结率呈逐年下降趋势。

因此，探索和分析金融纠纷案件执行难的原因，寻求解决出路及执行方法，对于金融债权的保护、金融秩序的维护、法院权威的树立，具有十分重要的现实意义。下面就金融案件执行难的原因及对策进行系统分析：

一、金融执行案件执行难的成因

（一）金融机构自身的原因

1. 经营管理不善，运行缺乏规范，风险意识淡薄，化解风险的能力又明显不足。一直以来，我国金融机构的信贷政策多变，缺乏连续性和稳定性，信贷陷于"一放就乱"、"一紧就死"的怪圈之中。部分金融机构只注重对贷款方资信的书面审查，却忽视了实地考查；部分则存在"长官意志"，对于领导的指令盲目遵从，未审先批，给缺乏资信者以可乘之机；还有部分金融机构的担保流于形式，放贷时对担保、抵押审查不细、不严，甚至放任重抵押的情况。所有这些管理上的漏洞，都给贷款回收增加了难度，也为法院执行增加了难题。

2. 对贷款资金使用情况缺乏必要监管。部分金融机构对贷出的资金放任不管，致使有的专项贷款被挪作他用，甚至于被转借他人，增加了经营风险。主要表现为：对担保的设立审查不严格；盲目放贷；监管手段滞后，信贷人员收贷意识差。实践中，这样的案例比比皆是：有很多的金融机构因为未能及时有效掌握贷款方的经营状况而错过了诉讼和执行的最佳时机；有的则因合同签订时的疏忽，为今后的执行工作埋藏了隐患。

3. 对企业账户管理混乱。实践中，金融机构为企业多头开户的情况普遍存在，导致法院执行过程中虚实难辨，查询、冻结、划拨当事人款项都极为困难，往往丧失执行的最佳时机。

（二）被执行人方面的原因

1. 部分被执行人对资产管理不善，导致缺乏清偿能力。有的企业因经营不善严重亏损，处于停产、半停产状态或临近破产、倒闭，导致无财产可供执行或可供执行的财产有限，这是造成金融纠纷案件"执行难"的主要原因。

2. 被执行人履行债务观念淡薄。部分被执行人缺乏还贷意识，千方百计钻法律的空子，故意以各种方式逃避债务。如：假借改制之名逃避债务，借变更企业名称、住所等方法逃避还贷，转移、隐匿财产逃避执行。

（三）法院方面的原因

金融机构的债务大户一般是当地有一定规模的企业，受地方保护主义等客观因素的干扰和影响，法院的执行力度有限。而且，此类案件较为特殊，执行人员如不拓宽思路，积极探索以土地、财产使用权和所有权抵债以及债权转股权、资产抵债、反租经营等行之有效的执行措施的话，将很难在执行中取得实效。现实中存在的司法不公现象，也是导致执行难的一大因素：法院极少数执行人员不严格执行判决，办案拖拉；更有少部分人接受说情、收受贿赂，故意不执行。

（四）行政干预

行政干预和地方保护主义是当前案件"执行难"的一个重要原因。地方企业一般都是本地的主要税源，如果依法归还银行的贷款，就会影响其生产经营，从而可能对地方的经济发展产生一定的影响。因此，某些地方政府从地方保护主义的角度出发，对拒不执行法院判决的企业给予明的或暗的保护，百般阻挠法院执行，严重影响法院的执行工作。

二、解决"执行难"的对策

1. 金融机构加强放贷管理，从源头上预防金融风险。金融部门要规范自身管理,加强对企业开户的监管力度,在信贷中要严格把关,严格审查担保方的担保资格和抵押物的情况,确保担保的切实有效,防止重复抵押。放贷后,对贷款人的资金使用、经营状况以及担保物资的保管、处置等情况,应当随时进行了解掌握,以便及时发现问题,寻求法律保护。

2. 建立信用网络。在全国范围内建立社会信用查询网络,其内容可包括法院生效判决、执行案件、借贷资讯、房屋抵押、公司破产等资讯,并将此作为当事人从事民事法律行为的重要信用依据。这种网络无论对立法还是执法都有着重要的特殊意义。执行人员可以通过网络随时掌握被执行人的经济情况,随时向社会公布被执行人的违法情况,让被执行人逃避执行或抵抗执行的可能性降至最低程度。这是促使社会逐渐形成诚实守信、遵纪守法秩序的强有力的措施之一。

3. 健全执行机制,努力探索并运用具有时代特色的金融案件执行措施和方法。一方面,法院要提高执行能力,进一步加大执行力度。对金融执行案件,要针对其特点加强研究,制定行之有效的执行方法;要加大专项执行的力度,依法用足用全执行措施,确保案件及时有效地执行:(1)应规范立案审判执行工作,注重审判执行工作的衔接,防止审判与执行的脱节;(2)应加强执行力量和执行装备建设,提高执行人员的政治素质和业务技能;(3)建立执行案件信息管理系统,通过与其他部门的协作,对被执行人的行为进行限制或媒体曝光,形成执行威慑机制。另一方面,积极探索先进的执行措施和方法:(1)以资产使用权抵债,即在规定的年限内,将被执行人的资产交由权利人或第三人使用,以此来清偿申请执行人的债权,待使用期限届满,金融债务即归于消灭。该方法可有效解决被执行人无金钱,而其资产价值又远远大于金融债务且资产无法处置的问题;(2)资产抵债返租。即在科学评估的前提下,将被执行人某项资产的所有权转移至权利人名下抵偿全部债务,再由权利人将此资产租赁给被执行人使用;(3)当事人双方共同开发被执行人的闲置土地,以收益抵债。即权利人与被执行人一起对被执行人享有使用权的开发前景较好的土地进行合理开发,以开发所得利润抵偿债务;(4)债权转股权。对国有大中型骨干工业企业因缺乏国拨资本金、汇率变动、改建扩建而导致负债水平过高从而形成暂时性亏损的企业,可以通过优化组合资产改变负债结构扭亏为盈的企业,产品有市场、有销路、有发展潜力的企业,工艺装备为国内、国际先进水平、生产符合环保要求的企业,金融机构可以将其对债务人所享有的合法债权依法转化为对债务人的投资,对债务人参股或控股,待企业经营状况好转后,再通过股权转让或上市流通收回其投入的资金。(5)针对被执行企业亏损严重、"三角债"较多的状况，努力挖掘被执行人在他企业所享有的到期债权，通过执行第三人的财产来最大限度地弥补金融机构的损失。

4. 加强社会诚信体系的建设。一方面，应当加强法制宣传工作，提高全体公民的法律意识：通过报刊、电视、网络等新闻媒介，宣传执行工作的作用和意义，倡导守信光荣、背信可耻的信用风尚；同时，消除各种形式的地方保护主义，同欠债、赖债、逃债现象作斗争，教育公民和社会团体自觉遵守法律，依法行使权利和履行义务。另一方面，要通过社会舆论督促执行。利用宣传媒介公开曝光那些有能力履行而拒不履行的被执行人，激发其内心的羞耻心，往往能起到事半功倍的效果。

总之，解决金融执行案件的执行难问题，绝非一朝一夕之功，亦非法院一方之功，它需要社会整体诚信体系之下，各方的联合行动。

金融案件执行之浅议

甘肃省天水市麦积区人民法院　何建军

金融纠纷案件的执行不仅是人民法院执行工作的一大重点，也是一大难点。当前各地人民法院为做好涉金融机构案件的执行工作，采取了各种措施和方法。金融执行案件近几年在我院执行案件中逐年呈降低趋势，执行中的金融案件执行率呈上升状态，金融案件的执行已成良性发展，在金融案件中，金融机构与个人之间借款合同纠纷案件已成为比较容易执行的一类案件，金融机构与企业之间的合同纠纷案件的执行仍然比较难。未结的金融案件多系历史积案，在最近几年也清理了一部分，然而，金融执行案件的执行难问题仍很突出，影响了执行工作的深入开展。

一、金融案件执行难的原因

（一）金融部门自身的原因

1. 金融机构经营管理缺乏规范化、制度化、严格化，未能坚持"三查"制度。多年来的信贷政策多变，缺乏连续性和稳定性，银行或紧或松，时宽时严。有的金融机构偏重对贷款方资信的书面审查，忽视实地考查；有的存在"长官意志"、领导指令、未审先批，给缺乏资信者以可乘之机。金融机构盲目放贷，部分金融机构在签订合同之前，未能对借款人的资信情况进行仔细调查，对其生产规模、经营情况、市场销路不甚了解，盲目发放贷款，为纠纷的产生和案件执行不能埋下了隐患。致使贷款难以收回这类案件一旦发生，往往贷款回收困难，法院执行也难奏效。有些信贷人员依法收贷意识差。许多案件因逾期起诉，时过境迁而丧失执行良机或者在诉讼时未申请保全，使得借贷人趁机转移财产。金融系统对企业账号管理混乱，多头开户，虚实难辨，给法院查询、冻结、划拨当事人款项造成很大困难

2. 风险意识淡薄，担保流于形式，影响法院执行。由于在信贷担保过程

中，金融系统的工作人员没有对保证人以及担保物作深入的细致审查，造成虽有信贷担保存在，但起不到担保应有的作用，流于形式。放贷时对担保、抵押审查不细。有的担保方根本不具备担保资格，或不符合担保条件，执行时缺乏执行能力；有的则属重复抵押，进入执行程序便引发案外人异议，难以执行。

(二) 被执行人方面的原因

1. 部分被执行人缺乏执行能力。有的企业因经营不善严重亏损，处于停产、半停产状态或临近倒闭、破产边缘，企业不景气无力清偿债务，难以执行。从实践看，企业不景气无财产可供执行或可供执行的财产价值较底，这是造成金融纠纷案件"执行难"的主要原因。

2. 企业自觉履行债务观念淡薄，思想存在误区。他们认为企业负债是大环境造成的，企业长期拖欠银行等金融系统的款项是普遍现象，又不是他一家。对金融欠款能拖则拖，能顶则顶，能躲则躲，不愿自觉履行。

3. 被执行企业的财产产权不明确。有些企业在成立之初，就钻法律的空子，造成财产不清，权属不明。

4. 假借改制之名逃避债务。有的企业趁改制之机，采取各种手段，设立新公司，从而逃避债务。

5. 借贷方有意逃避还贷。有的借款人采取变更企业名称、住所，变更法人代表或分立多个企业搞脱壳经营等方法逃避还贷。有的借款人与保证人之间搞连环担保，看似手续齐全实际无担保意义。有的借款人进行重复抵押或虚假抵押。有的借款人为躲避还贷，转移、隐匿财产，给执行工作设置障碍。

(三) 法院自身原因

1. 收案时把关不严。有的案件当事人属"皮包公司"，骗取担保，贷款到手即不见踪影，带有明显的金融诈骗性质。由于被执行人既无下落，又无财产，法院又缺乏侦查手段，难以执行。

2. 当事人法律意识不强或审判人员工作疏忽，导致诉前保全或财产保全的措施未及时有效地实施，对涉诉财产未进行有力监管。

3. 裁判结果不明确、不实际或法律文书存在实体程序错误 使再审案件数量增多，审理周期较长，使案件中止执行。

(四) 行政干预和地方保护主义是目前金融案件"执行难"的一个主要原因

"银行的不良贷款是国家的，企业则是自己的。地方企业如果依法归还银行的贷款，就会减少可用资金，从而可能对地方的经济发展产生一定的影响。"于是从地方保护主义出发，某些地方政府甚至执法机关对拒不执行法院判决的企业给予明的或暗的保护，不少企业本身已经"病入膏肓"，但一些地方政府为救活企业一味地用贷款给予"输血"救治，造成贷款"血本无归"。有的企业以某一行政管理部门为主管单位或有的企业是本地的主要税源，对这些企业的执行往往会得到行政干预或者地方保护主义的干涉，行政干预及部门保护主义严重阻碍着金融案件的顺利执行，严重影响法院的执行工作。有些被执行人利用人大代表的身份抗拒法院执行，行政机关、村委会、地方扶持的重点企业等特殊对象作为被执行人时执行难度较大。

二、关于解决金融案件执行难的对策

（一）正视金融机构自身存在的问题，杜绝贷款环节管理漏洞

1. 金融机构要严把放贷关，从源头上加强预防。金融部门要规范金融秩序，加强对企业开户的监管力度，在信贷中要严格"三查"制度，确保信贷，严格审查贷款方的资信证件，并深入进行实地考查；严格审查担保方的担保资格和抵押物的情况，确保担保的切实有效，防止重复抵押。对贷款人的资金使用、经营状况以及担保物资的保管、处置等情况，随时加以了解掌握，以便及时发现问题，请求法律保护。对符合金融诈骗条件的，建议金融机构及时向公安机关报案处理。人民银行要加强对各专业银行的监督管理。发现违规行为或问题，要及时处理、及时纠正，同时要严格控制企业开户，搞好防范监督，防止债务转户脱逃大量案件表明，金融机构规范借贷业务，严格贷款审批程序，完善贷款手续，增强信贷人员依法办事观念，是构筑安全防线的第一道"篱笆"。

2. 充分重视贷前资信调查，消除贷款安全隐患。资信情况是决定借款人能否从金融机构取得贷款的重要因素，金融机构在要求借款人提供相关资料并予以核实的同时，还应主动进行补充调查，以排除各种不符合贷款要求的情况。借款人及其保证人的基本信息包括个人身份情况、单位的工商登记情况、地址、有效联系方式等，尽可能减少以后被执行人无处可寻的困扰。此外，还包括借款人的借款用途、资产状况、负债状况、经营情况、还款资金来源、未到期其他借款情况、以往信用记录等，这些信息均应一一核实并取得相关书面资料，以备发生纠纷后，及时向法院提供财产线索。

3. 灵活运用多种担保方式，确保担保合同或条款的有效性和担保责任的实际、有效承担。我国担保法和物权法规定的各种担保，是金融机构对外贷款时保护资金安全的有力保障。在签订合同时要避免担保流于形式，避免重贷款

合同、轻担保合同的做法。一方面应依法行事，注意是否存在导致担保合同或条款无效的情形；另一方面，应审查合同中约定的担保方式是否能确保担保人最终承担担保责任，如担保人有无偿债能力、质押物、抵押物的实际价值能否满足偿债的需要，抵押的居住房屋是否属生活必需的唯一住处，等等。另外，不妨在借款人同意的情况下，几种担保方式并用。

此外，强化对贷款的跟踪监督，及时发现萌芽状态的问题，采取措施，防止事态恶化影响最终的执行。金融机构在贷款发放后，应对借款人进行常规的定期或不定期的跟踪监督，主要监督贷款的使用是否符合约定的用途、贷款的投入是否达到预期的效果、借款人的经营状况是否发生变化、是否存在影响借款人如期归还借款的情形等。对于存在上述问题的借款人，应令其限期进行整改，或提前收回借款。应避免放贷后对借款人不闻不问、对借款人资信状况变化毫不知情的情况出现，凡是借款人逾期未还贷才发现其资不抵债、人去楼空的案件，十之八九是无法执行的。

对于分期、分批借款的借款人，或在一定授信额度内循环借款的借款人，金融机构更应密切关注其经营中的异常行为。一旦有证据证明借款人有下列情形之一：经营状况严重恶化；转移财产、抽逃资金，以逃避债务；丧失商业信誉；有丧失或者可能丧失履行债务能力的其他情形，金融机构即可根据我国合同法的规定，中止履行向借款人发放贷款，及时止损建立了信用网络，使欠债者感到无形的压力。在全国范围内建立若干社会信用查询网络。其内容包括法院判决、案件执行、借贷资讯、房屋抵押、逃匿通缉、关系人员、公司破产等资讯。此资讯要作为当事人从事民事法律行为的重要信用依据。这是一个人的社会安全号码，一旦被列入信用网络，其将伴随一个人的一生。这种网络无论对立法还是执法都有着重要的特殊意义。执行员可以通过网络随时掌握被执行人的情况，随时向社会公布被执行人的违法情况，让被执行人逃避执行或抵抗执行的成本最起码达到无利可图的程度。这是促使社会逐渐形成诚实守信，遵纪守法的强有力的无形之手。

（二）法院应健全执行机制，实行阳光操作

法院要提高执行艺术，进一步加大执行力度。对涉金融案件，要针对其特点加强研究，制定行之有效的执行方法；要加大专项执行的力度，依法用足用全执行措施，确保案件及时有效地执行。

1. 规范立案审判执行工作，防止立审执脱节，注重审判执行工作的连续性；案件诉讼过程中充分考虑案件执行效果，以此为出发点采取适当措施，做到审、执兼顾。案件起诉前后，及时向人民法院申请采取诉前保全、诉讼保全措施，让借款人可用于偿债的财产处于一个稳定状态，防止其转移财产。案件审理中，金融机构尽可能与借款人协商解决纠纷，在法庭主持下达成调解协议，以减少借款人的对抗心理，增加借款人自动履行率，避免大量案件进入强制执行程序。

2. 加强执行力量和执行装备，提高执行人员的政治素质和业务技能，探索执行新途径。

3. 加强向党委、人大的汇报请示和与政府各部门的协调配合，根据需要成立联合清理积案领导小组，形成执行合力。

4. 加大对被执行人自觉履行法定义务的宣传力度，加大对恶意悬空、逃避债务行为的惩处力度，加大对弱势群体申请案件的执行到位力度，一方面要加强法制宣传工作，提高公民的法律意识，通过报刊、电台、电视台等新闻媒介，宣传执行工作的作用和意义，倡导守信光荣、背信可耻的金融信用风尚，同时消除各种形式的地方、部门保护主义，重点批驳欠债有理、欠债有利的赖债思想，教育公民和社会团体自觉遵守法律，依法行使权利和履行义务。另一方面要通过舆论督促执行。现在，一些被执行人中存在着只怕舆论曝光，不怕拘留、罚款的心理状态。利用宣传媒介公开曝光那些有能力履行而拒不履行的被执行人，往往能起到事半功倍的效果。

5. 建立执行案件信息管理系统，借助银行、工商、房地产等部门的联动机制，对被执行人的行为进行限制或媒体曝光，形成执行威慑机制。全方位、多渠道查找被执行人的财产信息，为法院执行提供有价值的线索。随着经济的发展，财产形式趋于多元化、复杂化，被执行人财产也更具隐秘性。金融机构应利用自身掌握的信息优势，尽可能多地向法院提供线索。金融机构自身无法查找的财产，也应及时委托专业人员如律师进行调查或申请法院进行调查，不错过查找财产的任何机会。在穷尽一切查找手段后，还可以通过"悬赏广告"的方式搜集财产线索。对被执行人及其家属造成沉重的精神压力，也将对被执行人的今后生产及生活带来较大的负面影响，有利于扭转执行难的被动局面。

6. 将法律规定和执行程序公开，在发送的受理通知书和执行通知书背面印刷当事人须知，告知有关执行诉讼规则及注意事项；必要情况下可邀请申请人随同执行，让其充分了解被执行人的财产及执行工作的有关详细情况。推出执行公开制度，包括执行人员身份公开、受理案件公开、案件执行过程公开、领导公开接待制度以及工作监督制度。此项工作使执行工作透明化，可以极大促进法院的执行工作，同时也可以对公民进行很好的法律教育。

7. 努力探索并运用具有时代特色的金融案件执行措施和方法。

(1) 以资产使用权抵债。即在规定的年限内,将被执行人资产(主要为房产、机器设备等)交给权利人或第三人使用,待使用期限届满,金融债务即归于消灭。该方法主要适用于被执行人无金钱可供执行,而其资产价值又远远大于金融债务且资产无法处置的情形。

(2) 资产抵债返租。即在科学评估的前提下,将被执行人某项资产的所有权转移至权利人名下抵偿全部债务,再由权利人将此资产租赁给被执行人使用。

(3) 企业整体承包经营。被执行人因经营管理不善,亏损严重且无力扭亏为盈,企业已处于歇业状态,但其产品仍然具有广泛的应用前景和市场的,人民法院可以督促企业开办单位或强制被执行人单位将企业整体承包给第三人,以承包金偿还债务。

(4) 当事人双方共同开发被执行人闲置土地,以收益抵债。即由权利人投入资金,与被执行人一起对被执行人享有使用权的开发前景较好的土地进行合理开发,以开发所得利润抵偿债务。

(5) 债权转股权。对国有大中型骨干工业企业因缺乏国拨资本金、汇率变动、改建扩建而导致负债水平过高的,形成暂时性亏损的企业可以通过优化组合资产改变负债结构扭亏为盈的企业;产品有市场、有销路,有进一步发展潜力的企业;工艺装备为国内、国际先进水平,生产符合环保要求的企业;管理水平较高,转换经营机制的方案符合现代企业制度要求的企业等具有良好发展前景、且具有进行股份制改造可能性的企业,金融机构可以将其对债务人所享有的合法债权依法转化为对债务人的投资,对债务人参股或控股,待企业经营状况好转后,再通过股权转让或上市流通收回原投入资金。

解决金融案件执行难问题是一项综合性的工程,它既不可能一蹴而就,也不可能仅凭法院一家的努力就能完成,它需要整个社会长期的、不懈的共同努力才能逐步加以解决。

浅析商业银行协助人民法院强制执行过程中保证金质押债权的保护

徽商银行南京分行　郭立平

2012年8月31日，全国人民代表大会常务委员会通过了《关于修改〈中华人民共和国民事诉讼法〉的决定》。商业银行（以下简称银行）协助人民法院（以下简称法院）强制执行的法律责任明显加大。银行接到法院协助执行通知书后，拒不协助查询、冻结、划拨的，对个人的罚款金额，由"人民币一万元以下"修改为"人民币十万元以下"；对单位的罚款金额，由"人民币一万元以上三十万元以下"修改为"人民币五万元以上一百万元以下"。银行在积极协助法院执行的同时，自身的债权保护也不容忽视。当被执行人为协助执行银行的债务人时，银行可能与执行申请人产生利益冲突。在司法实践中，因冻结、扣划银行保证金而引发的争议日益增多。部分法院对依法质押的保证金进行扣划，不仅使银行的债权得不到公平保护，而且有损司法公正和司法统一。本文结合现行法律法规和相关司法实践，对银行在协助法院强制执行过程中自身债权的保护问题进行浅析，以期银行完善自身债权的保护措施，以期有权机关完善保证金质押的法律制度。

一、协助执行的含义

强制执行，是指有权执行机关在执行当事人、协助执行人及其他有关人员的参与下，根据已经发生效力的法律文书，采取强制措施，迫使义务人履行义务，实现权利人的权利的一项法律制度。

协助执行，是指有关单位或个人，根据有权执行机关的通知，配合执行机关采取强制执行措施的一项法律制度。为表述之简便，本文所称的协助执行，特指银行根据法院的通知，依法配合对被执行人存款进行查询、冻结或扣划的法律行为。

协助查询，是指银行依照有关法律或行政法规的规定以及法院查询的要求,将被执行人存款的金额、币种以及其他存款信息告知法院的行为。

协助冻结,是指银行依照法律的规定以及法院冻结的要求,在一定时期内禁止被执行人提取其存款账户内的全部或部分存款的行为。

协助扣划,是指银行依照法律的规定以及法院扣划的要求,将被执行人存款账户内的全部或部分存款资金划拨到指定账户上的行为。

二、银行在协助执行中的义务及法律责任

在接到法院协助执行通知书后,银行必须依法履行协助义务,立即、认真协助办理。在接到协助冻结、扣划存款通知书后,银行不得再扣划应当协助执行的款项用于收贷收息,不得向被查询、冻结、扣划单位或个人通风报信,帮助隐匿或转移存款。在协助办理完毕查询存款手续后,法院要求予以保密的,银行应当保守秘密。

银行拒不协助查询、冻结或者划拨存款的,法院除责令履行协助义务外,对银行及其主要负责人或者直接责任人员可以予以罚款;对仍不履行协助义务的,可以予以拘留;并可以向监察机关或者有关机关提出予以纪律处分的司法建议。根据新修改的《民事诉讼法》,2013年1月1日起,对个人的罚款金额,为人民币十万元以下;对银行的罚款金额,为人民币五万元以上一百万元以下;拘留的期限,为十五日以下。

银行在接到法院的协助执行通知书后,向当事人通风报信,致使当事人转移存款的,法院有权责令限期追回。逾期未追回的,按照民事诉讼法的相关规定予以罚款、拘留;构成犯罪的,依法追究刑事责任,并建议有关部门给予行政处分。

三、协助执行中的利益冲突

当被执行人为协助执行的银行的债务人,如,借款人、银行承兑汇票的出票人、开立信用证的申请人、出具保函申请人、第三人债务的保证人(从债务人),法院的冻结、扣划措施直接或间接影响银行自身债权清偿时,银行即与执行申请人产生利益冲突。

四、协助执行中自身债权的保护

协助执行中发生利益冲突时,银行有权依据现行的法律主张实体权利,直接保护自身债权;同时,也有权利用法院具体执行过程中的程序缺陷,规避协助执行,间接保护自身债权。

(一) 实体权利保护

1. 信用证保证金、承兑汇票保证金不得扣划

作为担保的一种方式,信用证保证金、承兑汇票保证金一旦合法成立,即产生对抗第三人的效力,银行具有优先受偿权。《最高人民法院关于人民法院能否对信用证开证保证金采取冻结和扣划措施问题的规定》以及《最高人民法院、中国人民银行关于依法规范人民法院执行和金融机构协助执行的通知》规定,法院对信用证保证金、承兑汇票保证金可以采取冻结措施,但不得扣划。只有在该保证金已丧失保证金功能时,如信用证无效或过期、因单据不符而拒付信用证款项并且免除了对外支付义务,法院才可以依法予以扣划。

2. 实体权利的救济途径

信用证保证金、承兑汇票保证金、封闭贷款结算专户中的资金被采取强制执行措施后,银行有权通过申请解封、提出书面执行异议或提起诉讼等途径予以救济。

(1) 申请解封。《最高人民法院关于人民法院能否对信用证开证保证金采取冻结和扣划措施问题的规定》规定,法院在审理或执行案件时,依法可以对信用证开证保证金采取冻结措施,但不得扣划。如果开证银行履行了对外支付义务,根据该银行的申请,法院应当立即解除对信用证开证保证金相应部分的冻结措施;如果申请开证人提供的开证保证金是外汇,当事人又举证证明信用证的受益人提供的单据与信用证条款相符时,法院应当立即解除冻结措施。《最高人民法院、中国人民银行关于依法规范人民法院执行和金融机构协助执行的通知》规定,法院依法可以对银行承兑汇票保证金采取冻结措施,但不得扣划。如果银行已对汇票承兑或者已对外付款,根据银行的申请,法院应当解除对银行承兑汇票保证金相应部分的冻结措施。

(2) 提出书面执行异议或提起诉讼。《民事诉讼法》第227条规定:"执行过程中,案外人对执行标的提出书面异议的,人民法院应当自收到书面异议之日起十五日内审查,理由成立的,裁定中止对该标的的执行;理由不成立的,裁定驳回。案外人、当事人对裁定不服,认为原判决、裁定错误的,依照审判监督程序办理;与原判决、裁定无关的,可以自裁定送达之日起十五日内向人民法院提起诉讼。"在法院坚持强行扣划或已经强行扣划的情况下,银行有权向执行法院提出执行异议,并提交相关证明材料。对法院驳回裁定不服的,银行有权在收到裁定十五日内,以强制扣划申请人为被告,向强制扣划人民法院提起诉讼,主张实体权利。

(二) 程序权利保护

法院执行手续或执行程序存在缺陷的,银行有权不予协助,从而实现对自身债权的间接保护。

1. 协助执行手续不完备的不予协助。法院查询被执行人存款时,执行人员应当出示本人工作证和执行公务证,并出具法院协助查询存款通知书;法院冻结被执行人存款时,执行人员应当出示本人工作证和执行公务证,并出具法院冻结裁定书和协助冻结存款通知书;法院扣划被执行人存款时,执行人员应当出示本人工作证和执行公务证,并出具法院扣划裁定书和协助扣划存款通知书,还应当附生效法律文书副本。证件不齐或缺少相应法律文书的,银行不予协助执行。

2. 协助执行通知书与法律文书内容不一致的不予协助。法律文书有关内容与协助冻结、扣划存款通知书的内容不符,银行应说明原因,退回协助冻结、扣划存款通知书或所附的法律文书。

3. 要求提取现金的不予协助。银行协助扣划时,应当将扣划的存款直接划入法院指定的账户。执行人员要求提取现金的,银行不予协助。

4. 非执法人员送达的不予协助。查询、冻结、扣划存款通知书与解除冻结、扣划存款通知书均应由法院的执法人员依法送达,银行不接受法院执法人员以外的人员代为送达的上述通知书。

五、优先受偿权存在争议的几类保证金

银行业务中,还广泛存在保函、按揭贷款、融资性担保公司担保贷款等类型。银行对保函保证金、按揭贷款保证金、融资性担保公司保证金等保证金是否具有优先受偿权,现行法律法规和司法解释未作明确规定,司法实践中存在争议。

(一) 保函保证金

保函保证金,是银行出具保函时要求申请人提供的作为反担保的一定比例的资金。

银行保函大多属于见索即付、不可撤销的文件。银行出具保函时,要求保函申请人提供的保证金是银行权益的重要保障。如果银行与保函申请人签订了书面的质押合同,并将保证金存入指定账户,通过冻结止付手段进行"特定化",银行依法应当享有优先受偿权。这类保证金在本质上与信用证保证金、

银行承兑保证金是相同的。① 笔者赞同这种观点。在银行能够提供相关书面证明的情况下，法院不应当予以扣划。

（二）按揭贷款保证金

按揭贷款保证金，是房地产开发公司为购买本公司开发的房地产而进行按揭的借款人向银行提供的作为借款担保的一定比例的资金。

根据银行与开发商的合作模式不同，按揭贷款保证金的操作模式也不同。合作的一般模式为：

开发商作为阶段性担保人，经银行审核后给予一定的担保额度。在担保额度内，开发商对符合一定条件的借款人向银行提供连带责任保证担保，同时开发商根据每个借款人单笔融资金额的一定比例向银行提供一笔对应保证金。保证金存放于开发商在银行开立的一个保证金账户中。在阶段性担保期间，如果任何一笔借款出现逾期，银行可从保证金账户中扣收相应的款项用于归还逾期贷款，开发商应在一定时间内补充扣收的款项。

这种合作模式下，保证金账户内的资金有进有出，金钱数额一直处于浮动变化的状态。司法实践中，此类浮动保证金一般被认为不具有质押效力。② 笔者对此持赞同态度。

（三）融资性担保公司保证金

融资性担保公司保证金，是融资性担保公司向银行提供作为其担保的借款人借款担保的一定比例的资金。与按揭贷款保证金的操作模式基本相同，融资担保公司保证金一般也采用"浮动"模式。此处对该"浮动"模式不复赘述。

在保证金"浮动"模式下，司法实践中，银行的优先受偿权很难得到法院的确认。

六、保证金优先受偿权的自我完善

（一）自我完善的法律依据

《最高人民法院关于适用〈中华人民共和国担保法〉若干问题的解释》第

---

① 马蔚华：《关于进一步明确保证金质押效力的提案》："无论是信用证开证、承兑汇票，还是开立保函，或者按揭贷款中的开发商保证金，其业务操作模式均为一样，其性质都是为债务人的融资业务提供质押担保。" http：//news. hexun. com/2008 - 02 - 29/104140959. html.

② 朱希嘉：《浅析保证金账户质押的法律风险》："由于该种保证金账户内的资金有进有出，金钱数额一直处于浮动变化的状态，难以满足担保法司法解释第 85 条对于质押标的特定化的要求。" http：//www. cgflaw. com/newrd. asp？did = 269，2010 - 8 - 25。

85条规定:"债务人或者第三人将其金钱以特户、封金、保证金等形式特定化后,移交债权人占有作为债权的担保,债务人不履行债务时,债权人可以以该金钱优先受偿。"

金钱是一种特殊的物,即不特定物,可代替物,种类物,一旦取得其占有,就意味着取得了其所有权。① 而质押的特征之一就是,质物仅移转占有,而不转移所有权。显然,如果不将一定的金钱特定化,移转占有即转移了所有权,金钱就难以设立质权。从法理分析,以金钱质押的生效要件为:(1)形成质押合意,订立书面的质押合同或质押条款。(2)以特户、封金、保证金等形式特定化,并移交占有。

(二) 自我完善的基本措施

1. 订立书面的质押合同或质押条款。银行应当与保证金提供者形成质押合意,订立书面的质押合同或质押条款。

2. 开立保证金专户,并使之处于冻结状态,满足"特定化"要求。银行应当改变与开发商、融资性担保公司的"浮动"合作模式,将按揭贷款保证金、融资性担保公司保证金"特定化"。即保证金账户中的资金每次划入或划出,都签订相关合同,使保证金账户中的资金与主从合同一一对应,并使之处于冻结状态,不允许资金自由出入。

七、保证金优先受偿权的法律完善

除信用证开证保证金和承兑汇票保证金外,法律法规和司法解释对保函、按揭贷款、融资担保等业务中保证金的对抗效力未作出明文规定。司法实践中,不同的法院对质权设立与否的认定标准不同,部分法院甚至对银行业务中的保证金一概扣划。这不仅使司法解释规定的保证金质押制度形同虚设,更重要的是使银行的债权得不到及时和公平的保护,加大了银行的经营风险。长期以往,不利于市场经济的健康发展。笔者在此呼吁有权机关尽快通过立法或司法解释等途径,进一步明确保证金质押设立的要件,从法律层面完善保证金质押制度。

八、结语

银行应当本着从严的标准完善保证金质押手续,确保符合质权设立的要

---

① 李晓冬:《强制执行中冻结扣划存款的法律适用》:"金钱是一种特殊的物,一旦取得占有,即取得所有权。"http://www.110.com/ziliao/article-136015.html,2009-06-08。

件。在协助法院冻结、扣划保证金时，应当坚持有理有节的原则，积极与法院进行沟通。沟通无果时，及时提出执行异议或依法通过诉讼对执行标的主张实体权利。银行既不能一味强调自身债权的保护，在无法定抗辩事由情况下而拒不协助执行，也不能因畏惧法院的处罚而不敢主张自身合法权益。

金融债权执行案件存在的问题及对策探析

新疆生产建设兵团奇台垦区人民法院　武　玲

（一）金融债权的概念和特点

所谓金融债权是指政策性银行、商业银行和信用合作社等经营贷款业务的金融机构按照合同约定贷给借款人货币而形成的权利。

金融债权的特征有：（1）金融债权是一种财产权；（2）金融债权权利主体是金融机构；（3）金融债权是以给付货币为内容；（4）金融债权是一种相对权；（5）相对其他普通债权，金融债权的标的额相对较大。

（二）金融债权案件执行中存在的问题

从执行工作实践来看，金融债权案件执行难主要有以下几方面的原因：

1. 金融部门自身存在问题。一是信贷人员工作不负责任，在对借款人和担保人还款能力未作详细调查的情况下盲目发放贷款，给以后的执行工作造成被动；二是金融部门管理不严，信贷人员素质不高，以致贷款手续不完备，当事人资料如地址、工作单位等记录不全，执行难度增大；三是信贷人员依法收贷意识差，责任心不强，在案件执行时不主动提供执行线索，导致被执行人逃跑或转移财产，造成执行良机的贻误；四是"人情贷款"、"关系贷款"大量存在，或信贷人员私自截留或挪用贷款，收取好处，造成执行难。

2. 借款当事人方面的原因。一是部分借款人或借款企业经营管理不善，到期无力偿还借款，本身无财产可供执行，这也是造成金融案件执行难的主要原因；二是存在恶意贷款、规避还款的现象。有的借款人在贷款之初就没有打算还款，擅自改变借款用途，将借款挥霍。有的借款人债务观念淡薄，为躲避还贷，转移、隐匿财产，给执行工作设置障碍；三是担保流于形式。部分担保人法律意识淡薄，在借款人无力归还时拒不履行保证责任，逃避或对抗法院执行，起不到担保的作用。

同时，在基层法院还存在着被执行人缺乏履行能力及确因生产、生活状况严重恶化等情况，无力偿还金融债务。当人民法院强制执行时，易引发金融债权与其生存权之间的冲突，也造成了执行难。

3. 社会因素的影响。一是行政干预和地方保护主义严重，许多欠款大户都是当地有影响力的企业，是地方政府的主要税源，因此法院执行受到的干预比较严重；二是社会"说情风"影响执行。法院执行时，总会有这样那样的关系来说情拉拢，影响了法院工作的正常开展。

(三) 解决金融债权案件执行难的对策探析

金融案件执行难是由多方面的原因造成的，既有金融部门的问题，也有社会干预因素的影响，解决执行难问题，笔者认为需要多措并举，多方共同努力。

1. 执行方式的探索与运用

人民法院执行人员在执行金融债权案件时，应从实际情况出发，根据具体案件中被执行人履行能力和有无逃避执行等情形，因案制宜采取相应的执行方式。

(1) 被执行人有履行能力而拒不偿还金融债务或逃避执行的执行方式。①公告执行法。即对于具有履行金融债务能力，经多次教育仍拒不履行法院生效法律文书确定的给付义务的被执行人，执行法院可以在被执行人住所地或一定区域范围内的报纸、广播台、电视台等新闻媒体上公布为"赖账者"予以曝光，同时对其赖账金额等情况一并予以公告。②悬赏执行法。对于金融案件被执行人采取多头开户、隐匿或转移财产拒不履行或逃避履行金融债务的，人民法院可以根据执行案件的实际需要，采取有奖举报公开悬赏的方法，寻找被执行人的财产及财产线索。③限制消费执行法。该方法又称为"限制被执行人高消费制度"，即由执行法院对被执行人（恶意欠债不还的金融债务人）发出"限制高消费令"，责令其在金融债务没有清偿完毕之前不得进行超过当地生活标准的高消费活动。对限制高消费的金融案件被执行人，法院将其名单在其住所地有关报纸、电视台等新闻媒体上公布，请社会各界和人民群众监督。

(2) 被执行人是暂无履行金融债务能力的企业或特困企业的执行方式。①代位执行法。金融债权案件执行中的"代位执行"是指被执行人现有财产不能清偿到期金融债务，但对第三人享有到期债务的情况下，人民法院可以根据申请执行人的申请，通知对被执行人负有到期债务的第三人，直接向申请执行人履行债务，第三人在履行期限内不履行的，法院予以强制执行的一种执行方法。②分期执行法。人民法院在执行金融债权案件中，对于被执行人是经营状况暂时困难的企业，或暂无偿还债务能力但产品适销有市场的企业，可以采取分期执行的方法，为这些被执行企业创造生存、发展的机会。③以物抵债执行法。所谓以物抵债执行法，又称以物抵债、拍卖执行法，是指在民事执行程序中，负有给付债款义务的被执行人不能偿付到期债务时，用其享有所有权的财物（包括动产和不动产）交付给由当事人双方协商选择的或法院指定的评估拍卖机构进行评估拍卖，拍卖所得款项交付给债权人，以抵其所欠的债务。实践中，对于金融执行案件中被执行企业逾期不能履行生效法律文书确定的义务，账上无钱而有财物可供执行或账上虽有钱但不足以执行的，为使执行得以顺利进行，人民法院可以采取以物抵债、拍卖执行的方式。

2. 依法采取诉讼保全措施，为裁判后的执行创造条件

对金融机构起诉时申请财产保全的均依法及时采取诉讼保全措施，对债务人的资产及时进行查封、冻结、扣押，防止债务人在案件审理期间转移、藏匿财产等逃避金融债务的行为。在诉讼保全过程中，对金融机构提供债务人有财产的，依法进行保全，对金融机构提供债务人财产线索的，在审理中注意查明债务人的财产也进行及时查封。加大保全力度，可为案件顺利地进入执行程序打下基础。

3. 金融部门需加强监管，规范借贷业务

严格贷款审批程序，完善贷款手续，特别是担保手续，做好贷前调查、贷中审查、贷后检查，堵塞漏洞，减少失误，确保贷款放得出、收得回。同时，提高信贷人员素质，增强依法办事观念，杜绝"人情款"、"关系款"，并建立有效的信贷人员责任追究制度。

4. 营造良好的诚信氛围

应当在全社会倡导光荣守信的良好风气，积极完善个人和企业的金融信贷信誉档案体系，法院也将不守信用的被执行人情况及时向社会公布，让欠款人无处藏身。通过提高企业、公民法律意识和市场经济形势下的信用意识，使"负债要还、逃债要追、赖债要打"的观念深入人心。从而形成自觉服从、协助、支持人民法院执行的法治氛围，改善执法环境，为解决金融债权案件执行打下坚实的基础。

近年来，金融债权执行案件呈逐渐上升趋势。因此，人民法院还需积极探索破解金融债权案件执行的出路和方法，以树立法院权威，维护金融秩序，推动社会经济的健康发展。

参考文献

1. 刘文华：《经济法律概论》，中央广播电视大学出版社 2006 年版。

2. 何伟武、符一帆：《维护金融债权遇到的问题与对策建议》，载《南方金融》2004 年第 9 期。

3. 巴劲松：《银行向投资者转让贷款债权：合理合法?》，载《银行家》2007 年第 12 期。

4. 朱淑华、黄成君：《依法操作贷款业务》，载《中国农村信用合作》2001 年第 12 期。

5. 张承亮：《金融债权案件执行之我见》，载《江南时报》2007 年 11 月 10 日第 22 版。

6. 黄金屏、林峰：《金融债权案件执行难成因及治理对策》，载《经济师》2000 年第 1 期。

7. 官正旺、池治新：《信社贷款业务操作中存在的法律问题及对策》，载《南方金融》2002 年第 12 期。

反规避执行的几点建议

东亚银行厦门分行　邱文锋

"执行难"是长期以来困扰法院工作的重要问题之一，而规避执行又是造成"执行难"的重要原因。规避执行是指负有履行生效法律文书确定给付义务的当事人、或对生效法律文书负有协助义务的其他人，采取转移、隐匿财产或为财产给付设置法律、人为障碍等方式，造成无财产可供执行的假象，以达到逃避履行生效法律文书确定义务的行为。相当一部分有履行能力的被执行人，绞尽脑汁规避执行，这一问题的存在，在给法院的执行工作带来巨大困难和障碍，严重损害法律尊严和司法权威的同时，也极大损害了执行申请人的合法权益，长此以往势必会冲击社会主义市场经济秩序，甚至会产生社会诚信危机。笔者结合在执行中遇到的问题，对反规避执行工作浅谈以下几点建议：

一、强化信息互通，完善财产调查机制

被执行人的不动产（房产）及银行资金往往是其主要资产，可以说，在执行过程中，对被执行人的房产及银行资金进行了控制，就掌握了一定的主动权。但从目前的情况来看，由于房产信息并未实行全国联网（有些地方甚至各区之间的房产信息都无法共享），而被执行人的房产可能分布各地，因此除非是去每个地方的房产机关进行查询（事实上也是不可能做到的），否则要想全面了解被执行人的房产信息是非常困难的，这也给被执行人规避执行提供了条件。房产信息实行全国联网，在技术层面、政策层面应该都不存在任何障碍（婚姻登记已经全国联网便是例证），这一政策的实行，也将对被执行人具有强大的震慑力。从隐私保护角度，房产信息全国联网后，可考虑提高房产信息的查询门槛，缩小信息查询人的范围，如统一规定只有司法机关才有权查询相关信息（现行的做法是律师执立案通知书或相关的司法文书查询），按照该种操作模式，只要一次查询，便可全面掌握被执行人的房产信息，有利于执行工

作的进一步开展。

对于账户信息的查询比房产信息查询有着更严格的规定，即只有有权机关才有权查询账户信息，律师是无权查询的。从账户管理的角度来看，账户信息在人民银行都有记录。据笔者了解，笔者所在城市（副省级城市）的当地人民银行并不能查询，如当地法院需查询账户信息，需通过省高院到省人行统一查询，且耗时较长，这样一来，执行的时效性就得不到体现。建议法院系统和人民银行加强沟通，将账户查询权限下放至市级人民银行，且缩短工作流程，为执行工作的顺利开展赢得时间。

二、坚持能动司法，努力创新执行方法

"有法者尤贵有其人"，执行队伍综合素质的高低在相当程度上决定着执行公正高效权威的实现，决定着执行难破解的主体力量。执行法官在执行工作中应该起着"带头人"、"火车头"的作用，主观能动性发挥的多少直接影响执行案件进展的快慢。对于规避执行的行为及现象，要主动调查。笔者碰到过这样一个案例：在法院拍卖被执行人的房产阶段，被执行人向法院出具了一份长达20年租期，且租金已一次性付清（高达数百万元）的租赁合同。以长期租赁合同为执行工作制造障碍是被执行人规避执行的惯用手段，鉴此，执行申请人与执行法官沟通，希望执行法官能够采取相关手段，在执行阶段解决该问题，但执行法官坚持要执行申请人另行起诉来解决该虚假租赁合同问题。这样一来，正在进行的执行程序势必又被另一场本不需要的诉讼无限期拉长，被执行人只需花极少的违法成本（也就是和第三人串通签个虚假合同）就可以将执行申请人拖入漫长的诉讼程序中，极大地助长了被执行人的违法之风，也损害了执行申请人的合法权益。由于法院加大了错案追究力度，很多执行法官只限于法律规定，不敢为实现权利人最大利益而大胆创新。此时，只要执行法官多点发挥主观能动性，多点进行调查取证，采取约谈租赁合同双方，阐明该违法行为的后果等手段，大胆创新执行手段，虚假租赁合同的问题是可以解决的。或许最高人民法院关于反规避执行的九起典型案例之一"张曲与陈适、吴洋英民间借贷纠纷执行案"能给执行工作带来一些新的思考。

案情摘要：

张曲与陈适、吴洋英民间借贷纠纷一案，福建省福州市中级人民法院判令陈适偿还张曲188万元及利息；被告吴洋英承担连带清偿责任。一审判决后，陈适、吴洋英提起上诉。福建省高级人民法院二审判决驳回上诉，维持原判。

由于陈适、吴洋英未履行生效判决所确定的义务，张曲向福州市中级人民

法院申请强制执行。执行法院决定对诉讼阶段保全查封的吴洋英名下的位于福州市晋安区新店镇福飞北路136号福州新慧嘉苑5号楼一层02号房屋进行强制拍卖。被执行人吴洋英向法院出示了一份其与弟弟签订的关于上述房屋的租赁合同，合同约定每月租金950元，租期15年，租金一次性支付。吴洋英称，她在法院查封前已经将房屋出租给弟弟，并一次收取了租金17万元，其弟弟在签订合同后，又转租给第三人（次承租人）。吴洋英不能出具金融机构的相关转账凭证，证明她一次性收取了17万元租金。对此，吴洋英辩称，她是向弟弟借钱买了房屋，约定用该房屋的租金偿还。申请人张曲向执行法院提交报告，称她曾亲眼看到吴洋英亲自向次承租人收取租金，她认为吴洋英出示的租赁合同系吴洋英姐弟串通伪造而成。执行人员向房屋前后几个承租人调查了解情况，几个承租人证实，每个月租金均由吴洋英收取，租金为每月3000元。执行人员在掌握充分证据后，约谈了吴洋英的弟弟。吴洋英弟弟承认，吴洋英知道房屋被法院查封后，以他的名义将房屋转租给次承租人，转租合同上的签名系吴洋英所签，吴洋英直接向次承租人收取租金。

三、加强协作配合，形成执行威慑机制

执行威慑机制是一个社会性系统工程，金融、房管、土地、工商、税务、财政、公安、海关、边防乃至新闻媒体等部门的协助必不可少。建议法院的执行案件管理系统和人行征信系统相连，并借助与工商登记、房地产管理、工程招投标管理、出入境管理、车辆管理等部门建立起联动机制，对于那些规避执行的被执行人实行严格"封锁"，并且通过公布被限制高消费者名单对暂无履行能力的被执行人采取限制高消费制度。厦门市思明区法院的"老赖曝光台"通过在网络公布被执行人的相关信息，形成全社会监督被执行人的合力，对打击规避执行行为起到了良好的作用。其次对于拒不履行生效判决的被执行人，被执行人是党员干部的，与纪检监察部门联系，依法依纪追究党纪政纪责任；被执行人是人大代表、政协委员的，与人大、政协部门联系，督促其履行法律义务，仍拒不履行的，建议人大、政协部门罢免或撤销其人大代表资格或政协委员职务，让抗拒执行的被执行人无处藏身，使其付出更大的经济成本、政治成本和信用成本。

四、创新送达制度，力求司法公平效率

送达问题一直是困扰法院及原告当事人的问题。案件一旦进入诉讼程序，被告（被执行人）就如人间蒸发一般，再也无法联系。公告送达虽然体现了

司法的公平,却无法兼顾效率,重复且又漫长的送达程序可为被告(被执行人)转移财产创造时间条件,助长了当事人恶意"拖讼"之风。在银行合同实务中,都会在贷款合同中明确借贷双方的联系地址和联系人,银行给借款人寄送相关的材料也是按照该联系方式来处理。建议可在贷款合同中明确:该联系地址即为诉讼中相关法律文书的送达地址。即对诉讼双方对于送达地址的确认程序提前到合同签署阶段,这样能极大缓解送达难的问题。从法律层面来看,对该地址的确认是当事人真实意思的表示,其应承担对该种意思表示的法律后果,其产生的法律后果应与诉讼阶段对送达地址确认的后果无异。在合同中约定"相关法律文书(含仲裁法律文书)的送交以邮送达本合同记载的对方当事人住所地(如有变更,应书面通知对方及仲裁委员会)即视为送达"的条款已被厦门仲裁委所认可,通过这一约定,极大地缩短了送达事件,有利地保护了当事人的合法权益,诉讼程序中对于化解"送达难"也不妨从这个角度借鉴考虑。

对于化解"执行难",需要法院执行部门充分发挥主观能动性,创新执行思路,打破执行僵局。从立法层面上加大规避执行的违法成本,建立执行统一协调机制,形成"老鼠过街,人人喊打"的能动执行局面,切实保障执行申请人的合法权益。

二

协助执行

二

材料附录

关于金融机构协助执行的一点思考
——从法律社会学的角度出发

天津市高级人民法院　钱扬帆

民事执行难不仅是法律层面的问题，更是制度性的社会问题。经济发展水平越提高、市场主体活动越频繁，金融机构[①]涉及的纠纷就越多，对法院的需要也越大。体现在执行领域，金融债权执行案件是法院民事执行工作重要部分，金融机构往往作为申请执行人参与到执行案件当中[②]，协助法院查询、冻结、扣划是查询、处置被执行人财产的重要措施之一。处理好金融债权与金融机构的协助执行问题，对解决其他协助执行机构消极协助执行乃至解决"执行难"问题具有积极的意义。

一、金融机构协助人民法院执行概述

金融机构协助法院执行是金融机构依法协助司法机关对被执行人（含单位和个人）的存款进行查询、冻结或强制扣划的行为。金融机构协助执行行为既是法定义务的强制行为，又是关系到广大客户和金融机构自身合法权益保护的行为。金融机构协助人民法院执行的方式有三种，即协助查询、协助冻结、协助扣划。其中，协助查询指金融机构依照有关法律的规定以及司法机关查询的要求，将单位或个人存款的金额、币种以及其他存款信息告知司法机关的行为。协助冻结是指金融机构依照法律的规定以及司法机关冻结的要求，在一定时期内禁止储户提取其存款账户内的全部或部分存款的行为。冻结是一种临时性的执行措施，法律规定首次冻结期限为六个月，期满后，执行机关如不

[①] 本文中的"金融机构"若无另指，即为商业银行。
[②] 这种案件往往占金融案件的半数左右，如：2008年8月至2009年2月，上海市浦东新区人民法院共受理金融执行案件560件，其中以商业金融机构为申请执行人的案件有258件，占案件总数的46.1%。参见丁寿兴：《强制执行探索与实践》，法律出版社2011年版，第81页。

办理续冻手续，原冻结的被执行人的账户自然解冻。协助扣划是指金融机构依照法律的规定以及司法机关扣划的要求，将单位或个人的存款划拨至指定的账户的行为。

对金融机构协助义务的规定主要见诸《民事诉讼法》和《商业金融机构法》等法律规定中。《民事诉讼法》第 218 条对查询、划拨、冻结存款进行了规定："被执行人未按执行通知履行法律文书确定的义务，人民法院有权向银行、信用合作社和其他有储蓄业务的单位查询被执行人的存款情况，有权冻结、划拨被执行人的存款，但查询、冻结、划拨存款不得超出被执行人应当履行义务的范围。人民法院决定冻结、划拨存款，应当作出裁定，并发出协助执行通知书，银行、信用合作社和其他有储蓄业务的单位必须办理。"

《商业银行法》第 29 条、第 30 条规定：对个人储蓄存款，商业银行有权拒绝任何单位或者个人查询、冻结、扣划，但法律另有规定的除外。对单位存款，商业银行有权拒绝任何单位或者个人查询，但法律、行政法规另有规定的除外；有权拒绝任何单位或者个人冻结、扣划，但法律另有规定的除外。

有关司法解释就金融机构对法院的协助义务也有规定。《最高人民法院关于人民法院执行工作若干问题的规定（试行）》第 35 条规定：作为被执行人的公民，其收入转为储蓄存款的，应当责令其交出存单。拒不交出的，人民法院应当作出提取其存款的裁定，向金融机构发出协助执行通知书，并附生效法律文书，由金融机构提取被执行人的存款交人民法院或存入人民法院指定的账户。

《中国人民银行、法院、检察院关于查询、冻结、扣划金融机构存款的通知》中规定："人民法院因审理或执行案件，需要向金融机构查询、冻结、扣划单位或个人的金融机构存款时，金融机构要履行协助义务，积极配合。如果无故拒绝协助执行，应依法承担责任。"

以上几条规定是确立金融机构协助执行义务的重要法律依据，明确界定了要求金融机构协助执行的单位之权利来源。有关金融机构协助其他有权机关执行的义务在《国家安全法》《价格法》《证券法》《海关法》《税收管理法》等法律中也有体现，此处不述。

二、金融机构协助执行难的法理学、法社会学剖析

由上文可以看出，金融机构对人民法院的协助执行并不缺少制度和技术的保障，但理论的成功并不必然预示着其社会实践的成功，当我们将法律的规范性表述放在具体的社会条件下、放到经验的司法实践中予以考察的时候，发现

金融机构的协助执行往往很难按照法律预设的轨道运转，金融机构在获得协助执行人或申请执行人主体身份时，社会主体的运行方式、社会资源配置的分配使得制度的规定在操作过程中发生流变。

（一）执行法律关系的特异性

民事执行法律关系包括执行裁判法律关系与执行实施法律关系。执行裁判法律关系与民事审判法律关系基本一致，本文不予赘述。就执行实施法律关系而言，主要包括执行机关与执行当事人之间，以及执行当事人相互之间的法律关系。该法律关系存在三方主体和两层法律关系：三方主体分别是执行机关、申请执行人和被执行人，两层法律关系包括：（1）执行机关与执行当事人之间的法律关系；（2）执行当事人相互之间的法律关系。[①]

这种由三方主体和两层法律关系构成的法律模式与诉讼法律关系具有相异性，在典型的民事诉讼法律关系中，法院处于居中裁判的地位，审判时必须严格遵循当事人主义和诉权平等对抗的基本原则，双方当事人具有平等的诉讼地位，平等地享有诉讼权利，平等地承担诉讼义务，法院、原告、被告三方主体的关系构成类似于等腰三角形的稳定模式。而在执行法律关系中，民事权利义务业已确定，民事执行的目的是为了迅速实现债权人的权利，迫使债务人履行义务，因此申请执行人与被执行人的法律地位不平等，从某种意义上说，执行人员是运用公权力保护债权人的权利得以实现的守护者，执行案件的终结的过程，正是一个执行机关运用国家公权力强制被执行人履行义务，使申请执行人的合法预期从"观念上形成权利"向"事实上实现权利"转变的过程[②]，它显然区别于类似等腰三角形的诉讼行为模式，而是行使国家公权力的执行机关运用国家强制力实现民事请求权给付内容的过程。它相当于两股权力（执行机关代表着国家公权力，申请执行人行使的则是私权力）对被执行人的不履行生效裁判文书行为的合力追击过程。

而在现行的法治语境下，如果拒不配合法院执行工作的金融机构作为协助执行人参与到执行法律关系中，这种执行机构与申请执行人的合力因协助执行人的加入而弱化，协助执行人与被执行人形成了另外一股与国家公权力相抗衡的合力，成为金融债权实现的障碍，一定程度上导致了"执行难"局面的形

[①] 童兆洪：《民事执行的法理思辨》，人民法院出版社出版，第8页。
[②] 王亚新：《社会变革中的民事诉讼》，中国法制出版社2001年版，第145页。

成、巩固与无法破解[①]。

此时,协助执行中的关系主要有以下五层:执行机关与申请执行人的执行法律关系;执行机关与被执行人的执行法律关系;执行机关与协助执行人的协助执行法律关系;协助执行人与被执行人的利益共同关系;申请执行人与被执行人形成的执行法律关系。

如下图所示:执行机关通过行使强制力意图实现申请执行人民事请求权给付内容,故执行机关与申请执行人可视为一股合力,而拒不履行协助义务的协助执行人与被执行人因形成共同的利益关系,一损俱损,故可视为与前一股力量相抗衡之力。右上的三角形可视为执行机关与申请执行人共同施压于被执行人形成的力量,左下的三角形可视为拒绝履行协助执行义务的协助执行人与被执行人对抗执行机关的力量,二者构成平衡,导致金融机构协助执行中的矛盾无法化解。

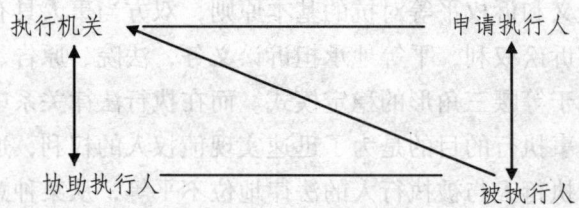

注: ——— 代表合作关系
　　 ←——→ 代表对抗关系

(二)执行机关与申请执行人合力的形成:司法公信力的削弱

1. 执行理论角度的剖析

法学界与司法实务界就执行权的性质究竟属于司法权还是属于行政权仍存争议,但几乎所有观点都认为执行实施权具有行政权的特点。在民事执行权力运行过程中,执行机构以实体公正为根本目的,同时兼顾执行效率的价值取向,追求执行公正与效率的有机统一。但是,公正与效率在司法实务中也会发生一定的冲突。由于执行实施权在民事执行权中始终占主导,故民事执行权以效率优先为总的价值取向。

执行权尤其是执行实施权的这种效率追求的特殊性,与申请执行人对迅速实现债权的效率诉求有一定的契合性。执行权的性质决定执行机关的工作重心

---

① 现行关于"执行难"研究的文章往往更多地是从制度层面上、技术角度考虑执行难形成的原因,而未将执行难当作社会层面的问题予以解决,笔者认为不妥。

是为实现申请执行人的债权而努力。从执行程序的制度设计层面，申请执行人也有着更多的主动性，如：执行程序因申请执行人的申请而启动；申请执行人可向法院提供被执行人的财产线索；申请法院采取强制措施等。而被执行人权益的保护则通过执行救济措施被动地体现；从执行机构体现的政治服务功能方面，所谓"谦抑执行 生道执行"，其蕴含的前提是：在保证申请执行人请求权支付内容兑现的基础上，使得被执行人的利益损失最小。

因此，不论是从执行制度的设计还是执行工作的政治服务功能层面，执行机构都有与申请执行人紧密联系的驱动力，由于"近则不逊远则怨"和"亲人眼里无伟人"的社会心理，除法官本人有特殊魅力外，一般来说，这种近距离交往必定会降低法官和法院的威严，进而削弱法律执行的有效性。[①]

2. 社会事实层面的探讨

个案公正要求执行机构尽可能地动用人力、物力等执行资源最大限度地实现执行依据所确认的所有民事权利。但执行资源总是有限的，这种资源的有限性表现为：执行案件多办案人员少，执行装备不足、交通工具、通讯设备落后，警力配备匮乏等。这就要求执行机关对执行资源进行合理分配以追求整体上的执行效率。从执行法官个体的视角来考察，若一名执行法官同时承办多个案件，执行案件的复杂性、执行法律法规的滞后性、申请执行人的效率诉求，都将共同影响执行法官分配有限的精力资源，使得法官对各案件的关注有了轻重之分。执行法律法规的尚未健全使得执行案件的"非规则化运转"空间增大，而个案越复杂则越增加了执行法官行使自由裁量权力的概率。

这时，如果申请执行人是掌握较充裕资源的市场主体，需要垄断了一个区域内司法权力的执行机构去从事实上实现其观念上已经形成的权利时，特别是申请执行人有对效率强烈的诉求时，难以避免各种从申请执行人向执行机构、执行办案人员的资源暗流（金融机构为申请执行人时，由于我国金融机构经营的稳定性高、盈利能力强，这种资源的流动更甚），如异地执行中当事人和执行人员"三同"（同行、同吃、同住）的现象，即是一个典型个例，对执行人员和法院的中立、公正形象影响较大。[②] 这种资源的流动严重时可导致执行腐败现象的发生。而更不鲜见的申请执行人向法院送锦旗的现象更是可视为当事人向法院输送的一种精神资源。

---

① 苏力：《送法下乡——中国基层司法制度研究》，北京大学出版社2011年版，第32页。
② 江必新主编：《执行工作指导》，人民法院出版社2011年第4辑，第13页。

(三)协助执行人与被执行人共同的利益关系：地方保护主义的滥觞

商业金融机构的收益主要来源于客户资金的存储和放贷。维护存款人的权益是追求自身利益最大化的必要条件。在金融市场竞争日趋激烈的情况下，金融部门争取客户，扩大存储，直接影响到部门的效益和个人的收入。但作为资金通融和交易的重要中介，金融机构也需要承担合理的社会责任以实现社会利益的最大化。在面临维护自身利益与满足社会需求的抉择时，金融机构可能会作出弃社会责任不顾的决定，因而对执行机关的查询、冻结、扣划设置各种障碍，不履行协助义务。

执行法官所谓的执行难其实有限定，真正难的往往是到外地去执行本法院的判决，因为外地协助执行人常常拒绝予以配合。①

金融机构涉及法律关系的范围较广，在金融借款、票据、信用卡、担保等实体法律关系中往往作为债权人出现，相应地，金融机构在金融案件进入执行程序后往往成为申请执行人。由于对抗异地执行机关的金融机构往往与本地的执行机关之间存在着前文所述的资源流动的关系。而不同的执行机关之间同样作为行使国家司法权的代表，可能会存在着业务的委托、个案的协调等往来关系。因此，从某种程度上来说，当金融机构为申请执行人、协助执行人参与到执行案件过程中时，与执行机关形成一个"熟人社会"。现代法律有效运行的前提是陌生人社会和个体主义社会，在金融机构为申请执行人时，金融机构与执行机关构成熟人社会，执行机构与异地的执行机关之间构成另一类熟人社会，异地的执行机构与作为个案中的协助执行人亦再构成了一类熟人社会。各主体因执行案件而聚集时，这时社会关系成为了按规则处理案件的羁绊，法律规则在此种情况下丧失了严肃性与公信力，放弃最节约的处理方式而寻求其他的问题解决路径成为执行机构、当事人、协助义务人的共同选择。

在这个"熟人社会"里，各主体在交往中增添了"社会关系上的负担"。②这种"负担"使金融债权执行案件、金融协助执行案件出现偏离规则设计的案件解决方式。特别是在异地的金融机构未积极履行协助执行的义务时，执行机关依法有权对其采取罚款、拘留的处罚措施，乃至追究刑事责任。但这些措施往往因为异地的同行的"协调"而夭折，更遑论其他行政机关对民事执行

---

① 此处的协助执行人应作广义：既包括金融机构、行政机关等，也包括作为受委托执行案件的外地法院。苏力：《送法下乡——中国基层司法制度研究》，北京大学出版社2011年版，第31页。
② 费孝通：《乡土中国》，人民出版社2008年版。

活动的干预。①

执行活动中的各方主体具有地域上的固定性：执行机构垄断了区域司法权力却拥有少量的资源，金融机构拥有了大量的资源却仍需要借助执行机构公权力的强制性去实现自身的权益。至此，合作与保护的关系产生。而现代法律一旦进入熟人网络，就很难运作②。本地金融机构的合法债权难以实现，异地金融查控合作阻力重重。规则化的法律条文在这种情况下已经失去了生存的土壤，执行机关办理案件时不得不常常采用"协调"解决的方式，从而耗费大量的司法资源，执行机关原本资源匮乏需要作为申请执行人的金融机构的"合作"，此时这种案件解决方式更加促进了这种资源的流动。

三、"熟人社会"的割裂——金融机构协助执行网络电子信息化建设③

从需求来看，市场经济的发展、市场主体活动的频繁，进入执行机关的案件增多，对执行机关的需求量越大；从供给角度看，经济水平的提高导致财政能力的提高，对执行机构的投入增加，从而导致办案质量的提高。但在目前的法治语境下，法院财力受制于政府，对执行机关的供给不足，从而迫使执行机关在案件办理中借用作为申请执行人的金融机构的资源，而致"熟人社会"的产生，不利于案件在规则的范围内办理。

当我们揭露了这一由于社会原因而产生的弊病时，如何减少各主体在因处理案件过程中形成的社会关系上的负担，使执行机构、当事人、协助执行人由"熟人社会"向"陌生人社会"的转变，从而做到案件的规则治理成为急需。金融机构协助执行网络信息化建设，由于其操作上的便捷性、时空上的分割性、程序上的固定性，不失为解决问题的方式，也契合电子信息化高度发展的社会趋势。

（一）金融机构协助执行网络信息化建设的必要性

1. 满足申请执行人的效率追求，及时实现债权。案件进入到执行程序后，

---

① 司法实践中，当行政机关为协助执行人时，行政机关对被执行人的保护亦不鲜见，笔者认为，这是行政机关利用其掌握法院履行职能所需的国家资源这一优势地位干预和影响司法，不赘述。

② 布莱克：《法律的运作行为》，唐越、苏力译，中国政法大学出版社1994年版。

③ 参见李伟、潘光林、李德通：《关于温州市网上执行查控系统建设和运行情况的调研》，载《执行工作指导》2011年第4辑，人民法院出版社，第192~202页，姚秀权：《协助执行网络电子信息化建设构想——以银行等金融机构为视角》，载《强制执行探索与实践》，法律出版社2011年版，第98~103页。

案件办理越长，申请执行人为此付出的成本越高。金融机构协助执行网络信息化建设，充分运用现代化信息手段，实行集约化查询，有助于减少执行工作量，一定程度上也可解决被执行人财产难找的执行现状。

2. 节约执行机关司法资源。从执行法官的视角，可将精力从查、扣、冻等事务性、手续性工作上转向执行程序的其他方面；从执行机关的视角，可规范执行程序，减少执行机关工作人员与申请执行人的往来，防止执行机关因资源短缺而占用案件当事人的资源。

3. 克服地方保护主义的影响，防止被执行人转移财产。由于在一案中为协助执行人的金融机构在另案中可能是申请执行人，故金融机构协助执行网络信息化的建设有助于实现金融机构的债权。信息的共享有助于金融机构加强信贷管理，降低金融风险。

（二）金融机构协助执行网络信息化建设的初步构想

协助执行网络信息化建设的总体目标是实现执行机关与金融机构网络的联结，从而实现执行机关对金融机构网络内被执行人信息的共享。由于网络信息化建设是一个系统长期的工程，在具体的操作过程中，可分为以下几个步骤：

1. 各高院执行机构与人民银行各分行、省会城市中心支行银行结算账户管理系统的联结。

2. 各高院执行机构与各商业银行省级分行、地方性商业银行结算账户管理系统的联结。

3. 高院执行机构延伸其内部查询网络至中院、基层法院执行机构；各商业银行省级分行、地方性商业银行向下延伸其协助查询网络至各支行。

具体操作中，还需要注意以下事项：

1. 被查询的信息主体：执行机构仅对执行案件的被执行人信息进行查询、冻结、扣划等措施，不得对未涉案的储户信息进行查询。

2. 网上查控不仅针对被执行人静态存款余额，还针对其动态存款信息。不仅针对存款内容，还针对理财产品等新型金融产品。

3. 执行机构通过网络采取的查询措施，不在系统内留下记录，以防止金融机构告知被执行人；各法院执行机关的查、扣、冻等措施，应事先做好执行裁定书、协助执行通知书等法律文书，加盖电子印章通过系统传送给各协助执行机构。

4. 对执行机关的各种措施应严把审核关，防止滥用职权的现象出现。各商业银行网络系统不联结，彼此分立。

四、其他

任何一种单一的理论上的制度方式不可能解决复杂的现实问题，尤其对于金融机构的协助执行问题，更应考虑从多角度予以规制，形成共同解决执行难问题的合力，笔者认为，就针对金融机构的协助执行难问题，还应从以下几个方面予以考虑：

1. 尽快出台统一的协助执行法规，从法律上保证执行权威。笔者认为应尽快制定专门协助执行法规或在《强制执行法》中规定专门的协助执行章节，依法促进协助执行体系的建构。协助执行制度应当统一现行各种联合通知和司法解释的立法精神，以法律的形式加以规定与完善，对协助执行的概念性质、主体范围，惩戒措施等进行系统明确的规定。通过统一的协助执行法规，明确金融机构在协助执行中的具体职责、细化协助执行措施、简化财产调查手续、完善协助执行程序。

2. 加大对违法行为法律责任的追究力度，在执行实务中树立司法公信力。充分运用民事和刑事制裁措施，依法对金融机构协助执行中的违法行为追究相应的法律责任。对作为协助执行义务人的金融机构拒不协助执行或者妨碍执行，应当依法对相关责任人予以罚款、拘留。根据《全国人大常委会关于刑法第三百一十三条的解释》《最高人民法院关于审理拒不执行判决、裁定案件具体应用法律若干问题的解释》等规定，对于构成犯罪的拒不协助执行行为，应当依法追究刑事责任。

3. 改变法院对行政机构的依附，缓解司法资源紧缺现状。执行工作由于难度大、风险高、流动性、时效性强，其正常运转必须确保坚强有力的资源保障。物质装备上要装备执行工作必需的车辆、通讯等设备，人力上要保证实现中发〔1999〕11号文件规定的执行人员比例不少于全体干警现有编制15%的要求。同时，应加强对执行工作的内部监督、检查监督与社会舆论监督，落实执行公开制度，防止申请执行人对执行机关的资源输送。

商业银行信息化协助执行问题研究

工商银行 刘泽华 潘红星 王甲同

近年来，随着人民法院等有权机关不断加大对生效裁决执行和犯罪活动的打击力度，批量性的查询、冻结、扣划需求越来越多，商业银行承担了大量的协助查询、冻结、扣划个人和单位的存款工作（下称协助执行）。按照现行法律法规的规定，有权进行查询、冻结、扣划的机关（下称有权机关）需要派专人持规定手续到商业银行所属机构办理查询、冻结、扣划事项，不但有权机关费时费力，执行效率难以得到保证，而且商业银行也面临处理大量协助执行信息和内部风险控制的压力。遇到法律法规无明确规定或规定不明时，还容易引发协助执行纠纷。为了破解上述难题，工商银行等个别商业银行在部分省级分支机构区域内进行了信息化协助执行的探索和尝试，即有权机关和商业银行各自建立电子化专业系统，在系统之间设立加密网络连接专线，有权机关通过专线集中向商业银行传输协助执行申请，商业银行统一接收信息，通过自身系统自动处理协助执行信息，并将处理结果通过专线及时反馈有权机关。目前，这种信息化协助执行模式在部分省市取得了较好效果，但囿于现行法律法规的限制和条件的约束，尚未形成较大规模和完整体系。笔者从当前协助执行面临的主要问题入手，分析信息化协助执行的必要性和可行性，探讨了信息化协助执行建设模式，力求推进商业银行信息化协助执行的发展。

一、当前协助执行工作存在的主要问题

（一）商业银行在协助执行过程中遇到的问题

1. 协助执行工作量大。随着经济犯罪和财产纠纷案件的增加，有权机关查处违法行为、打击经济犯罪力度的不断加大，商业银行协助执行工作量大幅增加。例如，某国有商业银行2011年受理协助执行事项达到五十余万件，涉及客户近百万个，账户近200万户，在依靠手工处理时，需耗费大量的时间和

人力。

2. 协助执行处理的信息复杂。按内容划分，协助执行包括查询、冻结和扣划，不同的内容需要的手续和执行的程序不同；按对象划分，协助执行对象包括个人和单位账户信息；按标的物划分，包括各类储蓄和单位存款、国债、基金份额、理财产品以及账户流水等。商业银行需按照业务管理模式，对各类信息分别建立处理流程。

3. 协助执行的内部协作问题。商业银行内部由于风险控制的需要，尚无可以跨业务、跨地域集中统一调取信息的部门。遇到批量协助执行情形，有权机关往往要求商业银行一次性对几十个甚至上百个账户进行查询、冻结或扣划，商业银行内部则需要各业务部门、分支机构共同协作，分别授权，各自办理，不仅因为涉及的环节和部门多容易产生操作风险，而且难以满足有权机关的时效性要求。

(二) 有权机关查询、冻结、扣划过程中遇到的问题

1. 程序繁琐。一方面，有权机关因不能完全掌握被执行人所有银行账户信息，需派专人到多家商业银行办理，并按规定开具多份法律手续；另一方面，有权机关到商业银行要求协助执行时，商业银行还要对执行人员的身份、相关法律文书、执行范围等按规定进行审查，程序相对繁琐。

2. 工作成本高。协助执行工作不但要求有权机关派专人到商业银行的物理场所进行人工办理，而且履行繁琐的手续需要耗费较多的时间。涉及跨省、跨地区协助执行时，需要花费更多的人力、物力、财力，且不一定能取得工作效果。

3. 时效性难以保证。遥远路途的奔波，繁琐手续的履行使协助执行工作追求的时效性大打折扣。遇到涉案人员较多，协助执行工作量较大的情况，商业银行难以短时间内一次性提供协助执行结果，有权机关还需多次往返各商业银行之间，执行工作的时效性无法保证。

4. 信息传输渠道滞后。目前，有权机关只能通过派专人持有效证件到商业银行物理场所要求协助执行，执行需求的信息通过法律文书呈现。当商业银行协助执行完毕后，执行人员再将相关信息以一定的形式取回，执行人员在传递和取回信息的过程需要花费几个小时甚至几天的时间。这种传输渠道存在滞后性。

(三) 商业银行与有权机关之间的衔接问题

1. 对协助执行规定手续的要求认识不一致。由于执行内容不同，所需履

行的手续不同，现行法律法规并未对各种情况进行详细规定，这使得商业银行和有权机关之间对手续的要求方面产生了理解上的偏差。例如，按规定法院执行人员出示双证（工作证和执行公务证），但有些法院实行二证合一，只能提供一证或证件已过有效期；有的有权机关现场遇到新情况后当即涂改出具的法律文书，要求商业银行必须协助执行。

2. 执行需求与系统功能难以完全匹配。对于一些特殊的执行需求，因商业银行系统不具备相应功能难以满足有权机关的需求。例如，法院在未采取冻结措施情况下要求商业银行按月扣划被执行人代发工资账户存款，商业银行因不能确保该账户有可扣划金额而难以处理；对定期存单商业银行系统无法实现部分金额扣划等。

3. 对商业银行协助执行操作流程不认可。商业银行为履行对存款人保护的法定义务，对协助执行工作流程作出了严格规定，处理过程需花费一定的时间。个别有权机关有时不能理解商业银行的操作流程，认为商业银行怠于协助，甚至予以罚款处罚，导致商业银行与有权机关之间发生不必要的误解。

二、推行商业银行信息化协助执行的必要性与可行性

商业银行协助执行面临的诸多问题表明，现行手工逐笔办理协助执行方式，不能满足有权机关批量协助执行申请和跨区域、跨业务信息查询的需求。经过探索实践，我们认为通过开发专门电子化系统，推行信息化协助执行，有助于改善和提高商业银行和有权机关协助执行工作。

（一）信息化协助执行的特点

信息化协助执行是指通过商业银行和有权机关双方专门系统的网络专线，实现协助执行办理电子化。信息化协助执行有如下特点：

1. 信息传递电子化。信息化协助执行过程中，有权机关通过网络专线传输协助执行需求，而不用派专人持法律文书到商业银行物理场所办理，商业银行也是通过网络专线反馈协助执行结果，整个协助执行过程通过电子化处理方式完成。

2. 协助执行集中化。有权机关通过汇总内部协助执行的需求，集中向商业银行发送，商业银行通过系统自动进行协助执行需求处理，集中将结果反馈，避免了有权机关分别办理或多次办理情况。

3. 异地协助执行的可覆盖性。由于协助执行是通过系统自动进行办理，因此对于有权机关跨省、跨区域协助执行的需求，可以通过网络集中办理的形式在短时间内完成。

(二) 信息化协助执行的必要性

1. 节省各方资源。对于商业银行而言，通过信息化协助执行方式，大大节省了人力成本，主要表现在：一是通过网络专线接受协助执行的申请，无需在柜台受理，释放了窗口的人力资源；二是通过网络专线传输信息，无需对执行人员的身份证明、法律手续等进行审核；三是专人负责网络专线协助执行，解决了商业银行内部机构之间协调问题。对于有权机关而言，信息化协助执行减少了出差办案次数，节约了交通费用，有效降低办案成本，有利于将办案力量集中到案件的处理上。

2. 提高工作效率。信息化协助执行是通过网络专线传输协助执行需求信息，商业银行通过集中受理、专人负责的方式实现协助执行，大大缩短了办理时间。有权机关避免了跨省市奔波，减少了繁琐的法律手续，提高了协助执行工作效率。

3. 减少操作风险。由于信息化协助执行是通过电子化形式予以实现，有权机关对传输的信息负责，商业银行不需要审查证明文件、法律文书等资料的有效性，这降低了商业银行可能因审查资料不严格、协助执行不到位的法律风险。另外，信息集中传输具有统一性，能够有效避免因执法尺度和执行要求不同而出现摩擦和争议。

4. 电子化传输更准确、更安全。商业银行根据网络专线传输的信息进行协助和反馈，无需通过业务交易程序进行手工输入，避免因人员手工操作错误而引发风险。采取网络专线加密传输方式，使得协助执行相关信息传递更加准确安全。

(三) 信息化协助执行的可行性

1. 商业银行和有权机关的现实需求。鉴于传统的协助执行模式存在诸多问题，且协助执行工作量日渐增多，商业银行和有权机关均有实现信息化协助执行的迫切需求。目前，最高人民法院已联合有关商业银行进行了执行法院与商业银行信息共享工作的调研，部分省市的有权机关也与商业银行开展相关问题的探讨，积极推进信息化协助执行工作。

2. 部分地区已实现区域内信息化协助执行。广东省高院联合人民银行广州分行和工商银行广东分行等五家商业银行，共同下发了《关于通过网络专线集中查询被执行人银行存款的工作纪要》，对通过网络专线进行集中查询的查询范围、查询方式、查询申请、结果反馈、保密义务、争议处理、长效机制建设等内容进行了规定，并在 2012 年 1 月 1 日起开始实施。上海市高院、上海银监局共同牵头组织部分商业银行对上海区域内法院系统开展集中协助查询个人存款信息工作进行了可行性研讨。部分商业银行省级分行进行了集中查询信息系统的开发,有些已研发成功并投入使用。

三、关于信息化协助执行的立法建议

(一)扫除立法障碍,对信息化协助执行开展立法或司法解释

《中国人民银行金融机构协助查询、冻结、扣划工作管理规定》(银发〔2002〕1号)第3条第2款规定:"金融机构协助查询、冻结和扣划存款,应当在存款人开户的营业分支机构具体办理。"根据该项规定,协助执行工作只能在存款人开户的营业网点进行办理。如果实行信息化协助执行,通过网络专线集中办理查询、冻结、扣划存款,必然不是在存款人开户的营业分支机构办理,违反了人民银行规定,导致商业银行协助执行存在违规问题。另外,就协助执行的标的物而言,除了存款外,还包括理财产品、基金、保险、国债、贵金属等,是否同样适用人民银行上述规定,并不明确。因此,有必要清理现行法律法规和监管规章中与信息化协助执行不适应部分,扫除现有法律障碍,进行信息化协助执行立法,确保商业银行依法合规开展信息化协助执行工作。

立法或司法解释要对信息化协助执行的概念、性质、主体范围、执行的对象、标的物、执行的方式以及协助执行过程中的各方的权利义务、责任的划分、争议的解决等问题进行详细的规定,为实现信息化协助执行提供强有力的法律依据。

(二)对现行协助执行有关规定进行整合

目前,商业银行协助执行应遵循的法律、法规、司法解释、各类规章制度、通知等数量众多,规定繁杂,商业银行工作人员不仅难以完全掌握,而且执行起来颇显困难。有些规章制度和规范性文件与相关法律法规规定的协助执行基本准则相违背,执行过程中易引发冲突。因此,应对现行协助执行有关规定进行全面梳理和有效整合,出台系统性规范,推进信息化协助执行工作的顺利开展。

(三)对司法实践中一些特殊问题予以明确

1. 有关对公账户协助执行问题。在实际工作中,有权机关要求查询、冻结和扣划的对象不仅包括个人,还包括企事业单位和社会团体。为了实现提高办案效率,节省办案成本的目的,在实行信息化协助执行过程中,应将个人业务和对公业务一并纳入集中办理系统,立法上给予明确规定,技术上统一业务

处理设计，实现个人和对公账户协助执行一体化。

2. 新型协助执行标的物问题。随着社会发展，新的财产类型开始出现，如纸质贵金属、贵金属递延、基金定投、积存金、金融衍生品等。这些财产类型新颖，形式多样，给协助执行工作带来了一定的挑战。例如，贵金属递延保证金账户的余额是随着贵金属市场行情实时变动，有权机关即使通过余额查询获得数据后，在冻结、扣划时也存在余额不相符的问题。对这些新型财产的协助执行，法律上应给予明确规定。

3. 有关涉外司法协助问题。《民事诉讼法》中规定了司法协助的程序。实行信息化协助执行后，对于外国法院申请的协助执行，可否通过商业银行与有权机关建立的网络专线进行办理值得关注。在立法过程中，应就外国法院申请司法协助的途径、程序、具体执行等问题进行明确规定，解决因涉外司法协助而产生的协助执行问题。

四、信息化协助执行的建设模式

（一）系统开发

信息化协助执行实现的关键，是商业银行与有权机关专门系统之间网络专线的建立和商业银行利用专业系统进行协助执行的技术保障。为实现信息化协助执行，商业银行应对自身的相关业务系统功能进行技术改造，实现账户本地和异地查询、冻结、扣划功能，并联合有权机关进行网络专线的开发，以便协助执行信息安全快捷传输。与此同时，有权机关也应考虑内部协助执行集中处理系统的开发和建设，保证信息化协助执行的合法性、信息处理的安全性、与商业银行系统的匹配性等。

（二）对接方式选择

在信息化协助执行的系统对接方式上存在以下四种对接方式：

1. 总对总模式，即商业银行总行与有权机关最高级单位进行对接，有权机关将协助执行申请信息汇总后，通过网络专线传输给商业银行总行，由总行进行协助执行后将结果反馈有权机关。

2. 省级（含自治区、直辖市，下同）分行对接有权机关相应级别单位的模式。现在已经实行系统集中查询的上海、深圳两地就是采用的这种模式。

3. 点对点模式，即按地区在某些商业银行网点集中受理和办理所在地有权机关的查询、冻结和扣划。

4. 跨区域查询、冻结、扣划方式，即按地区在某些网点集中受理和办理全国各地各级有权机关的查询、冻结和扣划。

对于以上几种模式，我们认为采取集中办理为主、跨区域办理为辅的模式较为合理，即采取第 2 种模式与第 4 种模式相结合的方式。集中办理可采用省级分行对接有权机关相对应级别单位的模式，主要理由是：信息化协助执行的目的是为了提高办案效率，降低办案成本，在无特殊情况下，各级有权机关应将协助执行的申请进行汇总，以集中传输、集中办理的形式实现协助执行。鉴于商业银行总行一般不具体办理业务，而是进行业务管理和工作指导，如果采用总对总模式，总行也将协助执行的具体工作安排分支机构办理，增加了时间成本和信息传输次数。另外，有权机关在进行信息汇总、商业银行总行在进行业务办理过程中也会因为信息量过大而产生系统瘫痪的风险。在点对点的模式下，各地区自行把握协助执行则不利于风险控制。因此，采用省级分行对接有权机关相对应级别单位的模式进行集中办理，既可以提高办案效率，又可以进行风险控制。在遇到特殊情况下，如紧急查询、冻结、扣划，可直接采取跨区域办理的模式，由有权机关就个案到本地区网点办理本地和异地账户的查询、冻结和扣划。

（三）流程设计

1. 系统集中办理的处理流程。第一步，有权机关通过内部系统汇总完成协助执行申请，加密后通过专线传至商业银行；第二步，商业银行通过系统接受有权机关发送的协助执行申请，通过系统解密后，提交专业系统进行批量处理；第三步，将批量处理结果进行加密，再通过专线反馈给有权机关，有权机关进行解密后进行下一步处理。

2. 现场集中办理的处理流程。有权机关工作人员持协助执行工作的法律手续和证件，至商业银行指定机构提交协助执行申请；商业银行分支机构在审核有权机关提交的法律手续和证件后，依据专业系统进行本地或跨地域查询、冻结、扣划操作，并将结果现场反馈给有权机关。

（四）风险控制

1. 查询信息在传递过程中的泄密风险。可采取的防范措施有：一是采取专线加密传输方式，确保商业银行与有权机关直接有效连接；二是商业银行和有权机关安排专人负责系统维护工作，定期更换作业密钥。

2. 查询信息被操作人员恶意篡改的风险。可采取的防范措施有：一是商业银行和有权机关确保操作人员在不掌握密钥的情况下无法篡改相关文件信息；二是由有权机关对系统内汇总的协助执行信息的真实性予以核实，办理结果只反馈给系统指定人员。

(五) 应急措施

信息化协助执行的网络安全问题极为重要。有权机关和商业银行应注重网络专线维护，保证传输信息的安全性和畅通性。有权机关要对内部信息汇总系统进行定期维护，防止信息传输过程中受到恶意攻击，避免发生协助执行信息被篡改的情况。商业银行同样要重视内部系统的维护，防止发生因系统故障而引起的错误查询、冻结和扣划账户资金情况。商业银行和有权机关除定期进行系统维护和升级外，还要制定相应的应急预案，保证在网络出现问题的情况下，协助执行工作可通过其他方式顺利进行。

被执行人银行账号查询工作调研分析

天津市第一中级人民法院　张志国

2010年7月23日，最高人民法院、中国人民银行联合下发《关于人民法院查询和人民银行协助查询被执行人人民币银行结算账户开户银行名称的联合通知》（以下简称法发〔2010〕27号）。自此，被执行人银行账号查询工作进入一个新的阶段，即由各省、自治区、直辖市高院（含深圳市中级人民法院）统一集中批量办理。银行账号统一查询在规范被执行人银行账号查询工作的同时，也在一定程度上实现了银行账号查询的集约化，提高了查询效率。但在实践中也存在着不少问题，如外省市被执行人银行账号查询效率普遍较低，不能及时回复的现象严重；此外，当前银行账号统一查询工作层次较低，存在二次查询现象。因此，对已有银行账号查询工作进行一次详细的统计分析，进而发现此项工作中存在的不足并提出针对性的解决方案，对进一步完善被执行人银行账号查询工作，提高查询效率，从而保障申请执行人的合法权益有着重要的现实意义。

一、被执行人银行账号查询数据的基本情况

（一）数据的选取与被执行人地域分布情况

笔者选取的被执行人的银行账号查询数据介于2012年2月7日至5月9日期间，涉及查询被执行人账号的执行案件共75件，涉及查询的被执行人130人次（重复查询数据15人次）。其中，查询本市范围内被执行人109人次（单位63人次，自然人46人次），查询外省市被执行人21人次（单位9人次，自然人12人次）。

被执行人地域分布图（单位：人次）

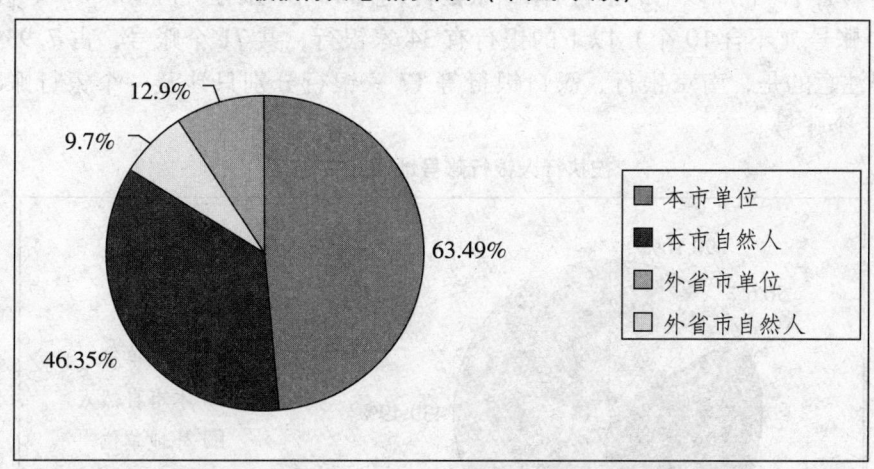

(二) 个案中需查询银行账号的被执行人数量情况

在被执行人银行账号查询中，共涉及执行案件 75 件，130 人次，平均在每个执行案件中，需要查询银行账号的被执行人有 1.73 人次。其中，个案中查询被执行人人数最多的有 12 个，分别涉及本市单位 2 个、自然人 4 个、外省市单位 2 个、自然人 4 个。查询被执行人人数为 1 个的执行案件共有 48 件，占全部执行案件的 64%。

个案中需查询银行账号的被执行人数量情况

序号	个案查询被执行人人数（个）	案件数（件）	合计
1	12	1	12
2	4	5	20
3	3	8	24
4	2	13	26
5	1	48	48
合计		75	130

(三) 被执行人银行账号分布情况

数据显示，75 件执行案件共回复银行账号 895 个，其中涉及本市单位的银行账号 439 个，本市自然人的 310 个，外地单位的 56 个，外地自然人的 90 个。该 895 个账号共涉及 54 家银行。其中，银行账号主要集中（涉及 20 个（含 20 个）以上银行账号）在建行、工行、农行、天津农商行和天津银行等 8 家银行，共 657 个账号，占 73.41%。涉及 20 个账号（不含 20 个）以下 10 个账号（含10个）以上的银行有12家银行，共167个账号，占18.66%。涉及10个账号（不含10个）以下的银行有34家银行，共71个账号，占7.93%；值得注意的是，南京银行、汉口银行等17家银行分别只涉及一个银行账号，共17个账号。

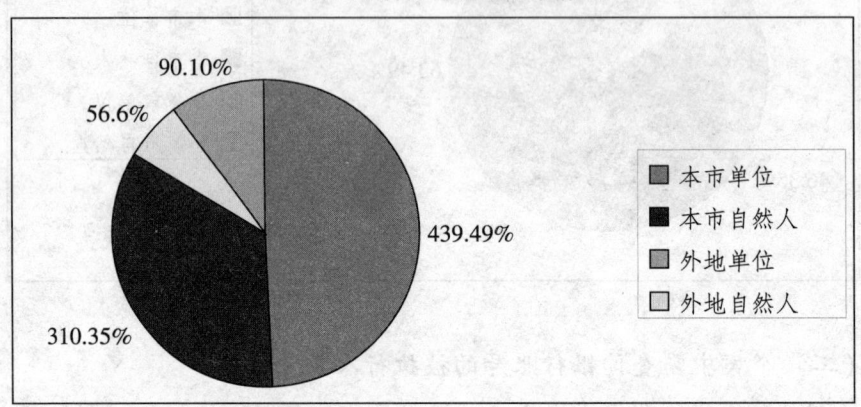

被执行人银行账号地域分布情况

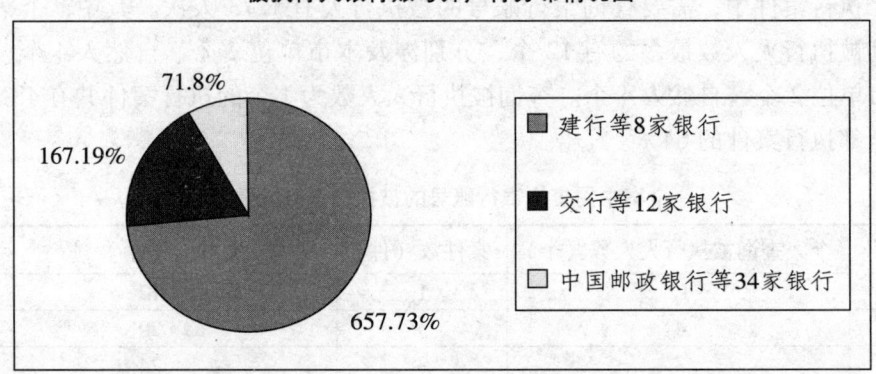

被执行人银行账号开户行分布情况图

被执行人银行账号分布较为集中的开户行

序号	银行名称	账号总数（单位：个）
1	中国建设银行	127
2	中国工商银行	123
3	中国农业银行	120
4	天津农村商业银行	88
5	天津银行	74
6	中国银行	54
7	上海浦发银行	49
8	民生银行	22

（四）个案回复银行账号数量及回复时间情况

除重复查询外，75 件执行案件（其中有三个执行案件的查询结果，尚未回复）共回复银行账号 688 个（不含重复查询的银行账号），平均每个执行案件需要查询银行账号 9.56 个。其中，个案回复银行账号数在 20（不含 20 个）个以下的执行案件有 63 件，占全部执行案件的 84%，平均每个执行案件需要查询银行账号 3.65 个。上述数据显示，在被执行人银行账号查询工作中，绝大部分执行案件回复的银行账号在 4 个左右，只有个别案件（共 9 个，占全部案件的 12%）的银行账号回复数量大，合计 458 个，占全部银行账号的 66.6%。

个案回复银行账号数量情况

序号	回复账号数	案件数	账号合计数	案均账号数
1	80~89	1	81	81
2	70~79	1	74	74
3	50~59	2	111	55.5
4	40~49	2	92	46
5	30~39	2	74	37
6	20~29	1	26	26
7	10~19	8	99	12.375
8	1~9	37	131	3.54
9	0	18	0	0
	合计	72	688	9.56

*未回复结果的有 3 个执行案件。

在被执行人银行账号回复时间上，被执行人在本市的银行账号一般当天就能回复。被执行人在外省市的银行账号一般回复较慢，回复较快的也在一月之后，有的是在近一年才回复，值得注意的是，多数被执行人银行账号信息至今尚未回复。

个案中外省市被执行人银行账号回复时间情况

地域	序号	案件数	回复间隔天数
外省市	1	1	29
	2	1	342
	3	9	未回复
	合计	11	——
本市	1	69	0

（五）银行账号查询时间与立案时间相差情况

经统计，查询被执行人银行账号的执行案件的立案时间与查询时间的间隔较大。最长的时间间隔为 99 天，最短的时间间隔为 6 天，平均每个执行案件的银行账号查询工作滞后 24.34 天。其中，大多数执行案件〔即滞后天数在 30 天（不含 30 天）以下的 48 件，占 75%〕的银行账号查询工作平均滞后 16.23 天。

银行账号查询时间与立案时间相差情况表

序号	相差天数	案件数	合计（单位：天）
1	90～99	1	99
2	60～69	3	197
3	50～59	1	55
4	40～49	4	173
5	30～39	7	255
6	20～29	17	404
7	10～19	19	284
8	1～9	12	91
合　计		64	1558

（六）需银行账号查询的执行案件占各自所在阶段执行案件的比重情况

因银行账号查询工作存在时间上的滞后性，为数据采集与分析的便利，本文将与银行账号查询工作相关的执行案件的立案时间界定为 2011 年 12 月 21 日至 4 月 23 日。该时间段共立执行案件 164 件，其中进行银行查询的案件有 64 件〔另外 11 件是 2011 年（含 2011 年）以前的执行案件〕，占 39.02%，其余案件绝大多数流转到结案组。值得注意的是，进入调查阶段的执行案件并非全部需要作银行账号查询工作。数据显示，在进入调查阶段的 86 件执行案件中，只有 56 件执行案件做了银行账号查询工作，占 65.12%。

需银行账号查询的执行案件占各自所在阶段执行案件的比重情况

序号	案件所处阶段	案件数	需银行查询的案件数	比重
1	调查阶段	86	56	65.12%
2	处置阶段	0	0	——
3	结案阶段	73	5	6.85%
4	其他	5	3	60%
合　计		164	64	39.02%

（七）被执行人银行账号存款情况及采取执行措施情况

根据人行天津分行提供的被执行人账号信息，执行法官查询被执行人银行账号内的存款为0元的37件，约占50%，存款为1000元（含1000元）以下的有23件，占30.67%，存款为1万元（含1万元）以下的有10件，占13.33%，存款为1万元以上的有5件，占6.6%。

对被执行人银行账号内有存款的，申请执行人均要求进行冻结；无存款的，90%的申请执行人要求进行冻结。

被执行人银行账号存款情况

序号	存款数	案件数	比重
1	0	37	49.33%
2	1~1000	23	30.67%
3	1001~10000	10	13.33%
4	10001以上	5	6.67%
合计		75	100%

二、被执行人银行账号查询数据的分析情况

1. 被执行人银行账号查询数据总体上显现出分层明显、重点突出的特点。分层明显，是指被执行人银行账号查询数据在各项分析指标上均呈条块式分布。如，在个案被执行人银行账号的回复中，以十为单位，在各个阶段均有数据分布。重点突出，是指被执行人银行账号查询数据在各项分析指标上分布较为集中。如从地域上看，被执行人多数集中在本市范围内，占84%；被执行人银行账号开户行主要集中在建行等8家银行，占73%。

2. 以被执行人住所地为标准，本埠银行账号查询效率高，外省市银行账号查询效率低。自最高人民法院法发（2010）27号下发后，我院根据3+1分段集约执行工作的需要，并按照最高院的文件要求，与中国人民银行天津分行协调，由我院安排专人负责住所地在本市范围内的被执行人的银行账号查询工作，银行查询结果当日即可回复，极大地提高查询效率。然而，住所地在外省市的被执行人的银行账号查询工作，按照法发（2010）27号文件的要求，由高院统一汇总并移送被执行人住所地的外省市高院，再委托对应的中国人民银行分行进行查询，这导致外省市被执行人查询效率十分低下。

3. 以被执行人银行账号开户行为标准，被执行人银行账号呈现出集中与分散并存的特点。被执行人银行账号多数集中于四大国有商业银行，占

47.37%。其他全国性银行和城市银行（除天津农商行、天津银行、上海浦发银行外）开立的账号数量虽然数量较大，但分布分散且所占比重不高。数据显示，交行等46家银行开立的银行账号共238个，平均每个银行只占5.17个银行。同时，我们发现如南京银行、汉口银行等17家银行分别只涉及一个银行账号，共17个账号。

三、银行账号查询工作存在的问题及原因分析

1. 外省市银行账号查询效率不高。根据法发（2010）27号文件的规定，被执行人银行账号查询工作由市高院统一负责，执行法院无法与被执行人所在地高院直接取得联系，致使银行账号查询工作处于被动状态，与本市高院多次沟通催促对方法院加快查询进度，但效果均不理想。

2. 被执行人银行账号查询工作深度不够，二次查询现象普遍存在。目前，被执行人银行账号查询工作只限于在人行天津分行查询被执行人的账号信息，即被执行人是否在银行开立账号，在哪家银行开立账号，至于账号内是否有资金，有多少资金，并不能从人行查询回复中得以体现。执行法官在收到人行关于被执行人银行账号的信息后，还要继续根据被执行人的各开户行信息做进一步查询，才能够清楚地查明被执行人的银行存款及存款的流向。当遇到被执行人的银行账号数量很大且有外省市开户行时，如果每个账号都要进行查询，执行法官单就银行账号查询一项工作就难堪重负，更不要说还要查询被执行人房产、车辆、工商等信息。

3. 被执行人银行账号重复查询的问题不同程度存在。重复查询的原因有三：一是在涉及外省市被执行人银行账号的查询工作中，因账号结果迟迟不回，执行法官为了催促对方尽快回复，往往会重复查询；二是被执行人名称（含身份证号）填写不正确，致使无法查询到被执行人的银行账号信息，执行法官会重新填写被执行人信息；三是银行工作人员休假或出差，导致本次查询无果而终。

4. 被执行人银行账号查询基础性工作不规范。执行法官在填写被执行人相关信息时，未按照规范填写；同时，填写有失误的情况存在，如将自然人身份证号码填写为19位，将单位名称写错。这些失误将导致人行查询时出现无账号的现象，给被执行人财产查控工作带来阻碍。

5. 被执行人银行账号查询工作与立案相比具有一定的滞后性。因查询工作固定为每周一次，所以执行案件如果在周三立案，则需要在下周才能进行被执行人银行账号查询。根据《银行账号查询时间与立案时间相差情况表》显

示,通常情况下,银行查询时间与立案时间相差24.34天,也就是说案件的被执行人的银行账号信息要在立案后近一个月才能做完查询工作。

6. 银行内部规定在一定程度上加大了被执行人银行账号查控工作的难度。执行法官在收到人行关于被执行人银行账号开户行信息后,会到各开户行做进一步的查询工作。然而,由于各银行内部存在各种审批制度,如查询时需要对执行法官及其证件进行照相或远程摄像,给查询工作带来各种时间上的巨大浪费。据不完全统计,一次银行查询工作,至少要花1个小时,多则要8个小时才能完成。

四、被执行人银行账号工作的对策研究

1. 加大与相关部门的沟通协调力度,深化合作,强化信息共享。首先,与人行天津分行扩展合作领域,由人行天津分行在查询时提供更多被执行人银行账号信息,如被执行人银行账号内有无存款等;其次,与各商业银行建立合作机制,开设对接窗口,简化查询手续,实现二次查询的集约化,即由各银行分别指定一个支行安排专人负责集中查询被执行人银行账号内有无存款、存款数额,从而避免执行法官奔走于同一银行的各支行之间,从而减轻查询工作量,提高查询效率。最后,对于被执行人住所地在外省市的银行账号查询工作,要求执行法官及时与市高院进行沟通。

2. 规范被执行人银行账号查询样式。首先,针对被执行人银行账号重复查询的情况,制作《被执行人银行账号查询单》,规范银行账号查询内容及其填写要求。其次,安排专人对执行法官填写的《被执行人银行账号查询单》进行检查,发现错误时及时纠正。

3. 节控组全面负责被执行人银行账号查询工作。当前,被执行人银行账号查询工作流程是由财产查控组在收案后,由专人将需要查询银行账号的被执行人及相关信息、执行案号交至节控组进行统一查询。然而,此种工作方式在时间上存在着巨大的浪费,即案件的流转时间(两天)与节控组的审查时间(两天),不利于及时查询被执行人的银行账号信息。因此,建议执行庭在收案后,由节控组根据被执行人信息制作银行账号查询单,以避免因案件流转与审查而导致的延误查询效率。

4. 与立案庭协调,由申请执行人在立案时提供财产线索及相关财产调查范围。

商业银行协助人民法院执行银行业务保证金的理论与实务研究

工商银行湖南分行　戴立宏　程中明　张武高　李忠民　李勇

商业银行目前普遍在信用证、银行承兑汇票、保函、按揭贷款、金融衍生产品、融资性担保公司和个人担保融资等业务中采取保证金"金钱质押担保"，这种"金钱"既具有存款的特征，又具有担保的作用。因现行《物权法》等法律关于银行业务保证金是否构成担保物权的法律规定缺失，加之银行业务操作中的不规范，导致实际工作中银行与法院在协助执行银行业务保证金问题上矛盾频发。本文旨在对引发这一矛盾的法律理论与实务操作层面原因进行探讨，进而从国家立法、法院执法、中央银行和商业银行管理四个方面提出解决问题的对策与方法，以期达到商业银行全面履行法定协助执行义务，人民法院准确执行法律并依法保护银行合法权益的目的。

一、商业银行协助人民法院执行银行保证金的典型案例及人民法院对执行银行保证金的趋向性观点研究

（一）法院冻结、扣划保证金的典型案例及法院判决结果

2010年4月，A法院到B商业银行要求银行协助执行扣划C公司的银行按揭贷款保证金，该按揭贷款保证金是C公司按照与B银行的《按揭贷款业务合作协议》约定转入的质押担保款，《按揭贷款业务合作协议》中约定："B为C的客户提供按揭贷款业务合作，C在甲方指定账户上存入相当于全部按揭贷款余额10%的款项作为履约保证指定账户上存入相当于全部按揭贷款余额10%的款项作为按揭贷款保证金"，B银行认为该保证金已为其贷款业务提供担保，法院不能为偿还其他案件债权人的债务而扣划该款。而A法院坚持要求扣划。B银行履行协助执行扣划义务后向法院起诉，主张对该保证金的优先受偿权。法院审理后认为B银行与C的《按揭贷款业务合作协议》不是质押

担保合同且该保证金专户未封闭管理和特定化，专户户名也为 C 所有，该事实表明该保证金质押物未移交银行占有，该存款只是 C 公司在 B 银行的普通存款，业务保证金不构成法律规定的"金钱质押担保物权"，故判决驳回 B 银行的诉讼请求。B 银行不服上诉，二审法院维持原判。

(二) 法院协助执行扣划银行业务保证金的趋向性观点研究

从上述具有代表性的典型案例看出，司法实践中法院执行扣划银行业务保证金的趋向性观点是原则上不认可银行保证金是银行贷款等业务的担保物权，主要有以下五种理由：

1. 根据"物权法定"原则，银行保证金担保物权无法律规定。我国现行规定担保物权的法律《物权法》和有关司法解释均未明确规定银行业务保证金是担保物权，也未规定法院不得执行和扣收银行各类保函、贷款、金融衍生产品、融资性担保公司担保基金等业务保证金。

2. 银行保证金担保未"特定化"。银行保证金账户实行"敞口"管理，账户内的保证金仍由债务人占有和自由支配使用，未达到我国民商法有关法律规定金钱担保需"特定化"的基本原则和要求。

3. 银行保证金未"移交债权银行占有"。保证金账户的开户人为存款人，存款户的户名和相关会计科目、会计凭证中没有"保证金"字样，保证金质物没有转移给债权银行占有，不符合法律质押的基本原则和法定条件。

4. 银行保证金无"质押合同"。上述案例的《按揭贷款业务合作协议》等不具备《物权法》规定的质押合同法定要素和要求。

5. 银行业务保证金担保合同没有对应的银行业务主合同，质押不成立。根据我国民商法原理，除对外经贸的对外独立保函外，法律原则上不认可国内独立担保的法律效力。

(三) 银行协助执行扣划已为自身债权设定担保的保证金，面临损害银行自身合法权益和被法院处罚的法律风险

银行保证金专户中的保证金是银行债权实现的重要保障，司法实践中人民法院要求商业银行协助执行扣划已为银行自身债权提供担保的保证金与银行维护自身合法权益明显产生矛盾和冲突。商业银行面临损害自身合法权益或被法院认为银行拒绝协助执行予以处罚的法律风险。为维护银行合法权益，商业银行和人民法院等有关部门应进一步研究和完善商业银行"保证金"担保设立管理规范及依法执行保证金工作机制。

二、商业银行业务保证金担保物权和协助执行的法律理论研究

（一）商业银行业务保证金的概念和种类

本文所指银行业务保证金是商业银行在为客户办理各类贸易和非贸易融资业务时，为降低商业银行风险而按客户信用等级等条件向客户或第三人收取一定比例的担保资金并将该资金存入客户或第三人在融资银行开设的保证金专户（封户）内，使资金实际上受银行实际控制，当债务人不履行债务时，债权银行有权以该保证金优先受偿。商业银行一般认为，其设立的上述担保性质的保证金从本质上分类应属于"金钱质押担保"范畴。

从银行协助法院执行的角度划分，商业银行业务保证金的种类可分为法律有明确规定的和无明确具体规定的两类，前者指信用证保证金和银行承兑汇票保证金两种，法律明确规定有权机关可以查询、冻结，一般不得扣划，只有当该类业务保证金丧失担保功能后，人民法院可以强制扣划；后者种类繁多，随着我国经济和金融创新的不断发展，预计该类与前者操作模式和业务担保性质完全相同的保证金数量和种类将不断增加并呈现多样化趋势。当前该类保证金主要包括但不限于商业银行的各类保函、贷款、金融衍生产品、融资性担保公司和个人的担保基金等业务保证金。

（二）商业银行业务保证金质押担保物权的法律理论研究

保证金的物质形态是金钱，保证金是金钱的表现形式之一，我国民商法理论对金钱这种特殊的动产能否成为质押物设定担保物权存在两种不同的法律理论：

第一种理论观点认为金钱保证金质押担保物权的法律依据不足。质权的特点在于出质人不丧失对质物的所有权，而金钱作为种类物，是特殊的动产，一旦转移占有就转移了所有权，而质押的法律性质是不得转移所有权，转移所有权违反"禁止流质"基本的法理规定，因此，金钱似乎不能成为可以质押的动产或质物。根据物权法定原则，全国人大颁布实施的《物权法》亦未认可"金钱质押"担保物权的法律地位。因此从法律理论上分析，"金钱质押"的法律依据并不充分。

第二种观点认为金钱质押担保物权有明确的法律理论依据。金钱货币是种类物和特殊动产，货币上的物权变动，根据占有和交付作为其公示方式，以货币的转移占有和交付作为质权设立的前提，这与普通动产质押没有区别。《物权法》第十七章"质权"的立法理论和立法意图表明：民事主体若将一定额

度的金钱以保证金等方式存入债权人银行专户,双方约定以该金钱保证金为银行主债权担保且银行对该保证金采取"封户"管理,即:将金钱保证金专户"特定化"后,该金钱保证金就完全符合"质押担保"的法律特性。同理,质押人将保证金转入"质押合同"约定的银行专户也完全满足了法律规定的金钱质押担保"特定化"要求,债权人银行此时也成为该保证金质押担保的质押权人,其依法取得的该保证金质权是"动产质"而非"债权质",质押权人银行依法享有担保物权和基于该物权享有的优先受偿权。根据物权是绝对权、支配权、排他权,而债权是相对权的民法基本原则,保证金质押权人银行可以对抗其他债权人的债权请求权。也就是说,在该金钱保证金担保物权存续期间,人民法院执行其他案件依法不应强行要求对保证金享有物权的银行协助执行扣划其已为银行自身债权设定质押担保的保证金去偿还其他债权人的债权。否则,有违民法物权优于债权的基本法理。

经我们反复研究我国现行法律对商业银行业务保证金质押担保物权的法律理论,我们认为上述第二种观点更符合民法公平、正义原则和国家物权法和担保法法律理论,更有利维护国家基本经济制度和社会主义市场经济秩序,更有利促进国民经济和国家金融命脉的发展。《最高人民法院关于适用〈中华人民共和国担保法〉若干问题的解释》(以下简称《担保法解释》)第85条关于金钱质押是动产质押的法律规定,实际上已从法律解释和司法实践的角度对上述第二种法律理论观点予以了认可和支持。

(三)现行法律关于银行协助法院执行保证金的法律规定过于笼统、模糊甚至缺失,导致司法实践中法院和银行执行法律不准,可能引发矛盾

现行法律中《物权法》等基本法律关于银行协助法院执行业务保证金的法律规定缺失,目前有关且有效的最高人民法院司法解释共有三个:一是《担保法解释》(法释〔2000〕44号);二是《关于人民法院能否对信用证开证保证金采取冻结和扣划措施问题的规定》(法释〔1997〕4号);三是《关于依法规范人民法院执行和金融机构协助执行的通知》(法发〔2000〕21号)。《担保法解释》第85条认可以保证金等金钱方式设定质押担保,但质押担保是否成立规定过于笼统和模糊,表现在其规定的金钱担保需"特定化"和"移交债权人占有"在实践中没有统一标准,不具确定和操作性,导致司法实践中不同法院、同一法院不同法官、同一法官不同时间有不同的理解和解释,严重损害商业银行合法权益;后两个司法解释以列举个别业务保证金的方式规定法院在审理或执行案件时,可以对信用证开证保证金和银行承兑汇票保证金(下称"两金")采取冻结措施,在担保期间不得扣划,但随着经济的不

断发展，银行业务日新月异，银行业务保证金远不止信用证开证保证金和银行承兑汇票保证金，对其他与上述司法解释列举的"两金"性质和操作完全相同的银行保函保证金、按揭贷款保证金、金融衍生产品保证金、担保公司和个人的担保保证金等众多同一类银行业务担保保证金没有明确银行具有担保物权，也没有明确法院在担保期间不得扣划。根据"物权法定"原则，这种法律缺失导致商业银行大部分业务担保保证金是否担保物权存在重要的法律障碍和法律风险，使银行在自身债权保护和保证金协助执行中处于两难境地，成为法院和银行矛盾频发的主要原因。

（四）商业银行保证金质押担保的设定和生效的条件研究

笔者认为在现有法律架构下，商业银行保证金质押担保物权的生效条件不仅要满足法律关于动产质押的一般规定，还应满足司法解释规定的保证金金钱质押特别规定。实务中银行应达到以下四项法定要求：

1. 银行保证金必须达到法定"特定化"要求。笔者认为保证金特定化要求该保证金必须"封户"管理，原则上不能"敞口"管理，更不得与一般银行客户的结算账户混同。

2. 银行客户的担保保证金必须转移给债权银行"直接占有"。即：银行客户将保证金转移到银行自身的账户内由银行直接控制，银行与客户基于质押合同占有和返还。

3. 银行和客户必须签订书面保证金"质押合同"。《物权法》第210条规定："设立质权，当事人应当采取书面形式订立质权合同"，书面担保合同的证据效力能有效证明银行与保证金存款人在设定保证金质押担保方面的合意。

4. 质押合同和被担保的主债权合同应衔接配套。在银行实务中，保证金担保操作很少有完全能满足上述四个动产质押担保法定设立条件的，致使很多商业银行的业务保证金被法院认为该保证金只是银行的债权债务合同之债，银行无担保物权而被法院协助执行强行划扣。

三、依法规范银行业务保证金执行和管理的建议及对策

因法律规范的缺失或银行业务操作上的不规范，银行在协助人民法院执行业务保证金方面的诉求往往得不到人民法院的支持。银行和相关人员面临损害自身合法权益和与法院执行人员发生矛盾被法院认为银行拒绝协助执行给予罚款、拘留等处罚的法律风险。为化解矛盾，有效防控银行协助执行中的法律风险，提出如下建议及对策：

1. 立法建议。从"物权法定"原则和《物权法》对保证金担保的物权规

定缺失现状看,当前国家立法层面上无法可依是导致银行与法院因执行银行业务保证金而产生冲突的重要原因。故建议对《物权法》予以修订,增加"金钱质押"条款,明确银行保证金担保的物权性质。

2. 执法建议。在《物权法》未正式修订前,建议最高人民法院近期先出台《关于人民法院执行银行各类业务保证金的规定》的司法解释或会议纪要,对基本符合《担保法解释》第85条"金钱动产质押"要求的银行业务保证金确认银行担保物权效力。也可转换思路,在新司法解释或专题会议纪要中对商业银行各类具备为其自身债权担保性质的业务保证金认可其动产担保法律效力,而不是采取列举的方式按保证金"个"数认可其担保的法律效力。并同时明确规定银行各类业务保证金在为银行融资担保期间人民法院不得扣划。具体可表述为:"人民法院因办理案件需要,可对商业银行各类保函、贷款、金融衍生产品、融资性担保公司和个人担保基金等融资业务保证金采取查询、冻结措施,但在该类保证金为银行自身债权担保期间,人民法院不得扣划。若商业银行根据相关融资和担保合同约定需行使扣收保证金权利而申请人民法院解除冻结的,人民法院应及时予以审查并区别不同情况下达书面裁定书:对该保证金确已为银行业务提供担保的,人民法院应裁定立即解除该冻结措施;商业银行业务保证金已丧失保证金功能的,人民法院可以依法裁定扣划保证金。"

3. 建立公示登记系统。鉴于商业银行金钱保证金质押"特定化"标准不一,法院只认可保证金是金钱债权的现状,作为债的权利质押,质押登记有法律上的公示公信效能,故根据相关法理建议人民银行在其信贷征信登记系统中建立与应收账款质押登记类似的商业银行保证金质押担保登记系统,明确登记流程,确认登记的权利质押物权效力,有效维护商业银行的合法权益。

4. 依法规范商业银行保证金管理和协助执行的建议

(1) 加强保证金账户"特定化"管理。一是应要求客户在缴存保证金会计凭证上注明用途为"缴存保证金"字样,证明保证金专户资金用途;二是在保证金担保期间,存款人不得使用该保证金账户中的存款,做到"封户"和"特定化"。

(2) 完善相关合同文本并确保质押合同与主债权合同衔接对应。建议银行制定规范的保证金动产质押担保合同,一般应包括被担保的主债权种类和数额、债务人履行债务的期限、质押财产的名称、数量、质量、状况、担保的范围、担保方式、质押财产交付的时间等法定主要条款。

(3) 加强银行前台和后台的衔接管理。后台(信贷部门)要在办理相关业务时将质押合同和主债权合同等资料复印件交前台,以利前台(运行管理部门)第一时间向执法部门主张合法权益。前台要第一时间将保证金被查询、冻结、扣划的情况反馈给后台,以利后台及时制定采取相应的信贷风险防控措施。

(4)商业银行实务中对能将保证金担保转为存单质押的建议转为存单质押担保,规避保证金担保法律缺失可能带来的法律风险。

(5)在目前执法环境下,商业银行应积极协助法院做好协助执行工作。执行法院手续齐全的,银行不得拒绝协助执行,可在协助法院执行后依法提出执行异议或采取其他合法维权措施。

参考文献

1. 李国光等:《〈最高人民法院关于适用中华人民共和国担保法若干问题的解释〉理解与适用》,人民法院出版社出版。
2. 田力主编:《金融纠纷案件选评》,武汉理工大学出版社2010年版。
3. 何剑青、梁超:《银行保证金账户相关法律问题研究》。

刍议银行履行协助查、冻、扣义务现状及完善

农业银行山东分行 史 涛 黄 磊

伴随着经济的高速发展,金融活动已经深入到社会生活的各个领域。公安、检察机关侦办犯罪案件、法院依法强制执行工作中,查询、冻结、扣划犯罪嫌疑人或被执行人的银行存款以及资金流向的情况越来越普遍。因此,银行协助有权机关履行查询、冻结、扣划存款义务已经成为银行前台柜面业务中极为频繁的一项工作。由于法律规定和银行系统、操作等原因,引发了大量的争议、纠纷甚至司法处罚事件。而且,新修订的民事诉讼法对拒不履行协助查询、冻结、扣划义务的处罚措施进行了较大修改,单位的罚款金额上限提至一百万元。使得银行等协助执行义务部门承担了更大的风险。笔者作为长期从事银行法律事务工作的法务工作者,针对这一问题进行了专题调研,并就相关法律问题进行了分析,提出了自己的建议,以期进一步完善有关法律规定,有利于该项工作的开展。

一、协助有权机关查询、冻结、扣划的基本情况

从具体的工作情况看,要求履行协助义务的部门主要以人民法院、公安机关、检察机关发起的居多,另外还涉及监察、海关、工商等机关,并且呈现出各自不同的特点。公安机关发起的协助工作主要以查询为主,其中又以查询个人账户交易明细为主,虽然操作难度较小,但由于近几年非法传销、非法集资等案件呈现上升趋势,出于侦办案件需要,公安机关往往会要求提供资金流向。犯罪嫌疑人目前转移资金多采用网上银行、电话银行等快捷渠道自主操作,不仅需要查询的客户数量大,而且还要提供转账交易的对方账户,然后还有可能要进一步延伸查询,工作量巨大;检察机关发起的协助工作与公安机关类似,也主要以查询为主,而且其查询的存款交易往往时间较长,有时甚至会涉及到10年甚至10年以前的交易明细;人民法院发起的协助工作则比较复杂

多样,主要在执行工作阶段所引发,银行协助的类型主要集中在个人、单位账户余额的查询、冻结、扣划方面,具有数量大、种类全、涉及面广等特点。相对来讲,业务操作较复杂,难度较大。同时由于民事诉讼法赋予人民法院司法处罚权,导致协助法院执行面临的风险最大,近几年我行发生的司法处罚全部集中在协助法院查询、冻结、扣划业务中,此次调研基层反映问题也主要集中在这一方面。

二、存在的主要问题

依法协助有权机关进行查询、冻结、扣划是商业银行负有的法律义务,但由于存在做出相关规定的规范性文件繁杂、规定不明确等问题,近年来银行在实际履行协助义务时面临着许多问题,已经发生多起因协助履行问题而被处罚的案件。甚至有的行已将协助有权机关查、冻、扣工作列入了银行临柜业务中的高风险工作。面临的主要问题如下:

(一)有的执法部门的权力依据不足

商业银行法确定了查询、冻结、扣划存款的基本原则,即"对个人储蓄存款,商业银行有权拒绝任何单位或者个人查询、冻结、扣划,但法律另有规定的除外"、"对单位存款,商业银行有权拒绝任何单位或者个人查询,但法律、行政法规另有规定的除外;有权拒绝任何单位或者个人冻结、扣划,但法律另有规定的除外"。据此,刑事诉讼法、民事诉讼法、税收征管法、审计法等均对有权查询的机关进行了明确。应该说,在何种执法机关有权查询方面规定还是比较清楚的,但还是存在有的法律规定与上述规定相冲突或打擦边球的问题,比较典型的如《禁止传销条例》,其效力层级是行政法规,该条例第4条第(7)款规定,县级以上工商行政管理部门可查询涉嫌传销的组织者或经营者的账户及与存款有关的会计凭证等。而所谓的"组织者或经营者"未区分单位还是个人,工商行政管理部门曾多次依据这一规定来银行查询个人存款账户。按照商业银行法的规定,只有法律才可规定对个人储蓄存款的查询权,而《禁止传销条例》显然无权作这种规定。

(二)查询所依据的文件规定不清

查询所依据的规范性文件繁杂,存在规定不清、内容冲突等现象,易造成具体操作中的混乱各种涉及履行协助义务的法律规定,内容仅是限于授权的作用,但对具体如何履行协助义务,则主要依靠的是国务院有关部门依据法律法规制定下发的规定、通知等规范性文件,主要有:《中国人民银行金融机构协助查询、冻结、扣划工作管理规定》《最高人民法院、中国人民银行关于依法规范人民法院执行和金融机构协助执行的通知》《中国人民银行、最高人民法院、最高人民检察院、公安部关于查询、冻结、扣划企业、事业单位、机关、团体银行存款的通知》《财政部、中国人民银行关于财政部门查询被检查单位存款有关事项的通知》《审计署、中国人民银行、中国证监会、中国银监会关于审计机关查询被审计单位在金融机构账户和存款有关问题的通知》，等等。

上述依据文件，特别是前3个文件，是当前金融机构履行协助义务的主要依据，尤其是《金融机构协助查询、冻结、扣划工作管理规定》（以下简称《规定》）应用最多。但其颁布时间、目的、侧重点不同，对金融机构的要求也不尽一致。如《规定》要求金融机构经办人员在办理协助冻结业务时应当核实法院出具的冻结存款裁定书和其他有权机关出具的冻结存款决定书，但《关于查询、冻结、扣划企业、事业单位、机关、团体银行存款的通知》（以下称四部委通知）对此未做出规定，虽然《关于依法规范人民法院执行和金融机构协助执行的通知》（以下称协助执行通知）对法院出具冻结存款裁定书进行了明确，但对于协助检察机关和公安机关冻结单位存款在履行手续时就出现了问题：即《规定》作为监管制度对银行具有强制效力，但对公安及检察机关却无约束力，这样就在查询机关与银行之间造成了矛盾冲突。

又如，对于收到人民法院协助执行通知后，擅自向被执行人或其他人支付，或有向当事人通风报信、致使当事人转移存款的情况如何处理的问题。《协助执行通知》第4条规定：金融机构在接到人民法院的协助执行通知书后，向当事人通风报信，致使当事人转移存款的，法院有权责令该金融机构限期追回，逾期未追回的，按照《民事诉讼法》第102条的规定予以罚款、拘留；构成犯罪的，依法追究刑事责任，并建议有关部门给予行政处分。同时，为防止人民法院在执行程序中，对作为协助执行人的金融机构采取民事强制措施时随意逐级变更由其上级金融机构负责，最高人民法院发布了《关于采取民事强制措施不得逐级变更由行为人的上级机构承担责任的通知》，而最高人民法院发布的《关于人民法院执行工作若干问题的规定（试行）》（法释〔1998〕15号）第37条规定：有关单位收到人民法院协助执行被执行人收入的通知后，擅自向被执行人或其他人支付的，人民法院有权责令其限期追回；逾期未追回的，应当裁定其在支付的数额内向申请执行人承担责任。从上述规定可以看出，在人民银行与法院联合发布的《协助执行通知》中仅规定了法院有权责令金融机构限期追回，而最高人民法院发布的《关于人民法院执行工作若干问题的规定（试行）》却规定了逾期未追回的，则有权裁定协助执行人在其支付的数额内承担责任，二者之间存在矛盾。

（三）对履行协助义务有关问题无依据文件或规定不明确，金融机构在操作时无所适从

在实际履行协助义务时，协助银行经常会遇到如下一些现有依据文件无规定或规定不明确的问题，在有权机关坚持的情况下，银行经办人员往往面临两难处境。

1. 如何界定"开户行"的范围。除《规定》中明确金融机构协助查询、冻结和扣划存款，应当在"存款人开户的分支机构"具体办理外，其他依据文件均采取了"金融机构"或"银行"的笼统表述，使得有权机关在要求银行履行协助义务时有很大随意性，而银行在自身数据系统支持跨行查询的情况下，很难仅依据《规定》而对抗有权机关的协助履行要求。实践中，有的有权机关就要求在任何一个银行营业网点查询客户在全省甚至全国范围内的开户情况，他们认为"开户行"的概念就是指不同的金融机构，而无需区别银行中的一级分行、二级分行、支行、营业网点等不同的层级机构。

2. 银行人员对协助通知书、有关法律文书的审查应做到什么程度。除《规定》做出了要求外，其他依据文件均未做出规定，即便不考虑《规定》的效力难以约束司法机关的问题，其所提出的审查要求也难以完全解决现实存在的一些问题。如法院扣划被执行人存款时，所提供的民事判决书中的义务人与扣划裁定书中的义务人不一致，扣划裁定书和协助扣划存款通知书中的义务人是一致的，对这种情况银行可否协助执行难以明确界定。再如法院在扣划业务中出具的法律文书形式上有欠缺，比如在扣划存款通知书中，应由法院院长签章，但有的法院在执行过程出具的扣划通知书中只有法院公章，并无院长签章（字），但法院工作人员仍责令银行协助办理。另外，查询机关工作人员有关证件过期失效，银行工作人员提出质疑时，常被查询机关以不配合查询为由进行处罚的情况也时有发生。

3. 目前出现了擅自扩大协助义务范围的情形。对除存款信息外，有的有权机关要求到我行查询有关客户在我行购买基金、保险等银行代销产品的情况。在此类业务中，银行是代理人，而非基金合同或保险合同的一方当事人，此方面的信息在保险公司或基金公司才是最全面、最准确的。而且，目前尚无任何法律文件规定银行可以提供此类协助义务。另外，实践中还出现了法院要求银行停止为某一客户开立结算账户的情形。这已经大大超过了法律和有关文件、规定限定的范围，而且由于其送达对象仅限于几家银行，从某种程度上限

定了银行业的同业公平竞争。

4. 有权机关要求履行协助义务的方式缺乏规定的问题。依据现行规定，查询、冻结、解冻等措施应当由司法机关到开户网点进行，但有的法院以邮寄的方式要求银行协助执行的情形存在。该种操作方式由于无法审查邮寄人员的身份，如操作不当，易产生泄密或银行不当履行义务的问题。如某银行就曾收到过法院传真过来的解除冻结通知书，内容为：因案件已结，冻结××单位的存款 100 万元予以解除，请协助。该通知书加盖法院印章，该银行的工作人员还是一位有心人，他根据传真文件上显示的对方传真号码回电过去，听到的提示音为"××区人民法院本着公平公正的原则竭诚为您服务"，电话接通后对方确认该传真确为本法院发出，真实、有效。网点人员遂不疑，办理了解除冻结手续。几天后，原冻结的法院前来办理扣划手续，发现款项已解冻并被划转。法院要求该银行承担该款项被划转的 100 万元全额追偿责任，并罚款 30 万元。另外，诸如外地法院委托当地法院执行，查询、冻结、扣划有关法律文书、通知书由谁做出难以找到准确依据。在实践中还存在法院委托当事人或律师持法院的协助执行通知到银行查询对方当事人的相关信息的情况。因为此问题无法律规定，且有违法之嫌。目前银行多采取拒绝的态度处理该问题，但法院的这种做法是极不合理，也不严肃的。

5. 一份法律文书能够查询的客户范围缺乏明确的法律规定。按照现有规定，一份法律文书只能针对其所对应的案件进行查询，但现在的实际情况是有的查询人员，尤其是法院的执行工作人员，其出于自身工作的需要，可能会同时遇到多个案件中多个当事人均需查询存款的情况，因此在一份法律文书要求查询多个案件甚至几十个案件中当事人的存款信息，某基层法院曾以一份法律文书要求查询 2000 余户当事人的信息，其也承认并非同一案件所需。对此类问题，造成银行工作人员协助办理上的困难。

6. 如何受理和审核执法人员证件问题。是否必须是双人执法且均需提供有效证件，文件依据不清。人民银行相关规章都无关于双人办理的规定；各有权机关执法时依据的法律规定也各不相同，有的作此规定，如《财政违法行为处罚处分条例》第 22 条第 2 款规定："财政部门、审计机关、监察机关在依法进行调查或者检查时，执法人员不得少于 2 人，并应当向当事人或者有关人员出示证件；查询存款时，还应当持有县级以上人民政府财政部门、审计机关、监察机关签发的查询存款通知书，并负有保密义务。"但多数法律法规则无此规定或规定不明确。至于各有权机关内部的办案规则我们无从考证，但据了解，多数有权机关都要求双人执法原则。据此，实践中银行往往要求有权机关双人办理业务,一般法院执法要求双人四证(工作证和执行公务证),其他机关执法要求双人双证(警官证、工作证等)。大部分执法机关对于银行的要求也都予以理解。但在配合执法过程中,也有的银行遇到单人执法或只有一人提供了合法证件,却强行要求办理的情况。

7. 关于冻结时点问题。近几年由于网上银行、转账电话等业务的迅猛发展,客户办理转账业务已实现了脱离柜台控制的自助交易,在实践中出现了这样一种情况,人民法院在网点查询某客户存款,从查询完毕至提交冻结手续进行冻结这段时间,客户通过网上银行等自助渠道将存款转走。如某法院到银行办理查询业务时账户余额为 211 万元。随后法院人员填写完毕手续要求扣划存款时,账户余额已经变成 111 万元。经查,就在法院工作人员填写手续期间,该账户通过转账被转出了 100 万元。随后,法院下达了罚款 30 万元的《罚款决定书》和《责令追回被转移款项通知书》,要求并限期追回被转移 100 万元。由于现有的文件规定的出台时间较早,而且是当时电子支付渠道不发达背景下出台的,未依据新的银行业情况进行相应修订,极易引发争议。

(四)法院司法处罚权缺乏必要的程序性规定

因不履行或不当履行协助义务,民事诉讼法规定了相应的处罚措施,就单位而言,罚款数额也从最高 3 万元,到 30 万元,直到现在的一百万元。而且实践中法院往往会执行最高额。甚至有的案件被执行的标的仅仅几万元,但罚款数额却高达几十万元。而相比行政处罚,即使罚款数额较小,行政处罚法也规定了必要的处罚程序,如果不服处罚,被处罚人也有提出听证或者复议的权利。但司法处罚在制度设计上就缺乏此类规定,导致部分法院工作人员做出处罚决定的随意性很大,给银行履行协助义务造成了很大压力。

三、有关意见和建议

1. 对于当前履行协助义务所依据法律文件繁杂、规定相互冲突,效力层级混乱的问题,建议由监管当局协调有关部门,对现行依据文件进行清理、整合、修改,通过联合发布文件,有效解决政出多门的问题。相关部门要在开展全面调研活动基础上,切实解决现行履行协助义务的依据文件规定不清、内容不全面等问题,尤其要明确本文所提出的有关具体问题,增强依据文件的可操作性,以便金融机构实际运用。

2. 就法院处罚权运用问题,建议通过多种渠道与最高人民法院进行沟通,促其完善程序,增强制约力,尤其要强化法院的处罚举证,减少处罚的随意性,并应采取措施保证处罚救济方式的实效性。

3. 就银行内部数据系统的管理，必须解决数据管理系统查询权限的有效控制问题，我们认为最好在技术上予以控制，目前最为合理的查询模式为允许向下查，不允许向上查及横向查。从人员素质、操作风险防范的角度考虑，向下查询的权限以授予省分行及二级分行为宜，由其分别对各自辖内存款人有关存款信息进行查询。同时在内部管理制度上做出明确，但鉴于内部制度规定无外部约束力，应协商取得有权查询机关，特别是司法机关的认可，以免造成冲突而遭受处罚。对于冻结、扣划存款，则以开户行处理为基本原则。

论金融机构在协助人民法院
执行中存在的问题及对策

河北省唐山市路北区人民法院　崔万强

人民法院在执行过程中，协助执行交往最多的就是金融机构，他们协助法院执行了大量的执行案件，但在司法实践过程中，金融机构在协助人民法院执行中也存在着诸多问题，这些问题有待进一步完善、解决。

一、执行过程中遇到的问题

1. 明显违反规定：在要求执行人员出示"两证"后，有的另要求出示身份证；要求银行领导签字或领导批准同意后才协助法院执行。

2. 变相拒绝履行法定义务：法院查询单位存款时，有的还要求必须提供具体账号；本系统内拒绝提供全部账户及存款信息，要求逐个网点查询；有能力提供查询异地存款信息的，拒绝查询。

3. 消极履行协助义务：金融机构没有专门的协助柜台和接待法院协助执行的人员，柜台之间相互推诿，拖延办理协助事项；有的接待人员业务不熟悉，办事效率太低。

4. 严重妨害法院执行：有的金融机构工作人员在协助执行过程中故意拖延时间，给当事人通风报信，导致存款被转移，法院执行落空。

5. 金融机构管理上的问题，导致法院执行困难：（1）单位多头开户仍相当普遍，有的单位在不同的金融部门多头开户，有的账户达十几个之多；（2）有的单位基本账户金额一直为零，存款只存放在专用账户上。金融部门协助多头开户，并帮助被执行人在各账户间隐匿存款，造成公开的账户上存款金额寥寥无几，法院难以掌握到隐蔽账户，致使执行工作难以进行；（3）有的金融机构在姓名与身份证号码不对应、公款私存、在单位名称上做文章，帮助当事人逃废债务；（4）有的金融机构开设有"黑账户"，为当事人逃废债务之嫌，被执行人的这些账户往往在人民银行查不到登记，说明这些账户的开设没有按规定报批或备案，而这些账户上却能查到存款；（5）人民银行登记备案的账户，除部分正规单位外，大部分账户都是当事人早不使用的，账户信息更新过慢；（6）新、老身份证号码不一，有的是老号码，有的又是新号码，无法查实存款信息。

二、金融机构应当解决的问题

1. 各金融机构在县、区行级以上机构设立专门的司法协助窗口，配备专门的协助人员，设置在专柜上便可查询、冻结、划拨本金融机构在辖区内的所有账户及存款，解决法院查询时账户上的存款在去开户行冻结的时间段内被转移的违法行为的发生和法院执行人员在辖区到处跑的问题。

2. 设立专门的协助执行窗口，协助人员操作过程全程录像，其操作全程对法院执行人员公开，加大对协助执行的监督力度，减少违法行为的发生。

3. 建立在查询到存款与出示冻结、划拨等法律手续之前，账户存款先按法官口头裁定要求，先行冻结的制度。确保存款在这一时间段不被转移。

4. 建立金融机构内违法履行协助义务的责任追究办法及与协助工作无关人员不得过问与协助执行有关事项等相关的纪律制度，避免违法行为的发生。

5. 被执行人的账户开通了网上银行的存款冻结办法。

6. 建立异地查询、冻结、划拨制度。最高人民法院应积极与人民银行联系，尽快建立异地查询、冻结、划拨制度。从现有的物质基础和技术条件来看，几大银行都实行了全国联网，已经不存在物质、技术方面的障碍。这一制度的建立对于解决人民法院执行难将起到非常重要的作用。使法院在执行中存在的存款查询难、地方保护、办案经费、执行安全等方面的问题迎刃而解。

三、法院应采取的对策与措施

1. 加强联系。法院应进一步加强与金融主管、监管部门联系，认真落实法律规定的相关要求，充分发挥联动机制的作用，保证法院便捷、迅速地依法查询、冻结、划拨被执行人的存款，尽快执结案件，使申请执行人及时实现生效法律文书确定的权利。对有的金融机构不协助执行，干扰、影响人民法院执行工作的，人民法院应及时发出司法建议函，与金融主管、监管部门取得联系，提请金融主管、监管部门及时追究有关责任人员的责任。

2. 加强监管。金融主管、监管部门应加强对各金融机构工作人员的职业道德及法制教育，加强对金融机构内不正确履行协助义务的违法行为的管理，特别是违法履行协助义务的责任追究。人民法院执行人员在银行协助执行过程中也要有意识地对有关人员进行宣传教育，使他们掌握银行协助法院执行的有关法律规定，认识到银行协助法院执行是自己应尽的法律义务，同时，更要让他们熟知不协助法院执行会带来的法律后果，特别是该受到何种处罚，促使其做到积极自觉地协助人民法院做好查询、冻结、划拨工作。

3. 提高素质。人民法院执行人员应努力提高自身素质，熟知相关的法律和行业规定，对金融机构不协助执行的行为一经发现要及时采取有效应对措施，切勿放任，导致款物转移。一是在查询过程中察觉协助人员故意拖延时间为被执行人转移存款提供方便时，要求协助单位提供被执行人账户的往来账单和查看银行的监控录像，取得协助单位在法院查询同时为被执行人转移存款的证据，坚决追究协助单位的责任并要求其追回存款；二是人民法院执行人员调查到被执行人在金融机构的存款后，如遇到违反存款实名制规定，隐瞒被执行人账户的，执行人员要不怕麻烦，把被执行人能用到的名称都查询到。如在单位名称上做文章的，一般是在单位名称上故意漏掉中间某个字（几个字）或加上某个字（几个字），执行人员只要把这些少字或多字的名称都查询到，就会出现预料中的结果，然后通过调看往来账单和取款凭证，检查被执行人取款时留下的印鉴、签名等，金融机构违反存款实名制规定替被执行人隐瞒账户的情况就一目了然了。

4. 严格执法。人民法院应依法加大对不协助执行的金融机构的负责人和直接责任人员的处罚力度。对为当事人通风报信、为当事人转移存款、为当事人隐瞒账户的，应依照民事诉讼法及相关规定以妨害诉讼处理，严格依法办事，该罚款的应罚款，该拘留的应拘留。因金融机构工作人员通风报信造成人民法院执行人员人身受到威胁和伤害的，直接追究相关责任人的刑事责任。

商业银行协助有权机关查询、冻结、扣划中的法律风险及其防范

农业银行上海分行　金华琴　俞亮富

协助查询、冻结、扣划是金融机构依法协助有权机关查询、冻结、扣划单位或者个人在金融机构存款的行为，是法律、法规等规定银行应当履行的法定义务。此项工作原则性强，操作中如有不慎，极有可能出现风险并承担法律责任。

目前，银行协助工作主要执行依据是中国人民银行于2002年1月以通知形式发布的《金融机构协助查询、冻结、扣划工作管理规定》，该规定实施至今已有七年多。七年来，不仅有权司法机关的主体或权限发生了诸多变化，而且由于其规定的内容表述过于简单，具有一定的随意性，给银行的"依规执行"工作带来了不便。近年来，有权机关或当事人与金融机构之间因协助问题发生了一系列争议和纠纷，银行协助执行工作亟待法规的统一规范。

（一）公证机构查询的问题

银行经常遇到因存款人死亡，家属申请办理继承公证，公证机构来银行核实存款的情况。目前遇到的问题是：

1. 有关法律、行政法规只赋予公证机构核实的权利，根据《公证法》第29条的规定，"公证机构对申请公证的事项以及当事人提供的证明材料，按照有关办证规则需要核实或者对其有疑义的，应当进行核实，或者委托异地公证机构代为核实，有关单位或者个人应当依法予以协助。"具体到银行协助方面，只有在1983年7月中国人民银行、最高人民法院、最高人民检察院、公安部、司法部联合颁布的《关于没收储蓄存款缴库和公证处查询存款问题几点补充规定》（〔83〕银发字第203号）中第5条规定："公证处在办理继承权公证的过程中，需要向银行核实有关储蓄存款情况时，须提供存款储蓄所的名称、户名、账号、日期、金额等线索，银行应协助办理。"可见公证机构只有核实的权利。

2. 相当部分存款人死亡后，其家属并不确切掌握存款的储蓄所名称、日期、金额，特别是账号等信息，只知道在农行有存款，希望银行能协助按死者的身份证号码查询存款情况以便继承，但银行要求家属办理继承权公证或者通过法院诉讼才能进行查询和提取存款，而公证机构来银行查询存款时因缺乏法律明文规定而导致银行的协助工作陷入两难境地，极易导致家属的不满。

(二) 律师调查令查询的问题

近年来，律师持人民法院签发的调查令到银行查询存款资料的事情屡有不断。调查令是指由人民法院签发给律师，由律师代表法院进行调查取证的一项制度。《商业银行法》明确只有法律和行政法规才构成银行协助的有效依据，而调查令作为个别地方人民法院制定的一项制度，显然不能作为查询单位和个人存款的依据。中国人民银行、最高人民法院对办理查询、冻结和扣划存款工作也均有明确的规定，要求法院工作人员在查询存款时，必须出示本人的工作证或执行公务证和出具县级以上人民法院签发的"协助查询存款通知书"。因此，法院到银行办理查询只能委派其工作人员，而不能委托律师，律师调查令显然不能替代"协助查询存款通知书"。此外，上海高级人民法院下发的《上海法院一审民商事纠纷案件普通程序审判指引》中也规定：当事人为向金融机构查询单位存款或个人储蓄的，不得签发调查令。

因此，今后如遇律师持调查令到银行查询存款资料的，银行应当拒绝并做好说明工作。

(三) 纪检机关查询的问题

《商业银行法》实施后，只有法律和行政法规才构成银行协助的有效依据。但1994年1月开始实施的《中国共产党纪律检查机关案件检查工作条例》第28条第7款却规定："经县级以上（含县级）纪检机关负责人批准，纪检机关可以对被调查对象在银行或其他金融机构的存款进行查核，并可以通知银行或其他金融机构暂停支付"（同样，1990年7月18日中国人民银行发布的《关于党的纪律检查机关查询被检查对象存款的有关问题的通知》，迄今仍处于有效状态），若依规定提供协助一旦被执行人发难，将使银行处于尴尬境地。

由于目前监察机关和纪检机关是合署办公，行使两种职能。如纪检机关在办案中确需到银行或者其他金融机构查询存款时，无论是以纪检机关名义立案，还是以监察机关名义立案的，均应以县团级以上监察机关名义使用监察文书，并应按规定严格履行审批程序。

(四) 国有企业监事会了解企业财务状况的问题

根据2000年3月15日发布施行的《国有企业监事会暂行条例》第7条的

规定，监事会开展监督检查，可以向财政、工商、税务、审计、海关等有关部门和银行调查了解企业的财务状况和经营管理情况。由于了解企业的财务状况是否包括查询企业的银行账户情况，而中国人民银行于 2002 年 1 月发布的《金融机构协助查询、冻结、扣划工作管理规定》也未将国有企业监事会列入有权机关的范围，因此，当国有企业监事会以《国有企业监事会暂行条例》为依据来查询企业账户情况时，也使银行处于尴尬境地。

（五）有权机关出具的冻结存款决定书问题

《金融机构协助查询、冻结、扣划工作管理规定》第 9 条规定：金融机构经办人员办理协助冻结业务时，应当核实人民法院出具的冻结存款裁定书、其他有权机关出具的冻结存款决定书。实际操作中，人民法院可以出具冻结存款裁定书，但其他有权机关并无出具冻结存款决定书的必经程序。据此，我们也与检察院等部分有权机关作了沟通，这些机关目前确实存在无冻结存款决定书的情况。由于法律文书的制定有严格的程序，地方有权机关也无权制定，且此规定只是人民银行单方发布的，人民银行无权强行要求司法机关制定一种新的法律文书。因此，一些有权机关无法提供冻结存款决定书的情况仍将存在，操作中如遇其他有权机关无法提供冻结存款决定书的，我们认为不应一概拒之门外，应该区分不同情况有选择地受理。

（六）扣划资金的风险防范

办理查询、冻结和扣划业务时，目前尚缺乏统一的、有效的核实、验证有权机关工作人员证件的手段和方法，上海地区就曾发生过假冒法院工作人员，将款项划至非有权机关账户的诈骗案件。实际操作中，可以通过控制扣划资金流向，以降低法律风险。目前只有人民法院、税务机关、海关才有权扣划存款，由于《金融机构协助查询、冻结、扣划工作管理规定》第 20 条规定金融机构协助扣划时，应当将扣划的存款直接划入有权机关指定的账户，因此银行在办理扣划业务时，应注意有权机关是否要求将款项划入有权机关账户，如遇有权机关要求将款项转入其他单位账户或是个人账户的，应谨慎处理，一方面可要求扣划至有权机关的账户，另一方面可以打电话到有权机关作进一步核实、确认工作。

（七）邮寄协助通知书的问题

实际操作中，查询、冻结、扣划存款时，有权机关皆能执行委派执法人员亲自到银行办理的规定，但个别法院、特别是外地法院在办理解除冻结时往往采取邮寄方式送达。由于无法当面核对有权机关执法人员的工作证件，导致无法甄别解除冻结通知事项的真伪性。《金融机构协助查询、冻结、扣划工作管理规定》第 21 条规定：查询、冻结、扣划存款通知书与解除冻结、扣划存款通知书均应由有权机关执法人员依法送达，金融机构不接受有权机关执法人员以外的人员代为送达上述通知书。因此，对通过邮寄方式送达协助执行通知书的，银行可以人民银行的第 21 条规定为依据，不予受理并予以退回。

（八）法院续冻期限的问题

《金融机构协助查询、冻结、扣划工作管理规定》第 16 条规定："冻结单位或个人存款的期限最长为六个月，期满后可以续冻"。但对续冻期限则未作规定。《最高人民法院关于人民法院民事执行中查封、扣押、冻结财产的规定》（2005 年 1 月 1 日起施行）第 29 条规定："人民法院冻结被执行人的银行存款及其他资金的期限不得超过六个月，……续行期限不得超过前款规定期限的二分之一"。实际操作中，有的法院人员却不执行最高人民法院的规定，仍以执行人民银行的规定为由，要求续冻六个月，银行因此与法院时常发生争议。我们认为银行理应据理力争，严格执行最高人民法院的规定。

（九）有权机关的主体或权限的变化

《金融机构协助查询、冻结、扣划工作管理规定》规定的有权机关为 13 家。2002 年 1 月以后，有权机关的主体或权限发生了变化，据我们汇总整理，主要如下：

1. 根据 2002 年 10 月 28 日全国人民代表大会常务委员会通过的《保险法》第 109 条的规定，保险监督管理机构有权查询保险公司在金融机构的存款。

2. 根据 2005 年 10 月 27 日修订通过的《证券法》第 180 条的规定，证券监督管理机构有权查询当事人和与被调查事件有关的单位和个人的资金账户、证券账户和银行账户；对有证据证明已经或者可能转移或者隐匿违法资金、证券等涉案财产或者隐匿、伪造、毁损重要证据的，经国务院证券监督管理机构主要负责人批准，可以冻结或者查封；

3. 根据 2005 年 11 月 1 日起施行的《禁止传销条例》第 14 条的规定，工商行政管理部门对涉嫌传销行为进行查处时，可以查询涉嫌传销的组织者或者经营者的账户及与存款有关的会计凭证、账簿、对账单等。对有证据证明转移或者隐匿违法资金的，可以申请司法机关予以冻结。

4. 财政部、中国人民银行于 2006 年根据《财政违法行为处罚处分条例》的规定，印发了《关于财政部门查询被调查检查单位存款有关事项的通知》，规定县级以上人民政府财政部门以及省级以上人民政府财政部门的派出机构依法进行调查或者检查时，经财政部门的负责人批准，可以向金融机构查询被调查、检查单位的存款。

5. 根据 2006 年 6 月 1 日起施行的《审计法》第 33 条的规定，审计机关有权查询被审计单位在金融机构的账户、有权查询被审计单位以个人名义存在金融机构的存款。

6. 根据《反洗钱法》2006 年 10 月 31 日第十届全国人民代表大会常务委员会第二十四次会议通过的第 25 条、第 26 条规定，经国务院反洗钱行政主管部门或者其省一级派出机构的负责人批准，反洗钱行政主管部门可以查阅、复制被调查对象的账户信息、交易记录和其他有关资料……客户要求将调查所涉及的账户资金转往境外的，经国务院反洗钱行政主管部门负责人批准，可以采取临时冻结措施。

7. 根据 2006 年 10 月修改的《银行业监督管理法》第 41 条的规定，经国务院银行业监督管理机构或者其省一级派出机构负责人批准，银行业监督管理机构有权查询涉嫌金融违法的银行业金融机构及其工作人员以及关联行为人的账户；对涉嫌转移或者隐匿违法资金的，经银行业监督管理机构负责人批准，可以申请司法机关予以冻结。

8. 2002 年中国人民银行颁布的《金融机构协助查询、冻结、扣划工作管理规定》（银发〔2002〕1 号）中规定的工商部门有权冻结（暂停结算）单位和个人银行存款。2011 年 12 月 12 日，国家工商总局又公布了《按照〈中华人民共和国行政强制法〉修改有关规章的决定》，明确因不符合《中华人民共和国行政强制法》规定的内容，对《广告管理条例施行细则》《企业法人登记管理条例施行细则》《工商行政管理机关行政赔偿实施办法》《工商行政管理暂行规定》《工商行政管理机关行政处罚程序规定》5 部规章作修改。其中，《工商行政管理暂行规定》中"依照法律、法规规定，向银行查询、冻结违法行为人的银行存款"，被修改为"查询违法行为人的银行账户或者申请司法机关予以冻结"。《工商行政管理机关行政赔偿实施办法》删去了第 8 条第（2）项和第 20 条第（2）项（1）中的"冻结"以及第 27 条第（2）项中的"暂停支付"和第（5）项。根据以上修改，从 2012 年起，工商部门将无权直接冻结违法行为人的银行存款。如需采取上述措施，应当申请人民法院强制执行。

浅谈法院与银行系统就查控财产如何进行合作

吉林省龙井市人民法院　张　慧　翟丽娜

随着我国市场经济及金融活动的蓬勃发展，近年来法院执行活动与金融部门尤其是银行系统的联系更为紧密。主要体现在两个方面，一是法院的执行部门需要银行系统的协助，对被执行人的账户存款进行查询、冻结、划拨，以便实现债权。另一方面就是随着经济的发展，银行作为申请执行人申请执行的金融案件及标的额呈持续上升趋势，银行案件的执行不仅是法院执行工作的重点，也是一大难点。积极探索银行债权案件的执行方式，对于提高执行效率，保护债权，防范金融风险和保障市场经济健康发展都具有重要意义。本文将对人民法院执行部门关于银行的协助工作和人民法院执行人员在执行银行作为申请债权案件时出现的有关问题及解决途径进行探讨，从实际情况出发，根据具体案件中被执行人履行能力和反规避执行等情形，因案制宜地寻求更好的解决方式。

一、银行系统与法院执行部门协助工作中出现的问题

（一）银行查询费时费力还不完整

根据法律规定，人民法院依法审理执行民事案件时，有权调查取证，要求银行依法协助执行。然而，目前银行业金融机构拒绝或妨害法院调查、执行的情形还有存在。根据资料显示，目前中国人民银行省级以下各分支机构的账户管理系统、征信管理系统被上级限制了管理权限，无法向基层法院、中级法院正常提供人民币结算账户、外汇账户等信息。全省的查询需求都集中在央行省级中心支行，给省级中心支行带来很大压力，查询周期一再延长。即便提供查询，能向法院提供的仅是被执行人的开户银行名称，而拒绝提供被执行人银行账号、开户日期、存款余额等其他信息。法院向人民银行查询后，还要赶赴各商业银行进行具体查询，费时耗力。进入具体查询后，一些银行还人为设置

了一些对付法院执行的前置程序，如进入协助法院查询专用入口、主管领导签字等手续比较繁琐。有时碰上主管领导不在签不了字，便不能进行查询，影响案件执行。有时一上午只能具体查询一到两个账户存、取款情况，效率低，有时会错过最佳执行时机。

（二）法院对银行申请执行的大量债权利益执行不到位

现实工作中，银行作为被执行人时往往比较好执行，但当银行作为申请执行人时，案件执行就比较困难了。实践中大多数案件都是被执行人没有现金可供执行，办理银行贷款采用不动产做抵押。这就需要我们法院的执行部门对此类财产进行查封、评估、拍卖和变现。对房屋执行的限制很多，拍卖中的抵债问题，评估拍卖程序时间上以及执行员的责任心等问题，都会干扰银行的变现问题。

二、探讨解决银行与法院查控可供执行财产合作的方法

（一）进一步完善协助执行工作机制，发挥执行联动威慑作用

提供被执行人存款、财产线索，协助人民法院执行是银行的法定义务，银行应该运用信息技术手段，协助法院破解执行难。随着银行系统的技术不断进步，现在，被执行人通过 ATM 机、网上银行，即可管理自己全部账户，快捷地转移资金、对外付款。相比之下，对于法院查询被执行人的账户，存款冻结和扣划措施等，银行仍然采用人员往返，来回交换纸质公文的方式，查询时间冗长，工作效率低下，导致非法转移、隐匿存款屡屡得手。银行应运用先进技术手段，提高协助执行工作效率。设置网络专线，通过电子信息化方式交换信息，缩短查询时间，防止被执行人逃避执行。准许督促各商业银行开发开放批量查询软件，供法院集中查询被执行人的存款、各类理财资金线索。对于拒不履行生效法律文书的被执行人，中国人民银行应向各银行业金融机构发出通知，采取不开新户、不发放新贷款、不办理对外支付等制裁措施，督促被执行人积极履行债务。准确、及时提供被执行人在银行业金融机构开立结算账户的地点、时间、余额及资金往来账等信息，不仅是相关单位和机构应当履行的法定义务，更是有效防止被执行人逃废债务、转移财产的必要前提，应进一步完善协助执行工作机制，与人民法院加强配合协调，积极协助人民法院调查取证和执行工作，充分发挥执行联动威慑机制作用，破解执行难。

（二）被执行人有履行能力而拒不偿还金融债务或逃避执行的执行方式

1. 公告执行法。即对于具有履行金融债务能力，经多次教育仍拒不履行

法院生效法律文书确定的给付义务的被执行人，执行法院可以在被执行人住所地或一定区域范围内的报纸、广播台、电视台等新闻媒体上公布为"赖账者"予以曝光，同时对其赖账金额等情况一并予以公告。

2. 悬赏执行法。对于金融案件被执行人采取多头开户、隐匿或转移财产拒不履行或逃避履行金融债务的，人民法院可以根据执行案件的实际需要，采取有奖举报公开悬赏的方法，寻找被执行人的财产及财产线索。

3. 搜查执行法。人民法院执行金融债权案件采取搜查执行方法时，须同时具备三个条件：一是生效法律文书确定的履行金融债务期限已经届满；二是被执行人不履行法律文书确定的偿还金融债务义务；三是执行法院认为被执行人有隐匿财产的行为。

4. 财产审计执行法。人民法院在执行金融案件中，可以依法委托审计部门或借用社会审计力量，运用社会审计监督的制度和方法，结合法律规定的执行调查措施，对反应被执行人（金融债务人）履行义务能力的全部资产、负债和所有权益等进行强制审查、统计，发现其可供执行的财产证据，并对发现的被执行人财产予以强制执行的一种执行方法。

5. 限制消费执行法。该方法又称为"限制被执行人高消费制度"，即由执行法院对被执行人（恶意欠债不还的金融债务人）发出"限制高消费令"，责令其在金融债务没有清偿完毕之前不得进行超过当地生活标准的高消费活动。对限制高消费的金融案件被执行人，法院将其名单在其住所地有关报纸、电视台等新闻媒体上公布，请社会各界和人民群众监督。

（三）被执行人是暂无履行金融债务能力的企业或特困企业的执行方式

1. 代位执行法。金融债权案件执行中的"代位执行"是指被执行人现有财产不能清偿到期金融债务，但对第三人享有到期债务的情况下，人民法院可以根据申请执行人的申请，通知对被执行人负有到期债务的第三人，直接向申请执行人履行债务，第三人在履行期限内不履行的，法院予以强制执行的一种执行方法。

2. 分期执行法。人民法院在执行金融债权案件中，对于被执行人是经营状况暂时困难的企业，或暂无偿还金融债务能力但产品适销有市场的企业，可以采取分期执行的方法，为这些被执行企业创造生存、发展的机会。这样，既可以保证被执行企业生产经营的正常进行，渡过暂时的困难，增强其偿还金融债务的能力。同时也可以最大限度地保障金融债权的实现，更有效地维护金融债权人的合法权益。

3. 抵债返租法。所谓抵债返租，又称为以资抵债，返租经营，是指人民法院在执行程序中将被执行人（困难企业）固定资产中的不动产委托评估部门评估作价后折抵债权，不动产所有权（土地只有使用权）归债权人所有，然后由债权人将该不动产返租给债务人经营的执行方式。抵债返租这种以困难企业的不动产变现抵债的方式有利于金融债权的实现。实践中，法院实施抵债返租这一执行方式应注意以下几点：一是要查清被执行企业抵债的不动产的性质。如要查清该不动产是否属于该企业所有，是否设定担保情况；二是对抵债企业所占有的土地使用权不属于该企业的，应征得土地使用权人和所有权人的同意方可实施抵债返租，否则不能采取此种方式；三是原则上一个企业的不动产抵债给一个金融部门。其所欠其他债务的，金融债权人可以代为支付，企业再以等值不动产抵给该金融债权人；四是抵债返租主要是针对还贷无望的企业所采取的执行方式，有履行债务能力或正常生产经营的企业，不能采用这种方式；五是采用抵债返租这种执行方式应征得申请执行人即金融债权人的同意后方可实施。六是被执行企业以房屋等不动产及土地使用权抵债返租的，当事人双方须依法到有关登记部门办理过户手续，以免日后发生纠纷。

4. 以物抵债执行法。所谓以物抵债执行法，又称以物抵债、拍卖执行法，是指在民事执行程序中，负有给付债款义务的被执行人不能偿付到期债务时，用其享有所有权的财物（包括动产和不动产）交付给由当事人双方协商选择的或法院指定的评估拍卖机构进行评估拍卖，拍卖所得款项交付给债权人，以抵其所欠的债务。实践中，对于金融执行案件中被执行企业逾期不能履行生效法律文书确定的义务，账上无钱而有财物可供执行或账上虽有钱但不足以执行的，为使执行得以顺利进行，人民法院可以采取以物抵债、拍卖执行的方式。法院执行人员在具体实施该执行方式时，要正确确认抵债财物的权利归属，执行人员在对被执行人有关财物采取以物抵债和委托拍卖前，应经过一定的公示程序，确认该财物是否存在权利争议，以防止财产权属纠纷和案外人提出异议的现象发生。

5. 债权转股权执行法。所谓债权转股权，是指债权人将其所享有的合法债权依法转变为对债务人的投资，增加债务人的注册资本的行为。它是债权人自愿将其对债务人的债权折资入股，成为债务人股东的法律行为，其包括债权的消灭和股权的产生两种法律行为。债转股既是化解银行不良资产的一种重要方式，也是法院在执行金融案件中，解决被执行企业无力偿还金融债务的一种执行方式。实践中法院采用这种执行方式应注意以下几个问题：一是被执行人现有财产不能清偿到期金融债务。能够清偿的，不得适用债转股；二是债转股的债权人应是国有商业银行，债务人一般应是大型国有企业或重点国有企业；

三是将被执行企业不能归还的贷款转化为银行对企业的投资,需要银行、金融资产管理公司和企业三方相互配合,才能有效实施;四是金融债权人将债权转为股权后,双方当事人须依法到工商管理部门办理注册资本变更登记手续。

三、加大与银行联动查控合作力度,保障法院执行工作

在借力银行金融征信系统,依托金融网络,强化执行强制措施更加完善,不能止步于当下,要不断开拓创新。从而为压缩被执行人规避执行的空间,提高执行效率,维护当事人的合法权益发挥更大的作用。同时,为了及时、准确查控被执行人银行存款,建议最高人民法院与中国人民银行应当联合下文,将查询权力下放到基层法院。这样一来,执行效率、执结率将大幅提高,有利于破解执行难的问题,维护当事人的合法权益。

银行协助执行法律问题浅析

农业银行广西分行　邝芳亮

随着经济的发展，银行在日常经营中接到有权机关协助执行的要求越来越多。银行协助执行过程中纠纷时有发生，引发银行被要求承担民事责任、行政责任，甚至刑事责任。纠纷的增多，摩擦的升级，给银行正常经营活动带来一定消极影响，不利于金融环境的稳定。为此，笔者结合银行工作实践，总结剖析银行协助执行中的法律问题，提出依法合规开展协助执行工作的思路与建议。

一、银行协助执行的定义及法律依据

银行协助执行是指银行依法协助有权查询、冻结或扣划（简称查冻扣）单位或个人在银行存款的行为，是银行的一项法定义务，是银行对客户存款承担法定保密义务的一种例外。

涉及查冻扣的法律法规众多，基本法律有《民事诉讼法》《刑事诉讼法》，特别法律有《海关法》《税收征收管理法》《银行业监督管理法》等，行政法规有《储蓄管理条例》等。在根本上确立银行协助执行义务是《商业银行法》第29条、第30条的规定，"对个人储蓄存款，商业银行有权拒绝任何单位或者个人查询、冻结、扣划，但法律另有规定的除外"；"对单位存款，商业银行有权拒绝任何单位或者个人查询，但法律、行政法规另有规定的除外；有权拒绝任何单位或者个人冻结、扣划，但法律另有规定的除外。"这两个法条明确了有权机关要求银行协助执行的权力来源及权限范围，即有权机关可依据法律、行政法规的规定查询单位存款；在有明确的法律规定的情况下，对个人储蓄存款可查冻扣、对单位存款可冻结、扣划。

二、银行协助执行的现状及风险

银行协助执行看似有法可依、有章可循,但在实践中存在种种问题,滋生多种法律风险。

(一)地方法治环境良莠不齐引发抗法风险

在笔者所在的二级分行本部,每周平均要办理3~4个有权机关的协助执行工作,每个机关要求协助执行的笔数少则几笔,多则几十笔,协助执行内容除要求银行提供开户情况、账户流水、录像资料外,有的还要求提供多年的账户交易原始凭证。这说明有些企业、个人漠视法律文书的效力,不仅增加了银行协助执行工作量,增加了银行协助执行风险,同时也增加了社会成本。在笔者处理一单协助异地有权机关执行工作时,甚至出现地方政府对法院执行有异议不是采取有效措施寻求法律救济,而是以保护"国有资产"不被"侵害"为名要求银行不予协助执行,并以取消银政合作、媒体曝光、由银行承担赔偿责任相要挟,使银行左右为难。这样的地方保护主义又是从另一方面助长了不良信用环境的风气。

(二)法律规定政出多门引发法律冲突风险

现行规范银行协助执行的法律规定除法律、行政法规外,还有司法解释、规章、通知等百余份规范性文件,分别规定了公检法、海关、审计、银监等近20个主要部门的查冻扣权力。这些部门文件效力层级低、司法解释公开性差,缺乏协调性和统一性,甚至相互矛盾和抵触。比如银行协助扣划时是否应提供"判决书"法律规定并不清楚:根据《关于依法规范人民法院执行和金融机构协助执行的通知》(法发〔2000〕21号)要求提供《扣划裁定书》、《协助扣划存款通知书》和"生效法律文书副本"。但《金融机构协助查询、冻结、扣划工作管理规定》(银发〔2002〕1号)要求提供《协助扣划存款通知书》和"有关生效法律文书"。如有权机关仅持有《协助扣划存款通知书》、《扣划裁定书》,而未提供"判决书"要求协助扣划,银行是否能协助扣划呢?这一细节往往成为被执行人提出异议的依据。此类的法律规定不明,易造成执行主体与协助执行主体的法律依据不一而引发纠纷。

(三)银行协助执行身份弱势引发法律制裁风险

执行实质是一种公权对私权的处分。从私权而言,银行是履行储蓄合同的当事方,银行是储户利益的维护者;但从公权而言,有权机关的查冻扣是代表国家公权执行公务,其对银行发出的协助执行要求是命令式的,没有协商的余地，银行是公权力介入的协助者①。私权是要服从于公权的，银行的法律身份天然的弱势。银行一旦提出意见，即使是合法、合理的，因地位不平等，往往被认为不配合执行而面临法律制裁。笔者辖区的某银行就曾发生过这样的纠纷：银行在办理一笔协助扣划业务，发现协助扣划通知书中的被执行人与执行裁定书确定的义务人不一致而向执行法院提出异议，法院不但不予纠正，反而以银行拖延执行为由开出了罚单。法律地位的弱势又使银行复议之路困难重重。

三、银行协助执行中重点关注的法律问题

除前述问题之外，实践中银行协助执行的法律问题较多，归纳起来主要有如下两类法律问题需要重点关注：

1. 执行主体（有权机关）众多，难辨别

要求银行协助执行的有权机关主要有两类：执法机关和银行监管机关。执法机关主要有司法机关，如公检法等；行政执法机关，如税务、海关、工商等。银行监管机关，如人民银行，银监会。除了这些机关外，还有一些特殊主体要求银行协助执行，比如公证机关。有权机关如此众多，各家银行识别准确度不一滋生风险。如《公证法》第29条规定："公证机构对申请公证的事项以及当事人提供的证明材料，按照有关办证规则需要核实或者对其有疑义的，应当进行核实，或者委托异地公证机构代为核实，有关单位或者个人应当依法予以协助。"该法条清楚表明，银行仅能接受公证处"核实"存款信息，而不能"查询"。但实践上会遇到这样典型的例子：甲某到银行查询并支取其过世父亲的存款，因不知存款账号和密码，银行按《关于查询、停止支付和没收个人在银行的存款以及存款人死亡后的存款过户或支付手续的联合通知》〔（1980）银储字第18号〕规定，要求甲某出示公证处开立的继承权证明书，以证明某甲的合法继承人身份。某甲找到公证处要求开证明书，被告知要提供甲父存款的账号、余额等信息，后公证处再到银行核实后方可开立。此时甲某因两处碰壁取不到存款迁怒于银行引发纠纷。个别银行为不得罪客户在法外采取"灵活"的做法处此类存款继承查询的问题，侵犯存款人（继承人）利益的风险在所难免。除此之外，实践中还有如夫妻一方要求查询另一方的存款、律师要求查询等特殊主体要求银行协助查询的情况。

笔者认为，执行主体要"单列"。既然协助执行是法律的"例外"规定，

---

① 黄建：《银行业机构协助执行中应注意的若干法律问题》，载《海南金融》2009年第2期。

有权机关不能无限扩大，否则对存款人的保护无从谈起。要通过统一的法律列举式明确有权机关。这些有权机关首先要是国家机关，如非国家机关，服务性、中介性的主体均不是合法的有权机关范围。其次，有权机关的职责范围要具有司法权、执行权。如果没有司法权、执行权，没有法律和行政法规作依据，其就不应为执行主体。

2. 执行客体（执行对象）复杂，难判断

有权机关除了要求协助执行存款外，还要求银行协助执行一些特殊客体。比如协助扣划银行代发的工资。实践中曾有法院要求银行从代发单位工资中按月扣划被执行人存款。此项协助执行至少存在如下问题：（1）法律规定不明。根据《关于依法规范人民法院执行和金融机构协助执行的通知》第1条第3款规定，如对法院提交材料及其内容审查无误的，银行"应当立即"协助扣划。可推断出此类协助执行是一次性的[①]，法院要求银行凭一次性法律文书多次执行没有法律依据。（2）银行难以操作。银行代发工资是基于用人单位与劳动者之间的劳动关系，工资是否发放、发多少完全依赖于其之间劳动关系的建立、维持、与终止，与银行没有直接关系。如银行接受这样的协助执行后，出现被执行人更换账户、被执行人与用人单位解除劳动合同、银行与用人单位代发工资协议到期或解除等情况，银行将无法扣划或无法全额扣划。

又如基金、保险、银行系理财等银行理财产品是否能协助执行？解决这个问题的关键是银行理财产品法律属性，它是不是像存款一样可以被执行。银行理财产品从法律关系角度可分为固定收益类理财产品、非保本浮动收益理财产品、保本浮动收益理财产品、银行承销的理财产品（如基金、保险）等。目前理论界和实务界对这些产品中体现的银行与投资者法律关系有不同的理解[②]，笔者认为：

1. 固定收益类理财产品体现的是债权债务关系。根据《最高人民法院关于人民法院执行工作若干问题的规定（试行）》第51条"对被执行人预期从有关企业中应得的股息或红利等收益，人民法院可以采取冻结措施，禁止到期后被执行人提取和有关企业向被执行人支付"、"到期后人民法院可从有关企业中提取，并出具提取收据"和第7条"被执行人到期债权的执行"的法律本意，法律强制执行的应为到期债权，所以固定收益类理财产品到期前，不能被扣划。

---

① 陈福录：《协助扣划代发工资让银行为难》，载《时代金融》2009年第5期。
② 潘修平、王卫国：《商业银行理财产品若干法律问题探讨》，载《现代法学》2009年第4期。

2. 非保本浮动收益理财产品体现的是信托关系。根据《信托法》第17条规定，信托财产一般不得强制执行（可执行的信托财产仅为信托设立前的债权、信托事务处理费、信托税款等法定情形）。同样，保本浮动收益理财产品体现的是有担保的信托关系，一般也不得强制执行。

3. 银行承销的理财产品体现的是委托代理关系。银行在其中只是一个承销商，收取固定的承销费，并为投资者办理结算。银行作为承销产品的代理人，不是产品最终法律责任的承担人，所以有权机关无法通过银行直接冻结与扣划。

除此之外，银行承兑汇票保证金、保函保证金、质押的存单等都曾被有权机关要求银行协助执行。法律规定生僻、执行各方对法律关系理解不一时常引发纠纷。

笔者认为，执行客体要"单纯"。银行基于储蓄合同关系的当事人而成为协助执行人的，存款的性质决定了存款是否能够通过银行执行。如果存款同时具有了其他法律属性，则该"存款"不能通过银行扣划。如前述，银行代发的工资，附加了代理法律关系；银行的理财产品，附加了信托关系等法律关系，这些附加法律关系使银行同时成为了其他法律关系的当事人，此时银行不再是适格的协助执行人。所以，有权机关不能要求银行扣划这些"存款"。此结论同样适用于社会保险基金、工会经费、下岗职工基本生活保证资金等特殊客体。

四、银行协助执行的工作建议

除上述列举的常见银行协助执行法律问题之外，实践中还有诸如银行怎样协助跨省执行、怎样协助委托执行等问题，尚不能一一列举。这些问题的提出与解决对执法部门、监管部门及银行提出了不小的挑战。为此，笔者认为可从以下五个方面逐步解决银行协助执行法律问题：

1. 齐抓共管，努力营造良好的法治环境。要想从根本上避免或减少银行协助风险，就需要在全社会营造一种注重法治的氛围，使社会成员自觉履行合法的法律性文件、生效的法律文书。有异议的，要通过正当的法律途径寻求法律救济，以法治法，不得以任何理由抗法。无异议又不执行的，要严惩违法者，共建和谐执法环境。

2. 整章建制，尽早构造完善的法律制度。建议国家尽快出台统一明确的《协助执行法》，对协助执行工作的内容与程序进行具体而统一的规定，为银行有效配合有权机关工作提供法律指南。具体地说，建议明确执行的公平原则、形式审查原则、有错追责原则,内容上要从职能角度解决执行主体问题,并且明确列举有权机关范围;从银行账户的法律性质角度解决执行客体问题;从事后监督角度解决银行法律救济问题等。

3. 科技提升,尽快搭建共享的信息平台。一是要用好人民银行人民币银行结算账户管理系统,使有权机关可直接从人民银行快捷、全面地查询到被执行人存款信息,减少工作量,减少通风报信等违法行为;二是将执行信息与人行征信信息共享,把"赖账户"的信息纳入企业和个人信用信息基础数据库,培育良好信用环境;三是建立全国有权机关信息查询系统平台,使银行能够实时了解有权机关及其工作人员信息,防止不法欺诈。

4. 构建桥梁,尽量解决银行的后顾之忧。建议落实有权机关之间的协调机制,当银行在协助执行过程中与有权机关产生矛盾时,一方面银行要主动向监管机关反映,及时申请监管机关出面解释、协调;另一方面,监管机关也要为银行搭建沟通的平台,积极指导银行应对不当的执行行为,理顺有权机关依法执法和银行依法协助的关系,以解除有权机关对银行的疑虑,消除银行与有权机关的误会,加深信任和理解。

5. 加强学习,尽力减少错误的执行行为。一方面,银行要抓法律素质培训,正确认识吸纳公众存款是银行业务,协助法院执行更是法律义务;要抓协助执行技能培训,注重培训的针对性、实用性和时效性,避免操作不当法律风险;另一方面,有权机关应改变对银行的偏见,理解银行工作的难处,学习新兴金融知识和金融产品,合法对待银行在协助执行中提出的异议,依法开展执行工作。

信息环境下查询与协助查询制度的完善
——以查询被执行人银行存款为分析样本

上海市高级人民法院　余志强　张永红　金殿军

法院查询与有关单位协助查询是法定的权力和义务。现行有关查询与协助查询的制度安排一般都是由最高人民法院与相关部门以联合发文的形式确立的。如，2000年发布的《最高人民法院、中国人民银行关于依法规范人民法院执行和金融机构协助执行的通知》，2004年发布的《最高人民法院、国土资源部、建设部关于依法规范人民法院执行和国土资源房地产管理部门协助执行若干问题的通知》等。根据这些规定，不管是查询被执行人的银行存款还是查询其房地产信息，都需要执行法官到相关部门通过人工方式办理，实践中也是这样操作的。始自2008年年底的全国集中清理执行积案活动期间，中央政法委员会和最高人民法院要求"人民法院应依法穷尽财产调查措施"，在被执行人申报无财产或申请执行人无法提供被执行人财产或财产线索的情况下，要求法院向银行、工商、房地、车管等部门进行调查。但是，如果按照现行的制度安排与司法实践，法院是很难"穷尽财产调查措施"的，为此就需要对查询和协助查询方式进行改革。下面即以执行工作中最为常见的查询被执行人银行存款为例予以分析，试图就信息环境下完善查询和协助查询机制提供有益的对策建议。

一、查询和协助查询被执行人银行存款制度的形成与发展

（一）人工查询

人民法院需要查询被执行人银行存款的，一般都需要由执行法官持工作证、执行公务证以及人民法院出具的裁定书和协助执行通知书到相关商业银行的区、县支行或营业网点办理。这样的制度安排最早可追溯到20世纪80年代初。根据1980年11月《中国人民银行、最高人民法院、最高人民检察院、公

安部、司法部关于查询、停止支付和没收个人在银行的存款以及存款人死亡后的存款过户或支付手续的联合通知》（〔80〕银储字第18号）的规定，人民法院因办案需要查询当事人银行存款信息的，一般需要经县、市支行或市分行区办一级核对，然后再到营业所查询，手续比较复杂。经济合同法和民事诉讼法（试行）实施后，查询与协助查询银行存款制度有过一次小的改革，即根据1983年12月《最高人民法院、中国人民银行关于查询、冻结和扣划企业事业单位、机关、团体的银行存款的联合通知》（〔83〕法研字第30号）、1985年1月最高人民法院给广东省高级人民法院《关于人民法院可以直接与银行系统的营业所、信用社联系，查询、冻结或者扣划企事业等单位存款的批复》以及1993年12月《中国人民银行、最高人民法院、最高人民检察院、公安部关于查询、冻结、扣划企业事业单位、机关、团体银行存款的通知》（银发〔1993〕356号）的规定，人民法院可以直接要求相关营业所协助查询，无须先经银行县、市支行或市分行区办一级核对。

现行的人工查询和协助查询被执行人银行存款制度主要源于2000年9月最高人民法院、中国人民银行联合发布的《关于依法规范人民法院执行和金融机构协助执行的通知》（法发〔2000〕21号）。该通知规定，"人民法院查询被执行人在金融机构的存款时，执行人员应当出示本人工作证和执行公务证，并出具法院协助查询存款通知书。金融机构应当立即协助办理查询事宜，不需办理签字手续，对于查询的情况，由经办人签字确认。对协助执行手续完备拒不协助查询的，按照民事诉讼法第102条规定处理。""人民法院在查询被执行人存款情况时，只提供单位账户名称而未提供账号的，开户银行应当根据（银发〔1997〕94号）《关于贯彻落实中共中央政法委〈关于司法机关冻结、扣划银行存款问题的意见〉的通知》第2条的规定，积极协助查询并书面告知。"2002年1月，中国人民银行根据《商业银行法》及其他有关法律、行政法规的规定，又制定了《金融机构协助查询、冻结、扣划工作管理规定》（银发〔2002〕1号），对相关问题作了细化规定。

（二）电子化集中查询

电子化查询改革始于全国集中清理执行积案的实践需要。在2008年11月开始的全国集中清理执行积案活动中，中央政法委与最高人民法院发布《关于规范集中清理执行积案结案标准的通知》（法发〔2009〕15号），要求人民法院应依法穷尽财产调查措施，通俗而言就是该查的都要查。为配合全国集中清理执行积案活动，最高人民法院、中国人民银行联合发布了《关于在全国清理执行积案期间人民法院查询法人被执行人人民币银行结算账户开户银行名称的通知》（法发〔2009〕5号），明确规定"《协助查询通知书》可以邮寄送达"，"人民法院以邮寄方式送达《协助查询通知书》的，人民银行上述机构应在收到《协助查询通知书》后5个工作日内以传真或其他方式发出《协助查询答复书》"。"高级人民法院可以以集中批量的方式向人民银行提出查询申请"。于此，首次出现了"集中批量"提出查询申请，用"传真"方式传送《协助查询答复书》的规定。这些规定初现了电子化查询的端倪。

2010年7月，为了构建防控执行积案的长效机制，中央19个部门联合发布了《关于建立和完善执行联动机制若干问题的意见》（法发〔2010〕15号），之后，最高人民法院与中国人民银行又联合发布了《关于人民法院查询和人民银行协助查询被执行人人民币银行结算账户开户银行名称的联合通知》（法发〔2010〕27号），规范了查询的方法，扩大了查询的范围，明确人民法院查询被执行人结算账户开户银行名称的，由被执行人注册地所在省、自治区、直辖市高级人民法院"统一集中办理"，高级人民法院审核汇总有关查询申请后，应当填写《协助查询书》，加盖高级人民法院公章后于每周一上午安排专人向所在地人民银行相关机构送交《协助查询书》（并附协助查询书的电子版光盘）。首次明确"送交《协助查询书》（并附协助查询书的电子版光盘）"的规定。这为形成规范、长效的电子化集中协助查询机制奠定了良好基础。

2010年7月，《最高人民法院办公厅关于人民法院做好查询被执行人人民币银行结算账户开户银行名称工作的通知》（法办〔2010〕373号）首次明确规定"在人民银行人民币银行结算账户管理系统按人民法院查询需求升级改造完成后，将采用技术手段由信息系统自动批量查询"，并要求"各高级人民法院要与本地协助查询的人民银行协商建立联合工作机构和联合工作机制，共同处理查询工作有关事宜"。由各高级人民法院与有关人民银行形成"采用技术手段由信息系统自动批量查询"的长效工作机制，标志着电子化集中协助查询被执行人开户信息的机制在形式上得以确立。

（三）现行查询方式面临的问题

应该讲，从县、市支行或市分行区办一级核对，到直接经营业所领导签字办理，再到"金融机构应当立即协助办理查询事宜，不需办理签字手续"，查询手续有了简化，但查询工作需要执行人员到相关机构现场办理手续的要求始终没有变。由此带来的问题是，近年来人民法院的执行收案数越来越多，商业银行或其支行、网点也越来越多，而执行法官的人数并没有也不可能有较大幅度的增加，执行过程中不可能到所有的商业银行都查一遍被执行人在该行是否存有存款。以上海为例，上海法院每年有十万多件执行案件，执行法官只有六七百人，但仅市级层面的分行就有二十多家，更不用说这些银行的支行或网点了。所以，传统的查询与协助查询制度已远远不能适应形势发展的需要，查询方式也无法满足中央政法委员会和最高人民法院有关"穷尽财产调查措施"的要求。清案活动中通过"传真"方式集中查询法人被执行人人民币银行结算账户开户银行名称，提高了查询工作的效率，推动了查询制度的发展。但由于在人民银行只能查到账户，不能查到余额，如果要查余额，还是需要通过传统的方式到相关商业银行上门办理查询手续，再加上现在多头开户现象比较普遍，在人民银行查到"一串"账户后，如要一个个查实是否有余额也不是一件容易的事，但如不查又会心有不甘，说不定哪个账户就会有存款，申请执行人也会对执行法院未能尽数查询而有所不满。有鉴于此，改革的关键是利用现行的信息网络资源，集中查询到被执行人在商业银行的存款余额。

二、上海构建集中查询和协助查询被执行人银行存款机制的实践探索

2011年2月，上海市高级人民法院与中国工商银行股份有限公司上海市分行、中国农业银行股份有限公司上海市分行、中国银行股份有限公司上海市分行、中国建设银行股份有限公司上海市分行、交通银行股份有限公司上海市分行、上海银行股份有限公司（以下简称相关银行）签订了《关于集中查询被执行人银行存款有关问题的协作纪要》，建立了"点对点"集中查询机制，开始探索更为直接、更为有效的查询模式。

（一）"点对点"集中查询机制及其本质属性

所谓"点对点"集中查询，是指上海高院与相关银行之间的信息交互系统。上海的三级法院有一个全市联网的案件管理系统，银行也有类似的业务管理系统。基于这些网络系统，每个工作日由上海高院收集全市法院通过内网提交上来的查询需求，经"汇总打包"等技术处理生成查询源文件后，通过专线发送到相关商业银行，相关商业银行收到后按照需求通过技术手段从数据库中提取相关信息，"打包"生成查询结果文件后反馈给上海高院，再由上海高院通过内网分发给相关案件。如此，执行法官使用该系统即可足不出户地收到需要的信息。由于该系统是由上海高院一个点对相关银行的市分行一个点，是上海高院与市分行间的数据交换系统，故借用网络用语"点对点"（point to point）来描述这一系统。

该系统是专门针对拒不履行义务的被执行人的，本质上属于查询方式的创

新。该系统并没有创设新的权利义务，只是利用现有的网络资源，改变了原来的查询和协助查询的方式。因为法院查询和银行协助查询是民事诉讼法规定的，但具体如何查询和协助查询，法律并没有直接加以规定，需要法院与银行协商。上海法院在探索实践中推行的这一"点对点"查询系统，正是与银行系统密切协商、协作的产物。从全国层面来看，如果这一模式能够得以认可和推行则可以由最高人民法院与中国人民银行在总结各地经验后以联合发文的形式明确。

（二）"点对点"集中查询系统的风险控制

风险控制是"点对点"集中查询系统得以推行的关键。为此，上海高院与相关商业银行采取了以下主要措施以防范风险：其一，有效控制传递过程中的数据泄密风险。上海高院与相关商业银行分别对查询源文件、查询结果文件进行系统自动加密、解密。所有数据文件的加密方式和密钥文件均由上海高院指定专人负责管理并定期更新，生成的信息数据也由专人定期清理操作。相关商业银行在具体业务操作过程中，坚决实行密钥管理与实际业务操作部门相分离，规范操作流程，有效防范查询信息泄密风险。其二，有效控制人为恶意篡改查询信息的风险。首先，所有查询需求的提交、审批、收集、汇总、传送、反馈和分发均通过电脑网络操作完成，而且提交查询需求前要进行身份认证，没有立案、已经执结的案件无法提交查询，查询内容经系统自动生成，任何人不能修改。查询需求从哪里来查询结果即反馈哪里去，数据信息专线传送，往返不落地，各级法院执行人员只有通过法院执行管理系统才能查看自己承办案件的查询结果。其次，相关查询文件都由系统自动进行加密、解密处理，银行操作人员不掌握密钥，无法恶意篡改相关文件的数据信息。最后，法院和相关银行业务主管部门不定期地对集中查询工作开展检查。

（三）"点对点"集中查询机制的效果

实践中的创新给查询工作带来了前所未有的活力。就法院而言，"点对点"集中查询机制的优势主要体现在以下几个方面：

1. 基本穷尽了对被执行人银行存款的调查措施。通过"点对点"集中查询机制，就像为法院的执行安装了一个雷达，执行前在有关商业银行扫描一下，被执行人在哪里有账户，哪里有存款，就到哪里去查询，有效解决了被执行人多头开户、隐匿存款从而逃避执行的问题。

2. 提高了查询工作的质量和效率。根据对试运行一年反馈的30万余条账户信息的分析来看，8%左右有可供执行的账户余额，17%左右因余额太小没有执行价值，11%左右系休眠户或账户余额为零，64%左右没有开户记录。这些查询结果在以往通过人工查询是无法实现的。而且对没有查到开户和余额情况的，也可及时向申请执行人反馈，使他们明白无误地了解到被执行人的财产状况，对法院的执行表示理解，一定程度上也减少了因无法穷尽财产调查措施而引发的执行信访问题。

3. 执行案件的质量、效率、效果得到进一步的提升。2010年，上海法院共执结执行案件102221件，执结率93.32%，同比上升0.55个百分点，实际执行率79.41%，同比上升9.91个百分点，初执标的清偿率68.68%，同比上升6.86个百分点，执行标的清偿率91.73%，同比上升10.19个百分点，平均执行天数41.19天，同比减少10.74天。2011年上半年相关指标同比又有了新的提升。虽然执行质效的提升并不全是该系统的功劳，但该系统在其中起到了不可忽视的重要作用。

就相关商业银行而言，这一集中协助查询机制的成效主要体现在以下几点：

1. 大大提升了协助查询效率。目前该系统需要手工操作的仅有文件拆离、上传系统、数据下载、返还上海高院四个步骤，其余均由系统自动完成，查询一个含有500个被执行人信息的文件一般耗时不超过5分钟。这样就极大地减轻了支行及各基层网点日常的协助查询工作压力，充分释放了支行市场营销和业务拓展人力资源的产能，各项业务呈现稳健发展态势。

2. 质量提高。自推行集中协助查询工作以来，商业银行进一步理顺了协助执行工作的管理机制，优化了操作流程。通过系统自动生成查询数据，有效降低了网点人员手工查询的差错率，有效克服现行手工操作模式下所可能产生的操作风险，也有效降低了潜在的差错风险隐患。

3. 管理深化。法院的查、冻、扣的信息某种程序上反映了潜藏的客户信用风险。以往这些信息均由各网点自行管理，集中协助查询以后，相关银行可直接汇总系统中的被执行人信息，作为银行内部个人征信系统的参考信息之一，为加强客户信用管理提供了新的手段。从金融债权的保护而言，银行每年都有大量的诉讼案件分布在上海各级法院，以往由于法院执行系统"案多人少"的矛盾十分突出，银行的许多胜诉案件也面临执行难、效率低的问题。施行集中查询后，执行法院能够腾出更多的精力执行各类疑难案件，有利于保护金融债权的安全，营造稳定安全的金融法治环境和促进上海国际金融中心建设。

三、信息环境下查询和集中查询制度的展望

无论从查明被执行人财产状况的可能性来看还是从查明的效率性和经济性来看，由被执行人申报其财产状况是最佳的选择，由申请执行人提供被执行人的财产状况为次选，由执行法院调查和申请执行人购买调查服务为末选。这也就是说，在我国应当建立和完善以被执行人申报财产为核心、以申请执行人提供线索和执行法院调查为补充的财产调查制度，至于悬赏执行等申请执行人购买调查服务则应作为一种非常途径，在其他途径均无效果的情况下再行使用。在确立这样一种财产调查体系的情况下，在趋利避害、避重就轻的本能驱使下其中最主要的问题就是如何促使被执行人及时、如实地申报其财产状况。而如果没有最终全面查明被执行人财产状况的可能性，针对虚假报告的制裁措施无论是罚款、拘留还是追究刑事责任都是无从实施的，这是因为在无法全面查明的情况下即无法认定被执行人的报告是虚假的。因此，执行法院能够及时、全面地调查被执行人包括房地产、银行存款、股票基金、保险利益、机动车辆、投资权益等在内的大宗财产是促使被执行人及时、如实地申报财产的关键。而在现有主要依靠执行法院人工现场查询的模式下及时、全面地调查到被执行人的财产状况是绝难实现的，其后果则必然是被执行人为了逃避履行义务和被强制执行，肆无忌惮地向执行法院虚假报告其财产状况。因此之故，查询和协助查询的集约化和高效化是实现执行法院及时、全面查询被执行人财产状况的必然之选，而利用现代信息技术，实现被执行人财产信息在协助执行主体与执行法院之间的数据交换则是发展的必然趋势，也是实现集约化和高效化的必由之路。

我们认为，我国在构建协助执行主体与执行法院之间建立起集约化、高效化查询机制的过程中需要注意以下基本问题：

1. 明确有义务协助调查的主体及其协助调查的方式。首先，在立法上明确所有掌握被执行人信息及其财产状况的单位或者个人都负有根据执行法院的要求提供被执行人财产状况的义务，任何单位或者个人不得以没有指明规定其负有协助调查的义务或者法律、法规赋予其保密义务或者内部制度设有保密规定等对抗执行法院的调查。其次，就房地产、银行存款、股票基金、保险利益、机动车辆、投资权益等大宗财产而言，掌握其信息的国家有关职能部门和有关金融机构等单位有义务在条件具备的情况下通过现代信息技术与执行法院之间实现查询和协助查询信息的数据交换。

2. 严格集约化查询的提出、查询、交换和使用。集约化查询意味着在很

短的时间内能够对被执行人的大宗财产进行全方位的"地毯式"搜寻,这其中就会涉及到执行法院、协助主体的风险控制问题,否则便可能因不法查询、不当查询、不法使用、不当使用或者遭受非法侵入而导致泄密,损害被执行人或者其他人的合法权益。为此,首先,应当严格查询申请的提出。查询被执行人的财产状况是为执行案件服务的,只有当被查询的人为正在执行过程中的被执行人,且其申报的财产不足以或者不方便清偿债权时对其进行的集约化查询方为合法。其次,应当严格协助查询的义务。在协助查询的过程中,有关协助单位负有根据执行法院的查询要求全面、如实查询并反馈查询结果的义务,在协助的过程中不得向被执行人通风报信,也不得向其他人泄露被执行人的财产信息。最后,应当确保数据交换的安全。执行法院和协助执行单位之间应当通过互联网专线、安全密钥等技术手段确保执行法院查询要求、协助单位的反馈结果在数据传输、交换过程中的安全,避免泄密。

3. 有步骤地逐步推进,最终实现全国范围内的集约化查询。信息化的集约查询是以人民法院执行案件的信息化和协助执行单位登记管理的信息化为前提条件的,而在现有条件下有些地方、有些部门尚未完全实现信息化,这就使得信息化集约查询无从实施,就上海法院的改革探索来看目前也仅限于上海地域范围之内。但从长远来看,只有在全国范围内通过信息化集约查询尽数查询到被执行人的大宗财产才能真正形成对被执行人的威慑作用,才能促使其如实申报财产、自觉履行义务。

改革和完善现行的查询和协助查询制度,明确查询方式的信息化以适应信息社会给执行工作带来的挑战,将是今后一段时间内的发展趋势和必然之选。

浅议金融机构的协助执行问题

山东省青岛市四方区人民法院　薛　勇

金融机构协助执行，指的是金融机构协助人民法院等执法机关完成某一特定执行事项的法律行为。具体来讲，金融机构协助执行是指金融机构依照法律、行政法规的相关规定协助有权机关对被执行人在金融机构的存款进行查询、冻结或强制扣划的行为。在实践中，协助执行是金融机构特别是商业银行一线营业网点在工作中经常遇到的问题。它不仅是一项法定义务，而且是客户和金融机构权益保护的连接点。因此，正确认识并处理好存款的查冻扣问题，在金融实践中有重要意义。

一、相关案情简介

2010年8月9日，青岛市四方区人民法院依法立案执行申请人王丙玲申请执行被执行人青岛星剑不锈钢制品有限公司票据纠纷一案，在执行过程中，申请人向办案人反映被执行人青岛星剑不锈钢制品有限公司在中国银行青岛市四方区瑞昌路支行有银行存款人民币20万元整且申请人在诉讼期间已对该账户进行保全。办案人于2010年8月15日对被执行人在瑞昌路支行的银行存款进行扣划，但到银行扣划时，瑞昌路支行工作人员向办案人表示被执行人青岛星剑不锈钢制品有限公司在该支行仅有一个账户，且该账户中实际存款为人民币38388.20元。经办案人对（2010）四商初字第14号民事诉讼卷宗进行查询发现，2009年12月1日的协助冻结存款通知书中，瑞昌路分理处（现为瑞昌路支行）工作人员书写"应冻结人民币20万元，已冻结人民币12352.12元"。而在2010年5月31日续冻的协助冻结存款通知书中书写为"应冻结人民币20万元，已冻结人民币20万元"。由此，办案人对该案向庭长及局长进行汇报，认为中国银行瑞昌路支行工作人员在2010年5月31日的查封协助执行存款通知书明确书写该账户存款"应冻结人民币20万元，已冻结人民币20万元"，即表明该账户中存款已被法院查封人民币 20 万元。对此，中国银行瑞昌路支行应承担法院扣划被执行人青岛星剑不锈钢制品有限公司中该账户中存款人民币 20 万元的义务。2011 年 1 月 11 日，四方法院依法向协助义务人中国银行瑞昌路支行送达通知书，要求中国银行瑞昌路支行在本通知书送达之日起三日内将被执行人青岛星剑不锈钢制品有限公司在该支行中账户存款的剩余存款人民币 161611.80 元补齐。通知书送达后，协助义务人中国银行瑞昌路支行未本院作出答复，亦未依通知书在三日内将剩余存款补齐。2011 年 3 月 14 日，在办案人的反复催促下，协助义务人中国银行瑞昌路支行向本院提交书面异议，认为 2010 年 5 月 31 日的协助冻结存款通知书的书写确系笔误，但不应由此让瑞昌路支行承担该项责任。2011 年 5 月 11 日，四方法院依法作出（2010）四法执字第 842 号处罚决定书，对中国银行瑞昌路支行的行为处以人民币 10 万元罚款。

二、银行协助执行概述

银行协助执行是银行依法协助司法机关和行政执法机关对被执行人（含单位和个人）的存款进行查询、冻结或强制扣划的行为。银行协助执行行为既是法定义务的强制行为，又是关系到广大客户和银行自身合法权益保护的行为，因此必须依法办事。银行协助执行行为的主体是银行和执法机关。银行协助执行的方式有三种，即协助查询、协助冻结、协助扣划。其中，协助查询是指银行依照有关法律或行政法规的规定以及有权机关查询的要求，将单位或个人存款的金额、币种以及其他存款信息告知有权机关的行为。

协助冻结是指银行依照法律的规定以及有权机关冻结的要求，在一定时期内禁止储户提取其存款账户内的全部或部分存款的行为。冻结是一种临时性的执行措施，法律规定其期限为六个月，期满后，执行机关如不办理续冻手续，原冻结的被执行人的账户自然解冻。冻结分为两种情形：一种是直接冻结，即有权冻结的机关根据被执行人的存款信息向其开户行发出协助冻结通知书，不经查询也不根据被执行人账户上存款金额的多少，直接冻结被执行人账户的行为；另一种是间接冻结，即有权冻结的机关或部门根据被执行人的存款信息先向其开户银行发出协助查询通知书，在被执行人开户银行的协助下，先查明应冻结的现存金额，再根据查明后的情况决定是否冻结被执行人的银行存款；协助扣划是指银行依照法律的规定以及有权机关扣划的要求，将单位或个人存款账户内的全部或部分存款资金划拨到指定账户上的行为。

三、银行协助执行的操作程序

上述的法律、行政法规仅仅界定了执法机关申请银行协助执行的权利来源,但无论是作为申请方的执法单位还是作为被申请提供协助执行的银行,在协助执行的操作过程中还应遵循相应的程序规定。

1. 检查并核实执法人员的执法证件。应注意审查执法人员所在的单位是否有权要求提供所需的执行协助,证件是否是持证人本人所有,证件是否超过了有效期等。如发现有不符合之处,应将证件退回,要求其提供合法有效的证件并在协助执行通知书回执上注明。作出查询、冻结、扣划决定的人民法院、检察院、公安机关与协助执行的银行不在同一辖区的,银行也应当协助执行,不受辖区范围的限制。

2. 经办人员必须认真审查申请单位执法人员提交的协助执行通知书。审查时,应注意以下内容:一是协助执行通知书应为有权部门县团级以上机构出具;二是"协助冻结、扣划存款通知书"上载明的被申请冻结或扣划存款的单位或个人开户金融机构名称、户名和账号是否与实际情况一致,大小写金额是否一致;三是协助冻结或扣划存款通知书上的义务人应与所依据的法律文书上的义务人相同;四是协助冻结或扣划存款通知书上的冻结或扣划金额应当是确定的。但有权机关在查询单位存款情况时,只提供被查询单位名称而未提供账号的,金融机构应当根据账户管理档案积极协助查询,没有所查询的账户的,应如实告知有权机关。有权机关在冻结、扣划个人存款时,对个人存款户不能提供账号的,金融机构应当要求有权机关提供该个人的居民身份证号码或其他足以确定该个人存款账户的情况。

3. 经办人员要审查申请单位要求协助执行所依据的相关法律文书。如申请协助冻结的应出示人民法院出具的冻结存款裁定书、其他有权机关出具的冻结存款决定书;又如申请协助扣划的应出示有关生效法律文书,如终审判决书、调解书、裁定、支付令、制裁决定书副本、仲裁裁决、经过公证机关公证的法律文书等;或行政机关的有关决定书,如行政处罚决定书副本等,同时要注意审查文书是否已经生效。

此外,根据人民银行总行发布的《金融机构协助查询、冻结、扣划工作管理规定》(简称《管理规定》)的要求,银行在协助查询、冻结、扣划时,涉及其内控制度中的核实、授权和审批工作的,应当严格按照内控制度办理相关手续,但不得拖延推诿。对此,在接待协助执行时,如与执法人员发生上述程序上的争议,应当做好解释工作,因为作为直接由人民银行管理的商业银行，应当执行人民银行的有关规定，内部审核工作并不是故意推诿与拖延，更不是为被执行人通风报信，而是依照人民银行的规定履行银行的内控管理规定。

4. 查询、冻结、扣划的具体经办程序。银行应当按照内控制度的规定建立和完善协助查询、冻结和扣划工作的登记制度。对此，省行职能管理部门在转发《管理规定》的同时，制作了相应的登记表，要求在协助办理查询、冻结、扣划手续时，登记有权机关名称、执法人员姓名和证件号码、金融机构经办人员姓名；被查询、冻结、扣划单位或个人的名称或姓名；协助查询、冻结、扣划的时间和金额，相关法律文书名称及文号，协助结果等。填写后，应由有权机关执法人员和金融机构经办人共同签字。银行在按照规定完成协助执行行为后必须将协助执行通知书正本连同生效的法律文书一起附在被执行人账户上，同时必须填写协助执行通知书回执，并退回给执法机关。在填写时，应当按照实际协助的执行事项的内容如实填写协助执行通知书回执，对于被执行人的户名、银行账号及执行金额（被查询、冻结、扣划金额）和协助日期都必须认真细致地核对无误后才能退交执法机关。

四、银行在协助执行中的义务及法律责任

银行在接到协助执行通知书后，应当积极履行法定义务，不得借故推诿拖延，不得对已被冻结的款项扣收贷款本息，不得向被查询、冻结、扣划单位或个人通风报信，帮助隐匿或转移存款。在办理完查询存款手续后，有权机关要求予以保密的，金融机构应当保守秘密。因银行工作人员无故拒不协助查询、冻结或者扣划存款，或故意推诿拖延致使执法机关延误时机，或为被执行单位通风报信而导致执法机关无法执行的，人民法院可以依据《民事诉讼法》第103条的规定，责令银行履行协助义务，并可以对单位主要负责人或直接责任人员予以罚款，还可以向监察机关或者有关机关提出予以纪律处分的司法建议。

对于已经冻结的款项，协助执行的银行不得擅自解冻、划拨。对已被冻结款项的解冻，应以原冻结单位的解冻通知为准。超过六个月的冻结期限且法院未办理续冻手续的，视为自动撤销冻结。如银行擅自解冻并划拨的，应由其负责将款项追回，并按照《民事诉讼法》第103条的规定对直接人员追究责任。被冻结存款的单位或个人对冻结提出异议的，金融机构应告知其向作出冻结决定的有权机关提出异议。两个以上有权机关对同一单位或个人的同一笔存款均要求冻结或扣划时，金融机构应当协助最先送达协助冻结、扣划存款通知书的

有权机关办理冻结、扣划手续。两个以上有权机关对金融机构协助冻结、扣划的具体措施有争议的，金融机构应当按照有关争议机关协商后的意见办理。

综上，银行对法院负有金钱债务的协助执行义务。人民法院执行与有关单位、个人协助执行相结合是执行的一项原则。由于大部分案件的执行涉及金钱债务的给付，而银行是资金的主要存放机构，因此，其在金钱债务的执行方面负有重要的协助义务。在银行履行协助执行义务时，所涉及的均属单一性的债权债务对应关系，即银行对被执行人负债，被执行人对判决债权人负债。债权人基于生效的法律文书享有代替债务人受领银行给付的权利，银行所履行的协助执行义务实则对应于债权人所享有的代位权。代位权是一种法定债权，即无论当事人是否约定，债权人都享有此种权能。债权一旦产生就自然包含了代位权，债权消灭，代位权也随之消灭。由于法院已经通过生效的法律文书对债权人与债务人之间的权利义务关系进行了判断，而债务人银行账户的存在又直接表明了在债务人与次债务人即银行之间存在的债权债务关系，所以银行所履行的协助执行义务，实际上是以直接行使的方式实现的债权人的代位权。银行作为信用制度高度发达的产物，简化了债权人代位权的行使，直接起到了保全债权的功能，所以，银行的协助执行义务实际上是银行作为次债务人而伴生的保全债权的义务。银行等办理储蓄业务的单位拒绝协助法院执行或者擅自划拨法院已冻结的款项等行为不仅构成妨害民事诉讼的行为，而且构成了对债权人的侵害，应当承担相应的民事责任。

商业银行协助人民法院执行客户理财产品的法律分析和执行措施适用

西安银行　闫馨蕊

一、问题的提出

依法协助执行是商业银行的一项基本义务，按照《民事诉讼法》、《刑事诉讼法》以及《最高人民法院关于人民法院执行工作若干问题的规定（试行）》之规定，商业银行有义务配合人民法院对被执行的个人财产采取查询、冻结、划拨等执行措施。但是，上述法律法规作出时，我国商业银行的国内金融业务尚处于传统的储蓄、结算等简单模式，鉴于时代的局限性原因并未涉及到新兴的金融业务或金融衍生品。近年来诸如银行理财产品的银行金融产品蓬勃发展，引发银行与储户之间的法律关系更为复杂。针对客户在银行所购买的金融产品如何界定法律关系，已经成为近年金融类案件司法审判的全新课题。有鉴于此，本文针对人民银行在要求商业银行配合执行该类银行理财产品时，商业银行如何协助以及根据理财产品的法律性质不同人民法院应当采取何种执行措施做一分析。

二、银行理财产品法律性质分析

（一）银行理财产品概述

根据中国银行业监督委员会出台的《商业银行个人理财业务管理暂行办法》对于"个人理财业务"的界定是，"商业银行为个人客户提供的财务分析、财务规划、投资顾问、资产管理等专业化服务活动"。

以该种论述判断，商业银行理财业务是商业银行以自己的金融专业能力、信用体系为客户提供的一种金融类服务。其中，按照商业银行从事的理财业务的管理运作方式不同，可分为以委托关系为主的理财顾问服务和以信托关系为主的综合理财服务。本文所指的商业银行理财产品为综合理财服务。

而按照金融行业标准的解释，银行理财产品应该是商业银行在对潜在目标客户群分析研究的基础上，针对特定目标客户群开发设计并销售的资金投资和管理计划。以此论述，商业银行理财产品是商业银行根据特定客户群进行销售的货币资金投资和管理计划。购买完成后，商业银行接受客户的委托为客户管理货币资产，并按照双方约定进行货币资金的投资和管理。在商业银行管理期间，客户丧失货币资金的使用权，以该种使用权的丧失换来管理期间货币资金收益的分配权。

（二）国内金融市场中比较常见的几种理财产品的操作流程和法律分析

近年来，商业银行理财产品的发展速度非常快。根据中国银行业监督委员会的统计，2008年全国银行业共开展银行理财产品4400多种。然而，由于法律研究具有天然的滞后性，在银行理财产品迅猛发展的背景下，针对理财产品背后商业银行与客户之间所形成的基础法律关系的研究却很少。自2010年起，法律实务审判中关于商业银行理财产品所产生的纠纷突然增多，其中固然有商业银行对理财产品销售行为不规范导致的问题，但更为突出的内因是理财产品的法律性质界定不明造成投资者与金融机构之间的权利义务不明确，使得双方的权利义务没有明确的法律支撑。同理，如无法对现有的银行理财产品进行基础法律关系分析，在法院执行程序中，由于执行庭无法对作为被执行标的的理财产品基础法律关系进行审理，那么在应用具体执行措施时，将更为迷惑，其强制性措施如有不慎，不但可能导致商业银行权利受损，同时给执行工作留下隐患。更为重要的，由于客户理财产品与商业银行的利益息息相关，如果采取执行措施不当，将极大可能引发商业银行的抵触。因此，笔者认为，应当对现有的银行理财产品进行梳理分类，明确其法律关系。从法律关系的角度，理财产品可分为以下四大类：

1. 固定收益类理财产品

固定收益类理财产品，是指商业银行按照约定条件向投资者承诺支付固定收益，银行承担由此产生的投资风险。对于该种理财产品而言，投资者实际与商业银行签订的是一份附期限的还本付息合同。在该种理财产品中，商业银行通过销售获得投资者货币资金后，使用投资者的货币资金购买国债、央行票据、政策性金融债等低风险产品。商业银行的内部操作流程为"在提供债权债务类理财产品时，形成了事实上的表内负债。因而商业银行通过个人理财产品募集到的资金属于银行负债的一部分，其资金的操作属于资产运用，从整个银行层次上看，个人理财业务的资金资产与其他资金来源与运用一样，计入资产负债表,成为资产负债表内业务"。① 因此,可以发现,该种理财产品仅从外观上考量,除了投资者可以取得比同期存款高的收益外,与商业银行传统的定期储蓄无异。但是,由于其内在的操作流程和商业银行对资金的使用方式不同,不能仅从外观简单认定投资者是以丧失货币使用权来换取利息收益。而是商业银行通过委托关系实现对货币的占用并取得投资者货币的所有权,用以经营,以实现最终的经营收益。之所以在法律关系的分析时难以与客户存款区分,系由于商业银行在销售该种理财产品时进行了保底承诺造成。中国银监会发布的《商业银行个人理财业务管理暂行办法》中规定允许商业银行销售固定收益理财产品,仅是要求商业银行不得无条件向投资者承诺高于同期储蓄存款利率的保证收益率。因此,应当认定其与银行储蓄业务有本质区别。

就该种理财产品,投资者与商业银行之间是因理财合同而建立的一种合同之债。作为商业银行来说,其进行的是负债业务而不是中间业务。即投资者一旦签订理财合同,购买理财产品之后,即丧失货币所有权,取得对合同在约定时间由商业银行偿还本金和收益的一种期待权。从这种结论反向思考,那么这种理财产品所产生的内在法律关系基础应认定为商业银行对投资者的借款。

2. 非保本浮动收益理财产品

非保本浮动收益理财产品,是指商业银行根据约定条件和理财业务的实际投资收益情况向投资者支付收益,并不保证投资者本金安全的理财计划。该种理财产品现没有形成一个完整的产品体系。现阶段市场上主要有以下四种类型。

(1) 挂钩类的衍生产品:该产品与一些指标相挂钩,所挂钩的标的物五花八门,比如利率、汇率、股票波动率、基金指数、商品期货价格,甚至天气等。产品实际收益情况与存续期内所挂钩的标的物成正比(或反比),挂钩标的物越高(或越低),产品收益率越高(或越低)。这类产品是国外商业银行推出的产品,我国的商业银行是用理财资金来直接购买此类产品。

(2) 银信结合产品:商业银行虽然不能直接进行股权性质的投资,也不能发行信托产品,但商业银行可以通过购买信托公司发行的产品,将投资范围拓展到实业领域,当然风险和收益状况要视投资管理人、项目本身、企业资质等而定。

(3) 银基结合产品:这种产品是商业银行与基金合作,发行理财产品,再由基金进入证券市场,突破了商业银行资金不能投资证券的法律限制。

---

① 胡云祥:《商业银行理财产品性质与理财行为矛盾分析》,载《上海金融》2006 年第 9 期。

（4）"打新股"概念产品：这是中国独有的一种理财产品，银行用理财基金申购新股，待股票上市后即抛售，赚取一、二级市场的差价。此类产品在2007年下半年和2008年上半年发展迅速，一度占到了银行理财产品的40%。但是，这种产品也不一定全部盈利，在2008年就出现了上市开盘价即跌破发行价的股票。在当前低迷的股市中，首次公开发售（IPO）已经停止，此种产品必须在股市稳定后才有市场。

（5）QDII基金：QDII是Qualified Domestic Institutional Investor（合格的境内机构投资者）的首字母缩写。它是在一国境内设立，经该国有关部门批准从事境外证券市场的股票、债券等有价证券业务的证券投资基金。它是在货币没有实现完全可自由兑换、资本项目尚未开放的情况下，有限度地允许境内投资者投资境外证券市场的一项过渡性的制度安排。我国商业银行目前发行的QDII产品，主要投资于港股和美股。中国人民银行与中国银监会于2006年04月18日发布了《商业银行开办代客境外理财业务管理暂行办法》，对QDII基金做了规定。

在商业银行内部，该种理财产品销售后所得的货币资金自始至终均不与银行自有资金合并，而是单独出来进行经营。甚至每一期的理财产品，也要单独核算、单独运营，不得与其他期产品合并运营。直至理财产品期满后，计算出每一单期的投资损益，然后确定投资者应得的分红或承担的亏损。上述特征基本符合《中华人民共和国信托法》第2条规定，"本法所称信托，是指委托人基于对受托人的信任，将其财产权委托给受托人，由受托人按委托人的意愿以自己的名义，为受益人的利益或者特定目的，进行管理或者处分的行为。"从法律原理上来说，此种理财产品，最终的投资风险实际由投资者也就是委托人来承担。既是，投资者实际并没有丧失货币资金的所有权，仅仅是同意商业银行使用。仅是投资者特别授权商业银行可以在双方签订的理财产品合同下，进行对货币资金的处分。

3. 保本浮动收益理财产品

此类理财产品实际是一种变相的非保本浮动收益理财产品。在该种理财产品中，商业银行承诺保证客户本金安全。实际是按照非保本浮动收益理财产品运营，但是商业银行以保证的形式承担本金部分的担保责任。其运营方式基本与非保本浮动收益理财产品是一样的，每一期的产品必须封闭式运作，以确定理财产品盈亏。

就该种理财产品属于何种法律关系，现法律学界并无通说。其主要观点有以下三种：

（1）借款合同关系：① 该种观点认为，保本浮动收益理财产品实则与固定收益类理财产品法律关系相同。均为商业银行向投资者借款，实现经营目的，仅为商业银行与投资者特别约定就理财收益免责。

（2）有担保的信托关系：② 该种观点认为，银行与投资者之间是一种有担保的信托关系。其认为在此种理财产品中，商业银行具有双重身份。既为受托人，又是担保人。

（3）借款关系和信托关系并存：③ 该种观点认为，就银行承诺理财产品保本部分与保证收益理财产品一致，应当是债权债务关系；而对于投资收益部分，银行与投资者之间的法律关系是信托关系。

笔者赞同第三种观点。该种理财产品的法律关系首先不应是单纯的因借款产生的债权债务。否则，商业银行对理财产品的收益（借款利息）数额、风险要求投资者承担，显然有规避责任之嫌，而且也存在显示公平的情况。其次，其也不应是有担保的信托。在《中华人民共和国信托法》中，并无受托人能否就信托资产进行担保的规定。且信托的基本法律内核是因委托法律关系产生。无论是按照《合同法》或《信托法》的规定，受托人在没有过错的前提下，不应承担该种恢复原状的法律责任。因此，按照该种理财产品的具体内容和风险承担原则，将其分段定性债务性加信托，较为合适。

4. 商业银行承销的理财产品

该种理财产品中，商业银行只是一个承销商，收取固定的承销费，并为投资者办理结算。商业银行是以理财产品代理销售的名义来销售这些产品的，投资者与理财产品的发行机构之间产生直接的法律关系，商业银行不承担法律后果。这样的销售方式完全符合委托代理的构成要件，理财产品的发行机构是本人，商业银行是代理人，投资者是第三人。因此，商业银行与理财产品的发行机构之间是委托代理关系。商业银行不承担任何预期收益风险。

三、人民法院针对理财产品的执行措施适用分析

（一）人民法院对金钱给付义务可采取的强制措施概述

商业银行作为金融机构，人民法院需要其进行协助执行的主要为客户在商业银行账户内的货币资金。对于被执行人来说，一般为生效判决确定的金钱给

---

① 张大海：《银行、保险理财产品诉讼证明责任问题研究》，载《法律适用》2009 年第 4 期。
② 潘修平、王卫国：《商业银行理财产品若干法律问题探讨》，载《现代法学》2009 年第 4 期。
③ 陆徐元：《论我国商业银行理财产品法律关系的界定》，载《法制与社会》2010 年第 5 期。

付义务。因此,本文仅对人民法院强制执行程序中针对金钱给付义务的执行措施进行论述。根据《民事诉讼法》第218条规定,"被执行人未按执行通知履行法律文书确定的义务,人民法院有权向银行、信用合作社和其他有储蓄业务的单位查询被执行人的存款情况,有权冻结、划拨被执行人的存款,但查询、冻结、划拨存款不得超出被执行人应当履行义务的范围。人民法院决定冻结、划拨存款,应当作出裁定,并发出协助执行通知书,银行、信用合作社和其他有储蓄业务的单位必须办理。"第219条规定:"被执行人未按执行通知履行法律文书确定的义务,人民法院有权扣留、提取被执行人应当履行义务部分的收入。但应当保留被执行及其所扶养家属的生活必需费用。人民法院扣留、提取收入时,应当作出裁定,并发出协助执行通知书,被执行人所在单位、银行、信用合作社和其他有储蓄业务的单位必须办理。"此规定是我国商业银行协助人民法院执行工作的核心法律依据,其中确定了关于金钱给付义务的五种强制执行措施。而《最高人民法院关于人民法院执行工作若干问题的规定(试行)》又进一步明确上述五种对生效判决确定的金钱给付义务的强制执行措施,并区分了不同的适用情况。

1. 查询是指人民法院向商业银行等单位调查询问或审查追问有关被执行人财产情况的活动。对于商业银行来说,主要是对被执行人在银行开设的银行账号内的资金往来、余额、性质进行调查。

2. 冻结是指人民法院在进行诉讼保全或强制执行时,对被执行人在银行等金融单位的货币资金所采取的不准其提取或转移的一种强制措施。

3. 划拨是指人民法院通过商业银行等单位,将作为被执行人的法人或其他组织的存款,按人民法院协助执行通知书规定的数额划入人民法院指定账户内的执行措施。划拨存款可以在冻结的基础上进行,也可以不经冻结而直接划拨。

4. 扣留是指人民法院依法强制留置被执行人的收入,禁止其支取和处分。扣留属于临时性措施,其适用的目的一般在于促使被执行人主动履行给付义务,同时也为最终的提取做一个准备。

5. 提取是指人民法院依法支取被执行人的收入,并转交给权利人。提取属于最终性的措施,其适用目的为实现生效法律文书,它可以在扣留的基础上进行,也可以直接进行,由人民法院视具体情况而定。

(二)根据理财产品的不同,人民法院应适用的执行措施

首先,就笔者分析,各种理财产品中商业银行和投资者之间所形成的基础法律关系是不同的。作为被执行人的理财产品投资者是否依然拥有货币资金的

所有权、商业银行在理财产品中所属的法律地位等因素，都将决定商业银行能够履行何种配合义务。因此，法院的执行措施亦应有所不同。但是，无论哪种理财产品，投资者都将在商业银行开设储蓄账户。人民法院要求商业银行查询后，都能查询到被执行人的银行账户，但是由于购买理财产品，该账户有可能是空账户。大多时候，人民法院会要求商业银行提供该账户的流水清单，如发现存在款项进出时，将会冻结账户。最终，在理财产品到期，商业银行将本息结算至账户，再进行划拨。以此方法进行强制执行，虽然通过阻断商业银行与投资者之间的结算路径，最终可以实现执行目的。但是，其往往因为周期过长，以及理财产品作为一种投资具有风险性，极有可能导致申请强制执行的债权人权利受损。同时，由于空账户的迷惑性，也可能人民法院未进行冻结而导致被执行人逃脱给付义务履行。

综上，笔者认为，人民法院在要求商业银行对被执行人是否在本行开设账户时，如发现被执行人开设有空账户，应要求商业银行配合查询是否购买银行理财等金融衍生产品，并要求商业银行告知理财产品的类型、金额、到期时间。必要时，应要求商业银行提供该投资者的理财合同及理财产品说明书。在了解上述因素后，应针对理财产品的类型不同，采取不同的强制执行措施。

1. 固定收益类理财产品适用的强制执行措施

就该种理财产品的强制执行，由于理论界对其基础法律关系的争议，因此在执行实务中操作比较混乱。总结起来，大抵有以下几种做法：（1）认定为存款，通过裁定和协助执行通知书等法律文书，要求商业银行冻结或划拨与投资金额等额的货币。（2）认定为被执行人的收入，作出提取裁定，要求提取该笔货币资金。（3）认定为商业银行对被执行人的债务，在债务到期后核发履行到期债务通知书，要求商业银行直接向人民法院或人民法院指定账号支付理财产品的本息。

首先根据前文分析，固定收益理财产品实则为一种债权债务关系，其基础可以视为商业银行与投资者之间签订了借款合同。该种理财产品与存款有本质的不同，且在理财产品未到期的情况下，投资人的该笔货币资金，实际在银行资产负债表内运营，等同于投资人丧失资金的所有权。如果此时要求商业银行冻结划拨，实与强制执行商业银行自己资产无异，属于执行了案外人财产，其必然导致商业银行提出执行异议。其次，人民法院也不宜认定为收入，采取提取措施。提取措施本质是为了执行被执行人的收入，该种措施一般是针对被执行人的工资等数额确定的收入。其执行对象的特点为数额确定、已经到期可由被执行支配和处分、可以立即履行。但是，针对该种理财产品，并不符合其特点,尤其商业银行无法立即按照提取要求向人民法院交付投资者的货币资金。

据此,笔者同意第三种做法。虽然该种处理方案可能会因为商业银行提出异议而导致执行程序的实际中止,但是却符合该种理产品的全部特征。其中,应注意的是,被执行人可能在知悉人民法院已经采取执行措施后,变更结算账户,而导致程序失控。因此,人民法院应在了解理财产品的性质后,对结算账户进行冻结,并向商业银行作出协助执行通知书,要求商业银行不得变更结算账户,以确保阻断被执行人收回本息的渠道。

2. 非保本浮动收益理财产品适用的强制执行措施

根据前文分析,该种理财产品实为信托关系。根据《信托法》第17条的规定,"除因下列情形之一外,对信托财产不得强制执行:(一)设立信托前债权人已对该信托财产享有优先受偿的权利,并依法行使该权利的;(二)受托人处理信托事务所产生债务,债权人要求清偿该债务的;(三)信托财产本身应担负的税款;(四)法律规定的其他情形。对于违反前款规定而强制执行信托财产,委托人、受托人或者受益人有权向人民法院提出异议。"在信托关系未结束前,除该条所罗列的情况外,被执行人的信托资产实际不能执行。人民法院在查询完毕并确认属于该种理财产品后,只能冻结被执行人在商业银行的结算账户,不能采取其他措施。但是,由于执行工作的特殊性,人民法院在冻结结算账户后,为了尽快实现债权人的合法权益,能否要求被执行人与商业银行提前终止信托关系,有待进一步商榷。

3. 保本浮动收益理财产品适用的强制执行措施

由于该种理财产品属于复合型法律关系。其中关于保本部分,也就是被执行人购买理财产品的本金部分,系债权债务关系,而关于浮动部分,系信托关系。人民法院在执行时,也应具体按照其基础法律关系的不同来采取措施。在查询时应具体查询理财产品的本金数额。就已经确定的本金数额,按照固定收益的理财产品的执行措施,核发履行到期债权通知书。就浮动收益部分,按照非保本浮动收益理财产品的方法,冻结被执行人在商业银行的结算账户。

4. 商业银行承销的理财产品适用的强制执行措施

该种理财产品中被执行人和商业银行属于典型的委托关系。商业银行作为受托人,仅仅进行承担资金的结算义务,并不实际控制和处分货币资金。因此,客观上无法履行划拨、提取等对货币资金进行处分的实际协助义务。仅能够为人民法院提供理财产品的数额、期限、理财产品发行机构的名称等查询、告知的协助。人民法院按照其职权当然可以冻结结算账户,但是为了执行工作的顺利高效开展应该在得知理财产品发行机构后,对理财产品发行机构所发行的理财产品种类进行甄别,并要求发行机构协助执行。

四、小结

  理财产品作为一个新兴的金融产品,其产品的设计和运作的模式具有一定的前瞻性。相比而言,立法就相对的比较滞后。而理财产品由于其操作形式的多样化,也导致了其基础法律属性不够明晰,缺乏一定法律支撑。因此,近年来由于全球的经济下滑导致理财产品纠纷的诉讼逐年增多。强制执行程序,作为司法审判的最后一道程序,也是切实保护债权人实际权益的程序而言,更应对这种新兴金融产品保持关注。故而,笔者建议,将商业银行理财产品单独作为一种被执行标的进行立法,归入《最高人民法院关于人民法院执行工作若干问题的规定(试行)》的调整范围,以便在执行该种标的时有法可依。

银行协助扣划单位存款涉及的若干法律问题分析

长城资产管理公司 申 文

依法查询、冻结、扣划被执行人在银行等金融机构的存款，是法院执行的重要手段。相较于查询与冻结，一旦扣划成功，债权人的债权即可得到有效快速清偿从而顺利完成执行。因此，能否取得银行协助完成扣划行为往往成为执行是否成功的关键。尽管最高人民法院、中国人民银行等国家机关针对这个问题以答复、通知、联合通知等各种方式做出了一系列的司法解释和规范文件，但实践中由于前述执行标准散见各处且彼此存在矛盾、某些法院越权执法或程序违法、银行业务部门在协助执行中面临的利益博弈以及地方保护主义思想等原因，协助扣划过程中经常发生银行与法院之间的冲突和纠纷。这些冲突和纠纷既妨碍商业银行业务的正常开展，加大了银行资产营运的风险，又侵害了各类债权人的合法利益，还危及到法律法规的贯彻执行。因此，银行如何正确处理法院的协助扣划执行要求是一个急需研讨的问题。鉴于目前各类经济纠纷更多的涉及企业债务人，本文以分析扣划单位存款为限。

一、银行协助法院扣划单位存款可能涉及的法律问题

实践中，银行在协助法院扣划单位存款的过程中可能涉及以下几个法律问题：

（一）扣划的有权机关

《商业银行法》第30条规定："对单位存款，商业银行有权拒绝任何单位或者个人查询，但法律、行政法规另有规定的除外；有权拒绝任何单位或者个人冻结、扣划，但法律另有规定的除外。"前述规定明确要求了银行协助执行的有权机关对单位存款的扣划须有法律的明确规定。鉴于扣划具有一定的威慑力，我国法律将扣划的有权机关限制在比较小的范围内，目前比较明确的有《民事诉讼法》第218条确定的法院、《税收征收管理法》第40条确定的税务

机构（限于税款）、《海关法》第60条确定的海关（限于关税）等。

1993年中国人民银行、最高人民法院、最高人民检察院、公安部联合下发的《关于查询、冻结、扣划企业事业单位、机关、团体银行存款的通知》（银发〔1993〕356号通知）曾赋予检察院与公安机关一定的扣划权力，但2012年修改后的《刑事诉讼法》第142条并未沿用此种规定，因此目前检察院和公安机关仅有查询、冻结犯罪嫌疑人的存款、汇款的权力，但无扣划上述款项的权力。

(二) 扣划的依据

对于银行机构协助执行的依据，除了前述商业银行法的规定外，各部委以答复、通知、联合通知等各种方式做出了一系列的司法解释和规范文件，涉及扣划过程中的多类问题，规定比较全面的有1983年《最高人民法院、中国人民银行关于查询、冻结和扣划企业事业单位、机关、团体的银行存款的联合通知》、1989年《最高人民法院、中国人民银行关于法院对行政机关依法申请强制执行需要银行协助执行的案件应如何办理问题的联合通知》、1993年《中国人民银行、最高人民法院、最高人民检察院、公安部关于查询、冻结、扣划企业事业单位、机关、团体银行存款的通知》（银发〔1993〕356号通知）（以下简称356号通知）、2000年《最高人民法院、中国人民银行关于依法规范人民法院执行和金融机构协助执行的通知》（法发〔2000〕21号通知）（以下简称21号通知）、2002年中国人民银行《金融机构协助查询、冻结、扣划工作管理规定》（以下简称2002年规定）、2010年《最高人民法院、中国人民银行关于人民法院查询和人民银行协助查询被执行人人民币结算账户开户银行名称的联合通知》等。

这些规定的发文机关不尽相同，内容上也略有差异，给银行协助扣划执行带来了不便。如执行机关人员在执行过程中的证件出示问题，356号通知要求出示工作证或执行公务证之一即可，21号通知则明确应出示工作证和执行公务证两份证件，而根据2002年规定，金融机构经办人员应当核实执法人员的工作证件，即意味着执法人员需出示工作证件。虽然356号通知、21号通知与2002年规定均为部委发文，处于同一效力等级，并且按照同一效力层级新法优于旧法的原则，2002年的规定应优先适用，但2002年规定由中国人民银行单独发文，而21号通知由最高人民法院、中国人民银行联合发文，356号通知由中国人民银行、最高人民法院、最高人民检察院、公安部联合发文。在发文主体上2002年规定不及后两者，实践中2002年规定能否为法院等有权机关理解并接受有待商榷。笔者认为，2002年规定并未对21号通知、356号通知做出重大实质性修改,更多的是对之前银行协助扣划存款实践的总结和进一步明确,且根据同一效力层级新法优于旧法的原则,2002年规定应得到优先适用。2002年规定未涉及的内容,可以遵从21号通知和356号通知的规定。

(三)扣划过程中涉及的法律问题

1. 银行在审查执行机关法律手续时的审查标准

银行在履行协助执行义务时,对于执行机关法律文书及证明材料的审查标准,实践中有不同做法。部分银行出于保护客户存款安全的考虑,对扣划有权机关签发的法律文书进行了实质审核,错失了扣划的最佳时机,引发了银行与扣划有权机关之间,银行与债权人之间的争执和冲突。

根据2002年规定第11条,金融机构在协助执行过程中仅审查协助冻结、扣划存款通知书中义务人名称、账号、金额等内容是否与相关的法律文书相符,属于形式审查。因此,银行在履行协助执行义务时,应对有关法律手续的是否完备进行必要审查,但无权对有关法律文书(判决或裁定书)内容是否存在错误进行实质审查,也无权以有关法律文书存在错误为由拒绝履行。即使银行发现有关法律文书存在明显的错误,银行也应先履行协助执行义务,但从保护客户合法权益的角度出发,在不涉及保密的情况下,银行可在事后将有关问题告知被执行人,便于被执行人通过有关法律途径维护自身的合法权益。综上,银行在协助执行中应严格遵循形式审查标准。

2. 扣划时未提供债务人开户银行名称、户名和账号

在某些案件中,法院可能仅知道债务人名称,不知其开户银行及户名、账号等信息,或者法院未完全掌握债务人在各家银行开立的所有账户情况。在这种情况下,要求法院前去债务人可能开立账户的银行一一核实并不现实也不经济。因此,2010年最高人民法院、中国人民银行在联合发布的《关于人民法院查询和人民银行协助查询被执行人人民币结算账户开户银行名称的联合通知》中规定到,如法院需要查询被执行人银行结算账户开户银行名称,原则上应由被执行人注册地所在省高院集中批量交当地人民银行查询后方可请求开户银行履行协助执行义务。一方面,省高级法院对查询申请应汇总并负审查责任,减少了法院越权执法和程序违法的可能性;另一方面,由人民银行介入查询过程,缓解了银行基层业务部门的既要配合司法执法又要保护储户利益的两难心理,降低了银行的抵触情绪,提高了执行效率。

3. 扣划是否需要金融机构负责人签字

当法院要求银行协助执行扣划的过程中,银行因自身内部控制的要求往往设置有适合自身的内部审查程序,具备一定的合理性。但基于各行工作流程、

工作效率的差异，各行内部审查程序所需时间也有较大差异，某些案件出现了协助执行经办人员会以内部流程要求行长签字为借口借机向债务人通风报信，帮助隐匿或转移存款的情况，引起了较大的争议。同时，各类司法解释和规范文件在这个问题上也摇摆不定，按 356 号通知规定，查询与冻结必须经银行行长（主任）签字，而对扣划要求银行立即执行；按 21 号通知规定，无论是查询、冻结还是扣划，银行在收到相关法律文书后应当立即协助执行，无须办理签字手续；2002 年规定则回避了这个问题，仅要求在执行机关扣划手续完备的情况下，银行应认真协助办理，不得向被扣划单位或个人通风报信，帮助隐匿或转移存款。

无论是立即执行还是认真办理，都未明文排除银行对法院提交的法律文书及有关材料进行内部审核的权力，因此，在目前的法律环境下，银行经办人员要求应先进行内部审查程序后再行协助执行的，并不违法，债权人与执行机关应给予谅解。但同时，如果银行经办人员借此机会通风报信，帮助隐匿或转移存款，符合不履行协助执行义务条件的，应承担相应的法律责任。

（四）未履行或未有效履行扣划的法律责任

对于银行业机构未能履行或有效履行协助义务，相关法律规定了明确的法律责任。根据 2012 年修改后的《民事诉讼法》第 114 条规定，增加了不履行协助执行义务的处罚措施，加大了处罚力度：一方面是扩大了拘留的适用对象，将妨害民事诉讼的主体扩大到协助执行人，可以对协助单位负责人拘留（本条应当注意的是对协助单位主要负责人或者直接责任人员拘留的前置条件是罚款，罚款后仍不协助才能拘留）；另一方面是提高了对拒不协助执行相关主体的罚款额度，修订后对个人罚款金额提高到 1 万元以下，对单位罚款金额提高到 1 万元以上 30 万元以下，与修改前相比，额度均提高了 10 倍。

此外，当银行拒不履行前述罚款时，根据 1993 年《最高人民法院研究室关于对有义务协助执行单位拒不协助予以罚款后又拒不执行应如何处理问题的答复》，法院可以根据《民事诉讼法》第 231 条的规定，予以强制执行。执行中，被处罚人如以暴力、威胁或者其他方法阻碍司法工作人员执行职务的，法院可对被处罚人或对有上述行为的被处罚单位的主要负责人或者直接责任人员予以罚款、拘留，构成犯罪的，追究刑事责任。

二、银行协助法院扣划单位存款相关法律问题带来的启示

（一）立法上建立健全银行协助执行的法律制度

针对目前银行协助执行的规定多、效力低，有关机关、债权人、银行在协助执行中权利义务没有得到明确界定的情况下，最高人民法院和中国人民银行应联合一起加强这方面的立法，制定一个统一的、法律效力较高、各行政及司法机关认可的银行协助执行的法律规范，至少在原则上确定形式审查原则、过错责任原则；内容上明确执行主体、协助执行主体、执行范围和对象、执行程序、各主体权利与义务。同时，对相关过时的、不合理的或内容相互矛盾的司法解释或法律规范做一个全面清理，便于银行协助执行，减少扣划过程中的法律纠纷，把协助执行工作真正纳入法制轨道。

（二）实践中债权人、银行的应对策略

1. 债权人的应对策略

债权人应尽量利用现有法律法规对自己的有利之处，一方面事前作出详细规划，准确把握扣划时点，争取一次扣划成功，防止打草惊蛇，另一方面在扣划过程中遇到银行未给予积极配合的情况下据理力争，维护自己的合法权益。

（1）扣划前准确把握扣划时点

银行存款流动性较强，在未采取查封、冻结措施下债务人可能随时将其转走，因此，为确保扣划程序的顺利进行，债权人应在扣划前对何时查询、查询后是否扣划等事项进行周密研究，制定缜密方案，并将前述意见及时反映给执行法官，取得执行法官的支持。

如在某处置项目中，债务人为某供电公司，债权人事先了解到，该市市民每月到银行交电费截止日为20日，这意味着20日是各家代收电费银行上划款之日，也是市电费收取款的集中日，而且该月20日又恰好是季末的结息日，供电公司在其他金融机构的贷款为这天收息，因此供电公司账户这天肯定存有大量存款，所以债权人应在21日上午到供电公司的开户行查询，一旦查询账户有钱，直接扣划，不冻结，以防止由于供电公司的特殊性导致冻结后不能扣划，而且，一旦冻结账户，供电公司的正常运营受阻，一定会惊动当地政府领导，增加执行失败的风险。

（2）扣划中灵活应对，必要时据理力争

在银行协助执行扣划过程中，银行可能因对相关法律规范不熟悉或重在保护自身利益等原因，对协助执行采取消极拖拉的态度，甚至是积极的帮助债务

人转移存款。面对这种情况，债权人应灵活应对，与银行积极沟通，必要时据理力争，争取在维护自身合法权益的同时照顾和谐大局。

如在某处置项目中，在查询到债务人账号有 8000 余万元后，开户银行起初坚决不让扣划，理由有三：（1）扣划必须经行领导同意；（2）该户性质特殊，为电费专户不能轻易划转；（3）扣划会影响该行年底存款任务。针对这种不利情况，债权人没有轻易退缩，也没有立即请求追究银行不履行协助执行义务的法律责任，而是在与执行法官讨论后直接与该分行主管领导沟通情况，讲明道理，陈述利弊，告之对方应换位思考，银行在将来也可能成为执行案件中的债权人，对于执行工作应给予配合。最终，扣划成功，执行行为取得良好效果。

又如，在另一处置项目中，涉及查封划款，该行柜台人员让执行法官找该行负责人，该行负责人又借故要请示上级领导。几经周折待通过该行内部流程审核，执行法官返回到柜台查询时，该行经办人员早已将担保人 A 公司一般性存款账户上的全部资金 3200 万元用特种转账汇票转到了 B 公司。正当执行法官无可奈何的时候，债权人从国家工商总局查阅复印的担保人工商档案中发现了 B 公司实属 A 公司下属分公司，并指出了该行利用特种传票转账的违规行为。在债权人与执行法官深入沟通后，执行法官填写了查封令，并限该行将违规划转的资金 7 个工作日内划到法院账户，否则由该行承担一切法律责任。在法律的威慑下，该行于 6 个工作日内将款项 2100 万元提前转到了法院指定账户，执行圆满成功。

2. 银行的应对策略

银行作为服务机构在协助执行工作中面临两种利益的冲突，一方面银行具有保护客户即债务人存款安全和保密的义务，另一方面银行也需要配合法院等执行机构履行协助执行义务。因此，银行应秉承不介入的原则，既遵照生效法律文书的相关要求，及时完成协助执行义务，又尽可能避免自身陷入妨害民事诉讼行为的同时也注意维持与客户的业务关系，不能违规损害客户的利益。

就保护客户存款安全和保密的义务而言，银行在配合协助执行工作的同时做好与客户的沟通工作，明确告知银行必须遵守协助义务，对于客户可能出现的不理解态度，银行应及时通知其与执行机关沟通。

就履行协助执行义务而言，银行应注意审查有权机关出具的法律文书及证明材料，并严格审查两者的内容是否合法，文字表述是否彼此矛盾。对于法律手续不完善（如未出示工作证件或协助执行文书），或者违反法律规定要求协助执行（如公安机关、检察机关要求扣划个人存款，或者法院要求扣划信用证和银行承兑汇票保证金账户资金),或者超过法律文书内容要求协助执行(如要求查询不属于法律文书记载的被执行人的他人存款)的,银行应当予以拒绝,并注意做好有关解释和说明工作,降低发生纠纷的可能性。

参考文献

1. 陈福录:《困惑与期盼——银行协助执行工作几点体会》,载《中国房地产金融》2009年第4期。
2. 江苏省南通市崇川区法院:《银行协助执行中侵害债权的法律责任》,载《人民司法》2010年第14期。
3. 黄建:《银行业机构协助执行中应注意的若干法律问题》,载《海南金融》2009年第2期。
4. 张炜:《银行如何适当履行协助执行义务》,载《银苑说法》2005年第12期。

关于建立"点对点"商业银行协助查询网络的构想
——以四川省基层法院现有操作模式为视角

四川省成都市武侯区人民法院　曾　磊

　　商业银行协助人民法院对被执行人银行账户的查询是执行程序中的重要环节之一，对于有效查控被执行人财产、及时实现申请执行人的债权发挥着重要作用。及时对被执行人银行账户的查询、冻结、扣划，关系到执行效率的进一步提升，关系到当事人权益的最终实现。近年来，随着"案多人少"的压力日益增大、被执行人规避执行的手段日趋增多，"执行难"问题未能得以根本解决。究其原因，"执行难问题主要是因为无法收集到债务人的财务信息造成的"。[①] 现代社会，银行账户状况以及存款信息是民商事主体财务信息的主要表现形式之一，建立完善、高效、实用的商业银行协助查询机制、实现人民法院与商业银行的"点对点"查询、准确查明被执行人的财产信息，对解决"被执行财产难寻"这一顽疾具有重要意义。本文拟结合执行工作实际，特别是在对四川省基层法院在执行中对银行账户查询的现有操作模式进行分析的基础上，借鉴外省经验，对建立商业银行协助查询网络作一探讨，为我省银行账户查询机制量身制作一套系统的运行模式。

一、我省现有查询方式的沿革及评析

（一）我省现有银行账户查询方式的沿革

　　人民法院对被执行人银行账户信息的查询经历了一个由分散查询到集中查询，再到各法院向商业银行"点对点"查询的过程。过去很长一段时期，执行人员可持相关证件直接向中国人民银行各地方分行进行查询，能够较为便捷及时地了解被执行人的银行账户信息。但同时，过于散乱而缺乏必要监督限制

[①] 李浩：《强制执行法》，厦门大学出版社2004版，第406页。

的查询方式，不利于对人民群众隐私权的有效保护。鉴于此，《最高人民法院、中国人民银行关于人民法院查询和人民银行协助查询被执行人人民币结算账户开户银行名称的联合通知》、《最高人民法院办公厅关于人民法院做好查询被执行人人民币结算账户开户银行名称工作的通知》以及《中国人民银行银行办公厅关于协助人民法院查询被执行人人民币银行结算账户开户银行名称的通知》等相关文件相继出台。2010年9月17日，四川省高级人民法院、中国人民银行成都分行联合出台《关于规范查询与协助查询被执行人人民币银行结算账户开户银行名称工作的若干意见》，对我省各级法院在执行中对银行账户的查询方式、流程予以规范，明确规定中、基层人民法院应当层报省法院统一向人民银行查询，不得直接向人民银行提出查询要求。《意见》实施近两年以来，一定程度上实现了查询与协助查询工作的有序进行。但由于其程序繁复、反馈时间较长以及无法查询存款余额等弊端，一些法院开始探索新的查询方式，亦即由各法院选择包括中国银行、工商银行、农业银行、建设银行在内的多家商业银行作为银行账户查询"点对点"协助单位。由人民法院安排专人与商业银行相关部门对接，根据案情需要以及申请人提供的线索，集中定期查询。之后，以层报省法院向人民银行集中查询为主，向商业银行定点查询并行的"双向"查询模式在我省各级法院特别是基层法院逐渐推广。

（二）两种查询方式的效率比较评析

在执行中，全面了解被执行人名下银行账户的存款信息是查询之最终目的。以基层法院为例，执行人员按照《意见》及相关规定的要求[①]，层报省高院向人民银行进行一次查询工作，取得反馈信息的时间大略要经过四周。由于查询结果无存款余额信息，执行人员还要至各开户行进行实地查询，因此，基层法院从启动查询到获悉存款余额信息的时间还要相应增加。而各法院直接向商业银行进行查询，由于省却了层报环节与等待时间，且可直接查询到账户内的存款余额，因此能够实现查控效率的大幅度提高。[②]

---

① 《意见》要求基层法院的查询申请，经报中院后，于每周三报省法院，省法院于每周一送交人民银行，人民银行在5个工作日内查询，省法院在下次送交查询书之后取回上次查询结果。成都中院《关于〈转发关于规范查询与协助查询被执行人人民币银行结算账户开户银行名称工作的若干意见〉的通知》规定，基层法院于每周一上报查询申请，次周周一取回查询结果。但从省法院《意见》规定的时限来看，成都中院《通知》中规定次周周一取得上周查询结果的时限规定，在实践操作中难以实现。

② 各商业银行协助查询的周期一般在一周至两周之内。

（三）现行查询方式的存在的问题

层报省法院集中查询和向各商业银行定点查询并行使用，一定程度上实现了两种方式之间的优势互补。但随着执行中查询需要的不断增加，现行查询方式呈现出与当前执行工作不相适应的瓶颈性问题。

1. 查询结果滞后给被执行财产的隐匿、转移以可乘之机

相对于房屋、车辆等财产，银行存款的隐匿、转移更加快速、隐蔽。特别是电子银行相关技术的发展，银行存款的转账或提取可在几分钟内通过互联网完成。人民法院对银行账户存款的查询，多则四周，少则也要一周以上。在这一过程中，被执行人有足够的时间间隙将其存款予以隐匿、转移。执行人员在冻结、扣划银行存款时"扑空"的情况大量存在。以四川省某基层法院为例，对被执行人银行账户的有效冻结率长期低于10%，在一定程度上说明了这一问题。

2. 查询过程繁复给法院与银行双边工作带来不便

层报省法院集中查询的环节多、时间长，给执行工作带来的不便显而易见，单就对全省各家法院申请查询名单的上报、审核、统计工作来讲，就是一件费时、费力的"浩大工程"。尽管法院直接向商业银行定点查询的方式一定程度上分流了查询数量、缓解了省法院与人民银行的查询压力。但对各商业银行而言，则无疑加重了协助负担。在走访中，已有多个商业银行的相关负责人员表示"每天都有这么多的查询，银行的工作也难办"。目前信息反馈周期越来越长也表明直接向商业银行定点查询的效率效果已濒临瓶颈。

二、建立"点对点"商业银行协助查询网络的必要性与可行性

（一）建立新的银行协助查询机制是提高执行效率的现实需要

2010年下半年以来，最高人民法院部署开展了创建"无执行积案先进法院活动"和反规避执行专项活动，各地法院都取得明显成效。[1] 但从另一角度思考，这么多积案从何而来？积案中无财产可供执行的案件占比又如此之高？[2] 在清积过程中不难发现，因无财产可供执行而终结本次执行的案件大量存在，从侧面反映出财产查询对执行案件化解的重要性。"社会各界应当合力

---

[1] 卫彦明：《全国法院深入扎实开展创建"无执行积案先进法院"和反规避执行专项活动》，载《执行工作指导》2012年第1期，人民法院出版社出版，第24页。

[2] 卢伶俐：《试论执行程序中财产调查制度的改革与完善》，载《执行工作指导》2012年第1期，人民法院出版社出版，第175~176页。

形成反规避执行的铜墙铁壁和天罗地网,决不能让被执行人规避执行有任何可乘之机和藏身之地。金融机构在反规避执行活动中扮演着举足轻重的角色。金融机构既是法院执行案件中最大的债权人,同时也是最大的协助执行人,而被执行人规避执行的行为正是金融风险形成的重要因素之一。"因此,在现行查询方式诸多不足的现实困境下,建立新的银行协助查询机制对优化执行环境、社会管理创新、降低金融风险具有重要意义。

(二)建立"点对点"商业银行协助查询网络是必然趋势

再次审视当前并行的两种查询方式,不难看出,尽管两种方式可以互补,但二者所面临的缺陷却逐渐"恶化"而难以缝合。集中查询统一规范而失之效率;定点查询便捷高效但难免散乱。因此,亟须建立一套规范和效率兼有的银行协助查询机制。当前全国多个省份在建立健全协助查询机制上进行了有益探索并卓有成效。北京市高级法院建立执行信息查询中心,可直接查询10余家商业银行的账户余额;上海市高级法院已与33家商业银行实现"点对点"查询;江苏高院、湖南高院都已陆续建立起"因地制宜"的银行协助查询网络。①

"点对点"查询,是指在法院受理案件后,执行人员通过人民法院与各商业银行设立的电脑网络专线连接平台,将被执行人在该行的账户资金等进行查询。执行法官不出办公室,即可查询到被执行人在银行开设的所有账户余额。②"点对点"查询模式兼顾了规范与效率,正如最高人民法院副院长江必新在出席上海法院与银行间"点对点"集中查询签约仪式上指出的:"'点对点'集中查询机制具有合法性、集约性、规范性、延伸性、稳妥性等鲜明特点",从而实现了集中查询和定点查询在实践中的"两难自解"。

(三)建立"点对点"商业银行协助查询网络的前提基础业已成就

《民事诉讼法》第218条第1款明确规定"被执行人未按执行通知书履行法律文书确定的义务,人民法院有权向银行、信用合作社和其他储蓄业务单位查询被执行人的存款情况";最高人民法院与中央19个部委联合签发《关于建立和完善执行联动机制若干问题的意见》,明确要求"银行业监管部门应当监督银行业金融机构积极协助人民法院查询被执行人开户、存款情况"。上述法律条款及相关文件的规定,为各商业银行积极与人民法院建立高效、便捷、

---

① 卫彦明:《全国法院深入扎实开展创建"无执行积案先进法院"和反规避执行专项活动》,载《执行工作指导》2012年第1期,人民法院出版社出版,第27页。

② 《上海:齐心攻克"执行难"》,载《人民法院报》2011年3月10日第8版。

规范的银行账户查询平台提供了法律依据与制度基础。同时，形成一个"点对点"协助执行快速通道，也是建立完善执行联动机制、破解法院"孤军奋战"困境、防范规避执行的应有之义。

当前，我省各级法院已普遍建立起一套完善、成熟的执行网络管理系统，各项执行措施的报送、审批已基本实现电子化与无纸化。电子信息技术的完善也充分保障了上下级法院之间信息传递的及时顺畅。另一方面，各商业银行内部也早已形成了各开户行之间的数据共享。因此，若能实现省法院与商业银行省、市分行之间的电子数据对接与共享，则"点对点"协助查询网络的建立便可水到渠成。

三、"点对点"商业银行协助查询网络的构建设想

建立"点对点"商业银行协助查询网络，不但要力求实现法院、银行、当事人三方共赢的良好局面，同时也要坚决防止集中查询权的滥用，确保查询机制正确、依法运行，确保相关数据的安全。

1. 设立查询平台。在四川省高院设立查询平台。一是广泛征集各级法院的建议，选取包括中国银行、中国农业银行、中国工商银行、中国建设银行以及其他协助查询次数较多的商业银行在内的金融机构，作为人民法院的定点协助查询单位；二是设置查询专用电脑，并与定点商业银行省、市分行的银行账户数据库进行专线对接；三是安排专人负责查询，严格制定查询保密制度、信息泄露追责制度，设计查询记录软件，确保每一次查询过程都有迹可循。

2. 在执行管理系统中增加银行查询申请模块。执行管理系统在我省各级法院的日常执行工作中发挥着重要作用。笔者建议可以在现有的功能基础之上，增添银行查询模块，更新系统软件，实现银行查询的申报、审批、查询、反馈、统计以及存档备查等相关工作的网络化、数字化；实现自省法院到基层法院对银行查询进行管理、监督的系统化、科学化。

3. 规范银行查询申请审批制度。为消除人民法院引入"点对点"商业银行查询网络之后，人民群众财务隐私的泄露之虞，应当严格规范银行查询的审核监管。笔者认为，查询工作除应当安排单独的办公室、专门的负责人、专用的操作电脑外，还应当严格审批制度。具体而言，承办法官根据执行需要将拟查询名单报送庭、局、分管院长审批后，由法院专门负责人员直接通过执行管理系统中的银行查询模块层报省高院。经审核后，符合查询条件的，由查询人员直接进入专线网络进行查询；不符合查询条件的，注明理由后逐级返回申报法院。

4. 优化银行查询反馈程序。将查询结果准确、及时的反馈至案件承办人，推动执行程序高速运行，是"点对点"银行协助查询网络的建立初衷之一。省高院专门查询人员查询到银行账户及存款情况之后，不再逐级返回，而是通过银行查询模块直接根据案号发送至案件承办人。这一转变，不仅是出于对简化中间环节、提高查询效率的考虑，同时，由于查询结果仅限于省高级法院查询人员和案件承办法官知悉，能有效根除其他人员、其他环节出现银行数据泄露的信息安全隐患。

对存款执行的适用研究

云南省昭通市镇雄县人民法院　申时旺

要解决执行难需要做的工作很多,其中对强制执行措施进行研究并提出一些科学的建议和对策,也不失为一项重要的工作,对解决执行难有着非常重要的现实意义。随着社会和经济的发展,在整个强制执行措施中,对存款的执行日益凸显重要,然而在执行实践中,存款的执行存在着一系列的困惑和问题,给被执行人规避债务、逃避执行留下了空间。笔者根据自己10多年的执行实践,又结合近几年最新理论研究成果等,进行了深入的反思,侧重从实践的角度谈一下自己的看法,以期对即将出台的强制执行法和执行实践有所裨益。

一、存款执行涉及的主要内容及概念

根据现行法律及有关司法解释的规定,结合执行实践,执行中的存款执行涉及的主要内容是人民法院对执行债务人存款的执行查询、冻结和划拨以及金融机构的协助查询、冻结和划拨。

存款的执行查询是指人民法院及其执行人员根据法定程序向有关银行或其他有储蓄业务的金融机构通过查找询问执行债务人的存款情况。由此可见存款的执行查询实质上更是一种执行调查,是一种调查方法。但"查询在执行工作中是十分重要的,特别是在被执行人隐瞒存款的情况下,执行是否成功关键要看查询。通过查询发现被执行人有存款,才能采取冻结、划拨措施"。[①]

存款的执行冻结是人民法院及其执行人员依法定程序对执行债务人在有关银行或其他有储蓄业务的金融机构的银行结算账户内的存款或预存款在一定期间(最长期为6个月)不得支付或转移的执行措施,临时性措施,如果逾期或这期间执行债务人自己履行了义务,该冻结则自动解除。如果被执行人在该

---

① 蓝贤勇:《民事强制执行法理论与实务》,人民法院出版社2003年版,第220页。

期间未履行义务,执行法院将对该款予以进一步执行即划拨。然而强制执行法草案第六稿第160条至173条把冻结存款改为查封存款,笔者认为没有必要,首先是有悖于传统和习惯,其次从执行理论上讲查封通常是针对有形财产且一般是不动产,冻结通常是针对无形财产,银行存款是一种债权是典型的无形财产,因此,使用冻结较为恰当。

存款的执行划拨是人民法院依法定程序对执行债务人在有关银行或其他金融机构的结算账户的存款转移到执行法院的专门执行账户内的一项强制性措施。存款的执行划拨是处分性的强制措施,剥夺了执行债务人对该存款的所有权,因而是最严厉也是最有效的执行措施。

二、存款执行的现状及存在的问题

(一) 存款执行的现状

自2000年9月4日最高人民法院,中国人民银行联合下发的法发(2000) 21号《关于依法规范人民法院执行和金融机构协助执行的通知》和2002年1月15日中国人民银行《金融机构协助查询、冻结、划拨工作管理规定》下发以来,金融机构依法协助人民法院执行工作情况总体较好,金融机构在依法履行协助义务方面更加规范,[①] 协助执行的意识进一步加强。人民法院及其执行人员对存款执行的意识也进一步增强,对存款执行的程序进一步得到了具体和规范,与相关金融机构的关系协调得还是可以的,利用法律赋予的查询、冻结、划拨措施执行了一大批老大难案件,切实保护了执行申请人的合法权益,维护了法律的尊严,缓解了执行难。但随着社会经济的发展,随着执行工作的进一步深入和推进,存款的执行不管是现行的法律规定,司法解释或是执行法院和协助执行的金融机构都存在一系列的问题和不足,严重制约了执行工作的有序开展。

(二) 存款执行存在的问题

1. 法律及司法解释规定简单原则,不具有可操作性

现行法律对存款执行的规定只有《民事诉讼法》第218条,"被执行人未按执行通知履行法律文书确定的义务,人民法院有权向银行、信用合作社和其他有储蓄业务的单位查询被执行人的存款情况,有权冻结、划拨被执行人的存款"。对存款执行的现行司法解释是银发〔1993〕356号《中国人民银行、

---

① 张友胜:《当前金融机构协助人民法院执行的现状及对策》,见法律教育网,访问时间:2008年10月22。

最高人民法院、最高人民检察院、公安部关于查询、冻结、扣划企业事业单位、机关、团体银行存款的通知》；银发〔1997〕94号《最高人民法院和中国人民银行关于贯彻落实中共中央政法委（关于司法机关冻结、扣划银行存款问题的意见）的通知》；法发〔2000〕21号《最高人民法院、中国人民银行关于依法规范人民法院执行和金融机构协助执行的通知》；2002年1月5日中国人民银行发布的《金融机构协助查询、冻结、扣划工作管理规定》，法发〔2010〕27号《最高人民法院、中国人民银行关于人民法院查询和人民银行协助查询被执行人人民币银行结算账户开户银行名称的联合通知》。通过认真研究和分析上述现行存款执行的法律规定及有关司法解释不难看出，法律规定过于简单笼统，缺乏可操作性和适用性，首先，表现为设置了不切实际的不合理的适用前提，即"被执行人未按执行通知履行法律文书确定的义务"，也就是说法院首先向被执行人送达执行通知书，且被执行人未按通知履行，人民法院方可采取该存款执行的措施，这不利于执行的有效开展，执行实践中先向被执行人送达执行通知，说不定还会引起被执行人转移存款逃避执行，而不在居住地外出的那些被执行人还不能送达执行通知书，其次，是向哪个具体的金融机构查询、冻结、划拨以及需要附什么信息资料不得而知。相关的司法解释虽然名目繁多，对执行实践不管是人民法院的执行查询、冻结、划拨还是金融机构相应的协助执行都作了很多具体明确的规定，尤其是2000年9月4日最高人民法院、中国人民银行法发〔2000〕21号通知及2002年1月5日中国人民银行《金融机构协助查询、冻结、扣划工作管理规定》相对比较具体和完善，很具有可操作性，但同样存在一些关键性的问题和不足，主要表现：一仍然是人民法院向哪个具体的金融机构查询、冻结、划拨不明确；二是对由哪个具体的金融机构协助办理执行存款不明确，中国人民银行于2002年1月5日发布的《金融机构协助查询、冻结、扣划工作管理规定》第3条第（2）款作出了明确规定："金融机构协助查询、冻结、和扣划存款应当在存款人开户的营业分支机构具体办理"，但该规定不切合实际，不利于执行工作的开展，可以想象即便被执行人有存款，这么多的商业银行营业分支机构，如果不知其开户的营业分支机构，要查询尤其是开户在异地的一般办不到；三是2010年经最高人民法院协调与中国人民银行为解决查询这一难题，联合下发了法发〔2010〕27号《关于人民法院查询和人民银行协助查询被执行人人民币银行结算账户开户银行名称的联合通知》，不可否认为这是对执行存款中最关键的环节查询作出的历史性飞跃，具有划时代的意义，但要落到实处效果不佳。首先，程序多规格高，表现为层层报批周期长，人民法院由省级高院（另含深圳中院）

统一集中批量办理，人民银行由省级（另含深圳市中心支行）统一办理。其次，人民法院与人民银行之间协助查询的关系表现为协调关系，缺乏应有的强制性规范。

2. 执行实践中人民法院及其执行人员存款执行面临的问题和困惑

（1）存款执行的意识不强。随着社会经济的发展，人们包括被执行人在内的财富也在不断增多。而财富的表现形式之一货币也在不断增多，货币有其特殊的隐蔽性，现代社会通常是存放在银行等金融部门，一般情况外人不得而知。实践中许多执行人员观念还没有转变过来，执行存款的意识不强，跟不上现代社会的发展，还是传统的思维模式，得到案件后通常是一门心思的查找被执行人及其有形财产，尤其是许多被执行人长期外出务工，在居住地很难找到被执行人及其有形财产，因而执行下来事倍功半，效果欠佳，致使一大批本有存款可供执行的被执行人长期逍遥法外，得不到执行，严重损害了申请人的合法权益和法律的尊严。

（2）存款执行缺乏统一规范管理监督，具有随意性。存款执行是对特殊的无形财产的执行，对申请人而言一般不能提供什么线索，因而就谈不上对存款执行的监督催办，对法院而言一般也不能监控被执行人有无存款，因而也同样谈不上有何监督管理，可以说几乎是一片"真空"。执行实践中对存款执行通常情况是由执行人员的主观意识和责任心决定，执行人员如果对存款执行的意识到位、责任心强、工作负责，那么他可能会积极主动的进行存款执行，否则他不会开展此项工作，即便勉强开展也效果欠佳。因而执行人员对存款执行因人而异，具有随意性和不平衡性。笔者近几年在外出执行和协助外地法院执行的过程中进行了交流调研，深感各地法院及其执行人员此项工作的差异较大，发展极不平衡，有些法院经常外出执行存款，有些法院就连本辖区的存款都很少去执行。

（3）现行法律及有关规定影响存款执行的有效开展，使执行人员陷入无奈和盲从。随着存款执行意识的加强和执行工作的深入开展，现行法律及有关规定的不足和不科学日益凸显，主要表现在金融机构如果严格按其中国人民银行规定由被执行人开户的营业分支机构具体办理，那么执行人员要查询异地存款根本不可能办到。就是要查询本地存款也要"地毯式的"查询，绝不放过任何一处营业网点，最后肯定是奔于疲命事倍功半。即使执行人员协调得好，可以通过一个营业网点就查询到本系统的异地存款情况，但冻结划拨也要到异地（或委托异地法院执行，但又怕地方保护主义，走漏风声转移存款）进行，到异地不仅要经过一定的请示批准程序，而且存在执行成本高、执行风险大、途中劳累等实际情况，也不是好开展的。为了解决被执行人开户银行名称，去年最高人民法院和中国人民银行下发了（2010）27号通知，但落实下来效果欠佳，费了多少周折只能得知被执行人存款开户银行名称，又不知道存款余额，如果有多个开户银行名称（实践中有个法院遇到一个公司在全国有500多个开户名称）又不在同一地点的，要查遍这些开户网点谈何容易，加之实践中有很多账户已经过时，有的根本没有存款，到头来还是徒劳无功，执行效果可想而知，最终法院及其执行人员劳民伤财。所以执行法院及其执行人员即便主观上要好好开展此项工作，客观上也会陷入无奈和盲目。

3. 执行实践中协助执行的金融机构存在着一系列的问题

（1）协助执行的意识和水平不一、发展不平衡，差距大。通过多年来的存款执行尤其几次异地存款执行的感受，金融机构协助执行总体情况是好的，协助执行的意识是到位的，协助执行水平也是可以的，但是发展不平衡，差异大，不同金融机构之间协助水平不一，有的尚存较大差距，就是同一机构城乡网点协助水平差距较大，有的金融机构可以提供异地存款信息，有的不能提供，有的金融机系统要先冻结才能划拨，有的金融机构可以查询、冻结、划拨在本辖区的所有开户的存款。

（2）有的金融机构违反有关规定，另外制定"土政策"，不按规定协助执行或是消极履行协助义务，不完全提供被执行人所有财产信息，更有甚者给当事人通风报信，导致存款转移，法院执行落空[①]。

（3）有的金融机构违反有关管理规定，致使法院执行存款困难。一是多头开户，明暗交错；二是违反规定使用账户，帮助隐瞒存款。有的单位基本账户金额没钱，存款只放在专用账户上，金融部门协助多头开户，并帮助被执行人在各账户间隐匿存款，造成公开的账户上存款寥寥无几，法院难以掌握到隐蔽账户，致使执行工作难以进行。三是违反存款实名制规定，隐瞒被执行人账户，有的单位公款私存，在单位名称上做文章。四是人民法院登记备案的账户，除部分正规单位外，大部分账户是当事人早不使用，账户信息更新过慢。[②]

[①] 张友胜：《当前金融机构协助人民法院执行的现状及对策》，载法律教育网，访问时间：2008年10月22日。

[②] 张友胜：《当前金融机构人民法院执行的现状及对策》，载法律教育网，访问时间：2008年10月22日。

三、存款执行的对策和建议

存款的执行随着社会经济的发展，随着执行工作的深入推进必将显得更加重要，必将受到多方面的重视和关注。但同时也越来越凸显出一系列的困惑和问题。这些困惑和问题是多方面，是造成执行难的重要原因之一，必须尽快得到进一步的规范和解决。笔者根据10多年的执行实践，又与几个做得好的外地法院执行人员进行了交流学习，还咨询了多名金融部门的领导及业务骨干，结合近年来理论界的最新研究成果进行了深入的反思。侧重从适用的角度，有利于推进执行工作的角度，提出自己如下的对策和建议。

（一）长远的对策和建议即根本的对策和建议

要从根本上解决存款执行中面临的困惑和问题是一个长期的过程，还需要一定的时间争取和论证。笔者认为根本的对策和建议是国家从立法上明确人民法院执行系统建立存款执行的查控平台。这个查控平台与金融机构的存款信息系统联结，经一定程序可由专人进入，这是切合实际科学合理的。理由如下：

1. 可行性。现在全国的金融机构已经联网，从目前的技术和物质装备上看，法院的查控平台与各金融系统存款信息联网已经不成问题，完全可以实现。

2. 适用、有效性。这个平台建立后，上述执行中遇到的种种困惑和问题均可迎刃而解，从根本上得到彻底解决，执行人员不走出法院系统就可以查询并冻结被执行人的存款，不但节约执行成本，消除执行风险，使那些有存款的被执行人难逃法网，必定受到执行，切实解决了执行难。对划拨存款为了审查方便和对被执行人救济方便，还是由开户网点协助较为恰当。

3. 安全性。任何事物都有两面性，这个平台建立最大的问题是可能会破坏和泄露金融系统对存款人的存款保密义务。但只要严格管理科学管理是没有问题的，能保障安全的。为此，该系统查询平台只能统一建立在省级法院执行局，由省级执行局统一办理本辖区的查控事项，由专人负责，严格审查，查询的对象只能是进入执行程序的被执行人，查询的结果查控人员及案件承办人等必须严格保密，负责查询的专人要进入该平台必须有严格的程序和授权，同级人民银行应当知晓和监督，如果违规进入或是泄密，必须追究相关人员相应的法律责任。

（二）当前的对策和建议即现实的对策和建议

在法院的查控平台未建立以前，即在现行法律及司法解释的体制下，立足于现实，尽量解决当前存款执行中面临的困惑和问题，笔者提出以下对策和建议：

1. 法院及其执行人员应加强存款执行的意识，积极主动的开展存款执行。法院及其执行人员应加强对存款执行重要性的认识，统一好思想，除少数案件申请人确认该被执行人无存款可能和根据执行调查了解推断该被执行人无存款可能的除外，均要进行存款的执行查询。查有存款的根据情况坚决予以冻结或划拨。即使在异地的，法院要尽快派人异地执行或委托执行，异地执行必须保障法院必要的交通工具和所需经费，坚决杜绝向申请人摊派和安排，维护法院的良好形象。

2. 法院及其执行人员应加强与有关金融部门的联系协调，建立良好的执行协助关系。执行人员要熟悉和掌握现行执行存款的有关法律及司法解释的规定，严格完善程序，规范执行，要积极主动与相应金融部门沟通协调，态度要端正，语气要平和，切忌态度粗暴，用语不逊，创造良好的协助执行氛围。

3. 运用多种方法，利用多种渠道开展好存款执行工作。存款执行工作说白了主要抓住和搞好执行查询，这是最核心的也是最有价值的环节。如果查询不到存款，那么其他冻结和扣划就没有什么意义。当然实践中如果遇到被执行人银行账户内没有多少存款或存款不够，而根据推断以后被执行人可能有存款，那么可以对该账户采取冻结预存款，即只要在冻结期间被执行人在该账户内有存款并在预存款的数额内就自行冻结了。执行法院及其执行人员要尽量与本辖区金融部门沟通协调，能够提供被执行人其他营业网点开户包括异地网点开户的存款信息的请一并提供。如果确实不能提供或能提供而协调不提供的，又推断被执行人应该有银行存款的，那么按照最高人民法院、中国人民银行法发〔2010〕27号通知，请求高级人民法院查询被执行人银行结算账户开户银行名称，如果查到了开户银行名称及账户的再针对性的进行查询。另外，执行实践中查询的方法还有，一是要求申请人想办法提供其开户银行名称，因申请人与被执行人系利害关系，相对较了解被执行人的情况，尤其是一些当事人原来就有生意债务往来，应该有一些渠道知道其开户银行或账户；二是在被执行人居住地或单位最方便的金融机构网点查询，被执行人最有可能在这些地方开户存款；三是在查询的过程中尽量多问除基本账户外，还有其他账户吗？请全部查实提供，笔者前年到四川泸州执行一公司，在公司附近的一家工商银行查询，查得基本账户内没有多少钱，远不够执行标的，最后笔者还是不放心，又请该银行协助查询人员，再查一下还有其他账户没有，该协助查询人员又重新进行了仔细查询，果然又查到了另外一个账户，该账户内的存款超过执行标的,致使案件得以顺利执行;四是查询的内容要尽量简洁明了完整。执行中还要提醒协助查询人员除了活期还包括定期存款。因为有的协助人员可能是业务不熟,有的可能是不知怎么进入查询定期的存款,更有甚者是主观上不愿协助,为了本部门的地方利益,不愿得罪客户等。笔者三年前在某乡镇信用社查询被执行人存款,得到的结果没有存款,之后笔者通过一特殊渠道知道该被执行人有定期存款,笔者又到该信用社查询还是说没有存款,之后笔者提醒协助查询人员该人有定期存款,协助人员才说定期存款要通过另外一个程序进入网点查询,他们只按活期存款的程序去查,随后查实了该笔定期存款;五是通过与被执行人有业务往来的单位或个人查询被执行人账户情况,尤其是被执行人是单位的,它总是要通过银行账户交纳税款、电费,支付采购款等,执行人员可以通过向税务部门,电力部门或有关厂家查找到被执行人的开户银行名称及账户。2011年笔者协助昆明中院执行一煤矿公司为被执行人的欠款案,就是通过向地税部门了解得知该公司的纳税账户而查询到该账户有存款而使案件得以及时到位执行的。六是通过搜查发现存款线索的。如果被执行人不在家或不配合又推断他有存款的,但不知道存款的银行及账号,可以依据民事诉讼法及最高院的执行规定对其居住地或人身进行搜查,通过搜查到的存款凭条,债务往来等凭证发现其存款线索,甚至可以直接得到存折或银行卡。然后依法采取查询、冻结或划拨等措施。

4. 金融记过及其协助执行人员应增强协助执行的法律意识,切实协助执行。金融机构及其协助人员一定要站在维护法律的统一和尊严,执行不是法院一家的事情,需要整个社会尤其金融部门的齐抓共管的高度和大局来看待协助执行,协助执行是应尽的法律义务是分内的事,一定要抛弃小集体、小利益等法律实用主义的观念,要从意识到行动积极配合法院查询、冻结、划拨存款,每个营业室应安排熟悉业务的专人协助并有专门的窗口。

5. 金融机构及其人员一定要严格执行中国人民银行及其本部门的规章制度,严格执行账户管理的规定,严格执行存款实名制,严格报备人民银行结算账户开户银行名称等,使被执行人规避债务逃避执行无机可乘,营造良好有序的金融市场秩序。金融管理、监管部门应加强管理和监督,如有违反坚决查处。

结　论

存款执行正日益受到重视和关注,存款执行涉及的主要内容是查询、冻结和划拨。随着执行工作的深入推进,存款执行得到了进一步的规范,取得了一定的效果,一定程度上缓解了执行难,但同时也凸显出一系列困惑和问题,即现行法律及司法解释简单原则,缺乏操作性。法院及执行人员存款执行的意识不强,执行管理不规范,具有随意性,现行制度要开展好存款执行会陷入无奈和盲从,金融机构协助执行意识和发展水平不一,有的金融机构违反管理规定,影响存款执行的有效开展。为从根本上解决上述困惑问题,应在省级法院执行局建立与金融机构存款信息联网的查控平台,当前要提高法院及其执行人员的存款执行意识,要加强与金融机构的沟通理解协调,要运用多种方法,多渠道开展执行。金融机构及其协助人员也要提高协助执行意识和水平,严格执行存款的有关制度和规定,使规避执行无机可乘。这些是笔者的初浅想法,有些观点还需进一步论证完善。尤其是近年来随着金融机构业务的发展,银行信用卡和公务卡的不断推广和适用,在方便当事人经济的同时,也给执行工作带来了新的问题和挑战,还要进一步的调研和论证。但笔者相信随着执行工作的进一步深入和发展,对存款执行一定会有新的更加科学和完善的规定。

当前金融机构协助人民法院执行中存在的问题及对策

陕西省商洛市商州区人民法院 敬小涛

《民事诉讼法》第218条规定:"被执行人未按执行通知履行法律文书确定义务,人民法院有权向银行、信用合作社和其他有储蓄业务的单位查询被执行人的存款情况,有权冻结、划拨被执行人的存款,但查询、冻结、划拨存款不得超出被执行人应当履行义务的范围。"依法配合和协助人民法院采取查询、冻结、扣划被执行人存款是金融机构的职责和义务。近年来,一些金融机构拒不协助人民法院查询、冻结、划拨的情况时有发生,影响了人民法院执行工作的开展,由于案件得不到及时执行,当事人的合法权益得不到维护和实现而引起信访、上访,损害执行工作的司法公信力,应引起高度重视。笔者对我院近五年来金融机构拒不协助法院执行的案例进行了调查,对产生此类问题的原因进行了分析,并结合本职工作提出了一些对策,与各位同仁交流。

一、协助执行存在的问题

查询、冻结、扣划银行存款,是人民法院在执行工作中普遍采取强制执行措施。在执行工作实践中,经常发生金融机构时拒不协助人民法院查询、冻结、划拨的问题,其主要表现有以下几个方面:

1. 违反有关规定,以"土政策"抗辩法院执行,不按规定协助执行。(1)要求执行人员在出示"两证"后,有的还要求出示身份证;(2)仍然要求要领导签字或领导批准同意。

2. 违反规定,变相拒绝履行法定义务。(1)查询单位存款时,有的还要求必须提供被执行人具体账号;(2)本银行系统内不提供全部账户及存款信息,要求执行人员逐个网点查询;(3)有能力提供查询异地存款信息的,拒不协助查询。

3. 消极履行协助义务。(1)金融机构没有落实专门的协助法院查询、冻结、划拨专门人员，拖延办理协助事项；（2）有的工作人员业务不熟悉，办事效率太低；（3）协助按月扣划被执行人存款和工资收入按要求执行，有的一年才扣划一两次。

4. 严重妨害法院执行。有的金融机构工作人员在协助执行过程中故意拖延时间，甚至给被执行人通风报信，导致存款被转移，案件执行不能。

5. 金融机构账户管理上存在一些问题，导致法院执行困难。（1）多头开户，明暗交错。目前，单位多头开户仍相当普遍，有的单位在不同的金融部门多头开户，有的企业除基本账户、专用账户、临时账户外，所开账户多达十几个，有的企业开户不按规定在人民银行登记备案，使法院集约查询无法获取相关信息；（2）违反规定使用账户，帮助被执行人隐匿存款。有的单位基本账户金额一直为零，存款只存放在专用账户上。金融部门协助多头开户，并帮助被执行人在各账户间隐匿存款，造成公开的账户上存款金额寥寥无几，法院难以掌握到隐蔽账户，致使执行工作难以进行；（3）违反存款实名制规定，隐瞒被执行人账户。有的金融机构违反规定公款私存、在单位名称上做文章，帮助当事人逃废债务；（4）有的金融机构有开设"黑账户"，为当事人逃废债务之嫌。被执行人的这些账户往往在人民银行查不到登记，说明这些账户的开设没有按规定报批或备案，而这些账户上却能查到存款；（5）人民银行登记备案的账户，除部分正规单位外，大部分账户都是当事人早不使用的，账户信息更新过慢；（6）新、老身份证号码不一，有的是老号码，有的又是新号码；（7）个别专业银行的系统不能直接划拨，必须先冻结，才能进入划拨操作，迫使法院重复劳动。

二、产生问题的原因

通过对存在问题的深入分析，主要由以下原因：

1. 利益驱动。随着金融市场竞争的日趋激烈，金融机构间采取种种方法争取客户，扩大存储。有的商业银行还给工作人员规定了揽储任务。有效金融机构往往担心法院的查询、冻结、扣划会对拉拢储户带来不利的影响，因而怠于协助或拒不履行协助义务。一方面他们想通过法律手段收回呆滞贷款，维护其合法权益，另一方面却又从自身的利益出发，为留住客户，拒绝或变相拒绝履行协助义务。

2. 法制观念不强。有些金融机构的工作人员没有认识到协助法院执行，是法律要求金融机构必须履行的法定义务，更是国家赋予金融机构的法律职责。有的工作人员对自己应当履行的协助义务及不履行协助义务应承担的法律后果缺乏正确的认识，导致无视法律规定，我行我素，拒不履行协助义务。

3. 法院制裁不力。根据《民事诉讼法》第 103 条、第 104 条规定，对银行等金融机构拒不协助查询、冻结、扣划存款的法院可视情节对该单位处以 1 万元以上 30 万元以下罚款，对其主要负责人或直接责任人处以罚款、拘留。构成犯罪的，依法追究刑事责任。但在司法实践中，对金融机构的违法行为予以追究并且罚当其过的并不多。（1）由于法院办案人员往往有恻隐之心，对拒不协助执行行为处罚不力；（2）拒不协助责任人往往因对方托熟人、找关系或者领导干预，只得批评教育一番，让责任人赔礼道歉、纠正错误了事，没能认真追究责任者的法律责任。由于法院制裁不力，难以使法律发挥应有的威慑作用，客观上纵容了有的金融机构的违法行为，使得个别单位有恃无恐。

4. 执行人员工作作风不实。（1）有的执行人员在要求金融机构协助执行时，没有严格按照法律及相关规定的程序要求，自觉、主动出示相关的证件和完备的法律文书；（2）有的执行人员在执行中态度不好，特别是当出现争执的时候，态度生硬、粗暴，造成不必要的对抗；（3）有的执行依据、执行裁定书、协助执行通知书存在瑕疵，给金融机构拒不履行协助义务以口实。

三、当前亟待解决的问题

为了维护人民法院司法权威，依法执行生效法律文书，维护和实现当事人的合法权益，确保金融机构依法协助人民法院执行，必须解决以下问题：

1. 各级金融机构应该按规定设立专门窗口、落实专人协助法院对被执行人银行存款采取查询、冻结、划拨等强制执行措施。简化审批环节，根据新类型案件和具体案件执行中出现的新问题，健全完善协助法院执行有关制度，狠抓落实，实现人民法院执行和金融机构协助无缝对接。

2. 实行协助执行公开。金融机构协助法院执行事项应该向执行人员公开，信访利用金融机构信息资源，多渠道查控被执行人银行存款，节约有限的司法资源，提高执行效率，最大化维护和实现债权人的合法权益。

3. 加强协助执行工作衔接。建立在查询到存款与出示冻结、划拨等法律手续之前，账户存款先按法官口头裁定要求，先行冻结的制度。确保存款在这一时间段不被转移。

4. 建立拒不履行协助义务的责任追究制度。对拒不协助法院执行，造成案件执行不能等严重后果的，对直接责任人按照《民事诉讼法》的有关规定罚款、拘留，直至追究刑事责任。

5. 建立异地查询、冻结、划拨制度。最高法院应积极与人民银行联系，尽快建立异地查询、冻结、划拨制度,提高执行效率,节约司法资源。

四、建议和对策

为了切实加强金融机构配合和协助人民法院查询、冻结、扣划当事人的存款,最高人民法院和中国人民银行出台了相关规定,对金融机构配合和协助人民法院查询、冻结、扣划提出了具体要求,但实践中仍存在一些需要解决的问题,需要做到以下几点:

1. 加强沟通协调。法院应进一步加强与金融主管、监管部门沟通协调,认真落实法律规定的相关要求,加强调查研究,针对目前法院执行和金融机构协助中容易发生争议的问题,出台有关补充规定加以规范,确保金融机构便捷、迅速协助人民法院依法查询、冻结、划拨被执行人的存款,尽快执结案件,实现当事人的合法权益。对有的金融机构不协助执行,干扰、影响人民法院执行工作的,人民法院应及时发出司法建议函。

2. 加强监督管理。金融主管、银监部门应加强对各金融机构工作人员的教育培训,提高对协助人民法院执行重要性的认识,增强配合人民法院打击拒执行为的积极性和主动性。特别是对拒不协助或怠于履行协助义务,造成严重后果的直接责任人要实现责任追究。

3. 提高业务素质。人民法院执行人员应努力提高自身素质,应该依照有关法律向协助金融机构提供执行依据、执行裁定书、协助执行通知书等相关文书,并出示工作证和执行公务证,对法律文书不明确的地方要认真释明。金融机构工作人员接到人民法院协助执行文书后,要认真审查,严格把关,不折不扣办理协助执行事项。对协助执行中出现的争议,及时协商解决,确保执行工作顺利开展。

4. 严格执法。对为当事人通风报信、为当事人转移存款、为当事人隐瞒账户的,应依照民诉法及相关规定以妨害诉讼处理,严格依法办事,该罚款的应罚款,该拘留的应拘留。因金融机构工作人员通风报信造成人民法院执行人员人身受到威胁和伤害的,直接追究责任人的刑事责任。

银行业金融机构协助执行中遇到的问题及解决方法

光大银行海口分行 吴清勇

银行业金融机构协助有权机构查询、冻结、扣划单位或者个人存款是法律赋予的义务，也是金融机构一项重要的工作，从该项制度执行效果来看，这项制度对有权机关在侦破案件、审判以及判决执行方面起到了重大作用，但同时也给银行业金融机构带来了协助风险，尤其是我国现行法律体系的不完善和有权机关所处的强势地位，使银行业金融机关在协助执行过程中的合法权益无法得到保障，甚至有可能面临有权机关的处罚。笔者作为一名基层银行员工，对此深有体会，因此，笔者认为，要减少和避免银行业金融机构和有权机关在执行过程中不必要的矛盾和冲突，有必要了解银行业金融机构在履行上述义务的过程中所面临的困难并采取相应的措施，才能保证该项制度能够在实践中得到顺利执行。

（一）金融机构在协助执行过程中面临的主要困难

笔者从事银行工作多年，认为银行业金融机构在协助执行过程中所面临的困难主要有以下几点：

1. 法律文书出具的程序过于简化，格式不统一、书写规范性差且银行业金融机构难于核实其真假

根据现有的法律法规规定，具有查询、冻结、扣划权力的司法机关很多，仅中国人民银行2002年颁布的《金融机构协助查询、冻结、扣划工作管理规定》里就规定了多达16个有权机关具有相应的查询、冻结、扣划的权力，而且这些有权机关出具的法律文书格式可谓是五花八门，没有制式的统一格式，且有些机关出具的法律文书要素填写简化，未将协助执行的具体事项予以明确，例如在填写协助执行的原因仅简单填写"因办案需要"等字样，又或者填写查询内容时仅简单填写"请提供被查询人存款信息"，要知道，存款信息包括很多，例如有存款人的账单明细、开户资料等等，如果仅简单填写，金融

机构很难予以正确协助查询，另外在协助通知文书填写错误后，执行人员为图方便不愿重新出具而是在错误处随意划线涂改后就执意要求金融机构予以协助，并且在业务实践当中，大部分有权机关的执法人员随身携带多份协助执行的法律文书，随到随填，这种出具法律文书的程序虽然方便了有权机关办案需要，但是这种出具文书的程序是否符合法律程序要求很值得大家商榷。笔者认为，这种出具法律文书的方式是不妥当的，因为各类协助执行通知书从法律角度上来讲是一种法律文书，其出具必须履行一定的法律程序才合乎程序要求，而且有权机关执法人员随意书写和涂改法律文书的做法给金融机构的协助行为也带来了风险隐患。如果金融机构对此予以拒绝协助就会受到有权机关的指责甚至是处罚，如果予以配合，一旦出现纠纷，很容易受到客户的埋怨甚至是起诉，另外，如前面所述，有多达16个机关具有相应的查询、冻结、扣划权力，能够分清楚上述机关出具的法律文书和其执法工作证件对于缺乏相关知识的一线银行员工来说已经是很困难，如果再对法律文书及执法人员身份的真假进行核实和辨认，无疑对于金融机构来说更是难上加难。因为我国的相关法律法规并没有赋予银行业金融机构去核实的权力，而且由于金融机构自身的客观条件限制也无法去核实，但是如果金融机构未审核出其真假，一旦出现纠纷，协助执行的金融机构只能陷入被存款人索赔的局面。

2. 现行协助执行的规定不完善或过于宽泛，在业务实践中不利于执行，且容易给银行业金融机构带来风险隐患

银行业金融机构虽然从严格的法律意义上讲在协助执行中的角色只是协助，并不是被执行人，但是却承担了很大的风险责任，一旦严格按照法律规定不予以协助或者协助失误往往会被有权机关处罚，结果自己成了被执行人，从案外人成了当事人，因此金融机构在协助执行中的合法权益应该得到保障，但是从现行的法律规定来看，协助执行的有些规定是不完善，有些是过于宽泛，很难执行，使金融机构在协助执行当中存在一定的风险隐患。例如，《金融机构协助查询、冻结、扣划工作管理规定》第8、9、10条分别规定，"金融机构的经办人员在协助有权机关查询、冻结、扣划时应核实有权机关执法人员的工作证件"，但此规定笔者认为并不完善，因为在实际业务中有这种情况，出具协助通知书的有权机关是A，但携带该通知书到金融机构办理的两名执法人员中一名是该A机关的人员，另外一名是却是B机关的人员，其给出的原因是AB两个机关联合办案，这就给协助的金融机构带来的难题，到底予以协助还是不予以协助？予以协助，违反上述规定，不予以协助又将得到执法人员的责难，又如《金融机构协助查询、冻结、扣划工作管理规定》第20条规定

"金融机构协助扣划时,应当将扣划的存款直接划入有权机关指定的账户",在实际协助过程中,大部分人民法院扣划个人或单位存款时,一般都会要求金融机构将扣划的存款划付到法院账户上,但部分法院会让金融机构将扣划的存款直接支付至申请执行人的账户中,这种做法给金融机构带来了一定的风险隐患,因为如果犯罪分子冒充执法机关进行扣划而金融机构由于条件受限而未审核出真假一旦协助执行完毕将可能造成不可挽回的损失。

3、有权机关的协助要求与银行业金融机构保护客户存款信息制度存在矛盾和冲突

《中华人民共和国商业银行法》第29条、第30条规定"对于个人储蓄存款和单位存款,商业银行有权拒绝任何单位或者个人查询,但是法律、行政法规另有规定的除外",所以为客户信息保密是银行业金融机构必须应尽的义务,但是在实际协助执行过程中,某些有权机关例如公安机关在侦破案件的过程当中获取了某个犯罪嫌疑人的姓名,为侦破案件要求银行业金融机构按照这个姓名来检索查询存款信息,但是这样将会使银行业金融机构依据《金融机构协助查询、冻结、扣划工作管理规定》和《中国人民银行办公厅关于银行对司法机关只提供户名而未提供账号的储蓄存款可否协助查询的批复》中的有关规定予以拒绝协助查询,因为仅凭姓名协助查询存款,可能由于重名的原因导致将其他客户的信息提供给有权机关,这就使银行业金融机构违反了《商业银行法》第29条、第30条的规定,将会承担一定法律责任,但是有权机关往往对于金融机构履行法定义务而拒绝协助的这种做法颇有微词甚至认为金融机构有意不配合侦破案件并加以指责,甚至是处罚金融机构。

4. 银行业金融机构之间协助执行的标准和尺度不一影响了协助执行工作的开展

在笔者所经历的协助执行业务中,笔者发现由于银行业金融机构协助执行的标准不一,往往会使执行规定较为严格的银行业金融机构陷入两难的局面,例如某些有权机关为省略出具相关法律文书的麻烦,仅出具其工作介绍信就要求银行业金融机构协助查询相关存款信息,部分银行业金融机构迫于有权机关的强势地位而被迫予以协助,但是当某些银行业金融机构对此予以拒绝协助并要求有权机关提供相应法律文书时,有权机关就会指责为什么别的机构能够配合,而在这里却被予以拒绝,这种协助标准不一的情况已经影响到了执行工作的开展。

(二)解决金融机构在协助执行过程中的困难应做的工作

笔者认为,要想解决银行业金融机构在协助执行过程中的困难要做好以下

几项工作：

1. 完善现有法律规定，从制度层面上保障银行业金融机构的在协助执行过程中的合法权益。在前面说过，在协助执行过程中，银行业金融机构实质上只是协助者并不是被执行人，不能只赋予金融机构协助的义务而忽视了金融机构权益的保护，笔者认为，要想执行制度能够得以顺利执行，有必要在制度层面上保障金融机构的合法权益并赋予银行业金融机构相应的权利，例如有权实地查询法律文书真假的权利等等，这样才能确保银行业金融机构在协助执行中的合法权益不受侵犯。

2. 应规范或者统一各级有权机关出具的法律文书格式。为了银行业金融机构更好地协助执行，笔者认为应该制作统一格式的文书并以规定的形式下发各银行金融机构，甚至如果有条件的话应该借鉴我国第二代芯片身份证或者银行票据的防伪技术，给统一格式的法律文书印上防伪标识，这样统一格式的文书不仅一方面使银行业金融机构在协助执行时有利于审核，提高协助执行的效率，另一方面也有利于金融机构辨别协助通知书的真假，防范风险。

3. 大力借助科技手段，通过开发信息科技平台以便于银行业金融机构确认执法工作人员的身份，防范协助风险。前面已经说过，银行业金融机构在协助过程中对于法律文书的真伪和执法工作人员的身份很难进行核实，只有通过建立信息科技平台将各有权机关的系统结合起来，协助执行的金融机构可以通过该平台实时查询执法工作人员的身份及法律文书的真假，这样就能有效避免协助执行过程中出现的操作风险。

4. 各金融机构必须严格按照各项法律法规履行协助执行义务。一项制度能否得到贯彻和落实关键在于执行者的决心和执行的标准，在现实生活中，有许许多多的规章制度在执行的过程中为什么往往会"变味"，甚至是没有得到执行，归根到底都是因为制度的执行者执行的标准打了折扣，扭曲了制度的本意，从而使制度没有得到彻底的贯彻和落实。因此在协助过程中，各金融机构协助执行标准的不一将在一定程度上不利于协助工作的开展，如果严格遵守执行制度的金融机构反而得到指责甚至是处罚，长此以往，协助执行制度将可能很难得到落实，对我国的司法工作也会带来不必要的不良影响，因此有关监管部门有必要加强对各金融机构在协助执行过程中的监督和管理，统一执行标准，保证守法的金融机构的权益不受到任何侵害，而那些执行制度不严的机构应得到相应的处罚。

总而言之，协助执行制度是一项提高我国司法行政机关办理案件和处理行政事务效率及维护公民合法权益的重要制度,对我国司法行政机关处理司法和行政事务具有重要的作用,对我国的司法执行工作起到了有益的补充。因此,要想这项制度能够保持并且能够顺利得到贯彻和落实,我们必须在制度上、程序上和执行上加以补充和完善,理顺有权机关和协助机构之间的关系,真正保护协助机构的合法权益,这样才能确保该项制度能够真正落到实处,从而促进我国司法工作的开展。

金融机构协助查询、冻结、扣划过程中存在的问题及对策

陕西省渭南市华县人民法院　弥继锋

人民法院依法查询、冻结、扣划被执行人银行存款是执行案件最有效、最直接、最常用的一种强制执行措施。为了保障人民法院的查控行为和使各金融机构的协助配合得以规范高效运行，最高法院、中国人民银行专门联合下发了《关于依法规范人民法院执行和金融机构协助执行的通知》（以下简称《通知》）。嗣后，中国人民银行又发布了《金融机构查询、冻结、扣划工作管理规定》（以下简称《规定》）。人民法院依照《中华人民共和国民事诉讼法》及相关规定，通过对被执行人在金融机构的存款依法采取查询、冻结、扣划等执行措施，执结了一大批案件，保护了当事人的合法权益，维护了司法权威。但有些案件在协助执行中，银行工作人员和法院执行人员对有关协助规定理解有偏差，运作不畅，协助不力，给当前执行工作造成了一定影响。笔者结合多年基层法院执行工作经验，对金融机构依法协助人民法院查询、冻结、扣划方面存在的问题加以剖析，并提出一些粗浅的意见和建议，旨在不断探索完善人民法院和金融机构的协作查控机制，使之在促进有效解决执行难和提高执行工作质量、效率方面发挥积极意义。

一、执行过程中存在的问题

从总的方面来看，金融机构能够充分发挥职能，积极协助人民法院对被执行人银行存款依法协助采取查询、冻结、扣划措施，促进了一大批案件顺利执行。但是还存在一些问题：（1）协助执行水平发展不一，经济相对发达地区比偏远地区规范，大中城市比小城市规范，城镇金融机构比农村信用机构规范；（2）一些金融机构协助执行理念淡薄，不依法协助或怠于协助现象时有发生；（3）人总行的《规定》内容与新形势下金融机构管理运行系统升级的现状及新时期执行工作的要求不相适应，需要加以相应的补充和完善。

金融机构协助执行存在问题主要表现在以下几方面：

1. 超越《规定》要求，私设协助条件。一些金融机构核实执法身份时，在执行人员出示了执行公务证和工作证后，还坚持需出示本人身份证（并复印）；在审查受理协助业务时，窗口工作人员要求执行人员先找其上级主管或行长办理签字手续，否则拒绝办理。查询业务中，执行人员提供被执行人的身份证号码后，还要求必须提供具体的存款账户，否则拒绝协助；协助扣划时，个别金融机构竟按照普通汇、转款收取手续费。

2. 不断升级管理系统，冲击《规定》执行。邮政银行的运行系统将查询、冻结、扣划业务分割设计在不同的内部机构办理，查询在县支行，而冻结、扣划则要去其下设的网点办理；部分银行实行远程授权办理协助业务，程序烦琐费时，执行人员有时一个工作日几乎办不完一起查、冻、划业务；个别银行的系统设定必须先冻结才能扣划；有的银行运行系统未设计部分冻结、扣划模块，执行人员要求冻结、扣划账户（主要是存单）内部分款额时，银行以其系统无法操作，将该账户内资金全部冻结或全部扣划，极易给被执行人造成"超标的执行"的口实；金融机构对人民法院在冻结期未满前办理续冻措施，要求先解除再冻结（实际是重新冻结）之做法，系无益做工，影响效率。

3. 《规定》自身局限，个别银行消极协助。一些金融机构从自身部门利益考虑，利用《规定》不明晰之处，对人民法院查控协助不力。如信息系统对新、旧身份证号码、法人全称与简称完全可以串联识别来查询相关存款信息，但金融机构往往以执行人员所提供线索和存款信息不完全相符为由，对法院相关法律文书字词吹毛求疵，拒绝协助；目前各商业银行信息系统内完全可以实现"一点通"查询、冻结、扣划业务，但协助中只提供本网点信息，拒绝本网点外协作。

4. 个别从业人员利益驱动，违规妨碍执行。个别金融机构从业人员在办理查询、冻结、扣划业务时，私下第一时间与被执行人通风报信，有的拖延办理时间通知被执行人或其单位到银行，干扰执行人员正常执法；有的为被执行人暗箱操作专用账户进行资金运作，有的隐匿、转移账户资金，有的甚至利用网银便利庇护被执行人规避执行。

二、成因分析：

1. 人民银行《规定》设置上有一定局限性

（1）《金融机构协助查询、冻结、扣划工作管理规定》在制定上受当时条件所限，太过原则，操作性、针对性不够强。如：《规定》第20条规定"不得提取现金"与《最高人民法院关于人民法院执行工作若干问题的规定（试行）》第35条"金融机构应当协助人民法院提取被执行人存款"的规定明显冲突，导致人民法院对一些抚育费、赡养费等标的较小但又需分批执行的案件从银行无法操作；第12条第（4）项中"金融机构协助查询、冻结、扣划存款，涉及内控制度中的核实、授权和审批工作时，应当严格按内控制度及时办理相关手续，不得拖延、推诿"，而银行工作人员常常以需要请示为由变相拖延，协助查控不及时，使个别案件拟冻、划款项在工作人员请示中流失（因为现在大多是网银）；第16条规定"有权机关应在冻结期满前办理续冻手续"，一些金融机构工作人员对此条规定机械理解，操作时要求法院先解再冻（或再划），实为一些无益重复协作劳动，致协助效率低下，甚至产生不必要的协助纠纷。

（2）《规定》设置滞后，影响协助执行。《金融机构协助查询、冻结、扣划工作管理规定》明确规定："有权机关只能到存款人的开户网点办理查询、冻结、扣划"。而随着银行信息系统的不断升级，大部分商业银行已经实现了"一点通"，即在这些金融机构任一网点均可实现查询、冻结、扣划存款人在系统内其他开户网点的存款，但这一非常便捷高效的协助措施，却因《规定》约束力无法溯及，现实中被金融机构无一例外地拒之门外。

2. 由于利益驱动，金融机构从主观上不愿意协助法院查控。一些金融机构对业务培训很积极主动，而对协助有权机关的《规定》内容培训、学习很不重视。有的金融机构心存"协助了法院，丢了客户"的疑虑，态度消极被动，协助效果差。有些从业人员协助业务生疏，效率低，常常让执法人员坐"冷"板凳，使执行成本加大。

3. 基层人民银行对协助人民法院在参与化解"执行难"这一社会活动中的本位职责认识不够，对下辖金融机构在监管、查处违反《规定》行为上制裁不力。如人民银行对各专业银行的存款人开户信息、账户金额来往等全面信息均有台面载控，但对人民法院却怠于协助，让执行人员如大海捞针般在各金融机关网点中盲目海查，大大增加了执法工作量。另外，当人民法院在各金融机构办理协助业务中受阻时，反映至人民银行，要么无人接待，要么以银行内部规定抗辩法院执行，庇护金融机构的违规行为，大大削弱了有权机关的司法威慑力和执法效果。

三、建议及对策

1. 建议人民银行修订完善《规定》内容，根据目前协助过程中出现的新问题及新形势下执行工作的需要，及时出台更具操作性、针对性、实效性的补充规定，使协助法院执行工作运行更顺畅，协作效率更高，让《规定》在规范金融机构协助人民法院解决执行难活动中发挥应有的法治作用。

2. 最高人民法院应加强和中国人民银行的沟通协调，实现全国执行案件信息管理系统和被执行人银行存款信息系统的对接，方便执行人员高效查询，进一步提高执行工作效率，形成解决执行难的合力。

3. 建议金融机构加大对《规定》的贯彻力度，在升级优化运行系统时，首先充分考虑到与《规定》执行的有效衔接；同时加强对《规定》内容的学习培训，提高工作人员素质和业务能力，积极依法协助人民法院办理查询、冻结、扣划事宜。

4. 法院要主动加强与金融机构的协调，共同探讨银行协助法院查控方面的情况交流。当协助查控过程中发生争议时，应互相尊重，互相学习，加强沟通，必要时在确保执行标的前提下，可向上级金融机关和人行请示解决，慎用处罚措施，建立顺畅和谐的协助执行氛围，确保执行工作顺利开展。

协助法院定期、定额扣划工资、退休金适格主体初探

建设银行新疆分行 孙津疆

目前法院在执行个人银行账户时,常常要求银行协助按月从被执行人的工资账户或退休金账户(下称工资账户)中扣划一定数额的资金至法院账户,待案件全部执行完毕后银行的协助义务才能终结,银行协助扣划的时间跨度有的长达10年以上。若银行协助执行,则因无法实现定期、定额扣划面临法律风险、操作风险和道德风险;如银行不协助执行,法院会认为银行拒绝协助执行而根据《民事诉讼法》的有关规定予以处罚,使银行处于两难境地。

银行都认为协助扣划的主体应当为被执行人工资或退休金的发放单位,法院认为银行有义务协助。为此,对银行为协助执行主体是否适格的问题,法院和银行之间一直存在争议。

一、法院要求银行按月扣划工资、退休金存在的问题

笔者认为,法院要求银行协助每月按一定的数额扣划被执行人的工资账户资金归还债务,而不直接要求被执行人的工资、退休金发放单位协助执行,存在法律和操作层面的不合理之处,主要表现在以下几个方面:

(一)法院要求银行协助执行的法律依据不足

法院作为国家司法机关,司法权力的行使必须要有明确的法律授权作为依据,而目前法院要求银行协助执行的法律依据不足。

《最高人民法院关于人民法院执行若干问题的规定》第36条规定:"被执行人在有关单位收入尚未支取的,人民法院应当作出裁定,向该单位发出协助执行通知书,由其协助扣划或提取。"最高人民法院研究室在《关于执行程序中能否扣划离退休人员离休金退休金清偿其债务问题的答复》中明确:"为保护债权人和离退休人的合法权益,根据《民法通则》和《民事诉讼法》的有关规定,在离退休人员的其他可供执行的财产或者收入不足偿还其债务的情况

下,人民法院可以要求其离退休金发放单位或者社会保障机构协助扣划其离休金或退休金,用以偿还离退休人员的债务。上述单位或者机构应当予以协助。"由此可见,最高人民法院的司法解释明确规定被执行人所在单位或发放离退休金的社会保障机构是工资、退休金的协助执行主体。

银行与工资、退休金发放单位之间为委托代理法律关系,俗称"代发工资",即:银行接受机关、企事业单位或社会保障机构等工资或退休金发放单位的委托,按工资或退休金发放单位提供的工资账户名称、账号、金额等要素,将职工的工资、奖金、货币福利或退休金一次或数次从单位一般结算账户划转至职工在银行开立的活期存款账户。银行根据授权将工资或离退休金划入被执行人银行账户后,该资金的性质便从单位存款资金转化成被执行人的银行存款。由此可见,协助法院完成扣划工资、退休金等执行事项是发放工资单位或发放退休金社保机构的法定义务,法院直接要求银行履行协助义务,缺乏充分的法律支撑。

(二)银行协助扣划缺乏必要的操作依据

银行协助法院按月、按期、按固定金额扣划被执行人工资、退休金,应依据现行法律法规、监管规则、银行自身规章制度执行,而现行法律法规、监管规则对此没有规定,银行不能突破现行法律法规的规定制定自己的规章制度,因而,银行协助法院按月、按期、按固定金额扣划被执行人工资、退休金缺乏必要的操作依据。另外,若由于被执行人收入下降、物价上涨导致生活必需支出增加、子女上学或家人生病导致额外支出、丧失劳动能力、国家提高最低生活保障标准等因素,银行仍按法院要求的金额扣划被执行人的工资账户资金,可能导致被执行人的实际生活支出低于国家规定的最低生活保障标准。

(三)银行协助扣划时间长,极易引发风险

1. 从被执行人变更账号、辞职、调整工作单位引发风险层面看,(1)被执行人有权特别是其在银行卡丢失、被盗、消磁的情况下向银行申请挂失、注销原工资账户,更换新的工资账户,而新的工资账户不能自动列为扣划账户。(2)若代发工资单位与银行解除、终止委托代发工资协议,则银行无权从代发工资单位账户向被执行人工资账户划转资金。(3)被执行人辞职、被开除、解除劳动合同后,工资账户将因资金不足无法实现扣划。(4)被执行人更换工作单位的同时更换了代发银行或工资卡,协助执行银行亦无法扣划资金。

2. 从技术层面上看,银行支付系统是根据现行法律法规、监管规则研发的,因法律法规、监管规则未规定银行如此按月按确定金额冻结、扣划款项,故支付系统不支持工资账户按月、定额、定期自动冻结、扣划资金要求，完全依靠网点柜员手工操作，长时间的协助扣划不现实。

3. 从操作层面上看，（1）银行账户已实现了全国通存通兑、网上银行、手机银行等多项功能，客户可以在同城任何一个营业网点办理业务，还可以在全国任何一家银行乃至国外银行办理业务；并且，自主业务在任何时间都可以办理，银行无法加以限制。如不关闭账户通存通兑、网上银行、手机银行等业务功能，资金支取地点、支取时间、资金流向无法控制。而关闭通存通兑功能则预示着关闭了账户的所有功能，无法存取、扣划。但关闭网上银行、手机银行功能需要客户申请或法院另行送达协助执行通知书，司法实践中没有一家法院愿意如此操作。（2）因工资账户不能直接冻结，银行无法通过技术手段控制被执行人支取或转移账户内的资金，如工资提前发放、推迟发放或发放的当日，被执行人通过ATM机或其他渠道支取、转移资金，银行将无法控制。（3）银行代发工资、退休金业务往往是在中后台集中批量处理，网点柜面人员无法知晓被执行人工资发放时间、金额。加之单位发放工资、退休金一般会确定一个相对的时间段，很难确定一个固定的发放日期，银行也不能因法院的协助扣划而要求工资发放单位在固定日期发放，柜面人员不可能时时紧盯账户，并且银行柜员变动频繁，银行将面临无法扣划或不能全额扣划的操作风险。

4. 从银行员工道德风险层面上看，银行柜面人员持一份长期有效的司法协助文书自行进行账务处理，扣划工资账户内的资金，倘若柜面人员没有按照法院的要求将资金转到法院账户，而是转到柜员自己或其关系人的账户，在柜员可能触犯刑律的同时，银行将承担民事赔偿责任。

银行协助法院执行中出现问题，发生风险，一方面会影响法院执行的社会效果，增加执行成本；另一方面影响了银行协助执行的可操作性。

二、规范及完善协助执行主体的思考和建议

在现行法律法规框架下，法律法规、司法解释有不完善的地方，加之各地各级人民法院在强制执行过程中存在理解法律、解释法律、适用法律不一致的地方，因而存在银行协助扣划存在法律风险、道德风险、操作风险，而现行法律法规赋予被执行人的工资发放单位、社会保障机构有协助执行的法定义务却不要求其履行的现象。笔者建议有关部门尽快完善相关制度，在明确协助扣划主体的同时，规范法院的司法行为和协助义务人的协助行为：

1. 立法机关出台相关法律，进一步明确规定"被执行人工资发放单位或

发放退休金的社会保障机构是协助定期、定额扣划被执行人工资、退休金的唯一主体,由其扣划、提取法院确定的工资、退休金并交至法院或申请执行人",从根本上解决争议。

2. 最高人民法院根据有关法律制定颁布司法解释,细化协助执行流程、方式,明确向协助执行义务人出示证件和法律文书的种类等手续,规范法官依法执法行为,避免理解上的差异性和执法上的随意性。同时,法院在执行此类案件时,应要求被执行人的工资发放单位或社保机构协助执行。

3. 银行业监督管理委员会、中国人民银行等监管部门以及银行业协会应加强与立法机关、人民法院的联系、沟通,及时反映法院执行过程中存在的现实问题及银行的困难。监管部门可以根据银行协助执行工作实际,制定相关办法指导和规范银行的协助执行行为。

4. 在有关机关尚未制定相应的法律法规、司法解释对相关问题予以明确前,银行因建立健全自身规章制度,详细规定协助执行的部门、程序、流程处罚等,在法定协助执行范围内积极做好本职工作。同时,银行可以和法院沟通,通过正常渠道向有关机关提出合理化的意见和建议,让法院将协助扣划主体变更为被执行人工资发放单位或发放退休金的社会保障机构。如法院不同意变更,银行可以向其上一级法院申请复议,必要时向法院说明在现有条件下银行协助每月扣划工资账户资金可能存在的风险,并记录在协助通知书的回执上,争取法院的理解和支持,以避免法院认为银行协助不当而给予处罚。

三

联动机制建设

论诉讼失信与金融失信的共同反制
——以诉讼诚信体系与金融诚信体系的对接与互动为基点

山东省潍坊市中级人民法院　李述胜　李欣红　韩崇华

涉金融案件的执行关乎金融市场与司法公信力两件大事，一方面该类案件执行率的高低，关系到金融资产的安全和金融秩序的稳定；另一方面，涉金融案件执行由于其执行标的额大、执行到位率偏低，更集中体现了执行之难，极大地影响着法院的威信。随着近年来诉讼诚信体系建设的迅猛发展，诉讼诚信体系与金融诚信体系[①]的对接与互动成为一种趋势，为涉金融案件的执行带来了新的机遇。本文就潍坊法院诉讼诚信体系的实践，特别是与金融诚信体系的对接与互动的实践为基础，分析对金融失信与诉讼失信的共同反制效应，以通过两大体系的融合来保护我国的金融市场稳定有序的发展，有效地防范金融危机，为破解"执行难"寻找对策。

一、困境：金融失信与诉讼失信的双重困扰

近年来，涉金融执行案件呈快速增长态势，如2009年潍坊中院共受理涉银行、资产管理公司、城市合作信用社等金融执行案件94件，占执行收案总数的39.5%，2010年受理此类执行案件105件，占执行收案总数的47.1%，2011年受理此类执行案件147件，占执行收案总数的51.3%，2012年上半年受理此类执行案件87件，占执行收案总数的63.2%。在诉讼诚信体系成功运行前，尽管全市法院为做好此类案件的执行工作，采取了各种措施和方法，执结了一大批执行案件，但是涉金融案件的"执行难"问题仍很突出。为此我们深入分析了其中的原因，发现诉讼失信是造成涉金融案件"执行难"的最

---

① 在以"诚信、规范、理财——可持续发展"为主题的"2011年亚太金融高峰论坛"上，亚太金融高峰论坛组委会秘书长谢清顺铸指出：铸就金融诚信体系是金融业的一件大事。

根本原因，而隐藏在诉讼失信背后的又是金融诚信的缺失，导致涉金融案件判决生效后履行效果差，执行难度大。可以说，诉讼失信与金融失信的双重侵扰是造成涉金融案件"执行难"的最根本原因之一。

(一) 关于诉讼失信

2010年年初，我们调研发现，由于缺乏失信制约机制，诉讼执行领域内伪造证据恶意诉讼、上访缠访干扰办案、隐匿财产逃避执行等失信行为大量存在，不仅扰乱了正常的审判执行秩序，造成了案件"执行难"，阻碍了当事人合法权益的维护，损害了司法公信力，还助长了"漠视法律、践踏诚信"的风气，使"诚信"这一社会管理手段的约束力"大打折扣"。

诉讼失信行为①是指诉讼参与人违背诉讼诚信原则，采用欺诈、隐瞒、编造、逃避等不当手段或者利用法律的漏洞，扰乱诉讼秩序，以达到逃避法律责任或获取非法利益的行为。在山东省潍坊市中级人民法院出台的《诉讼信用评价与管理办法》中，列举了以下诉讼失信行为：一是诉讼当事人的二十种失信行为，如为争管辖权，虚列当事人；提供虚假诉讼材料；故意提出超标的、超范围诉讼保全申请；转移、变卖、毁损、隐匿被查封、扣押财产等；二是诉讼代理人及其他诉讼参与人的四种失信行为，如唆使、帮助当事人规避法律责任；捏造、散布虚假事实，损害、诋毁法院及法官声誉；违反法庭纪律、扰乱法庭秩序等；三是协助义务人的四种失信行为，如拒不履行协助义务；帮助当事人规避法律责任；妨碍、阻挠法院执行公务；四是中介机构的五种失信行为，如非因客观原因，不按规定时间、要求完成委托任务；故意出具虚假报告或证明材料；违反职业规程，对审判、执行工作造成重大影响等。

在涉金融案件的执行过程中，以上诉讼失信行为皆有涉及，主要体现在提供虚假诉讼材料，转移、变卖、毁损、隐匿被查封、扣押财产等，拒不履行协助义务，妨碍、阻挠法院执行公务等等。

(二) 关于金融失信

金融失信是指信贷借款人为了自身的利益采用不当的手段或者利用金融法律的漏洞，欺骗金融机构，故意延迟还贷、转移财产造成无法供还贷的假象，以达到逃避金融债务的行为。

近年来，不少企业信用观念薄弱，采取躲避、逃避的方式，特别是有些企

---

① 有学者认为，诉讼失信行为还应包括法官的失信行为（参见郑鄂：《诉讼诚信的思考与实践》，见人民网"人民论坛"），在这一点上学界存在争议，我们认为，诉讼失信仅涉及诉讼参与人的诉讼行为。

业利用合并、承包、租赁等改制方式逃废金融债务，对欠款进行抵赖，逃废金融债务情况比较严重。尽管随着现代银行业务的发展和金融创新的不断深化，银行业面临的风险日益复杂化和多元化，但金融失信仍然是导致银行资产质量下降，出现流动性危机的主要根源[1]。

（三）两类失信行为的内在关联

从表面上看，诉讼失信与金融失信源自诉讼活动与金融市场截然不同的两个领域，但两者有着密切的联系，一方面，金融失信行为延续到诉讼中演变为诉讼失信行为，甚至有的金融失信行为同时即是诉讼失信行为，金融失信是造成"执行难"的潜在因素；另一方面，诉讼失信进一步诱导了金融失信的隐蔽化、全面化，诉讼失信是造成"执行难"的直接原因。两者相互作用，互为原因，极大地扰乱了金融市场秩序，影响了司法的公信力。

1. 金融失信对诉讼失信行为的影响。我们在分析涉金融案件诉讼失信原因的同时，会发现隐藏在此类案件诉讼失信的背后又是金融诚信的缺失。一是金融失信行为延续到诉讼中演变为涉金融案件的失信行为。例如，因金融监管机构的诚信网络体系的准确度、真实度、银行资料的透明度还不够，使得有些个人或单位在同一银行的多个网点或多家银行分别进行贷款，贷款数额与偿贷能力严重不符，致使贷款到期后难以收回，造成执行难；二是金融机构的失信行为成为直接的诉讼失信行为。如金融机构作为被执行人时，往往以人民法院不得冻结、扣划两金的规定，故意逃避，对抗人民法院的执行。再如，一些金融机构作为协助执行人时，拒不协助执行，甚至与当事人沆瀣一气，共同逃避抗拒执行[2]。在诉讼诚信体系诉讼失信行为评价标准中，对当事人隐匿财产、抗拒执行以及对人民法院执行工作不协助、不配合的，都可认定为严重的诉讼失信行为；三是金融机构的违规行为助长了诉讼失信行为。金融系统对企业账号管理混乱，多头开户，各金融机构之间又各自为政，互设障碍，给法院查询、冻结、划拨当事人款项造成很大困难；四是被执行人的失信行为造成涉金融案件难执行。如有时企业搞资产混同，被执行人与其家庭成员或近亲属搞假分家、假赠与、假离婚，致使财产所有权真实归属与表面情况不一致；有的企业趁改制之机，采取各种手段，设立新公司，从而逃避债务；有的借款人采取变更企业名称、住所，变更法人代表或分立多个企业搞脱壳经营等方法逃避还

---

[1] 朱冬辉：《金融失信惩戒机制建设初探》，载《南方金融》2006年第6期。
[2] 最高人民法院出台的《关于依法制裁规避执行行为的若干意见》中列举的规避执行行为，在山东省潍坊市中级人民法院发布的《诉讼信用评价与管理办法》中都被认定为严重的诉讼失信行为。

贷；有的借款人进行重复抵押或虚假抵押；有的借款人为躲避还贷，转移、隐匿财产，给执行工作设置障碍①。在诉讼诚信体系诉讼失信行为评价标准中，这些行为都可认定为诉讼失信行为。

2. 诉讼失信对金融失信行为的影响。诉讼失信极大地诱导了金融失信行为的发生。例如，诉讼失信导致了涉金融案件的"执行难"，使金融债权无法实现，给某些企业和个人以错误的信息，认为国家的贷款可以只借不还，助长了一些借款人赖账不还的侥幸心理。同时，法院自身存在对诉讼失信行为打击力度不够、执行不规范、消极执行、立审执配合不畅等，也为金融失信提供了可乘之机。

3. 对信用体系的共同需求。金融失信的原因非常复杂，其中一个重要原因是我国尚未建立起完备的社会信用体系，金融征信制度体系尚不发达，信用资源过于分散，商业银行对中小企业和个人的信用状况，特别是诉讼信用信息几乎无法了解，缺乏司法信用惩戒机制的配合，导致守信成本收益失衡，造成消费信贷的高风险性，助长了金融失信行为的滋生蔓延。同时，诉讼失信的原因也非常复杂，其中一个重要原因是缺乏对诉讼失信行为的打击力度，金融信用信息几乎无法了解，缺乏金融信用惩戒机制的配合，导致诉讼成本收益失衡，助长了诉讼失信行为的滋生蔓延。因此，迫切需要建立诉讼诚信体系来完成打击诉讼失信行为的历史使命。

可见，诉讼失信行为与金融失信行为相互交织，互为因果，既扰乱了金融市场秩序又影响了司法的公信力，因此，诉讼诚信体系与金融诚信体系的联手势在必行。

二、契合：诉讼诚信体系与金融诚信体系

当前的金融诚信体系与诉讼诚信体系建设虽然是源自不同的社会需求，有不同的任务和运行体系，但加以比较会发现颇多共同之处，学界一直缺乏理论分析。如何将两者有机地结合起来，促进金融诚信体系和诉讼诚信体系建设双重改进，是极具建设性意义的执行理论和实践问题之一。

（一）诉讼诚信体系的向外对接特征

基于上述社会诚信严重缺失的形势，为避免审判实践中当事人恶意诉讼、拖延诉讼等滥用诉权行为，2012年8月31日通过的民事诉讼法修正案明确规

---

① 金昌大：《金融案件执行难原因及对策》，见人民法院网 http://www.chinacourt.org/，访问时间：2012年9月20日。

定"民事诉讼应当遵循诚实信用原则"①。这一原则的确立,表明人民法院不仅要通过严格依法裁判维护诚信行为,制裁失信行为,大力弘扬诚实信用原则,更要主动承担社会责任,积极延伸司法职能,将丰富的诉讼参与人诉讼信用信息作为资源,进行收集、分析,加以公布应用,建立起"信用信息共享、社会各方联动、诚信褒奖失信惩戒"的诉讼诚信体系,不仅可以有效遏制诉讼失信现象,而且可以辐射和带动整个社会诚信建设,推进社会管理创新。基于这些考虑,潍坊中院自2010年开始逐步建立健全诉讼诚信体系。

所谓诉讼诚信体系,是指人民法院在诚信提示的基础上,对诉讼参与人在立案、审判、执行及鉴定阶段的信用信息进行征集、评定和应用,褒奖诚信,惩戒失信,从而引导和督促他们诚信诉讼的机制。

目前,诉讼诚信体系已经形成了以诉讼诚信体系软件为依托,两级法院资源共享、对外联动和信息应用的信息系统,实现了信用评定规范化、运行平台信息化、流程管理制度化和信息应用社会化。在实践中,我们建立了包括诉讼诚信提示承诺、信用信息收集评定、信用信息应用服务等多个子系统在内的诉讼诚信体系,以执行环节为枢纽,以诉讼程序中掌握的诚信信息为基础,广泛收集、整理、分析、运用涉及诉讼当事人、其他诉讼参与人、协助执行单位以及中介机构的信用信息,建立起完备的诉讼征信信息库,在此基础上,对外加强与社会征信体系的对接,对内向立案、审判、信访等各环节延伸,对下实施有效的协调、指导,从而实现诚信信息交换的内外、上下良性循环,最终促进审判与执行工作的良性发展②。

(二)诉讼诚信体系与金融诚信体系的对接

无论是对于诉讼诚信体系,还是对于金融诚信体系,都带有全局性和战略性。在司法改革进程中,两者既要适应经济改革和创新社会管理模式化趋势,又各自面临着突出的矛盾。特别是经过多年"执行难"和金融呆账的困惑,金融失信和诉讼失信成为普遍现象,传统的征信模式已倍显滞后,除了联手已

---

① 参见《全国人民代表大会常务委员会关于修改〈中华人民共和国民事诉讼法〉的决定》(2012年8月31日第十一届全国人民代表大会常务委员会第二十八次会议通过)第一条。

② 我市诉讼诚信体系建设也引起了各级领导的高度关注,并在全国产生了较大影响。中央政法委书记周永康,最高法院院长王胜俊,给予充分肯定。中央政法委2011年《政法动态》第24期、最高人民法院2011年以文件形式、2012年6月18日新华社第2676期《国内动态清样》以专刊形式,分别刊发或转发了我们的做法。2012年6月19日,省法院在青州召开现场会,在全省推广了这一做法;7月19日,最高法院派出专题调研组来潍进行了专题调研,并于近日在北京召开专家座谈会,邀请中央综治办、发改委、人民银行等国家部委领导和中央党校、中国社科院、北京大学等高校的知名专家学者进行了论证,拟在全国范围总结推广我们诉讼诚信体系建设的经验。

别无选择。因此,金融诚信体系与诉讼诚信体系的对接,在战略上将联合置于金融与司法环境下,统筹社会、司法两种资源,以塑造社会诚信环境,促进反金融失信或反诉讼失信的深度融合,从而加快执行职能转换,以彻底解决涉金融纠纷"执行难"问题。

1. 诉讼诚信体系实现了与金融诚信体系的主动对接。诉讼诚信体系主动搭建了法院与金融机构的交流平台,通过固定的协调会议,使双方的交流更广泛、更深入。在实践中,通过构建法院和银行的信息共享机制,进一步与银行的征信系统相链接,并适时向同级人民银行、银行监管机构通报被执行人的相关信息,实现了信息共享,对金融失信的债务人形成了有效制约,促使其自动履行义务,从根本上警戒了金融失信行为的发生,使金融诚信体系的作用切实发挥出来。

2. 金融征信体系推进了诉讼诚信体系的建设。金融征信体系对发现的有可能妨碍诉讼的失信行为,也及时向人民法院进行反馈,这就形成了诉讼诚信体系的内外互动机制,影响到执行的方法与节奏。诉讼诚信体系通过金融信用信息的有效利用,相关单位或个人可以针对相对方信用状况,及时采取防范措施,推进了社会管理从事后被动性管理向事前预防性管理的转变。在这一过程中,金融机构通过建立借款人资信信息网络的进程,及时了解掌握借款人的财产状况和商业信用状况,实现各银行贷款联网,出现不良贷款时每个银行都能进行全面监控,杜绝或减少盲目贷款的发放,确保贷款的安全,并为执行阶段能够向法院提供被执行人财产线索创造基础条件。

3. 两大体系信息库的对接与共享。两大体系的对接往往以信息库的对接与共享为标志。诉讼诚信体系以"信息对接共享机制"为枢纽推进社会联动,形成诉讼诚信体系建设的整体合力,并与金融诚信体系的信息库的共享共建。建立诉讼诚信体系与金融诚信体系的共同信息资源,将两大诚信体系积极融入当地工作大局,可以实现全面联动合作,形成推动诚信建设的最大合力。

4. 两大体系共同推动社会诚信体系的建设。《中共中央、国务院关于加强和创新社会管理的意见》明确提出要推进社会诚信建设[1],党的十七届六中全会也明确提出要把诚信建设摆在突出位置。金融诚信体系与诉讼诚信体系建设都涉及多个部门、多个领域,事关民生,事关稳定。努力使诉讼诚信体系、金

---

[1] 2011年7月,《中共中央、国务院关于加强和创新社会管理的意见》明确要求:"建立健全社会诚信制度,并制定社会信用管理法律法规"。

融诚信体系更好地融入社会诚信体系建设[①]，可以在更大范围内发挥诉讼信用信息的奖惩激励作用。相关部门和单位在政府采购、项目招投标、金融信贷、税费缴纳、资质认定、评先树优以及公务人员考核等工作中将诉讼信用信息作为重要参考依据，对恶意失信的企业和个人给予警告提示、限制消费、降低信用等级等惩戒措施，并在全国范围内建立和不断完善若干社会信用查询网络。作为一个人的社会安全号码，一旦被列入信用网络，其将伴随一个人的一生最大，程度地提升信用信息的应用效能。

（三）诉讼诚信体系与金融诚信体系对接的效果

从实践来看，两大体系的对接有效规范了诉讼行为与金融行为，不仅缓解了"执行难"、优化了诉讼秩序，成为提升司法公信力的有效途径，也为解决金融失信问题提供了新的思路，同时为法院与金融管理机构参与社会管理创新和诚信社会建设提供了重要平台，为推动全社会诚信建设发挥了积极作用，取得了实实在在的效果。

1. 以两大体系为基点的社会诚信体系框架基本形成。潍坊中院与市诚信监管部门建立"联席会议"制度，成立"协作小组"，定期研讨推进举措，及时交流工作经验，形成了工作联动的常态化。目前已召开联席会、交流会39场次，达成深化合作措施60余项，在全社会营造了关心和支持诉讼诚信体系建设的良好氛围。诉讼诚信体系实际运行中，法院工作得到了广大联动部门，特别是金融单位的积极支持和参与，诉讼诚信体系建设的成果对于方便和改善各联动部门的工作具有积极意义，各联动部门有动力，有需求，深受欢迎。各联动部门通过积极衔接、利用诉讼诚信信息，也找到了社会管理创新的"抓手"，积极性很高，参与度不断提升。

2. 对诉讼失信与金融失信的威慑力基本形成。2010年以来，全市法院向相关联动部门提供失信信息2591条，其中金融部门根据法院提供的失信信息，依职权对1337个失信企业或个人实施了限制贷款惩戒措施。通过共享机制对被执行人的银行账户信息进行掌握，进而迅速实现对其在各营业点财产账户的冻结和扣划，一方面协调各金融机构，依照法律和通知精神将协助法院执行工作的事项和程序固定下来；另一方面依照民事诉讼法修正案对拒不履行协助义务的单位予以制裁，为涉金融案件的执行提供了保障，大大提高了对金融失信行为的威慑力。

[①] 焦国成：《中国社会信用体系建设的理论与实践》，中国人民大学出版社2009年版，第223~231页。

3. 涉金融案件"执行难"现状得到根本改善。通过诉讼诚信体系建设,法院与金融部门协调联动、共同施治,使涉金融案件执行工作实现了由"单兵作战"向"集团联动"的转变。从 2010 年以来,全市法院涉金融案件执行结案率连年上升 1.2 和 1.9 个百分点,生效裁判自动履行率连年上升 6.3 和 2.8 个百分点。去年,全市法院涉金融案件执行自动履行案件数、执行和解案件数分别同比上升 9.9 和 62.1 个百分点。目前,中院和 8 个基层法院均达到了最高人民法院"无执行积案法院"的标准。

三、演进:两种模式的共同反制

从上述分析来看,金融诚信体系与诉讼诚信体系的对接只是手段,实现对金融失信与诉讼失信的共同反制机制才是最终目的。金融诚信体系与诉讼诚信体系建设都在向纵深推进,在共同反制失信行为上会有更多的契合,通过突破制度性的障碍,充分利用司法和金融各自的优势,以司法带金融,以金融带司法,两者互补,实现司法公平与金融诚信的双赢。因此,共同反制既是经济复苏和"司法为民"背景下金融诚信体系与诉讼诚信体系对接的基点,又是两大体系同步调节和嬗变的内在动力。

(一)反金融失信与反诉讼失信

提到反制,首先我们需要分析反金融失信与反诉讼失信问题。两者虽具有同向性,但内容与形式不同。反金融失信是指金融机构对金融失信行为进行反击、压制和处罚的各项体制机制和措施手段的总和,是通过完善法律制度、提升管理水平,持续、有效地压缩借款人、担保人金融失信空间,致使金融债务人无法律和体制漏洞可钻。反金融失信强调事前防范,并最终建立让金融债务人不敢规避、不能规避的体制和机制。

反诉讼失信是反制诉讼失信行为的司法活动,是审判机关、司法协助单位和诉讼参与人等依托一定程序,对诉讼失信行为的制约与反对的系统。反诉讼失信行为虽以解决"执行难"为落脚点,但并不以执行环节为限,而是通过诉讼诚信体系贯穿整个诉讼过程。

反规避执行是反诉讼失信的一项重要内容,最高人民法院江必新副院长曾经指出,规避执行问题的存在,会产生社会诚信危机[①]。反诉讼失信是以根本解决"执行难"为出发点,而以防止和遏制社会信用危机的发生为终极目的。

---

① 《执行创新与反制规避——访最高人民法院副院长江必新》,载《人民法院报》2011 年 1 月 27 日第 1 版。

可见，反诉讼失信与反金融失信联手，共同发挥其反制作用，既是诉讼诚信的需求，也是金融诚信的需求，更是整个社会诚信的需求。

（二）关于两种反制

反制的原意是对破坏某系统或机制行为的自动回击。例如，在金融界，为了打击信用卡盗卡使用者，对信号的算法或密钥进行升级而使其失效称为反制。反制①有三大特点：一是主动应对，是对破坏某系统或机制行为的主动出击，而不是被动应对；二是自动反击，反制本身就是一个自动化系统，如无密钥自动锁卡，而不是事后被动处理；三是最终杜绝，反制的目标是最终杜绝破坏某系统或机制行为，信用卡盗用者无计可施，自然便无为可作。

1. 金融失信反制。金融失信的反制机制主要体现在对金融失信的反击。反金融失信是按一定程序进行的，该程序的运行必须有一个有效的正当化、常规化的程式作为平台，这一平台正是金融诚信体系。

2. 诉讼失信反制。诉讼诚信体系也是一个反制系统。诉讼诚信体系之所以为一个反制系统，首先诉讼诚信体系是反诉讼失信的主动应对系统；同时，诉讼诚信体系是反诉讼失信的一个自动化系统，并以杜绝诉讼失信行为为最终目标。诉讼诚信体系中的反制是对失信行为的反对与制约，是反失信权制度的核心。我们可以有效地把当事人对诉讼失信的自卫转化为反失信的公权启动，通过与社会反失信行为关联机制的对话，实现对失信行为的对抗与反制。反诉讼失信也是按一定程序进行的，该程序的运行也有一个有效的正当化、常规化的程式作为平台，这一平台正是我们正在运行的诉讼诚信体系。

3. 共同反制。共同反制是对诉讼失信与金融失信的联合反对。共同反制机制的形成离不开两大体系的融合，通过各自反制机制效能的发挥，使诚信观念在金融领域与诉讼领域得到巩固和延伸，从而为反诉讼失信与反金融失信提供有效的司法和金融环境。一方面，诉讼诚信体系通过与公安、银行、税务、工商、社保等部门建立的查控体系，全方位监督和限制被执行人置业、融资等渠道，积极为反金融失信提供当事人信用信息，通过打击诉讼失信行为来震慑金融失信行为，为金融失信反制作用发挥奠定基础；另一方面，金融失信反制作用的充分发挥，为反诉讼失信打好了前战，通过金融单位积极协助法院执行，让诉讼失信行为无机可乘，并为执行中的财产申报和财产调查、悬赏举报、当事人追加变更等及时、主动提供有价值的信息，为有效防范和打击诉讼

---

① 通常认为，所谓"反制"，一是对敌对人物和势力的行为进行回击，包含以血还血、以牙还牙的意思；二是打击和制伏进攻敌人。在诉讼与金融领域，赋予了"反制"新的含义。

失信行为奠定基础。

(三) 共同反制的实践效应

共同反制会形成一种金融秩序与诉讼秩序的良性循环，例如，法院协调各专业银行、信用社对欠贷不还的被执行人在金融系统内部进行曝光，并形成一种联防机制，使信用差的被执行人在各金融部门无款可贷，最大限度地降低信贷风险。而降低信贷风险又大大减轻了诉讼的压力，从根本上遏制诉讼失信行为，彻底解决涉金融案件的"执行难"问题。

为了说明这种效能，我们举一个案例。某房地产开发公司截止2004年共欠某银行借款1200余万元，该房地产开发公司虽经营状况良好，但迟迟未还欠款。该银行迫于诉讼时效将过，于2005年向法院提起诉讼。在审理中，该房地产开发公司以借款合同不是法定代表人签字为由申请了鉴定，但鉴定结果为该法定代表人真实签字。一审判决银行胜诉，该房地产开发公司承担偿还借款，上诉后二审判决维持原判，生效后房地产开发公司又提起再审，并在再审期间组织职工上访。为慎重起见，直到2011年年初法院才做出最终结论。因该房地产开发公司未履行生效判决，该银行申请执行；在此以前，该房地产开发公司变卖了全部动产，还唆使关联单位起诉并查封了该房地产开发公司的所有不动产，导致本案无财产可供执行。

诉讼诚信体系针对该房地产开发公司的这一系列诉讼失信行为，2012年4月13日及时发出"严重失信行为"的红色警示[①]，通过法院与各金融系统的信息链接，某银行及时接受处理了该信息，并立刻叫停了该公司的借款，该银行之所以迅速作出反应，不仅是对公众舆论与司法权威的考量，还在于失信行为对借款风险和责任承担的考量——按诚信诉讼体系的相关规定，如果其漠视接受的诉讼失信信息，将丧失未来涉及该笔借款纠纷诉讼中的某些权利，显然，该银行不敢承担这样的责任。迫于司法与金融系统的双重压力，2012年4月27日该房地产开发公司主动履行了法院的判决，经该房地产开发公司和申请执行人的共同申请，诉讼诚信体系按规定降低了其警示等级，据此，该银行参照失信行为等级管理规定，方为该房地产开发公司办理了抵押贷款手续，一起长达六年的诉讼案件很快得到了圆满解决。

这起对金融失信行为和诉讼失信行为的联合警示与双重打击的个例，起到

---

① 根据诉讼诚信体系规定，失信行为按不同等级分别发出"红、橙、黄、蓝"四级警示信号，司法协助单位相应做出处理，并根据诉讼诚信变化情况，适时依当事人申请或依职权对信息库数据进行更新、删除。

了共同反制普遍的、多重的导向作用,体现了诉讼诚信体系与金融诚信体系同构的效应。可见,作为一种有目的的实践活动,这种共同反制全面实现对失信行为和金融失信有效的对抗与反制,以最快速度完成了其他国家在漫长时间里才完成的征信法制化的试验与突破。

（四）共同反制的演进方向

不管是反金融失信还是反诉讼失信,其价值体现都是良性金融和诉讼秩序的改造和承载,并为其赋予了社会属性及和谐指令,"共同反制"这一意义期望达到的目的正是如此。只不过"共同反制"必须借助社会化力量①,进行深度融合,才将两种模式的共同价值演绎得无比自然。

1. 统筹信息系统建设,为诉讼诚信体系与金融诚信体系完全对接搭建工作平台。在目前全国缺乏高层次、全覆盖的信用信息管理平台的情况下,信用信息的作用力限于地域、行业影响,不能充分发挥其震慑作用。针对金融部门独立的信息系统,与诉讼诚信体系对接存在技术性障碍的问题,我们将继续在相关征信监管部门设立"诉讼信用信息查询点",推动有关部门将诉讼诚信信息纳入管理范畴,列为管理依据。目前,可依托"全国法院执行案件信息管理系统",增设"诉讼信用信息库"管理模块,先架设起法院内部上下贯通的信用信息管理平台,再向社会各征信系统进行对接和辐射,最终形成"上下贯通、全面覆盖"的信用信息管理平台,以建立健全信用网络和资信信息网络,使欠债者感到无形的压力,彻底解决涉金融案件"执行难"问题。

2. 尽快制定诉讼诚信体系与金融诚信体系统一的信用等级评定制度。我们在《诉讼信用评价与管理办法》中,逐一列举当事人、代理人、协助义务人、中介机构4类主体的33种诉讼失信行为及相应扣分分值,实行绿色诚信和设立"蓝、黄、橙、红"失信5级综合评级,并明确了信息收集评级及异议处理程序。金融诚信体系中也制定了企业和个人消费贷款信用等级制度。其中信用评分的依据包括企业所有人或消费者的收入状况、债务余额、财产、雇佣状况、住宅所有权,以及以往银行贷款行为记录,等等。但目前两类信用等级制度各有侧重,互有交叉,甚至有矛盾的地方。考虑到社会信用的客观性与统一性,应注重银行信贷信用等级制度与诉讼诚信体系信用等级制度的衔接,积极弥补金融诚信体系诉讼信息缺位带来的不便,尽快出台信贷信用诉与非诉

---

① 在2011年亚太金融高峰论坛上,苏培科认为,用制度、法律来规范人为因素带来的扭曲的现状是很有必要的。就中国目前的情况来讲,实现诚信不仅仅是一个金融机构或行业需要完成的,诚信更需要整个社会行动起来,诚信体系更是自上而下的,否则一切都是空谈。

的统一信用等级制度。

3. 诉讼诚信体系与金融诚信体系应形成统一征信系统。有学者认为，人民法院是审判机关而不是征信机关①，认为审判机关可以对失信行为进行认定，但不能代替征信机关对失信行为进行评估、评级、确定警示级别。鉴于这一观点，应成立独立于审判机关的中介机构或委托金融等征信机构对法院认定的诉讼信用行为进行评价，从而扩大反诉讼失信的社会化分工，减轻诉讼诚信体系运行的矛盾与摩擦。因此，应尽快形成诉讼诚信体系与金融诚信体系统一的征信系统，使共同反制机制尽快走向法制化、社会化、系统化道路，为未来建立更加良好的金融与司法秩序奠定基础。

4. 进一步建立健全共同反制机制。以上是共同反制的软件建设问题，虽然紧迫，但尚需要一个过程。基于目前现状，共同反制的运行机制应先行建立健全起来，为软件的建设与运行积累经验、提供素材。共同反制机制与现行的联动机制有所不同，它更加突出反诉讼失信与反金融失信的共同威慑力，两种威慑形成的合力要远远大于两者之和。这种合力如何形成是一项重大而富有现实意义的课题。下一步，金融诚信体系应积极通过诉讼诚信体系融入与公安、税务、工商、社保等部门建立的查控体系，发挥反金融失信的作用，来震慑诉讼失信行为。诉讼诚信体系也应通过金融诚信体系介入金融失信反制的宣传活动，让诉讼失信行为无机可乘，为联合打击两类失信行为奠定基础，切实实现诚信观念在全社会的延伸和巩固，从根本上解决涉金融案件的"执行难"问题。

---

① 征信机构（Credit Bureau）即信用报告机构，负责验证信用信息并保存信用申请人和使用人的相关信息。而根据宪法，最高人民法院是中国最高审判机关，也是各级人民法院的法律监督机关，但无征信职权。高级法院、中级法院及基层法院有没有征信职能，由于没有明确的法律规定，存在很大的争议。

加强人民法院与各级金融机构合作
破解金融债权执行难和法院查询工作瓶颈

河北省滦南县人民法院　孙更生

2011年，我省法院系统搞了一次集中清理信用社为申请人的执行案件活动，我院共涉及此类案件123件，标的计900余万元。经集中执行，执行标的款到位率70%。另外，近三年来我院为工行、农行执行标的款近500万元，受到所涉金融机构的一致好评。

通过执行大量的金融债权案件，通过查询被执行人账户存款等，发现了一些问题，与大家共同探讨：

1. 金融机构贷款管理不规范。在审查借款人和担保人的抵押财产时，把关不严，存在疏漏。如对借款人和担保人的房产、车辆、土地使用权的手续审查不细，缺少必要的调查，导致执行时被执行人仅仅有一处住房，无法执行。另外，借款人通过各种渠道，使抵押财产的评估价格过高，拍卖后不能足额偿还借款，因此，建议金融机构对抵押财产进行全面调查，确保物有所值，避免金融机构不必要的损失。

2. 法院执行工作存在缺陷。在执行过程中，执行人员认为有借款人的财产抵押，金融机构享有优先受偿权，就不必对抵押财产采取查封、扣押、冻结措施了。当这些借款人同时有其他作为被执行人的案件时，其他案件却裁定查封、扣押、冻结借款人在金融机构已经抵押的财产，或者其他案件双方当事人"自愿"达成执行和解协议，将抵押财产处分，迟延了法院对查扣财产进行评估和拍卖，因此，即使金融机构享有优先受偿权，也很难及时实现，损害了金融机构的利益。因此，建议法院在诉讼阶段就对抵押财产采取保全措施，以避免债务人恶意规避法院执行。

3. 法院查询被告或被执行人账户手续烦琐，不利于审执工作的开展。查询被告或被执行人的账户存款，并采取冻结、扣划措施，这是最直接、最有效的财产保全和执行路径，这就需要金融机构配合法院的工作，及时为法院提供查询结果并办理冻结、扣划手续。以往法院查询法人开户行的账号，只需执行人员持相关法律手续到被执行人所在地人民银行就可办理，大大减少了查询程序和被执行人转移财产的机会。近两年来，人民银行不再直接受理中级人民法院及基层人民法院的查询，改由高级人民法院进行批量查询，这给查询工作造成了很大困难，甚至久查无果，给被执行人留下了转移财产的机会，这也是造成部分案件执行被动、执行难的直接原因。因此，建议仍然恢复到2010年以前的查询程序，即各级人民法院执行员可直接到被执行人所在地人民银行查询法人开户银行和账户。建议建立异地查询、冻结、划拨制度。最高法院应积极与人民银行联系，尽快建立异地查询、冻结、划拨制度。从现有的物质基础和技术条件来看，几大银行都实行了全国联网，已经不存在物质、技术方面的障碍。这一制度的建立对于解决人民法院执行难将起到非常重要的作用。将大大改进法院在执行中存在的存款查询难、地方保护、办案经费、执行安全等方面的问题。

4. 各级金融机构在协助人民法院查询、冻结、扣划被执行人存款的程序上存在缺陷。查询、冻结、扣划三个环节不能紧密衔接，有被执行人乘隙支取的风险。例如，我院在执行杜某申请执行廊坊某保险公司交通肇事损害赔偿一案中，执行人员在工商银行廊坊某某支行查询到被执行人银行账户存款7万余元（本案标的45000元），填写扣划手续并递进业务窗口后，工作人员一个多小时没有出具扣划回执，后告知此笔存款已由被执行人从网上支取，扣划未果。当即我们找到该行负责人交涉，指出其怠于协助的过错及应承担的法律后果。当日，经该行协调，将被执行人的负责人找到该行办公室，执行人员给他做了大量的思想工作，他表示同意履行判决书确定的义务，当日下午将标的款及时汇入我院银行账号。依照相关法律规定：银行在接到协助执行通知书后，应当积极履行法定义务，不得借故推诿拖延，不得对已被冻结的款项扣收贷款本息，不得向被查询、冻结、扣划单位或个人通风报信，帮助隐匿或转移存款。在办理完查询存款手续后，有权机关要求予以保密的，金融机构应当保守秘密。因银行工作人员无故拒不协助查询、冻结或者扣划存款，或故意推诿拖延致使执法机关延误时机，或为被执行单位通风报信而导致执法机关无法执行的，人民法院可以依据《民事诉讼法》第103条的规定，责令银行履行协助义务，并可以对单位主要负责人或直接责任人员予以罚款，还可以向监察机关或者有关机关提出予以纪律处分的司法建议。因此，建议建立各级金融机构在协助查询、冻结、扣划被执行人存款时，只要查询到存款，在出示冻结、划拨等法律手续之前，账户存款先按法官口头裁定要求，先行冻结的制度。确保存款在这一时间段不被转移。避免造成法院和金融机构之间的误会，影响双方关系。同时建立金融机构内违法履行协助义务的责任追究办法及与协助工作无关人员不得过问与协助执行有关事项等相关的纪律制度，避免违法行为的发生。

另，金融机构在协助法院扣划被执行人定期存款时，（特别是三年、五年长期存款），称不能部分操作，只能全额扣划，这一规定在存款本息远远大于执行标的的情形时导致法院执行工作面临两难的境地：长期冻结存款不符合法律的规定，申请人也不会同意；超标的全部扣划，会给被执行人造成不必要的利息损失，扣除执行标的后的余额法院无法处理，可能引发国家赔偿。故建议金融机构在操作时，按照法院确定的数额予以扣划，剩余本金仍为原期限的定期存款。

人民法院与金融机构协助执行联动机制现状分析及对策
——兼谈人民法院与金融机构"点对点"协助联动机制的构建

福建省漳州市中级人民法院　吴顺和

2006年以来，人民法院认真贯彻中央文件精神，以联动司法理念为指导，在党委的领导下，主动争取政府及相关部门的支持和配合，加强与社会各界良性互动，积极推进执行联动机制建设，综合治理"执行难"。2010年，最高人民法院与中国人民银行等18家单位共同制定《关于建立和完善执行联动机制若干问题的意见》，进一步推动人民法院与金融机构间联动机制建设的长效化和制度化。联动机制运行的成效如何，本文以笔者所在的漳州市法院与辖区金融机构协助执行联动机制运行现状为切入点，透析联动机制运行中存在的各方面的问题，并结合漳州市正在试点推动的"点对点"协助联动机制实践探索，提出人民法院执行联动机制完善建议。

一、现状：漳州市法院与辖区金融机构协助执行联动机制运行情况

中央政法委52号文件下发后，在漳州市委的领导下，人民法院与金融机构认真贯彻中央政法委文件精神，积极建立以立即办理、指定办理、信息共享为主要内容的协助执行联动机制。2006年，在市委政法委牵头下，市中级法院与市人民银行、银监局在内的十几家成员单位共同签订《关于建立漳州市人民法院执行工作协助执行联动机制的实施办法》，该办法明确了银行业金融机构要加强账户管理，依法即时、如实完整地向执行法院提供被执行人的开户、存款情况以及存款有关的会计凭证、账簿、对账单等资料，严禁违规为被执行人开设账户。对需要冻结、划拨被执行人存款等协助事项的，应立即依法

予以登记办理，需划拨的款项应依法将款项直接划至执行法院账户。2008年，漳州市委政法委主持召开了市人民法院、市人民银行、市银监局和各金融机构（含保险、证券）参加的协助执行联席会，再次强调漳州市两级法院执行人员到全市各金融机构营业网点办理查询、扣划、冻结存款，只要执行人员出示的证件及法律文书符合法律要求，金融机构应立即协助，而无须办理金融机构内部审批手续；各金融机构应开辟专门的司法协助窗口。同一年，市中级法院与市人民银行、市工商局召开征信系统执行威慑机制联席会，明确：人民法院定期向人民银行分支机构提供被执行人名单信息，各分支机构应根据上级的有关规定将被执行人名单信息纳入企业和个人征信系统。各银行业金融机构应将法院信息作为审贷依据，对拒不履行义务的被执行人的有关信贷和信用卡业务进行把关和必要的限制。

但从近年来实践反馈的情况看，仍然存在个别金融机构未能依法协助、协助执行效率有待提高、联动机制还有待全面贯彻等方面的问题。主要表现在以下几个方面：

1. 超越权限审批、审查。这是比较普遍存在的问题，也是执行人员反映比较强烈的问题。现行法律及中国人民银行的管理规定均未赋予金融机构对法院要求协助事项进行内部审批的权限，只有对执行人员出示的工作证件和出具的法律文书进行表面审查的权限。但执行中，还是有个别金融机构要求办理其内部审批手续后才同意协助冻结、扣划，甚至个别的金融机构连办理查询也需经内部审批。在审查执行人员的证件和法律文书时，也存在不当审查行为。有些金融机构在协助执行时要求执行人员提供本人的身份证。最近，有几家金融机构甚至要求执行人员在柜台监控摄像机前拍照后方给以协助。

2. 拖延办理，消极协助。实践中，主要有以下拖延办理，消极协助的方式：（1）以需内部审批为由，拖延办理。（2）以登记为由，拖延办理。（3）以需排队为由，拖延办理。（4）以须上级审批为由，拖延办理。（5）以系统设置为由，拖延办理。

3. 账户管理不规范。禁止公款私存是国家的财经制度和财经纪律，但还是有个别的金融机构违规应当事人的请求以个人的名义开立公款账户，导致人民法院在执行过程中调查取证困难，被执行财产查控处置困难。此外，企业多头开户仍相当普遍，多数企业在不同的金融部门多头开户，结算、支付时又交叉使用公开账户和隐蔽账户，加大了法院执行难度，增加了司法成本。

4. 对一些现行法律未作出具体规定的协助事项，各金融机构的做法存在差异。如异地存款查询问题、协助冻结工资账户问题、协助计算利息问题等等。以协助冻结、扣划工资为例,有的金融机构要求执行法院被执行人工资账户全部冻结,半年划拨一次(有个别的经过协调,同意每季度划拨一次的),每次均需提供相应的协助执行手续;也有些金融机构根据法院要求只冻结部分账户资金,定期或不定期划拨。前者就明显存在一个问题,法律明确规定,扣划或提取被执行人工资收入的,应当保留被执行人及其所抚养家属所必需的生活费用,但冻结了全部账户,势必导致被执行人无法领取应保留的生活费用部分。

5. 人民银行的统一查询急需解决。开放个人和企业账户查询本应是人民银行各分支机构的法定义务,但2008年人民银行总行给各地分支机构下发通知,人民银行不负责向人民法院提供被执行人结算账户信息查询。这无疑严重影响了执行工作的效率,也严重挑衅了司法权威。直到2009年2月,在全国清理执行积案期间,最高人民法院与中国人民银行经过协商,才联合下发《关于在全国清理执行积案期间人民法院查询法人被执行人人民币银行结算账户开户银行名称的通知》,规定:"在全国集中清理执行积案期间,人民法院需要查询法人或其他组织为被执行人银行结算账户开户银行名称的,人民银行上海总部、被执行人注册地所在省(自治区、直辖市)人民银行各分行、营业管理部、省会(首府)城市中心支行及深圳市中心支行应当予以查询。查询对象仅限于生效判决和裁定所确定的法人被执行人。""对个人作为被执行人的银行结算账户开户银行名称的查询另行通知。通知下发前人民银行暂不提供查询。"全国80%以上的案件执行在基层法院一级,而通过省高院统一向省人民银行查询一次,平均花费时间不下7天,甚至更长,查询的结果也仅是被执行人在某商业银行开立了账户。但若不经过人民银行查询,又必须面对为数众多的金融机构,工作量亦十分惊人。因此,开放各级人民银行个人和企业结算账户查询已经是当前反映最为强烈的问题之一。

6. 信息共享缺乏征信系统支撑。联动机制是成员单位之间的良性互动关系。征信信息互享虽然已纳入金融机构与人民法院执行联动的范围,而且,2007年修订《民事诉讼法》以及国务院《征信管理条例》(征求意见稿)均先后明确法院强制执行信息属于征信信息收集的范围。但是,截至目前,人民法院被执行人名单信息与人民银行的个人和企业征信系统之间的对接还无法实现,各金融机构在审核发放借款时从未主动向人民法院征询申请人在人民法院的债务负担情况,信息共享仍只停留在文字层面,并未真正进入实际应用。

二、博弈:金融机构协助联动执行障碍的原因分析

金融机构在协助法院执行过程中存在的种种问题,已严重影响了联动机制

的成效,背离了形成合力、共同解决人民法院执行难的目的。这里面除了金融机构在自身利益与履行法律责任、社会责任之间利益取舍,也有人民法院在维护司法权威与向现实妥协之间的无奈,更有社会管理层面,尤其是征信管理上的整体制度缺失等各方面博弈。在某个节点上,相互博弈的结果便决定了联动机制的整体运行成效。

(一) 金融机构方面

1. 金融业利益驱动

随着金融管理体制改革,金融市场竞争日趋激烈,金融机构为争取客户,扩大存储,普遍规定了揽存任务,并与工作人员的经济利益挂钩。揽存量的多少直接影响到部门的效益和个人的收入。金融机构会担心法院的查询、冻结、扣划会对今后的揽储带来不利的影响,因而对法院的执行工作设置各种障碍,想方设法帮助客户逃避法律义务。这已成为个别金融机构在"客户至上"的名义下不正当经营的一种手段。不可否认,这种现象与经济发展水平相对落后有一定的关系。不过,从长远的角度看,这种行为无疑是杀鸡取卵,并不利于金融业乃至社会经济的整体健康、持续发展。一是不利于诚信社会、诚信市场的建立;二是金融机构的不积极协助行为容易导致企业或是其他主体只注重逃废义务,不注重谋求自身发展。

2. 金融机构依法协助观念有待加强

协助人民法院查询、冻结、扣划是金融机构的法定义务。但是,有些金融机构及其工作人员对自己应当履行的协助义务及不履行协助义务应承担的法律责任缺乏正确的认识,甚至无视法律规定,妨碍执行、阻挠执行。该问题的存在,大致归于以下几个方面的原因:一是金融机构自上而下的内部管理规定与现行法律规定相脱节,甚至有的相违背;二是部分金融机构及其工作人员对依法协助执行的法定性和重要性认识不足,对有关法律法规规定学习不够、理解不透;三是金融业机构正处于改制过程中,新的理念尚未确立,旧的观念还未根本消除,有些金融机构的领导者、主管人员的思想认识还停留在过去的框架内,对有关法律规定、文件精神的传达贯彻不力,影响了具体经办人员,导致协执不力。

(二) 法院方面:执法力度不严

"之所以制定制裁,其目的就在于保证法律命令得到遵守和执行。""法律强制执行措施,其目的乃在于实现和加强有序的、一致的和有效的执法。"①但如果司法部门的执法力度不严、不周,必然会引起反作用,法律所追求的正义、有序的目的便无法实现。根据《民事诉讼法》有关规定,金融部门拒不协助查询、冻结、扣划存款的,法院可视情节对该单位处以罚款,对其主要负责人或直接责任人处以罚款、拘留。构成犯罪的,依法追究刑事责任。但司法实践中,对金融部门的违法行为予以追究并且罚当其罪的并不多。一方面是考虑到在执行过程中需要金融部门的长期配合,不愿将关系闹僵;另一方面,居于往常的经验,对金融机构采取制裁措施,金融部门往往会动用各方面的关系对执行法院施加影响,制裁应有的惩戒和示范功能不能得到很好的发挥。鉴于此,在针对金融机构的消极执行、不配合行为,执行法院在执法力度上仍然是有所保留的。

(三) 社会管理方面:社会征信体系缺失

推动联动机制建设的目标之一达到各部门信息管理系统的同步交换、互联共享,建立起有效社会管理的征信体系,从而达到对失信者社会经济生活等各方面行为的限制。目前部门性、地方性的征信管理系统建设虽已取得阶段性的成效,国家有关征信方面的立法也在加速当中,但目前而言,大量的征信信息分散在不同的行业部门,信息没有得到有效利用,各部门、地区所持有的信息数据既不流动也不公开,壁垒严重,大量有价值的信息资源被闲置和浪费。一些拥有征信信息数据的单位之间难以协调,个人信用数据更是难以收集。以个人征信信息为例,该类信息主要掌握在人民银行、公安、法院、工商、税务、劳动保障、人事等多个政府部门及金融机构、公用事业、邮政、电信、移动通讯、保险等非政府机构手中,处于分散和相互屏蔽的状态,并没有按照发达国家那样开放个人征信数据。在缺乏相关法律法规支持的情况下,实现上述部门之间的协调一致是非常困难的,部门之间甚至会出于自身的利益而拒绝合作或采取消极合作的态度。最高人民法院在推进执行威慑机制过程中,一直尝试推动威慑机制与相关部门的信息共享互通,但至今收效甚微,如前文提及的人民银行向人民法院开放个人和企业结算账户信息查询问题,若能解决,对执行工作效率的提升将起到事半功倍的作用。

---

① E·博登海默著:《法理学法律哲学与法律方法》,中国政法大学出版社1999年版,第341页。

三、探索:"点对点"协助执行联动模式的提出及试运行成效

(一)"点对点"协助执行联动模式的具体安排

"点对点"协助联动机制是指借助通讯、网络等工具,通过加密文件、加密邮件由指定联络人以指定账户传递方式实现人民法院与金融机构之间迅捷、高效、安全的信息化协助执行和征信信息共享的工作机制。

1. 协助查询账户。人民法院将协助查询通知书、执行人员执行公务证及工作证等扫描件,及被查询人名单(被查询人为个人的,提供姓名及身份证号码;被查询人为单位的,提供名称及组织机构代码),以加密电子文档方式,通过电子邮件传递给协助查询的金融机构;协查金融机构在接到该查询电邮后,应当立即查询,并在3小时内,根据人民法院提供的名单将加盖印章(业务章)的查询结果(包括开户行及网点、账号、余额、账户状态等)及各存款账户近3个月流水账清单扫描件,以加密电子文档方式,通过电子邮件回复人民法院。

2. 协助冻结、划拨存款,提取收入。人民法院将协助冻结及划拨、提取收入执行裁定书、协助执行通知书(原则上一案一文),并附执行人员执行公务证及工作证等扫描件,以加密电子文档方式,通过电子邮件传递给协助执行的金融机构;金融机构在接到人民法院协助要求时,应当即办理,如实填写协助执行回执,并及时将加盖印章的办理结果(或协助执行回执)扫描件,以加密电子文档方式,通过电子邮件回复人民法院。

3. 相关的配套措施。

(1)指定专人负责办理。人民法院与金融机构分别指定专人为联络人,并指定固定内设部门为联络部门,负责办理"点对点"协助执行业务,并保证正常上班时间的通讯、网络联络畅通。

(2)硬件设施保障到位。人民法院、金融机构应为指定联络人及时配备为实施本操作细则所需的扫描仪、互联网络终端、打印机、固话等硬件设施,并配备符合安全保密要求的专用办公场所。

(3)明确信息文档与纸质文本具同等程序证明力。人民法院上述协助执行的法律文书扫描件电子文档,与人民法院同类纸质书面文书具有同等效力,金融机构可直接打印,存档备查。金融机构的协助执行回执,包括流水账清单的扫描件电子文档,与纸质书面回执具有同等效力,人民法院可直接打印附卷。各方往来的电子邮件作为确认依据,不再进行纸质签字确认。

（二）运行成效

我市辖区平和法院率先开展"点对点"协助联动机制方面的试点工作。该院通过加密电子邮件传递协查信息，足不出户完成被执行人财产的"四查"，即个人存款、房产、机动车、股东股份股权及个人投资权益等四项财产权的查询。共查询县域所有6家银行3批14次390人次，冻结、扣划存款人民币22万元，平均查询至结果反馈时间4个小时，从存款信息获悉到账户冻结结果反馈仅需1.5小时；电邮查询房屋产权21人次，查封房屋1套；冻结工商股权1人次。在这种新模式下，可以在4个小时内完成之前执行局全局执行人员半个月的查询工作量，初步实现执行工作由粗放型向精密型、由分散执行向集约执行、传统模式向科技信息化模式的转变。

四、建议：深化"点对点"协助联动机制

（一）转变观念，加强协助执行的法律意识、联动意识和责任意识

徒法不足以自行。好的制度安排，没有适用主体高度认知、认同以及对制度安排的敬畏，是很难达到目的的。执行联动机制是各级党委领导下，人民法院执行工作有关的部门与单位之间，通过明确并强化各自的工作职责，形成密切配合的执行协作机制，共同解决"执行难"问题，积极维护国家法制的统一和尊严，维护司法权威，维护人民群众的合法权益。但是，当前相关职能部门尤其是金融机构，协助人民法院执行的总体情况距离法律、党委的要求和执行工作的实际需要还是有一定的距离。"点对点"协助联动机制的推动，不在于法院想怎么做，关键在协助单位肯怎么做。因此，各协助成员单位，尤其是金融机构，应自上而下，加强对其工作人员的法律法规教育，加强对中央和各级党委文件精神学习，明确不依法履行协助执行义务的法律后果、市场诚信与道德风险，切实增强法律意识、联动大局意识、依法协执责任主体意识，自觉履行协助执行义务。金融机构对自身定位更应当要有清醒的认识。执行工作外部环境的改善，与金融机构实现自身债权利益是息息相关的，金融机构不应有不履行法定义务、不积极配合等急功近利的短视行为。

（二）多措并举，完善"点对点"协助联动的制度内涵

1. 与时俱进，转变执行理念。时代在发展，社会在变化。执行工作必须紧跟社会、经济发展的脉搏，与时俱进，不断更新执行理念，适应新形势下执行工作外部环境的变化，回应人民群众不断增加的法治需求。当前，社会征信体系尚不完善，信息技术的广泛应用为被执行人逃废债务、规避执行提供了便

利。执行工作必须由传统的分散型、粗放型、人力型执行模式向以信息化为特色的集约型、精确型、科技型执行模式转变。执行工作必须懂得借助信息、科技的力量,提高工作效率。

2. 完善快速办理机制,重点是要落实指定办理和立即办理。指定办理是指金融机构应当在其营业机构确定专职部门或专职人员,负责接待要求协助查询、冻结和扣划的有权机关,及时处理协助事宜。指定办理有以下几个方面的意义:一是可以较大地提高协助执行工作效率,降低执行和协助执行成本;二是比较有利于保证信息安全,防止分割国家秘密、商业秘密和个人隐私;三是有利于维持金融机构正常的营业秩序。"点对点"协助执行模式下,需要市、县一级分别指定专门的机构专门负责协助执行事宜,在试点运行的基础上,人民法院需要查询、冻结被执行人或是其他与案件有关当事人的银行结算账户信息(包括查询异地存款),可以统一到市一级指定的部门直接办理,查询结果由该协助执行金融机构出具书面证明,冻结手续则由该金融机构按内控规定移送;需要扣划的,由人民法院到存款人开户的营业分支机构具体办理。

立即办理机制是指人民法院需要金融机构等单位协助执行的,只要程序要件合法,负有协助执行义务的单位应不加迟延的予以办理。在传统协助模式下,办理查询、冻结、划拨时,执行人员应出示本人的工作证和执行公务证,并出具相应的协助法律文书。金融机构经办人员对相关法律手续进行表面审查后即予以办理。而在"点对点"模式下,相关的法律手续通过扫描后以电子文本的形式传输,执行人员身份的合法性已经事先得到确认,金融机构只需按人民法院提供的名单信息提供相应的查询结果。为了确保工作效率,必须明确回复的期限。如何确定回复期限,应根据协助的具体工作量来确定。可以个案查询和批量查询分别设置,而批量查询每批次最好相对固定,如20人次或30人次;个案查询建议在收到邮件后1个小时内,而批量查询建议在当天回复,即8个小时工作时间内。

3. 以"点对点"协助联动为依托,全面推进执行快速反应机制建设。"点对点"协助模式是一种全新的探索,目前虽只是与金融机构建立协助工作平台,在各方面运作成熟的基础上,将向土地、房管、工商、税务、公安等协助单位进行推广运用,并形成以法院执行为中心的信息集合,推动执行快速反应机制的进一步完善。笔者注意到目前国内已经有不少法院在执行快速反应机制方面进行积极的尝试,有的以执行指挥中心为架构,有的依托执行信息查询中心等。建立执行快速反应机制是构建"点对点"协助联动机制的有机组成,也将是新联动模式的特征之一。(1)通过"点对点"协助,节约的人力资源恰好作为快速反应的人力投入；（2）通过快速反应，可以将"点对点"协助的成果转化成案件实际执行的成果；（3）快速反应机制与"点对点"协助机制还可以起到相辅相成的效果。

五、延伸：联动司法理念下的协助执行工作展开

（一）以解决执行难为目的建立的协助执行联动机制必须坚持党的领导

解决执行难是当前执行工作的核心任务，而"党的领导是解决执行难的重要保证"。① 中央政法委52号通知下发以来，人民法院紧紧抓住各级党委高度重视和支持人民法院执行工作的有利时机，坚持把法院执行工作置于党委领导之下，自觉依靠党委力量解决执行中遇到的问题和困难。积极构建执行联动机制，是党委重视解决执行难的重要举措之一，也是人民法院依靠党委解决执行难重要表现之一。从对金融机构协助法院执行的情况调查，可以反映出协助执行联动单位在贯彻文件精神，切实有效的提供协助方面距离党委要求、执行工作实际需要等还有一定的差距。下一步，市法院还将就土地、房产等协助法院执行问题提请市委政法委主持召开专门的联席会，研究解决土地、房产部门在协助法院执行中存在的问题，不断推进、完善协助执行联运机制，切实解决人民法院执行难。此外，还要在党委的领导下，争取将协助执行工作作为一项内容纳入市直机关综治责任考评范围。

（二）以协助人民法院执行为核心内容的联动机制需要各部门通力配合，形成合力

执行联动机制主要由金融、公安、土地、房管等在内的相关单位和部门组成，当前，在联动机制框架下各成员单位间的沟通平台与制度保障平台并不完善，此外，联动机制的外延配套机制也还有待进一步的拓展，如执行工作考评、执行威慑、特困群体执行救助等。因此，协助执行联动机制不应简单地停留在就案办案，而在要通过制度安排，强化各成员单位的职能管理作用，在全社会形成一种自觉履行和执行威慑相结合的良好执行氛围，并以此增强被执行主体的自动履行意识，以降低司法成本的支出，节约社会公共资源。各职能部门应当积极探索解决执行难的治本之策。一是要加强法制建设与宣传，提高公众法律意识；二是要积极探索非诉讼纠纷解决方法，建立多元化的纠纷解决机制，化解社会矛盾；三是要加快社会征信体系建设，加大对逃废债务行为的失

---

① 《最高人民法院曹建明副院长：在全国法院切实解决执行难电视电话会议上的讲话》，载《最高人民法院办公厅情况通报》2006年第3期。

信惩戒,对自动履行义务行为的守信激励;四是要加强督促和责任追究,加强联动成员单位的责任意识;等等。

(三)以良性互动为基础的协助执行联动机制必须正确处理好法院主办、外部支持的关系

联动成员单位虽然各司其职,但其目标的一致性即为了减轻人民法院执行压力,从根本上解决人民法院执行难问题,维护法制统一、维护司法尊严等目标成为维系联动机制的价值基础,成为人民法院与各成员单位间良性互动的动力源。要处理好法院主办与外部支持的关系,就法院而言,要在党委领导、各界配合支持下,更加扎实工作,充分发挥职能作用。首先,依法执行生效判决文书和其他法律文书,是宪法和法律赋予人民法院义不容辞的责任。其次,要继续加强执行规范,健全执行工作机制。再次是要加强执行队伍建设。

浅论法院如何与金融机构联动破解执行难问题

广西壮族自治区武宣县人民法院　陆华停

自2000年9月4日最高人民法院、中国人民银行联合下发法发〔2000〕21号《关于依法规范人民法院执行和金融机构协助执行的通知》和2002年1月15日中国人民银行发布《金融机构协助查询、冻结、扣划工作管理规定》以来，金融机构依法协助人民法院执行工作情况总体较好，金融机构在依法履行协助义务方面更加规范，但也存在许多不足之处，笔者将从当前金融机构协助法院执行的现状出发，探寻法院与金融机构协助执行的问题。

一、法院执行与金融机构的关系

《民事诉讼法》第242条规定："被执行人未按执行通知履行法律文书确定的义务，人民法院有权向有关单位查询被执行人的存款、债券、股票、基金份额等财产情况。人民法院有权根据不同情形扣押、冻结、划拨变价被执行人的财产。人民法院查询、扣押、冻结、划拨、变价的财产不得超出被执行人应当履行义务的范围。人民法院决定扣押、冻结、划拨、变价财产，应当作出裁定，并发出协助执行通知书，有关单位必须办理。"

最高人民法院和中国人民银行2000年发布的《关于依法规范人民法院执行和金融机构协助执行的通知》规定：人民法院查询被执行人在金融机构的存款时，应当出示本人工作证和执行公务证，并出具法院协助查询存款通知书，金融机构应当立即协助办理查询事宜，不需办理签字手续，对于查询的情况，由经办人签字确认，对协助执行手续完备拒不协助查询的，按《民事诉讼法》第111条规定处理。全国人大代表、广西壮族自治区高级人民法院院长罗殿龙曾说，"被执行人的财产中，对在各商业银行的银行存款查询难，被执行财产难找"是被社会公认的法院执行难的重要表现形式之一。

由此可见，金融机构是执行工作的协助者，金融机构协助执行工作是否做到位直接关系到案件能否顺利执结。协助执行作为金融机构的一项法定义务，履行的程度直接关系案件的执结率与社会稳定和谐。

二、协助执行中存在的问题

协助执行作为一项法定义务，大多数金融机构都能依法协助人民法院强制执行，但在一些地方，法院请求金融机构协助执行的渠道仍然存在不畅现象，各地都有出现因银行不协助执行的现象存在，有的还由此引发机构负责人被司法拘留、营业所被处以罚款、甚至是让被执行人代为履行巨额给付义务。目前，法院在执行过程中遇到的协助执行较为突出的问题有如下几点：

1. 意识淡薄，有些金融机构的工作人员没有认识到协助法院执行，是法律要求金融机构必须履行的法定义务，更是国家赋予金融机构的法律职责。有的工作人员对自己应当履行的协助义务及不履行协助义务应承担的法律后果缺乏正确的认识，导致无视法律规定，我行我素。

2. 变相拒绝履行法定义务，比如查询单位存款时，有的还要求必须提供具体账号或是有能力提供查询异地存款信息的，拒绝查询，有的以为储户保密为由，拒不协助查询被执行人的银行账户，有的以需要有关负责人签字为由，任意增加协助手续，设置程序障碍。

3. 消极履行协助义务，比如金融机构没有专门的协助柜台和接待法院协助执行的人员，柜台之间相互推诿，拖延办理协助事项，金融机构故意不提供有存款的账户，只提供没有存款的账户。

4. 严重妨害法院执行，如有的金融机构工作人员在协助执行过程中故意拖延时间，导致存款被转移，对查询有存款的账户，金融机构内部人员通风报信，导致法院执行落空。

三、问题存在的原因

既然是一项法定的义务，为何还出现诸多金融机构不协助或者是协助不到位的现象呢？笔者经过分析认为主要存在以下几方面的原因：

1. 我国当前的法律制度的不完善，尤其是在协助执行制度方面缺乏统一的的具体的规定。

2. 金融机构往往担心法院的查询、冻结、扣划会对今后的揽储带来不利的影响，从而使得金融机构在履行协助义务时陷入两难境地，为了谋求利益，一些金融机构采取消极协助甚至不协助的方式对待。

3. 金融机构管理上的漏洞，比如金融机构工作人员缺乏协助执行的意识，没有认识到协助执行的重要性；银行存在多头开户，明暗交错的现象等。

4. 法院与金融机构之间缺乏联系的平台，没有形成良好的互动。

四、法院与金融机构联动的建议

执行难一直是困扰法院的一大难题，而当前协助执行中存在的问题在一定程度上更是加大了法院执行的难度，可谓难上加难，要让难题能解、易解，当务之急是要在法院与金融机构之间建立联动机制，加强双方之间的沟通与联系，让协助执行真正起到帮助的作用，从而减轻执行难度，提高办案效率，维护当事人合法权益。笔者认为，应从以下几个方面构建法院与金融机构联动机制，搭建法院与金融机构良性沟通的平台：

1. 统一立法。我国对协助执行制度暂时还没有统一规定，现有协助执行制度散见于《民事诉讼法》和《最高人民法院关于人民法院执行工作若干问题的规定（试行）》等司法解释中，对拒绝或消极对待协助执行的单位或个人的惩罚规定较少，不能有效地打击或惩治拒不协助执行的单位或个人，导致执法上的不力和协助执行人消极应付。因此，规划出台权威性协助规定和操作细则，明确法院与银行等金融机构间具体协助权利义务，细化衔接程序，界定违规后果和处罚结果是当前亟待解决的问题。比如，我国可引用在执行中发出法院协助执行令，协助单位必须无条件履行，否则将承担较重的不作为后果。

2. 组建联动小组。法院应进一步加强与金融主管、监管部门联系，认真落实法律规定的相关要求，创建法院与当地金融机构的联动机制，有条件的组建由法院主要领导人、金融机构主要领导人及监管部门主要领导人组成的联动机制领导小组，制定联动实施细则，充分发挥联动机制的作用，保证法院便捷、迅速地依法查询、冻结、划拨被执行人的存款，尽快执结案件，使申请执行人及时实现生效法律文书确定的权利。对有的金融机构不协助执行，干扰、影响人民法院执行工作的，人民法院应及时发出司法建议函，与金融主管、监管部门取得联系，提请金融主管、监管部门及时追究有关责任人员的责任。

3. 搭建网络执行平台，赋予法院执行中的查询权。公安机关是作为管理人口和身份信息的法定机关，但金融机构为实现金融稳定被赋予了查询自然人或企业身份信息的数据接口，同理，为缓解"执行难"这一长期困扰司法工作的突出问题，也是人民群众反映最为强烈、社会极为关注的问题，是否可考虑将上述数据查询接口赋予法院共享？用于缓解"执行难"。具体设想由法院与金融机构统一搭建网络执行平台，设立对应网络数据接口，逐级连接法院执行局（庭）计算机网络，将银行征信部门掌握的自然人和企业金融信息纳入该平台,由执行部门直接调取被执行人的身份信息和资产状况。具体操作是平台执行人员人均拥有一个执行用户名和密码,法院执行部门根据案情需要查询本地区企业、自然人银行存款,控制财产,超出本地区确需查询被执行人财产,可向上一级法院申请或通过密码口令(电子密码锁)进行,操作痕迹由计算机记录形成数据备份,设定长久固定保存期限,并由系统生成执行文书凭证,如此,将更高效地控制被执行人财产,提升执行效率和执结率,有效缓解"执行难"问题。

由此可见,在技术上与金融机构统一数据查询接口,使法院依据正当程序与合理权限,在联合平台查询被执行人金融账户的数据,该措施既不影响银行业务的正常运作,甚至在一定程度上减轻了金融机构的工作量,也有利于法院迅速掌控被执行人财产,不失为行之有效的执行措施。《中央政法委关于完善执行工作机制加强和改进执行工作的意见》第5条指出:"各级人民法院、金融管理、工商行政管理、税务、房地产管理……尽快实现与人民法院执行信息共享。"例如,法院与各金融机构确定专人,通过电子邮件、传真等方式集中查询存款信息,有效地提高工作效率,法院建立的当事人信息查询系统,将搜集的企业信用信息植入该系统,法院可通过内网查询本省企业被执行人的信息;同时建立当事人关联查询系统,可查询被执行人在各地法院的涉案情况,包括其所涉及的诉讼案件和执行案件情况,从中评估被执行人的履行能力,发现和控制可供执行财产[①]。通过种种措施,让被执行人财产在法院执行和银行等金融机构共同编织的执行网络下,"查得到"、"冻得住"、"划得动"。

4. 设立执行与银行信用链接系统。最高人民法院与中央19个部门联合会签的《关于建立和完善执行联动机制若干问题的意见》也要求,人民银行应当协助法院查询人民币银行结算账户管理系统中被执行人的账户信息,将法院提供的被执行人不履行法律文书确定义务的情况纳入企业和个人信用信息基础数据库。对拒不履行法院生效裁判文书义务的被执行人或恶意转移、隐匿、毁损被执行物以及拒不协助配合法院执行工作的自然人或企业,导入该系统,使其在无法进行金融机构间资金流动。上海市高级人民法院2004年与上海资信公司合作,将不履行义务的被执行人名单纳入上海市社会信用联合征信系统。据上海资信公司介绍,从2004年到2007年上半年,全市法院提供被执行人相关信息43764条,银行等授信机构在查阅相关信息记录后,对相关单位或人员信贷申请的平均批准率为3.4%,比信用报告中不含"法院执行"人群的平均

---

① 童心主编:《民事执行改革研究》,人民法院出版社2010年版,第143页。

批准率低 29.8 个百分点。有一信用卡透支案件的当事人，因不履行 600 元透支还款义务而被列入"不良信用记录"名单，后来当他买房贷款时，各银行都因此拒绝放贷，他才意识到严重性，主动到法院交了执行款，并同时要求删除"不良信用记录"[①]。目前我国银行与法院之间的这种合作显然还没有得到建立，致使法院在执行的调查过程中，浪费了过多的司法资源，甚至包括与银行之间的沟通不畅等都需要改进[②]。

5. 设立"司法专窗"。在金融机构设立专门的协助执行窗口，设立专门的司法协助窗口，配备专门的协助人员，设置在专柜上便可查询、冻结、划拨本金融机构在辖区内的所有账户及存款，解决法院查询时账户上的存款在去开户行冻结的时间段内被转移的违法行为的发生和法院执行人员在辖区到处跑的问题。实现邮政储蓄银行的模式，即在一个窗口可实现查询、冻结、扣划等功能。有利于减少违法行为的发生，减少金融机构和法院双方的工作量，提高工作效率。

综上所述，要解决当前不协助或者消极协助执行的现象，缓解执行难问题，建立互动平台尤为重要。在法院与金融机构之间搭建互动平台，组建联动小组，创建联动机制，加强双方之间的沟通与协作，既能使金融机构积极配合人民法院做好执行工作，依法维护金融债权，又能使法院提高执行效率，维护当事人的合法权益。

[①] 童心主编：《民事执行改革研究》，人民法院出版社 2010 年版，第 145 页。
[②] 张田辉：《浅述法国民事执行调查制度》，2009 年 1 月 1 日。

合作双赢，共建和谐
——试论人民法院与商业银行的查控合作

四川省阿坝藏族羌族自治州马尔康县人民法院　李　洋　曾敬松

近年来，电视、报纸、网络等媒体爆出了不少人民法院对不协助法院依法查询、冻结、划拨甚至给被执行人通风报信的银行进行处罚的"猛料"，如"2004年6月10日中国建设银行南平分行因拖延办案时间和向当事人通风报信，被福建省南平市中级人民法院处以2万元罚款"①"浙江省义乌市稠州城市信用社因通风报信转移被执行巨款，7月8日被金华市浦江县人民法院处以3万元罚款"②"2011年11月18日上午，中国工商银行固阳支行因拒不配合市中院执行局工作，受到30万元的处罚，该行一业务经理也同时被罚款1万元。"③ 等等，以上事例一定程度上说明人民法院依职权的"查"与在本文中以商业银行为代表的金融机构内部控制的"控"至今仍然在不断发生"碰撞"，这类现象的存在仍然是个问题，亟待解决。

早在1980年，上海市高级人民法院已经就执行民事判决向银行调取当事人存款这一问题与中国人民银行上海市分行商议并提出了几点意见，以解决该问题。随着国民经济的发展，这一现象在全国范围内逐步泛化后，1993年12月11日，中国人民银行、最高人民法院、最高人民检察院、公安部就关于查询、冻结、扣划企业事业单位、机关、社会团体银行存款联合发文，首次对相关问题进行了规范，④ 相关部门在之后对该问题处理方式方法上也不断进行调整。2002年《中国人民银行关于发布〈商业银行协助查询、冻结、扣划工作管理规定〉的通知》第6条也进一步明确了商业银行在这一问题上的协助义

---

① 2004年6月19日人民法院报第1版。
② 2004年7月10日人民法院报第1版。
③ 新华网内蒙古频道2011年11月25日报道。
④ 内容参见中国人民银行银发〔1993〕356号文。

务，即，"商业银行应当依法做好协助工作，建立健全有关规章制度，切实加强协助查询、冻结、扣划的管理工作。"①《商业银行法》规定了商业银行办理个人储蓄存款业务为存款人保密的原则，对个人储蓄存款，商业银行有权拒绝任何单位或者个人查询、冻结、扣划，但法律另有规定的除外；对单位存款，商业银行有权拒绝任何单位或者个人查询，但法律、行政法规另有规定的除外；有权拒绝任何单位或者个人冻结、扣划，但法律另有规定的除外。

不难理解，既然早有规定，如果上文提及的几家商业银行严格按照相关规定，积极协助配合人民法院执行工作，法院对其进行处罚就毫无依据。之所以出现此类现象，说明"查控合作"的问题并没有得到完全解决，不积极履行协助执行义务的商业银行对"但法律另有规定的除外"的理解仍需加强。今后要避免类似情况的发生，人民法院与商业银行之间的查控合作应该进一步细化，以增强可操作性。以下就相关问题进行深入分析：

一、人民法院对商业银行进行处罚是特定情况下依法进行的，不影响双方的合作

《民事诉讼法》规定了对拒不履行协助执行的单位的强制措施，除责令其履行协助义务外，可予以罚款，还可以对其主要负责人或者直接责任人予以罚款。新《民事诉讼法》更是把第104条修订为第115条第1款修订为对个人的罚款金额从原人民币一万元以下调整为人民币十万元以下。对单位的罚款金额，从原一万以上三十万以下调整为人民币五万元以上一百万元以下。仍不履行的可以对其主要负责人或者直接责任人进行拘留，并可向同级政府的监察机关或者有关机关提出给予纪律处分的司法建议。如果银行作为被处罚人拒不履行罚款决定，法院强制执行。执行中，被处罚人如以暴力、威胁或者其他方法阻碍司法工作人员执行职务的，人民法院可对被处罚人或对有上述行为的被处罚单位的主要负责人或者直接责任人员予以罚款、拘留，构成犯罪的，处三年以下有期徒刑、拘役、管制或者罚金。

由上可知，人民法院对拒不履行协助义务的商业银行进行处罚是有法可依的，具备合法性。双方的合作不会也不应该因合法的事由受到不良的影响。

---

① 内容参见中国人民银行银发〔2002〕1号文。

二、人民法院与商业银行的法律地位虽不一样,但合作是必要的

人民法院是国家的审判机关。人民法院的任务是审判刑事案件和民事案件,并且通过审判活动,维护社会主义法制和社会秩序,保障国家的社会主义革命和社会主义建设事业的顺利进行。商业银行是社会经济团体,企业法人。《商业银行法》第2条:"本法所称的商业银行是指依照本法和《中华人民共和国公司法》设立的吸收公众存款、发放贷款、办理结算等业务的企业法人。"

显而易见,人民法院与商业银行的法律地位是不一样的,人民法院在执行工作这一环节上与商业银行之间的"合作"并不是"两个巨人之间的握手"。用老百姓的语言方式来表达的话,人民法院能够因商业银行不履行或消极履行协助义务的时候对其进行处罚,而商业银行却很难或者说不能"说不",只能接受处罚。人民法院执行工作是人民法院审判工作的最后一个环节,也是国家法制建设的一个非常重要的环节,人民法院的生效裁判及其他生效法律文书靠执行工作来落实,是法律适用于具体案件的结果,体现了国家的意志,具有确定力、拘束力、执行力。"商业银行"是英文 Commercial Bank 的意译。综合来说,对商业银行这一概念可理解为:商业银行是以经营工商业存、放款为主要业务,并以获取利润为目的的货币经营企业。商业银行经营状况的好与坏,直接影响到金融秩序的稳定。

合作的一边是国家机关,另一边是营利性的企业法人,人们不禁要问,有必要合作吗?答案是肯定的。因为商业银行是金融市场上影响最大,数量最多,涉及面最广的金融机构。商业银行的经营原则之一是依法独立自主经营的原则,依法开展业务,不受任何单位和个人的干涉。商业银行是特殊的企业,金融企业。商业银行的经营对象不是普通商品,而是货币、资金,商业银行业务活动的范围不是生产流通领域,而是货币信用领域,商业银行不是直接从事商品生产和流通的企业,而是为从事商品生产和流通的企业提供金融服务的企业。商业银行同时也是特殊的银行。首先在经营性质和经营目标上,商业银行与中央银行和政策性金融机构不同。商业银行以营利为目的,在经营过程中讲求营利性、安全性和流动性原则,不受政府行政干预。

人民法院是国家司法权的载体,但也要依法办事。国家机关与企业法人各自扮演的社会角色不同,社会分工不同,人民法院的工作,需要社会各界的理解、认可。尤其是人民法院的执行工作,特别需要社会各界的支持,商业银行

是执行联动机制的重要组成力量之一,双方更多的主题应该是相互协助配合,因此,合作是必要的。

三、人民法院应从哪些方面与商业银行加强查控合作

在具体执行过程中,人民法院应注意向商业银行等相关单位和人员宣传民事诉讼法的有关规定,多做说服教育工作,坚持文明执法、严肃执法。同时,在要求商业银行履行协助义务时人民法院必须依法进行,即必须是执行生效的裁判文书,必须是具有执法资格的人员严格按照法律规定的程序才能进行。避免在要求商业银行履行协助义务时法院自身及执行人员出现违规、违法等现象。

结合实际执行工作中出现的情况,人民法院在要求商业银行配合执行时,要坚持做到出示"两证两书",既执法人员的工作证、执行公务证;经县级(含)以上法院主要负责人签字签发的协助查询、冻结、扣划存款通知书和裁定书。要充分尊重商业银行协助人民法院办理查询、冻结和扣划手续的相关制度和规定,应对其要求对相关情况进行登记的合理要求予以积极配合:包括登记法院名称,执法人员姓名和证件号码,被查询、冻结、扣划单位或个人的名称或姓名,协助查询、冻结、扣划的时间和金额,相关法律文书名称及文号等并坚持做到严格保守相关秘密不外泄;严格按照法律规定的查询资料应限于存款资料的范围,包括被查询单位或个人开户、存款情况以及与存款有关的会计凭证、账簿、对账单等资料。对上述资料严格遵守商业银行如实提供后人民法院根据需要可以抄录、复制、照相,但不得带走原件的规定及其他合理规定,不能以法院的名义要求违规协助。人民法院在要求商业银行依法协助的同时应当邀请并虚心接受其对法院执行人员相关工作进行监督。

人民法院还可以主动与商业银行加强沟通与交流,认真对待、妥善处理执行过程中遇到的新情况,新问题、通过建立信息互动,邀、聘请商业银行工作人员旁听公开庭审,吸收符合条件的商业银行工作人员加入人民陪审员行列,共同举办金融或法律知识讲座等举措,加深相互间的信任和理解,促进商业银行提高依法协助的自觉性,加大双方在各方面合作的可能性,为相关工作的完善与创新准备条件。

四、对商业银行如何调整以便能更好地开展协助执行等查控合作内容的几点建议

商业银行应从行业内受处罚类案例中总结吸取教训,正视自身的协助义

务，在今后的协助工作中做到妥善处理部门利益和社会整体利益的矛盾，建立完善相关制度，科学协调，并重点从以下几个方面注意加强：

1. 建议从理论和实践的角度提高认识，商业银行才能正确履行协助人民法院依法执行义务。首先应该明确一点：依法协助人民法院查封、冻结、扣划被执行人在商业银行的存款是商业银行的法定义务，不得以内部规定需领导签字等为由拒不协助或消极协助。商业银行工作人员应该加强学习最新的最高人民法院、中国人民银行联合下发的关于要求商业银行依法协助人民法院执行的通知，细心体会，结合实际认真执行。

2. 建议商业银行对基层窗口部门工作人员定期或适时进行法律知识的培训，打造懂法律的复合型人才，以便及时、有效地协助人民法院依法执行。法律知识的缺乏、法律意识淡薄不仅是不能及时、有效地协助人民法院依法执行的重要原因之一，还有可能导致商业银行工作人员在协助执行时对法院执行人员的相关证件和有关法律文书不作审查、不知如何审查而违法进行协助，如果出现这种现象则违背了法律的初衷，在一定程度上会对储户的利益造成损害。

3. 建议各级商业银行部门负责人树立大局意识、宏观意识、整体意识，积极执行国家法律和政策，起好带头作用重视和支持相关工作，具体经办人员才能更好地执行。

五、合作方能双赢，共建确保和谐

人民法院虽然有权对拒不协助、消极配合甚至给被执行人通风报信的商业银行和相关人员进行处罚、提出司法建议以强化其法律意识，促进其依法协助的主动性，但是我们应该看到，在查控问题上不配合的商业银行及其工作人员毕竟是极少数现象，绝大多数都是积极配合的。从最高人民法院、中国人民银行多次联合行文规范商业银行协助人民法院执行这一事实上来看，商业银行的监管部门人民银行是非常重视这一问题的，长期以来做了大量工作，监管力度不断增强，取得了很好的成效，双方的合作是有基础的，是有诚意的，是有渊源的。

人民法院的执行工作搞不好，不仅损害当事人的利益，损害法律权威，也会导致人民群众法治信念的动摇，劣化法制环境，影响依法治国的进程。商业银行处理不好协助人民法院的相关工作既损害国家利益、法律权威，也损害当事人的合法权益，最终损害的是商业银行的自身利益和储户的根本利益，不符合商业银行自身健康发展的需要。因此，双方积极合作是必然的要求。与"合作"相对的词语是"不合作"、"消极合作"或者"对抗"，显然，当前我国各行各业都在为和谐社会的创建而共同努力，合作是主题，必将继续下去，对抗是必须避免的，消极合作是应该及时纠正的，人民法院与商业银行在对被执行人银行存款的查控问题及其他共同关注的问题上需要的是更加深入的合作。唯有合作才能实现双赢，才能共创和谐。

从互相纠结到合作共赢
——宁夏吴忠市中级法院建立法院与金融系统执行联动机制的实践与思考

宁夏回族自治区吴忠市中级人民法院　胡　超　白　伟

构建执行联动机制，完善协助执行体系，增强查控被执行人及其财产的能力，是提高执行工作效率，有效破解执行难的一项重要举措。最高人民法院与中央19个部门联合会签的法发（2010）15号《关于建立和完善执行联动机制若干问题的意见》，为建立新的执行工作模式提供了依据。但在实际执行过程中配合打折、程序繁琐、贻误良机的现象时有发生。为解决执行联动中联而不动的问题，宁夏吴忠市中级人民法院以开展涉金融案件专项治理活动为切入点，为建立人民法院和金融系统的执行联动机制进行了有益的实践和探索，取得了很好的成效。

一、专项活动的背景和必要性

2010年底，吴忠市中院通过调研发现，借款合同纠纷案件数量占同期人民法院执行案件总数的47.4%，标的占56.4%，占到法院民商事审判执行案件数量的一半，其中涉金融案件在法院的审判执行工作中占有很大比重。近一半的民商事审判执行资源被借款合同纠纷案件占用。

2010年，吴忠市金融机构共计发放各类贷款250亿元，其中产生不良贷款4.8亿元，不良贷款上升。金融机构放贷信心受到削弱，企业，特别是中小企业融资难度增加，对吴忠投融资和信用环境产生不良影响，制约了吴忠经济发展。

金融借款案件的不良债务形成原因多样；案件数量多、标的小，被执行人构成复杂，既有借款人又有担保人；当事人履行能力差，查询到的财产权属交错，处置难度大；起诉执行目的多样化，部分案件以核销为目的；等等。各种原因，致使金融系统案件胜诉的多，申请执行的少，完全执结的更少。金融系统清贷人员相对固定，逐渐演变为"职业诉讼人"，需要长期协调与法院的联系，使金融案件变为"公对公"的事，金融系统不便因案件的审理和执行"得罪"法官，金融系统很纠结。

人民法院案多人少问题严重，法官精力有限；金融系统内部限制多，缺乏灵活性，执行一起案件耗费时间长，成本大，效果一般；部分法官认为，金融系统案件是因为贷款把关不严，诉讼不及时，错失执行时机等原因造成的，是银行应该承担的风险，更愿意把精力投入到一些涉及弱势群体的案件中，从心理上对金融系统的案件不重视。

金融系统作为人民法院执行工作的重要协助义务人，但在法院查询被执行人银行存款过程中，程序复杂，手续烦琐，效率不高，甚至存在向被执行人通风报信，协助转移存款的现象，致使部分法官对执行金融系统案件有抵触情绪。但大量案件不能及时执结，面临法院自身考核的各种压力，法官也很纠结。

在此背景下，如何找准人民法院和金融系统各自工作职能的结合点和切入点，调动双方的积极性，有效解决各自工作中存在的实际问题和困难成为必要。经反复论证，征求各方意见，开展涉金融案件专项治理活动的工作方案顺利出笼。

二、基本做法

1. 专题汇报，各方支持。吴忠市中院专题向吴忠市委汇报了涉金融案件的调研情况，得到了市委的高度重视。市委、市政府专文转发了法院的工作方案，要求各级党委政府全力支持此项工作，并成立了以市委常委、市政法委书记为组长、政府副市长、市中院院长为副组长的专项活动领导小组，吸收人民银行、银监分局和各基层法院院长参加，将法院的单项执行活动提升为吴忠市委、市政府、法院和金融机构共同开展的推进吴忠社会诚信体系建设为目标的专项行动，为活动的顺利开展提供了很好的组织和思想保障。

2. 媒体曝光，营造氛围。在全市各家电视台、吴忠日报播放、刊登催收公告，在各法院、法庭、银行和集市和被执行人居住地附近张贴执行催收公告，督促被执行人履行生效判决；给被执行人发放催收通知，要求担保人督促贷款人及时履行到期贷款，在吴忠日报、吴忠法院网公开曝光266名被执行人，促使相关被执行人主动履行债务。通过报纸、网络、电视以及专项执行工作专报等平台，多层面、多角度对专项活动进行宣传报道，大力营造开展专项执行活动的工作氛围。据不完全统计，活动期间，撰写专项活动的各类宣传材料六十余篇，有多篇被网络多次转发，有两篇还是头版头条，其中的一篇简报还得到了市委书记的批示。

3. 集中查询，提高效率。在充分调研和开展试点工作经验的基础上，经吴忠银监分局协调和支持下，首先在吴忠辖区开展集中查询被执行人银行存款工作。以本文截取的吴忠市中院组织集中查询被执行人银行存款试点工作的数据为例，20天时间，在市区9家商业银行同时开展集中查询，共计查询被执行人12965人次，查询到财产线索392条，查询到银行存款363.7万元，均依法采取了冻结、划拨等执行措施。试点经验随之在全市进行推广，要求各基层法院分别与本辖区的金融机构联系，查询、冻结、划拨被执行人存款。在为期两个月的集中查询工作中，累计查询被执行人存款近2万人次，得到有执行价值的存款线索500余条，查询到银行存款700余万元。集中查询工作使法院执行活动发生了三个变化：变一案一查为批量查询，变大海捞针为有的放矢，变法官单独办案为多人多部门协作办案，最大限度地减少了执行法官的无效劳动，最大程度地提高了执行工作效率，受到金融机构和基层法院的一致好评。一些贷款担保人在存款被法院扣划后，主动督促贷款人偿还贷款。实践证明，集中查询被执行人银行存款是一项高效率、低成本的执行手段。

4. 集中执行，强化态势。与金融机构联合开展集中执行活动，充分发挥金融系统人员对被执行人情况熟悉的优势，由银行安排工作人员寻找被执行人，发现线索后第一时间通知执行指挥中心，执行干警迅速行动，将被执行人带回法院。法院安排专人分批向被执行人讲述执行法规和专项活动的要求，展开心理攻势，迫使被执行人履行法定义务。对拒不配合执行的当场采取拘留措施，给其他被执行人制造心理压力，对联系家人缴纳执行款的人员，制作执行笔录，当场释放，为其他被执行人提供示范。先后在案件数量较多的青铜峡市和利通区组织开展了三次集中执行，法院和银行共参与人员800余人（次），出动车辆120余台（次），查找到被执行人345人，传唤223人，司法拘留89人，当场执行到位现金180余万元，不少当事人都主动通过电话联系，承诺偿还贷款。专项活动最大限度地壮大了执行力量，营造了法院强势执行的工作态势，很好地营造了执行工作的氛围。

三、实际成效

通过专项执行活动的开展，使人民法院和金融系统在共同的工作中找准了各自工作的切入点和结合点，在双方的密切配合下，实现了各自工作又相互纠结到合作多赢，为落实执行联动机制提供了很好的实践经验。

1. 就法院而言，执行效率得到显著提高，节约了司法成本。在本次专项执行活动中，打破了执行案件常规的工作方法和管理流程，在金融部门的大力支持下，开展了被执行人执行线索集中查询、集中冻结和划拨工作试点，取得了涉金融执行案件"多"、"快"、"好"的喜人成绩。集中查询开始的 20 天时间，查询了 12965 人次，较过去的查询效率提高了数百倍，体现了一个"快"字，大家认为这相当于过去一个多月的工作量。通过集中办公、集中冻结、划拨的工作机制，实现了执行法官足不出户完成银行查询、冻结的创举，仅 20 天时间，完成对区内外 392 条执行存款的冻结划拨，收回不良贷款 330 余万元。据测算，这相当于过去 3 个月的工作量，体现了一个"多"字。部分被冻结存款的担保人主动督促贷款人到银行归还贷款，此举也大大树立了法院和银行开展好此次活动的信心，充分调动了执行干警和银行工作人员的积极性，体现了一个"好"字。据 12 月份统计，本次活动共执结涉金融案件 402 件，达成执行和解、承诺分期履行 233 件。通过集中查询，减少了执行法官的无效劳动，提高了执行工作效率，全市平均执结率较上年同期提升了 8 个百分点。

通过多种形式的专项执行活动，吴忠市中院对辖区法院执行部门的管理工作实现了从挑刺到排除执行障碍，再到创造执行工作条件的三步跨越，稳步实现了全市执行工作管理一体化。

2. 就银行而言，呆滞资金得到回笼，维护了金融安全。在以往的常规执行中，银行的工作人员每天追着法官的屁股跑，执行案件不仅要考虑当事人的履行能力，还要看法官是否有时间、有精力。导致银行工作人员和法官的怨气都比较大，银行工作人员认为执行法官办理银行案件的积极性不高，把主要精力放在的涉及自然人的案件中，对金融案件投入精力不够。法官认为银行放贷时把关不严，追贷不及时，管理机制不灵活，调解难度大，甚至部分案件就是为了走程序而走程序，耗费时间，效果一般，工作积极性也不高。在本次专项活动中，双方都集中了人力、物力和时间，在短期内取得了明显的效果，追回各类不良贷款现金 2000 多万元。对其他贷款人产生了极大的震慑作用，银行工作人员反映，现在上门清贷，底气足了，贷款人的态度也有了很大的转变。银行在参与活动中，也充分认识到其在信贷业务中存在的风险和漏洞，通过及时、有针对性地调整信贷手续，减少了放贷风险，维护了金融安全。

3. 就社会而言，落实了法院和银行的执行联动机制，推动了社会诚信建设。活动期间，先后召开经验交流会、组织协调会、情况通报会等 11 次，及时总结推广专项执行活动各阶段的工作经验。集中查询、集中执行和协调联动工作经验受到基层法院执行干警和银行工作人员的高度认同，各方的参与意识空前高涨。与市人民银行、银监分局联合会签出台了《吴忠市银行业金融机构依法协助人民法院查询、冻结、划拨被执行人存款暂行办法》，从制度上解决了人民法院执行工作与金融部门的执行联动机制问题。为进一步搭建信息资源共享平台，加大对失信行为的惩戒力度，挤压失信行为的生存空间，增强了金融系统收放贷款的安全感，为金融系统服务和支持地方经济发展提供了有力的司法保障，还促进了金融系统和法院的沟通了解，达成了共同促进吴忠诚信社会建设的共识，为人民法院破解执行难，落实执行联动机制提供了很好的实践借鉴。吴忠市公检法机关正在制定办理拒执罪案件的实施办法。同时研究建立金融征信系统和法院执行工作信息共享平台，把不履行裁判当事人的个人信息纳入人民银行征信系统，使失信者"一处失信，寸步难行"。

四、集中查询活动中涉及的法律问题

（一）对执行联动机制的探索

法院本次与金融系统联手集中查询工作，是落实最高人民法院与中央纪检委等19部门联合下发的《关于建立和完善执行联动机制若干问题的意见》的具体体现。

活动中，吴忠市银监分局负责协调辖区内各家银行业金融机构，协助法院的对涉金融执行案件被执行人银行存款情况进行集中查询，法院针对个案分别采取冻结、划拨等执行措施。查询的实践表明，平均每查询35人次，法院能够得到一条有执行价值的存款线索，银行协助法院集中查询，极大程度地提高了执行工作效率，减少了执行法官的无效劳动。在集中查询过程中，市中院通过协调银监分局督促各金融机构为法院执行开辟"绿色通道"，相关金融机构设专人、专岗、集中时间，协助法院查询，有效提高了办事效率。在实践中，不断总结经验，修正不足，摸索出了新的联动办公模式。以青铜峡市法院与信用社的试点为例，法院与信用社的工作人员联合现场办公，由法院将制作好的需要查询的被执行人信息表册、协助查询法律文书、执行公务证、工作证复印件等现场送达信用社工作人员，由信用社组织集中查询。查询结果汇总到信用社，并同时通知法院执行人员，执行人员利用执行案件信息管理系统，对案件相关情况核实后，当场批量制作执行文书，现场集中送达信用社工作人员，而后由信用社工作人员指挥其本单位相关工作人员完成冻结、划拨措施。仅用了4个小时的时间，就完成了对684名被执行人银行存款情况的集中查询，获得有价值执行线索36条，当场完成冻结30余万元。实现执行法官足不出户，完成对被执行人银行存款的查询、冻结和划拨。这种协作联动模式，减少了中间环节，节约了司法成本和信用社办公成本，提高了对被执行人存款采取执行措施的效率，是在具体实践中摸索出来的执行联动的一种成功范例。

（二）机制创新中的法律争论点

对于上述的法院与金融机构现场联合办公、集中查询、集中填写文书、集中送达，由金融机构工作人员迅速完成控制措施的做法，有人提出法院执行人员没有亲自持证件到金融机构各个网点办理查询、冻结、划拨手续，程序上不合法。实际上，对于查询出的有效存款线索，金融机构人员按法院控制存款的要求，先行通知各网点工作人员对涉案财产停止支付，而后法院现场逐案制作法律文书，现场集中送达，同时提交执行公务证等相关证件，由金融机构人员现场审查，随后移交金融机构办理。这个过程中，首先，金融机构参与法院联合办公的工作人员，是金融机构与法院协商后确定的特定联络人，是金融机构的代理人，能够代表金融机构进行法律上的意思表示。法官的执行公务证统一复印交现场办公工作人员，与执行人员亲自持证到各个网点的效果是相同的。其次，查询后立即采取停止支付有效防止了被执行人转移存款。再次，集中制作文书、集中送达、集中审查，具体冻结、划拨措施转化为金融机构的内部程序，办理完毕后集中向法院提交协助查询、冻结、划拨回执。在整个过程中，即使因金融机构的过错，致使存款被转移，按照金融机构提交的回执，法院也可以依法追究金融机构的法律责任。所以，认为这种做法"程序不合法"的观点是站不住脚的，这是在遵守法律前提下的执行方式创新，这种创新节省了司法资源，提高了执行效率。

（三）集中执行活动引发的执行新问题

涉金融执行案件专项治理活动取得突出成效的同时，也引发了执行中的一些新问题。

首先，清理活动高效率、快速为金融机构回收贷款，鼓励了金融机构加大申请执行的力度，加大了执行的压力，自活动开展以来，金融机构申请执行的频率明显加快、数量明显增多。以青铜峡法院的受理案件来看，2010年共受理一审金融借款合同纠纷案件539件，金融借款合同执行案件176件。2011年上半年，受理一审金融借款合同纠纷案件151件，金融借款合同执行案件161件。其中青铜峡信用社共申请执行264件，占两年全部金融执行案件的78.3%；其他银行共申请执行73件，占两年全部金融执行案件的21.7%。而且新的涉金融机构案件在逐步增加，同时，因法院的小额速裁程序提高审判效率，致使大量金融案件迅速进入执行程序，进一步加大了法院执行的压力。

活动开展以来新起诉和申请执行的案件中,有一部分是金融机构"自查",然后起诉、申请执行的。这里所谓的"自查",指的是金融机构首先对自己的债务人在本单位的存款情况进行查询,发现存款后自行止付,而后才开始司法程序。这种做法是一种违法的操作。首先,在没有法院查询手续的情况下,自行查询债务人的存款的行为,属于程序违法。其次,金融机构"自查"确认有存款以后,擅自止付,进行起诉,申请执行,实质上不是在履行正当的司法程序,而是其首先违法操作,而后"利用"司法程序确认其违法行为,这种做法容易侵犯存款人的利益。金融机构这种"擅自"查询自己债务人存款的行为违反《商业银行法》的有关规定,应在活动中及时发现和纠正,杜绝类似情况发生。

通过本次专项治理,为优化上下级法院执行局之间的资源配置提供了一些新的有益尝试。

人民法院连续三个五年发展纲要都明确规定,高级法院对本辖区内的执行工作统一管理和协调。其中,"统一管理"体现的是上级法院执行机构对下级法院的领导关系。《最高人民法院关于进一步加强和规范执行工作的若干意见》进一步明确规定:"中级人民法院(直辖市除外)对所辖地区执行工作实行统一管理、统一协调"。由吴忠市中院执行局牵头,协调银监机构、金融机构和辖区内五家法院开展涉金融执行案件专项治理活动,组织集中查询工作,由基层法院上报被执行人信息,中院执行局组织查询,将查询结果及时通知承办人采取执行措施。这种执行方式有效缓解了各基层法院执行局执行力量不足的问题,优化了上下级法院执行局执行力量的协调配置,同时为建立上下级法院执行部门查控其他登记财产的上下联动机制积累了很好的实践经验。

四

具体问题研究

具林向題図突

信用卡欠款等常态化批量案件执行的桎梏与突破
——以黄浦区法院万余件批量执行案件为样本的实证分析

上海市黄浦区人民法院　郭华伟

当前因信用卡透支欠款金融债权纠纷日益增多,并开始大批量进入司法程序。区别于某个时段同一方当事人同时提起产生的偶合性批量案件,此类案件诉讼主体一方往往相对固定,而另一方则分布范围广泛、数量相对较大,且缘于公众服务对象的不特定性和持续增长或更替性,也导致此类案件呈现出批量化、持续化、增长化的态势,对当前法院执行案件的收、结案构成、执行质效的整体提升乃至执行机制的总体运行所造成的冲击和影响极为明显。上海市黄浦区人民法院因其独特的辖区地理位置,长期以来常态化批量案件在审判、执行工作中均占据了较大的比重,其中尤以信用卡欠款批量执行案件所占据的比重及呈现出的综合特征最为明显。本文即以上海市黄浦区法院三年来万余件常态化批量执行案件为样本,通过综合对比和分类研析,探讨信用卡欠款等常态化批量案件执行的桎梏及其成因,全面总结当前法院常态性批量执行案件所呈现的结构特征及凸出问题,并以此为基点,为进一步提升总体执行质效、完善长效执行工作机制,进而实现强制执行、行业监管、社会征信的良性互动和相互融通,从根本上解决批量案件执行难的问题,提供参酌和建议。

一、基础数据——常态性批量案件执行的总体态势及分类解构

(一)基础情况分析

2009 年至 2011 年,黄浦区法院共受理常态性批量执行案件 11016 件,占该院受理的全部初执案件的 49.88%;执结初执常态性批量执行案件 10969 件,占该院执结的全部初执案件的 49.44%。这些案件具备以下较为显著的主要特征:

1. 案件数量——总量巨大,比重渐增。3 年间,该院所审理的常态化批量执行案件不仅总体规模庞大,合计达到万件以上,而且年分布较为均衡,并且在

该院全部执行案件中所占比例呈现逐步上升的趋势。收案方面，该院2009年受理常态化批量执行案件3544件、2010年4026件、2011年3446件，分别占当年度受理的全部执行案件的46.99%、50.36%、52.63%，年均增幅为2.82%；结案方面也同样如此，2009年为3542件、2010年3969件、2011年3458件，分别占当年度所有执结案件的46.77%、49.30%、52.69%，年均增幅为2.97%。

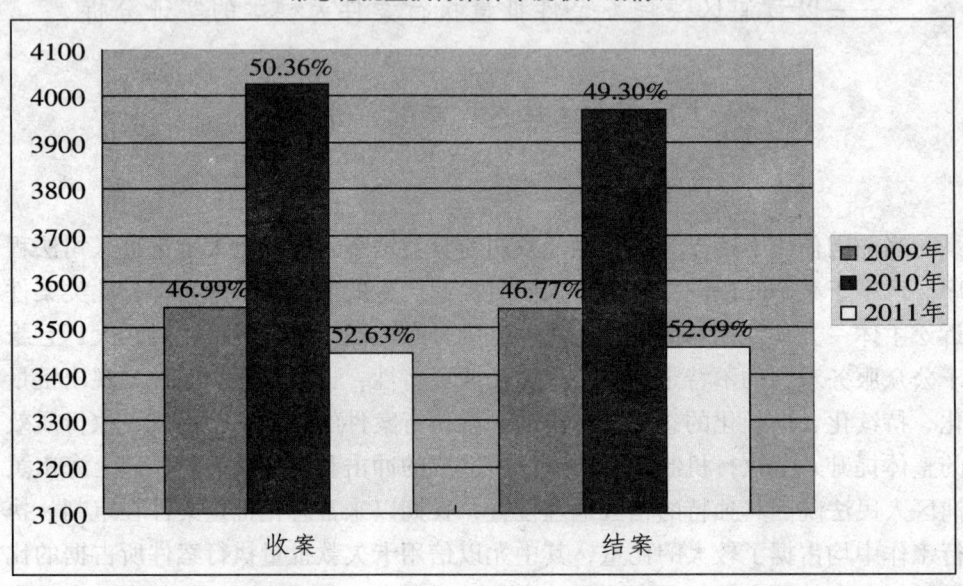

常态化批量执行案件年度收、结情况

2. 案件结构——三分天下，主次分明。该院的常态化批量执行案件主要包括信用卡纠纷、电信服务合同纠纷、物业服务合同纠纷三类，且尤以信用卡纠纷案件为重中之重。在该院受理的11016件案件中，有10031件是信用卡纠纷，占91.06%，占全部执行案件的比例亦达到45.42%，在案件结构中所占的地位举足轻重。除此之外，电信服务合同纠纷和物业服务合同纠纷分别收案779件和206件，虽然绝对数量和所占比重与信用卡纠纷相差较大，但亦存在着一些值得研析的特殊情况。

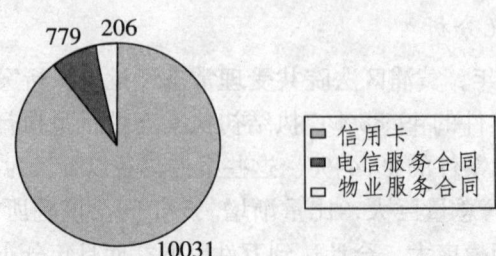

批量初执案件类型

3. 结案方式——强执过半，自履偏低。在该院3年中所执结的10969件常态性批量案件中，强制执行仍是最为主要的结案方式，达5493件，占50.08%；其次为以终结及其他方式结案的案件，共2427件，占22.12%；以自动履行方式结案的共2427件，占17.68%；以和解方式结案的案件数量最少，仅1110件，占10.12%。与该院的普通执行案件相比，批量案件在强制执行在绝对数量和比例上几乎是普通案件的一倍；以自动履行方式结案的绝对数量和比例则明显小于其他普通案件，绝对数量连一半也不到；以和解方式结案和以终结及其他方式结案的，则在数量和比例上相差无几。

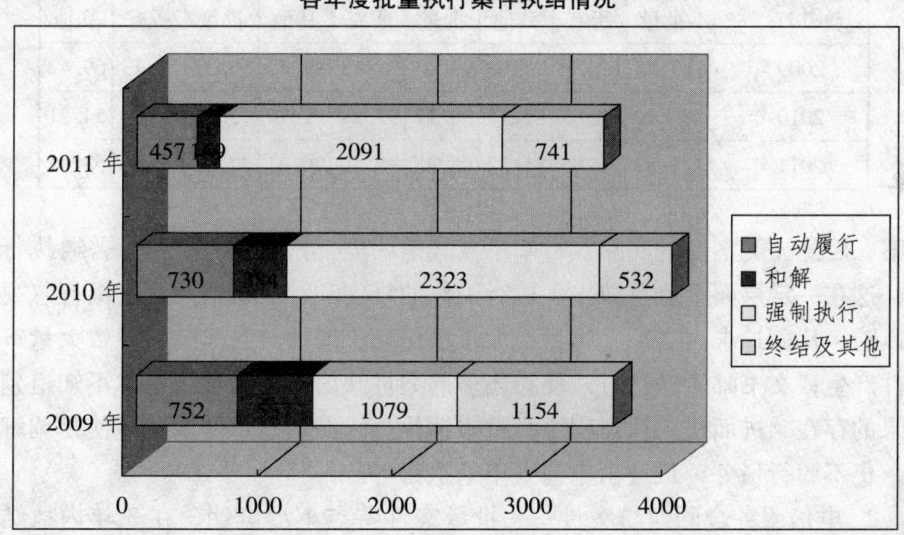

各年度批量执行案件执结情况

4. 质效数据——效率斐然，效果堪虑。从下表的情况看，在执结率、平均执行天数、实际执行率、初执执行标的清偿率这四项较为重要的执行质效数据中，常态化批量执行案件在执结率、平均执行天数这两项执行效率数据方面的表现优势明显，远好于普通执行案件。但在实际执行率、初执执行标的清偿率这两项执行效果数据方面，则较普通执行案件尚有一定差距，存在着进一步提升的空间。

（二）基本构成及类型化分析

1. 信用卡纠纷案件——执行效率优势明显，实际执行率相对偏低。在执行效率方面，信用卡纠纷案件具备明显优势，3年来案件平均执行天数仅21.93天，大大低于普通执行案件的59.46天，执结率更是达到100%的最高数据水平。但就执结方式而言，由于有接近1/4的案件是以终结或其他等方式

各年度各类案件初执执行标的清偿率（%）

	所有案件	批量案件	其他案件	电信纠纷	物业纠纷	信用卡纠纷
2009年	73.15	75.46	66.57	68.27	97.50	67.36
2010年	86.02	93.39	80.53	79.62	99.23	88.07
2011年	81.36	72.18	74.57	98.67	91.14	71.36

各年度批量案件执行质效情况表

指标 年份	实际执行率（%）			执结率（%）			平均执行天数（天）		
	批量	所有	其他	批量	所有	其他	批量	所有	其他
2009年	67.42	69.30	70.96	99.63	94.13	89.72	30.31	51.13	69.42
2010年	86.60	83.85	81.17	98.27	97.28	92.10	15.12	34.94	54.21
2011年	78.57	79.95	81.32	98.35	96.16	90.01	22.02	36.83	53.41

结案，因此该类案件的实际执行率不及其他两类批量案件，更不及普通执行案件，这在一定层面上也反映出了执行工作的难度和社会诚信问题：银行忽视市场风险、片面追求占有率，盲目扩大市场份额，增加自身风险，导致大量审判案件产生；文书邮寄送达方式使相当多的案件缺席审理，被告根本不知道判决结果的存在，进而进入执行程序；被申请执行人诚信意识薄弱，即使是调解结案，仍不履行债务，最终由申请人申请执行等。

2. 电信服务合同纠纷案件——批量案件特点不尽鲜明。在3年内执结的731个电信服务合同纠纷案件中，以自动履行和强制执行为主要结案方式且基本持平，两种方式共执结案件547件，占74.83%。在执行质效方面，实际执行率和平均执行天数逐年向好，但执结率却连年下降，以终结及其他方式结案达145件。与所有初执案件的指标相比，除了平均执行天数之外，其他数据并未有显著优势，而与所有批量执行案件相比，则多是在其平均水平之下。电信服务合同纠纷案件在执行质效方面未能显示出批量执行案件的"长处"，而是与其他执行案件的平均执行质效相当，处于一种相对稳定的状态。

3. 物业服务合同纠纷案件——实际执行率表现突出，执行天数相对偏长。物业服务合同纠纷案件的数量并不多，且该类案件执行中有着不同于其他两类案件的情况，进而在执行执效方面也呈现一定的特征。从3年内执结的201件案件来看，其实际执行率相当高，达94.53%，优势较所有初执案件、其他执行案件和所有批量执行案件突出，但平均执行天数普遍过长；同时，该类案件的执结率也保持较高水平，3年总体执结率为96.63%，与所有初执案件的数据基本持平，其中强制执行仍为主要结案方式，达114件，自动履行结案72件，和解结案却仅有4件。造成这种情况的原因是：该类案件的被申请执行人多为居住于小区的居民，不同于其他两类案件被申请执行人难以找到的情况，经过一系列工作后能实际执行到位，因此，实际执行率较高，但由于被申请执行人与物业矛盾十分突出，因而执行和解率较低，执行中不能仅用简单的冻结、扣划财产的手段，也使得平均执行天数有所偏长。

所有案件、其他案件及各类批量案件执行质效对比情况

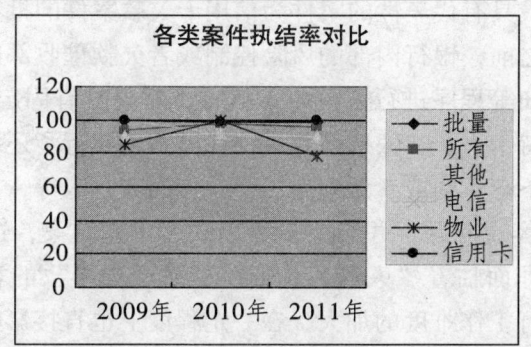

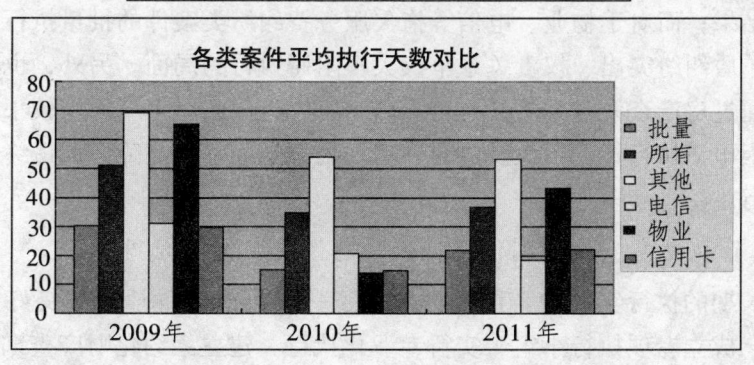

二、问题归纳——常态化批量案件执行的桎梏及现状审视

(一)数量大、人员少——案多人少的矛盾凸出

从全市法院系统来看,执行工作领域内案多人少的矛盾一直存在,在常态化批量案件的执行中体现的则极为明显。此类案件看似案情明了、法律关系相对简单,但其绝对数量较大,且进入司法程序具有集中性,在执行人员总量相对固定、案件依类型化分组执行模式基本稳定的情况下,短期内工作量的猛增对法院均衡结案率的影响明显,对执行工作的整体有序运行造成压力和挑战。大量查询、调查、线索查找、财产查控等烦琐的具体工作必须集中在一个执限内完成,案件多、人手少的矛盾便较为突出地反映出来,执限内受案和结案压力的增加,往往也导致执行人员精力的疲惫和执行质效的难以兼顾。

(二)人难找、财产难寻——案件执行难度大

从近3年以来的执行数据来看,批量案件的执行仍有较大的比例以终结或其他方式结案,此类案件表明了被执行人往往未能找到,或者无财产可供执行,或者虽有财产但由于种种原因无法短期执行到位。客观上体现了批量案件执行难的局面。最具有代表性的案件为信用卡欠款案件的批量执行,此类案件在移交司法程序之前,银行内部的风险控制或者欠款催收部门往往已经通过电话催收、上门通知等程序进行了催收、核查,对于具有固定工作、固定处所、固定生活来源的持卡人,在银行催收后往往已主动履行了还款义务。其余的案件则持卡人或者下落不明或者无固定居所、无固定收入等,在审判阶段也呈现出"送达难"的客观问题,并绝大多数以缺席审判结案,这使得执行承办人员在收案的同时即面临着"人难找、可执行财产难寻"的客观境地,这一状况直接导致了执行工作难度的加大,在一定程度上也直接影响了小标案件的最终执行结果;而对于物业、电信等拖欠服务费纠纷类案件的批量执行,又常常面对着矛盾纠纷突出、权责关系争议大等阻碍执行的局面。另外,也有案件在执行中通过房产查询查到了被执行人名下房屋,但房屋多属面积较小或共有房屋,且因申请执行标的不大及一套住房在处理上面临一定障碍而最终难以得到有效执行。

(三)执结高、执行到位率低——总体质效仍待提高

在长期的执行实践中,该院已形成了一套批量案件执行的良好方法和机制,如:成立专项执行小组、实行专业化执行,建立集约化财产查询、分片包干等执行模式,都大大提升了批量执行的工作效率,平均执行天数仅为22.20

天,大大低于审判所使用的天数。虽然批量执行案件有着实际执行率、执结率较高的优势,但同样存在着实际清偿到位率低的难题,3年内共有总比例22.12%的批量案件以终结或其他方式结案,2011年度批量执行案件的实际执行到位率低于其他案件的执行到位率,均可从一定层面上反映该问题。实际执行到位率的偏低,对于批量案件的申请人而言,大量案件被终结执行或者无法最终得到实际清偿,意味着其债权无法得到实现,从而形成呆账、坏账,危害经营安全;对于大量被申请执行人而言,其逃避、规避承担法律义务的行为不仅未收到法律的惩戒,还因此逃脱了自身所负义务的承担,助长、放纵了其不守法重信的意识;对于法院执行人员来说,在投入了大量的人力、物力后仍未能实际执行到位,不仅影响了工作质效,更会波动情绪、降低工作动力。

(四)案件多、工作杂——执行成本投入高

由于数量众多,工作流程繁杂,法院在批量案件的执行上必须投入大量的财力、物力、人力以保证案件的总体执行效果。以市内快递15元/份计算,3年内该院仅在向被执行人邮寄执行通知书、传票等法律文书上,至少投入了16万元;如以每卷案件卷宗20页计算,则3年内批量案件归档用纸至少1100箱;外出寻找当事人行踪、现场执行、查询、冻结、扣划财产等需出车成本,外出执行出车所用燃油更是不计其数,消耗之大可见一斑;案件后续报结、报批等电子化录入、归档更需耗费巨大的维护、运行成本等等,一系列执行程序的开展,产生了大量的财力、物力成本损耗,而除此之外,执行人员更是投入了无数的时间、心血。长此以往,伴随着案件数量的不断增加,如何合理分配有限的人力、物力、财力也将成为摆在法院面前的难题,在有限的司法资源和众多的待执案件之间,批量执行案件应当占据怎样的比例、处于何种地位也值得研究。

三、成因剖析——基于常态化批量案件执行的外部因素和内部机制分析

(一)外部影响及客观环境的因素

1."服务单位自身风险控制漏洞"导致批量案件综合执行效果受损。就信用卡类批量案件执行而言,大批量的信用卡欠费案件进入司法程序以及导致执行过程中"人难找、财产难寻"的被执行人的客观现状,也反映出了银行在竞争市场占有份额和市场交易利益过程中,对核卡、发卡等环节风险控制程序的漏洞。目前,信用卡发放数量已成为银行对业务员量化考核的重要指标,

因此，为了追求数量，银行对申请人的经济状况及偿付能力不做详细调查，任其随意填写，使资信审核流于形式；有的甚至不审核其身份情况，常出现留存不真实的身份证复印件和个人信息的现象，严重有悖于实名制审查制度；对持卡人的资信状况缺乏长期的有效监控，不能及时根据持卡人资信状况的变化调整其信用额度和采取及时止付、取消用卡资格等措施防范可能出现的透支风险，导致损失的进一步扩大，引发纠纷。一方面银行发卡审核不严、缺乏资信长期跟踪监控机制，导致案件激增，另一方面，此类案件大量进入执行程序，在对人民法院的执行工作造成了压力和难度的同时，也直接导致了诸多案件根本就无法得到有效执行。

2. "被执行人社会诚信意识欠缺、法制观念淡薄"导致信用卡透支等批量案件多发。批量执行案件一般个案涉执标的不大，除却"人难找、财产难寻"的客观因素，仅就案件可能获得清偿的可能性而言，如果被执行人能够积极主动承担法律义务，就其执行能力承担上一般并不存在问题，而且即使一次性履行义务存在困难，还可通过达成和解以分期履行的方式达到案结事了的效果。但事实上，被执行人往往社会诚信意识欠缺、法制观念淡薄，对小标的透支、欠款案件承担法律义务的守法意识不足。如信用卡类批量执行案件，被执行人往往一方面利用银行发卡的漏洞和便利，透支消费满足物质需求，对法律后果未产生足够重视，在居住地点变动或者工作发生变动后，往往一躲了之，认为银行并不能对自己采取切实威慑力和影响力的措施，因此导致了大批量信用卡欠款案件的发生，也直接导致此类案件在诉讼乃至执行中，都无法直接、有效寻找到被执行人的具体下落。

3. "针对失信行为的社会惩戒机制不完善"加剧了被执行人自动履行率的偏低。缘于我国目前个人信用体系的不健全，覆盖全社会的征信系统尚未得到完善建设和良好运行，对信用卡透支等案件的被执行人，银行等金融机构也仅能利用自身的金融征信体系，在被执行人从事融资借款等金融行为时予以信用判断和限制，除此之外的严重后果还未能得到充分体现，当前社会范围内失信惩戒机制尚不完善的状况下，关于被执行人民事未了案件的基本信息的曝光范围和使用范围仍有极大局限，不足以对其产生足够的威慑力和持续影响力，被执行人不还款所承担的社会评价减损和惩戒力度不足，对信用意识淡薄的持卡人也根本无法形成社会范围内的有效制约，进一步导致了被执行人自动履行率偏低的客观现状。

4. 服务合同订立、履约、承责等多环节争议不断导致公用事业服务费纠纷案件执行质效不佳。不同类型的案件其执行难易程度不一，信用卡纠纷等案件通常因被申请执行人下落不明、无财产等原因难以得到实际有效执行,而对于公用事业服务费纠纷案件如物业费拖欠类的批量案件,则往往因业主与物业公司就服务合同本身的约定以及双方权利义务关系的负担存在较大分歧,围绕服务合同订立、履约、承责等多环节存在极大争议,导致涉案双方矛盾较为突出,在执行过程中也并不适宜仅仅采取简单扣划、处分财产、拘留处罚被执行人的方式来解决,否则极易引起涉执矛盾的激化,且往往一家物业公司提起申请执行的相对方处于同一居住范围内,如若处理不当,有引起群体性矛盾纠纷的隐患,不利于案结事了综合效果的达成。此类案件在执行过程中因为矛盾化解压力较大,导致了执行期限和周期较长,影响了批量案件整体执行效率的提升。

(二)内部执行流程及程序运行自身的成因

1."案件办理程序的相对重合"导致司法资源和司法效率的减损。对于常态化批量案件的执行,该院在长期的司法实践中进行了不断的探索,并取得了突出的成绩。目前已广泛推广运用的财产集中查询机制、分片分案办理方法等,使此类案件的办理流程得到相对简化,执行效率也有了一定提高,但其他流程安排如信息筛选、被执行人谈话、拘传、上门调查、财产冻结、查封、扣划、处分等,依然依据分案办理的原则由各承办法官独立承办,等同于其他常规案件的流程。在常态化批量案件集中于短时间内申请执行后,承办人员分头展开执行程序,由此也导致了大量趋同性的工作在不同的承办人处重合开展,人为的造成了内部工作量的增加,不利于司法资源的合理、有效配置,对快捷、高效的司法效率也造成了一定程度的减损。

2."执行手段措施缺乏持续有效的威慑力"加剧了被执行人逃避履行行为的发生。对于常态化批量案件的执行,因为缺席判决率高,被执行人查找困难,执行机构在进行常规的查询并未找到人、未查到财产的情况下时常处于"无处发力"的境地,与直接对被执行人采取拘留、限制出境等强制惩罚措施以及对其财产所采取的查封、处分等强制执行措施相比,限高令、网络曝光、被执行人信息平台公布等后续强制执行措施尚显乏力,现有针对被执行人媒体曝光和法院执行信息平台公布的范围和力度还十分有限,并无法对被执行人产生足够的惩戒影响力和司法威慑力,此类措施也几乎成了强制报结类案件中常见的报结措施和最终处置方法。从外部执行环境来看,执行手段措施缺乏持续有效的威慑力所产生的负面效应,进一步加剧了被执行人逃避履行行为的发生。

3."跑量"与"保质"的协调困境。常态化批量执行案件的一方当事人虽相对固定，但相对方则处于极为分散的状态；其个案标的额虽小，但案件的绝对数量较大；且此类案件进入司法程序往往具有集中性，短期内工作量的猛增对法院执行均衡结案率的影响较大，也毫无疑问的对执行工作造成压力和挑战。对于执行工作人员而言，需要逐案核查案件状态、多方探寻、排查执行线索，分头实施财产查控、处分，由此也导致了大量烦琐的工作必须集中在一个执限内完成，案件多、人手少的矛盾较为凸出的反映出来，承办人员在"疲于奔路"完成办案数量的同时，还需要着力于执行质效的关注，但两者往往处于难以协调的困境。就该院3年以来信用卡透支欠款案件的执行而言，在银行核销账的时间节点前，常常数百件案件集中进入申请执行阶段，仅仅依靠该院设置的信用卡执行组的几名法官根本无法在短期执限内完成结案任务，往往需要全庭人员分案集中办理，在给正常执行工作进程造成压力的同时，也产生了承办人员对个案办理的细节关注不够、线索深入挖掘不足、难点疑点的把握协调不好等负面因素，不利于进一步提升批量案件的实际执行到位率。

四、对策建议：寻求强制执行、行业监管、社会征信的良性互动

（一）推进常态化批量案件执行长效机制的确立

1. 探讨并确立集约化执行流程管理模式。批量案件尤其是信用卡案件的执行相对于其他常规案件，个案差异性较小，案件办理的趋同性强，较适宜适用集约化执行流程管理的模式提升总体执行质效。执行流程管理是指案件在执行过程中，执行庭以内设的执行实施合议庭为案件执行的基本组织单元，以执行实施合议庭设立的主执行官为案件执行的核心，以执行实施合议庭的各组织成员为案件执行的主体，以案件执行的各个阶段为实施对象，本着合理分工、明确责任、统一协调、相互配合的原则，使案件执行的每个阶段、每个步骤完整有序运行的程序规范。其工作原理是在合议庭内部分工与制约，通过分工配合减少执行机构的工作总量，同时通过分权管理制约执行人员工作的随意性，从而达到提高司法效率、促进司法公正的价值追求。①

对常态化批量案件实施集约化的执行流程管理模式，可以优化司法资源配置，提升执行总体质效。打破单人承办的传统案件执行模式，以一个执行小组或者执行合议庭为基础执行单位，从执行收案、基础信息分类筛选、主要财产线索批量查控、被执行人传票谈话、上门调查排摸、强制执行措施实施、案件

---

① 田大农、刘志龙：《建立分段集约化的执行案件流程管理制度》，载《人民司法》2010年第19期。

报结报批等,按照执行工作流程管理的基础环节,按照执行措施的自然顺序对全部新收案件分阶段专人负责开展工作,并制定分阶段的指标与绩效考核标准,可以避免大量重复、重合工作。① 在人力、物力有限的情况下,能够极大提升执行工作效率,使得执行人员可以有足够的精力重点突破有执行线索案件的执行困境。为避免单人长期负责某一环节工作的僵化和懈怠,还可在组内人员之间定期分工轮转,便于对人员工作量的均衡分配和整体考核指标的科学制定。

2. 探寻并完善批量案件执行的针对性措施。对于批量执行的案件,执行人员也应从思想上高度重视,在执行收案阶段,不能仅靠邮寄送达的方式,应主动出击,查找被执行人的线索,对不同情况的当事人分类处理,争取更多地找到被告,为下一步的强制执行做好准备。探寻各种措施提高强制执行的工作力度,包括依托相关部门的协助网络查找被执行人下落;发放告被执行人家属书、张贴限制高消费令、媒体网络曝光等督促被执行人履行义务;对拒绝进行财产申报或者申报不实以及查明有财产而拒不履行或者的被执行人,依法加大罚款、拘留等强制措施的运用,并创造适法条件强制处分其财产。同时,加强对批量案件执行中一套房、共有房情况的研讨,积极探索代偿、代管等执行手段措施。

3. 扩大对被执行人财产批量查询、协控的操作范围。财产查询渠道的不统一是影响执行效率的重要因素:银行存款、证券、车辆、房产等不同的情况需向分别的主管部门申请查询;银行存款的查询,在法院执行管理系统中仅能查部分银行的开户情况,其他的需向高院递交申请,由高院统一向人民银行申请查询后返还结果;在知道开户行后,需再向该行查询具体账号才能掌握被执行人银行存款情况。如此往复,时间已被耽搁不少,效率自然降低。应注重在现有的条件下进一步完善协助查询、查控机制,扩大共享渠道和协助执行网络建设,进一步提高财产调查的效率,简化财产冻结、扣划、查封等协查操作流程,探索集约化的协助查控、扣划措施,发挥协同执行、流程管理的执行效率优势,提升常态化批量案件的总体执行质效。

4. 加大司法宣传和舆论引导。通过网络、电视、报纸等媒体,通过对强制执行工作和典型案例的综合宣传报道,使公众认识到违法失信行为必将受到司法评价和惩罚,切实增强司法威慑力和公信力,引导、教育公众尤其是年轻群体树立正确的消费观,审慎过度消费、超前消费,形成良好的信用卡消费习

---

① 宁亚伟:《颍东区法院分段集约执行制度浅析》,载《人民司法》2011年第3期。

惯,增强公众对金融信用重要性及金融失信危害性的认识;通过对与公民生活息息相关的法律法规的宣传和解读,提升群众法制观念和认识,引导群众增强遵法守信意识,在发生物业服务合同及公用事业收费纠纷后,通过合法途径合理维权、合法维权。从而在社会范围内营造良好的执法环境和舆论氛围。

(二) 构建全面且严格的行业风险监控体系

对于服务提供方也即批量执行案件的申请人而言,应当着重构建全面且严格的行业风险监控体系,规范服务、规制风险,做到行业发展与风险管理并重。以信用卡案件的批量执行为例,银行等金融行业应当注重加强行业风险监控体系的建设和管理水平,从源头上控制进入司法程序的执行案件,着重做好以下几点:

1. 规范办卡审核业务。银行应建立科学、合理的信用卡营销制度,规范营销队伍,改革考核机制;同时银行对办卡申请人的资信状况应进行必要的、实质性的审查;严格落实实名制申领的规定,审核申请人的身份情况,认真核对申请人的收入证明,同时应向申请人的担保人说明相应的法律后果,审查担保人的偿还能力,综合评定申请人的信用级别及可透支额度,从源头上减少恶意透支行为的发生。

2. 健全动态监控体系。金融机构应对信用卡申请人的资信水平和还款能力进行尽职调查,并形成客户档案,实行持续监测和定期检查;对持卡人的资信情况进行追踪调查和分析,规避偿还风险,随时根据持卡人的资信变动情况调整其可透支额度,并限定透支次数及拖欠期限;对涉嫌协助持卡人套现的特约商户应及时给予警告和纠正,情节严重的应立即停止该商户收单资格;在持卡人发生透支后及时催款,避免损失的发生。从而减少进入诉讼、执行程序的信用卡纠纷案件,降低被执行人难以查找、执行成本高的风险。①

3. 建立征信管理制度。建立严格的文档管理和客户信息保护制度,银行业应将资信有瑕疵的持卡人及涉嫌信用卡违规操作的特约商户信息记入负面名单,同时与金融监管系统实现信息共享,建立联动机制,银行业协会应加强与会员单位的协调沟通,积极推进负面名单共享,将信用违规的单位或个人纳入银行征信系统,由信用管理部门及时通知相关银行,停止对其发放贷款和信用卡,避免"以卡养卡"现象,减少信用卡纠纷,实现对信用卡恶意使用行为的及时制止,达到有效防控金融业务风险的效果。

---

① 张立、毛学江等:《妥善处理信用卡纠纷 防控金融业务风险——重庆市渝中区人民法院关于信用卡纠纷的调研报告》,载《人民法院报》2011年12月1日。

(三) 推进司法征信系统与社会征信系统对接与利用

"缺乏良好的诚信基础是造成执行难的根本原因,建立与完善良好的诚信机制才是解决执行难问题的关键和根本。"① 依靠诚信机制自身的评价和惩戒功能的发挥,可以有效增强执行手段措施的持续威慑效力。当前,应着力推进司法征信系统与社会征信系统对接与利用,从根本上解决批量案件及其他案件执行中,后续执行措施乏力的问题。一方面,应尽快实现人民法院执行案件管理信息、执行工作社会联动信息与金融机构等现有征信系统的融合和对接。② 以被执行人信息管理系统提供的客观、全面、权威的信息为基石,通过对案件执行过程中所发现的涉案当事人失信行为进行登记和披露,与其他部门和各类行业协会等信用信息系统之间加强互联互通、资源共享,实现司法征信与社会征信系统的有效对接、有机整合;③ 应注重完善执行案件信息管理系统的基本功能设置与实效作用发挥,加强信息提供和公示的常态化、规范化机制建设,发挥联合征信系统的作用,增强信息系统建设对具体执行措施基本支撑作用,注重借助部门联动效应,使被执行人融资、购买车辆、购地置产、经营贸易、出境、个人消费等受到严格限制,最终形成社会范围的执行威慑机制。

另一方面,推进司法征信系统与社会征信系统对接与利用,可以促使相关机构尤其是银行等金融系统,在信用卡审核过程中主动查询、比对司法征信系统中的被执行人信用信息,依法对失信行为人申请融资、置产、出境、高消费、注册新公司、获得荣誉、从业任职资格等方面进行限制或禁止;对不重视或不认真使用已有正式信息系统中所公示的相应信息的,诸如明知借款人信用不良而放贷造成严重后果的,探讨使其承担相应的法律责任的必要性,以逼使相关单位和个人养成查询使用信用信息的习惯,充分实现征信系统信息的预警甚至禁止功能,有效解决目前执行联动威慑仍须依个案操作的问题。

---

① 刘振会:《诚信机制是解决执行难关键》,载《人民法院报》2003年6月17日。
② 马成刚:《加强执行与征信系统融通联合以克服执行难》,转引自"中国法院网":http://www.chinacourt.orghtmlarticle/200909/10/373242.shtml,访问时间:2012年6月15日。
③ 王绍凯、贺季敏:《民事执行难、执行乱问题的解决思路——以社会信用体系建设为视角》,载《经济与社会发展》第6卷第1期。

强制执行公证制度及其在信贷业务中适用的限制

华夏银行石家庄分行 孙亚楠

近几年来,强制执行公证制度越来越受到各商业银行的重视。尤其是在信贷业务中,一些商业银行通常会要求借款人和担保人就其与银行的担保借款合同进行强制执行公证,在贷款未能按期归还时,直接申请强制执行。例如某商业银行《经营性物业抵押贷款管理办法》规定:"经营性物业抵押贷款的抵押合同必须在房地产管理部门办妥抵押登记方可生效,并确保我行为抵押物第一顺位抵押权人,同时办理强制执行合同公证。"但强制执行公证制度是否具有"放之四海而皆准"的普遍适用性仍然是值得探讨的问题,尤其是担保类合同是否适用强制执行公证制度,一直以来都是学界、业界争论的焦点。笔者通过对强制执行公证进行系统性阐述,对商业银行如何在信贷业务中适用强制执行公证制度提出一些建议和意见。

一、强制执行公证的定义

强制执行公证是通过公证的手段使得债权人无需经过人民法院判决而直接向具有管辖权的人民法院申请执行的一种债权实现方式。《公证法》第37条规定:对经公证的以给付为内容并载明债务人愿意接受强制执行承诺的债权文书,债务人不履行或者履行不适当的,债权人可以依法向有管辖权的人民法院申请执行。《民事诉讼法》第238条规定:对公证机关依法赋予强制执行效力的债权文书,一方当事人不履行的,对方当事人可以向有管辖权的人民法院申请执行,受申请的人民法院应当执行。同时最高人民法院在《关于建立健全诉讼与非诉讼相衔接的矛盾纠纷解决机制的若干意见》(法发〔2009〕45号)第12条指出:经行政机关、人民调解组织、商事调解组织、行业调解组织或者其他具有调解职能的组织对民事纠纷调解后达成的具有给付内容的协议,当事人可以按照《公证法》的规定申请公证机关依法赋予强制执行效力。债务人不履行或者不适当履行具有强制执行效力的公证文书的，债权人可以依法向有管辖权的人民法院申请执行。

二、强制执行公证的意义

强制执行公证，是《民事诉讼法》和《公证法》规定的一项重要制度，经过近二十年的实践，强制执行公证制度已经成为一项重要的司法制度，并得到了全社会的普遍认可。对于一般的以给付为义务的经济合同而言，其必须经过人民法院的审理后才使得债权人具有向人民法院申请执行或强制执行的权利，而强制执行公证制度的制定使得债权债务纠纷无须经审理即可向具有管辖权的人民法院申请执行，一方面节省了司法成本，另一方面加快了债权债务纠纷的处置速度，极大地提高了社会经济的运转效率。司法部在《关于进一步做好依法赋予债权文书强制执行效力公证工作的通知》（司法通〔2009〕13号）中进一步指出："适应我国经济社会发展的客观要求，以及构建多元化矛盾纠纷解决机制的现实需求，强制执行公证业务呈现出持续增长之势，在民商事活动中，越来越多的公民和市场主体选择强制执行公证方式预防纠纷、维护权益。因此，做好强制执行公证工作，对于进一步拓展和规范公证法律服务，充分发挥公证工作的职能作用，促进社会和谐稳定具有重要意义。"

同时，强制执行公证制度也随着司法制度的进步逐步完善，例如，为解决《公证法》有关条款的法律适用问题，2008年12月，最高人民法院作出《关于当事人对具有强制执行效力的公证债权文书的内容有争议提起诉讼人民法院是否受理问题的批复》（法释〔2008〕17号，2008年12月8日最高人民法院审判委员会第1457次会议通过，以下简称《批复》），《批复》明确规定依法赋予强制执行效力的公证债权文书不具有可诉性。

三、办理强制执行公证债权的范围及内容

最高人民法院与司法部于2000年9月1日联合下发了《关于公证机关赋予强制执行效力的债权文书执行有关问题的联合通知》（以下简称《联合通知》）。《联合通知》第1条规定：公证机关赋予强制执行效力的债权文书应当具备以下条件：债权文书具有给付货币、物品、有价证券的内容；债权债务关系明确，债权人和债务人对债权文书有关给付内容无疑义；债权文书中载明债务人不履行义务或不完全履行义务时，债务人愿意接受依法强制执行的承诺。同时《联合通知》第2条还规定：公证机关赋予强制执行效力的债权文书的范围：借款合同、借用合同、无财产担保的租赁合同；赊欠货物的债权文书；

各种借据、欠单；还款（物）协议；以给付赡养费、扶养费、抚育费、学费、赔（补）偿金为内容的协议；符合赋予强制执行效力条件的其他债权文书。由此可见，《联合通知》与《公证法》、《民事诉讼法》保持一致，即将强制执行公证的对象定为"以给付为内容的债权合同"。

四、强制执行公证的不可诉性

前面我们已阐述了强制执行公证的法律意义在于节省司法成本，提高纠纷处理速度，关键在于通过公证手段取代复杂的审判程序。根据人民法院不重复审理的原则，强制执行公证的结果当然具备等同于司法审判的效力。

因此，最高人民法院在《批复》中规定：根据《民事诉讼法》第214条和《公证法》第37条的规定，经公证的以给付为内容并载明债务人愿意接受强制执行承诺的债权文书依法具有强制执行效力。债权人或者债务人对该债权文书的内容有争议直接向人民法院提起民事诉讼的，人民法院不予受理。但公证债权文书确有错误，人民法院裁定不予执行的，当事人、公证事项的利害关系人可以就争议内容向人民法院提起民事诉讼。笔者认为应从以下三个方面理解该批复：

1. 强制执行公证具有对司法审判的对抗性，即不可诉性

对于该问题，最高人民法院研究室在解释《批复》时指出：公证债权文书的债权人提起诉讼，人民法院不应受理。根据《民事诉讼法》第214条[①]和《公证法》第37条的规定，具有强制执行效力的公证债权文书与法院生效裁判、仲裁裁决具有同等的法律效力，都是执行依据。既然债权人取得了一份具有法律效力的执行依据，就不能再取得另一份执行依据。债权人另行提起诉讼，目的也是为了取得执行依据，不符合"一事不再理"的基本原则。强制执行公证债权文书是双方当事人事先约定的，如果允许债权人既可申请执行，又可直接提起诉讼，不符合立法原意，对债务人不利，有失公平。

2. 办理强制执行公证并不必然导致当事人诉权的完全丧失

前面已述，诉权的丧失是因为当事人获得了一份具有执行效力的文书，但如果该强制执行公证确有错误的，当事人仍然具有直接就争议内容进行诉讼的权力，但前提是"人民法院对公证债权文本不予执行"，也就是说强制执行公证是否正确的裁判权仍属于人民法院。如果从另一个方面来看该问题，就是在同一个争议问题上，不应该也不可能同时运行两种解决方式，即

---

① 2012年《民事诉讼法》已将此条修订为第238条。

强制执行公证与诉讼不应同时发生作用，诉讼是强制执行公证无法执行时的救济措施。

3. 超过强制执行公证规定的申请期限时，当事人是否自动获得诉权

对于该问题，我们可以理解为如果债权人在办理强制执行公证后，未在规定时限内向人民法院申请强制执行，而是提起民事诉讼，人民法院是否应该受理。笔者认为民事诉讼法规定的申请执行的期限是对申请人的义务，申请人必须遵守，申请人要对没有在申请执行的期限内提出执行申请承担不利的法律后果。申请人由于自己的原因丧失了法律规定的申请强制执行的权利又转而提起民事诉讼，法院不应支持。例如，某银行在强制执行公证规定的时限内未申请执行，而是向人民法院提起诉讼，受理法院认为：最高人民法院《批复》规定的是"债权人或者债务人对该债权文书的内容有争议提起诉讼的，人民法院不予受理"，该案债权人不是对公证的文书内容有争议提起的诉讼，而是就整个未实现清偿提起的诉讼，所以给予受理。

对于该问题，笔者认为该法院在是否受理问题的处理上确有不妥之处，该法院对《批复》中"债权人或者债务人对该债权文书的内容有争议直接向人民法院提起民事诉讼的，人民法院不予受理"的理解存在偏差，"债权文书的内容"并不是公证文书的内容，而是已公证的债权本身。这也是强制执行公证不可诉性的根本所在。

而且，该案上诉自最高人民法院后，最高院对一审法院的观点进行了否定。从最高院的判决及其解释中可以看出，办理具有强制执行公证的债权文书无论是在执行期间还是超过了申请执行期间，债权人均丧失了诉权。由于新修订的民事诉讼法将申请执行的期限延长为两年，而且适用诉讼时效关于中止、中断等的规定，以后一般不应再出现类似的问题。

五、强制执行公证申请执行的权利转让

债权债务的转让是民事法律关系的一项重要内容，尤其是涉及金融不良资产转让时，强制执行公证申请执行的权利能否转让，直接影响到债权承接人的利益，根据债权债务的概括承受原则，强制执行公证申请执行的权利必须随同债权一并转让。为此司法部在《关于经公证的具有强制执行效力的合同的债权依法转让后，受让人能否持原公证书向公证机构申请出具执行证书问题的批复》（司复〔2006〕13号）中指出：债权人将经公证的具有强制执行效力的合同的债权依法转让给第三人的，受让人持原公证书、债权转让协议以及债权人同意转让申请人民法院强制执行的权利的证明材料，可以向公证机构申请出

具执行证书。

六、担保类合同能否办理强制执行公证

担保类合同能否办理强制执行公证是一个普遍存在争议的问题,一种观点认为根据《公证法》第37条及《联合通知》第1、2条规定,强制执行公证的范围必须是以给付为内容的债权债务关系,同时要属于《联合通知》第2条列举的范围之内。而担保类合同尤其是担保物权合同并不是以给付为内容的合同,而且不属于债权合同,同时由于《担保法》及《物权法》有关流质内容的限制,不应适用强制执行公证制度;另一种观点认为担保类合同属于"或有债权合同",其是否转化为债权合同主要是依据主债权合同的履行情况,但不影响其债权合同的性质,同时符合《联合通知》第3条规定的"符合赋予强制执行效力条件的其他债权文书"内容。

笔者赞同第一种观点,对待担保合同办理强制执行公证的问题,各商业银行应持谨慎态度,主要有以下几方面原因:

1. 担保类合同适用强制执行公证无明确法律规定

从现行的《公证法》、《民事诉讼法》及《联合通知》中并没有明确规定担保合同尤其是物权担保合同可以适用强制执行公证,《公证法》明确规定了可以赋予强制执行效力的公证范围为是:以给付为内容并载明债务人愿意接受强制执行承诺的债权文书;《联合通知》第2条更是以列举的方式规定了可以适用强制执行公证文书的范围,同样不包括担保合同或物权合同。也就是说该类合同办理强制执行公证没有明确的法律依据。从法理上讲,担保合同更不是债权合同,各商业银行普遍采用的抵质押合同办理强制执行公证仅具有理论上的意义,更多的时候并不被司法实践所认同。

尽管《办理具有强制执行效力债权文书公证及出具执行证书的指导意见》(2008年4月23日中国公证协会第五届常务理事会第五次会议通过)第2条指出:"当事人申请办理具有强制执行效力的债权文书公证,应当由债权人和债务人共同向公证机构提出。涉及第三人担保的债权文书,担保人(包括保证人、抵押人、出质人、反担保人,下同)承诺愿意接受强制执行的,担保人应当向公证机构提出申请。申请出具执行证书由债权人向公证机构提出。"但笔者认为,该《指导意见》并不能成为担保合同适用强制执行公证的直接法律依据。

2. 《担保法司法解释》认为担保物权不经审判不得实现

《最高人民法院关于适用〈中华人民共和国担保法〉若干问题的解释》第130条规定:"在主合同纠纷案件中,对担保合同未经审判,人民法院不应当

依据对主合同当事人所作出的判决或者裁定,直接执行担保人的财产"。换言之,人民法院对担保权利的实现具有裁判的唯一性。

3. 防止流质,保护担保人的权利

《担保法》及其司法解释对流质的禁止,主要是基于保护担保人的权利,主债权合同的审判确定的最终债权债务数额,并不必然的等同于担保人承担的担保责任。因此,笔者认为担保合同或担保物权合同适用强制执行公证制度是值得商榷的。

七、关于强制执行公证在银行业务中的应用

1. 不主张就有担保的借款合同或独立的担保合同作强制执行公证

通过前述可知,担保合同办理强制执行公证是没有明确的法律依据的,而单就借款合同办理强制执行公证同样不能避免担保合同接受人民法院的审理判决,因此,很难达到理想中的法律效果。同时笔者在询问当地的几家公证机构时也发现银行就担保合同办理强制执行公证的不在少数,有公证机构接受有的不接受,即使接受的公证机构也认为其作用更多的是对借款人或担保人偿还债务起到一个威慑作用,真正执行起来难度较大。

2. 强制执行公证应作为实现债权的补充措施而不宜直接成为实现债权的保障措施

通过实践笔者认为,在保护债权方面,强制执行公证制度在贷款重组、借新还旧及债权清收阶段取得的效果更为明显,尤其是对于担保类合同而言,我们完全可以通过协议的方式将担保合同转化为债权合同或"准债权合同",然后再赋予其强制执行的公证的效力。举个例子,A公司向某商业银行贷款4500万元,由其关联公司B承担连带保证责任,由于A公司无力偿还贷款本金(但尚不欠息),只得办理展期,在展期期间,保证人B公司拟转让其股权涉及金额1.6亿元,该商业银行就从该股权转让资金上着手。首先,要求B公司承诺代偿。其次,明确股权交易资金中的4500万元用于偿还贷款并进行强制执行公证。最后,该银行再书面同意该股权转让。其实案情并非本文描述的这么简单;谈判的过程也是非常复杂,但确实取得了良好的效果。

3. 妥善处理已办理的强制执行公证,保障诉讼权利的实现

前面我们已经了解,办理了强制执行公证的债权关系当事人即丧失了对该债权的诉权,然而由于公证强制执行的效力及时限性,建议各商业银行无论是借款合同还是担保合同都应在规定时限内申请强制执行,一方面是为了确定执行效力,而另一方面是为了恢复诉权,防止诉权的丧失。

金融不良债权转让纠纷中的风险及司法控制

北京市门头沟区人民法院　姚富国　于雪娟

执行效果是案件质量和法院努力共同作用的结果。[①] 造成执行难的其中一个原因就是进入到执行程序中的案件质量差。案件质量差其中一方面就表现为案件在审判时未解决的问题转移到执行程序中，给执行带来工作困难。本文即是以此角度来讨论金融不良债权转让纠纷中的风险及司法控制问题。

金融不良债权处置的实质是为解决计划经济时期形成的历史遗留问题，司法裁判作为国家干预的一种方式，无疑要对我国市场化过程中出现的不公平进行干预。随着市场经济的深入发展，金融不良债权转让纠纷案件对司法机关提出了更高要求："此时，市场发展对司法的要求已经不再是强制干预，而是顺势而为的调整和调节与保障，如何运用法律规定的精神，准确理解与掌握市场运行的规律，发挥司法的主观能动性，从服务于经济运行的大局出发，从服务于市场主体参与竞争的良好愿望出发，履行市场经济条件下国家和法律赋予的司法职责。"[②]

然而，外界对法院存在着一定的负面评价一直不绝于耳，特别是从资产管理公司角度来看，法院的诉讼效率较低、受地方保护主义影响有意偏袒债务人、执行不力等因素，增加了回收成本，降低了资产回收效率。客观地说，2009年4月3日最高人民法院印发《关于审理涉及金融不良债权转让案件工作座谈会纪要》（以下简称《纪要》）出台之前，全国许多法院的确存在着大量的金融不良债权转让案件处于中止审理或中止执行状态，即暂缓受理、暂缓审理和暂缓执行"三暂缓"政策。《纪要》出台后，这种情况虽然得到改善，但由于金融不良债权转让案件的复杂性，而《纪要》的出台又有特殊的背景，

[①] 唐应茂：《法院为什么执行难》，北京大学出版社2009年版，第15页。
[②] 吴庆宝主编：《最高人民法院专家法官阐释民商裁判疑难问题（2009—2010年卷）》，中国法制出版社2009年版，第241页。

故其不可能将审判实践中所有的问题均囊括其中一揽子解决。金融不良债权转让裁判依据的有限性,直接导致了法院不能处理或者不能有效应对司法实践中不断涌现的问题,法院没法判决、没有相关法律支撑、只能依靠相关部门批示,法院审理金融不良债权转让案件面临着困惑。

一、金融不良债权转让的概念界定

国有商业银行的资产包括国外资产、储备资产、对中央银行的债权、对企业和居民的债权和对非银行金融机构的债权五项,债权仅指后三项,而贷款是指债权中以贷款形式表现出来的那一部分。"因此,从会计学意义上,必然存在着不良资产大于不良债权,不良债权大于不良贷款的逻辑关系,这是从理论层面的考虑而言。就我国的经济金融现实观察,由于资本市场不发达,再加上分业经营、分业管理的体制约束,商业银行的资产结构比较单一,主要集中在贷款这一资产项目。所以,不良资产、不良债权主要是指不良贷款,在某种程度上,基本上是等价关系。"① 不良贷款本质上属于民法意义上债。所谓"不良",是指债务人违反合同约定,到期不能履行义务或者不能完全履行义务,银行的不良资产,就是指此种状态下的银行债权。

从文义上理解,金融不良债权转让本身是指债权的转让,但现行政策对金融不良债权转让从主体角度进行了限定:目前除了最初转让方为国有银行、金融资产管理公司所进行的债权转让外,其他主体之间进行的债权转让尚未进入法律规则调整的视野,仍适用一般意义上关于债权转让的规定。

四大国有商业银行与四大金融资产管理公司之间的转让方式有两种:政策性剥离(收购)和商业化收购。"所谓政策性收购,是指根据国务院或国务院有关部门文件分配的额度,国有银行将其账面不良金融资产划转给资产公司,资产公司向国有银行支付对价,并由资产公司对收购的资产进行管理和处置,最终实现现金回收的业务。"② 定价的原则是将不良债权的本息账面价值作为购买的价格,无偿划拨是例外。"所谓商业化收购,是指资产公司根据市场原则购买金融机构(主要是国有银行)的不良金融资产,并对所收购的资产进行管理和处置,最终实现现金回收的业务。"③ 国外的金融资产管理公司确定金融不良债权购买价格的基本原则便是通过评估的方式确定不良债权的市场价格,从而折价购买。金融资产管理公司与受让人之间一般采用商业化收购的方

---

① 李勇:《关于我国不良资产证券化的初步探讨》,中国财政经济出版社2004年版,第235~236页。

②③ 刘贵祥主编:《中国民商事审判新问题》,人民法院出版社2006年版,第5~6页。

式进行不良债权的转让。

二、金融不良债权转让的新特点

1. 市场主体多元化趋势。成分变得更加复杂:除四家国有独资金融资产管理公司外,有的地方政府出资成立的资产管理公司,如海南联合资产管理公司、浙江省发展资产管理有限公司;有的金融机构和企业集团出资成立的资产管理公司,如华泰保险资产管理公司、华证资产管理公司;还有民营专业化资产管理公司;国际上专门从事不良资产投资的各类专业资产管理公司、基金公司和投资银行,如美国的格鲁资产管理公司;还包括了不良债权处置的中介服务机构。以上市场主体参与不良债权商业化收购的目的、方式、管理模式都不尽相同,这些主体之间已形成竞争态势,都在收购国有商业银行的不良资产。

2. 四大金融资产管理公司商业转型趋势。2010年5月27日,国务院转发发展改革委《关于2010年深化经济体制改革重点工作意见的通知》中明确提出开展资产管理公司商业化转型试点工作,资产管理公司商业化发展的趋势得以确定,除四大金融资产管理公司以外的其他市场主体商业化的程度则更加明显。

3. 金融不良债权转让的范围逐渐扩大。除四大商业银行的政策性不良债权和商业性不良债权外,还出现了国有企业、非国有企业、非金融机构的不良资产处置问题,不良资产处置转让的种类也不再局限于银行业,而是发展到了证券业、保险业、信托业,可见,一个统一多元的不良资产市场正在逐渐形成。

随着金融不良资产交易市场的逐渐形成,不同利益主体之间的纠纷日益增多,其中有相当一部分纠纷已进入了司法程序。"据统计,金融各级法院目前已经受理此类相关案件一万余件。"[①] 伴随着这些案件进入司法程序,其对金融不良债权转让规则的修改、完善提出了新需求。

三、金融不良债权转让纠纷中风险识别的三重视角

金融不良债权转让纠纷中风险可以从如下三重视角加以识别:政策因素——政策主导法律失语;法律因素——诉讼环节面临裁判依据匮乏的风险;执行因素——法院贯彻司法平衡理念暗藏的风险。

---

① 高民尚:《〈关于审理涉及金融不良债权转让案件工作座谈会纪要〉的理解与适用》,载《人民司法》2009年第9期。

《纪要》的出台解决了司法实践中许多争议较大的问题,在相当程度上统一了裁判的尺度。但一部《纪要》不可能解决实践中出现的所有问题,司法实践中许多新的问题还有待立法机关制定新的规则予以处理。同时,得到市场认同的既有法律规则能否适用到最初转让方国有商业银行、四大资产管理公司之外的其他主体,也是一个值得持续关注的问题。面对不断出现的新问题,法官常常面临裁判依据匮乏的窘境。

(一)政策因素——政策主导法律失语风险

我国不良资产市场的形成不是自发的,而主要是政府为解决国有商业银行的不良资产问题而创设的。在这样一个背景下,不良资产市场的发展不可避免地受到政策的影响。调控金融不良债权转让的政策、规范性文件具有如下特点:一是制定主体多。制定主体有党中央、国务院、财政部、中国人民银行、金融监管机构、国家外汇管理局、国家发展改革委、国务院国有资产监督管理委员会、国家税务总局、中国资产评估协会等多个主体;二是名目繁杂,规范性文件的名称多为决定、实施意见、暂行办法、暂行规定、通知、管理办法、指导意见等;三是效力不高。从文件的效力层级上来看,主要为党的政策、法规性文件、部门规范性文件、行业规定等几类;四是调控领域广,涉及到了金融不良债权转让的各个环节。比如从规范外资准入问题的文件有《国家发展改革委、国家外汇管理局关于规范境内金融机构对外转让不良债权备案管理的通知》;规范金融不良资产评估、风险管理、公告的文件有:《金融企业国有资产评估监督管理暂行办法》《财政部关于印发金融资产管理公司有关业务风险管理办法的通知》《资产处置公告管理办法(修订)的通知》等文件;五是政策代替法律,法律依从政策。四大金融资产管理公司成立于1999年,设立之初的金融资产管理公司实际上处于无法可依,除了国办发〔1999〕33号及66号文件,经中国人民银行批复,国家工商管理总局颁发企业法人营业执照外,其所从事金融不良债权处置业务时,所依据的只能是当时的政策。实质上政策起到了代替法律的作用。2000年《金融资产管理公司条例》的出台实质上是上述国办文件法律化的结果,也由此印证了这样的一个观点,即"对于国家组建的金融资产管理公司来说,不良资产的收购是一个法律和政策相互交织的问题。而且在一些环节上,比如在不良资产转让的法律效力等方面,因为政策的需要,法律会作出相应的特别安排。"[1]政策主导下的金融不良转让过程中可能出现的风险:审判实践中遇到法律没有规定的问题如何处理?一般意见

---

[1] 李健男:《金融资产管理公司法律问题比较研究》,中国金融出版社2006年版,第211页。

认为应该依据国家的有关政策和《纪要》确定的精神原则予以处理,长此以往必然会形成过度的政策依赖,从而忽视政策的"乌龙"后果。

(二)法律因素——诉讼环节面临裁判依据匮乏的风险

目前,关于金融不良债权转让的主要的法律规则主要表现形式是最高院以司法解释或司法政策性文件的形式颁布的。不同时期,代表性的文件有如下几部:《关于审理金融资产管理公司收购、管理、处置国有银行不良贷款形成的资产的案件适用法律若干问题的规定》《关于贯彻执行最高人民法院"十二条"司法解释有关问题的函的答复》《关于金融资产管理公司收购、处置银行不良资产有关问题的补充通知》《关于审理涉及金融不良债权转让案件工作座谈会纪要》《关于审理金融资产管理公司利用外资处置不良债权案件涉及对外担保合同效力问题的通知》。与政策形成鲜明对比的是,关于金融不良债权转让的法律规则总量少、位阶低、规范领域窄、框架性条文多,缺少操作性,规则模糊大,甚至法律缺位。而司法实践中出现了许多新的问题,从目前的法律规则体系以及《纪要》难以找到明确的答案。法律规则的模糊和缺位使得法院很难顺利担负起妥善、公正处理金融不良债权转让案件的重任。

(三)执行因素——法院贯彻能动司法理念暗藏的风险

为应对国际金融危机,强化能动司法,最高院从司法服务大局出发制定了多个司法政策性文件用于指导司法实践,可以说应对国际金融危机直接催生了能动司法的理念。在当前的社会转型期能动司法具有如下四下特殊价值:有助于确保司法公正;有助于提高司法效率;有助于促进案结事了;有助于提升依法办事水平。① 《纪要》便是最高法院延伸审判职能、能动司法的最佳阐释。但在法院贯彻能动司法理念的执行过程中,却暗藏着风险,主要表现为:自由裁量权运用不当的风险和法律执行不力的风险,如果不加以控制,法院很难确保审判的法律效果和社会效果统一。

1. 自由裁量权运用不当的风险。"能动司法要求法官审理案件过程中积极运用政策考量、利益衡量、柔性司法等灵活方式司法,正是要求法官在合理的限度内积极地履行职责,创造性的司法。"② 金融不良债权处置的实质是为解决计划经济时期形成的历史遗留问题。为了依法妥善公正地审理涉及金融不良债权转让案件,法院必然要对如下五对关系进行利益权衡:即私权处分与公共利益、职工债权与金融债权、中央财政与地方财政、计划经济法律问题与市场

---

① 董皞、郭建勇:《现实语境中能动司法的价值与风险》,载《法律适用》2010年第10期。
② 夏锦文:《当下能动司法亟待处理的六大关系及解决思路》,载《法律适用》2010年第10期。

经济法律规则、市场竞争与国家干预。法官在运用自由裁量权的过程中，容易出现为所欲为、为所不应为、当为而不为的情况，容易出现为能动而能动，为平衡而平衡，曲解法律恣意裁判的情况。这样一来，自由裁量权的行使变得无章可循，能动司法最终背离法治。

2. 法律执行不力的风险。目前关于金融不良债权转让的法律规则体系尚不完善，法院在执行现有的法律规则时存在着有法不依、执行不严的情况。在《纪要》出台之前，大量的金融不良债权转让案件处于"三暂缓"状态，《纪要》出台后，这种情况得到了根本扭转。然而，由于各地司法质量参差不齐，又出现了随意扩大限缩适用《纪要》等执行不严的现象。法律执行不力具有很大的风险性：容易出现法律适用的不统一，容易招致社会舆论对法院作出负面评价，容易损害司法权威和法院形象，最终也不利于案结事了。在我国当前法院队伍总体素质不高的情况下，法律执行不力的风险特别值得警醒，应时刻提防能动司异化为滥用司法。

四、构想——针对风险，进行司法控制

（一）风险控制的主体——提高法官素质加强司法驾驭能力

就不良资产处置问题而言，此类案件涉及面较广，问题较多，既涉及国家政策各异的困境，也面临着法律规则适用不一的现状，法院在审理此类案件时面临着规则适用上的困境。然而，法官作为纠纷的最终裁判者，应责无旁贷地承担起依法妥善公正审理金融不良债权转让案件，保障不良债权转让处置工作顺利进行，维护和促进社会和谐稳定的重任。金融不良债权转让纠纷案件的妥善处理，要求法官具有深厚的法学功底，具有较强的审判技巧和司法驾驭能力。金融不良债权转让纠纷案件的利益多元的，法官处理此类案件时要从法律理念、法律价值、法律原则以及政策导向等多个角度出发进行价值判断。要将法律条文规则的适用与中央政策精神的实现结合起来，将民商法的意思自治、平等保护等理念与国家经济政策、金融市场监管和社会影响等因素结合起来，正确处理好保护国有资产、保障金融不良资产处置工作顺利进行、维护企业和社会稳定的关系，做到统筹兼顾、妥善合理，确保依法公正与妥善合理的统一，确保审判的法律效果和社会效果统一：一方面要避免机械适用法律，法官要学会灵活运用现有的法律规则，准确把握最高院颁布的规范性文件的精神实质，从而作出公平合理的裁判；另一方面，法官要正确运用自由裁量权进行利益权衡，保持必要的司法克制，勿盲目乱动，勿逾越权限，勿背离法治。

(二) 风险控制的前提——把握案件特性建立风险评估机制

防止金融不良债权转让纠纷中国有资产流失的风险控制的前提是把握案件特性，建立起一套行之有效的风险评估机制。重点评估审视以下四个方面的内容：一是特殊性，金融不良债权转让不同于一般民事意义上的债权转让，其应归属于商事意义上的债权转让[①]。相对于单个、小额的、以非营利为目的的民事意义上之债权转让而言，金融不良债权转让纠纷涉及的债权数额巨大，具有营利性，利益冲突明显，不应该将此类视同普通的债权转纠纷加以处理；二是政策性，金融不良债权转让具有极强的政策性，法官要密切关系金融政策，从而作出适应时代发展的判决。当然，这也为政策发布机关提出了新的要求：整合政策发布机构，做到政令统一。针对金融不良债权处置问题，要做到政策的统一性，只有设立一个新的机构。"有必要在现有的资产管理公司及其监管部门即财政部、中央银行及银监会之间设立一个新的机构（类似于美国的联邦储蓄保险公司FDIC），统一承担目前分散在各资产管理公司头上的政策性功能，包括承担因处置不良资产的财务损失、筹措收购不良资产的资金、制定处置不良资产的程序与政策等，以此作为解放目前官办资产管理公司的前提，并且也是促进不良资产处置市场化的前提"[②]；三是市场性，要把握住金融不良债权转让市场商业化、市场化的发展趋势作出裁判；四是可能的后果，即法院的裁判结果是否实现了法律效果和社会效果的统一，是否会得到社会的认同，是否会引发社会不稳定的因素，负面效果是否可控，建立涉诉矛盾纠纷风险评估机制，要将影响社会稳定的隐患排查、化解和稳控工作作为重点评估内容纳入裁判的视野，认真加以考量。

(三) 风险控制的依据——加强立法强化规则之治

在金融不良债权转让这个问题上，政策与法律之间的内在的关联性不容忽视。"事实上，在一个国家为解决某一急需解决的问题进行制度创新时，执政党的政策往往是先行的。这是因为政策在适应客观形势变化方面较之于法律更迅速、更灵敏。"[③] 但因政策只是权宜之计，缺乏稳定性、可预期性，所以应加强法律与政策之间的协调，摆正政策在司法裁判过程中的地位，不能只有政

[①] 关于民事意义之上债权转让与商事意义之上债权转让区分的详细内容请参见陈坤：《司法程序中债权转让问题初探》，载 http://www.civillaw.com.cn/Article/default.asp?id=45680，访问时间：2011年5月1日。

[②] 中国华融资产管理公司博士后科研工作站编：《不良资产处置前沿问题研究》，中国金融出版社2004年版，第20页。

[③] 李健男：《金融资产管理公司法律问题比较研究》，中国金融出版社2006年版，第16页。

策,不能光依靠政策,政策、规章绝对不能代替法律。因此,政策应该适时上升为条文化的法律。如何建立起政策和法律相合适的比例,加强立法、完善金融不良债权转让方面的法律规定是一个亟待解决的问题。2009年4月3日最高人民法院印发《关于审理涉及金融不良债权转让案件工作座谈会纪要》,是针对不良债权转让案件中产生的主要问题作出的最新规定,现就该《纪要》的局限性及有待进一步明确的问题进行分析,从而给金融不良债权转让相关法律的完善提出一些建议:

1. 适用范围:

《纪要》明确规定:国有银行包括国有独资商业银行、国有控股商业银行以及国有政策性银行;国有企业债务人包括国有独资和国有控股的企业法人。受让人是指非金融资产管理公司法人、自然人。不良债权转让包括金融资产管理公司政策性和商业性不良债权的转让。政策性不良债权是指1999~2000年上述四家金融资产管理公司在国家统一安排下通过再贷款或者财政担保的商业票据形式支付收购成本从中国银行、中国农业银行、中国建设银行、中国工商银行以及国家开发银行收购的不良债权;商业性不良债权是指2004~2005年上述四家金融资产管理公司在政府主管部门主导下从交通银行、中国银行、中国建设银行和中国工商银行收购的不良债权。

问题1,从对象上看,《纪要》所调整的是国有银行,但中国银行业的实际是,在某种意义上说,非国有银行的不良资产问题更为严重。因为对于依赖信用生存的银行业来说,国有银行背后的国家信用使其在市场竞争中占据优势,即使不良资产率高一点,也不至于产生流动性风险。而其他商业银行、城市商业银行以及城乡信用社则没有国家信用支撑,特别是城乡信用社,抗风险能力非常有限,不良资产对这些金融机构来说就可怕的多,而《纪要》只是针对了国有独资商业银行、国有控股商业银行以及国有政策性银行不良债权转让作出法律规定,这不能满足现实中大量存在的非国有银行不良资产处置产生的纠纷问题。

问题2,《纪要》中的债务人是指国有企业债务人,那涉及非国有企业债务人的金融不良债权转让案件是否能够适用《纪要》,笔者认为金融不良债权转让中常用的形式是打包处置,一个资产包里既有国有企业债务人,也有非国有企业债务人,而资产包是采取整体报价、转让的,发生纠纷时,没有必要一定要分清性质、拆分处置,将《纪要》的适用对象进行扩张解释,把涉及非国有企业债务人的金融不良债权转让案件一并纳入《纪要》进行调整,是合理的。

问题3，《纪要》中规定，商业性不良债权是指2004年至2005年上述四家金融资产管理公司在政府主管部门主导下从交通银行、中国银行、中国建设银行和中国工商银行收购的不良债权。那是不是意味着不符合此条件商业性不良债权将不能适用《纪要》，笔者认为，现实中存在着大量的商业性不良债权转让纠纷，如果不能适用《纪要》，将只能比照适用《民法通则》和《合同法》的规范。既然《纪要》是以司法政策的形式对审理不良债权转让案件进行了特别的规范，是对全国各级法院审理涉及金融不良债权转让案件的重要依据，对商业性不良债权转让纠纷适用《纪要》比适用《民法通则》、《合同法》会更有操作性，也更有合理性。

2. 限制转让的债权及其受让主体

问题1，《纪要》中规定：债务人或者担保人为国家机关的，人民法院应当认定转让合同损害国家利益或社会公共利益或者违反法律、行政法规强制性规定而无效。如果出现：（1）债务人或者担保人的出资人发生变更，如私有化、外资并购、IPO，从而导致债务人性质的实质发生变化，受否仍受限制？（2）受让方同意放弃对国有机关担保人的追索和对外披露，可否转让？笔者认为应当不行。对此类转让的监管意图不仅直接地在于政府免受追索，特别是境外投资者购买后向政府追索带来的问题，同时也可能顾及政府的声誉，即使不被追索，鉴于不合规的政府债务和政府担保曾普遍存在，地方政府债务背景更加复杂，很多个中情况不宜让外界知晓。所以，我们建议资产公司不公开转让的同时，在受让方意向性同意放弃对国家机关担保人的追索和对外披露的情形下，也不安排此等转让。

问题2，《纪要》还规定：受让人为国家公务员、金融监管机构工作人员、政法干警、金融资产管理公司工作人员、国有企业债务人管理人员、参与资产处置工作的律师、会计师、评估师等中介机构等关联人或者上述关联人参与的非金融机构法人的，不良债权转让合同无效。如果以上受让主体在获得内幕信息之后，不良债权转让发生之前，身份已发生变化，此时的转让合同是否无效。关于这个问题，笔者认为，本条规定的目的并非是形式上的针对几种受让主体，而是因为这种情况下，由于相关人员直接或者间接参与不良债权的处置工作，在实践中上述人员往往利用身份、地位和信息的优势获取不良债权的内部信息，在受让不良债权后可获得巨额利润，从保护国有资产流失的角度考虑，从而明确上述人员受让债权时无效。明白这一点，在判定不良债权转让合同是否无效时除了考虑受让人的身份，还要考虑受让人是否曾经依据这种身份获得了内部信息，从而导致交易的不公平。

3. 国有商业银行与资产管理公司之间关于商业性不良债权转让协议纠纷法院是否受理

《纪要》中规定：金融资产管理公司与国有银行就政策性金融资产转让协议发生纠纷起诉到人民法院的，人民法院不予受理。可见，《纪要》只针对于政策性不良转让问题作出明确的规定，而现实中，越来越多纠纷是涉及商业性不良债权的转让，对此，笔者认为，国有商业银行与资产管理公司之间就商业性不良债权转让协议发生的纠纷，大多成因复杂，如何妥善处理相关纠纷关乎金融产业的健康发展和社会的和谐稳定。目前，此类案件仍应比照政策性不良债权转让协议纠纷的规定，人民法院原则上是不受理的。但受诉法院应向当事人进行释明，由当事人提请有关主管部门协调解决。

4. 关于国有商业银行将不良债权自行转让给非金融机构或个人，转让合同的效力问题

《纪要》规定了11种转让合同无效情形，但对于国有银行将不良债权自行转让或者处置给非金融机构或个人，转让合同的效力问题未作规定，审判实践中如何处理存有争议。一种观点认为，金融业是一种特许行业，金融债权的转让在受让对象上存在一定的限制。而且金融业是国家经济的命脉，金融安全影响到国家的宏观经济安全，国家对金融业试行特许经营并严格管制，所以金融不良债权的转让和处置不仅是私权的自由让渡，而且关系到国家利益和社会公共利益，因此国有银行向非金融机构或个人转让金融不良债权的行为未生效。但对于经过国家金融监管部门批准，将不良债权直接转让给非金融机构或个人的，人民法院应该确认转让行为的效力；另一种观点认为，法律、行政法规对商业银行向金融机构以外的自然人、法人或者其他组织转让不良债权没有禁止性规定，也没有特殊的批准程序限制，是否经过金融监管部门的批准不应影响转让合同的效力。商业银行转让不良债权并不属于向社会不特定对象发放贷款的经营性活动，无须具备经营金融业务的特殊资质，只要商业银行采用了拍卖等公开形式，转让价格公允，人民法院应依法予以保护。笔者认为，两种意见都有合理之处，在当前法律、行政法规对商业银行向金融机构以外的法人、自然人或者其他组织转让不良债权没有禁止性规定和特殊程序限制的情况下，人民法院更多考虑社会发展情况和金融监管部门的监管意见和监管政策。随着金融不良债权转让已逐步进入商业化、市场化，参与主体也已极少涉及特定化，金融监管部门对商业银行对外转让不良债权的监管政策也是越来越灵活、越来越宽松，人民法院也要适应国家金融监管政策的变化，如果能够证明转让行为遵循公开、公正、公平原则，装让价格比较公允，人民法院应保护债

权转让行为。另外，如果金融机构在保全本金和利息的情况下，向一般民事主体转让债权，是有利于金融机构及时回收债权，盘活资金，因为这毕竟不是本金和利息均折价转让，而是确保了金融债权不受损害，这种情况下也应考虑不要轻易否定转让行为效力。

5. 关于受让人起诉国有银行请求返还不当得利问题

《纪要》规定：不良债权已经剥离至金融资产管理公司又被转让给受让人后，国有企业债务人知道或者应当知道不良债权已经转让而仍向原国有银行清偿的，不得对抗受让人对其提起的追索之诉，国有企业债务人在对受让人清偿后向原国有银行提起返还不当得利之诉的，人民法院应予受理；国有企业债务人不知道不良债权已经转让而向原国有银行清偿的，可以对抗受让人对其提起的追索之诉，受让人向国有银行提起返还不当得利之诉的，人民法院应予受理。

当债务人明知或应知不良债权已经转让而仍向原债权人国有银行清偿债务，或者所转让债权已进入执行程序，因当事人没有申请变更执行主体，导致国有银行获取不当得利时，"受让人"能否以国有银行为被告请求返还不当得利？笔者认为，上述情形中，受让人在向债务人追索之后仍然无法得到清偿时，考虑到均属于金钱之债，依据债权保全的法理，可允许受让人直接对国有银行提起诉讼，请求返还不当得利。这符合商事审判高效、便捷的特点。

论金融不良债权转让案件的执行

内蒙古自治区阿尔山市人民法院 陈 磊

近年来,金融案件特别是涉金融不良债权转让案件执行难,已经成为困扰法院执行工作的一大难点,在工作实践中,这类案件未结执行标的金额较大,往往存在审判容易执行难的现象,不仅影响了人民法院的形象,还给国家造成了很大的经济损失,因而成为每次清理执行积案的重点。随着金融资产管理公司收购国有商业银行巨额不良贷款后,一些媒体上相继出现"债权转让公告",大致内容是债权人将债权转让给某受让人,该受让人或原债权人在报纸上公告债权转让的事实,并要求债务人、担保人向受让人履行合同义务。但是,由于金融不良债权转让行为尚缺乏完整统一的法律规制,该业务隐藏着大量的法律问题,一些项目在运作中已经暴露出相关风险,值得密切关注。

一、世界各国金融不良债权处置方式简介

对我国而言,商业银行的不良债权绝大部分属于不良贷款。不良贷款的剥离范围是:按当前贷款分类方法剥离逾期、呆滞、呆账贷款。所谓"呆账",现代汉语词典解释为"会计上指收不回的账"。财政部规定,"由于下列情况不能收回的贷款可列为呆账:(一)借款人和担保人经依法宣告破产,进行清偿后未能还清的贷款;(二)借款人死亡,或者依照《中华人民共和国民法通则》的规定,宣告失踪或宣告死亡,以其财产或遗产清偿后,未能还清的贷款;(三)借款人遭受重大自然灾害或意外事故,损失巨大且不能获得保险补偿,确实无力偿还的部分或全部贷款,或者保险赔偿清偿后未能还清的贷款。"金融不良资产的定义是指银行持有的次级、可疑及损失类贷款,金融资产管理公司收购或接管的金融不良债权,以及其他非银行金融机构持有的不良债权。

1. 美国 RTC 模式处理金融机构不良资产。

美国重组信托公司（Resolution Trust Corporation 简称 RTC）RTC 模式的主要做法是将某一类金融机构的好资产与坏资产分离，然后集中处理。美国 RTC 通过将坏资产采用整批折价出售和配以证券化、个别销售、招标出售等方法处理不良资产。

2. 波兰、捷克转轨模式。波兰、捷克处理不良资产的特点主要是对其进行分散处理。具体做法是通过发行公债来给银行配备足够的自有资本，再通过国有商业银行内部的"沉淀资产管理部门"分类处理不良贷款，改变银行经营行为，使它们严格对企业的预算约束。

3. 东亚各国处理银行不良资产模式。主要方式大体有以政府债券置换银行不良债权、为增加银行资本金进行注资、推进金融机构的整顿与合并、调整企业债务结构等。从各国的实践来看，泰国、韩国、印尼、菲律宾等成立了各自的 AMC，大部分不良资产已以较大的折扣出售给海外机构投资者。

4. 韩国不良资产处理中 KAMCO 的作用。韩国资产管理公社（KAMCO）是 1997 年根据新设立成业公社的法律设立 KAMCO，使其成为具有清理金融机构的不良资产功能的国内唯一公共机关。KAMCO 对对不良资产的处理方式主要有：国际招标、资产证券化、个别债权出售、法院拍卖及 KAMCO 公开出售、解除、还买、直接回收。

5. 日本银行业不良资产处置的政策。1999 年 4 月 1 日，日本住宅金融管理公司与整理回收银行合并成立了债权回收整理机构（RCC），其不良债权处理方式主要是参考美国 RTC 经验。采取不良资产的捆绑式公开拍卖、海外分支机构利用欧美银行二级市场出售不良债权、合作信贷收购公司出售银行不动产抵押品、设立不动产经营公司以及实施不良资产证券化等。

6. 我国金融不良债权的主要处置方式。从大致走势看，我国商业银行不良债权的形成有两个高峰期：第一个高峰是 1991 年至 1993 年，第二个高峰是 1997 年至 1998 年。从 2000 年年末到现在，主要商业银行不良贷款的总余额和不良贷款的比例开始保持"双下降"。

中国银监会网站发布的统计报告表明，截至 2007 年 3 月末，中国四家金融资产管理公司累计处置不良资产 8663.4 亿元，累计回收现金 1805.6 亿元，占处置不良资产的 20.84%。"长城公司处置不良资产的方式，2000 年主要是收本收息，2001 年以收本收息、物权处置为主。2002 年后则出现了重大变化，在处置的资产中，以债权转让方式处置的资产占总处置额的 46%，债权重组占 19%，诉讼追偿占 16%，破产清偿占 17%"。到了 2006 年，资产管理公司以打包转让债权方式处置资产引起的争议越来越多，有将资产组包后被国外投资者收购后转手高价卖给国内投资者坐享暴利的；有投资者低价受让不良资产后向债务人全额追索债务，致使债务企业难以为继的；也有资产管理公司转让程序不公开，被债务人集体要求确认转让无效的，种种争议的产生，既表明了不良资产债权转让方式在不良资产处置中发挥愈来愈重要的作用，同时，由于缺乏完整统一的法律规制，也暴露出大量的法律问题。本文即主要探讨金融不良资产债权转让带来的问题。

二、涉金融不良债权转让案件法院执行的基本情况

债权转让，又称为债权移转、债权让与，是指不改变合同内容，债权人通过与第三人订立合同的方式将债权移转于第三人。上文已经指出我国主要通过债权转让处置不良资产的。经梳理有关案件后发现，银行或金融资产公司以极低的价格处置不良金融债权之后，在债务人或担保人未进入破产程序的情况下，受让的企业或个人往往能够通过执行程序全额受偿，对于已经实体终结执行的案件，受让人又以发现财产线索，申请撤销终止执行裁定。这种情况，一般出现在银行打包处理不良债权的情形中，在打包处理的债权中一些确属呆账，但仍有部分具备清偿能力的债权被作为呆账打包处理，在具体个案中造成国有资产的大量流失。国有资产的流失，在我国的经济体制改革中并不鲜见，但在涉不良金融债权处置案件中往往披上合法的外衣，而且成因复杂，监管制度难于落实，上述情况，阻碍了国家不良金融资产处置目标的真正实现，同时也对人民法院处理此类纠纷的司法能力提出了考验。此类案件存在问题的主要表现及成因有：

1. 部分"不良债权"在转让前后价值反差较大，反映出评估结果与客观真实的差距

在已经发现的案件中，国有银行在核销债权和转让债权时未能真实评估债务人的偿债能力，对于部分债权严重低估或漏估，致使能够得到较大程度清偿甚至能够得到全额清偿的债权，被错误评定为不良债权。造成债权低估或漏估的直接原因主要有四个方面：（1）作为委托方的国有银行、资产管理公司存在授意评估机构出具债权价值分析报告的现象。评估规定强调不得以减少工作量、降低成本为目的选择执行价值分析业务，避免滥用价值分析业务。而国有银行、资产管理公司为了达到降低评估费、缩短评估时间的目的，不顾评估机构能够履行评估程序这一条件，授意评估机构出具价值分析报告，严重干扰了不良资产评估的客观性。（2）评估主体混乱。法院对资产管理公司通过法律手段进行诉讼的项目，涉及房地产抵押的，通常委托具有土地估价资格或房地

产估价资格的机构进行评估，但由于房地产估价部门对房地产的评估前提是建立在"最高最佳使用原则"基础上，不了解不良资产存在诸如政府意愿、社会稳定、还款意愿等非财务不确定因素，甚至根本不知道《金融不良资产指导意见（试行）》，导致评估结论失真。虽然财政部、银监会联合下了有文件，但却存在自行指定入围评估机构（包括房地产估价机构）、设定入围条件，甚至拟定所谓的"入围费"。某些资产管理公司办事处将大量业务集中在个别有关系或利益驱动的评估机构进行运作等情况。（3）债务人企业与银行内幕人员在处置不良债权中恶意串通，故意隐瞒财产，造成债权被低估，并在诉讼程序中进一步串通，导致案件被执行中止，最终达到核销债权的目的。（4）国有银行、资产管理公司对债务人或担保人未尽严格调查职责，这从转让前后债权的价值对比中可以看出。一旦资产管理公司再行转让债权后，受让的企业或个人往往能够向法院提供清偿债权的部分甚至全部线索，说明我国的金融机构对国有资产的保护手段有限，行为欠缺主动性。

2. 由于缺乏有效的制度公开和制度监管措施，内幕人员为牟取私利，积极参与不良债权的转让活动，该种现象极为普遍

根据现有不良资产处置的有关规定，银行以及金融资产管理公司处置不良债权的对价应当保密。由于信息不公开，影响了对不良资产处置的公正定价，致使国有资产处置制度成为某些内幕关联人员不当牟利的方式。执行案件时，经常发现在资产管理公司对外转让债权的活动中，常常有原银行、资产公司工作人员、原债务企业管理层或参与资产处置工作的律师等内幕关联人员以各种方式积极参与不良债权处置工作。这种情况在债权转让后能够得到大部分甚至全部清偿的案件中出现的比例，接近百分之百。为牟取私利，这些内幕人员从最初的低估债权、核销债权直至转让债权的过程中，始终发挥着不良作用，债权被转让时，他们直接购买或组建公司或与他人串通购买具备清偿能力的"不良"债权，实现非法牟利的目的。但由于国家加快处理不良金融债权处置的政策导向，以及处置程序的不透明，使这些内幕人员的行为往往披上合法的外衣，在诉讼案件中具有一定隐蔽性。

3. 少数知情律师或法律工作者在"不良"债权处置过程中，故意隐瞒和伪造证据，以善于钻法律漏洞为职业优势，通过风险代理的形式不当牟利

律师本应严格坚持职业操守，身体力行地维护国家法律政策的贯彻执行，但实践中有些律师以钻制度漏洞为牟利的重要方式，并努力为非法行为构建合法外衣。律师与资产管理公司的受让人签订风险代理合同，但仍以资产管理公司的代理人名义进行诉讼和代理执行，在审判和执行阶段，故意隐瞒和伪造证

据，恶意妨碍法院调查。在律师代理的部分金融债权转让案件中，有相当比例的执行款项以各种名义流入律师事务所，影响了国家不良金融资产处置政策的落实。

4. 银行为达到核销债权目的，违规披露核销信息，致使债务人、担保人误认为银行放弃债权，并配合银行放弃部分诉讼权利

根据财政部的有关规定，核销债权为"账销案存"，并且应当对债务人和担保人保密，债权人有权保留继续追索的权利。但实践中，银行为达到核销债权的目的，往往在诉讼及执行阶段口头明示债务人和担保人核销债权的意思表示，并争取债务人和担保人在审判和执行阶段放弃部分诉讼抗辩权或异议权，促使法院尽快裁判并尽快中止执行，以便核销"不良债权"。债务人和担保人知悉银行核销债权的承诺后，一般即视为放弃债权的意思表示，在审判或执行过程中作出配合银行的意思表示，相应放弃提出诉讼时效异议、上诉、执行异议等诉讼权利，以换取核销债权的结果。在此种情况下，债务人和担保人积极履行了放弃诉讼权利的行为，并信赖债务已经消灭，但银行依据有关规定对核销的"不良债权"继续进行处置，银行转让债权给资产管理公司，资产管理公司又再行转让后，最后的受让人并不会顾及银行与债务人之间的暧昧承诺，而是积极调查债务人和担保人的财产线索，并申请全额执行。

5. 地方保护主义造成执行难

对于此类案件，一般认为是国家的钱或者已经进行呆坏账行列，债务人往往认为可以不还或少还，而地方政府包括司法部门，出于对本部门、本地区的利益考虑，以社会稳定、解决集资户、下岗工人出路等为理由，利用各种手段进行干扰，也是屡见不鲜的。干扰的方式主要为：一是暴力抗拒，纵容、放任暴力阻碍执行工作；二是规避法律，政府与有关部门甚至是法院相互协作，借企业转制改制为由，采用"脱壳经营、公有私营、国有民营"等方式逃避债务，或以逃废债为目的进行破产，低估资产进而代价出售等；三是有些部门受政府指示不履行协助义务，造成难于执行等。另外，由于资产管理公司涉及的案件数量多、标的大、人数多，执行起来复杂，加上资产管理公司本身人力资源有限，缺乏政府保障和必要的监督力，使一些本可以执行的案件没有达到预期效果。某法院近期有件执行案件均是此种情况，法院如果严格执行，很可能导致一部分稍有转机的企业再次陷入破产境地，引起债务人和担保人企业职工的极大不满，影响企业的稳定，地方政府也坚决反对。

6. 国有资产保护主体模糊，对国有资产流失缺乏主动应对措施

在涉金融不良债权处置的案件中，国有资产不当流失，一方面是金融资产

处置制度的漏洞所致，一方面是少数内幕人员违法违规操作所致，还有一个重要的因素，就是国有资产的保护主体模糊，对国有资产流失缺乏强有力的监督、预防、制裁措施。在某中院处理的金融债权转让案件的执行阶段，对银行低价处置的"不良债权"已经执行到位数百万元，但法院发现资产管理公司的内幕人员与受让人有恶意串通的线索，以法院的调查手段尚不能完全查实，在这种情况下为避免国有资产流失到违法者的手中，法院向银行告知了有关情况，但银行并未给予积极主动的回应，而是简单地以债权已经转让、银行不再过问作为答复，使法院维护国有资产的努力陷于尴尬境地。对于在处理类似案件中发现国有资产流失线索时，法院应当向何种机关告知，才能取得有力的支持，是值得制度设计者思考的课题。

三、金融不良债权转让执行程序中的法律问题

（一）金融不良债权转让合法性的分析

按照《民法通则》、《合同法》以及《最高人民法院关于审理金融资产管理公司收购、管理、处置国有银行不良贷款形成的资产的案件适用法律若干问题的规定》《最高人民法院关于金融资产管理公司收购、处置银行不良资产有关问题的补充通知》《财政部关于金融资产管理公司债权资产打包转让有关问题的通知》等有关规定，金融资产管理公司在受让国有商业银行债权后，是可以进行再转让的。

（二）不良债权转让后申请执行人变更问题

在金融资产管理公司收购、处置国有银行不良资产的情况下，金融资产管理公司、债权受让人可以成为申请主体，人民法院应当根据债权转让协议和转让人或者受让人的申请，裁定变更诉讼或者执行主体，这是毋庸置疑的。但不良资产受让人继续或多次进行债权转让，申请执行人能否变更实践中存在争议。

第一种意见认为，债权转让后申请执行人可以变更。理由是：一是最高人民法院在《关于变更执行当事人的若干规定（征求意见稿）》中规定，执行依据中确定的债权转让的，其受让人可以申请执行或者申请已经开始的执行程序。征求意见稿中最高人民法院似倾向于受让人可以申请执行；二是根据合同法的规定，债权人与受让人之间达成转让债权的合意，并通知债务人的，即发生债权转让的法律效力。具体表现在受让人取代了债权人成为原合同的当事人，债务人在债权转移后负责向受让人履行清偿义务。债权转让是当事人的真

实意思表示，其后果仅仅是变更了合同当事人，原合同的权利义务内容未发生变更，且已为生效判决所拘束。裁定变更申请执行人并不改变法律文书所确定的权利义务内容，也不改变执行标的，只是在责任确定的基础上对权利主体作出变更，对于被执行人履行义务不会产生实质影响。此外，法律也没有关于法院判定的债权不得转让的禁止性规定；三是根据《民事诉讼法》第234条的规定，执行程序中如发生申请执行人死亡、被撤销的情形，权利人的法定继承人或权利承受人可以向执行法院申请变更执行主体。另据《最高人民法院关于人民法院执行工作若干问题的规定（试行）》第18条第（2）项规定，申请执行人可以是生效法律文书确定的权利人，也可以是其继承人或权利承受人。综合民诉法和司法解释的规定来看，申请执行人并不必然是生效裁判文书所确定的权利人。在权利人死亡、终止或权利发生移转的情况下，其权利承受人亦可主张作为申请执行主体参加执行程序。债权受让人作为金融资产管理公司债权的合法承受人，有权主张变更自己为申请执行人。

第二种意见认为，不能进行申请执行人变更。理由是：受让人继续转让债权的行为具有"买卖判决书"的性质，申请变更申请执行人没有法律依据，应当裁定驳回其申请。理由：一是民事判决书是司法机关适用法律作出的权威结论，是公权对私权纠纷的一种确认，体现了国家司法权力的尊严。非经法定程序，由审判机关变更或撤销，任何公民或法人不得擅自改变。判决书是国家审判机关实施审判权的集中体现，具有最高的法律权威性。如果只是一般债权债务纠纷，并未进入诉讼程序，那么根据处分原则的规定债权人完全可以将自己的债权转让给他人。但是经过法院判决且进入执行程序后，表明债权人已经借助公力救济手段来维护自己的合法权益，此时其私力救济手段就要受到限制。虽然判决书涉及的标的是当事人可以自行处理的私权性质的债权，但由于公权力已介入并作出了确认，债权就不能再任意转让。否则受让人就不能成为适格的主体，其无权向债务人主张债权，也不能请求法院强制执行；二是如果允许当事人自由买卖法院判决书确定的债权，则各类民事判决书、裁定书、调解书都可以进入市场流通，也可以低价转让，甚至能够公开进行竞价拍卖。如出现上述情况，将会产生一系列负面影响。其中最严重的后果就是在很大程度上损害了法律的严肃性、强制性，损害了司法尊严和司法权威，降低了全社会对法律的信仰。因此，买卖法院判决书所确定的债权，表面上符合民法私权自治原则，不违反法律禁止性规定，也未损害第三人的合法权益，但却间接违背了社会公共利益，违反了公序良俗；三是对当事人变更申请执行人的申请应予驳回；四是金融资产管理公司、债权受让人可以成为申请主体，是在特定情况和范围内实施的特例,是配合国家金融政策的执行而作出的,不具有普适性。因而受让人无从取得申请执行的权利,不得变更申请执行人。

第三种意见是,主张不反对,不提倡,要加以规范。不反对,是因为目前中国法律上对此没有明确的禁止性规定,法无禁止即自由。不提倡是因为判决书以及判决书所确认的权利不是普通的商品,不能拿来叫卖。而且,低价出卖判决书,不利于维护判决书中所确认的权利人的合法权益,判决书不断地被买卖,有损于法律的尊严。

笔者同意第二种意见,建议最高人民法院在制订新的《关于变更和追加执行当事人的若干规定》时予以修改。

(三) 不良债权转让后,受让人是否有权以资产管理公司名义主张债权

受让人依据债权转让合同,取得了资产管理公司的不良债权,成为该不良债权的实际权利人。自债权转让之日起,资产管理公司丧失了对该转让的不良债权的所有权利,当然也包括向债务人追索的权利。转让人在转让权利后有义务及时通知债务人转让事实,便于受让人向债务人行使权利、债务人向受让人清偿债务。如果资产管理公司与受让人之间达成合意,在债权转让后不通知债务人,使受让人以资产管理公司的名义在实现债权时享受国家赋予资产管理公司的税收、诉讼费减免、公告催收等各项优惠,我们认为转让方与受让方的行为构成恶意串通,该串通行为因损害国家利益应当确认无效。资产公司条例中规定资产管理公司免交在收购国有银行不良贷款和承接、处置因收购银行不良贷款形成的资产的业务活动中的税收,以及最高人民法院以司法解释形式规定资产管理公司起诉及申请执行、财产保全的案件中减半收取诉讼费用、申请财产保全时不需要提供担保等,均是由资产管理公司在处置不良资产过程中享受的优惠,而不良债权的转让是资产管理公司处置不良资产方式之一,通过转让收回处置对价,而转让后的债权是否催收、催收方式、何时催收已与资产管理公司无涉,受让人在催收、实现不良债权过程中,虽然实现的是不良债权,由于该不良债权已脱离了资产管理公司转变为由普通债权人即受让人享有的债权,普通债权人无权享受国家相关优惠政策。资产管理公司明知不良债权已转让,转让后的不良债权实现与否、实现程度已与资产管理公司无关,却准许受让人仍以其名义享受国家特殊优惠待遇,导致国家税源流失、诉讼费损失,损害了国家利益,因此受让人以资产管理公司的名义实现不属于资产公司的权利的行为是无效的。

(四) 关于二次转让后受让人可能获得巨额收益的处理

关于金融资产管理公司以明显不合理低价向非金融机构转让不良资产,合

同是否应认定无效问题。有观点认为,该转让合同导致国有资产流失、损害国家利益、违反我国《合同法》第 52 条的规定,应认定转让合同无效。但反对观点认为,通过打包出售、拍卖、招标等方式转让不良资产形成的债权,是金融资产管理公司的常见处置方式。这种方式可以动员社会资源参与不良资产处置,为国家政策所允许,不违反法律、行政法规的禁止性规定。因买受人购买的是不良资产,故其转让价格与原来的价格有较大差距属正常商业行为,是风险投资,不能因买受人因此盈利就认为国有资产流失。不应认定转让合同无效。该问题在 2004 年 11 月 26 日,河北省高级人民法院院长刘瑞川上报给最高人民法院一份报告中,反映了一起"15 万元不良资产受让人索诉 1200 万元担保案件"的前因后果以及相关分析和政策建议,后在《内部参考》上发表。很快中央领导对此作出了重要批示,"刘瑞川建议规范债权转让,谨防'一案暴富',有关部门要研究如何解决债权转让中国有资产流失问题"。接着,最高人民法院院长肖扬也在报告上作出批示:"在司法实践中提出,银行不良债权转让过程中极易造成担保的国有企业事业单位巨额国有资产流失的问题,带有普遍性和代表性,实际上不少国有资产流入个人腰包,成了一案暴富。"他同时要求:尽快作出调查,提出相关政策和法律或法规的建议。因此,最高人民法院于 2005 年 3 月 16 日向全国法院发出《关于在民事审判和执行工作中依法保护金融债权,防止国有资产流失问题的通知》(以下简称《通知》),《通知》不仅把依法保护金融债权,防止国有资产流失提到一定高度,而且对当前审理和执行涉及金融不良债权案件中出现的新情况、新问题提出了明确的要求。

1. 债权人受让人可能获得巨额利益时,本金执行兑付比例问题

执行实践中,由于政策及商业秘密的原因,二次债权受让人往往不公布其购买不良债权的价格,因而对其可能获得的巨额利益处理上有两种观点:

一种观点认为应当确认无效或按比例兑付。理由是:由于我国不良债权交易市场机制并不完善,特别是缺少完善的债权定价机制,评估标准不统一,评估程序欠缺规范,同时资产管理公司的资产处置过程不够透明,存在着关联交易等问题,这给部分投机者创造了有利条件,有的人瞄准时机,个人组建投资公司,专门购买此类不良资产,然后通过诉讼手段实现其"一案暴富"的目的。因此,这种处置方式涉嫌造成国有资产流失,应当在对其购买价格、债务企业能力等进行综合评价的基础上按比例清偿。

另一种观点认为应当全部兑付。理由是:所谓不良资产是指四大国有商业银行剥离给四大资产公司的逾期、呆滞、呆账三类不良贷款,收回的可能性从

零到百分之几、十几不等。受让人从资产公司受让不良资产后，风险与机遇同在，他有可能获得较高的收益甚至实现全部债权，也有可能颗粒无收、得不偿失，这完全取决于债务人的经济状况和偿债能力。受让人行使债权获得较高收益，可能是由于其所掌握的债务人的独特财产信息，也可能是由于转让债权后债务人经济状况、偿债能力的变化。无论何种原因，只要受让人未参与转让方的违规操作，且对转让方违反法律法规操作的情形不知情，则仍应肯定债权转让合同的效力。由于受让方获得较高回报是在债权转让合同履行完毕后发生的事实，此情形亦不能成为订立合同时显失公平的事实依据，因此，亦不可仅因嗣后事实而支持转让方的撤销请求。"一夜暴富"现象的形成，一般涉及律师、金融机构工作人员、法官等群体，由此权钱交易、司法腐败等现象。对此现象要从制度上加以避免，而不能以损害善意相对人的权益来实现，事实上财政部已经下发文件规范了不良债权处置问题，因而没有证据证明转让违反法律法规的情况下，应当全额兑付。

笔者认为，对"一夜暴富"现象，应当区别对待：法院在执行不良金融债权转让案件时，若发现有国有资产流失的情形，则该宣布无效的则当宣布无效；若是发现经济犯罪嫌疑线索的，应当及时将嫌疑线索移送检察机关查处。若未发现上述情形则不能凭主观臆断，随意拒绝兑付或按比例兑付执行款。

2. 二次转让债权受让人的利息求偿权问题

《金融资产管理公司条例》第13条规定：金融资产管理公司收购不良贷款后，即取得原债权人对债务人的各项权利。原借款合同的债务人、担保人及有关当事人应当继续履行合同规定的义务。《最高人民法院关于审理涉及金融资产管理公司收购、管理、处置国有银行不良贷款形成的资产的案件适用法律若干问题的规定》第7条规定：债务人逾期归还贷款，原借款合同约定的利息计算方法不违反法律法规规定的，该约定有效。没有约定或者不明的，依照中国人民银行《人民币利率管理规定》计算利息和复息。上述规定明确了金融资产管理公司承接不良贷款后对债务人享有原债权银行要求其支付原借款合同约定的利息的同等权利，即"利息求偿权"；但是，金融资产管理公司再度转让不良债权后，受让人是否也享有对债务人的利息求偿权，存在肯定、否定、折衷等不同意见。"肯定"意见者认为，是否享有利息求偿权应当视受让债权自身的性质，金融不良债权属于"贷款债权"，依其本性就应当派生利息求偿权，故贷款债权再度转让后，受让人享有与金融资产管理公司同等的利息求偿权；"否定"意见者认为，金融资产管理公司受让与转让的均为"债权"，而非"合同"，金融资产管理公司之所以享有利息求偿权在于行政法规的特别授权,以及最高人民法院的司法解释,其他债权受让人无权享有原借款合同约定的利息求偿权利;"折衷"意见者认为,是否享有利息求偿权应视受让人是否具备金融机构的性质而定,属于金融机构受让债权的,受让人可得向债务人主张利息求偿权,金融资产管理公司的金融机构属性是取得该权利的前提条件;属于非金融机构和其他组织、自然人受让债权的,受其性质限制,不应享有利息求偿权,不应因此介入金融领域。笔者倾向于同意"折衷说",建议央行、最高人民法院对此作出明确规定。

(五)关于虚假债权转让问题

虚假债权转让是指银行在剥离不良资产时弄虚作假把不符合剥离政策的债权也予以剥离,如:银行在剥离不良资产时有把其已受偿过(或是当事人已履行,或是经过法院执行终结)的债权持原始借款凭证进行剥离二次受偿,骗取剥离资金;破产受偿后又将债权全部剥离,或者是剥离以后又取得破产受偿,重复取得破产受偿部分;将自己设立的不具备法人资格的实体从本行借的款也以不良资产予以剥离等等,这显然与政策不合;是虚假剥离,具有欺诈性,在这种情况下银行与金融资产管理公司的债权转让合同的效力问题在司法实践中存在不同认识,有的认为银行虚假剥离,骗取清算资金,违背国家政策损害国家利益,合同无效。有的认为虽然银行有欺诈行为,但并不损害国家利益,是可撤销合同。笔者认为,银行虚假剥离债权虽违背国家政策,但并不违反法律强制性规定,不损害国家利益,依照《合同法》第54条第2款之规定,是可撤销合同。金融资产管理公司收购不良债权之后在不知道受让债权有瑕疵的情况下,又将债权处置给第三人,在这种情况下金融资产管理公司和第三人对债权存在瑕疵均不知道,第三人受让后主张债权时发现债权不能实现,或者部分不能实现,由于双方在签订时对合同的标的债权存在瑕疵均不知道,对合同的标的存在重大误解,系因重大误解而订立的合同,同样也是可撤销合同。可撤销合同是否撤销是可撤销合同的受损害人的权利,如果其认为可撤销合同对其利益影响不大,可撤销合同的受损害人不主张撤销合同,合同有效。对此类问题,应由诉讼程序解决。

(六)涉金融不良债权转让过程中可能存在的犯罪构成

执行中若发现大量国有资产流失,应当认真审查是否涉及犯罪。执行程序可能涉及的罪名有:

1. 签订、履行合同失职罪。不良资产、不良债权转让的本质是一种转让合同,而在合同的签订、履行过程中,签订、履行合同的主体如果不负责任过失造成大量国有资产的流失，根据刑法理论，可以构成签订、履行合同失职罪。

2. 贪污罪。不良资产、不良债权权利的让予主体一般都是国家工作人员或准国家工作人员，其在不良资产、不良债权的转让过程中，如果明知是"良性资产"或"良性债权"，但是为了私分国有资产中饱私囊，而故意与他人串通作为不良资产或不良债权转让后，再与被让予人瓜分该财产，其行为，根据刑法理论则构成贪污罪。其他非国家工作人员，则构成贪污罪的共犯。

3. 故意提供虚假证明材料罪。不良资产、不良债权的认定，必须经过中间评估机构的评定。如果评估机构故意与他人串通为了私分该财产，故意提供虚假的评估报告，导致将良性资产或良性债权评定为不良资产或不良债权，其行为，根据刑法理论则构成故意提供虚假证明材料罪。

4. 拒不履行人民法院判决、裁定罪。债务人如果故意隐瞒自己的履行能力，隐藏自己的财产，造成对其履行能力的错误评定，导致将良性债权错误评定为不良债权。根据刑法理论，债务人有履行能力而拒不履行，则构成"拒执罪"。

（七）犯罪构成对涉金融不良债权转让执行程序的影响

根据《民事诉讼法》第150条第1款第（5）项之规定，一案必须以另一案的审理结果为依据，而另一案尚未审结的，本案应中止审理；待另一案审理结果出来后，再恢复对本案的审理。而涉金融不良资产、不良债权转让的民商事审理和执行案件的审理和执行的关键环节，是对转让合同效力的认定，合同效力将导致民商事审理和执行案件裁判结果与执行案件执行依据的稳定性及执行来的财产的归属的迥异。而犯罪构成，因为犯意的故意或过失，将直接决定合同的效力。因为根据涉金融不良资产或不良债权转让过程中犯罪构成中的犯意，大都是欺诈或者是失职导致显失公平或重大误解的意识形态，而根据《合同法》的有关规定这将都是导致合同无效的法定条件。因此，执行案件的法官，如果在案件的执行过程中发现涉金融不良资产、不良债权转让中涉嫌有犯罪行为，为了防止国有资产的流失，应根据《民事诉讼法》第150条第1款第（5）项的规定，中止案件的执行，并根据《民事诉讼法》及其相关司法解释的有关规定，将案件移交侦查机关进行刑事侦查，待侦察刑事犯罪问题处理完毕后，再根据处理情况恢复本案的审理和执行程序的进行。

四、执行涉金融不良债权转让案件的应对措施和建议

法院在处理类似案件时，面对着不良资产处置制度的缺陷和国有资产重大

流失的现状,同时还要处理多方面的复杂关系:一面是意图不当牟利的人诉诸合法名义给法院施加压力;一面是企业职工为避免企业陷于被执行破产的境地而上访;一面是资产管理公司的持续不规范运作;一面是国有银行的轻率和默然,还有地方政府的质疑和不满。在处理涉不良金融债权处置案件中,法院的社会责任重大,如何在现有制度范围内,尽可能减少国有资产流失,防止司法成为不当牟利的工具,需要多角度的主动应对措施。

(一) 建立执行案件信息披露制度

建立执行案件信息披露制度,有利于当事人和社会各界的监督,有利于提高执行人员的执行水平和执法的自觉性,有利于法院领导及时掌握案情,支持和监督执行人员的工作。在不良金融债权转让案件中,造成国有资产流失的很重要的制度原因是,不良债权的评估和处置价格对社会和债务人不公开,不透明的处置给予了内幕人员可乘之机,成为违法操作的制度掩体。因此,完善不良金融债权处置制度,首先应当加强信息披露。通过信息公开制度,预防和限制内幕关联人员不当参与债权处置的活动。这里的信息公开,包括不良债权从评估到处置的每一个环节,不仅银行的有关信息应当对外公开,资产管理公司对外处置的行为过程也应公开,不仅应当对银行、金融资产管理公司和受让人公开,更应该对债务人、担保人和社会广泛公开,不仅应当在少数报纸上公开,更应通过互联网站公开,对于债务人和担保人应当以电话通知的形式告知公开方式。同时,因为不良债权的处置具有一定的政策性,出于兼顾银行和国有企业利益的制度考虑,建议赋予债务人对不良债权享有优先购买权,债权人在低价处置不良债权时,应当通知债务人参与竞买,债务人享有优先权,以保障债务人企业的对债务履行的预期能力,促进企业的稳定发展。

(二) 慎重处理金融不良债权转让案件,防止国有资产的流失

牢固树立为人民服务思想,从国家大局出发,促进国民经济向良性方向发展,依法处理不良资产转让案件。《物权法》加强保护国有资产的规定来看,法院在处理不良资产转让纠纷案件中,务必认清不良资产处置的性质,或许法院在处置此类案件方面的谨慎是为了保护国有资产,但要避免"好心办坏事",一旦阻挠依法进行的不良资产转让市场行为,必将造成更大规模的国有资产流失。一方面国家应加大力度保护国有资产,保护依法进行的不良资产处置行为;另一方面要建立和健全配套措施,从严处理阻挠国家依法进行国有资产保护、干涉依法进行的不良资产处置、维护地方或某些利益群体利益的行为。

（三）对于恶意参加不良债权处置的内幕人员，加大制裁力度

据调查发现，在不良债权转让的诉讼案件中，相当数量案件为破产案件，清偿比例基本为零，但对于少数不良债权转让案件，其中绝大多数存在内部人员恶意串通的情况，这些情况往往在执行阶段才得以暴露。在类似案件中的内幕人员，主要是指金融监管机构工作人员、政法干警、资产公司工作人员、原债务企业管理层以及参与资产处置工作的律师、会计师等中介机构人员等知情的关联人员。内幕人员的不法操作，是造成不良债权转让案件中国有资产流失的直接原因。由于上述人员工作上的便利条件，使违法违规操作更为方便和隐蔽，给法院的审查工作带来了相当大的困难。为了加强对国有资产的制度保护力度，已经发现内幕人员存在有关违规违法行为的，在审判和执行中以妨碍诉讼论，给予严厉制裁；发现犯罪线索的，及时移交侦查机关处理；并建议内幕人员的单位给予严厉处分；有关情况在一定范围内予以通报，以加强对该内幕人员参与的其他金融资产处置案件的审查。通过加大制裁力度，使希望通过制度漏洞不当牟利的有关人员，忌惮于严格的惩戒而不敢轻易违法违规。

（四）加强立法以及司法解释，进一步完善不良金融债权处置制度

尽快制定《金融不良资产管理法》。《商业银行法》作为《公司法》的特别法，对商业银行的法律地位、业务范围、权利义务等作了专门规定，使商业银行业务的开展进入了法制轨道。而金融不良资产是一笔庞大的国有资产和社会财富，金融不良资产的处理同样关系到整个国民经济的稳定。金融资产管理公司也像商业银行一样是金融体系中的重要组成部分，其肩负的职责不仅是为国有企业解困服务，还负有化解金融风险、优化资源配置、提供金融中介服务等重要职责。因此，仅有《金融资产管理公司条例》还不够，目前迫切需要制定类似《金融不良资产管理法》这样一部法律，通过立法明确资产管理公司的地位、职责、业务范围及权利义务，明确不良资产管理的原则，保障各种资产管理手段的效力及力度，维护金融不良资产权利人的权益以及国有资产的安全。制定这样一部法律，还可以特别法的形式在一定程度上解除现行法律中落后于形势、不利于不良资产经营和处置的规定对于资产管理公司的制约。此外，国家以专门立法的形式规范金融不良资产的管理，还有利于提高全社会对解决金融不良资产问题的重视程度，有利于提高全社会的诚信意识，有利于防范不良资产管理过程中容易出现的各种形式且危害极大的道德风险。对目前急需解决的一些法律问题由最高人民法院作出司法解释。例如，以发布人民法院公告的方式宣布不良资产债务人无权对债权人的偿债请求提出异议，未经金融

主管部门批准而转让不良资产,转让时没有履行规定的程序等因素,是否影响转让合同的效力,以及相应的地方政府或者国有资产部门,应否具有优先购买权问题等等。

从国家宏观经济发展的角度来说,大量不良资产的存在严重阻碍经济的发展。政府、司法机关应转变观念,通过建立和健全各项配套措施并严格执行现有制度,认清不良资产处置的性质,加强国有资产保护,保护依法进行的不良资产转让案件,为国民经济和社会发展创造良好条件。

执行不良金融债权转让案件存在的问题及对策

山东省诸城市人民法院　张纪亮

执行实践中，往往会遇到银行或金融资产公司以极低的价格处置不良金融债权之后，在债务人或担保人未进入破产程序的情况下，受让的企业或个人往往能够通过审判和执行程序全额或绝大部分受偿。这种情况，一般出现在银行打包处理不良债权的情形中，在打包处理的债权中有一些确属呆账，但仍会有部分具备清偿能力的债权未经认真审查被作为呆账"打包"处理，在某些具体个案中造成国有资产的流失。国有资产的流失，在我国的经济体制改革中并不鲜见，但在涉不良金融债权处置案件中往往披上合法的外衣，而且成因复杂，监管制度难于落实，上述情况阻碍了国家不良金融资产处置目标的真正实现，同时也对人民法院处理此类纠纷的司法能力提出了考验。

一、不良金融债权转让案件存在的问题

1. 部分金融债权被"误判"。执行实务中发现，有些所谓"不良债权"在转让前后价值反差较大，反映出评估结果与客观真实的差距。在已经发现的案件中，银行在核销债权和转让债权时未能真实评估债务人的偿债能力，对于部分债权严重低估、错估或漏估，致使能够得到较大程度清偿甚至能够得到全额清偿的债权，被错误评定为不良债权。另外，个别债权因地方政府的干预，执行陷入困境，不得不作为不良债权处理，其实这部分债权在转让后较容易得到执行。

2. 银行内部人员参与内幕交易。不良金融债权剥离过程中，由于缺乏有效的制度公开和监管措施，某些银行内部人员为牟取私利，积极参与不良债权的转让活动，这种现象具有一定的典型性。法院在执行案件过程中往往发现，在资产管理公司对外转让债权的活动中，常常有原银行、资产公司工作人员、原债务企业管理层或参与资产处置工作的律师等内幕关联人员以各种方式积极

参与不良债权处置工作。这种情况出现的比例在债权转让后能够得到大部分甚至全部清偿的案件中接近百分之百。为牟取私利，这些内幕人员从最初的低估债权、核销债权直至转让债权的过程中，始终发挥着不良作用，债权被转让时，他们直接购买或组建公司或与他人串通购买具备清偿能力的"不良"债权，实现非法牟利的目的。有人主张说不良债权转让案件利益是否失衡，要从宏观上分析，虽然个案失衡，但相对于不能受到清偿的大部分不良债权而言，总体利益仍是平衡的。但事实情况是，内幕人员或往往以整包购买的方式掩盖获取少数具备清偿能力债权的企图，这些少数具备清偿能力的"不良"债权可能实现的受偿金额，已经远远超过了其购买整包不良资产的总体对价。

3. 银行与债务人及担保人"心照不宣"。银行为达到核销债权目的，违规披露核销信息，致使债务人、担保人误认为银行放弃债权，并配合银行放弃部分诉讼权利。在此种情况下，债务人和担保人积极履行了放弃诉讼权利的行为，并信赖债务已经消灭，但银行依据有关规定对核销的"不良债权"继续进行处置，银行转让债权给资产管理公司，资产管理公司又再行转让后，最后的受让人并不会顾及银行与债务人之间的暧昧承诺，而是积极调查债务人和担保人的财产线索，并申请全额执行。

4. 国有资产保护主体模糊。在执行金融债权转让案件过程中，执行人员往往会发现资产管理公司的内幕人员与受让人有恶意串通的线索，但以法院的调查手段尚不能完全查实，在这种情况下为避免国有资产流失到违法者的手中，法院向银行告知了有关情况，但银行并未给予积极主动的回应，而是简单地以债权已经转让、银行不再过问作为答复，使法院维护国有资产的努力陷于尴尬境地。对于在处理类似案件中发现国有资产流失线索时，法院应当向何种机关告知，才能取得有力的支持，是值得探讨的一个重要课题。

二、不良金融债权转让案件存在问题的成因

1. 地方政府行政干预。行政干预是目前金融案件执行难的不可忽视的一个重要原因，有的地方行政主管部门明确要求法院执行金融债权要事前通报，法院主持召开债权人会议和债务人会议也要通过政府主管部门同意，给执行带来较大的阻力。我院在执行当地某企业金融债权案件中，该企业即向当地政府"求援"，政府为减免该企业的债务，促进企业和地方经济的发展，便要求法院中止执行。这种情况各地并不少见，迫使银行长期搁置部分具备清偿能力的债权，直至核销债权。这些债权转让给外地受让人后，由外地法院执行的话，往往能得到全部或绝大部分的清偿。

2. 信息不公开致黑幕重重。根据现有不良资产处置的有关规定，银行以及金融资产管理公司处置不良债权的相关事宜应当保密。由于信息不公开，债务人企业与银行内幕人员在处置不良债权过程中往往恶意串通，故意隐瞒财产，造成债权被低估的假象，并在诉讼程序中进一步沆瀣一气，导致案件被执行中止，最终达到核销债权的目的。同时，因为信息不公开，影响了对不良资产处置的公正定价，致使银行不良资产剥离制度成为某些内幕关联人员不当牟利的手段和桥梁。另外，在不良债权处置的诉讼案件中，内幕人员、律师或其他代理人为获取巨额利益，往往想方设法腐蚀银行官员、法官或其他有关人员的情况，滋生腐败，加剧了有关案件的复杂性。因此，如何应对内幕人员不择手段攫取国有资产的行为，需要整个社会的深度关注。

3. 剥离不良债权的功利色彩。1998年至1999年、2004年至2005年，国有银行曾两次大规模剥离不良资产，各个银行都制定有限期完成的任务指标，在这种情况下，不良债权转让过程中便具有较为浓厚的功利色彩。银行为达到核销债权、完成任务的目的，往往在诉讼及执行阶段口头明示债务人和担保人核销债权的意思表示，并争取债务人和担保人在审判和执行阶段放弃部分诉讼抗辩权或异议权，促使法院尽快裁判并尽快中止执行，以便核销"不良债权"。债务人和担保人知悉银行核销债权的承诺后，一般即视为放弃债权的意思表示，在审判或执行过程中作出配合银行的意思表示，相应放弃提出诉讼时效异议、上诉、执行异议等诉讼权利，以换取核销债权的结果。

4. 缺乏责任追究的联动机制。大规模剥离不良债权能让银行卸掉压在身上的包袱，绝大部分呆账、坏账被核销，大大促进了我国金融机制的健康运行。但在转让过程中发生的国有资产流失的情况，目前还缺乏主动应对措施，没有一个发现问题、追究责任的高效机制。包括谁来追究、消极追究承担什么责任都模糊不清。这样只会出现更多的债权低估、错估的情况，只会滋生更多的内幕人员的违法违规操作，也只会让那些蚕食国有资产的"硕鼠"越来越肆无忌惮。因此需要成立一个责任追究机制，由相关部门贯彻强有力的监督、预防、制裁措施。对不良债权转让过程中国有资产流失问题施以重拳，严厉打击各种内幕和黑幕。

三、法院执行涉不良金融债权转让案件的应对措施和建议

法院在处理类似案件时，面对着国有资产重大流失的现状和不良资产处置制度的缺陷，同时还要处理多方面的复杂关系：一是意图不当牟利的人诉诸合法名义给法院施加压力；二是企业职工为避免企业陷于被执行破产的境地而上

访；三是资产管理公司的持续不规范运作；四是国有银行的轻率和默然，还有地方政府的质疑和不满。在处理涉不良金融债权处置案件中，法院的社会责任重大，如何在现有制度范围内，尽可能减少国有资产流失，防止司法成为不当牟利的工具，需要多角度的主动应对措施。

1. 执行过程中深化对违法违规操作的审查。《最高人民法院关于为构建社会主义和谐社会提供司法保障的若干意见》中提出，"慎重处理不良金融债权处置案件，保证不良债权处置交易的安全和通畅，防止国有资产的流失"。在不良债权转让的执行案件中，相当数量案件清偿比例基本为零，但对于能得到清偿的少数不良债权转让案件，其中绝大多数存在内部人员恶意串通的情况，这些情况在执行阶段往往会得以暴露。可以说，内幕人员的不法操作，是造成不良债权转让案件中国有资产流失的直接原因。因此，执行法官在处理类似案件中，应以社会责任感为重，提高对该类案件的职业敏感性，积极主动地审查债权转让过程中的相关利害关系人的情况，强化对该类案件依职权调查的强度，一旦发现有银行内幕人员或一些律师违法违规参与内幕交易，便及时向有关部门反映，现犯罪线索的，及时移交侦查机关处理；并建议内幕人员的单位给予严厉处分；有关情况在一定范围内予以通报，以加强对该内幕人员参与的其他金融资产处置案件的审查。通过加大制裁力度，使希望通过制度漏洞不当牟利的有关人员，忌惮于严格的惩戒而不敢轻易违法违规，尽可能在司法过程中维护国有资产的安全，促进金融债权交易的合法稳定发展。

2. 建立审执协调配合机制。执行阶段加大审查力度的同时，为了进一步维护国有资产安全，维护法院裁判的公正和稳定，执行部门也要和审理部门加强沟通协调，形成协调配合机制，在审理阶段就应当加强对不良债权转让合同效力的审查，参照《财政部关于进一步规范金融资产管理公司不良债权转让有关问题的通知》，从银行及资产管理公司处置的程序、处置参与主体、债权评估等多方面严格审查，依据《合同法》的有关规定正确确定合同效力，防止诉讼成为少数违法者牟利的工具，保障不良债权转让的安全。

3. 执行阶段加强对核销制度的释明。对于银行为达到核销目的，违反财政部规定向债务人和担保人披露核销信息，促使债务人或担保人放弃有关诉讼权利的，形成对外免除债务的客观效果，应当视为放弃债权。核销制度的"账销案存"是建立在核销保密的制度基础之上的，在核销保密的情况下，债权债务仍然客观存在；但银行一旦违反规定，向债务人、担保人披露核销信息并作引人误解的意思表示，则已经突破了核销制度的规定，其行为性质不再属于核销制度规定的范畴，而应当适用《民法通则》和《合同法》进行调整。

核销债权已经通知到债务人和担保人,且债务人和担保人同时配合债权人放弃了有关异议权,上述行为说明债权人与债务人和担保人已经就放弃债权达成合意,并已经履行,客观上产生债权消灭的法律效果。对于上述行为,法院不应放任其自然发生,而应向当事人释明有关法律后果,并记录在案,固定证据,作债权消灭处理。相信法院的释明工作,将会促进银行对核销债权的规范运作,也有利于保护债务人和担保人的合法权利。但对于没有确凿证据证明银行向债务人和担保人披露核销债权信息的,不能作债权消灭处理。

4. 逐步完善不良金融债权处置制度。在不良金融债权转让案件中,造成国有资产流失的很重要的制度原因是,不良债权的评估和处置价格对社会和债务人不公开,不透明的处置给予了内幕人员可乘之机,成为违法操作的制度掩体。因此,完善不良金融债权处置制度,首先应当加强信息披露。通过信息公开制度,预防和限制内幕关联人员不当参与债权处置的活动。这里的信息公开,包括不良债权从评估到处置的每一个环节,不仅银行的有关信息应当对外公开,资产管理公司对外处置的行为过程也应公开,不仅应当对银行、金融资产管理公司和受让人公开,更应该对债务人、担保人和社会广泛公开,不仅应当在少数报纸上公开,更应通过互联网站公开,对于债务人和担保人应当以电话通知的形式告知公开方式。同时,因为不良债权的处置具有一定的政策性,出于兼顾银行和国有企业利益的制度考虑,建议赋予债务人对不良债权享有优先购买权,债权人在低价处置不良债权时,应当通知债务人参与竞买,债务人享有优先权,以保障债务人企业的对债务履行的预期能力,促进企业的稳定发展。同时,执行人员应深入调研,积极总结不良金融债权执行中存在的问题及原因,形成翔实书面报告,报市委、政府、人大审阅,通过上述部门成立相关机制,推动相关制度的完善,重点增强不良金融债权处置程序的透明度,成立责任追究联动机制并切实贯彻运行。

法院执行是否排除私力救济

中国银行内蒙古分行　张漫堪　李树立

一、基本案情

原告某银行于20××年×月×日向20余名借款人提供购房贷款,为使借款人顺利办理银行贷款,房屋开发商A公司提供质押担保(保证金200万元)。合同约定,该保证金由银行冻结,且双方同意,如借款人未如期履行还款的义务,银行将有权扣划该款项。后因开发商与购房人之间产生纠纷,借款人均未如期向银行履行还款义务,银行多次催收未果,遂向B法院提起诉讼,并宣布借款提前到期。法院判决:借款人向银行还本付息,A公司承担连带责任。该案进入执行程序后,抵押物迟迟不能拍卖,为迅速实现债权,银行申请法院扣划保证金。法院认为保证金属于保证,并以"申请人应优先受偿抵押物"为由,不予扣划。银行则认为保证金属于质押的一种形式,法院应予执行。该案正在执行过程中。现银行欲自行扣划保证金,实现自己的债权。

二、案件争议

本案的争议主要集中于以下两点:(1)法院关于"优先就抵押物受偿"的说法能否成立,即在抵押权和保证金共存的情况下,是否必须先实现抵押权,在实现抵押权后仍不能完全偿还债务或者在抵押物确实无法拍卖的前提之下,申请执行人才能申请扣划保证金,具体到本案而言,即银行是否需等到抵押物拍卖后才能再申请法院执行扣划保证金;(2)案件进入执行程序后,申请执行人还能否采取私力救济实现自己的权利。亦即,法院的执行程序是否为唯一的救济手段,法院的执行是否排除当事人的自力救济。具体到本案而言,申请执行人某银行能否自行扣划该保证金。

三、争议分析

根据《担保法》第 28 条的规定，同一债权既有保证又有物的担保的，保证人对物的担保以外的债权承担保证责任。债权人放弃物的担保的，保证人在债权人放弃权利的范围内免除保证责任。上述案例中的执行法院认为，开发商提供的保证金属于保证，而非物的担保，并根据《担保法》上述规定得出结论：银行应该先就抵押物受偿，待抵押物拍卖后，如果债权仍未全部清偿，银行才能申请法院执行扣划保证金。如此看来，执行法院的理由似乎是成立的。本文认为，该执行法院明显混淆了保证和质押这两种债权担保方式。根据《最高人民法院关于适用〈中华人民共和国担保法〉若干问题的解释》（以下简称《担保法解释》）第 85 条规定，债务人或者第三人将其金钱以特户、封金、保证金等形式特定化后，移交债权人占有作为债权的担保，债务人不履行债务时，债权人可以就该金钱优先受偿。从司法解释的条文表述来看，保证金应该属于质押物，而不属于保证。质押是将质物交付给债权人，质押之所以能够被债权人接受，凭借的是质押物的变现偿债能力，所以债权人通常更关注质押物的流通性和拍卖变卖的难易程度；而保证则不同，保证是指第三人与债权人约定：当债务人不履行其债务时，由该第三人按照约定履行债务或者承担保证责任，保证人之保证被债权人接受，凭借的是保证人的信用和债权人对其未来清偿债务能力的信任，因此，债权人关注的是保证人的信用状况、偿债意愿和未来的履约能力。保证金属于质押，学界也持相同的观点。有学者认为，在通常情况下，质押合同的标的物（质物）应该具备三个条件：质物必须是特定的动产；质物必须为融通物；质物必须为独立的物。金钱作为一种特殊种类物，一般不能作为质物，但如果将一定的货币包封好，该封存的货币就成为特定物，当然可以交给质权人成立质权[①]。在本案中，银行通过冻结的方式将 200 万元冻结，已将该保证金特定化，属于质权而非保证，当无疑义。保证金与抵押物同为物的担保。因此，如果将《担保法》第 28 条视为大前提，那么，《担保法解释》的相关规定就不能作为小前提。因为大前提涉及的是物保和保证，而小前提涉及的是物保中的抵押和质押。故此，联系到本案中的事实，无论从法律解释的角度还是从学理的角度，都不能得出"优先通过抵押权受偿"的结论。本案中执行法院的理由是不成立的。

可能有人会引用《担保法解释》第 79 条的规定，来支持法院的观点。

---

① 马俊驹、余延满：《民法原论》，法律出版社 2010 年版，第 443 页。

《担保法解释》第 79 条第 1 款规定：同一财产法定登记的抵押权与质权并存时，抵押权人优先于质权人受偿。这里需要指出的是，本条规定的目的在于解决抵押权人与质权人不为同一人时，二者权利谁优先的问题。而在本案中，抵押权人与质权人为同一人，该条款应不予适用。即使适用该条款，当抵押权人与质权人系同一人时，区分抵押权和质权就变得没有意义。因为该抵押物上仅设立一个抵押权，抵押权人仅有一个，即某银行，不会产生因顺位的改变而损害其他抵押权人利益的问题。

综上所述，保证金与抵押同为物的担保，执行法院将保证金视为保证，无理论与法律依据，银行既可以行使抵押权，亦可以行使质权。具体而言，因本案中抵押物不易拍卖，银行可以不待抵押物的拍卖，即可申请执行法院扣划保证金。那么，银行能否自行扣划呢？这就涉及到私力救济问题。也就是说，如果法院不予扣划，银行能否自行扣划？

对于私力救济问题，有学者做过专门的论述。[①] 限于篇幅，笔者不做过多的理论探讨，仅就与本案相关的问题，结合《民事诉讼法》相关条文，阐述笔者观点。[②]

本案已经进入执行程序，依据双方的合同约定，银行扣划保证金的条件已经成就，银行有权扣款。此时，银行的扣款行为与法院的执行行为并列为两种救济方式。法院强制执行的依据是已经生效的判决；而银行扣划保证金的依据是有效的合同。也就是说，在这种情况下，银行并不需要借助于国家的公权力（强制执行权）——或者国家公权力对银行扣划保证金不予干涉或阻碍——即可实现自己的债权，实现债权的方式已由双方协议认可且明确载于合同条款中。因此，目前的争议即是：法院是否有权干预银行的私力救济手段，案件进入执行程序后法院执行是否是申请执行人唯一的维权手段。如果法院执行被认为是申请人唯一的维权途径，那么，申请人只能依靠法院的执行；如果法院执行行为不是唯一的维权途径，就应该允许申请人的自力救济。本文认为，虽然案件已经进入执行程序，但是当事人仍然可以采取合法的方式进行私力救济。需要注意的是，本案的具体情况与银行无合同依据直接扣划债务人基本账户或者结算账户款项的行为是不同的，更不同于银行扣划该债务人在其他金融机构

---

① 徐昕：《论私力救济》，中国政法大学出版社 2005 年版。
② 学界对私力救济的表述、概念均有分歧，本文采取如下观点：为了自己、他人或者公众利益，通过个体或借助于其他私人力量解决纠纷的方式，私力救济的方式限于合法的手段。从广义上讲，暴力甚至战争亦属私力救济的范围，本文将私力救济的方式进行缩小解释，将非法的方式排除在私力救济之外。

开立的账户的存款。因为，上述情形中债务人的款项没有被特定化。而本案中，银行拟扣划的是保证金（质物），与一般的银行存款显然不同，扣划即属于正当行使质权的行为。如果合同中没有约定保证金，也未授权银行自行扣划款项，银行是不能扣划款项的。

法律没有对私力救济问题做出明确的规定，这就为法律解释提供了空间。法律解释的任务就是在现有的法律规定不够明确具体的情况下，为具体行为找出合理的规范和依据。既然法律对执行阶段中的私力救济问题没有明确的规定，那么我们不妨从《民事诉讼法》的相关条文入手，对相关问题予以合理的解释，并得出相应的结论。《民事诉讼法》第230条规定：在执行中，双方当事人自行和解达成协议的，执行员应当将协议内容记入笔录，由双方当事人签名或者盖章。从这一条的表述来看，当事人可以在执行中和解，这也就说明执行并非只能由执行申请人与被申请人义务地接受，也就说明执行可以因当事人的特定行为而终止或终结。因此，可以推出如下结论：在法院执行过程中，申请人仍然可以通过其他方式，实现自己的权利。在这一过程中，法院的执行行为就不是唯一且排他的维权手段。例如申请执行人通过适当的方式与被执行人达成和解协议，且被执行人已经履行该和解协议，根据法律的规定，法院即不需再强制执行。我们不妨假设案件进入执行后，法院的执行是唯一的债权实现方式，法院的依据是生效的法律文书，那么在这种情况下，当事人是无法进行和解的，也就是说，执行行为排除了和解。法律允许当事人进行和解的事实，说明执行并非唯一的、排他的救济方式。

法律对执行和解达成的原因和背景也没有加以限制。我们不妨再假设，申请人通过做思想工作、陈述利弊或者承诺债务减免等私力救济的方式，促使双方达成和解协议。那么，法院就没有理由无视该和解协议。同理，银行依据合同采取扣划保证金的私力救济方式，也须被予以认可。根据《物权法》第219条第2款的规定，债务人不履行到期债务或者发生当事人约定的实现质权的情形，质权人可以与出质人协议以质押财产折价，也可以就拍卖、变卖质押财产所得的价款优先受偿。具体到本案而言，保证金作为质物，数额特定无需变现，也就无需拍卖、变卖、折价，只需扣划即可。

与行政诉讼、刑事诉讼不同的是，民事诉讼是为实现民事权利而进行的诉讼。民事权利属于私权，其最大的特点就是其可处分性。《民事诉讼法》第13条就是例证。在民事诉讼中，当事人有权处分自己的诉讼权利和实体权利。因此，当被执行人放弃抗辩或者自行与申请执行人达成协议后，法院就没有必要将执行作为排他的救济方式从而阻却当事人的其他救济方式。当申请执行人通过自力救济能够实现自己的合法权利同时又不违反法律强制性或禁止性规定时，私力救济即应被允许。

在私法领域，"法无明文禁止即允许"。《民事诉讼法》并未禁止执行过程中的私力救济。国家的审判权集中于人民法院，但是，救济方式多种多样，并不是所有的救济方式都独属于法院。司法从来都不是唯一的救济方式。

笔者认为，本案中银行可以依合同的约定直接扣划保证金，实现自己的债权。

"一套房"执行问题的破解对策

江苏银行泰州分行 田 勇

赢了官司却难以赢执行,"一套房"的执行难也正是如此。纵观全国各地法院,各家金融机构,都或多或少都存在着这样的"一套房"执行问题。"一套房"执行难的原因是多种多样的,当然也不乏部分法院的试点创新,成功地解决了一些"一套房"的执行问题。本文从分行的一笔个人贷款诉讼出发,提出一些看法,以供探讨。

一、诉讼案件基本情况

张某为我行个人消费贷款客户,贷款逾期后经我行多次催收未还,为避免损失进一步扩大,我行及时向法院起诉。截至 2010 年 8 月 20 日,贷款本金仍欠 23 万余元,法院开庭审理并以调解结案,但被告仍未按约定及时还款。经查明被告仅有抵押给我行的房屋可供执行,为此我行依法向法院申请强制执行拍卖该房产,但该房屋为张某夫妻唯一一套住房,为夫妻双方共同所有,张某夫妇、孩子及父亲一家四口共同居住在这所房屋内,房屋原评估价值为 41.25 万元,建筑面积 108 平米,该房屋还有 35 平米车库。我行已向法院申请了两次强制执行,张某家属也曾以阻碍执行被司法拘留过,但被告张某夫妇辩称一套房不可以执行,并且仍不按时还款,还款意愿较差,法院又难以执行,执行从而陷入僵局。

另外,张某在我行申请个人消费贷款时,提供了第三方刘某签署的第二居所承诺函,我行以此为突破口,积极与刘某沟通,最终确定由刘某提供房屋租赁给张某家人居住,拍卖执行张某房产,所得价款优先清偿我行欠款。通过我行工作人员锲而不舍的努力,多次上门催促张某夫妇清偿欠款,加上耐心细致的劝导,张某家人也表示愿意配合法院的执行工作,尽快拍卖房屋还清我行贷款。目前该案在进一步执行过程中。

二、各方基本意见

本案是我分行 2008 年成立以来首笔贷款诉讼案件，从法院调解书生效到执行取得突破性进展，前前后后长达一年多的时间，究其原因是"一套房"执行问题带来的各种意见分歧：

1. 被执行人意见

《关于人民法院民事执行中查封、扣押、冻结财产的规定》（法释〔2004〕15 号）（以下简称《规定》）第 6 条规定："对被执行人及其所扶养家属生活所必需的居住房屋，人民法院可以查封，但不得拍卖、变卖或者抵债。"因此，此房产为张某夫妇唯一房产，是其抚养家属生活所必需的居住房屋，因此前期阻碍执行时最常说的一句话即为"总不能让一家四口睡大街吧"。张某认为从保护被执行人居住权角度来讲，房屋不应被拍卖执行。

2. 法院执行意见

《规定》虽然要求给被执行人保留生活必需的财产，但未明确到底什么才算是"必需的财产"，各地法院在执行时也没有具体的标准。因此，如果能够提供过渡住房，保证被执行人的基本居住权，针对性地选择实施"大房换小房"、"近房换远房"、"产权房换租房"等措施，一套房也不是说不可以被执行的。司法机关要切实维护法律的权威性，这是毋庸置疑的，但是法院不仅要行使司法审判职能，也要积极参与到社会管理创新中去，不能暴力执行，要文明办案，要和谐执法。因此，面对一套房的执行问题，大多数情况下，法院还是希望执行申请人去积极协调处理相关事宜，待时机成熟再执行拍卖。

3. 银行意见

张某在个人消费贷款申请中签署的各类借款合同真实有效，有夫妻双方真实签字，房产抵押手续真实有效，并且刘某夫妇还出具了第二居所承诺函，承诺如果张某房屋被执行时，由刘某夫妇为其提供第二居所，但在张某家人对执行的阻拦下，法院执行工作也迟迟得不到推进，银行作为债权人的法律权益得不到有效保护。但是如果银行出面协调租房事项，肯定是要垫付房租的，但是银行尚无相关规章制度对代垫租赁费这种非常规债权实现费用的审批权限授权，并且房屋一旦拍卖落空或者迟迟未能交易，银行岂不是又多了一份租赁费用的损失。因此，由银行为被执行人提供周转房在可操作性上有一定阻碍。

4. 刘某意见

刘某夫妇签署了第二居所承诺函，承诺张某房产被执行时，将刘某现有居所提供给张某家人居住，但这只是碍于朋友情面，并且该承诺函为银行的固定格式文本，虽为第二居所承诺函，但是刘某认为并不代表一定要提供居所给张某夫妻居住，并且自己还有一大家子人在该房屋居住，该房屋也属于自己的必需居住房屋，因此，刘某认为该承诺函没有法律效力，不必承担对应的提供居所义务，完全可以不用提供居所给张某家人居住。

三、诉讼案件评析

1. "一套房"的执行问题需要明确的司法规制

综合来看，如果住房超出被执行人及其所抚养家属生活所必需的条件，譬如豪华别墅，单体金额较大的住房，即使该住房为被执行人的"唯一住房"，也是可以强制执行的。在执行过程中，各地法院一般有"由大到小"、"由所有权变使用权"的执行思路，也有"以家庭为整体"来认定是否是一套房的参考标准，因此"一套房不能被拍卖执行"其实是对《规定》第6条的误读。但是《规定》中的"生活所必需的居住房屋"并没有具体的量化标准，在实践操作中也没有明确的法律规制，各地也很少有对应的规定，如果最高人民法院能够出台更为明确的司法解释，那么对"一套房"的执行难题的解决将起到巨大的推动作用。

2. 第二居所承诺函是否具有法律效力

承诺函是否具有法律效力应具体分析，内容不同，法律效力也不同。虽然第二居所承诺函不构成出具人对借款人还款义务的担保，但承诺函是作为整个借款合同中不可分割的一个部分，与借款合同具有同等的法律效力，银行也正基于第二居所承诺函，认为借款人一旦出现违约风险，银行可以合法合理地避免《规定》第6条的限制，适时处置抵押给银行的房产，如果承诺人违约，应该依法承担因此给银行造成的损失。因此，笔者认为第二居所承诺函是具有法律效力的。如果刘某不按承诺及时履行义务，我行有向其依法追究相应经济损失的权利。

但是以下三点更应该引起银行的高度重视，提前做好预防措施：一是银行应告知对方第二居所承诺函的法律效力，出具书面的权利义务告知书，明确告知第二居所承诺人可能因此承担的法律责任；二是银行应实质审查第二居所承诺人的履行能力。如果承诺人本身只有一套住房，且人均住房面积较低，那么就不适合作为第二居所的承诺人；三是一旦出现债务人的房屋需要被执行的情况，第二居所承诺人又不能提供适宜的居所，那么应明确承诺人对银行垫付的房租有连带赔偿责任，银行有权利要求其先行垫付，垫付后可以从房屋的拍卖价款优先扣除银行债权后另行受偿。

3. 租房或者过渡房是否应由申请执行人提供

《最高人民法院关于人民法院执行设定抵押的房屋的规定》（法释〔2005〕14号）第3条规定："强制迁出时，被执行人无法自行解决居住问题的，经人民法院审查属实，可以由申请执行人为被执行人及其所扶养家属提供临时住房。"该规定明确了申请执行人提供临时住房的义务，但笔者认为法院也应积极出面协调，法院的主动介入更能体现法律的权威性，更能体现人民法院参与社会管理创新的积极性，上海市闵行区法院以自己名义租下了10套周转房[1]，在解决被执行人的居住问题后，就把被执行人名下房屋拍卖还债，法院的这种做法兼具权威性及实用性，非常值得推广。

4. 银行应设立诉讼案件执行基金

针对个人住房的执行问题，如果银行能够从经营利润或费用中提取一小部分作为诉讼案件执行基金，特别是在解决被执行人的周转房问题上，可以从诉讼案件执行基金中提取一部分金额用于支付房屋租金，待房屋拍卖后再用拍卖价款补足提取的诉讼案件执行基金，无论是从租赁费用的及时提取，还是从内部银行费用的管理上来看，设立诉讼案件执行基金对于解决银行《一套房》的执行问题，是积极意义的。

5. 廉租房申请标准对执行《一套房》的启示

以江苏省泰州市为例，市区廉租住房保障项目对象分为两种，一种是租金补贴，一种是实物配租。其中，租金补贴政策面向人均住房建筑面积18平方米以下，人均月收入900元以下的城市低收入家庭（离异家庭须3年，市区外迁入户口须满3年）。这部分家庭不通过政府提供的廉租房改善住房条件，而是通过在外租房解决，因此，政府对这部分家庭提供部分租房租金补贴。廉租住房实物配租则面向人均住房建筑面积15平方米以下的低保、特困家庭和人均月收入700元以下的城市低收入无房家庭（年龄在50周岁以上）[2]。

一般情况下，银行申请的被执行人的居住环境远远超出申请廉租房租金补贴的标准，如果强制执行后确实无法满足基本的居住权，应由政府提供相应的基本居住条件，而非完全由执行申请人提供。如果出现被执行人居住条件无法得到保证的情况下，政府有义务为被强制执行者提供相应的居所。近些年大力推进的保障房建设中，只要留出一小部分用作被执行人的周转房，就能解决部分一套房的执行难题。并且周转房的实施也不是目的，而是督促执行的有效

---

[1] 周柏伊、程怡：《闵行法院试行周转房机制解决执行难只有一套房也能拍卖欠债老赖没法再要赖》，载《新闻晚报》2010年10月8日。

[2] 泰州新闻网：《2012泰州廉租房今起开始申请》，2012年5月15日。

手段。

综上分析，针对一套房的执行问题不是没有解决的办法，关键是要找准切入点，银行要从自身出发，寻求解决之道，法院也应出具相关标准并及时推广有效的处理方案，主动出击，切实维护法律权威，相关政府部门也应在保障房的建设过程中，以此为契机，从被执行人的角度考虑，切实解决困难。

参考文献

1. 简振环：《一套房执行难题的破解》，载《时代报告》（下月刊）2011年8月。
2. 王峰：《执行程序中关于一套房产问题的探讨》，载《中小企业管理与科技》（上旬刊）2010年第11期。
3. 雷桂森：《以一套房产规避执行的司法识别与应对》，载《人民司法》2011年第5期。

执行财产拍卖次数突破与执行款先予分配的新尝试

工商银行广东省分行　余保福　莫泽辉

一、基本案情

（一）诉讼情况

2003年，D银行与借款人H公司开始建立信贷关系。截至2006年年底，H公司在D银行尚有贷款余额人民币3.5亿元。上述贷款除4笔信用贷款外，其余25笔均为抵押担保贷款，抵押物为借款人自有的厂房、员工宿舍及土地使用权。

由于借款人经营出现问题，D银行在2006年年底先后向某市中级人民法院（下称市中院）提起诉讼，起诉金额共计3.5亿元。市中院经审理后，判决确认D银行的上述贷款债权合法有效，H公司应清偿相关债务，同时确认D银行对抵押物17幢建筑物（建筑面积约28.6万平方米）及其占用范围内约20.3万平方米的土地享有优先受偿权（担保债权2.5亿元）。

由于借款人没有主动履行生效判决书，D银行于2007年4月向法院申请了强制执行，申请金额共计约3.5亿元。自此，本案判决全面进入执行阶段。

（二）执行情况

2007年4月，市中院执行局委托资产评估公司对H公司的全部财产进行评估，评估价合计约为7.6亿元。其中，动产（机器设备、原料和半成品等）评估价4.6亿元，不动产（抵押物）3亿元。同年9月，市中院单独就H公司的动产进行公开拍卖，并在全国性媒体进行公告，但因无人竞拍而流拍。同年10月，市中院以7.6亿元整体拍卖动产和不动产，但同样因无人竞买而流拍。同年12月，市中院将动产拍卖价格降低20%，不动产价格不变，整体资产拍卖底价为6.67亿元再次进行公开拍卖，但仍然因无人竞拍而再次流拍。

2008年1月,市中院第三次整体拍卖资产,保留价降价20%后约为人民币5.34亿元,但再次因无人竞买而流拍。

受当时经济危机影响,且H公司动产评估价过高,市中院组织的三次整体资产拍卖均因无人竞拍而流拍。2008年5月,市中院以原评估报告有效期已过(一年有效)为由再次委托评估公司对H公司整体资产进行评估。经再次评估,H公司整体资产估计约3.9亿元。其中,动产为人民币9050万元,不动产为人民币30016万元。

2008年7月,市中院对H公司整体资产进行公开拍卖,拍卖底价为3.91亿元,但由于无人竞拍而流拍;同年10月,市中院将拍卖价格整体降低20%(拍卖底价为3.13亿元)再次拍卖,但还是因无人竞拍而流拍。同年11月,市中院将拍卖价格整体再降低20%(拍卖底价为2.5亿元)进行拍卖,但仍然因无人竞拍而流拍。

由于公开拍卖三次均因无人竞拍而流拍,市中院于2008年11月24日在媒体上刊登变卖公告,公告该公司全部资产的变卖价格是25004万元。其中,不动产19210.7万元,动产5792.5万元。因公告之日起60天内没有买受人愿意买受该财产,变卖程序终结。

2009年4月,由于整体资产已按法律规定的全部程序进行处置,但仍未能处置,市中院在请示省高院后再次启动本案第三轮拍卖程序。经评估,H公司整体资产评估价约为3.4亿元。

2010年2月,市中院第七次将H公司资产整体公开拍卖。拍卖现场的竞价很激烈,最终以7.1亿元成交。同年5月,拍卖款全部汇入到法院指定的账户。同年6月,在D银行的积极争取下,市中院预先将部分抵押物优先受偿款划付给该行。

由于H公司涉及的债权人有两百多个(除了银行债权外,还有税务机关、海关、供应商、建筑商等),对其享有的债权累计高达10亿元,执行款分配方案直到2011年4月才制定完毕。同年12月,本案执行款全部分配完毕,本案执行完毕。

二、案情解析

本案自进入执行阶段以来,借款人执行财产先后经历八次拍卖一次变卖,历时四年终于成功处置,实现了债权人、债务人和买受人"三赢"。纵观本案执行过程,省高院与市中院的"主动执行"、"能动执行"理念对本案成功处置具有积极的作用。

(一) 勇于突破，法律和社会效果相统一

进入执行阶段后，拍卖处置执行财产是重要的执行方式。但在实践中由于种种原因，执行财产的拍卖处置往往要经历多次才能成功，且还有相当一部分无法处置成功。当前司法实务中，普遍认为《最高人民法院关于人民法院民事执行中拍卖、变卖财产的规定》（法释〔2004〕16号）的第27条、第28条的规定是对执行财产拍卖次数的限制，即动产只可以拍卖两次，不动产只可以拍卖三次、变卖一次，如果处置达到上述规定的次数仍无法处置的，法院将把执行财产退还给被执行人，执行程序中止。

本案中，正是由于受到上述执行财产拍卖次数限制的影响，执行工作进展一度停滞。起初，市中院认为该院已按照法律程序走完了所有的处置程序，再处置没有法律依据，因此不愿再进行处置。由于本案涉及的债权人较多，且执行财产价值明显，如果一直无法处置，必将损害各方利益，最终也会影响司法的权威性。但再一次进行拍卖处置，又缺乏法律明确的规定，法院也面临了一个两难的选择。在债权人的积极主张下，市中院就有关问题请示了省高院。省高院执行部门在法律缺乏明确规定的情况下，从"主动执行"、"能动执行"的执行工作新理念出发，坚持政治效果、法律效果和社会效果相统一，提出在债权人同意的前提下，可以对经过三次拍卖后流拍、以物抵债亦未成交的被执行人财产重新评估拍卖，为本案的处置扫清了障碍。

正是由于这种勇于创新的突破，才使得本案执行财产由多次流拍到最后以评估价两倍多的价格成交，达到法律和社会效果相统一，可以说是执行财产拍卖处置过程中的一个成功典型案例。

(二) 效率优先，担保债权先予分配

由于一些执行案件中涉及多个债权人和债务人，相互之间债权债务关系复杂，短时间内难以全部理清债权债务关系，从而导致执行款分配方案长时间无法出台。因此，在实践中就会出现执行财产早已拍卖处置成功，但执行款却在一年以后，甚者更长的时间才分配完毕的情况。虽然最终债权人的债权得以受偿，但由于经历时间过长，实际上损害了债权人的利益，特别是担保债权等可优先受偿的债权。

本案中，执行财产涉及的债权人近两百个，涉及的债权高达10亿元，债权债务关系十分复杂，执行法院花费近一年的时间才确定最终的执行款分配方案。而从执行款分配方案确定，到执行款全部分配完毕也耗费了8个月的时间。由此可见，在当前执行分配方式下债权人实现债权的时间成本之大。为了尽早实现债权，作为最大的债权人，且对不动产享有优先受偿权的 D 银行，在拍卖款到达法院账上后就积极向法院主张，要求先予划付对应的优先受偿款。但由于本案涉及债权人较多，执行款分配方案尚未制定，且司法实务中尚未有先予划付的先例，因此市中院起初并未同意 D 银行的请求。随后，D 银行提出法院可以根据预计可受偿的债权额中优先划付部分款项，并愿为此提供保证担保。经过积极的主张和沟通，市中院最终同意 D 银行的请求，在执行款分配方案尚未完全制定完毕的情况下，将一部分执行款先予划付给 D 银行，剩余部分款项在执行款分配方案确定后进行划付。

由于法院最终认同了 D 银行效率优先的观点，并积极采取措施，使本案漫长的执行过程中，债权人的合法利益得到了较好的保障，也开创了执行款分配的一种新方式。

三、启示

由于受到法律无明确规定和实务惯例的影响，本案在执行过程中遇到了一些问题，主要是执行财产拍卖次数限制和执行款分配问题。最终这些问题成功的解决，也给我们带来了一些启示，为执行财产拍卖处置程序与执行款分配方式提供了一种新的尝试。

1. 执行财产拍卖不应机械地限制拍卖次数。目前不少执行法院在执行财产处置中，普遍限定拍卖两次或三次，两次或三次不成交就停止执行。执行财产的成功处置，是债权人实现债权的重要保障。如果机械地限定拍卖次数，将不利于债权人利益的实现和充分保障。本案中，执行财产通过八次拍卖、一次变卖最后成功溢价拍卖，大大提高债权受偿率就是一个最好的示范。因此，执行法院应以实现债权人利益充分保障为出发点，考虑采用征求债权人意见来确定是否重新启动拍卖程序的做法，"主动"和"能动"执行，切实保障债权人和债务人的利益。

2. 有条件对特定债权先予分配。法谚说，"迟到的正义不是正义。"如果债权人的债权长期无法实现，特别是执行款已到账而长期无法受偿，就是对债权人的一种不正义。如果所有的债权都要等到执行款分配方案确定以后才可以受偿，看似公平，但实际却损害了一部分债权人的利益。实践中，存在个别别有用心的人滥用司法程序影响整个分配方案的确定，使执行款分配方案迟迟无法确定，导致所有债权均无法及时受偿。而有条件的提前分配，只是分配优先债权中一部分债权，最终仍要按分配方案来结算，同时又有债权人提供保证。这种分配方式既能让没有争议的债权人尽早受偿，又可以有效避免因为执行错误导致的风险。因此,对明确的债权,如担保债权或确定可以分配受偿的债权等,法院可以考虑由债权人提供保证后,依法酌情先予分配部分债权,余款待分配方案确定以后再进行分配,从而加快执行款的分配进度。

执行程序中房产抵押与建设工程款优先权冲突的处理

工商银行上海分行　张锵锵　王　坚　沈　晓

一、案件基本情况

L公司2006年8月与银行建立信贷关系。同年10月，银行向L公司发放小企业周转贷款1800万元，L公司以其名下自建厂房为上述借款提供最高额抵押担保。2007年10月，L公司按约归还了上述贷款。其后，银行在原最高额抵押担保项下继续向L公司发放了2笔合计1800万元小企业贷款。2008年8月，L公司因盲目扩张导致资金链断裂，企业经营状况严重恶化，造成银行1800万元贷款逾期并欠息。

2008年11月，银行就L公司上述贷款向法院申请公证强制执行。法院受理案件后，对涉案抵押房产进行评估拍卖，司法评估价格为2200余万元。但在抵押房产拍卖过程中，案外人X建筑公司声称：L公司在建造厂房时拖欠其近1100余万元的建设工程款，现其手持法院生效调解书，要求对抵押房产拍卖所得价款行使"建设工程价款优先受偿权"。按照司法评估价格2200万元推算，如银行一旦强行拍卖上述抵押房产，在扣除营业税、土地增值税等相关税费及1100余万元工程款后，将面临巨额贷款损失。

虽然银行对上述工程价款纠纷的真实性存有异议，但苦无有力证据推翻已生效的法律文书，案件执行工作一度陷于停顿状态。2010年年末，银行经与法院协商，决定暂时搁置工程款争议，先将抵押房产拍卖变现，再来研究执行款分配的问题。2011年年初，抵押厂房以评估价2236万元拍卖成交。

在抵押房产拍卖期间，银行至法院、房地产交易中心等处调阅了大量案卷材料，并在执行款分配阶段与X建筑公司进行了多轮博弈。最终，法院说服X建筑公司主动撤回了优先受偿的申请，银行抵押权成为没有争议的第一顺位优先受偿权。2011年9月，银行1700余万元贷款本金全部受偿。

二、各方意见

根据我国法律及相关司法解释的规定：建设工程合同的承包人在合同规定期限届满、发包人经催告后未按约支付工程价款时，承包人可就建设工程折价、拍卖或变卖所得价款优先受偿。建设工程价款优先受偿的范围不仅包括承包人为工程勘察、设计、施工等支出的土建工程费用，还包括因装修装饰工程而产生的费用；其行使期限为6个月，该期限为除斥期间，不得中止、中断或延长，若工程款债权人未在上述法定期限内向工程发包人及时主张债权，则自动丧失优先受偿权；建筑工程承包人的优先受偿权优于抵押权和其他债权。

因此，若抵押房产上确实存在法定期限内的建筑工程款债权，则该权利将可以优先于银行的抵押权，对抵押房产的执行款在第一顺位优先受偿。

本案中，X建筑公司主张建筑工程款优先受偿权的主要证据就是2009年与L公司在法院达成的一份民事调解书，而调解书的内容极为简单，仅确认L公司积欠X建筑公司建筑工程款本息的情况。银行在此基础上开展了调查工作，进一步发现了两大疑点：一是本案抵押房产早已于2005年竣工，但直至银行起诉后的2009年7月，X建筑公司才起诉L公司，并迅速以调解方式确认了相关的债权债务，建筑工程款优先受偿权已超过了法定的6个月除斥期间；二是X建筑公司在诉讼中的代理人曾担任L公司在其他诉讼中的代理人和法律顾问，不能排除双方恶意串通，对抗银行行使抵押权的可能。

银行在将初步的调查资料递交法院后，法院要求X建筑公司的代理人就此进一步举证。X建筑公司辩称：优先受偿权6个月的行使期限虽然是除斥期间，但其在除斥期间内已经向L公司主张过优先受偿权，从而开始计算诉讼时效。后X建筑公司一直频繁向L公司进行催讨，因此，不存在诉讼时效经过的问题。L公司对X建筑公司的陈述表示承认。尽管如此，由于X建筑公司无法进一步举证，几番交锋后其态度终于软化，最终同意银行抵押权优先受偿。

三、案例评析

由于建设工程款优先受偿权是不动产上可以对抗其他一切优先权的法定优先权，近年来各种利用建筑工程款债权对抗银行抵押权的案例屡见不鲜。而实务中，很多法律问题目前都还没有具体的规定，例如：（1）建设工程款优先受偿权的行使期限究竟如何计算？是否可以参照保证期间的规定，只要在期内向债务人主张即开始计算诉讼时效？立法的本意是要保护建设工程项下劳动报酬和材料款的及时拨付，而像本案中工程竣工4年后也迟迟不通过诉讼追索工程款，是否还应当保护其优先受偿权？（2）建设工程款诉讼中，是否可以基于双方当事人的自认而达成调解？人民法院是否应当依职权核实实际发生的建设工程款余额？建设工程承包人如果在诉讼中仅主张建筑工程款债权，而未明确主张优先受偿权，或未明确主张优先受偿的范围和金额，执行程序中是否可以径行认定其享有优先受偿权？（3）建设工程承包人向抵押权人出具的放弃建设工程款优先受偿权的意思表示是否有效？

上述问题的存在，需引起商业银行的高度重视。究其原因，一方面是因其系属于法定优先权，无须登记公示即可对抗不动产抵押权的特殊性；另一方面是由于根据我国法律规定，在执行程序开始后，被执行人的其他债权人如已取得执行依据或者已经起诉且被执行人的财产不能清偿所有债权的，可以直接向人民法院申请参与分配被执行人的财产。因此，在司法实践中不能排除债务人与建设工程承包人恶意串通，为阻挠执行而虚构工程款债权的情况。虽然我国法律对恶意妨碍执行的行为规定了严厉的处罚措施，但在司法实践中往往处罚力度较小甚至不处罚，被执行人违法成本较低，故导致此类行为屡禁不止。一旦银行申请处置抵押不动产，工程承包人即可持已生效的法律文书要求行使优先受偿权，而执行法院仅对上述法律文书进行形式审查。因此，如果不动产的处置价款不足以覆盖建设工程款债权及抵押债权，则银行将不得不承担由此产生的处置风险。

四、案例启示

（一）加强对抵押不动产的贷前调查，积极防控法律风险

建议加强贷前调查工作，认真核查拟抵押不动产的房屋状况及产权人信息，重点关注房地产登记簿中关于所有权来源及竣工日期的信息。如经调查发现抵押不动产系自行建造且工程竣工不足6个月的或者非自行建造但最近6个月内进行过大规模室内外装修装饰的，可要求不动产所有权人提供建设施工合同、装修装饰合同、竣工决算报告、工程款支付凭证等相关材料，并在在押品评估时适当调低不动产的评估价格，必要时应降低贷款成数，以控制因建设工程价款优先受偿权而引发的潜在法律风险。

（二）重视贷后管理工作，严格执行定期检查制度

重视贷后管理，严格按照检查间隔期要求对借款人、担保人及抵押不动产进行检查，核实担保落实及担保人担保能力变动情况。一旦发现不动产所有权人对抵押物进行大规模装修或涉及工程款纠纷且可能对银行抵押权产生不利影

响时，应及时根据合同约定要求其提供详细的书面资料，并根据具体情况采取恢复抵押物价值、提供与减少的价值相当的担保以及宣布贷款提前到期等措施。

（三）正确认识建设工程价款优先受偿权预先承诺放弃行为的法律效力

为了规避建设工程价款优先受偿权给银行不动产抵押权带来的风险，实务中出现了银行要求建设工程承包人在贷款发放前承诺放弃优先权的情形，但上述预先放弃优先受偿权的行为是否有效及如何生效在实践中仍存在争议。有观点认为建设工程价款优先受偿权制度的立法目的是为了保障农民工等承包人雇员的生存权利，该权利是法定的，当事人自行约定变更或放弃的行为无效；也有观点认为建设工程承包人有权依据合同法意思自治原则预先放弃法律赋予其的权利，该行为是合法有效的，但对该放弃行为是仅需当事人出具书面承诺函即生效还是需经董事会或股东（大）会同意后方能生效仍存在不同看法。目前，我国尚无相关法律对上述争议进行明确的界定，司法实践中也存在不同的判例。因此，仅仅由工程承包人出具预先放弃优先权的承诺函并不能完全规避因建设工程价款优先受偿权所引发的法律风险，更重要的是不能因此放松对抵押不动产的贷前调查及贷后管理工作。这一点需引起足够的重视。

（四）运用多种途径甄别建设工程价款优先受偿权的效力及范围，积极维护不动产抵押债权的优先效力

根据我国法律及司法解释的规定，建设工程价款优先受偿权的行使需同时满足以下四个要件：一是发包人与承包人订立合法有效的工程承包合同；二是发包人未在合同约定期限内支付价款；三是优先权的权利客体是承包人施工的发包人所有的不动产；四是在工程竣工或约定竣工之日起 6 个月内行使优先权。如实际情况不符合上述四个要件，承包人即丧失了优先受偿的权利。因此，一旦在案件诉讼及执行过程中遭遇建设工程价款纠纷，可以上述四个要件为切入点，运用贷前及贷后收集的相关证据，甄别建设工程价款优先受偿权的效力及范围。需要特别说明的是，建设工程款优先权作为一项法定物权，对工程款主债权具有从属性。如果上述建设工程合同存在恶意串通，损害国家、集体或第三人利益，违反法律、行政法规的强制性规定等合同无效情形的，即使承包人已将劳动及建筑材料物化至建筑物中，也不再享有优先受偿权。

（五）加强贷款基础管理工作，严格审查借款人第一还款来源

尽管我国法律对建设工程价款优先受偿权制度作了较为明确的法律规定，但在目前的法律框架下，其对银行不动产抵押权的行使所带来的负面影响，实

践中仍没有万无一失的对策。因此,要防止借款人利用法律规定恶意逃废银行债务,最根本的还是要加强贷款基础管理工作,认真履行信贷调查职责,严格审查借款人第一还款来源,对借款人的基本情况、经营状况、财务状况、信用状况以及客户潜在风险和收益等方面进行全面的调查了解,如此才能将此类风险控制在有限范围内。

论抵押权与租赁权的竞合及风险防范

华夏银行杭州分行 罗 俊

一、案情简介与问题

有这样一个疑难案例：借款人（某房产公司）与某银行订立了一份借款合同，以借款人所有的临街房产作为抵押，该房产在设定抵押之前借款人已将房子部分出租给某电信商作为营业网点，在抵押登记办理且银行发放贷款后，借款人在未经贷款银行同意的情况下又将剩余未出租的房产出租给某经营商，之后该经营商又将自己租来的房产转租给数十位个体工商户。贷款到期后，借款人无力还款，某银行起诉后获得胜诉，随后银行申请法院强制执行抵押房产，希望通过拍卖抵押房产实现自己的债权。然而承租人某电信商、某经营商以及数十位个体工商户分别向法院就该房产提出执行异议，请求法院中止对上述房产的强制执行，保护其固有的承租权。法院经审查，以抵押财产法律关系复杂、调查尚在进行中为由，一直不予启动抵押房产评估、拍卖程序，导致银行债权无法实现。

在上述案例中，笔者认为，基于临街房产在借款人（某房产公司）、某银行、某电信商、某经营商以及数十位个体工商户之间形成的抵押、租赁等法律关系复杂，法院本着审慎务实的态度，从维护社会稳定的全局角度出发，未就申请人执行人单方面申请即启动房产拍卖程序也情有可原。但从银行的角度来说，深入、透彻的了解案例中涉及的抵押权与租赁权的关系，找到两者发生冲突时的解决方案，是防范未来再次出现类似风险所必须的。鉴于此，笔者以为必须了解以下几个方面的内容：

二、权利定义及性质分析

就租赁权的性质而言，法学界一直存在着争论。有观点说租赁权属于债权,也有观点说租赁权为债权,但具有物权的意义。还有观点说租赁权是体现租赁人对租赁物享有占有、使用和受益的权能,在性质上应该属于用益物权,等等。笔者以为,要界定租赁权的性质就必须对它的发生过程进行分析,即承租人与出租人订立租赁合同时取得的租赁权首先是债权性质,承租人在缴纳相应的租金后就有权要求出租人转移对房屋的占有而供承租人进行占有、使用、收益。而在出租人交付房屋,承租人依约对租房行使占有、使用、收益权时,一旦出租人及第三人对承租人的租赁权构成了影响及损害,承租人就有权通过诉讼手段获取司法对自身享有的租赁权的保障,包括要求排除妨碍,停止侵害,赔偿损失等。此时,租赁权就具有了物权化的效力。

抵押权的性质相对好界定,根据我国《物权法》第179条的规定,抵押权是指债权人对债务人或者第三人不转移占有的担保财产,在债务人届期不履行债务或者发生当事人约定的实现抵押权的情形时,依法享有的就抵押财产的变价处分权和就拍卖价金优先受偿权的总称。一般说来,抵押权是担保物权的一种,它具有一般物权效力,包括直接对物的支配权、排他权、物上请求权等。

所谓租赁权与抵押权的竞合是指在同一个物上同时存在抵押权和租赁权。它实际上包括两种情形,即租赁权先于抵押权设立和抵押权先于租赁权设立。从法理上来讲,抵押权是一种担保物权,其根本目的在于确保债务得到清偿,债权能够顺利实现,所追求的是抵押物的交换价值,并且不要求移转抵押物的占有。而租赁权则是承租人依据租赁合同所取得的权利,其虽没有明确归类为物权,却具备物权的某些特征,其所追求的是抵押物的使用价值,同时又移转占有。鉴于两种权利的性质,如不涉及处置抵押物,实现抵押权,租赁关系的存在并不对抵押权构成妨碍,其与抵押权能够"和平共处"。只有当抵押人无法偿还到期债务,抵押人需要实现自身的抵押权时,抵押物上的租赁关系才可能对抵押物的变现价格产生影响。

三、抵押权与租赁权的冲突及法定解决方式

当抵押权与租赁权发生竞合时,法律依据权利设立时间的先后顺序,规定了不同的解决方式:

(一)先租赁后抵押,租赁权优于抵押权

我国《担保法》第48条规定:"抵押人将已出租的财产抵押的,应当书面告知承租人,原租赁合同继续有效"。《最高人民法院关于适用〈中华人民共和国担保法〉若干问题的解释》第65条对此作了更具体的说明,其规定:

"抵押人将已出租的财产抵押的，抵押权实现后，租赁合同在有效期内对抵押物的受让人继续有效"。《物权法》第190条也继承了上述立法的精神，规定："订立抵押合同前抵押财产已出租的，原租赁关系不受该抵押权的影响。"另外，《最高人民法院关于人民法院民事执行中拍卖、变卖财产的规定》第31条规定："拍卖财产上原有的租赁权及其他用益物权，不因拍卖而消灭，但该权利继续存在于拍卖财产上，对在先的担保物权或者其他优先受偿权的实现有影响的，人民法院应当依法将其除去后进行拍卖"。

根据上述法律规定，在已经出租的财产上设立抵押，不能影响在先的租赁关系。上述规定一般被理解为，随着社会经济的发展，人们越来越重视对自身财产的利用，为了使资源发挥更大的社会效用，由过去侧重保护物之所有权关系转为侧重为保护物之用益关系，即由保护静态的物权关系转变为保护动态的债权关系，理论上一般将其归结于"买卖不破租赁"的原则。租赁权作为物权化的债权，基于前物权优于后物权的原则，具有对抗后设抵押权的效力。在抵押权实现前，抵押权人不能要求终止租赁合同，即使实现抵押权，抵押物的受让人也必须承受租赁权负担。

（二）先抵押后租赁，抵押权优于租赁权

《物权法》第190条规定："抵押权设立后抵押财产出租的，该租赁关系不得对抗已登记的抵押权。"从对法条的规范解释来看，我国对于先设立抵押，再以抵押财产出租的，抵押权具有对抗租赁权的效力。然而，《物权法》却将这种对抗效力锁定在已办理"登记的抵押权"这个范围内，即从法律规范出发逆向来解释《物权法》第190条的话，则可得出抵押权设立后抵押财产出租的，租赁关系可以对抗未登记的抵押权的结论。考虑到在我国无论是动产还是不动产抵押，只要登记便能产生对抗第三人之效力，因此以已登记的抵押财产出租的，不适用"买卖不破租赁"的规则。

四、抵押权与租赁权竞合时的风险及防范建议

从我国立法表述来看，在先租赁权似乎可以无条件地对抗后设抵押权。然而，租赁权首先是一种债权，其伴随着租赁合同的生效而成立，不以登记为要件，也无须对外公示。但租赁权同时又是物权化的债权，具有对抗第三人的效力，若在租赁合同生效时不仅成立租赁权，而且使该租赁权具备完整的对抗效力，则极有可能使善意第三人的利益和社会交易安全遭遇欺诈之损害。不仅如此，即便租赁权本来在抵押权之后设立，抵押人仍可采用与承租人恶意串通、倒签租赁时间、虚构长期租赁合同并一次性缴纳所谓全部租金等欺诈行为，以

妨碍抵押权人处置抵押物。在这方面，很多商业银行是深有体会的，它们在清收不良资产的过程中，都可能遇到过在借款人授信准入办理房产抵押时未发现其抵押房产上存在租赁关系，而进入诉讼执行程序后，突然出现第三方所谓的承租人向法院主张租赁权，提供的租赁合同往往租期长达 20 年，租金明显偏低，且巨额租金一次性付清，种种疑点显示极有可能存在欺诈。但是银行对此却没有很好的遏制方法，只能尽量通过谈判多方协调处理，既延误了资产保全时间，又对抵押房产的处置造成了较大的负面影响。在本文开篇所述的案例中，正是由于借款人（某房产公司）将抵押设定前未出租的房产出租给了某经营商，而该经销商又将房产转租给了数十位个体工商户，导致租赁关系复杂化。尽管银行的抵押经过登记，具备对抗在后设定的租赁权的效力，但承租人完全可以通过与出租人恶意串通、倒签租赁时间、虚构长期租赁合同并一次性缴纳所谓全部租金等欺诈行为达到妨碍抵押权人处置抵押物的目的。事实上，承租人人数的增加以及转租事实的存在都已经无形中对法院在司法实践中裁定是否采取强制拍卖措施造成了压力，现实中往往导致拍卖程序的停滞。

鉴于此，为有效防范抵押人的道德风险，杜绝租赁欺诈行为，保障抵押权人的合法权益，有必要建立租赁权公示制度。一般认为，租赁权公示制度解决的是在先租赁权并不是在任何情况下都完全具备对抗第三人的效力，而是必须具备一定的条件才会受到法律的全面保护。即租赁权公示制度可以规定未公示的租赁权虽能有效成立，但不具备对抗（包括抵押权人在内的）第三人的效力。就不动产租赁而言，最简便、最有效的公示方法当然是租赁登记。① 若在先租赁权办理了登记，则不动产抵押权人可以向登记机关查询获悉抵押物已被出租的情况，租赁权应具备对抗抵押权的效力；若在先租赁权未办理登记，租赁权不应对抗抵押权人。这样一来，一旦人们对租赁登记达成共识，在后设立的租赁关系的承租人就不能通过与出租人恶意串通、倒签租赁时间、虚构长期租赁合同等方式妨碍抵押权人权利的行使，因为至少从规范的角度来说，它缺乏法律要求的租赁登记要件。同时，一旦不动产租赁权的登记对抗制度得以建立，则设立抵押在后的抵押权人完全可以通过向登记机关查询，避免在已出租的不动产上设立抵押权，或者在设立抵押权时将抵押不动产上的租赁负担纳入抵押物价格计算之内，衡量出以该抵押物设定抵押的风险是否可控，最终有效遏制虚假租赁行为。

---

① 孙鹏、王勤劳：《抵押权与租赁权的冲突与协调》，载《法律适用》2009 年第 2 期。

浅议担保物权与财产保全的冲突

工商银行重庆市分行 刘 婷

一、案例

2008年6月,某银行向某房地产开发有限公司(以下简称:"开发公司")发放了5000万元贷款,双方签订了《房地产业借款合同》、《抵押合同》并办理了抵押登记。贷款发放后,开发公司抵押给该银行的房地产被多家法院司法查封,按双方借款合同的约定已发生了不利于该银行债权实现的状况,因此,银行向该公司发出了通知函,要求其在收到通知之日起7日内解除司法查封或另提等值抵押物,逾期未办理的,则宣布《房地产借款合同》项下的贷款提前到期。后因开发公司未在指定期限内解除司法查封或另提等值抵押物,已构成了该银行宣布贷款提前到期的条件,银行遂向法院起诉,截至起诉前开发公司仅归还了该银行257.5万元贷款本金,还有4742.5万元本金及利息未归还。在诉讼过程中法院对相关的事实进行了确认,判决开发公司于判决生效后十日内偿还该银行借款本金及利息、罚息、复利等,若开发公司未履行上述支付义务,则该银行有权对抵押物享有优先受偿权。判决生效后,开发公司未履行给付义务,该银行立即向法院申请执行,由于开发公司涉及的债权人众多,该银行的抵押物已经先被开发公司的其他债权人多轮查封,在执行过程中,该银行做了大量的工作与法院一道协调各债权人解除司法查封,但推进较为困难,同时由于债务人不配合,对该银行的部分抵押物进行了私售,因此,极大地影响了银行不良贷款的清收进度。

从以上案例可以看出,虽然担保物权是实体上的规定,财产保全属于程序法上的规定,但一旦进入执行程序中,二者就会发生一定的关联,按照相关的法律规定,在执行程序中担保物权人的优先受偿权也应受到保护,如《最高人民法院关于适用〈中华人民共和国民事诉讼法〉若干问题的意见》第102

条规定:"人民法院对抵押物、留置物可以采取财产保全措施,但抵押权人、留置权人有优先受偿权";又如《最高人民法院关于人民法院执行工作若干问题的规定(试行)》第 93 条规定:"对人民法院查封、扣押或冻结的财产有优先权、担保物权的债权人,可以申请参加分配程序,主张优先受偿权。"第 94 条规定:"参与分配案件中可供执行的财产,在对享有优先权、担保物权的债权人依照法律规定的顺序优先受偿后,按照各个案件债权额的比例进行分配。"但是在实践中二者往往也会产生一定的冲突,使得担保物权人的优先受偿权受到影响。

二、担保物权和财产保全理论

(一) 担保物权

1. 担保物权的概念。担保物权包括抵押权、质权、留置权,是指担保物权人在债务人不履行到期债务或者发生当事人约定的实现担保物权的情形,依法享有就担保财产优先受偿的权利,但法律另有规定的除外。担保物权具有从属性、不可分性、物上代位性以及优先受偿性等特点。其中优先受偿性是担保物权人尤其是抵押权人最根本的权利,以担保物权中的抵押权为例,优先受偿性主要体现在:一是抵押权优先于普通债权;二是前顺序抵押权优先于后顺序抵押权;三是抵押权优先于执行权,在抵押物被查封、扣押或强制执行时,优先从抵押物的变价款中受偿。

2. 担保物权(主要是抵押权)优先受偿性的例外。担保物权人虽然对担保财产有优先受偿权,但该优先受偿权是相对优先而非绝对优先,要受一定的限制,纵观现行法律的规定,优先于担保物权受偿的权利主要有以下几种:

(1) 留置优先权。物权法规定同一动产上抵押权或者质权、留置权并存的,留置权人应优先受偿。

(2) 建设工程优先权。《合同法》第 286 条以及《最高人民法院关于建设工程价款优先受偿权问题的批复》中认定了建筑工程的承包人的优先受偿权优于抵押权和其他债权。该优先权的期限为 6 个月,自建设工程竣工之日或者建设工程合同约定的竣工之日起计算。

(3) 税收优先权。依我国税收征收管理法的规定若纳税人在提供抵(质)押前已经拖欠税款的,税权优先于抵(质)押权并就处置款优先受偿,如果欠缴税款发生在抵(质)押之后,则税权不能对抗抵(质)押权。

(4) 破产企业职工工资。破产法规定在职工工资不能完全清偿的情况下,不能完全清偿部分优先于担保人的债权。

(5) 划拨土地使用权出让金优先权。担保法规定拍卖划拨的国有土地使用权所得的价款，在缴纳土地使用权出让金的款额后，抵押权人有优先受偿权。

(二) 财产保全的种类及概念

财产保全分为诉讼财产保全和诉前财产保全。诉讼财产保全是指人民法院对于可能因当事人一方的行为或其他原因，使判决不能执行或难以执行的案件，可以根据对方当事人的申请或者在特定情形下依职权裁定采取财产保全措施；诉前财产保全是指利害关系人因情况紧急，不立即申请财产保全将会使其合法权益受到难以弥补的损害的，可以在起诉前向人民法院申请财产保全措施。财产保全主要采取查封、扣押、冻结或法律规定的其他方法进行。

三、担保物权与财产保全在实践中的冲突体现

(一) 担保物权与财产保全在执行实践中的冲突体现

1. 二者在执行实践中的冲突表现

担保物权与财产保全在执行实践中的冲突主要体现在：

(1)《最高人民法院关于人民法院执行工作若干问题的规定（试行）》第91条规定："对参与被执行人财产的具体分配，应当由首先查封、扣押或冻结的法院主持进行，首先查封、扣押、冻结的法院所采取的执行措施如系为执行财产保全裁定，具体分配应当在该院案件审理终结后进行。"依据此规定，当抵押物先被不享有优先受偿权的当事人诉请法院查封或冻结，而享有优先受偿权的抵押权人只能轮候查封，当在先查封的法院急于处置抵押物时，享有优先受偿权的抵押权人虽然享有优先权，但无从得到实现。

(2) 或者如本文前面的案例所提到的那样，同一抵押物上有多个债权并存，其他先于担保物权人采取财产保全措施的债权人知晓担保物权人抵押权在财产分配时享有优先受偿权，很有可能抵押物拍卖、变卖后所得价款在担保物权人优先受偿后所剩无几或不能完全覆盖其债权，因此，债权人不会轻易解除财产保全措施，为加快执行清收进度，在协调其他债权人解除财产保全的过程中，担保物权人可能做出一定妥协或让步，以使抵押物尽快被处置，实现债权。

2. 冲突原因分析

担保物权与财产保全在执行实践中之所以存在冲突，是因为：(1) 担保物权是基于实体法上的优先，即物权法确立了担保物权的优先受偿性，而财产

保全是基于程序法上的优先，《最高人民法院关于人民法院执行工作若干问题的规定（试行）》第91条对此进行了规定；（2）担保物权是一种物权，物权是一种支配权，权利主体得依自己的意志并以自己的行为对物行使支配权，权利的实现不需要他人的积极帮助，只要消极的不侵犯即可；财产保全是对财产权的司法强制措施，该措施基于待决的债权（包括一般债权、享有优先权或担保权的债权），债权的实现必须依赖债务人的积极行为。在实践中，当两者相遇时，谁在执行程序中优先，法律上存在盲区。

（二）银行对策

1. 贷款银行在借款人到期不能偿还债务欲起诉时，应首先衡量自身的担保物权是否已经有效成立以及本身有无瑕疵，具体包括以下几个方面：

（1）担保合同的有效性。担保合同的有效是担保物权有效成立的前提，具体为：一是借款人或第三人是否存在违法或超越权限提供担保的情形，若存在违法或越权提供担保的，则担保无效；二是当事人之间意思表示是否真实，例如是否存在欺诈、胁迫、乘人之危等情况；三是主合同无效，担保合同便无效，因此，还应确保主合同已有效成立；四是担保合同不违反法律法规的强制性规定，不损害社会公共利益。

（2）担保物权（主要是抵押权）是否已经办理合法有效的登记。《物权法》第187条规定："以本法第180条第1款第1项至第3项规定的财产或者第5项规定的正在建造的建筑物抵押的，应当办理抵押登记。抵押权自登记时设立。"第188条规定："以本法第180条第1款第4项、第6项规定的财产或者第5项规定的正在建造的船舶、航空器抵押的，抵押权自抵押合同生效时设立；未经登记，不得对抗善意第三人。"因此在抵押合同有效成立的基础上，还要确保银行的抵押权已办理合法有效的登记。

（3）担保物权成立的先后顺序。《最高人民法院关于人民法院执行工作若干问题的规定（试行）》第88条第2款规定："多个债权人的债权种类不同的，基于所有权和担保物权而享有的债权优先于金钱债权受偿。有多个担保物权的，按照各担保物权成立的先后顺序清偿。"《物权法》第199条规定："同一财产向两个以上债权人抵押的，拍卖、变卖抵押财产所得的价款依照下列规定清偿：（一）抵押权已登记的，按照登记的先后顺序清偿；顺序相同的，按债权比例清偿；（二）抵押权已登记的先于未登记的受偿；（三）抵押权未登记的，按照债权比例清偿。"因此，在银行接受担保时，应当确保在担保物上不存在先于自身担保物权成立的其他已登记的担保物权，若存在在先的担保物权，则在后的担保物权可能无法得到清偿或无法完全得到清偿，对银行债权的实现是极为不利的。

2. 做好贷后管理，抢占程序先机。担保物权和财产保全这两种优先权在执行过程中的冲突如何解决，法律并未进行明确的规定，实践中，也经常出现因一般债权人进行了顺序在先的财产保全，而使得银行的担保物权在实现过程中遇到阻碍的情形，因此，银行在发放贷款以后，要密切关注借款企业的经营状况，一旦发现其经营上出现了重大不利局面，有可能危害银行债权实现时，要立即申请法院进行诉前财产保全，15日内决定起诉的或当借款人无力还款的，银行起诉后应在第一时间申请诉讼财产保全，以抢占程序上的先机，防止因其他债权人先于银行财产保全而使银行处于被动局面。在银行财产保全的过程中，也要防止财产保全不当而承担责任的情况，《民事诉讼法》第105条规定："申请有错误的，申请人应当赔偿被申请人因保全所遭受的损失。"在财产保全的过程中，银行要注意申请保全的财产与被申请人应当履行的义务相适应，在确保财产安全的前提下，尽可能减少财产保全措施对被申请人正常生产与经营所造成的不利影响，对交由贷款银行保管的被查封、扣押的财产时，应尽到妥善保管责任等。

3. 进行强制执行公证，确保债权实现。借款人拒不履行到期债务，银行（抵押权人）一般通过起诉获得胜诉判决后，依据该判决向法院申请执行，这个过程不仅耗时较长，同时由于银行债权一般标的额较大，支出的诉讼费也较高。《公证法》第37条第1款规定："对经公证的以给付为内容并载明债务人愿意接受强制执行承诺的债权文书，债务人不履行或履行不适当的，债权人可以依法向有管辖权的人民法院申请执行。"因此为了在借款人不履行债务时加快银行的债权清收进度，当事人可以在设定担保物权时载明借款人不履行或不适当履行的，愿意接受强制执行的承诺，并对抵押/担保合同进行公证，由公证机关对抵押/担保合同赋予强制执行力，在条件成就时，银行以该赋予了强制执行效力的抵押/担保合同为依据，直接向法院申请执行。

4. 善提执行行为异议，维护银行合法权益。在银行作为一方当事人的案件中，如果认为法院的执行行为违反了法律规定，侵犯了银行的合法权益，例如法院的执行行为侵犯了银行的优先受偿权，银行可以向执行法院提出书面执行异议，法院对异议进行审查，并作出裁定，银行对裁定不服的，可以向上一级法院申请复议。

5. 主张对债务人进行"行为保全"及对债务人的债权保全。《民事诉讼法》第九章仅规定"保全和先予执行"并未规定行为保全，但是在实践中，债务人或抵押人仍对采取了财产保全措施的抵押物例如房产部分进行私售，法院或政府处于维护社会稳定的要求，一般不会确认私售行为无效，这使得银行债权实现十分被动，因此，银行在诉讼伊始申请法院对债务人或抵押人进行"行为保全"，命令其不得对抵押物进行私售。对于已经私售的，要求法院按照《民事诉讼法》第 111 条的规定对其主要负责人或直接责任人予以罚款、拘留等。

银行在申请财产保全时，若债务人的财产不能满足保全请求，但通过调查发现，债务人对第三人享有到期债权，银行应向法院提出对债务人的债权进行保全的申请，由法院裁定第三人不得对债务人清偿，这样做有利于将来对债务人的财产执行时，债务人的财产拍卖、变卖后不足以清偿所欠银行债务的，可以将该到期债权列入债务人的财产一并清偿。

6. 不放弃对债务人其他财产的求偿。《担保法》第 53 条第 2 款规定："抵押物折价或者拍卖、变卖后，其价款超过债权数额的部分归抵押人所有，不足部分由债务人清偿。"银行的抵押物被折价、拍卖、变卖后，银行担保物权消灭，若其价款不足清偿借款人所欠债务的，银行也不能就此放弃对债务人其他财产的求偿，对债务人的其他财产，银行仍可作为一般债权人申请执行和参与分配，从而确保银行债权的最大化受偿。

银行授信中抵押权与租赁权并存的法律风险及防范

中国银行江苏分行 张溧溧

作为银行授信业务中常用的担保方式之一，抵押对于保证债权的实现和债务的履行、增强主体的信用、预防和减少不必要的授信风险，具有十分重要的作用。作为担保物权，抵押权追求的是抵押物的交换价值，体现融资的功能，而不需要转移抵押物的占有。租赁权是承租人通过支付租金取得标的物的实际占有、适用及优先购买的权利。这两种权利在租赁期限短于被担保债权的履行期限的情况下，大可相安无事，但是如果在抵押权人实现抵押权时存在租赁权就会给处置抵押资产带来一定的困难，有的即使拍卖成交也会导致标的物交付难，给抵押权的实现带来了不利的后果。下面笔者以不动产为例就抵押权与租赁权并存的法律风险进行分析，并提出防范措施：

一、抵押权与租赁权并存的表现形式

（一）租赁权先于抵押权设立

《物权法》第190条规定："订立抵押合同前抵押财产已出租的，原租赁关系不受该抵押权影响。抵押权设立后抵押财产出租的，该租赁关系不得对抗已登记的抵押。"《担保法》第48条规定："抵押人将已经出租的财产抵押的，应当书面告知承租人，原租赁合同继续有效。"《担保法解释》第65条规定："租赁后抵押的，如实现抵押权，则租赁权在有效期内继续有效。从上述规定可以看出，抵押人抵押已租赁的标的物的，不影响抵押物上既存的租赁关系，承租人的权利优先于抵押权。"上述法规制定的原理是实现租赁权的物化，目的在于保护承租人的利益，防止出租人与抵押权人的恶意串通，故意终止租赁合同或剥夺承租人的优先购买权。

（二）租赁权后于抵押权设立

我国法律在不动产抵押方面采取的是登记成立主义，只要登记便可以产生物权效力和对抗第三人的效力,因此,已登记的抵押权可以对抗成立后的租赁权。《担保法司法解释》第 66 条规定:"抵押人将已抵押的财产出租的,抵押权实现后,租赁合同对受让人不具有约束力。抵押人将已抵押的财产出租时,如果抵押人未书面告知承租人该财产已抵押的,抵押人对出租抵押物造成承租人的损失承担赔偿责任;如果抵押人已书面告知承租人该财产已抵押的,抵押权实现造成承租人的损失,由承租人自己承担。"因此,出租人在订立租赁合同时已明确告知承租人标的物的抵押情况,承租人仍然选择签订租赁合同,表明其自愿承担将来因抵押权行使导致丧失租赁权的风险,一旦抵押权人主张抵押权,其将丧失租赁权。

二、抵押权与租赁权并存的法律风险分析

上面我们谈到,抵押权与租赁权并存有两种表现形式,但是无论哪一种形式,对于抵押权人来讲,都会给抵押权的实现带来不利影响。

1. 根据买卖不破租赁的原则,在先的租赁权可以对抗在后的抵押权,因此如果抵押物上存在在先的租赁权,那么势必会影响抵押物的处置,如抵押物已经被租赁,且期限很长,将导致将来拍卖或者变卖抵押物时,如果承租人既不行使优先购买权,也不解除租赁合同,抵押权人只能眼看着承租人经营,直到租赁期限届满。在出售时买受人也可能因抵押物上背负租赁权无法实现使用价值而不愿意购买,从而导致难以拍卖或变卖抵押物。这里要分为两种情况进行分析:

(1) 真实的先在租赁权,就是说确实在抵押前由出租人和承租人签订租赁合同,并实际履行的租赁行为。但是如果此处抵押人(出租人)隐瞒抵押物上存在租赁权的事实,由于租赁权不需要登记才设立,抵押权人就可能无从知晓这一事实。此情况下抵押权人如果在已出租的物上设定抵押,就可能需要承担抵押权难以实现的风险,例如在实现抵押权时,竞买人可能因为标的物上负担租赁权而不愿意购买或者不愿意高价购买,致使所得价款不足以完全清偿担保债权。

(2) 为规避执行而虚假设置的租赁。在处置抵押物的实践中,抵押人往往会出于故意的目的,与第三人串通订立形式上符合法定条件的租赁合同,实质旨在降低抵押物的价值、为买受人购买该标的物设置障碍、阻挠抵押物拍卖变卖处置、损害抵押权人或买受人的利益。比如某案例中,某银行向 A 公司发放贷款 500 万元,由 A 公司以其自有的价值 700 万元的厂房和土地设置抵押,后 A 公司到期未还,银行诉至法院,法院依法判决 A 公司还本付息并银

行有权以抵押物变卖款项优先受偿。在执行程序中，有 G 女提出执行异议，表示其与 A 公司在抵押之前签订了厂房承租合同，租赁期限为 15 年，由于 A 公司欠 G 女 200 万元借款，该借款用于抵偿租金，要求法院保障其租赁权。法院在异议审查过程中发现，在银行向 A 公司发放贷款时 G 女为 A 公司的董事，在 A 公司向银行申请贷款的董事会决议上有 G 女的签字，且 A 公司向银行提供的资产负债表中未体现其有 200 万元的债务。法院在审查后认为不动产抵押的设定以登记为公示方法，产生公信效力，本案中银行已经设定抵押登记，而 G 女作为关联人与 A 公司签订的租赁合同具有转移财产、逃避执行之嫌，因此法院对租赁合同的效力不予认可。在法院裁定后不久 G 女又向法院提起了异议之诉，虽然最后法院判决 G 女败诉，但是银行的执行程序被耽误了整整一年时间，导致抵押物处置的价值不能完全覆盖全部的本息，给银行资产造成了损失。

2. 虽然法律规定了适用"先物权后债权，物权优于债权"的原则，具有物权性质的抵押权效力优先于债权性质的租赁权，一旦债务人不能偿还债务，可以通过变卖抵押物用于清偿债务，租赁关系会因抵押权的实现而解除，但是法院实际执行过程中，如遇到解除在后的租赁合同会导致全体性事件，涉及面较广的情形的，除非确有证据证明出租人与承租人恶意串通损害抵押权人的利益外，往往处理比较慎重，但这种举证难度对于抵押权人来讲是非常大的。如法院在处理某银行申请拍卖某家纺公司抵押物时，发现抵押人在没有取得抵押权人同意的情况下，擅自将抵押物租赁给某学校，在银行申请拍卖该房产和土地时，学校向法院和政府有关部门反映情况，表示法院一旦处置该房产，将会导致学生没学上，教师没班上的局面，因此，该案件一直拖延了将近一年半的时间，后来由于学校自行出面将抵押物买下，本案才得以妥善解决，银行为此又增加了巨额的利息损失。

3. 承租人的优先购买权。《合同法》第 230 条规定："出租人出卖租赁房屋的，应当在出卖之前的合理期限内通知承租人，承租人享有以同等条件优先购买的权利。"该条明确规定了承租人的优先购买权，该权利具有一定的专属性，只属于承租人拥有，且只在出租人转让其承租房屋这一法律事实出现时，承租人才拥有该权利。无论租赁权设立在抵押权之前还是之后，承租人的优先购买权是在同等条件下进行的，并不影响抵押物交换价值的实现，只要租赁权存在于抵押物上，承租人都有优先购买的权利。抵押权人必须将准备处置抵押物的事实告知承租人，只有承租人明确表示在同等条件下也不愿意购买时，则第三人才能够合法、有效取得抵押物的所有权。

因此在这种情况下,银行在申请法院处置抵押物时,只要租赁权还在,没有被法院解除,就一定要履行对承租人的告知义务,否则,就有可能会面临处置行为被认定无效的情况。

三、防范建议

1. 及时查明房产的租赁情况。我国《城市房地产管理法》第54条规定了不动产租赁合同的登记备案制度,因此在贷款发放之前,银行要前往房管部门查询抵押物的权属状况、实物现状及是否租赁等使用情况。防止抵押人、承租人串通,恶意租赁,为将来实现抵押权设置障碍。但是我国目前还没有实行租赁登记生效的制度,因此,并不是所有的房产租赁行为都会在房管部门进行登记,所以在查询无果的情况下,银行需要对抵押房地产进行更为翔实的调查,比如在现场调查的时候拍摄留有时间的照片、影像,与企业内部人员进行访谈,要求企业提供资产负债表,要求企业出具抵押房产没有对外进行租赁的情况说明并由法定代表人签字,必要时也可以对该情况说明进行公证,这样可以防范企业为规避执行而虚假设置租赁的情况出现。

2. 对于已经出租的抵押物,如租赁期限长于借款期限,可以通过以下两种办法来防范风险:(1)要求要求抵押人和租赁人达成变更租赁期限的租赁协议,新协议的租赁期限最长控制在借款期限以内,否则,银行不予贷款。(2)要求承租人出具承诺或者将租赁负担纳入抵押物价值估算。

要求承租人承诺在贷款到期或银行宣布贷款提前到期后有权解除租赁合同,并直接依法处置抵押资产,承租人放弃优先购买权。如果承租人不愿意配合出具相关承诺,则移行在接受该抵押物时,需将抵押物上负担的租赁权利在评估抵押物价值的时候,一并予以考虑,减去抵押物的相应价值,以达到控制风险的目的。

3. 对于抵押以后租赁的房产,加强对抵押物的贷后监管,原则上不应同意抵押人将抵押物予以出租,对于抵押人未经抵押权人同意,擅自出租抵押物的情况,银行在对企业和抵押物进行贷后管理和押品核查中,要查看抵押物的使用情况,如发现擅自出租的情况,则要求承租人与出租人立即解除租赁合同,如果其不同意,则要求抵押物补充提供其他抵押物或者提供新的保证,来防范银行的风险。

关于法院执行处置银行抵押资产过程中有关问题的探讨

天津银行 郑宏庆

在银行依法清收抵押债权的过程中,我们常常遇到债务人在银行已经抵押的资产,因其债务纠纷,被其他法院查封的现象。对于由谁优先处置查封的抵押资产,双方法院各执一词,导致受理银行抵押债权的法院长期无法对抵押物进行处置,使得案件久拖不决。此外,按照相关法律及司法解释的规定,不动产三次流拍后,采取变卖方式仍未处置的资产,法院只能实施以物抵债或退还债务人。但在实际工作中,不动产三次流拍实施抵债后,不仅增加了银行再次进行处置的费用,而且导致抵债资产风险进一步加大。

笔者仅就银行抵押物被其他法院查封在先风险问题和不动产流拍实施抵债后问题分析如下,并提出相关建议:

一、银行抵押物被其他法院查封在先风险问题

在银行清收工作中,由于抵押物被其他法院首先查封,导致银行及其案件管辖法院在处置抵押物时面临很大的困难和阻力。我们知道,银行贷款抵押权主要是通过法院执行才能实现的。但是,在实际工作中,银行很难掌握企业在经营中发生的纠纷和诉讼。因此,抵押资产一旦被其他法院查封,按照《最高人民法院关于人民法院执行工作若干问题的规定(试行)》(法释〔1998〕15号)第91条规定,"对参与被执行人财产的具体分配,应当由首先查封、扣押或冻结的法院主持进行。"因此,查封、扣押、冻结措施的法院具有了优先处置权。这样往往由于第一查封申请人出于自身利益或地方保护等原因,致使长期不予处置,银行的抵押优先受偿权面临着很大的风险。具体表现在:一是查封法院案件审理时间过长,未进入执行阶段,导致抵押资产无法处置;二是地方保护主义严重。一些地方政府常常以经济发展或者社会稳定为由,干扰法院执行工作;三是依据《最高人民法院关于人民法院民事执行中拍卖、变

卖财产的规定》(以下简称〈拍卖、变卖财产规定〉)第9条规定,"保留价确定后,依据本次拍卖保留价计算,拍卖所得价款在清偿优先债权和强制执行费用后无剩余可能的,应当在实施拍卖前将有关情况通知申请执行人。申请执行人于收到通知后五日内申请继续拍卖的,人民法院应当准许,但应当重新确定保留价,重新确定的保留价应当大于该优先债权及强制执行费用的总额。"按照此规定,除非申请执行人申请拍卖,否则,法院不得进行拍卖。这样,由于第一查封人得不到受偿,往往不再申请执行拍卖或者向抵押债权银行提出其如能够得到部分受偿款项,方可向法院提出拍卖执行申请的无理要求。否则,既不处置也不解封,造成银行抵押债权长期无法实现。例如某法院在对一起普通的合同纠纷实施保全查封已在他行抵押的房地产后,长期不予审结,严重违反了《民事诉讼法》第135条关于"第一审普通程序审限"和第146条关于"简易程序审限"的规定。此案中,原告如果确有真实合理的债权,法院应尽快做出司法裁决,以帮助其实现债权。因此,该案当事人的行为不符合常理,或是由于抵押资产处置价值其无法得到受偿或是其存在利用司法程序实现其不正当目的的虚假诉讼之嫌。而该院办案法官超审限行为在客观上起到了对被执行人名下的抵押房地产予以保护的作用,起到了通过保全查封来对抗抵押权银行管辖法院对该房地产的依法处分,对合法债权人造成了极大侵害。如果在此期间,该房地产被他人恶意串通占有控制,势必增大执行的难度,银行债权的实现将变得遥遥无期。

对此,建议对于银行抵押债权在先、查封在后案件抵押物的执行拍卖处置工作,交由抵押债权银行案件受理法院进行处置和分配。同时,为确保银行抵押权益和第一查封人的权益,规定第一查封人对评估、拍卖和分配过程享有知情权和异议权。

二、不动产流拍实施抵债后的问题

抵债资产是银行依法行使债权或担保债权而受偿于借款人、保证人或第三人的实物资产或权利财产,主要分为动产和不动产及权力。我们知道,按照《拍卖、变卖财产规定》第28条的规定,"第三次拍卖流拍且申请执行人或者其他执行债权人拒绝接受或者依法不能接受该不动产或者其他财产权抵债的,人民法院应当于第三次拍卖终结之日起七日内发出变卖公告。自公告之日起六十日内没有买受人愿意以第三次拍卖的保留价买受该财产,且申请执行人、其他执行债权人仍不表示接受该财产抵债的,应当解除查封、冻结,将该财产退还被执行人。"在此情况下,为减少损失,银行只能接受抵债。否则,如果不接收抵债资产，银行有可能错失时机，面临责任或更大的损失。但是，银行接收抵债后面临着许多问题。具体表现在：一是增加了处置风险。一些抵债资产常常是因为带有瑕疵流拍的，如资产混抵、手续不全，债务人未腾空，被他人强占等问题。这些问题如在法院拍卖或变卖成功，慑于法律威力，或比较容易解决。但是，如果实施了以物抵债，这些问题银行很难解决，造成抵债资产长期得不到处置或处置后产生新的纠纷，使得银行再次面临着损失和灭失的风险；二是增加费用形成二次损失。以物抵债实施后，抵债资产在接收、保管过程中将会发生各种不菲的费用，特别是会产生两次高额的过户费用（一次过到银行名下，一次过到买受人名下。而法院处置只需由债务人直接过户到买受人名下）。这些费用少则几万，多则几十万甚至几百万，主要包括：（1）接收环节：不动产抵债将发生契税、土地出让金、评估费、印花税等过户税费。（2）保管环节：将发生房产税、土地使用税、车船税、仓储费、看护费、物业费等税费。（3）处置环节：将发生公告费、评估费、拍卖佣金、契税、营业税等费用。因此，实施以物抵债后，由于上述费用的存在，大大增加了抵债资产成本，导致银行产生了新的损失；三是由于抵债价值过高，因此，银行再进行处置时，还需继续降价，方有可能处置出去。这样，这部分贷款损失，由于是抵债后形成的，银行将无权再向债务人追索。

为避免因流拍导致资产抵债后风险和损失进一步加大的情况发生，在此建议：

（一）通过查封资产产权交易市场公开处置

通过拍卖处置查封资产的传统方式，由于其拍卖广告的局限性，拍卖过程易人为操作等问题，已难以适应当今信息时代和市场发展的要求。当下信息时代，很多市场需求者特别是现代经营者，往往更关注的是通过网络了解信息，通过规范的交易市场去实现各种需求，而产权交易市场恰恰是他们非常关注的一个重要方面。因此，产权交易市场具备了发现市场主体、发现价格、信息平台等多项功能，特别是坐在办公室通过网络背对背的竞价方式，能够有效地提高资产的处置价值。近年来，最高院虽然出台了一些关于通过产权交易市场处置查封资产的规定，但主要涉及国有资产。因此，无论从提高查封资产变现效率，还是实现查封资产变现价值最大化，法院查封的资产均应通过产权交易市场公开进行处置。

（二）增加法院查封资产拍卖次数

第三次流拍后，为避免银行抵债后产生新的风险及高额的费用，建议法院再增加一次拍卖，即第四次拍卖。如继续流拍，则再以第四次流拍价格进行变卖。如采取变卖方式仍未处置，则在进行抵债。这样，抵债价值基本符合市场价值。同时，如果流拍资产不足以抵偿银行全部债务，对于剩余债权银行仍可继续向债务人进行追索。

（三）合理确定评估价格，防止债务人变相逃废银行债务

在法院对抵押（查封）资产进行评估时，要充分考虑到这些资产的各种瑕疵，评估价值要尽量低一些，贴近市场价格。同时，应恢复《拍卖、变卖财产规定》中第8条"人民法院确定的保留价，第一次拍卖时，不得低于评估价或者市价的百分之八十；如果出现流拍，再行拍卖时，可以酌情降低保留价，但每次降低的数额不得超过前次保留价的百分之二十"的规定。这样做虽然评估或起拍价格较低，但只要前期市场宣传和推介工作做得到位，处置价格完全可以通过竞价涨上去。但是如果评估和起拍价格过高，且流拍再次拍卖降价比例过低，则很容易继续流拍，导致最后抵债价格过高，银行再处置时必然产生损失。由于是抵债后产生的损失，因此，银行无权再向债务人追索，导致变相帮助了债务人逃废了银行债务。

（四）资产流拍抵债后，法院应继续协助银行做好过户、清场等工作

银行实施抵债后，马上面临着处置问题。因此在处置过程中，法院还应帮助银行做好抵债资产现场清理的协助执行工作，确保银行能够及时顺利地进行处置。

在此，特别是希望法院能够在银行已经同意接受抵债的情况下，给予一定的"协助"处置期限，在此期限内，如果银行能够将抵债资产成功处置，法院可协助将该抵债资产直接过户到买受人名下。这样，既解决了银行因抵债资产带来的管理风险，也避免了两次过户带来的高额费用。

三、关于抵押范围内道路、院墙、花园景观等配套设施处置问题

由于银行在办理贷款抵押时，登记机关只对有房地产权证或土地使用权证的房地产进行抵押登记，诸如抵押范围内的道路、院墙、花园景观等私搭乱建房屋因在土地和房管部门没有底档，而无法办理抵押登记。因此，当债务人到期不能偿还银行贷款，法院执行处置其抵押资产时，债务人往往以这些资产是其自有资产，具有一定价值为由干扰阻止拍卖。甚至有的债务人在银行已经实施以抵债后，再以此为由向银行索要补偿来阻止银行进行处置，导致银行赔偿无据，处置不能。

鉴于此，一方面银行在签订贷款抵押合同时应对此类资产予以明确，即抵押权人实现抵押债权时，抵押人同意将以上设施，连同抵押财产一并交由抵押权人或人民法院统一处置。另一方面法院在查封抵押财产时，上述配套设施也应查封。在实际处置时，连同抵押财产一并评估拍卖，避免债务人以此干扰法院的正常执行工作，侵害银行的正当权益。

抵押权实现相关法律问题探讨

重庆银行　张　涛　黄朝晖　敖树文

抵押素有"担保之王"的美誉，作为担保手段之一种，因其兼顾到标的物使用价值和交换价值的充分利用，在交易中，受到市场的广泛青睐。在我国商业银行信贷业务领域，抵押亦是常规和重要的保障信贷风险的担保措施。通过设定抵押权使债权得到优先受偿是抵押权本质特点，换言之，优先受偿性是抵押权的灵魂。在实际操作中，抵押权更多的问题产生在抵押权的实现上，现我们就银行信贷资产保全实务中抵押权实现的相关问题作一探讨。

一、抵押权与其他优先权的冲突及应对

如前所述，优先受偿是抵押权的核心，但是在我国司法实践中，抵押权的优先受偿性是有限的，要受到很多法定优先权的限制。除了我国《海商法》规定的船舶优先权先于船舶抵押权受偿、《民用航空器法》规定的民用航空器优先权先于民用航空器抵押权受偿外，在银行实务中还有三个方面的法律规定，对抵押权的优先受偿权有较大的影响。

（一）承包人的建筑工程款优先受偿权

《合同法》第286条规定："发包人未按照约定支付价款的，承包人可以催告发包人在合理期限内支付价款。发包人逾期不支付的，除按照建设工程的性质不宜折价、拍卖的以外，承包人可以与发包人协议将该工程折价，也可以申请人民法院将该工程依法拍卖，建设工程的价款就该工程折价或者拍卖的价款优先受偿。"2002年6月20日公布的《最高人民法院关于建设工程价款优先受偿权问题的批复》进一步明确："一、人民法院在审理房地产纠纷案件和办理执行案件中，应当依照《中华人民共和国合同法》第286条的规定，认定建筑工程的承包人的优先受偿权优于抵押权和其他债权。"从性质上看，建筑工程承包合同仍然是一种承揽关系，承揽人在得不到对价时享有法定的留置

权。因此,建设工程价款受偿权优先于一般抵押权具有合理性。

该规定的目的系通过法理上的制衡,避免发包人拖欠承包人工程款的风险发生,保障维护消费者和劳动者等社会弱势群体的利益。但作为建筑工程开发过程中所需资金的主要提供者—银行,其在建工程抵押权受到了巨大的冲击,房地产开发性贷款的风险明显增高。

为应对和化解此类风险,银行可以采取以下几方面措施:(1)实行严格审查制度,对抵押人提供的抵押房产,要求查明其建设工程款项的支付情况,必要时应取得承包人出具的建设工程款已付清的证明;(2)银行也可以直接贷款给承包人进行工程建设,同时由发包人提供房产担保,并承担连带责任。发包人为了获得开发资金、承包人为了获得工程项目,为这一措施的推行提供了可能;(3)在贷款给发包人之前,要求该工程的承包人书面声明放弃行使工程价款优先受偿权,否则不发放贷款。承包人为了获得工程项目,也会愿意声明放弃行使工程价款优先受偿权。通过这些措施,使银行的风险降至最低。

(二)税收优先权

《税收征收管理法》第45条规定:"纳税人欠缴的税款发生在纳税人以其财产设定抵押、质押或者纳税人的财产被留置之前的,税收应当先于抵押权、质权、留置权执行。""税务机关应当对纳税人欠缴税款的情况定期予以公告。"该法第46条规定:"纳税人有欠税情形而以其财产设定抵押、质押的,应当向抵押权人、质权人说明其欠税情况,抵押权人、质权人可以请求税务机关提供有关的欠税情况。"

以上规定旨在解决实践中税收债权和抵押权的冲突,同时也防止纳税人以抵押、质押担保为名,转移资产。银行在借贷担保业务中,应当严格审查,防范抵押权和税收优先权冲突的法律风险。

基于以上规定,银行宜从以下几个方面防范风险:(1)银行在签订抵押担保合同前应到税务机关查明抵押人是否欠税,或者请求税务机关提供抵押人是否欠税的书面证明,如欠税则必须要求抵押人补足税款,否则不予办理抵押手续;(2)在担保合同中可以约定:抵押人保证在抵押合同签订前不存在偷税、漏税、欠税的情况,如有银行有权单方宣布贷款到期,提前收回贷款;(3)如贷款发放后才发现抵押人税款遗漏问题,银行应当督促抵押人及时清缴税款,消除法律风险或者要求借款人另行增加新的抵押物作为担保或提供保证担保。

(三)房屋拆迁补偿安置中被拆迁人的优先权

《最高人民法院关于审理商品房买卖合同纠纷案件适用法律若干问题的解

释》（以下简称〈商品房买卖合同解释〉）第 7 条规定："拆迁人与被拆迁人按照所有权调换形式订立拆迁补偿安置协议，明确约定拆迁人以位置、用途特定的房屋对被拆迁人予以补偿安置，如果拆迁人将该补偿安置房屋另行出卖给第三人，被拆迁人请求优先取得补偿安置房屋的，应予支持。"该规定规定了被拆迁人的优先权。

银行在房地产开发贷款业务中，借款人（拆迁人）以登记其名下的在建房产抵押给银行，银行对该类房产的抵押权是否能够对抗被拆迁人的优先权？实际操作中，往往法院以《商品房买卖合同解释》为依据认定被拆迁人享有优先权，导致银行抵押权落空。

我们对此种做法持否定态度。理由如下：（1）优先权作为一项法律上的特殊权利，应由法律创设，司法解释效力层级低，其仅能对适用法律问题进行解释，无权创设一项新的法律权利。（2）根据物权行为理论和《物权法》、《担保法》规定，不动产权利变动以办理登记为公示方法。在抵押权人办理抵押登记，在先取得抵押权后，抵押权人享有物权追及效力，在抵押物发生所有权转移后，该物上的抵押权仍未消灭，抵押权人仍可以追及该抵押物，依法处置抵押物实现债权；而被拆迁人对抵押物的请求权仅仅依据拆迁补偿协议而产生，并未通过法定方式（不动产登记）对物权进行公示，依法不应当享有物权，含物上请求权。（3）对于拆迁补偿面积超出被拆迁面积的部分，被拆迁人亦不应当享有优先权，否则会损害其他权利人的合法权利，显失公平。故我们认为，最高法院应该根据物权相关法律规定修订该司法解释第 7 条规定，按照物权设立、变更先后顺序和公平原则解决拆迁补偿安置中的物权冲突，而不是简单创设优先权。

二、强制执行程序中抵押物实现的几个问题

（一）抵押物查封处置问题

司法实践中，抵押物被抵押权人以外的人申请法院在先查封后，抵押权人在实现抵押权时会很困难，抵押权的实现要依赖或受制于在先查封法院启动对抵押物拍卖程序。主要表现为以下三种情况：一是在先查封的法院案件审理时间过长，未到执行阶段，抵押物无法处置；二是在执行阶段因为案件执行过程中的其他问题，在先查封法院不拍卖查封财产也不解封；三是抵押物的价值只够或不足清偿抵押优先债权时，在先查封法院以其案件的债权人不同意启动拍卖程序为由不处置也不解封。抵押权人如果要求该在先查封法院将财产处置权交由抵押权人申请执行的法院时，则在先申请法院查封的债权人以分得部分抵

押物拍卖价款为条件，否则，则不同意其执行法院移交财产处置权。

对此，建议借鉴国外如日本强制执行法的相关规定尽快制定相关司法解释，如果抵押物先后被普通债权人和抵押权人申请查封，则应当由最先进入执行程序并可启动拍卖程序的法院进行拍卖。

（二）抵押物评估拍卖机构的选择问题

现在民事执行程序中处置抵押物时，人民法院大都采取抽签方式选择评估拍卖机构，很少采取招标方式，这就带来了一系列问题：一是评估机构评估收费高且无统一标准；二是对于评估公司虚高评估价值的行为难以制约；三是抵押物拍卖成交率低。

建议法院应当根据当事人的申请并根据案件的实际情况经常采取公开招标的方式来选择评估拍卖机构，在评估费、佣金的收取上引入协商机制。同时应当制定相关规定，对于参照评估价值依法降价后仍无法拍卖成交的，则评估机构应当减少该标的物评估费；对于拍卖标的物价值较大的，可多选择几家拍卖机构联合拍卖，提高拍卖成交率。

（三）抵押权实现中的抵债资产过户问题

现行物权法总结实践经验增加了物权变动原因，《物权法》28条规定："因人民法院、仲裁委员会的法律文书或人民政府的征收决定等，导致物权设立、变更、转让或者消灭的，自法律文书或者人民政府的征收决定等生效时发生法律效力"。这条规定为银行在不良资产处置和抵押物权实现过程中，经法院裁决债务人、担保人或者第三人以实物资产或财产权利作价抵偿银行债权，形成抵债资产找到了物权依据。然而，依据《物权法》第31条规定，以上述方式取得"不动产物权的，处分该物权时，依照法律规定需要办理登记的，未经登记，不发生物权效力"。该条要求以诉讼和仲裁方式抵债资产，银行需办理登记后方能对外处分。

按照《商业银行法》规定，商业银行违反国家规定向非自用不动产投资的，要承担行政甚至刑事责任，因此，银行通过抵债方式取得的不动产物权不能进行经营，获取收益。2005年财政部颁发的《银行抵债资产管理办法》进一步明确，银行通过抵债取得的不动产必须自取得日起两年内处分。商业银行行使抵债不动产物权的唯一方式就是处分资产，而按照《物权法》要求，处分时必须进行登记才能发生物权效力，这无疑增加了银行的处置成本，延长了处分时间，使处分程序复杂化。因此，建议对该类不动产物权变动作出例外规定，允许商业银行不办理登记直接处分抵债资产，直接可由抵债资产原所有人名下变更登记至抵债资产受让人名下。

（四）善意取得并通过法院裁定实现的抵押权能否适用执行回转问题

在银行实务中，当债权得不到满足时，通过执行程序实现抵押权成为保障债权的重要手段。在执行程序中，通过法院裁定以物抵债亦是常见的做法。那么当抵押物权系善意取得并通过裁定以物抵债后，能否适用执行回转呢？我们认为，答案应当是否定的。

1. 从法律价值考量来看，物的追及效力应当受到限制。抵押物权可以通过善意取得。

效率和安全是法律制定和实施过程中需要考量的重要法律价值。在现代市场经济条件下，交易频繁、市场主体众多，物的流通达到了前所未有的地步。在保障安全的基础上促进物的加速流通，推动经济发展是当今法律价值的重要导向。《担保法解释》中虽未对抵押权是否能善意取得进行明确，但第84条规定质权人可以善意取得并实现质权："出质人以其不具有所有权但合法占有的动产出质的，不知出质人无处分权的质权人行使质权后，因此给动产所有人造成损失的，由出质人承担赔偿责任。"其中的质权人实质就是从无处分权人处获得质权的善意第三人。《物权法》第106条规定了善意取得制度，不仅包括动产和不动产，对他物权也明确规定适用善意取得。善意取得系原始取得，善意取得人取得物权后，即可以阻断和抗辩原物权所有人的追及。

2. 以物抵债行为是通过折价依法实现抵押权，该行为合法有效。法院准许裁定加强了物权变动的公信力。《担保法》第53条规定："债务履行期届满抵押权人未受清偿的，可以与抵押人协议以抵押物折价或者以拍卖、变卖该抵押物所得的价款受偿"。该规定明确抵押人与抵押权人可以协议以抵押物折价。该抵债行为是善意取得的物权人，通过法定方式处置实现抵押物权，行为主体、行为方式合法有效。法院裁定准许以物抵债，加强了物权变动的公信力。

3. 执行回转的前提是据以执行的法院的判决、裁定及其他生效法律文书错误。法院准许对善意取得的抵押权依法实现，其裁定于法有据，不属于错误裁定，故对该类情形下作出的裁定不宜撤销。

故我们认为，对于善意取得并通过法院裁定实现的抵押权不应当适用执行回转。

（五）对抵押物的拍卖、变卖后给抵押人提供临时住房问题

《最高人民法院关于人民法院执行设定抵押的房屋的规定》明确："人民

法院对已经依法设定抵押的被执行人及其所扶养家属居住的房屋,在裁定拍卖、变卖或者抵债后,应当给予被执行人六个月的宽限期,宽限期满后可以申请强制迁出。""强制迁出时,被执行人无法自行解决居住问题的,经人民法院审查属实,可以由申请执行人为被执行人及其所扶养家属提供临时住房。"

该规定出台基于以人为本的理念,给予困难群体人性化的司法慰藉和关怀,同时考虑到社会和谐稳定等因素,给予了被执行人一定程度的宽限和扶助。但该规定实际操作性不强。银行在发放抵押贷款业务中,如抵押物为抵押人唯一住房,则一旦发生诉讼该抵押住房很难得到强制执行。如拍卖、变卖该抵押物,银行往往被要求给被执行人提供临时住房。银行提供临时住房,被执行人也往往以无支付租金能力抗辩执行。法院在此种情况下,出于信访稳定等原因,很少对被执行人采取强制措施,导致银行的抵押权实现不能。该规定实际把抵押人应当承担的责任转移给了银行,对银行及其他债权人显失公平。因此建议法院应变通该规定,取消由申请人为被执行人提供临时住房的规定,明确抵押人确实履行担保责任。抵押人的住房保障问题可通过其他途径寻求解决。

参考书目

1. 李开国、张玉敏主编:《中国民法学》,法律出版社 2002 年版。

2. 中国银行业协会编:《法律前沿问题研究(第一辑)》,中国金融出版社 2010 年版。

3. 陆军:《民事执行中实现抵押权探究》,载《江苏法制报》2011 年 4 月 26 日。

影响商业银行抵押权实现的若干问题研究

上海浦东发展银行西安分行　李　昕

引　言

  商业银行是依照《商业银行法》和《公司法》设立的吸收公众存款、发放贷款、办理结算等业务的企业法人，具有高负债经营，债权人众多，与社会公众利益密切相关，对社会经济影响显著等特性。从我国商业银行的现行业务成分的构成情况来看，信贷业务是商业银行的核心业务，占资产总额的比重较高，为保证信贷资产的安全、防范金融风险，银行通常要求借款人提供担保。由于抵押权的物权性质及抵押权人享有的优先受偿权，使得抵押成为银行贷款业务中最普遍的担保方式。我国《物权法》在《担保法》有关规定的基础上对抵押、抵押权实现等作了专章规定，进一步简化了抵押权实现的方式，完善了抵押权实现的有关制度。但在实务中，抵押权实现方式、诉讼时效期间以及抵押权实现的非诉途径等方面还存在影响抵押权实现的问题。由于抵押权的实现与否对于保护商业银行作为抵押权人的利益，保障交易安全，维护市场经济的稳定发展有着重要意义和作用，因此本文将从抵押权实现方式、诉讼时效期间以及抵押权实现的非诉途径等方面入手结合抵押权实现的基本理论，分析其中影响商业银行抵押权实现的问题，并提出解决问题的建议，以期达到有利于商业银行抵押权实现的目的。

一、抵押权实现方式的不足

（一）抵押权实现的具体方式

  依照《物权法》第 195 条的规定，我国抵押权实现的方式有两种：一是协议方式，是指在抵押权具备实行条件时，抵押权人要与抵押人协商，是折价、变卖还是拍卖，如果协商成功，人民法院不需介入，双方按照约定的方式实行；二是司法救济途径，是指协议不成时，抵押权人可实行司法救济，直接请求法院拍卖、变卖抵押财产以实现抵押权。但不管是通过协议处置的还是通过人民法院强制处置的司法救济途径，最终抵押权实现的具体方式都包括三种，即拍卖、抵押物折价、变卖抵押物。

（二）抵押权实现方式的不足对商业银行抵押权实现的影响

由于我国抵押权实现的具体方式仅明确规定了折价、拍卖或变卖三种，而抵押权是一种担保物权，它的内容和实现方式都应符合物权法定的原则，故不允许当事人任意设定法律规定以外的其他抵押权实现方式。实务中商业银行在面对一些大型建筑工程、价值较高的商场、厂房，专业性强、风险性高的核电、热电等特殊领域的抵押物，以及其他特殊情况下的不动产抵押物时仅通过上述三种实现方式，难以实现流转，影响商业银行抵押权的实现：

1. 对于资产价值高的抵押物，往往是企业的核心资产，很难以正常价值流转，因此，在处置过程中难以找到合适的买家，拍卖或变卖抵押物困难度较大；如果仅仅为了实现拍卖变卖，以低价处置抵押物不但会给银行带来信贷资金的损失，也会损害抵押人的合法权益。

2. 在不动产抵押物存在权利证书或物上瑕疵时，对于商业银行而言也存在处置的困难。以笔者办理过的一个案件为例，银行针对同一楼盘项下的一批个人商用房按揭贷款违约客户，向法院申请强制执行时发现：由于开发商资金链断裂，商铺的产权证均未办理至个人名下。同时，工程未按原户型图逐户进行物理分割，整层楼均为一开放式的空间，且违约客户的房产分散在各处，既难以单独拍卖也无法整体处置。银行最终接受了以物抵债，但是抵押权没有得到实现，贷款仍未真正收回。

3. 如果抵押物为住房，在商业银行实现抵押权时，虽然申请强制执行依法有据，但实务中常因被执行人及其家庭成员或被执行单位员工的拒不腾房的对抗行为迫使法院的强制拍卖无法顺利进行，导致抵押权难以实现

4. 如果商业银行不接受低价拍卖、变卖抵押物，往往只能通过以物抵债的形式，接受抵押物折价抵偿债务，但实则并未实现抵押物变现。在实践中以折价方式抵偿债务的抵押物大多很难处置出去，银行仍要面对贷款难以收回的局面。这既不符合银行的经营目标，也不能体现抵押权的特性。

5. 在以物抵债期间，抵押物脱离了原所有人造成了资产得不到合理利用等不经济现象。银行作为经营货币的特殊企业，现行法律不允许银行投资于非自用不动产，且商业银行不具备相关的专业管理人员和专门的技术手段，因此

在对抵债资产处置期间，容易导致抵债资产的闲置甚至贬值。

综上，笔者认为，随着社会经济的发展，传统的抵押权实现方式难以满足实务中抵押权实现的需要，急需在相关法律规定中适当增加抵押权实现的具体方式，以适应特殊情况下抵押权实现的需要，同时也避免强制拍卖、变卖损害抵押人的利益，兼顾抵押权人和抵押人双方的利益，最大限度地保护双方的合法权益。

（三）建议借鉴国外立法例，在抵押权实现具体方式中引入强制管理

在国外立法中，对于实现抵押权的方式，不同法系国家实行的具体方式也不同。在采公力救济途径的《德国民法典》中，强制管理是抵押权最主要的实现方法。"所谓强制管理，是指执行法院对于已查封之不动产，选任管理人实施管理，以其所得收益清偿金钱债权之执行行为而言"，"对于不动产之天然孳息或法定孳息之执行，虽得以对于动产或债权之执行程序为之。惟强制管理，乃将不动产所生收益之整体为执行标的物，亦即使债务人丧失其收益权能，而将其移由管理人行驶，以其所得收益，充清偿债权之用。二者并不相同"。[①]

强制管理作为一项针对不动产的使用收益权而设定的执行措施，与拍卖、变卖、折价方式存在明显差异，表现为：

1. 强制管理是以不动产的使用价值及其收益为对象的，它执行的是不动产的孳息，而不涉及不动产本身；拍卖、变卖、折价则针对财产（动产或不动产）的交换价值，该执行措施会直接影响财产所有权本身。

2. 强制管理是一种长期缓慢性的债务偿还机制，其数额较少的经常性收益无法即时清偿债务；拍卖、变卖、折价则是迅速处置的方式，因为拍卖往往可以换得巨额金钱即时抵偿债款。

3. 强制管理可以兼顾债权人和债务人双方的利益，实现执行经济原则。特别是在不动产价值巨大而债权金额不多的情况下，通过该程序既可使债务人保有财产所有权，省下拍卖费用，又能以租金满足债权人的请求。而拍卖、变卖、折价则往往只能满足债权人一方的利益。

4. 强制管理是强制拍卖的有益补充。例如在不动产禁止移转所有权，或者存在高额担保，使普通债权人并无拍卖实益，或其市场价格暂处低迷状态应待其价格上涨方可拍卖时，显然不可或不宜以拍卖、变卖方式实施强制执行。

---

① 杨与龄：《强制执行法论》，中国政法大学出版社2002年版，第459页。

而此时强制管理则尽显其优势,最大地限度保护了双方的合法权益①。

在我国,强制管理制度虽未通过立法得到确认和规范,但从理论上探析,完全可以解决当前执行中所遇到的一些问题。对于完善抵押权实现具体方式,有利于商业抵押权实现具有积极的意义。

1. 可以避免执行不合理问题,实现公平执行、合理执行。在基层法院执行的案件中,往往遇到执行的标的额不大,而执行对象不动产的价值又相对巨大的情况。如能通过强制管理程序进行处置,则既可使被抵押人保有财产所有权,省下评估、拍卖费用,又能以收益满足抵押权人的请求,达到各方满意的效果。

2. 可以有效消除居住在已抵押房屋中的抵押人及其家庭成员的对抗心理,达到以和谐的方式执行抵押物,实现抵押权的目的。强制管理是以不动产的使用收益权能作为执行目标,目的是通过管理人的管理获取不动产的孳息以清偿债权,毋须改变不动产本身的物权。

3. 可以使不便于拍卖或拍卖意义不大的不动产抵押物得以处置。比如,尚未完工的在建工程,权利证照有瑕疵的不动产抵押物等等。

4. 可以在实现抵押权的同时平衡抵押人的权利。适当引入强制管理措施,既可以充分保护申请执行人的合法权益,防止申请执行人因执行不到位而再次使其合法权益受到侵害,也保护了被执行人的相关权利。

二、主债权诉讼时效届满对抵押权实现的影响

《最高人民法院关于适用〈中华人民共和国担保法〉若干问题的解释》(以下简称〈担保法解释〉)第12条规定:"担保物权所担保的债权的诉讼时效结束后,担保权人在诉讼时效结束后的二年内行使担保物权的,人民法院应当予以支持"。《物权法》第202条规定:"抵押权人应当在主债权诉讼时效期间行使抵押权;未行使的,人民法院不予保护。"缩短了抵押权行使的期间。

《物权法》这样规定的主要考虑是,随着市场经济的快速运转,如果允许抵押权一直存续,可能会使抵押权人怠于行使抵押权,不利于发挥抵押财产的经济效用。因此,规定抵押权的存续期间,能够促使抵押权人积极行使权利,促进经济的发展。但笔者认为,目前我国社会的整体信用状况还未得到根本改善,商业银行作为抵押权人的利益得不到有效保护,因此,在法律制度的设计上应尽可能给抵押权人一个宽松的环境,便于抵押权的实行。而《物权法》

---

① 《强制执行法起草与论证》(第二册),中国人民公安大学出版社2004年版,第45~46页。

的这一规定对抵押权人实现抵押权无疑是不利的，也导致实践中对抵押权存续期间的理解与运用存在争议。

（一）《物权法》第 202 条规定的抵押权行使期间的性质

《担保法司法解释》与《物权法》在抵押权行使期间方面的规定存在差异，前者通过两年的除斥期间模式规制抵押权，后者通过主债权的诉讼时效模式限制抵押权。但抵押权行使期间的性质如何，物权法并未给出答案，理论上仍存在不同观点：

第一种观点认为，此期间为诉讼时效，[①] 该期间届满后，"抵押权人丧失的是抵押权受人民法院保护的权利即胜诉权，而抵押权本身并没有消灭"。该条"人民法院不予保护"的表述类似于《民法通则》关于诉讼时效届满后的法律后果的表述。"从法律效果考量，物权法规定的抵押权司法保护期近似于抵押权的'诉讼时效'，因为与诉讼时效的法律效果一样，该司法保护期届满后抵押权并不消灭，'抵押权人丧失的是抵押权受人民法院保护的权利即胜诉权'。"[②]

第二种观点认为，此期间为除斥期间或存续期间，该期间经将导致抵押权的消灭。[③] 通说认为，在性质上，抵押权属于支配权，而不是请求权，依民法法理，抵押权不受诉讼时效限制。抵押权不宜适用与其担保的债权相同的诉讼时效制度。持本观点的学者认为"诉讼时效说"突破了民法通说。

笔者认为：《物权法》第 202 条只是基于抵押权的从属性就主债权诉讼时效届满对抵押权影响的规定，是抵押权从属性的体现，并不是抵押权的诉讼时效，也不是抵押权的除斥期间。因为根据民法原理，债权请求权才适用诉讼时效，而抵押权是担保物权，因此，认为抵押权适用诉讼时效有违民法原理。而除斥期间是针对形成权而言的，抵押权也不适用除斥期间。该条实际上规定的是主债权诉讼时效对抵押权行使的影响，是抵押权从属性的体现，并不是抵押权的诉讼时效，也不是抵押权的除斥期间。

[①] 胡康生：《中华人民共和国物权法释义》，法律出版社 2007 年版，第 441 页。
屈茂辉：《物权法原理精要与实务指南》，人民法院出版社 2008 年版，第 446 页。
[②] 曹士兵：《中国担保制度与担保方法》，中国法制出版社 2007 年版，第 275 页。
[③] 最高人民法院物权法研究小组编著：《〈中华人民共和国物权法〉条文理解与适用》，人民法院出版社 2007 年版，第 601 页。
刘贵祥：《〈物权法〉关于担保物权的创新及审判实务面临的问题（下）》，载《法律适用》2007 年第 9 期。
吕伯涛：《适用物权法重大疑难问题研究》，人民法院出版社 2007 年版，第 292 页。

(二) 关于抵押权存续期间的法律规定及理论争议

根据《物权法》第 202 条及《担保法司法解释》第 12 条相关规定,"当事人约定的或者登记部门要求登记的担保期间,对担保物权的存续不具有法律约束力"。抵押权的存续期间,当事人是否可以约定,存在理论争议:

我国台湾地区学者黄茂荣先生认为抵押权亦可约定存续期间,而谢在全等则主张[①],关于抵押权存续期间之约定和登记,因违反除斥期间不得变更之强制性规定,并不具任何意义。笔者也认同后者的观点,主要理由为:

1. 抵押权为支配权,为无期限性的永恒性权利,不能通过约定抵押权期间来改变这一性质。

2. 根据物权法定原则,物权的种类和内容均由法律规定,当事人不能自由创设法律没有规定的物权类型,也不能通过约定改变或增加法定的物权内容。《物权法》没有将抵押权期间届满作为消失的原因。允许当事人约定抵押权期间并赋予其法律效力,无异于对法定担保物权效力的篡改,而物权的效力构成物权内容的重要环节,故承认担保物权期间违反物权法定原则。

3. 抵押权是附属于主债权的权利,如果主债权未得到清偿。只要其未超过诉讼时效,债权人就可以向抵押人主张权利,也就是所担保物权于主债权同时存在,主债权消灭时,担保物权才消灭。

4. 允许当事人约定抵押权与抵押权确保债权受偿的目的不相吻合,将极大地损害抵押权的功能,降低物权担保的信用。

(三) 主债权诉讼时效届满对抵押权实现的影响

对于物权法中"在主债权诉讼时效期间行使抵押权"的提法应当如何理解?是向法院提起诉讼或申请执行,还是仅向抵押人主张抵押权即可?如果将《物权法》第 202 条所规定期间理解为抵押权的诉讼时效,依诉讼时效中断的规定,抵押权人只需在主债权诉讼时效期间内向抵押人主张权利,或抵押人在该期间内同意履行义务,无须抵押权人就此提起诉讼或申请仲裁,抵押权诉讼时效均中断。如果将《物权法》第 202 条所定期间理解为抵押权的除斥期间,则如何"行使抵押权"仍然存在疑问。关于主债权诉讼时效届满是否以及如何影响抵押权,理论界存在不同的观点:第一种观点认为,主债权诉讼时效届满并不影响抵押权的行使,也就是说,以抵押权、质权或留置权担保的债权,虽经时效消灭,债权人仍然可以就其抵押物、质物或留置物取偿。德国民法是

---

① 谢在全:《民法物权论(下)》,中国政法大学出版社 1999 年版,第 683 页。

其著例。第二种观点认为，主债权诉讼时效届满后一定期间内，债权人仍可行使抵押权，该期间届满，抵押权消灭。《担保法司法解释》、我国台湾地区"民法"系采此说。第三种观点认为，担保权随主债权诉讼时效届满而消灭。该模式为法国法所采。第四种观点认为，主债权诉讼时效届满后，抵押权不消灭，但抵押人能依债务人之时效抗辩，对抗抵押权人。

笔者认同第四种观点，抵押权不因主债权诉讼时效届满而消灭但会受到一定影响。

1. 根据我国立法与司法实践对于抵押权的存续期间，只能以法律规定而不允许当事人约定或者由登记部门强行登记抵押权的存续期间。因此，除非有法律明确规定的消灭事由发生，否则抵押权是永久存在的。抵押权即使在一定期限内不行使，也不能发生抵押权消灭的效力。[①] 这一观点满足了抵押权支配性的要求，符合我国诉讼时效的后果安排。

2. 主债权诉讼时效届满会对抵押权的行使产生影响：（1）主债权诉讼时效届满，主债权本身（实体权利）确并不消灭。作为从属于主债权的抵押权，在主债权时效完成后，残留下来的"实体权利"失去"胜诉权"是不能获得法律强制力保护的，也就是说，抵押权虽不因主债权时效完成而消灭，但会因主债权时效完成而沦为"裸体权利"，使债权人不能依单方面的意志就担保物取偿。（2）抵押权的性质决定其的确不适用诉讼时效，但即便排除了抵押权适用诉讼时效，却不能当然推出其不受主债权时效影响的结论。物权法的规定产生的最突出问题是：抵押权既不消灭，又不能强制实行，对抵押人及抵押物的交易不利。

3. 主债权诉讼时效届满后抵押人与抵押权人达成抵押权实现协议的效力不得因此期间经过而无效基于《物权法》第202条的文义，尚不能解答此问题。对该条所规定期间性质的不同理解，将产生不同的答案。（1）主张该条所规定期间属抵押权的诉讼时效的学者大多认为，该条所规定期间的经过并不消灭实体权利——抵押权。抵押权人所丧失的仅是请求司法保护的权利（胜诉权），也就是说，抵押权人只是不能请求法院拍卖、变卖抵押物。因此，主债权诉讼时效届满后，抵押权仍然存在，抵押权人与抵押人达成抵押权实现协议，视为抵押人对其时效抗辩的抛弃，如无其他无效事由，该协议有效。（2）主张该条所定期间属抵押权的除斥期间的学者大多认为，该条所定期间的经过

[①] 最高人民法院物权法研究小组编著：《〈中华人民共和国物权法〉条文理解与适用》，人民法院出版社2007年版，第602页。

起着消灭抵押权的作用,因此,主债权诉讼时效届满后,抵押权不再存续,不仅胜诉权归于消灭,而且实体权利也归于消灭,此时,抵押权人与抵押人达成的抵押权实现的协议无效。

(四)相关理论争议在实务中对商业银行抵押权实现的影响以及消除的建议

近年来,出现了因抵押权人未在主债权诉讼时效期间行使抵押权,抵押人依据《物权法》第202条请求除去不动产抵押物之上权利障碍的纠纷时有发生,有请求返还设定抵押时保存于抵押权人处房地产权证的、有请求抵押权人申请注销抵押登记的等等。其理由可以归结为:抵押权在性质上属支配权,非请求权,不适用诉讼时效期间的规定。因此,该条对抵押权存续期间的规定属除斥期间。抵押权人未在主债权诉讼时效期间内行使抵押权,其当然丧失抵押权;抵押权既然已经消灭,为生成抵押权而设定于抵押物之上的负担就应消除,返还房地产权证书和注销抵押登记也就顺理成章;另抵押物之上权利的障碍不予消除,也不利于抵押物的流转和物的功能的发挥等等。在实务中,对于此类纠纷,法院均支持了抵押人的诉请及理由,导致抵押权人因主债权诉讼时效届满而无法实现抵押权。由于法律规定不够明确,导致在司法机关对于主债权诉讼时效与抵押权行使期间的关系的机械判断,产生了此类对于抵押权人极为不利的判例,尤其是当商业银行作为抵押权人时,如果未能在主债权诉讼时效期间行使抵押权,则丧失的不仅是对主债权的胜诉权且丧失了抵押权,虽然此时主债权依然存在,但巨额的信贷资金已难逃演变为不良资产的厄运。

笔者主张,抵押权本无期间限制,《物权法》第202条只是基于抵押权的从属性就主债权诉讼时效届满对抵押权影响的规定,在解释上,主债权效力的减弱自然影响到抵押权的效力,在我国没有明确规定主债权诉讼时效届满抵押权消灭的情况下,依物权法定主义,抵押权此际并未消灭。具体来讲,《物权法》的这一规定存在以下问题:

1. 将抵押权与诉讼时效制度相联系,有违基本法理。抵押权为担保物权,属于支配权的范畴而非请求权,依民法法理不受诉讼时效期间的限制,因此,抵押权不宜适用与抵押担保的债权相同的诉讼时效制度。

2. 语言表述上采用的是司法解释的表达,而非立法语言,有失严谨。《物权法》未明确规定抵押权的存续期间,只规定抵押权的行使向人民法院请求保护的时间,是站在司法的角度予以规定的,在表述方法上沿袭了《担保法司法解释》第12条的规定,却忽略了立法与司法解释的不同,因此也造成理解上的歧义。

3. 与国外立法例相比，我国两年的一般诉讼时效本来已经很短，《物权法》又把抵押权的存续期间规定为与诉讼时效相同，对债权人、抵押权人的利益保护非常不利。综上所述，建议未来的民法典或《物权法》司法解释对抵押权的存续期间进行明确规定或补充解释。进一步明确抵押权不因主债权诉讼时效届满而消灭，且抵押权人与抵押人在主债权诉讼时效届满后达成的协议不得仅因此期间经过而无效，以避免在适用中因理解不一致而对抵押权人实现抵押权造成不利影响。

三、抵押权人直接请求法院拍卖、变卖抵押物存在障碍

（一）国内外抵押权实现途径的立法例

1. 国外对于抵押权实现途径有两种立法例：分别是当事人自救主义和司法保护主义。

当事人自救主义，也即自力救济，是指权利人依靠自己的力量强制侵害人，以捍卫受到侵犯的权利保护制度。自力救济有迅捷及时的优势，在保护抵押权方面应有适用空间，因为其强调交易便捷，能更好地保护抵押权人的利益，与抵押权设定的目的相合[①]。在抵押权实现途径中的当事人自救主义允许抵押权人自行处分抵押物，即抵押权人可根据抵押权而自行决定抵押物的处分方式并予以实施，无须经抵押人的同意，国家在通常情况下，也不予干预，实行这种立法例的主要是英、美、法等国家。[②] 此种立法强调保护债权人的利益，对于促进交易具有积极作用，但立法中往往设置抵押权人应当对获得抵押物的价格尽合理的注意义务，从而对抵押权人行使抵押权进行一定的限制，若抵押权人违反该种义务，债务人需要通过诉讼才能使抵押权人承担责任，容易造成当事人双方资源浪费。且由抵押权人自行实现抵押权也易发生纠纷。

司法保护主义。也即公力救济，是指由国家专门机关通过专门的程序保护民事权利的手段，其主要程序是民事诉讼和强制执行。该立法例要求抵押权人须申请法院强制执行，抵押权的实现应采取公法上的方式，抵押权人实行抵押权之前通常需要获得法院或其他国家机关签发的裁决或决定，而不能私自地实行抵押权，大陆法系多数国家实行这种立法主义，如德、日、瑞士等。[③] 此种立法在一定程度上有利于避免双方利益的失衡，通过公法的干预，使抵押权的

[①] 张俊浩主编：《民法学原理（修订第三版）》，中国政法大学出版社2000年版，第87页。
[②] 许明月：《抵押权制度研究》，法律出版社1998年版，第330页。
[③] 徐武生：《担保法理论与实践》，工商出版社1999年版，第336页。

实现兼顾了抵押权人和抵押人双方的利益，防止了抵押权人借助其优势地位滥用权利损害抵押人和其他抵押权人利益现象的发生。但从另一个角度讲，该立法的运行导致了诉讼成本的增加和时间的拖长，而这些成本无论对于债权人或债务人来讲都极为不利。因此，这种单纯诉诸法院的模式也仍然无法促进抵押权的有效实现，维护抵押权人和抵押人、债务人各方的利益。

2. 我国抵押权实现途径的立法例。

依照《物权法》195条的规定，我国抵押权实现的途径有两种：一是协议方式，是指在抵押权具备实行条件时，抵押权人要与抵押人协商，是折价、变卖还是拍卖，如果协商成功，人民法院不需介入，双方按照约定的方式实行；二是司法救济途径，是指协议不成时，抵押权人可实行司法救济，直接请求法院拍卖、变卖抵押财产以实现抵押权。

《物权法》这一条的规定是否表明我国已承认抵押权的自力救济途径，尚存理论争议：

肯定说认为，抵押权人即使不与抵押人协议，只要抵押权实现的条件已经成就，自行实现抵押权也是其应有之义。从理论上说，抵押权既然是一种物权，那么抵押权人当然有权对该权利的实行方式在法律规定的范围内自己作出选择，因而抵押权人既可以与抵押人协商以抵押物进行折价，亦可以自己决定采取拍卖或者变卖方式处理抵押物。

否定说认为，首先，抵押权属于他物权，由于抵押权人非为抵押物的所有人，故一般说来不拥有对抵押物的处分权。非财产所有人对他人财产行使处分权须有法定或约定根据，而抵押权人单方对抵押物行使处分权既无法定依据，也无约定依据。其次，抵押权设定之目的在于确保主债权的实现，其担保功能主要体现在优先受偿性。只要确保此功能得以实现，抵押物由谁来决定变价及如何变价与抵押权人并无多大关系。优先受偿权毕竟不是优先决定变价权或优先购买权。最后，若坚持抵押权人可自行处分抵押物，在实践中难免会引发新的纠纷。由于抵押行为不移转物的占有，因而抵押物设置抵押权后仍处于抵押人的控制之下。当主债务履行期届满时，抵押人不移交抵押物，抵押权人如何出卖？因此，我国并未承认抵押权自力救济途径。

笔者认为，《物权法》第195条规定的抵押权实现程序，允许抵押人与抵押权人协商实现抵押权，仅在实现不能时求助于司法程序，因此被有的学者归入自救主义。但就我国抵押权实现的实践来看，很难实现以自救主义方式行使抵押权，大多数时候抵押权人都要求助于司法程序。由于抵押物存在不转移占有的特点，抵押人如果不配合抵押权人实现抵押权，根本无法达成协议，抵押权人实际上不可能对抵押物实施变卖或拍卖，抵押权的自力救济途径难以实现，最终还是要求助于司法程序。因此，我国的抵押权实现应当被称为"司法保护下的自救主义"，是非彻底的"自救主义"，是抵押权人与抵押人实现抵押权的"协商途径"。

（二）抵押权实现的非诉途径欠缺可操作性影响商业银行抵押权的实现

《物权法》第195条第2款的规定明确了抵押权人可以通过非诉途径实现抵押权，直接请求法院拍卖、变卖抵押财产以实现抵押权。从立法宗旨看，是为了在当事人对抵押权实现方式达不成协议时，简化抵押权人实现抵押权的程序，节省实现抵押权的时间和成本，赋予了抵押权直接的强制执行效力，但是在现有的法律制度之下，欠缺直接强制执行抵押合同的法律依据，导致在实务中，商业银行作为抵押权人无法直接向人民法院申请强制执行。商业银行作为抵押权人依据《物权法》这一规定主张权利的时候，应当以什么样的形式提出诉求，申请立案需要满足哪些条件，是申请确认抵押权还是直接申请强制执行，相关法律均没有规定。《物权法》的该项规定没有与《民事诉讼法》衔接，欠缺可操作性。

抵押权人请求法院以拍卖抵押物实现权利，是将物权转化为法院对抵押财产实施的强制执行行为，属于抵押权人依抵押财产价值直接取偿的一种表现，而无须依靠义务人来实施某种行为。法院做出的许可拍卖、出卖抵押物的裁定即为执行根据。但是，如果将此理解为是直接赋予抵押权人向法院申请执行的权利，这在执行程序法上是难以找到根据的。根据《民事诉讼法》有关规定，我国执行依据可以分为判决、裁定、调解书、支付令、决定、仲裁裁决、公正债权文书等七大类。虽然种类繁多，但其在形式上都具有一个共同特征，必须是法院或其他机关在其职权范围内，按照有关法律规定的内容、格式、程序制作的，具有法律拘束效力的正式文书。执行根据以确定实体权利为内容、以宣示债权可执行为特征、以法律文书为形式，是连接裁判程序和执行程序的媒介，是民事强制执行请求权的基础，是民事执行机构采取民事强制执行措施的惟一依据。因此，传统执行理念认为，当事人向法院申请民事强制执行，必须持有生效法律文书，也即必须要有符合法定形式的执行依据。否则，法院的立案部门不会受理权利人民事强制执行申请，案件也就不可能进入执行程序。因此也造成了商业银行在实现抵押权过程中，向人民法院申请强制执行的立案请求通常都不予受理。抵押权人还是要回到原来的诉讼模式，面对漫长的诉讼、执行过程和高昂的司法费用，这样一来不仅大大增加了商业银行实现抵押权的成本，而且无故拖延了担抵押权实现的时间，也导致了司法资源的严重浪费。

(三) 完善抵押权实现途径的建议

当事人在达成协议之后，如果一方不执行协议，显然应当承担相应的违约责任。在协议未能履行的情况下，抵押权人可以不再要求法院审理主合同，而直接就该协议依据非诉讼程序做出裁定，然后依据此裁定强制执行。依据《物权法》第195条，在当事人就抵押权的实现方式没有达成协议的情况下，抵押权人可以请求法院拍卖或变卖抵押财产，现在当事人已经有了关于抵押权实现的协议，如果在一方不履行协议时反而要到法院起诉，显然违反了《物权法》的立法目的，不利于当事人就抵押权实现达成协议，徒增讼累。笔者认为《物权法》第195条对于抵押权的实现的规定可以引入非诉程序，将"抵押权人与抵押人未就抵押权实现方式达成协议的，抵押权人可以请求人民法院拍卖、变卖抵押财产"的审查程序设计为非诉程序：（1）非诉程序的任务是确认某种法律事实或权利，而不审理当事人民事权利义务争议。抵押权人与抵押人对抵押权实现方式的不同认识不属于权利义务争议，因此可能通过非诉程序解决。（2）非诉程序由于不涉及当事人权利义务的争议，案情一般比较简单，因此适用一审终审。这一特点符合物权法关于简化抵押权实现程序的立法本意。（3）非诉程序不需要质证和进行言辞辩论，一般不需要公开开庭进行审理，因此，民事诉讼法规定非诉程序（即特别程序）的审限为立案之日起十五日内，这有利于抵押权人尽快实现抵押权。如，按照类似于督促程序的规定进行设置。督促程序是指法院根据债权人提出的给付金钱或有价证券的申请，不经辩论，便向债务人发出支付令，债务人未在法定期限内提出异议，支付令即发生与判决同等法律效力的程序。理论界的主流观点认为：督促程序即不是诉讼程序，也不是严格意义上的非讼程序，因为督促程序中有利益对立的双方当事人，又不像典型的非讼程序那样只有申请人而无被申请人。但主体上还是一个非讼程序。设置督促程序的意义在于迅速保护债权，节约诉讼成本，这个宗旨与《物权法》第195条的规定不谋而合。此外，建议《民事诉讼法》明确拍卖有关的具体执行程序，增加相配套的执行程序，使得《物权法》的规定从程序上得到保障，进一步完善法律体系，保障抵押权人权利的实现。

结　语

抵押权的实现是抵押权制度的核心内容之一，是抵押权担保功能的最后体现。尤其对于商业银行而言，迅速、便捷、廉价地实现抵押权，既能及时实现对债权人利益的保护，又能促进资金融通和商品流通，使借贷、买卖等经济活动得以正常开展。《物权法》关于抵押权实现的有关制度规定，既是创新，也是挑战。要贯彻落实《物权法》中抵押权实现有关制度，既需要相关法律法规尤其是司法解释的配套出台，更需要广大学者和法律实务工作者正确理解和把握其立法的理念、目的和宗旨。

参考文献

1. 温世扬：《物权法要义》，法律出版社 2007 年版。
2. 李国光等：《关于适用中华人民共和国担保法若干问题的解释理解与适用》，吉林省人民出版社 2000 年版。
3. 最高人民法院物权法研究小组编著：《〈中华人民共和国物权法〉条文理解与适用》，人民法院出版社 2007 年版。
4. 吴庆宝、俞宏雷、姚旭斌主编：《民事裁判标准规范（基层法院、法庭版）》，人民法院出版社 2008 年版。
5. 刘贵祥：《〈物权法〉关于担保物权的创新及审判实务面临的问题（下）》，载《法律适用》2007 年第 9 期。
6. 吕伯涛：《适用物权法重大疑难问题研究》，人民法院出版社 2007 年版。
7. 胡康生：《中华人民共和国物权法释义》，法律出版社 2007 年版。
8. 屈茂辉：《物权法原理精要与实务指南》，人民法院出版社 2008 年版。

关于合理确定抵押物执行管辖法院相关问题的探讨

兴业银行南京分行　丁　明　高　林

法律规定，在债务人不履行债务时，抵押权人有权以抵押物折价或者以拍卖、变卖该财产的价款优先受偿。正是由于抵押优先权的存在，银行向客户提供融资时往往要求客户提供抵押担保，以保障将来债权的实现。但近年来，从银行业不良贷款处置工作的实际情况看，银行通过诉讼程序处置抵押物时常常遇到各种障碍，导致处置时间漫长，银行以及债务人的利益均受到损害。当前，南京地区关于确定抵押物执行管辖法院的原则是将第一个查封财产的法院作为执行管辖法院，履行对查封财产的执行程序。该规定本身是为了解决多家法院共同查封一处财产而导致的执行矛盾问题，而且该规定也并不违反国家法律及司法解释。从司法实践来看，该规定确实缓解了不同法院在执行工作中相互扯皮的现实矛盾，一定程度上体现了公平、公正，提高了执行效率，对保障债权人合法权利的实现有着一定的积极意义。但另一方面，某些债权人利用该规定，在自己的诉讼管辖法院优先查封银行抵押物而取得执行管辖权时，在预计自身债权仅能部分、甚或完全不能依法得到受偿（即标的物经处置，不能完全覆盖银行等债权人抵押优先权）的情况下，通过向法院施压，无限期拖延所查封标的物的处置等方式，无理要求银行放弃部分债权，或放弃优先受偿权，从而使自己的一般债权得到优先满足，侵害了银行的合法债权。针对实践中发生的案例，我们对如何合理确定抵押物执行管辖法院问题提出如下观点，供探讨。

（一）以保障抵押优先权实体权利的实现作为合理确定抵押物执行管辖法院程序问题的法理依据

实体权利的实现有待于合理程序的保障，程序是权利实现的手段，没有程序的保障，任何实体权利的实现都是空谈。抵押优先权是担保法、物权法赋予抵押权人享有的一项实体权利。《担保法》第1条规定："为促进资金融通和商品流通,保障债权的实现,发展社会主义市场经济,制定本法"。《物权法》第171条规定:"债权人在借贷、买卖等民事活动中,为保障实现其债权,需要担保的,可以依照本法和其他法律的规定设立担保物权"。从中我们可以看出,保障债权的实现是担保法、物权法的重要立法目的,确立抵押权人对抵押物的优先受偿权是保障债权实现的重要手段,也是法律立法目标的体现。但是,要保证抵押权人优先受偿权的真正实现,就必须赋予抵押权人在程序上的"优先权",只有程序权利得到落实,实体权利才能顺利实现。实体公正首先应当程序公正,程序"优先权"的确立并非是对其他债权人的不公平,而恰恰是为了实现法律规定的实体权利上的公平。对于如何确定抵押物执行管辖法院而言,我们认为,要确保抵押权人债权的优先实现,就必须确定抵押权人诉讼法院为抵押物执行管辖法院,只有将执行程序的优先权赋予抵押权人,才能从实体上保障抵押优先权的实现。

(二)以建立有效秩序,维护社会稳定的法律价值目标作为合理确定抵押物执行管辖法院的立法方向

法律的价值目标是为了建立和实现一种有效的人类共同生存、和平稳定、文明进步、经济发展的社会秩序。法律的价值目标指导着立法的方向,任何立法思路不能偏离这个方向,有悖于法律价值目标的具体法律规定都应当是不合理的,甚至是非法的。确立抵押权人的优先受偿权是为了解决债权人对债权是否能够有效受偿的后顾之忧,最终目的是为了促进资金融通,提高国家的经济发展水平,保障人民基本生存权、发展权的实现。抵押权人设定抵押权的初始目的是为了保障债权的快速、有效实现,因为有了法律保障,抵押权人才能放心向债务人提供融资服务,这种良好秩序的建立促进了经济的发展。我们应当认识到,抵押权人往往是金融机构,金融业作为国家的经济命脉,在经济运行中具有举足轻重的作用。近年来,由于国际金融危机向国内的传导,给国内实体经济、人民生活,社会稳定造成的危害有目共睹。从某种意义上说,对抵押权人权利的保护不足就是对国民经济发展的保护不利。因此,抵押优先权制度的确立是为了建立良好的金融秩序,为国民经济发展创造良好环境,充分体现了法律的价值目标。

我们认为,确立抵押权人诉讼法院为抵押物执行唯一管辖法院的诉讼执行制度与法律的价值目标是一致的,其主要体现在以下两个方面:一是该制度的建立有利于排除他人的非法干扰,为抵押权人实现债权树立信心,提高了债权人特别是金融机构的放贷积极性,有利于促进经济发展;二是该制度建立了良好的执行秩序,杜绝了执行申请人之间为争夺管辖法院而产生的不必要的纷

争，有利于形成有序、公平、和谐的诉讼环境。

（三）以减少当事人诉讼成本、提高诉讼程序效率作为合理确定抵押物执行管辖法院的社会实践目标

我们在诉讼中经常会遇到这样一种情况，当债务人对外债务繁多，存在多个债权人时，一旦债务人出现信用危机，多个债权人都会争先恐后地申请法院以最快速度查封债务人的财产，而且如发现债务人的财产被抵押时更是千方百计争取第一顺序查封，最后债务人的财产被多家法院多次查封，导致执行时法院之间相互扯皮，极大地降低了执行效率，增加了人民法院的司法成本和各债权人的诉讼成本。

我们认为，法律本身是一种有效的社会管理工具；任何一项法律规定、一套法律规范体系应当具有社会现实价值，应当以实现社会管理目标为最终目的。诉讼法作为程序法，他是以建立一套有序、实效的系统秩序来保障主体权利的实现，而评判秩序是否合理的标准之一应当是该秩序是否实现了"效率与公平"这一人类共同追求的社会价值。确立抵押权人诉讼法院为抵押物执行唯一管辖法院的新制度将能够有效减少当事人之间执行法院之争情况的发生，大大降低人民法院的司法成本和债权人的诉讼成本。从表面上看，该制度是在诉前即确定了抵押物的执行管辖法院，债权人不必要再为了确定执行管辖权法院而去履行其他程序，有效避免了在查封未发生前尚不能确定抵押物的执行管辖法院而导致债权人之间的执行管辖权之争情况的发生，从而有效减少了债权人的诉讼成本，提高了诉讼效率。从深层次上看，首先，该制度保障了抵押优先权人排除不必要的干扰，以最少的时间、最少的成本实现优先权，这本身就是法律"公平"价值的最大体现，因为迟到的"公平"、高成本的"公平"都不是真正的"公平"。其次，该制度提高了权利人实现权利的效率，也提高了司法机关的工作效率，制度本身很好实现了"效率"社会价值。因此，新制度的建立有利于定纷止争，减少诉讼环节，减轻当事人的诉讼负担，有利于提高诉讼程序效率，缩短债权的实现时间，很好实现了"效率与公平"的社会价值。

综上所述，我们认为，确立抵押权人诉讼法院为抵押物执行唯一管辖法院的新制度于法有据，符合法律的价值目标，兼顾了"效率与公平"，有利于建立良好的诉讼环境，进一步保障抵押权人法定优先权的实现，有利于树立债权人的放贷信心，促进经济发展，具有重大的社会价值意义。

执行实务中的经营权质押问题分析

天津市第二中级人民法院 宋 斐

A 企业为一酒店,其名下有房产及土地若干,该企业以经营权质押从银行贷款以用于扩大经营。后 A 企业无力偿还债务,被一债权人起诉至法院。法院判决 A 企业偿还债务,在后续的执行程序中法院依法对 A 企业的房产及土地进行了查封,用评估拍卖所得价款偿还债务。这时银行向法院提出,A 企业和银行之间还存在经营权质押关系,要求参与对 A 企业拍卖所得价款的分配。那么法院在执行工作实践中应该如何认定银行所说的这种经营权质押关系呢?它的效力又是如何呢?

要想认定这种经营权质押关系是否存在,首先我们得了解何为经营权质押。经营权质押早已流行于发达国家,是一种重要的担保融资方式,但在我国却刚刚起步。近年来,随着我国市场经济发展,金融机构和中小企业不断实践,经营权质押融资已逐步成为适应市场需要的一种新型担保方式。但由于我国现有的法律法规鲜有对经营权质押的明确规定,学理上对这一问题也有多种不同观点和主张,因而导致了经营权质押在实际操作中的诸多困难和问题。

一、经营权质押的概念和法律特征

(一) 经营权质押的概念

经营权是经营者对其经营的财产占有、利用、收益的权利,本质上是经营者经营的"经营方面的权利"的集合体。经营者经营权的行使,势必依托企业的厂房、设备,甚至还包括与企业经营有关的商誉、商标、专利等无形财产。企业的经营者实施经营性商业行为,即是利用、管理企业的物和各种财产权利从事生产经营活动,最终为获取一定的经济利益。所以,经营权内容非常广泛,泛指经营者从事经营所享有的权利,包括产、供、销及人、财、物方面的诸多权利。经营权质押是一种权利质押,质押标的物是拟制的财产,即质权人的质权并不是存在于特定、具体的财产之上,而是及于一种权利——即出质人出质的经营权。

我国《物权法》虽然把质押分为动产质押与权利质押,但并没有像动产质押一样,从法律上给对权利质押下一概念,但我们可以比照第208条动产质押概念性的法律规定,给经营权质押做个概念性解释。我国《物权法》第208条规定:"为担保债务的履行,债务人或者第三人将其动产出质给债权人占有的,债务人不履行到期债务或者发生当事人约定的实现质权的情形,债权人有权就该动产优先受偿。"据此,我们可以给经营权质押下个定义:为担保债务的履行,债务人或者第三人将其在经营活动中产生的某项权利出质给债权人,债务人不履行到期债务或者发生当事人约定的实现质权的情形,债权人有权就处分该权利而产生的财产权益优先受偿。

(二)经营权质押的法律特征

经营权质押除具有一般质押的从属性、不可分性、代位性、追及力等基本的特征外,一般而言还具有如下法律特征:

1. 出质人是债务人或第三人,设定的目的是为了保证债务的履行。经营权的质押通常发生在当事人设立民事法律关系之时,但也有在履行过程中为示诚意而设立。

2. 享有质押权的民事主体即质押权人是民事法律关系中的债权人一方,拥有质押权的目的是为了促使债务人履行债务,并为债权不能自动实现时之保障。

3. 质押的标的是债务人或第三人享有的经营权,该项权利并应为法律所承认。

二、经营权质押存在的必要性以及必要条件

(一)经营权质押存在的必要性

在现代市场经济大环境下,经营权质押有其存在的必要性。经营权质押作为当前社会经济生活中的一种重要融资手段,其早已流行于发达国家,是一种重要担保融资方式。在我国随着市场经济建设的不断深化,越来越多的中小企业会选择以经营权质押作为融资手段,金融机构会进一步接受经营权质押作为贷款所选择的担保方式,各地政府也是相继出台相关文件,利用经营权质押促进企业融资和经济发展。青海省发展计划委员会于2000年11月作出的《关于印发发挥价格杠杆作用促进青海经济发展的实施意见的通知》中就曾明确指出"在我省基础设施建设中,要扩大以收费权为核心的经营权质押政策的实

施范围,特别是公路、铁路、民航、通信等,以鼓励外资和社会资金投向我省基础设施建设"。国家计委出台的促进西部开发的价格政策也规定"在西部地区基础设施建设中,扩大以收费权为核心的经营权质押政策的实施范围,鼓励外资和社会资金投向西部地区"。山西省物价局2001年2月作出的《关于运用价格杠杆促进全省经济结构调整的实施意见》中规定:"在重要基础设施建设中,积极配合有关部门扩大以收费权为核心的经营权质押政策的实施范围,或以价格、收费批文质押贷款等方式来引导社会投资方向,鼓励外资和社会资金投向全省经济发展需要的建设项目。"2012年3月6日,中国人民银行、国家发改委、国家旅游局等部门联合出台了《关于金融支持旅游业加快发展的若干意见》,明确提出投资者可将经营权作为一种资本在银行和金融部门进行抵押贷款,或通过发行相关债券筹集景区景点开发建设资金,经营权质押在这样的政策背景下悄然流行。经营权质押是金融服务实体经济的重要体现,更是金融部门合理分配金融资源、创新金融产品、推进地区经济转型的重要支撑。

(二)经营权质押应具备的必要条件

经营权质押与动产质押的本质区别是其是以经营权利为标的,同时这种权利是无形的。因此,经营权质押应具备以下条件:

1. 财产权利。依照法律的规定,财产所有权不可设为权利质押,但质押权利没有财产内容则质押的设立便没有意义。设立质押的经营权是自所有权中分离出来的一种权利,是以财产为内容,并可以金钱估价的权利。

2. 须具有让与性。具有让与性是可以设为质押的基础。经营权是一种价值权,这种价值权的首要外在表现即在于其不仅可以以金钱度量其多寡,且有变现之可能性。《农村土地承包法》第10条规定:"国家保护承包方依法、自愿、有偿地进行土地承包经营权流转",这种流转即是经营权的变现让与方式。

3. 须适宜于设质。经营权虽具有可让与性,但是出质人的权利的行使已被停止或者质权人行使出质人的经营权利显为不适当的,不可以设立质押;亦即该经营权须有设立质押的可行性。

4. 须有法律明确规定。经营权质押必须有明确法律规定的才可以质押。根据物权法定原则,经营权作为"准物权",其质押种类、内容、形式等诸多方面必须符合法律规定。法律法规没有明确规定的不得质押,不符合法律规定质押形式的不得质押。

三、经营权质押合同的成立与质权的效力问题

(一) 经营权质押合同的成立要件

我国《担保法》中虽没有明文规定经营权质押,但该法第 75 条规定:"下列权利可以质押……(四) 依法可以质押的其他权利。"经营权质押与其他形式的债权质押相比有其自身的特殊性。国家工商行政管理局以核发的形式,赋予企业法人从事经营事业并获利的权利能力,是法人得以行使经营企业的生产权、销售权、管理权等经营权的法律凭证。经营权之所以能成为质押的标的,是因为其有财产性和可让与性,最主要的是经营者经营企业所享有收益权和处分权。然而,我国立法禁止《企业法人营业执照》在当事人之间依合意进行许可或转让。而工商部门核发的《企业法人营业执照》是法律文件的一种,并不直接代表权利本身,充其量仅证明经营权的存在。根据物权的变动以公示为原则,须以一定方式将质权性质之情事表现于外部让人知晓。为保证交易安全和证据保全起见,基于法人经营权的特殊性,比照《担保法》关于汇票、本票、仓单、提单及股份、股票、知识产权的规定,对经营权质权的设定应有下列限制:

1. 经营权质权的设定必须以书面形式订立质押合同为必要。"非以要式行为为之,势难使法律关系臻于明确。"我国台湾地区及瑞士等国家的民法典规定,债权质权的成立必须以书面形式订立。质押关系的存在,不仅要有书面合同的存在,而且对合同的内容中关于期限、债权额等也应有明确的规定,否则,质押关系可视为不存在。

2. 经营权人应当提交经营权证书。由于经济活动的多样性,各种经营权的取得方式是不同的,经营权的表现形式也不相同,但起码应当有权利取得的初始文件,主管部门的批准文书件,法律服务部门的相关文书(如公证书、见证书等)。例如,2012 年 7 月,我国第一个经营权质押证在张掖市重点旅游景区景点经营权转让签约现场呈现于世人眼前。张掖市山水文化旅游发展有限责任公司通过一个张掖国家地质公园七彩丹霞景区经营权质押证,向兰州银行股份有限公司张掖分行成功贷款 1 亿元。

3. 出质人与质权人应向各自管理机关办理出质登记。一般的质押合同,可自当事人双方签订质押合同时生效;一些特许的出质登记,其效力自办理质押登记时生效。

4. 在经营权质押中,质权的设定还应通知第三债务人(即出质人之债务人)。我国担保法规定对第三债务人的通知仅表现为该债权质的对抗要件,即

作为对抗第三债务人及其他第三人的要件。这一作法兼顾了债权人处分其债权的自由（无需经债务人同意，但应通知债务人）和债务人的利益，既有利于鼓励担保，也避免因债务人对债权质押不知情而遭受的损害。

（二）经营权质押中的质权的效力问题

设立经营权质押的目的，是为了确保债权人利益实现，减少交易风险。一旦合同约定的履行期间届满而债务人未能履行合同义务，或债务人已无履行之可能，则债权人有权对设立质押的经营权予以处置，并通过行使质权来实现债权。但若设质的经营权出现前述案例所讲的情况，同一财产上出现抵押权和质押权并存的情况时，又该如何解决呢？

学理上一般认为，抵押权和质权同为约定担保物权，原则上以抵押权和质权设定的先后顺序受偿，抵押权和质权顺序相同的，按照抵押权和质权各自担保的债权比例清偿。同一财产上抵押权与经营权质押并存的情况有两种：一是抵押权设定在先，经营权质押设定在后。同一财产上先设定抵押权后，因抵押权不以移转占有为条件，抵押人得再在标的物上设定经营权质押。后设定的质权无害于抵押权。因为如该财产的价值很高，设定抵押权后尚有很大剩余价值，于此剩余价值内设定质权，当然无害于抵押权。因此，先设定抵押权后再设定经营权质押，此时可发生抵押权与经营权质押竞合，二者竞合的效力次序应为抵押权优于经营权质押；二是经营权质押设定在先，抵押权设定在后。一般而言，在同一动产上设定质权后，不宜再设定抵押权。而经营权质押是一种权利质押，不以交付为生效要件，所以在同一物上可以先设定经营权质押后设定抵押权，此时经营权质押享有的是物的使用收益权，其效力应优于抵押权。

《最高人民法院关于适用中华人民共和国担保法若干问题的解释》第79条规定："同一财产法定登记的抵押权与质权并存时，抵押权人优于质权人受偿。"即同一物上只要有法定登记的抵押权存在，其效力优先于一切质权。

结　语

经营权以预期债权的形式设立权利质押，起到有效维持责任财产，并确保债权的切实保全的功能。随着我国物权法体系的不断完善与健全，经营权质押这种担保方式将日益凸显其担保作用。经营权质押具有可操作性，若在司法解释方面予以统一和完善，必能更好地指导执行实务中出现的相关问题，从而更好、更快地解决矛盾纠纷，促进经济的繁荣和发展。

对一起质押存款被扣划案的分析

汇丰银行 卢申玲 姚建波

将存款放入特定账户进行质押是银行业最常见的担保方式之一，一直以来被银行业界认为是"最安全"的担保品。然而在实践中，地方法院无视质押的存在而进行扣划的行为，在融合某些"地方保护"等因素后，对银行的正当担保权益产生的重大不利影响，使得原本"最安全"的担保品充满了不确定因素。通过以下案例的分析，我们希望这一问题能够得到立法、司法机关的重视，进一步完善存款质押担保制度。

一、案件介绍

A银行于2010年4月与B公司达成《授信函》并据此陆续向B公司发放贷款。为担保B公司的上述贷款债务，2010年9月由B公司签署特定存款质押确认书，B公司在A银行处开立质押账户aaa－bbbbbb－203和aaa－bbbbbb－201，分别存入人民币260万及人民币200万作为质押担保，存款享受定期存款利息。特定存款质押确认书规定该质押依据《最高人民法院关于适用〈中华人民共和国担保法〉若干问题的解释》（以下简称《担保法司法解释》）第85条的规定设立。相关质押存款账户内只存放被质押的存款，不允许任何其他款项的进出。存款被放入质押账户后，不再浮动。

2011年10月，B公司涉及多起诉讼案件，经第三方债务人申请，C法院院裁定冻结B公司的银行存款人民币300万元，并于2011年10月17日向A银行出具协助冻结存款通知书，A银行协助C法院完成存款冻结，并在协助冻结回执上明确告知尾号为201和203的两账户内存款为A银行质押财产，要求C法院不得扣划。此外，尾号为203号的质押账户内剩余的存款人民币160万元于2011年11月4日被D法院另案冻结。2011年11月底，B公司未如期履行还款义务，拖欠贷款本金人民币2000多万元及相应利息。A银行为实现质权于2012年2月分别向C法院及D法院提出申请，要求解除对尾号201和203两账户的存款冻结。2012年3月14日，D法院解除冻结，随后A银行行使质权划转了原被D法院冻结的160万元人民币。在C法院审判庭告知相关案件已经进入执行程序后，A银行遂于2012年3月27日向C法院提出执行异议，并提交执行异议材料，要求解除冻结，主张行使质权。

C法院于2012年4月1日在未处理A银行解除冻结申请及执行异议的情况下要求A银行协助将尾号为201和203账户内的B公司存款全部予以扣划。A银行当场再次提出异议，要求C法院确定银行对存款的质权，不得扣划。C法院仍坚持将尾号为201和203的账户内存款扣划至C法院账户。随后，C法院于2012年4月27日驳回了A银行的执行异议。驳回理由如下：（1）设立质押时尾号为203的账户中的资金为人民币260万元，C法院于2012年4月1日扣划时为人民币1026640.6元，账户内的资金处于浮动的状况，因此，不符合质押账户特定化的要求；（2）从贷款合同上看，最晚的贷款到期是2011年7月20日，而A银行在到期后未及时行使质权，说明质押的资金并未在A银行的掌控之中；（3）特户专用于质押还款，应属于一般存款账户，而一般存款账户必须向当地人民银行分支行进行备案；A银行未将尾号为201、203的账户进行备案，因此不具有对抗善意第三人的效力。

2012年5月，A银行向C法院的上级法院E法院提交执行异议复议申请书。

2012年4月24日，A银行向当地法院提起诉讼，请求法院判决B公司向A银行还本付息及承担相关费用，判决A银行对目前存放在C法院账户内的两笔质押款享有质权及优先受偿权。2012年8月15日，法院作出民事判决，支持A公司全部诉请，同时确认了A银行对原存放于201和203账户内的存款并不因为被C法院扣划而导致质权的丧失，该判决于2012年9月19日生效。

截至本案例分析完稿日，虽然已经超过审理期限，E法院尚未作出执行异议的复议裁决。

二、案例评析

本案中以下三个问题值得注意：

1. 法律和司法解释关于存款质押的规定不够明确，使得银行的担保权利具有很大不确定性，也给了"地方保护"等不适当做法留下了很大余地。

《担保法司法解释》第85条规定："债务人或第三人将其金钱以特户、封金、保证金等形式特定化后，移交债权人占有作为债权的担保，债务人不履行债务时,债权人可以以该金钱优先受偿。"该条规定没有明确何谓"特户"、"封金"或"保证金",也没有明确做到何种程度才算已经"特定化"。这留下了很大的"空白地带"。在本案中,C法院的第1项和第3项驳回理由都与此有关。

就第1项理由而言,尾号为203的账户中的资金之所以从原来的260万元人民币变成C法院扣划时为人民币1026640.6元,原因其实非常简单:账户中原来由D法院冻结的160万元人民币在D法院解冻后已经被A银行直接抵销,留下100万元人民币的本金和抵销当时结算的利息26640.6元。鉴于尾号为203的账户中自账户开立至今只存放过260万元的质押款以及其利息,部分实现质权并不应该影响银行对余下款项的质权。但因为所谓的"特定化"要求不够明确,C法院就可以以账户内金额发生"浮动"为由裁定质押无效。这种理由显然非常不合理,但如果法律明确规定只要某一账户内只存放用于质押某一债权的质押款,不与任何其他款项发生混同,即可以成立有效的质押,则完全可以杜绝这种不合理的解释。

就第3项理由而言,C法院认为专用于质押还款的特户,应为一般存款账户,需要在人民银行进行备案。这没有任何法律依据。首先,一般存款账户为用于结算的活期账户,户内资金因用于结算,不断有资金进出,存在较大流动性,这与"特定化"的要求相悖。用一般存款账户而不是用定期存款户或专门的质押账户设定存款质押,更不利于把质押存款独立于当事人的其他存款。其次,我国法律目前仅有关于人民币结算账户的开立和变更需向人民银行的人民币结算账户管理系统报送信息的规定,而且该系统是为人民银行管理之目的而设定,并非供一般人士查询之用。对于定期存款账户、质押账户等的开立和维持,现行法律规定并无要求向人民银行进行任何登记或备案。再次,特户质押属于动产质押,《物权法》第208条和212条规定,动产质押是指债务人或者第三人将其动产移交债权人占有,作为债权的担保。动产质押以质物移交质权人占有为生效要件,并产生公示效力,得对抗第三人。而特户质押作为动产质押的一种不以在人民银行备案登记为生效要件,亦不以此为公示形式。这一第3项理由显然也非常不合理。但是,由于法律和司法解释本身对"特户"没有明确的说明,就给了地方法院或当事人随意解释的余地。

C法院的第2项驳回理由也与法律不明确有一定关系。C法院以A银行没有及时行使质权为由认为银行对质押的存款没有控制。从质押的角度而言,质押的成立需要质权人对质物有控制,但这种控制只需要有占有即可。质权人占有质物是这一问题上的唯一判断标准。质权人不及时行使质权不应在任何程度上作为质权人失去对质物的控制的判断标准,更不应该作为质权无效的理由。当然,在本案中,相关贷款的到期日已经在此前被展期至2011年11月,由于尾号为201和203的两质押账户内存款已被冻结而没有行使质权,完全不存在怠于行使质权的情形。

从上述分析我们可以看到,正是因为法律规定的不明确,使得地方法院在解释时有很大的随意性,在某些诸如"地方保护"的因素介入后,最终使得一个裁判可以变得非常的不合理。

另外,借鉴香港特别行政区的做法,法律明确规定存款质押必须办理登记,但国内并没有相关规定及登记系统,从而无法从形式上对存款质押给予足够的保护,对抗善意第三人。当然,系统的建立也需要时间及法律法规的支持,类似于存款质押等常用的担保方式,如果由于中国地域广阔而导致某些偏远地区无法普及系统上线,从而缺乏对存款质押合法性的有效保护,也不是立法的初衷。

2. 现行司法解释规定信用证开证保证金只能冻结而不能扣划,但没有将相同的规则明确适用于《担保法司法解释》第85条项下的存款质押。这使得法院可以随意扣划质押存款,在"地方保护"等各种因素的影响下,银行在接受存款质押时严重缺乏应有的安全感。

最高人民法院1997年9月3日发布的《关于人民法院能否对信用证开证保证金采取冻结和扣划措施问题的规定》明确:"一、人民法院在审理或执行案件时,依法可以对信用证开证保证金采取冻结措施,但不得扣划。如果当事人认为人民法院冻结和扣划的某项资金属于信用证开证保证金的,应当提供有关证据予以证明。人民法院审查后,可按以下原则处理:对于确系信用证开证保证金的,不得采取扣划措施;如果开证银行履行了对外支付义务,根据该银行的申请,人民法院应当立即解除对信用证开证保证金相应部分的冻结措施;如果申请开证人提供的开证保证金是外汇,当事人又举证证明信用证的受益人提供的单据与信用证条款相符时,人民法院应当立即解除冻结措施。"并进一步规定:"三、人民法院对于为逃避债务而提供虚假证据证明属信用证开证保证金的单位和个人,应当依照民事诉讼法的有关规定严肃处理。"

开证保证金是存款质押的一种,如果对于开证保证金法院只能冻结,而不能要求扣划,相应的对于其他存款质押也应该明确做出同样的规定。如果法院或冻结/扣划措施的申请人对于银行提出的存款已经被质押的事实有疑问的,可以要求银行提供充分的证据。各方仍有不同意见的,应可以提起确权之诉或其他诉讼程序。法院不能无视银行的权利主张,直接扣划。这一做法的合理性在于：

（1）存款质押本身是一种非常简单而直接的担保形式，是否存在质押是非常容易判断的，特别是对银行而言，对于某一存款是否存在质押，银行应该非常清楚，如果法律上明确规定，在不存在质押的情况下，银行因为自身或客户的利益谎称存在质押的，不仅需要承担民事责任，还需要承担行政的、甚至刑事的责任的情况下，银行进行虚假声明的几近于零。

（2）在银行主张存款已经被质押的情况下，法院可以要求先行冻结存款。在存款已经被冻结的情况下，未经法院的允许，任何人士都不可能动用存款。法院或冻结措施的申请人无需担心存款人或银行可能将存款用于其他用途。

（3）如果被质押的存款被扣划，特别是在执行程序中，实践中银行往往发现只能通过执行异议程序主张质权的保护。但执行庭法官在对法律的理解上往往没有审判庭法官更有经验。

（4）从经济上讲，如果存款被扣划而最终证明存款上存在质押，法院又需要把存款划归银行，而法院划回款项又常常不会包含利息，这会造成客户或质权人利息上的损失。

3. 法院对于被质押的特定存款的扣划行为是否直接导致银行丧失质权。

在本案的处理过程中，某法院曾经提出一种意见，即在特定存款被法院扣划后，该存款就不再"特定化"，而变成了一般种类物，在法律意义上等同于"质物灭失"。存款人因此丧失了存款的所有权，而银行也因此不再享有质权或物上追及权。

这种观点是一种纯理论上的逻辑推论，它严重的背离了法律原本的立法目的，非常不利于交易的稳定和安全。虽然法院放弃了这一观点，但这一观点的产生，本身就反映了存款质押相关法律固有的根本性的缺陷，存款质押本就不应是一种"特定化"后的动产质押。

《担保法司法解释》第85条的规定将存款作为动产进行质押，本身就与商业实践不符。资金作为一般种类物，当其存在于银行系统时，不能再视为客户对特定账户内的存款享有所有权，而银行对客户是一种返还所有物之义务。客户和银行之间就存款是一种债权债务关系。而账户本身就是一种合同关系。就账户进行质押，如果一定需要进行定性，也应该定性为一种权利质押，而非动产质押。在权利质押的情况下，法院对账户所进行的冻结，是暂时禁止合同的履行。而法院要求扣划，也只能是在权利质押关系被否定后的一种要求债务人协助直接向第三方支付的行为。

即使在现行法律下，C法院的扣划行为也并不导致质物的灭失，A银行并不因质物的灭失而丧失质权。相反，C 法院的扣划系质物的转移占有。根据《担保法司法解释》第 87 条规定①，在质物转移占有情况下，A 银行可以行使物上请求权要求恢复占有并对系争存款优先受偿。具体分析如下：

第一，C 法院扣划的行为并未导致质物的灭失，只是发生质物的转移占有。而且，即使质物灭失的，质物的替代物等转化形态仍应替代质物由质权人享有质权。

（1）本案系质物的转移占有，而非灭失。《担保法》第 69、73 条以及《物权法》第 216 条规定了质物灭失、毁损或其他价值明显减少的情形。与毁损或其他价值明显减少的情形所导致的质物物理价值部分丧失相比，所谓的质物灭失，是指质物因在生产中被消耗、在生活中被消费，或者因自然灾害等导致物理价值完全丧失而无法恢复的情形。这种情况下，因质物物理价值已完全不复存在，则相对应该质物的质权也因此消灭。

本案系争存款目前仍维持在 C 法院账户，并未向任何第三方划转。由此可见，本案中的质物在物理上并未消亡，其作为存款仅系从一个账户转移至另外一个账户，存放方式不发生变化，仅存放地点发生了位移。设若存款可以追回至 A 银行，则可以直接偿还 B 公司对 A 银行的债务；若无法追回至 A 银行的，也系被 C 法院执行用以偿还 B 公司的其他对外债务，因此存款不丧失其作为货币的物理价值，不构成质物的灭失。

（2）退一步说，即使本案成立质物灭失，根据担保法规定因质物灭失产生之赔偿金等替代物仍得有质权人享有质权。A 银行据此仍对存放在 C 法院的原质物之等价物享有质权。

我国《担保法》第 73 条②规定了质物灭失情形下，因质物灭失获得的赔偿金仍替代质物作为出质财产，由质权人享有质权。据此，即使质物物理价值灭失的，若交换价值还在，无论其型态如何，都仍然是质权所支配、衍生、演变的交换价值，质权仍然存在于这种交换价值上。这种交换价值称为质物的代位物，其确定了质权人对质物各种转化形态的质权。

因此，本案中只要在 C 法院扣划行为前 A 银行依法享有质权，即使认定 C 法院的扣划行为导致系争存款灭失，但因系争存款同等金额的款项仍存放于 C 法院，系争存款的转化形式已经确定化，清楚明确不存在争议，因此仍应可以作为原质物的替代物由 A 银行享有质权。

---

① 《担保法司法解释》第 87 条规定：人民法院不予支持。因不可归责于质权人的事由而丧失对质物的占有，质权人可以向不当占有人请求停止侵害、恢复原状、返还质物。

② 《担保法》第 73 规定：质权因质物灭失而消灭。因灭失所得的赔偿金，应当作为出质财产。

第二，我国《物权法》《担保法》《担保法司法解释》以及大量案例显示，质权人非因自身原因丧失对质物占有的，并不丧失质权，仍得以根据质权行使物上请求权。

依据《担保法司法解释》第 87 条规定，因不可归责于质权人的事由而丧失对质物的占有，质权人可以向不当占有人请求停止侵害、恢复原状、返还质物。由此确定了质权人丧失对质物占有情况下的物上请求权。

物上请求权的基础是物权。而《担保法司法解释》第 87 条确定之质权人对质物的物上请求权即以承认其质权为前提。因此，质权人因非自身原因失去对质物控制的，不仅不丧失质权，相反仍得根据其质权以任何合法方式行使物上请求权，恢复其对物权原有支配状态。本案中，A 银行的质权不仅不因 C 法院的扣划行为丧失质权，相反仍得以根据质权行使物上请求权。

（1）本案中，A 银行失去对质物的控制系因 C 法院的扣划行为，A 银行对此已经穷尽一切合法救济措施，不存在任何过错。因此，符合《担保法司法解释》第 87 条的规定，A 银行仍享有质权及相应的物上请求权。

在 A 银行质押期间，C 法院于 2011 年 10 月 17 日前往 A 银行处冻结了系争存款，对此 A 银行当场告知 C 法院冻结的是 A 银行质押财产不得扣划。2012 年年初主债权到期后，A 银行向 C 法院提出解除冻结申请，申请审理过程中 C 法院进入执行程序 A 银行为此提出执行异议。然而，C 法院在未对 A 银行执行异议做出裁判的情况下于 2012 年 4 月 1 日前往 A 银行处要求扣划系争存款，为此 A 银行当场向 C 法院再次提起执行异议。关于 A 银行对系争存款的质权以及对 C 法院扣划行为的异议，均已在相关协助执行通知书的回执上明确注明。

由于 C 法院行使得是国家公权力，A 银行依法有义务配合国家机关的执法活动。而且，在国家法律许可范围内，对 C 法院的冻结和扣划行为 A 银行已经穷尽了一切合法救济措施维护自身质权。因此，本案中 A 银行对质物控制权的丧失纯系不可归责于 A 银行的事由，A 银行无任何过错，不应对此承担任何法律责任。

C 法院的扣划行为并不导致 A 银行质权的丧失，A 银行仍得以根据其质权行使物上请求权。

物上请求权，又称为物权请求权，是指物权被妨害或有被妨害之虞时，物权人为回复物权的圆满支配状态而请求妨害人为一定行为的权利。物上请求权是基于物权绝对性、对世性特质而发生的效力，它赋予物权人在行使权利过程中各种请求权，以排除来自外界的各种妨害，从而恢复物权人的原有支配状态。

显然，物上请求权的基础是物权，即只有在物权人享有物权的基础上才存在物上请求权。《担保法解释》第87条规定物上请求权的前提就是承认质权人丧失对质物占有情况下的质权。因此，本案中A银行尽管因C法院的扣划丧失了对质物的占有，但并不因此导致质权的消灭，相反其质权不仅应当得以认可，更有权基于质权行使物上请求权，恢复对质物的占有。

（2）根据《担保法解释》第87条之本意，法律肯定质权被妨害的情形下，仍以质权被妨害之前质权是否依法成立作为判断质权人是否享有质权以及基于质权的物上请求权的标准，质权被妨害后的情形不应成为质权是否成立的判断标准。因此，本案应以C法院扣划之前质押是否成立判断A银行的质权。据此，如前文所述，A银行质权依法成立且有效。

物权被妨害的，物权人已经失去此前对物权的圆满支配状态，设若仍以妨害以先物权圆满状态的标准判断物权被妨害情况下物权的成立与否，显然物权必然无法成立，则妨害人只要采取妨害行为物权人就丧失了物权，物上请求权因此失去存在的意义。

在质权被妨害的情况下，正如《担保法解释》第87条规定，质权人已经丧失对质物的占有，根据动产质权需以质物由质权人占有和控制为要件的规定，此时若仍以动产质权圆满状态下的构成要件判断质权人是否享有质权，则显然质权无法成立，则《担保法解释》第87条规定的以质权为基础的物上请求权失去意义。不仅与物上请求权的基本理论和法律精神相违背，也有违基本公序良俗和公平正义的法律原则，助长妨害人的非法妨害行为，扰乱社会和商业秩序。

本案中，C法院扣划作为对A银行行使质权的一种妨害行为，其直接结果必然是割断A银行对存款的占有和控制，将存款转出特定账户，使其有别与此前A银行的圆满质权支配状态。因此，不应以C法院扣划后A银行丧失对存款的占有和控制以及存款转出特定账户而丧失特定化为由否定A银行的质权。而仅应以妨害以先本案质押是否符合法定要件为准。正如前文所述，在C法院扣划前本案符合特户存款质押的构成要件，A银行因此依法享有质权。

（3）特户存款质押作为《担保法解释》明确规定的一种具体动产质押方式，与其他动产质押形式尽管在具体构成要件上有别，但均应适用同样的担保物权理论、原则和精神，即担保物权不因妨害物权的行为而丧失，相反为否定、追究和打击妨害担保物权的行为，维护担保物权的对世效力，保护质权人的合法权利，更应当确定特户存款质押形式下，质权人对因妨害物权的行为而被划转之存款的质权。不应因特户存款质押系以银行存款这种特殊的动产作为质物就将其割离于担保理论之外，形成差别待遇从而违反担保物权的基本理论、原则和精神，损害质权人利益。

（4）实践中也有大量案例表明，特户质押情况下，质押存款被人民法院扣划的，质权人有权通过执行异议和复议程序，以及单独的确认质权之诉等法律救济措施要求人民法院确认质权人对扣划之存款的质权和优先受偿权。而人民法院均以质押存款被扣划之前是否满足特户质押构成要件为标准最终确认质权人的质权，因此质押存款被扣划的不影响质权人的质权。

（5）特户质押系银行业使用范围非常广泛的一种担保方式，且被赋予非常高的安全系数，若因法院扣划及其他第三方的妨害即导致质权的丧失，将对银行合法利益造成巨大影响，直接关乎特户存款质押在银行界的适用，波及我国担保法和物权法规定的特户存款质押在实践中的应用和落实。

特户存款质押作为动产质押的一种，以银行存款为质物，综合考虑到特户存款质押下质权人对质物的控制、质物的变现能力以及质权的行使方式等诸多优点，在银行业内被定位为安全系数非常高的质押方式，得到了非常广泛的应用。

然而，若单因司法机关扣划或其他第三人的行为即可导致银行因此丧失质权，则将直接导致以下后果：

1. 商业银行将失去一种最有效的担保方式：存款质押，因为其价值确定（不会因市场波动而大幅贬值）、安全系数高（银行直接控制担保物）、执行方便（可以直接通过抵销实现），一直是最受银行欢迎的担保方式。如果因为司法扣划即可使得银行立即丧失其对存款的质权，则存款质押将立即由安全系数最高担保成为安全系数非常低的一种安慰，从而被银行弃用。从银行会计制度的角度而言，如果一种完全有效的担保可以被第三方以合法的方式直接灭失或变成无效，银行在会计上将不能继续视之为一种担保，这将进而影响银行在相关融资中的成本（有担保和无担保的贷款在风险资产等项目上的处理是不一样的），并进一步导致利率的提高。在这种情况下，借款人用存款质押作为担保的意愿将极大程度地降低。

2. 更多的商业欺诈将会发生：如果因为司法扣划即可使得银行立即丧失其对质押存款的质权，借款人可以一方面通过存款质押从银行获得融资，另一方面通过由第三人另案对其起诉的方式，将相关存款扣划走，进而使银行丧失对存款的质权。这种方式在表面上完全合法，借款人甚至完全可能不会因此而遭受任何形式的处罚。

3. 法律的立法目的无法实现：现行法律明确认可存款质押这一担保方式，其目的在于丰富担保种类，方便企业融资，进而活跃市场经济。如果因为司法扣划即可使得银行立即丧失其对质押存款的质权，这样立法目的将无法实现。

4. 更多的纷争将因此发生：如果银行原本所拥有的存款质押是有效的，而法院的司法扣划导致银行直接丧失该等有效的质押，并进而失去任何物上追及权或代位权，则一方面，银行将会以存款质押不得扣划对抗法院的司法扣划裁定，另一方面，如果存款已经被扣划，银行将以法院的扣划为非法扣划而要求国家赔偿。无论哪种情况，都会导致法院和银行之间发生更多的纷争。

法律的解释必须符合立法本身的目的，必须保护当事人的合理期待和合法利益，保护和促进交易的稳定性。如果认为法院的司法扣划即可使得银行立即丧失其对原本有效的质押项下的存款的质权，将有悖法律解释的基本原则。

保证金质押案例分析及相关法律问题浅析

徽商银行　洪　伟　王可邦

《最高人民法院关于适用〈中华人民共和国担保法〉若干问题的解释》（以下简称《担保法司法解释》）第 85 条规定："债务人或者第三人将其金钱以特户、封金、保证金等形式特定化后，移交债权人占有作为债权的担保，债务人不履行债务时，债权人可以以该金钱优先受偿。"该条款明确了保证金的法律地位，将保证金质押规定为物权担保的一种，有力地促进了商业银行信贷业务的开展。但是，目前保证金质押在理论和实务操作中存在许多争议，致使这一担保形式对银行债权的保障作用大打折扣，给银行合法权益的维护带来一定的不确定性。现结合某商业银行近期发生的一起保证金被法院扣划的真实案例，就保证金质押在实务中存在的相关法律问题进行简要的分析和探讨，以期立法或司法解释的进一步完善。

一、案例介绍

2010 年 9 月 3 日，某甲房地产开发商与某商业银行乙支行签订了《个人商用房贷款合作协议书》，该协议书第 9 条约定："在甲为购房人办妥《房地产权证》并协助乙方进行抵押登记、乙方取得《房地产权证》复印件并执管《房屋他项权证》原件之前，乙方将借款人的购房款一次或分次转入甲方在乙方开立的存款账户存放，甲方以不低于贷款总额的 1% 作为保证金，专户存储，不得动用。当乙方收到《房地产权证》复印件并执管《房屋他项权证》原件后，甲方即可动用专户上的保证金。"截至 2011 年年底，银行累计发放了 37 笔个人住房按揭贷款，贷款金额 478.2 万元，房地产开发商保证金账户金额 49.48 万元。

2012 年 2 月 13 日，因房地产开发商未履行另一案已生效判决所确定的付款义务，某法院来到银行，要求扣划房地产开发商在银行交存的按揭贷款保证金以及另外两个结算账户的银行存款,共计 101.3 万元。银行虽经沟通解释,表明该保证金账户内资金系为第三人债务提供的担保,法院可以冻结,但不能扣划。但最终,法院仍然坚持强行扣划了上述保证金。

2012 年 2 月 24 日,银行向执行法院递交了书面执行异议申请。2012 年 5 月 9 日,执行法院作出执行裁定书,驳回了银行的异议申请。

二、双方观点

该案中,银行与法院对于上述保证金能否扣划持不同观点:

(1)银行认为:保证金专户内的保证金已质押给银行,银行合法享有质权,在质权没有消灭之前,法院可以冻结保证金,但不能直接扣划保证金偿还第三方债务。

(2)法院认为:银行与被执行人签订的《个人商用房贷款合作协议书》中关于保证金的性质约定并不明确,未明确将其表述为动产质押,且无质押合同,该保证金不具有质押效力,不能对抗申请执行人。

三、保证金质押在实务中存在的法律问题

(一)贷款、保函等保证金能否扣划

依据所担保银行信贷业务品种的不同,保证金可分为贷款(住房按揭贷款、汽车消费贷款等)保证金、保函保证金、银行承兑汇票保证金、信用证保证金等。《最高人民法院关于人民法院能否对信用证开证保证金采取冻结和扣划措施问题的规定》和《最高人民法院、中国人民银行关于依法规范人民法院执行和金融机构协助执行的通知》中,对信用证开证保证金和银行承兑汇票保证金作了明文规定,即可以冻结、但不得扣划,而对于银行信贷业务中大量存在的住房按揭贷款、汽车消费贷款、保函等业务项下的保证金,并未明确是否可以冻结或扣划,因此,部分法院在实务中以最高人民法院对上述保证金"无明确规定不得扣划"为由,强行要求扣划。

笔者认为,贷款保证金、保函保证金以及其他银行信贷业务中的保证金,虽然现行法律并无明确规定能否扣划,但从相关担保法律规定的立法精神以及类推适用的法律解释方法等角度来看,人民法院不得扣划,理由如下:

1. 从物权法定的角度来看:《担保法司法解释》第 85 条明确了可以保证金质押,即将保证金质押作为一种物权担保,而《物权法》第 170 条、第 208 条以及《担保法》第 63 条明确规定了担保物权人对于抵(质)押物的优先受偿权。因此,银行在办理信贷业务时,要求债务人或第三方缴存一定比例的保

证金，其目的即在于为债务履行提供担保。如果法院对于保证金可以随意扣划，那么担保法律制度所设计的保护担保物权人优先受偿权的规定形同虚设，法律本身所具有的行为引导功能将不复存在，这种情形比法律本身具有漏洞更加具有危害性。

2. 从法律解释的角度来看：法律体系上存在漏洞，将影响法律规范的功能，不能贯彻立法者的意图，使民事主体的合法权益难以得到法律的保护。为使法律的正义在生活中得以实现，须对法律漏洞进行补充。① 而在民事法律领域，对法律漏洞进行补充的方法之一即为类推适用。类推适用的前提条件是：该法律条文虽然没有明确规定，但该法律规定赖以存在的基本原理和原则却可以包含某一行为或事件。我们不难看出，从《物权法》、《担保法》及其司法解释相关规定来看，不论是何种信贷业务项下的保证金，共同具备物权担保之性质。最高人民法院的司法解释规定了银行承兑汇票和信用证保证金不得扣划，未明确规定贷款、保函等保证金是否可以扣划，但上述司法解释不仅不是"因未明确不得扣划，所以贷款、保函等保证金可以扣划"的理由，反而正是贷款、保函等保证金同样不得扣划的重要参考依据。

3. 从公平正义的角度来看：贷款、保函等保证金不得扣划并不损害第三方利益。法所追求的诸多目的价值是按照一定的位阶排列组合在一起的，当那些低位阶的价值与高位阶的价值发生冲突并不可兼得时，高位阶的价值就会被优先考虑。② 在债务人无力偿债时，保证金被银行扣划用于偿还债务，此乃银行依法享有的优先受偿权决定的，基于法律对于担保物权人权益予以保障的制度设计；债务人到期足额偿债，保证金不再具备担保功能时，法院再行扣划，保证金依然能够对其他债务人的债务起到再分配的作用，个体权益并未受到损害。

(二) 保证金质押是否要签订专门的保证金质押合同

银行信贷业务操作过程中，很多业务的保证金质押是并不签订专门的保证金质押合同，而是在相关的合作协议或业务主协议中约定相应的保证金质押条款。如住房按揭贷款或汽车消费贷款，银行要求房地产开发商或汽车经销商提供保证（或阶段性保证）并缴存相应比例的保证金，保证金质押条款一般在合作协议中约定。此外，银行出具保函、银行承兑汇票、开立信用证时要求债务人缴存保证金，保证金质押条款一般在《出具保函协议书》《银行承兑协

---

① 黄茂荣：《法学方法与现代民法》，中国政法大学出版社 2001 年版，第 292 页。
② 张文显：《法理学》，法律出版社 1997 年版，第 285 页。

议》《开立信用证协议》中加以约定。除此之外,是否需要签订专门的保证金质押合同,也存在不同的看法。

笔者认为,银行目前的上述通行做法符合相关法律法规的规定,法院不能因保证金质押未签订专门的保证金质押合同,即认为保证金质押无效,理由如下:

1. 《物权法》第 210 条和《担保法》第 64 条、第 65 条均规定了设立质权,当事人应当采取书面形式订立质权合同,同时规定了质权合同应当具备的基本条款。但是,民法最重要、最独特的精神价值即在于私法自治,民事法律中的大部分条款均为任意性条款,而很少有强制性条款,强制性条款的主要作用也主要在于个体自由与公共利益之间的权衡。《物权法》《担保法》的上述规定显然系任意性条款,而非强制性条款,因此,即使没有签订专门的保证金质押合同,但银行与出质人在其他相关协议文本中对保证金质押事项作了明确的约定,因此,仅以银行与出质人未签订专门的保证金质押合同即认定保证金质押不成立,应属对于担保法律条款的机械化、教条式的理解。

2. 《担保法司法解释》第 22 条规定:"第三人单方以书面形式向债权人出具担保书,债权人接受且未提出异议的,保证合同成立。主合同中虽然没有保证条款,但是,保证人在主合同上以保证人的身份签字或者盖章的,保证合同成立。"由此可见,担保合同的成立也并不以合同双方签订专门的书面担保合同为必要条件,而应注重担保当事人各方是否具有真实的提供担保的意思表示。

3. 民法法律法规的基本功能之一即是保障经济安全、提交交易效率,《担保法》第 1 条也明确了其制定目的是"为促进资金融通和商品流通"。实务中,一个楼盘开盘后有近千户个人住房按揭客户,如果让房地产开发商售房时为按揭贷款客户与银行逐一签订《保证金质押合同》,而不是仅签订《合作协议》约定保证金事项,将导致交易效率大大降低,与民事法律的上述立法精神也背道而驰。

(三)保证金是否必须缴存至贷款行

《物权法》第 212 条规定:"质权自出质人交付质押财产时设立。"保证金质押,必须以出质人交付相应的保证金方能作为保证金质押生效的前提条件。但银行信贷业务中,很可能出现保证金交付后,保证金账户开立与保管人与质权人并非同一人的情形,如房地产开发商、汽车经销商、融资性担保公司等与某一级法人银行下属多家分支机构开展业务合作,在与上级机构签订合作协议的时候,一般约定仅在某一指定分支机构缴存一定比例的保证金,用于所有辖属业务的担保。浙江某法院在判决中即认为,针对原告商业银行 A 支行要求对公司存入同一商业银行 B 支行的保证金享有优先受偿权的诉讼请求,由于该保证金是公司与商业银行总行签订的《合作协议书》项下的保证金,并不是公司专门针对本案交存的保证金,且开户银行也在 B 支行,保证金并未移交原告占有,因此,诉讼请求缺乏法律依据,不予支持。

笔者认为,保证金质押并非一定要出质人在贷款行(质权人)处开立保证金专户,并缴存相应的保证金作为其生效条件,保证金的交付也存在直接缴存质权行和同一法人银行内其他分支机构的情形。《物权法》《担保法》关于质权设立时交付出质财产的规定,并未明确要求必须交由质权人本人保管,质押财产完全可以将由质权人委托的第三方保管。交付是转移占有,是公示公信的需要,而保管是受人之托、代客服务,保管人从出质人处或从质权人处接收、保管质押财产,系听命于质权人而非出质人,因此,质押财产仍在质权人控制之中,质押应属有效。近些年来,为促进经济融通,扩大内需,多家银行推出了供应链融资、贸易融资等创新产品,其中的动产质押监管业务,即是企业将用于出质的动产交付给银行指定的第三方仓储机构或监管机构,由第三方进行保管或监管的业务类型。实务中,合作商与某一银行开展业务合作分支机构的上级机构签订合作协议,约定在指定分支机构开立保证金账户为合作业务提供担保,并不违反相行相关法律法规,且具有重要的现实意义,而严格要求合作商到每一开展合作业务的分支机构均缴存保证金,实务中不具有操作性。

(四)保证金账户金额变动是否即非"特定化"

《担保法司法解释》第 85 条规定的保证金质押生效的前提条件之一即"特定化"。何为"特定化"有不同理解,有观点认为"特定化"理解为保证金账户内资金数额固定不变,也有观点认为保证金账户内资金数额可以变动,只要做到变动后的保证金有相对应的担保主债权即可。实践中,存在部分以保证金账户内资金浮动不固定,不能满足《担保法司法解释》第 85 条规定的保证金质押的要件为由,判决贷款银行质权并未设立的情形。类似判决在一定程度上限制和束缚了银行信贷业务的推广和发展。

笔者认为,"特定化"不应以金额确定或不变为条件。这里的"特定"应是保证金账户的"特定",凡是进入该账户的资金均属保证金,作为债权的担保。金钱作为可分物,债权人可对超出担保需要的部分资金予以释放,亦可以根据债权变化要求质押人增加保证金。这应是符合我国相关担保法律规定的。具体到质押人向债权银行提供保证金质押而言,债务人或第三人以自身名义在作为债权人的银行处开立的缴存保证金的保证金存款账户,并在质押合同或相关合同的质押条款中约定该账户信息（只需确定户名、开户行即可），规定该账户内资金作为债权人债权的质押担保后，应视为将保证金特定化。保证金账户仅用于质押担保项下的支付，不得作为日常结算账户使用，不得支取现金，以区别日常结算账户，多笔保证金存款允许在同一账号下核算。有关款项一旦进入在债权人银行处开立的保证金账户，即视为移交债权人占有，超出担保的部分金额不具有担保效力，而保证金经质权人同意转出的，自然丧失担保效力。另外，保证金账户的特定也并非一定需在签署合同条款中就明确具体账号，在只需合同中明确是以出质人名义在债权人银行开立的保证金账户就可。这是由于保证金账号通常在保证金存入时随机生成，往往先签合同后有具体账号，因此通常无法事先确定，但结合合同条款和业务办理操作流程同样可做到特定化。

四、小结

法律是在实践中体现出规范性的，所以应当从实践理性的角度来考虑法律的正当性。我国现行法律和司法解释关于保证金质押的相关规定对于扩大资金融通渠道，促进市场经济发展起到了一定的作用，但在当前社会与经济发展变化迅速、金融产品创新日新月异的环境下，保证金质押的现行规定又明显存在一些空白或模糊地带，因此，亟待进一步修改完善。

对于人民法院强制执行保证金账户案件执行问题的探讨

西安市新城区农村信用合作联社　瞿　龙　陈秀娟　樊　虹

一、案情介绍

2006年，某市A区农村信用合作联社C信用社（以下简称"C信用社"）与侯××、S公司签订《汽车消费借款合同》，约定C信用社向侯××提供借款9.1万元，S公司作为连带责任保证人。2011年C信用社就该借款合同纠纷向A区人民法院（以下简称"A法院"）提起民事诉讼，要求侯××偿还借款，S公司承担连带清偿责任。同年11月14日，A法院就该案作出判决，并于2012年1月11日C信用社持∗民三初字第00959号判决书（以下简称《判决书》）申请了执行强制执行。

执行中，A法院于2012年6月12日，向B区×信用社发出了（2012）∗执字第220号《协助扣划存款通知书》，要求协助扣划户名为"S汽车服务贸易有限公司"的账户存款，【账号：∗∗∗∗∗∗5502】，金额62810元保证金存款。

经柜台人员协助，查询该账户确为该社开立账户，但账户性质确属保证金账户（该账户是该社于2011年2月26日于该社签订了《个人汽车消费贷款合作协议书》，并按照《协议书》约定于2011年5月27日开户并存入的汽车消费按揭贷款保证金）。无法协助扣划，法院执行人员未听取柜台人员的解释，强行留置《协助扣划存款通知书》及《执行裁定书》于柜台后离去。无奈之下，×信用社于2012年6月19日正式向法院提交书面《执行异议书》及相关证据材料，提出了执行异议，要求撤销《协助扣划存款通知书》。A法院就该执行异议，于2012年7月24日召开了听证会，异议人×信用社、申请人执行人C信用社及被申请执行人S公司三方到庭参加了听证。听证结果为×信用社所请。

二、各方意见

本案执行中，对于 S 公司的账户扣划，异议人×信用社与执行申请人 C 信用社之间的争议如下：

执行申请人认为：S 公司账户内金额，虽为保证金账户款项，但仍属于 S 公司资产。依据 S 公司与 C 信用社签订的《借款合同》内容，S 公司作为侯××借款的连带责任保证人，其有义务就该笔借款承担连带清偿责任。

异议人认为：C 信用社申请扣划的 S 公司账户内的款项，乃是根据 S 公司与我 C 信用社签订的《个人汽车消费贷款合作协议书》约定交存的保证金，依据《最高人民法院关于适用〈担保法〉若干问题的解释》（法释〔2000〕44 号，以下简称《解释》）第 85 条规定："债务人或者第三人将其金钱以特户、封金、保证金等形式特定化后，移交债权人占有作为债权的担保，债务人不履行债务人时，债权人可以以该金钱优先受偿。"故×信用社认为其对于账户内的款项享有优先受偿权，法院的扣划措施不当。且根据农村金融机构业务操作系统对保证金账户的设置，法院的扣划要求我社无法予以协助。

三、评析

由前述可知，本案双方争议的焦点集中在对 S 公司被要求扣划存款账户存款款项性质的认定上。保证金设立的本意是对银行的债权进行担保，且价值稳定、操作简便，能够有效地维护银行的债权安全。但本案中，保证金的"质押"担保功能却受到了质疑。实际上，×信用社作为金融机构，遇到人民法院前来要求协助扣划保证金账户的情形并非个案。保证金账户为何常常面临被法院强制扣划的风险，笔者认为这是因为目前的保证金制度及实务操作存在以下法律风险：

（一）法律规定不完善的法律风险

由于现行法律没有明确规定保证金质押担保方式，故最高人民法院的司法解释是此种担保方式的主要依据。

第 85 条规定，担保法司法解释承认了金钱质押的有效性并明确了金钱要形成有效质押，必须具备两个条件：一是"特定化"；二是"移交债权人占有"。但并未对"特定化"、"移交债权人占有"等进行具体的阐释，也没有明确提出保证金账户的金钱质押性质及其对抗第三人的效力。目前涉及保证金扣划问题的司法解释与规范性文件也仅局限于个别业务类型，尚不存在全面、系统规定各类保证金账户法律性质与法律效力的司法解释或类似文件。而相关司法解释涉及的保证金账户类型还限于信用证、银行承兑汇票等常规业务领域，对于车辆消费按揭贷款等其他形式的保证金还缺乏直接的法律依据。

成文规定层面的滞后性造成了司法实践中对保证金账户质押性质的不同认识，法院在执法中具有随意性。在实践中，有的法院认为司法解释未涉及的保证金即属于法律不予保护的保证金，账户内的资金仍属于客户自有资金，应当可以扣划；有的法院以账户资金不固定而否认保证金账户的质押性质；有的法院以账户资金循环使用而否定账户的特户性质。

（二）操作不规范的法律风险

实际上，由本案可见，法院当时未能从×信用社直接扣划成功，原因在于×信用社严格执行有关保证金账户规定及系统操作要求，从而使得院的扣划要求实际上无法实现。从实践看，保证金账户被扣划的法律风险更多的也正是来自于银行内部的操作不规范，从而影响了保证金账户"质押"担保的有效性，最终导致银行保证金得不到司法认可，被冻结或扣划，银行设置保证金条款所期冀的"质押"担保功能化为泡影。由笔者所见，操作不规范引起的风险主要来自以下几个方面：

1. 保证金未特定化的风险。质物的特定化是动产质押的有效要件之一，未曾特定化的金钱不能成为质押标的物。金钱属于特殊动产，其所有权随占有的转移而转移，除进行技术上处理外，金钱无法特定化并被保留所有权。银行通过特殊账户的方式，将用来承担担保责任的金钱与其他金钱区分开来，并具体约定该账户内资金的存入理由、数额、特殊的资金用途及其使用条件，以使其区别于其他金钱，从而实现该部分金钱的"特定化"。银行业务中，这种账户最常见的表现形式就是保证金账户。如果出质人以活期存款账户（一般存款账户）或者基本账户下设保证金子账户的资金作为保证金，出质人仍然可以自由地使用该账户办理结算和存取款业务，这种做法很难让人信服质押的保证金处于"特定化"状态，很有可能被人民法院认定质押无效。

2. 质押约定不具体的风险。长期以来，借款担保通常被认为是一种从属行为，对其缺乏足够的重视。例如，车辆消费按揭贷款中，银行仅与汽车经销商在"合作协议书"中约定汽车经销商为借款人提供阶段性担保并在贷款银行开立保证金账户，而对于质押保证金特定化等关键性问题都没有作出具体的约定，有的甚至简化到仅开立保证金专户，把至少应当具备的质押条款都省了，保证金专户质押与被担保的债权之间，没有建立起书面的对应关系，假如发生纠纷，银行将面临举证不能的法律风险。

3. 保证金来源不规范的风险。当保证金出质人与借款人同为一主体时，出质人通常要求从所借款中扣除保证金。银行在实际操作中,又大多是在贷款未达到借款人账户之前将部分贷款直接转入保证金专用账户。这种操作方式的后果极其严重:银行未能按借款合同约定履行足额发放贷款的义务,构成违约,隐藏借款人对贷款本息抗辩及要求返还多付利息的风险。

4. 质押未获得有权人批准的风险。出质人为他人提供保证金质押未依照公司章程规定,经由董事会或者股东会、股东大会批准,违反了《公司法》第16条的规定,存在质押无效的风险。例如:个人住房贷款、汽车消费贷款中,开发企业、经销企业等为个人债务提供质押担保未取得董事会或者股东会、股东大会决议同意,可能被人民法院认为无效质押。

以上诸多问题,导致了保证金账户面临被强制执行的法律风险,为保障银行作为质押权人的权益,进一步规范保证金管理,笔者提出以下建议:

1. 制定统一的制度规范。建议制定专门的《保证金管理办法》,并明确以下事项:保证金种类、法律性质、来源、账户、利率、计结息规则等基本问题;保证金专户的开立系统、会计核算、缴纳和退还方式、追加保证金情形、保证金实现等操作流程;强调保证金与被担保的主合同应该一一对应,保证金专户应设定质押、冻结,严禁挪用保证金等原则要求;对网点柜员如何应对司法机关查询、冻结、扣划保证金账户作出必要指引、规定。

2. 优化提升系统功能。开立保证金账户时在户名上添加"保证金专户"字样以示区别,从系统上将保证金专户作为银行自身的特殊账户进行管理的,并在该保证金专户下按客户和笔数设立多级账户。

3. 完善相关合同文本。建议采用统一的保证金质押担保合同,约定保证金质押法律效力、保证金专户的账户信息、保证金存款的利息计算方式、追加保证金的情形、保证金存款所产生的利息纳入质押范围、保证金的扣划和实现等条款。

4. 完整保存账户文件,有理有据对抗法院无理扣划要求。在发生银行对抗法院执行裁定的情况时,法院都会要求银行举证证明有关资金的质押担保效力。在这一问题上,银行负有举证责任并须承担举证不能的法律后果。前述认可开证保证金与银行承兑汇票保证金对抗效力的司法解释中也都要求商业银行承担举证责任。因此银行应注意加强保证金账户资料的管理,严格按照保证金质押协议,规范保证金的存入和支取流程,书面记载每笔保证金的存入时间、金额、存入理由及对应的主债权,尽可能做好书面证据的留存保管工作,以便在法院提出协助执行要求时举证证明账户资金的质押性质,有理有据对抗法院的无理扣划要求。

银行承兑汇票保证金的保全困境及建议

天津市高级人民法院　王立群　马世明　唱龙龙　张　宇

最高人民法院于 2000 年 9 月 4 日发布的《最高人民法院、中国人民银行关于依法规范人民法院执行和金融机构协助执行的通知》（法发〔2000〕21 号，以下简称《协助执行通知》）第 9 条规定："人民法院依法可以对银行承兑汇票保证金采取冻结措施，但不得扣划。如果金融机构已对汇票承兑或者已对外付款，根据金融机构的申请，人民法院应当解除对银行承兑汇票保证金相应部分的冻结措施。银行承兑汇票保证金已丧失保证金功能时，人民法院可以依法采取扣划措施。"该规定颁布已十余年，且该规定比较笼统，导致在司法实践尤其在法院执行中，对于银行承兑汇票保证金的执行问题存在着歧义和疑惑。

一、引子

M 银行与 Z 公司于 2010 年 7 月 27 日签订了《综合授信合同》，合同约定：M 银行给予 Z 公司综合授信敞口人民币 3500 万元，期限自 2011 年 7 月 27 日起至 2012 年 7 月 27 日止，授信种类为人民币汇票承兑。同日 M 银行与 X 公司签订了十份《最高额抵押合同》，约定 X 公司以其所有的十处房产为 Z 公司向 M 银行申请的 3500 万元授信额度提供抵押。2011 年 8 月 5 日，M 银行与 Z 公司签订了《银行承兑协议》，协议约定：Z 公司向其在 M 银行处开立的保证金账户中存入 50% 比例的保证金，即 3500 万元，M 银行于当日承兑 Z 公司开具的 20 张承兑汇票，总金额为 7000 万元，票据到期日为 2012 年 2 月 5 日。2012 年 2 月 6 日 M 银行对外支付了此 20 张总价 7000 万元的承兑汇票。

A 法院在审理原告 D 诉被告 Z 公司民间借贷纠纷一案期间，原告 D 于 2011 年 12 月 19 日提出财产保全申请，请求冻结 Z 公司银行存款人民币 11291136 元或查封、扣押其相应等值财产，并提供了担保。A 法院于 2011 年

12月26日冻结了Z公司在M银行处的存款人民币13391136元。

2011年12月28日，M银行向Z公司发出《催缴函》，要求Z公司于2011年12月30日前补足全额保证金，但Z公司逾期未补足，故M银行诉至B法院，请求Z公司立即向M银行兑付未到期承兑汇票项下的贷款本金7000万元等。2012年2月8日，M银行向B法院申请变更诉讼请求，称其已于2012年2月6日对外支付了20张总价为7000万元的承兑汇票，其中从Z公司的保证金账户及结算账户中扣划本息共计21966460.60元，其垫付票款48033539.40元，根据《银行承兑协议》的约定，M银行将其为Z公司垫付的48033539.40票款转为Z公司的逾期贷款，并从2012年2月6日起对此48033539.40元逾期贷款按日万分之五比例计收罚息，故向B法院申请变更原诉讼请求为依法判令Z公司立即返还逾期贷款本金48033539.40元及利息。B法院于2012年3月27日作出判决支持了M银行该项请求。原被告均未上诉，该民事判决发生法律效力。

M银行于2012年2月13日向A法院提出书面异议，称A法院冻结Z公司在其开立的保证金账户的行为违反了《最高人民法院、中国人民银行关于依法规范人民法院执行和金融机构协助执行的通知》第9条的规定，请求A法院解除对该账户的冻结。A法院经过审理后裁定M行的异议成立。

二、问题

（一）保证金性质问题

开具银行承兑汇票时，银行一般都会要求存入一定数额的保证金，关于该保证金的执行问题，《协助执行通知》第9条作了比较原则性的规定。在实践中，由于个案特殊情况以及执行理念的不同，对该保证金的性质存在着不同的观点。

一种观点认为，承兑汇票保证金的性质当然属于金钱质押性质，它的质押性质应当体现在银行承兑汇票协议中，承兑银行享有优先受偿权，人民法院在汇票承兑或对外付款前可以对保证金采取冻结措施，但不得扣划。如果承兑汇票保证金已丧失保证金功能时，人民法院可以依法采取扣划措施。

另一种观点认为，承兑汇票保证金的性质应当是信誉保证的性质。承兑汇票保证金的数额多少一般是参照两个方面：一方面是参照汇票总额来确定保证金比例；另一方面是参照出票人的信誉度来确定保证金比例。上述案例中，Z公司在M银行处存入的保证金，即只是其开具的汇票总额的50%。银行要求出票人在为其开立的保证金账户上存入一定数额的保证金，其目的是通过控制出票人一定数额的资金来降低风险，这笔资金存在出票人的账户上，银行并没有实际控制，因此该保证金不具有质押的性质，但是银行对该保证金仍然享有优先受偿权。在正常情况下，如果出票人违约，银行就可以依据承兑协议依法扣取保证金。但如果在银行未承兑或未对外付款的情况下，司法机关依法对保证金冻结，为了继续履行承兑协议，银行可以要求出票人在指定期限内补足保证金。如果出票人不补足保证金，应视为出票人违约，银行可以拒绝对持票人付款并出具拒付证明，由此产生的违约责任由出票人负责。如果银行在出票人不补足保证金的情况下，继续承兑或对外付款，将要承担不利的法律后果，即使对保证金享有优先受偿权，也应当通过司法程序解决。人民法院对该保证金可以依法冻结或扣划。

上述两种观点都承认银行对承兑汇票保证金享有优先受偿权，但是在人民法院可否直接扣划该保证金，以及银行承担的责任、如何主张优先受偿权等问题上存在差别。关于银行承兑汇票保证金性质问题，笔者同意最高人民法院于泓法官的观点[①]，即依据《担保法解释》第85条规定，"债务人或者第三人将其金钱以特户、封金、保证金等形式特定化后，移交债权人占有作为债权的担保，债务人不履行债务时，债权人可以以该金钱优先受偿"。这是金钱作为特殊动产可以作为质物进行质押的法律依据，"保证金"只是金钱质押的一种表现形式。保证金质押的有效设立还必须满足资金特定化的要求。金钱的特定化是指实质的特定化，而非形式上的特定化，即必须采取特定的形式限制该金钱的流通功能。根据质押合同或贷款合同中的质押条款，账户内资金的使用受到限制，存款人没有独立的支配权，银行没有自由使用权，只有在约定的特殊情形发生时才能动用，且只能被银行处分，才能认为发生了质物转移占有。结合一般质权设立的条件，出质人应与债权人订立书面合同。满足了上述条件，才能认定质押权有效设立。

（二）银行的司法救济途径问题

1. 《协助执行通知》第9条规定："如果金融机构已对汇票承兑或者已对外付款，根据金融机构的申请，人民法院应当解除对银行承兑汇票保证金相应部分的冻结措施"，金融机构如何申请，选择何种司法程序并没有明确。在实践中，执行程序中银行一般是通过提出执行异议来主张其优先受偿权。这里存在一个问题，银行提出的执行异议是属于《民事诉讼法》第202条规定的执

[①] 于泓、魏丹：""保证金账户"是否特定化并构成质押担保——中国农业发展银行漯河市分行营业部执行申诉案"，载《执行工作指导》（2011年第4辑），人民法院出版社2011年版，第75页。

行异议还是属于《民事诉讼法》第204条规定的案外人异议？是针对法院的冻结行为提出的异议还是对保证金主张实体权利阻却执行而提出的异议？这涉及到异议之后的程序问题。一般认为，质权人等优先权人提出的优先受偿权虽是实体权利，但并不否认执行标的物属于被执行人所有这一事实，故不足以阻止执行，只是对待分配价款享有优先受偿的请求权。但是，银行承兑汇票保证金的性质是金钱，实践中金钱特定化后并以押金、保证金等形式进行交付可以认定为质押，相关权利人提出的质押优先受偿权的目的应该是阻止执行。因此，此种情况下，应该按照《民事诉讼法》第204条之规定进行审查，案外人异议被支持或驳回后，应当提起许可执行之诉或案外人异议之诉。

2. 本文开头所引案例中，M银行在Z公司的保证金账户被A法院冻结的情况下，在承兑汇票未到期前向B法院起诉Z公司，在对外付款后又变更其诉讼请求，将被冻结的保证金数额转为逾期贷款，请求B法院判令Z公司偿还逾期贷款本金及相应罚息。B法院审理期间，M银行又向A法院申请执行异议。案件在审理期间，关于A法院的执行异议程序与B法院的民事诉讼程序之间的关系，出现了以下几种观点：

第一种观点认为，B法院的民事判决既然已经生效，就当然具有执行力，而且是关于实体权利的确认，A法院的执行异议审查只是程序性审查，因此，根据《协助执行通知》第9条的规定以及生效判决书之确认，A法院应当裁定确认M银行对该保证金账户内款项的优先受偿权并解除对该款项的冻结。

第二种观点认为，M银行在B法院起诉请求偿还的逾期贷款本金48033539.40元应当分为两个部分，即保证金账户内被冻结的1300余万元和另外的3500万元。对其中的3500万元部分，与A法院的执行异议程序无关，应当按照B法院的生效民事判决书执行；对其中的1300余万元，因为其在M银行向B法院提起诉讼前已被A法院冻结，所以即便M银行提出优先受偿权的实体权利的主张，也应当向A法院提出，由A法院管辖。故，A法院应当独立地进行执行异议审查，当事人、案外人对A法院的异议裁定不服，可以向A法院提起案外人异议之诉或者许可执行之诉，B法院的民事判决书可以作为M银行主张权利的依据，但并不当然成为A法院的执行依据。

第三种观点认为，M银行已对汇票承兑并对外付款，自承兑、对外付款行为完成之日起，承兑汇票票据关系即告消灭，保证金功能依附于票据关系，因此保证金功能随之丧失。M银行虽然于2011年8月5日开出汇票并承兑，但在其付款之前A法院已经冻结了该承兑汇票保证金，M银行明知Z公司资产情况已经严重恶化，但M银行仍然对外付款，因此M银行应当承担不利的后果。在案件中，M 银行既选择向 A 法院提出执行异议，请求对承兑汇票保证金的优先受偿，又向 B 法院提起诉讼，请求偿还转为的逾期贷款本金及利息、罚息，这两个权利请求在被 A 法院冻结的保证金数额 1300 余万元范围内存在竞合，M 银行拥有其权利保护的选择权。随着整笔汇票关系转为逾期贷款债权债务关系，M 银行的权利已经得到 B 法院生效判决的保护，因此，可以认定该承兑汇票保证金已丧失保证金功能。综合上述理由，A 法院根据《协助执行通知》第 9 条之规定可以依法采取扣划措施。

关于两个法院的审理程序问题，笔者认为 M 银行在 A 法院冻结承兑汇票保证金之后即向 Z 公司发出《催缴函》，要求 Z 公司补缴保证金，并且选择向 B 法院起诉，这些都是 M 银行积极寻求权利保护的行为。至于其后 M 银行在汇票到期日对外付款，是其按照相关票据规则进行的行为，并不能据此认定承兑汇票保证金功能的丧失。在对外付款后，M 银行选择变更诉讼请求，将垫付的票款转为逾期贷款，亦属正当行使诉讼权利。但其请求对被冻结的保证金账户内 1300 余万元的优先受偿权利，应向 A 法院提出主张。

三、建议

为保障金融债权的有效实现与保护，推动法院与金融机构的查控合作，加强执行方式的完善与创新，破解银行承兑汇票保证金的保全与执行困境，笔者建议完善以下几个方面：

（一）明确保证金性质

目前，银行在签订承兑汇票协议时都会约定"保证金"条款，但对于被担保的主债权数额、账户名称、质物交付方式、担保范围等必要事项并不一定约定明确。人民银行对人民币结算账户区分为基本存款账户、一般存款账户、专用存款账户、临时存款账户等四个类别，需要注意的是，其中的专用存款账户并不能当然理解为"保证金账户"，其是基于与其他结算账户在形式上存在区别，并不具有法律上的意义。另外，如果债务人与开户银行系事后追认双方构成质押关系或补签质押合同，依据《担保法解释》第 69 条规定的精神，也不应认可其效力，不能损害其他债权人的利益。

（二）银行有权拒付

《协助执行通知》第 9 条虽然规定了人民法院可以对保证金采取冻结措施，但银行对汇票承兑后，人民法院根据银行的申请应当解除对已承兑相应保证金部分解除冻结措施，从整个流程可以看出，人民法院可以有效冻结保证金的时机很短暂，且很难扣划到款项，这些情况使保证金保全变得基本无意义。

从保证金保全制度的有益性和可操作性出发，可以考虑若法院在银行承兑或者对外付款前冻结了保证金，则银行应该要求出票人补足保证金或者提供进一步的担保。若出票人拒绝提供，则银行可不对汇票承兑或对外付款，并且不承担由此产生的票据责任。如果银行在承兑或者对外付款前保证金被法院冻结的情况下仍然擅自承兑或者对外付款，则法院可对冻结的保证金不予解除冻结，或者作出其他处罚措施。若出票人补足了保证金或者提供了新的担保，则被冻结的保证金"丧失保证金功能"，法院可以依法采取扣划措施。为了避免可能会导致银行和出票人以及持票人之间产生纠纷，银行可以通过完善《银行承兑协议》、加入相关条款、在汇票上背书等方式来保障自身的利益。

从一则银行承兑汇票保证金被强行扣划
看当前执行异议程序存在的问题

交通银行　张成龙　田宝峰

一、案件事实

（一）银行承兑汇票开立等基础事实

2008年9月，A公司（下称出票人）在甲银行开立保证金账户。同日，出票人向甲银行申请银行承兑汇票额度（额度金额2000万元），双方协商一致后签订《开立银行承兑汇票额度合同》（下称汇票额度合同或本案系争合同），约定出票人在甲银行开立保证金账户"按申请开立的汇票票面金额的50%交存保证金"，并约定出票人"每次申请使用额度时，应将不低于约定比例的保证金存入账户，保证金自存入保证金账户之日起转移为银行占有。每次存入的保证金及利息为其对应的《额度使用申请书》下的债务提供担保"，甲银行"因本合同而需对持票人付款时，有权直接扣划保证金及其利息。"该汇票额度合同同时明确指定了上述保证金账户作为银行承兑汇票保证金账户。2008年12月，出票人申请并使用汇票额度合同项下全部额度2000万元人民币，并按约定在保证金账户中存入保证金1000万元人民币，共开立银行承兑汇票13张，出票金额合计2000万元人民币。

2008年12月，根据监管机关批复，甲银行进行了更名。2009年1月15日，公安机关收缴甲银行原印章，2009年1月18日启用新印章。

（二）执行法院强行扣划的事实

2009年2月，执行法院在立案执行申请人B公司（下称申请执行人）诉出票人借款担保合同纠纷一案中，冻结出票人在甲银行的上述银行保证金账户上的资金1000万元。甲银行协助法院办理了冻结手续。2009年6月，执行法院要求扣划上述保证金账户上的资金1000万元至法院账户。甲银行积极向执行法院抗辩称，该保证金账户上的资金为银行承兑汇票保证金，但执行法院仍强行坚持扣划。在尊重法院执法权的前提下，甲银行协助完成了扣划手续，但同时也将该保证金账户上的资金系银行承兑汇票保证金的抗辩记载于法院出具的相关法律文书上。

（三）执行行为异议及复议等事实

1. 执行法院冻结银行承兑汇票保证金后，2009年5月甲银行提出了《执行异议申请书》、《解除银行承兑汇票保证金账户冻结措施的申请》，请求执行法院解除对银行承兑汇票保证金账户的冻结。理由是：该保证金系银行承兑汇票保证金，根据《最高人民法院、中国人民银行关于依法规范人民法院执行和金融机构协助执行的通知》第9条规定，人民法院依法可以对银行承兑汇票保证金采取冻结措施，但不得扣划。如果金融机构已对汇票承兑或者已对外付款，根据金融机构的申请，人民法院应当解除对银行承兑汇票保证金相应部分的冻结措施。银行承兑汇票保证金已丧失保证金功能时，人民法院可以依法采取扣划措施。

2. 在《民事诉讼法》第202条规定的15天的审查期限内，执行法院未能对甲银行2009年5月提交的执行异议作出审查处理，而于2009年6月强行划甲银行的银行承兑汇票保证金。执行法院强行扣划保证金后组织听证会，申请执行人在听证会上对甲银行递交的上述账户是银行承兑汇票保证金专用账户及1000万元是银行承兑汇票保证金的证据提出异议，并提出书面鉴定申请。据此，执行法院通知甲银行要对证据进行司法鉴定，要求甲银行予以配合。

2009年9月，司法鉴定中心出具司法鉴定意见书，其鉴定意见为：（1）标注日期为"2008年9月24日"的保证金账户开户申请书无法确定形成时间，手写文字是一次形成，其上"存款人（公章）"部位的日期字迹（即：2008年9月24日）中的年份个位应为"9"改"8"，且其上三处日期（即：2008年9月24日）字迹是同一人书写形成。（2）标注日期为"2008年9月24日"的保证金账户开户申请书上的公章印文与样本——"签署日：2009年5月19日"的《开立银行承兑汇票额度合同》原件的公章印文是同期盖印形成。（3）"签署日：2008年9月24日"的《开立银行承兑汇票额度合同》（即本案的系争合同）的公章印文与样本——"签署日：2009年5月19日"的《开立银行承兑汇票额度合同》原件的公章印文是同期盖印形成。（4）"同期形成"限定为银行提供的2009年5月19日样本的前后3个月范围。

对此，甲银行提出：（1）鉴定结论不可采信，并提供相应证据。如：当地银监局的《关于甲银行银行承兑汇票保证金情况反映的复函》证明该账户系银行承兑汇票保证金账户、2009年1月15日,公安局收缴原甲银行印章的证据证明银行承兑汇票额度合同上的合同专用章不可能在2009年2月形成等。(2)保证金账户是银行承兑汇票保证金专用账户,1000万元系银行承兑汇票保证金,并提供一系列相关证据。如:《开立银行承兑汇票额度合同》、《开立单位银行结算账户申请书与开户业务受理通知书》、保证金收款通知书、银行承兑汇票(卡片)、甲银行账务系统电子卡打印件、甲银行(银行承兑汇票)垫款通知书等。

听证会后,结合司法鉴定意见书,执行法院作出执行裁定书,驳回甲银行执行异议。主要理由是:(1)2009年2月法院冻结出票人账户,银行在法院冻结回执上注明账户为"保证金",而非特定的"银行承兑汇票保证金"。(2)根据《司法鉴定意见书》,该保证金账户开户申请书上的日期存在年份个位应为"9"改"8"。"签署日:2008年9月24日"的《开立银行承兑汇票额度合同》(即本案系争合同)的公章印文与样本"签署日:2009年5月19日"的《开立银行承兑汇票额度合同》原件的公章印文是同期盖印形成。即:依据司法鉴定结论,可以认定该账户开立时间和银行承兑汇票合同签订时间应在2009年2月19日至2009年6月24日之间,即法院在2009年2月17日采取财产保全措施裁定限额冻结该账户款项之后形成,故该账户只可能在2009年2月19日之后才成为银行承兑汇票保证金账户,但不能约束本院2009年2月17日已裁定冻结的款项。(3)根据《最高人民法院关于民事诉讼证据的若干规定》第71条规定,人民法院委托鉴定部门作出的鉴定结论,当事人没有足以反驳的证据和理由的,可以认定其证明力。甲银行提出鉴定结论不可信,因没有足以反驳的相反证据和理由对其主张予以证实。故本院对鉴定结论证明效力予以确认并采信。(4)执行法院认为银行提供的证据不真实,不具备证据效力,同时证明银行与出票人所签订的本案系争合同是虚假的、不具备效力,并认为所扣划的1000万元是出票人在甲银行的保证金,而非银行承兑汇票保证金,执行法院扣划措施未违反《最高人民法院、中国人民银行关于依法规范人民法院执行和金融机构协助执行的通知》第9条规定。对于该认定,经过再次听证,执行法院撤销了作出该认定的执行裁定书,并重新出具驳回甲银行请求的执行裁定书。之后,甲银行向执行法院的上级法院(下称上级执行法院)提出复议申请,上级执行法院最终维持了执行法院的上述裁定。

二、他方意见

在主张执行异议的同时,甲银行向主管部门反映情况,并另案提起确权之诉。具体情况如下：

1. 2009年6月，甲银行向银监局递交了《关于执行法院违法强行扣划银行承兑汇票保证金的情况反映》，请求其客观、公正地对保证金账号是否是银行承兑汇票保证金性质账户，其内的1000万元是否是银行承兑汇票保证金做出确认。该局派人到甲银行进行业务审查后，于2009年7月复函甲银行，认为：出票人在甲银行开设的保证金账号确系银行承兑汇票专用保证金账户，2009年6月从该账户中扣划的1000万元是出票人为2000万元银行承兑汇票提供的保证金。

2. 2009年6月，甲银行依据《开立银行承兑汇票额度合同》确定的法院管辖向中级人民法院提起诉讼，请求法院判令出票人归还汇票垫款本息，确认保证金账号为银行承兑汇票保证金账户并对项下的保证金享有优先受偿权。该案经过两审法院审理，2010年4月省高院终审判决甲银行对银行承兑汇票保证金享有优先受偿权，并认为银监局给甲银行的复函中所作出的认定应予以认可。

三、评析

本案主要反映了两个问题：一是执行行为异议与执行标的异议竞合问题，即：利害关系人提出的执行异议虽针对执行行为，但异议依据的基础权利系涉及执行标的之其他实体权利，并主张该其他实体权利具有阻止执行行为效力的，此时利害关系人所提执行异议的性质是执行行为异议还是执行标的异议，或者二者竞合；二是保证金在司法执行中被扣划问题。

（一）执行行为异议与执行标的异议竞合问题

《民事诉讼法》新增加第225条和《最高人民法院关于适用〈中华人民共和国民事诉讼法〉执行程序若干问题的解释》（以下简称《执行程序解释》）第5条至第9条对执行行为异议作出了细化规定。由上述规定可知，执行行为异议程序是非诉形式，通过执行行为异议引发执行法院对其违法执行行为的审查，属"程序上的执行救济"[①]。执行行为异议不同于执行标的异议。主要区别有：（1）执行行为异议程序是非诉形式，执行标的异议涉及诉讼，涉及利害关系人的实体权利。（2）执行行为异议是由当事人或利害关系人启动，执行标的异议由利害关系人（案外人）启动，该程序启动后当事人/案外人对作

---

① 《违法执行行为异议程序若干问题的思考》，见 http://www.chinalawedu.com/news/21601/21626/2008/8/ji727453391 8800228404-0.htm，访问时间：2012年10月6日。

出裁定不服的也可提起诉讼。（3）执行行为异议针对的是执行行为违反法律规定，执行标的异议针对的是案外人对执行标的主张所有权或者其他足以阻止执行标的转让、交付的实体权利。

具体到本案，甲银行是执行法院执行案件中的利害关系人，也是案外人。甲银行对执行法院的执行提出了执行行为异议，但其执行行为异议所依据基础是甲银行在执行标的上享有能够阻止执行法院扣划的其他实体权利——银行承兑汇票保证金权利。即本案中，执行法院冻结账户资金时，该院称甲银行在冻结回执上仅注明"保证金"字样；执行法院在扣划先前冻结的资金时，甲银行提出该资金系"银行承兑汇票保证金"，法院以先前的冻结回执为依据不承认该资金性质为"银行承兑汇票保证金"，并强行扣划。甲银行与法院在此问题上产生争议，甲银行将该资金系"银行承兑汇票保证金"的主张记载在法院的法律文书上。之后，甲银行根据其享有的"银行承兑汇票保证金"权利依法向执行法院提出执行行为异议。在执行行为异议中，甲银行主张的是法院执行行为违法，依据是甲银行在执行标的上享有银行承兑汇票保证金权利。虽然甲银行与执行法院在"银行承兑汇票保证金"问题上已产生争议，但在执行行为异议中，甲银行未请求执行法院确认其在执行标的上享有"银行承兑汇票保证金"权利，而是仅将享有该权利的事实作为证据使用。对此，甲银行提出的是执行行为异议还是执行标的异议，或者二者竞合，需"利害关系人"进一步行使选择权？该问题的回答对"利害关系人"权利影响甚巨，它关系到纠纷的解决程序及当事人权利的行使。如是执行行为异议，则执行法院仅对执行行为是否违法作出审查，不能"以执代审"，超出权限对"利害关系人"的实体权利作出评判，"利害关系人"可根据合同等约定另行向有管辖权法院提起确权之诉。反之，如是执行标的异议，根据前述法律规定，则应由执行法院管辖，执行法院按照审判程序对"利害关系人"主张在执行标的上享有其他实体权利与否进行审理。

2007年的《民事诉讼法》和《执行程序解释》均未对此问题作出明确规定，导致实践中不同法院采取不同的做法。如本案中，执行法院按照执行行为异议程序进行处理，但处理过程中对甲银行主张的实际权利或证明该实体权利的证据一并进行评判。而有的法院[①]则认为：当事人、利害关系人提出对执行标的主张所有权或其他阻止执行标的转让、交付权利，以排除执行行为适用的

[①] 《上海市高级人民法院执行局关于执行行为异议审查的意见》，见 http://blog.sina.com.cn/s/blog_93803bc80100zy05.html，访问时间：2012年10月6日。

异议时，不适用 2012 年《民事诉讼法》第 225 条规定进行审查，接下来是按照执行标的异议程序处理还是另案起诉处理，未作出规定。还有的法院则明确规定按执行标的异议程序进行处理。如：浙江省高级人民法院印发《关于多个债权人对同一被执行人申请执行和执行异议处理中若干疑难问题的解答》（浙高法执〔2012〕5 号）中规定：案外人提出的异议既指向执行行为，又对执行标的主张所有权等实体权利，或者其异议针对执行行为，但异议依据的基础权利为所有权或者其他实体权利，并主张该实体权利具有阻止执行效力的，按照《民事诉讼法》第 227 条的规定进行审查。

鉴于执行标的异议之诉直接改变了基础合同对法院管辖权的约定，同时考虑到执行法院与执行案件间的关系及执行法院存在为达到执行目的而对利害关系人合法权益保护不周的司法现状，建议除非利害关系人明确主张执行标的异议，否则利害关系人主张执行行为异议时，其异议依据的基础权利系涉及执行标的之其他实体权利，并主张该其他实体权利具有阻止执行行为效力的，应视为执行行为异议。如执行法院或申请执行人对利害关系人享有的上述实体权利提出异议时，执行法院应中止审查该执行行为异议，对执行标的暂不处置，并告知利害关系人根据基础合同之约定向有管辖权法院提起确权之诉。最后，执行法院根据确权之诉判决，审查利害关系人执行行为异议是否成立。

（二）保证金在司法执行中被扣划问题

虽然本案系由法院执行行为引起，但我国法律对保证金立法的不完善亦是本案发生的重要诱因。我国社会经济生活中出现的保证金，类型多样，性质复杂，散见于各种类型的经营业务，但从各类法律法规规章的条文来看，均未对保证金作出统一的明确规范和定义，由此带来了保证金概念的模糊和内涵的丰富。[①] 不仅如此，在保证金账户的设立上，除《人民币银行结算账户管理办法》（中国人民银行令〔2003〕第 5 号）第 13 条明确期货交易保证金采用专用存款账户外，法律对其他类型保证金账户如何开立、保证金账户应采用何种类型银行账户规定也不明确。

虽然有关保证金的立法有待进一步完善，但保证金作为担保物的性质却被广泛接受，并体现在最高人民法院颁布的《关于适用〈中华人民共和国担保法〉若干问题的解释》（下称《担保法司法解释》）第 85 条中。根据该条法律规定，保证金属于动产质押的一种，质权人对其享有优先受偿权。但在司法实

[①] 赵青云：《账户质押、保证金账户质押相关法律问题》，载《东方企业文化·天下智慧》2011 年 11 月。

践中，质权人对保证金享有的优先受偿权经常受到司法执行的侵害。这其中的原因是，法律对保证金能否被司法扣划的规定不完善。目前有关保证金丧失担保功能前不能被司法扣划的规定，主要有：《最高人民法院关于人民法院能否对信用证开证保证金采取冻结和扣划措施问题的规定》（法释〔1997〕4号）和《最高人民法院、中国人民银行关于依法规范人民法院执行和金融机构协助执行的通知》（法发〔2000〕21号）。《中国人民银行关于银行承兑汇票保证金冻结、扣划问题的复函》（银条法〔2000〕9号）对银行承兑汇票保证金冻结、扣划的规定与上述法发〔2000〕21号文中的规定类似。

鉴于此，实践中有些法院认为除信用证开证保证金和银行承兑汇票保证金的司法执行有明确的法律规定外，其他种类的保证金因司法解释没有明确规定，因此其有权扣划。而保证金在银行业务中除信用证、银行承兑汇票业务之外，在其他业务上，如保函、住房按揭等业务中也大量存在。保证金是在这些业务出现风险的情况下，银行根据保证金合同或条款扣划保证金账户内的资金快速清偿债务、减少损失的必要途径。如保证金被法院扣划用于清偿其他债务或者强行剥夺银行对保证金占有、扣划至法院银行账户上时，则银行对保证金依法享有的优先受偿权化为乌有或者银行对保证金优先受偿权的实现变得遥遥无期，使得保证金质押的法律规定形同虚设，不仅是对银行合法权利的侵害，更对银行债权的安全和金融秩序都造成较大的影响。

为平衡保证金质权人与其他债权人间的利益关系，建议将来的法律可规定，保证金担保功能未解除前，民事执行中不能扣划保证金，但下列情况除外，即：在主债权已确定的前提下，如保证金远超过其所担保的主债权本息及相关费用，对于其远超过部分的保证金可以扣划，同时法律结合司法实践合理确定远超过部分的比例。

裁判漏洞引发执行案款计算问题研究

农业银行重庆分行　王洪毅

自 2007 年 4 月 1 日修订的《民事诉讼法》生效后，按最高人民法院司法解释要求，迟延履行利息成为具有金钱给付义务的民事判决书的常规内容，大部分金钱债务纠纷案件中，除债务利息外，申请执行人均会主张对方给付迟延履行期间利息。而司法实践中由于法院裁判存在漏洞，导致执行中各法院对债务利息和迟延履行利息关系理解不一致，计算不规范，算法区别大，使得执行案款计算标准无法统一，客观上造成执行不规范的不良社会影响。本文拟从金钱债务纠纷案件执行案款争议问题对债务利息和迟延履行利息的关系作一些思考与探讨。

一、金钱债务纠纷案件存在的裁判漏洞

金钱债务纠纷案件中，当债务出现逾期情形，债权人可以双方协议或约定的债务期限、金额、利率向法院提起诉讼，要求借款人及时归还本金利息，法院经审查确认双方债权真实合法性后，决定对债权人请求是否予以支持。但为了全面覆盖债务利息或依债权人请求，法院在判决中除指明债务履行期限外，往往将计算利息条款表述为"利息计算到借款人还清借款时止"，客观造成执行中债务利息和迟延履行利息在计算时间上重叠，形成两种不同性质利息理论上并存的特殊关系。

此类情况的发生，一方面源于法官在裁判文书中用词的不严谨和对法律关系的理解偏差，另一方面则反映了我国实体法与程序法未能有效衔接，规定不一的现状。

二、漏洞引发的执行争议问题

为解决执行中迟延履行利息计算标准的问题，最高人民法院曾于 2009 年

5月出台了《关于人民法院在执行工作中如何计算迟延履行期间的债务利息等问题的批复》(以下简称《批复》),规定"一、人民法院根据《中华人民共和国民事诉讼法》第229条计算'迟延履行期间的债务利息'时,应当按照中国人民银行规定的同期贷款基准利率计算。二、执行款不足以偿付全部债务的,应当根据并还原则按比例清偿法律文书确定的金钱债务与迟延履行期间的债务利息,但当事人在执行和解中对清偿顺序另有约定的除外。具体计算方法为:(1)执行款=清偿的法律文书确定的金钱债务+清偿的迟延履行期间的债务利息。(2)清偿的迟延履行期间的债务利息=清偿的法律文书确定的金钱债务×同期贷款基准利率×2×迟延履行期间"。

最高法院的以上规定,对迟延履行利息计算方式进行了"一刀切"的规定,并明确了执行款计算方法,看似已经解决了裁判漏洞所引发的执行障碍,但在司法实践中,以下问题仍然存在争议:

(1)判决中所确定的债务利息,是否应纳入执行款金钱债务范围,并作为基数计算迟延履行期间的双倍罚息。

(2)当金钱债务纠纷当事人设定的债务利率高于银行同期基准利率两倍时,为保护债权人利益,迟延履行期间利息的利率是否还应执行人民银行同期基准利率。

三、执行案款计算问题研究

(一)债务利息与迟延履行利息关系

要解决执行实践中仍然存在的争议问题,必须首先厘清债务利息与迟延履行利息关系。长期以来,围绕最高院司法解释,对如何界定两者间的并存关系和随之产生执行案款计算问题,理论界一直有着不同观点。一种观点认为,《批复》明确了执行款由本金+利息所构成,迟延履行利息已包含了原债务利息,再次重复计算是人为加重被执行人负担,显失公平,同时也不符合履行期限迟延的字面意义。此观点作为案件执行的主流观点,在众多案件中得以贯彻。另一种观点则认为,按《批复》内容,"清偿的法律文书确定的金钱债务"理应包括本金+原债务利息,以此为计算基数同时适用迟延履行加倍罚息,更能体现迟延履行利息制度补偿和惩罚的双重功能。

笔者认为第二种观点更符合我国司法环境和立法本意。首先,原债务利息与迟延履行期间利息存在性质上的根本不同。按照我国《合同法》第205条"借款人应当按照约定的期限支付利息"、第207条"借款人未按照约定的期限返还借款的,应当按照约定或者国家有关规定支付逾期利息"规定,借款合同借款人有权依合同约定向贷款人主张借款本金及孳息。司法判决对借款利息予以确认，是保护基于借款合同而产生的借款人实体权利，对债务人而言，是承担不履行作为判决基础的债务的实体责任；而迟延履行期间的债务利息性质上属于法律规定的罚息，是对被执行人不履行判决确定的义务而设定的一种责任，目的在于促使当事人自觉履行判决、裁定等法律文书义务。以迟延履行期间利息涵盖原债务利息，混淆了法定之债与意定之债的设立原理和内涵。

其次，从立法本义分析，一是最高法院司法解释明确了"执行款 = 清偿的法律文书确定的金钱债务 + 清偿的迟延履行期间的债务利息"计算公式，按照一般法理解释和民间交易习惯理解，金钱债务当然包括本金及应收取的法定或约定孳息。由此，法院判决计算至履行完毕之日止的原债务利息自然应计入"清偿的法律文书确定的金钱债务"中，同时，此处的利息由本金产生，将其纳入计算迟延期间利息的执行款基数，并不属于我国法律所禁止"利滚利"范围；二是从《民事诉讼法》第253条和《批复》法条内容来看，并未设立适用的特定对象，对计算迟延履行期间利息的自然人和法人债务具有普遍约束力，且执行同一利率标准。而《最高人民法院关于人民法院审理借贷案件的若干意见》第6条规定："民间借贷的利率可以适当高于银行的利率，但最高不得超过银行同类贷款利率的四倍（包含利率本数）。超出此限度的，超出部分的利息不予保护。"我们可以设想，当金钱债务当事人约定利率高于银行同类贷款两倍时，若执行中认定迟延履行利息包含原债务利息，将导致被执行人因迟延履行行为使原约定利率"依法"下调，变相减轻被执行人责任，最终结果是被执行人因不履行法定义务而获益，这显然与法理和《民事诉讼法》第253条加重迟延履行责任的立法意思相违背。

最后，从维护生效判决既判力和权威性角度出发，在执行中也应支持原债务利息与迟延履行利息并得。一是借款合同双方当事人意思表示真实且无其他违法行为，法院按当事人诉求判决"利随本清"虽有失严谨但符合相关法律规定，在执行中取消对"利随本清"的执行，与生效法律判决表述不符，判决内容成为一纸空文；二是生效判决对义务人指定了履行期间，取消对"利随本清"的执行，对不按指定期间履行生效判决书义务的当事人没有给予必要的惩罚，有损人民法院判决的严肃性、权威性。

（二）《批复》适用中存在的问题

2007年《民事诉讼法》颁布后，因对迟延履行期间执行利率规定不明，造成各级人民法院执行混乱，标准不一，最高人民法院于是以《最高人民法院关于适用〈中华人民共和国民事诉讼法〉若干问题的意见》第294条规定

"民事诉讼法第 229 条规定的加倍支付迟延履行期间的债务利息,是指在按银行同期贷款最高利率计付的债务利息上增加一倍"。但由于 2004 年中国人民银行发布《关于调整金融机构存、贷款利率的通知》(银发〔2004〕251 号),放宽了金融机构贷款利率浮动区间,对金融机构贷款利率不再设上限,导致各级法院在法律适用上的理解和做法仍然不能统一,在此情况下,最高法院出台《批复》,明确了迟延履行期间利息"按照中国人民银行规定的同期贷款基准利率计算",其主要出发点在于统一执行标准便于各级法院计算,同时两倍基准利率作为罚息对迟延履行判决的被执行人来说具有一定惩罚性。

在执行实践中,各级法院依据最高院《批复》裁定金钱债务案件迟延履行期间利息按人民银行同期基准利率计算并无问题,但这并不能掩盖法院执行机关对《批复》精神理解错误或《批复》本身在制定上存在歧义。按照债务利息不可与迟延履行期间债务利息并存的法院执行惯例,当判决确认原债务约定利率超过迟延履行期间利率两倍时,就会出现一个悖论,即申请执行人申请执行原债务利率的请求依法不能实现,只能按照《批复》规定执行人民银行同期两倍基准利率罚息。这明显与民法"私权自治"原理相违背,其司法后果是无法保护权利人应得利益,同时减轻被执行人应履行责任,使法成为"恶法",不符合 2007 年《民事诉讼法》第 229 条所体现的迟延履行制度补偿权利人,惩罚迟延履行者的立法原理。对此,笔者认为,从保护申请人权益角度出发,立法上有必要对迟延履行期间利率执行问题进一步细化,区分情况增加或明确《批复》的适用条件,为各级人民法院司法适用提供准确依据。

物保与人保并存且约定明确的，法院应否尊重当事人的意思自治

建设银行内蒙古分行　郭辰宇

一、案件基本情况

（一）案件背景情况

2009年10月，××银行给予××化工股份有限公司（以下简称"化工公司"）一般额度授信24800万元。截至2010年10月25日，债务人化工公司在债权人××银行贷款人民币12000万元，办理银行承兑汇票24000万元（保证金12240万元），办理法人账户透支1000万元，化工公司以其土地、房产、机器设备为上述债务提供最高额抵押担保，并提供保证金质押担保；化工公司股东雷某及12名自然人对上述贷款及银行承兑汇票提供连带责任保证担保和最高额股权质押担保。2010年10月，化工公司由于存在重大安全隐患被内蒙古自治区安全生产监督管理局责令停产整顿，使得××银行的债权面临重大风险。××银行立即向债务人和保证人宣布所有债务提前到期，要求债务人和保证人立即履行还款义务，但债务人化工公司表示无法偿还。

（二）起诉情况

2010年10月26日，××银行向内蒙古自治区高级人民法院起诉化工公司和保证人，并提出以下诉讼请求：（1）请求依法判决被告化工公司偿还原告本金24760万元及相应利息（截至2010年10月21日的利息为525691.75元），并行使担保权利；（2）请求依法判决被告雷某等12名自然人保证人承担连带偿还责任；（3）请求依法判决上述被告承担本案的诉讼费用（含案件受理费、保全费、执行费、律师代理费等）。同时，××银行向法院申请查封债务人和保证人的全部财产。法院立案后，于2010年11月查封了化工公司的土地、厂房、机器设备；查封了化工公司持有的内蒙古××化工有限公司500

万股权及内蒙古鄂尔多斯××有限公司的500万股权；冻结了保证人雷某等人的银行存款共计27万余元。在对债务人化工公司的查封保全措施中，××银行为第一顺位。

（三）审理及执行情况

2010年12月，法院开庭审理此案，被告代理律师对××银行提出的诉讼请求和事实依据均予以认可，但要求免除雷某等12名自然人保证人的保证责任。2010年12月17日，法院做出判决，其中一项判决内容为雷某等12名保证人对××银行行使抵押权和质权后仍不能清偿的部分承担连带保证责任。判决书送达后，债务人及保证人并未履行判决书确定的义务，2011年3月，××银行向法院申请强制执行，但未果。2011年底，××银行将该不良债权转让给一家信托公司，合计收回现金24904万元。

二、各方意见

1. 原告意见。原告××银行认为，被告化工公司由于存在重大安全隐患被责令停产整顿、无法按照借款合同约定履行还款义务，已构成违约，××银行宣布所有债务提前到期后，债务人化工公司应当立即履行还款责任，自然人保证人也应当同时承担连带保证责任，××银行可以选择行使保证债权或担保物权。

2. 被告意见。被告化工公司对原告提交的证据材料和事实陈述的真实性、有效性无异议，认为应当履行还款义务，但因公司目前经营发生困难，暂时无力偿还借款。被告雷某等自然人保证人认为，债务人化工公司的抵押资产价值已经足够偿还借款，按照相关法律规定，应当免除保证人的责任。

三、评析

笔者认为，本案法院判决书中"雷某等12名保证人对××银行行使抵押权和质权后仍不能清偿的部分承担连带保证责任"这一判决没有准确把握《物权法》第176条的含义，而是受到了《担保法》第28条的干扰。

依据《担保法》第28条规定，同一债权既有保证又有物的担保的，保证人对物的担保以外的债权承担保证责任。依据《物权法》第176条规定，被担保的债权既有物的担保又有人的担保的，债务人不履行到期债务或者发生当事人约定的实现担保物权的情形，债权人应当按照约定实现债权；没有约定或者约定不明确，债务人自己提供物的担保的，债权人应当先就该物的担保实现债权；第三人提供物的担保的，债权人可以就物的担保实现债权，也可以要求保证人承担保证责任。提供担保的第三人承担担保责任后,有权向债务人追偿。

由此可见,《物权法》第176条对《担保法》第28条作出了修改,明确废弃了"物保优于人保"的理念,赋予了债权人以选择权。法院应当按照《物权法》的规定进行审理和判决。

而该案法院判决书明显体现了法官"物保优于人保"的旧观念,法官将债权人××银行行使的担保权利划分了先后顺序,即在××银行行使抵押权和质权后仍不能清偿的部分才能向雷某等12名自然人保证人追偿。法官在此忽略了一个事实,即在××银行与化工公司的股东和雷某等自然人保证人签订的《最高额权利质押合同》、《自然人保证合同》中均有如下约定:"无论乙方(债权人)对主合同项下的债权是否拥有其他担保(包括但不限于保证、抵押、质押、保函、备用信用证等担保方式),不论上述其他担保何时成立、是否有效、乙方是否向其他担保人提出权利主张,也不论是否有第三方同意承担主合同项下的全部或部分债务,也不论其他担保是否由债务人自己所提供,甲方在本合同项下的保证责任均不因此减免,乙方均可直接要求甲方依照本合同约定在其保证范围内承担保证责任,甲方将不提出任何异议。"××银行在《最高额权利质押合同》、《自然人保证合同》中设计这一条款就是对行使担保权利实现债权做出的明确约定,符合《物权法》第176条"被担保的债权既有物的担保又有人的担保的,债务人不履行到期债务或者发生当事人约定的实现担保物权的情形,债权人应当按照约定实现债权"的规定。最高人民法院物权法研究小组编著的《中华人民共和国物权法条文理解与适用》一书也明确指出:"被担保的债权既有物的担保又有人的担保的,债务人不履行到期债务或者发生当事人约定的实现担保物权的情形,债权人应当按照约定实现债权"采取了有限的平等主义模式,尊重当事人的意思自治。即如果在担保合同中约定了担保人承担责任的顺序,则债权人可按照约定行使担保权利,法院理当尊重当事人的意思,而不应强行介入。只有在"没有约定或者约定不明确,债务人自己提供物的担保的",债权人才应当先就该物的担保实现债权。

实践中,债务人为了取得贷款往往将抵押物进行高估,而其实际价值根本不足以弥补贷款本息,而且债务人提供的抵押物一般均为土地、厂房和专用机器设备,较难变现。债权人行使抵押权时经常面临无法处置的困境。而为债务人提供连带责任担保的自然人保证人一般均为公司的股东、实际控制人及其配偶,他们具有一定的财产实力和偿债能力,如果债权人只能在行使担保物权后就不能受偿的部分才能向保证人追偿,则相当于变相的无限期延迟了保证人应当承担的连带保证责任，使债权人陷于更加不利的地位。

综上所述，笔者认为：债权人银行与连带责任保证人签订的《自然人保证合同》已对债权人可以行使的担保权利顺序做出明确具体的约定，赋予了债权人以选择权，债权人可以自由选择先行使保证债权或担保物权、或同时行使两种权利。这是当事人的意思自治，法院应当予以充分的尊重，而不应当干涉或调整。

对共同共有人提出的执行异议应否依据民诉法规定进行审查和处理

华夏银行北京分行 林晓涛

《最高人民法院关于人民法院民事执行中查封、扣押、冻结财产的规定》（以下简称〈查封规定〉）第 14 条规定：对被执行人与其他人共有的财产，人民法院可以查封、扣押、冻结，并及时通知共有人。共有人协议分割共有财产，并经债权人认可的，人民法院可以认定有效。查封、扣押、冻结的效力及于协议分割后被执行人享有份额内的财产；对其他共有人享有份额内的财产的查封、扣押、冻结，人民法院应当裁定予以解除。共有人提起析产诉讼或者申请执行人代位提起析产诉讼的，人民法院应当准许。诉讼期间中止对该财产的执行。

司法实践中，经常有案外人以其为执行标的物的共同共有人为由[①]，提出执行异议，要求执行法院停止执行，有的并且要求解封被查封的财产。由于《最高人民法院关于适用〈中华人民共和国民事诉讼法〉执行程序若干问题的解释》（以下简称"《执行程序司法解释》"）第 15 条中关于"案外人对执行标的主张所有权或者其他足以阻止执行标的转让、交付的实体权利的，可以依照民事诉讼法第 204 条的规定，向执行法院提出异议"的文字表述中，对"所有权"等实体权利的强调，而共同共有系所有权的一种法律形态，因此，此种情形下，执行法院一般都依据《民事诉讼法》第 204 条的规定进行审查处理，并赋予当事人实体上的诉权，比如：《北京市高级人民法院关于审理执行异议之诉案件适用法律若干问题的意见（试行）》第 6 条就明确规定，案外人依据《民事诉讼法》第 204 条所主张的"所有权"包括"单独所有权和共

---

① 执行标的物的共同共有人，其实可包括三种情形：第一种情形为部分共有人为案件被执行人，部分不是案件被执行人（即为案外人）；第二种情形为所有共有人均为被执行人；第三种情形为所有共有人均非案件被执行人。本文讨论的内容，仅指第一种情形下，对不是案件被执行人的共有人（案外人）所提出的执行异议的审查与处理。

有权";《浙江省高级人民法院关于审理案外人异议之诉和许可执行之诉案件的指导意见》第 8 条也有类似规定。

但笔者认为,此种情形下,应适用《民事诉讼法》第 202 条的规定①,对案外人的执行异议进行审查、处理。

1. 如果按照《民事诉讼法》第 204 条规定审查和处理,其结果可能会与《查封规定》第 14 条的规定冲突,减少被执行人的责任财产,不利于对申请执行人的保护。如前所述,根据《查封规定》第 14 条,对被执行人与其他人共有的财产,人民法院可以查封、扣押、冻结,只是应及时通知共有人,并在该共有财产分割前不得采取拍卖、变卖等处分措施,但仍应维持对该执行标的物的查封、扣押、冻结。因此,即使案外人确系执行标的物的共同共有人,案外人、申请执行人和被执行人对此均无异议,案外人向执行法院提出执行异议,执行法院也不应解除对执行标的物已经采取的查封、扣押、冻结等保全性执行措施。

但依据《执行程序司法解释》的相关规定,不管是在案外人异议审查阶段,执行法院认为其理由成立,裁定中止对执行标的物的执行,申请执行人在自裁定送达之日起十五日内未提起诉讼②;还是在案外人异议之诉的生效判决中,案外人关于对执行标的物停止执行的请求得到支持③;以及在申请执行人异议之诉的生效法律文书中,申请执行人提出的对执行标的物许可执行的请求被驳回④,则执行法院必须停止执行,并解除对执行标的物已经采取的执行措施。这样的结果,无疑与《查封规定》第 14 条相冲突,减少了被执行人的责任财产(比如实践中大量存在的被执行人与其配偶共有的财产),不利于对申请执行人的保护。

2. 关于适用《民事诉讼法》第 202 条规定审查和处理该类执行异议可能会造成执行程序无法继续进行的困境的理由,并不充分。《人民法院报》2010 年 11 月 4 日第 7 版刊登的"贾 A 执行异议"一案中,法院在执行过程中查封了被执行人贾 B 名下的房产一处,并经过委托评估程序,正准备拍卖该处房产。在拍卖程序开始前,被执行人贾 B 的儿子贾 A 向法院提出执行异议申请:请求停止拍卖程序。异议人贾 A 称,法院查封并准备评估拍卖的房屋在产权机关登记的是贾 B 和贾 A 共同共有,并有房屋登记机关核发的房屋共同共有

---

① 本文所述民事诉讼法的相关内容和条文,均为 2007 年民事诉讼法的内容和条文。
② 《执行程序司法解释》第 23 条。
③ 《执行程序司法解释》第 19 条。
④ 《执行程序司法解释》第 24 条。

产权证明为证。因此，异议人贾 A 是该处房屋的共有权人，并不是这起案件的被执行人，法院对其房产进行查封并进行评估拍卖，损害了其合法权益，请求停止对该房产的拍卖程序，并要求对所查封的房产予以解封。

反对适用《民事诉讼法》第 202 条的规定审查和处理贾 A 提出的执行异议的观点认为，根据《查封规定》第 14 条的规定，法院可以对被执行人与他人共有的财产进行查封，但是在共有人提起析产诉讼或债权人代位提起析产诉讼之前，不得对查封财产实施处分行为，且在析产诉讼期间应中止对该标的的执行。本案中，执行法院在被执行人的共有财产未经析产诉讼的情况下，就启动了评估拍卖程序，是存在程序瑕疵的。但是，异议人所提异议实质上是对执行标的主张实体性权利，如果仅仅针对该程序瑕疵进行审查，审查结果为支持异议人的请求，中止拍卖程序，则该财产仍然处于查封状态。债权人对该裁定不服，只能向上级法院提起复议。然而，执行复议也只是程序性救济制度，并不对当事人间的实体权利义务关系作出裁判，其结果只能是维持该中止裁定。此时，如果债务人怠于提起析产诉讼或债权人怠于代位提起析产诉讼，本案执行标的将一直被查封，处于不确定状态，执行程序无法继续进行。这就使得本案的执行陷入僵局，生效法律文书无法实现，也有违"执行效率和经济"的基本原则。而破解这一困境的出路，还是需要通过诉讼程序对当事人间的实体权利义务关系进行裁判①。

笔者认为，上述案件中，如果按《民事诉讼法》第 202 条审查和处理案外人贾 A 提出的执行异议，在裁定中止执行后，确实存在债务人怠于提起析产诉讼或债权人怠于代位提起析产诉讼，致使本案执行标的物将一直被查封，但执行程序无法继续进行的困境的可能。但该困境与该类执行异议到底应适用《民事诉讼法》第 202 条还是第 204 条的规定无关；而且，该案中，案外人贾 A 提出的异议请求中，关于停止对涉案房产拍卖的请求明显属于执行行为异议，依法应予支持，而对其解封房产的请求，因与《查封规定》第 14 条不符，因此应予驳回。如果按《民事诉讼法》第 202 条的规定处理，可以在支持其停止拍卖请求的同时，驳回其解封房产的请求，则不存在申请执行人必须提起许可执行之诉方可维持对执行标的物继续予以查封的问题。

另外，如果被执行人和申请执行人均认可执行标的物属于被执行人与案外人共同共有，则当事人之间并不存在实体权利义务方面的争议，案件也不需要

---

① 龚浩鸣、连强：《共同共有人提出执行异议的审查与处理》，载《人民法院报》2010 年 11 月 4 日第 7 版。

再根据《民事诉讼法》第 204 条的规定，通过诉讼程序对当事人间的实体权利义务关系进行裁判。

3. 在我国台湾地区，之所以允许共同共有人提起执行异议之诉，是因为在台湾，法院可以执行被执行人对共同共有物之共有权利，但不得对共同共有物进行执行，这与《查封规定》第 14 条明显不同。在我国台湾地区，共同共有被称为"公同共有"，案外人异议之诉被称为"第三人异议之诉"。公同共有物未分割前，公同共有人中一人之债权人，不得对于公同共有物声请强制执行；如对于该公同共有人就公同共有物之共有权利，得请求执行，应适用对于其他财产权执行之规定[1]。

债权人对于部分公同共有人有执行名义，则对其公同共有权利执行时，他公同共有人不得提起第三人异议之诉；但对于公同共有物为执行时，则得提起第三人异议之诉，以排除之[2]。

也就是说，在我国台湾地区，法院对被执行人与他人共同共有的财产（物），不得执行，但可以执行其对该共同财产所享有的共有权利，这有点像大陆对被执行人投资成立的具有独立法人资格的企业，可以执行其投资权益（股权），但不可以执行被投资企业的财产一样。这与《查封规定》第 14 条明显不同，按照《查封规定》第 14 条，法院是可以查封被执行人与他人共同共有的财产（物）的。

而案外人异议之事由，必须是案外人对执行标的物有足以排除强制执行的权利；案外人异议之诉的目的，在于通过诉讼排除对执行标的物的强制执行，而强制执行当然包括查封、扣押、冻结等控制性措施。在台湾地区，因法院不得对公同共有物为执行，因此，第三人提起异议之诉后，法院支持其诉讼请求，停止对公同共有物的强制执行，与法院不得对公同共有物为执行是一致的；但在大陆，因《查封规定》允许法院对被执行人与他人共同共有的财产进行查封，其他共有人提起案外人异议之诉后，即便认定其确为共同共有人，也不应解除法院对共有物已经采取的查封措施。

4. 如果适用民事诉讼法第 202 条的规定审查、处理共同共有人提出的执行异议，对于案外人与被执行人或申请执行人就案外人对执行标的物是否享有共同共有权利的争议，可按照一般确权之诉处理，但应保证申请执行人参加该等诉讼，并且该等诉讼应由执行法院专属管辖。如前所述，即便执行标的物确

---

[1][2] 杨与玲编著：《强制执行法》（最新修正），中国政法大学出版社 2002 年版，第 455 页、第 206 页。

属案外人与被执行人共同共有，执行法院也可以予以查封。因此，对于案外人以执行标的物属其与被执行人共同共有为由而提出的执行异议，执行法院在审查时，可以对其是否确实对执行标的物享有共同共有权这一问题不予置评，适用《民事诉讼法》第202条的规定，区分以下情况处理：（1）执行法院只是对执行标的物采取了查封、扣押、冻结等控制性执行措施，没有评估、拍卖执行标的物的，执行法院的行为符合《查封规定》第14条的规定，案外人的执行异议理由不能成立，裁定驳回；（2）执行法院不仅对执行标的物采取了查封、扣押、冻结等控制性执行措施，还采取了评估、拍卖等处分性执行措施，案外人提出异议要求停止评估、拍卖行为的，如果申请执行人和被执行人均认可案外人对执行标的物享有共同共有权，则案外人的执行异议理由成立，执行法院应裁定停止对执行标的物的评估、拍卖行为；如果申请执行人或被执行人不认可案外人对执行标的物享有共同共有权，则执行法院应中止审查，并告知案外人在一定期限内提起确权之诉，再根据确权之诉的审理结果，最终确定对案外人异议的审查结果。

但为避免案外人与被执行人恶意串通规避执行，上述确权之诉也应由执行法院专属管辖，且受案法院应通知申请执行人作为无独立请求权的第三人，参与该等诉讼。当然，如果这样做，最高人民法院2011年5月27日《关于依法制裁规避执行行为的若干意见》第9条关于案外人对人民法院已经查封、扣押、冻结的财产主张所有权的，只能依照《民事诉讼法》第204条处理的规定，应该相应作出修改，或对该条中"主张所有权"的概念作限缩性解释，即：不适用于案外人对人民法院已经查封、扣押、冻结的财产主张共同共有的情形。

关于解决金融危机引发的相关纠纷案件审理情况的调研

内蒙古自治区额尔古纳市人民法院 郭本强

如何化解当前金融危机引发的相关纠纷成为法院所面临的严峻形势和任务。此时,作为法院应充分发挥审判职能职能作用,妥善化解矛盾纠纷,将金融危机对老百姓的生活所造成的冲击降到最低限度,以维护社会和谐稳定。那么,怎样化解相关纠纷案件呢,就此,笔者作如下论述:

（一）刑事案件

严厉打击经济犯罪活动,全力维护经济安全和社会稳定。狠狠打击事关国家经济安全、涉及广大人民群众切身利益、影响社会稳定、破坏社会主义市场经济秩序的严重经济犯罪,重点处理涉案金额大、涉及面广、危害严重的经济犯罪案件,全力抓好涉众型经济犯罪案件审理工作。

1. 坚决贯彻依法从重从快的刑事工作方针,严厉打击严重危害社会治安和经济建设的犯罪分子,确保额尔古纳的和谐稳定。我院积极贯彻"依法从重从快"、"依法从严惩处"的方针,明确打击重点,保证"严打"的准确性,根据上级法院的要求,把"杀人、抢劫、放火、故意重伤、入室盗窃"等严重暴力犯罪和影响群众生活安全的多发性犯罪作为打击的重点。共审结严重暴力犯罪案件 19 件,占刑事案件收案总数的 55.88%。共判处 10 年以上有期徒刑的被告人 2 人, 5 年以上 10 下有期徒刑的被告人 6 人。同时,我院重点打击影响党风廉政建设的贪污受贿犯罪案件,在判处主刑时,严格适用没收财产和罚金等附加刑,共判处 10 年以上有期徒刑的被告人 1 人,没收财产 8 万元; 5 年以上 10 年以下有期徒刑的被告人 1 人,没收财产 3 万元。充分运用法律手段削弱经济犯罪分子重新犯罪的物质基础,使犯罪分子受到极大的震慑,同时也教育了人民群众,从而有力地遏制了违法犯罪现象的发生。

2. 转变执法理念,坚持以人为本,实行人性化审判,为构建社会主义和谐社会提供司法保障。人民法院作为国家的审判机关,既是和谐社会的建设力量,也是和谐社会的保障力量,因此,必须坚定不移地服从和服务于全市工作大局和中心工作任务。全院上下统一思想,增强大局意识,并使之贯穿于全部的审判工作中。为了更好地适应新形势和新任务的要求,充分发挥人民法院的审判职能作用,我院坚持以人为本,转变执法理念,在刑事审判中,既坚持从重从快依法办案,同时还充分体现出执法的人性化,促进社会和谐与稳定。对主观恶意不大的过失犯罪,如交通肇事、失火犯罪等,被告人认罪态度好,又有悔罪表现的,我院坚持以教育与打击相结合,从轻从宽予以处罚。例如,我院审结的一起交通肇事案,被告人王利因其认罪态度好,积极赔偿被害人的损失,对此我院从宽处理,对王利依法判处有期徒刑并适用缓刑;再如被告人颜景学犯失火罪,由于其认罪态度好,并积极筹措资金赔偿损失,我们坚持以教育为主、惩治为辅的原则,对颜景学判处有期徒刑并适用缓刑。

上半年,我院判处轻刑并适用缓刑的案件相对较多,充分体现了"宽严相济、惩罚与教育相结合"的刑事政策,严格贯彻"罪刑法定、罪刑相适应原则",当严则严,当宽则宽。依法、正确、严格适用缓刑制度,凡依法判处缓刑、免予刑事处罚、宣告无罪的案件,一律通过院长提交审判委员会讨论决定,从而实现法律效果和社会效果的有机统一,切实维护社会的和谐与稳定。

3. 加强与公安、检察、司法部门密切配合,加强重点整治,加大法制宣传力度。对于大案、要案我院加强与公安、检察、司法部门的密切配合,只要事实清楚,证据确实充分,就及时予以打击。同时我院严格按照市委、市政法委的安排,积极参加社会治安综合治理和社区矫正工作,并做了大量的工作,起到了积极的作用。

认真做好少年法庭工作。多年来,我院坚持"寓教于审,惩教结合"的审判方式,充分运用审判职能,预防和减少未成年人犯罪,取得良好的法律效果和社会效果。

在刑事审判工作中,我院注重对未成年被告人法定代理人的告知程序,切实保障未成年人在接受讯问、开庭审理、交付执行过程中法定代理人全过程参与,努力消除未成年被告人因犯罪被羁押所造成的心理阴影。对未成年被告人没有委托辩护人、家庭条件困难没有能力委托辩护人的或者有其他原因本人不愿意委托辩护人的,我院及时为未成年被告人指定了辩护律师,从而使他们得到了法律援助。在审理案件时,除查明与犯罪构成要件有关的事实、情节以外,还对未成年被告人走向犯罪的原因进行深刻剖析,了解其生活环境和教育条件,结合未成年被告人一贯表现,对犯罪主观恶性不深、社会危害性不大、具备帮教条件的,在罪刑法定的前提下实行刑罚的轻缓化处理,积极营造有利于未成年人健康成长的良好环境。

4. 加强刑事审判人员的政治业务学习，努力提高政治业务素质，为搞好刑事审判工作打下良好的基础。为了确保刑事审判的社会效果及审判质量，我院加强了对刑事审判人员的政治和业务学习，开展"社会主义法治理念"教育活动、"大学习、大讨论"教育活动及学习落实"科学发展观教育活动"，学习相关法律，要求从事刑事审判的人员加强学习，努力钻研刑事法律，准确掌握刑事政策，关注刑事司法理论前沿，注重司法经验的积累和交流，提高法律水平和庭审驾驭能力。加强职业修养，约束言行，严格审判纪律，改变司法作风。通过学习，全面提高了刑事审判人员的政治理论水平和业务素质。

(二) 金融案件

开辟多种途径处理金融类案件。通过多元化纠纷解决机制，通过人民调解、行政调解等多种途径化解矛盾；对个案执行金额较大的被执行企业，如尚有通过后续经营恢复清偿能力条件的，可通过执行和解等方法，给其一个再生的机会，维持其一定的经营资产，尽力帮助其恢复清偿能力。既能有效保护债权人利益，又保护了作为债务人的企业及相关利益方，从而最大限度地缓解了危机对于企业的冲击。

(三) 司法救济

关注弱势群体。牢固树立群众观念，带着对人民群众的深厚感情办案，积极稳妥处理涉及下岗失业职工、返乡农民工案件，加大司法救助力度，不断推出便民、利民措施，保障经济确有困难的当事人依法平等行使诉讼权利，对确有经济困难的人民群众和中小型企业，依法实行诉讼费用的缓交、减交、免交，以拓宽人民群众参与司法的渠道，畅通民意沟通和表达机制，真诚接受群众监督。

(四) 做好执行工作

在不利的经济形势下，执行案件中被执行人的履行能力有所下降，法院必须调整执行工作思路，注意研究新的执行工作方式，综合运用《民事诉讼法》新增的执行措施，力求以最佳的方式执结案件。尤其要加强执行和解在执行工作中的运用。法官们要加强对执行方式方法的研究，摸透执行双方的心理，善用、巧用强制执行措施，促成双方达成执行和解协议，并真正自动履行完毕。

我院建立健全了执行工作制度。一是周例会制度；二是案件分析制度；三是审委会制度；四是奖惩制度；五是宣传和媒体介入制度；具体采取以下措施开展执行工作：

全院开展"大学习、大讨论"的基础上,在执行局内部开展树立执法为民理念教育活动;充分发挥执行联动机制的作用,依靠地方党委政府、人大监督和协助;充实执行局人员,完善执行局的物质装备;建立案件责任倒查制度,建立与同级政府及其各部门的横向联动机制,建立与上级法院及其他领导部门的纵向联动机制;建立奖惩机制;针对典型案件案件,在执行过程中邀请媒体跟踪报道;提高执行工作透明度;实行执行悬赏、财产申报等制度;执行案件实行"五限时"、"五告知"制度;建立"执行110"制度。

(五)发挥好调解的作用

在不利的经济形势下,身处诉讼纠纷之中的当事方往往更加脆弱,如果再一味苛以刚性的判决,无异于使已身处逆境的当事方雪上加霜,既不利于纠纷的化解,又会徒留执行难题。饱含情理法的劝导、调停更能让身处纷争中的当事人尽弃前嫌,握手言和。应更加关注诉讼双方的自由意志,将调解贯穿到诉讼的各个环节,使涉案当事人在法律的框架内,在自由意志的基础上通过对话、磋商、妥协把矛盾化解掉,缩短诉讼链条,将危机对人们正常生活所造成的冲击降到最低,以法律的威严为后盾,促成当事方达成调解协议,将调解这一结案方式的作用发挥到极致。

对最高额抵押权担保债权确定事由的若干探讨
——兼论"抵押财产被查封、扣押"作为债权确定事由的规定

华夏银行广州分行　胡晓军

最高额抵押权担保债权确定制度是最高额抵押权制度体系中的一项重要法律制度。《物权法》第206条对债权确定的具体事由做了规定,笔者拟对该制度涉及的相关问题做进一步研讨,以期完善该制度。

一、最高额抵押权的特殊性质及功能

依据我国物权法的规定,所谓最高额抵押权,是指为担保债务的履行,债务人或者第三人对一定期间内将要连续发生的债权提供担保财产,债务人不履行到期债务或者发生当事人约定的实现抵押权的情形,抵押权人有权在最高债权额限度内就该担保财产优先受偿的权利。

法学理论的通说认为,抵押权作为担保物权,在发生、处分和消灭上从属于特定的主债权。此即抵押权的从属性和特定性原则[①],它是抵押权的重要特征之一。而最高额抵押权作为一种特殊的抵押权,在上述方面存在普通抵押权所不具有的显著特性:

1. 从属性上的特殊性。最高额抵押权在从属性上具有以下特殊性:一是发生上的特殊性。最高额抵押权的设立不以事先存在着债权为前提,不从属于某个具体债权,而只是从属于基础合同关系;二是处分上的特殊性。最高额抵押担保的是连续发生的一系列债权,在决算期到来之前,被担保的债权是不固定的,某一具体债权转让时,最高额抵押权不转让,转让后的债权自动脱离最高额抵押成为一般债权。三是消灭上的特殊性。最高额抵押权不伴随某一具体

---

① 抵押权的特定性包括抵押物特定和抵押权担保的主债权特定两方面。前者源自于物权客体的特定性,后者是出于维护交易安全的考虑。本文侧重讨论被担保债权的特定性。

债权的消灭而消灭，而是不断为后续产生的债权提供担保。因此，同普通抵押权相比，最高额抵押权具有相对的独立性。①

2. 特定性上的特殊性。普通抵押权所担保的是某一具体债权，该债权类型和具体金额都是特定的，因此，其特定性是绝对的。而最高额抵押权是对一定范围内连续发生的债权提供担保，其设立和存续期间内并不确定地担保某一具体债权；同时，最高额抵押权虽然登记有最高债权限额，但该限额并非是主债权的实际金额，而是债权人享有优先受偿权的最大限额。因此，最高额抵押权的特定性是相对的。

最高额抵押权的特殊性质为当事人之间建立持续性的交易往来和信用关系提供了便利。自担保法正式确立最高额抵押权制度以来，最高额抵押权在金融实务领域得到广泛应用。

（1）由于最高额抵押权从属的是基础合同关系，担保一定范围内的债权，因此，最高额抵押权既能够确保对综合授信进行担保，同时，还能够实现综合授信项下各授信额度的循环使用，使综合授信充分发挥"一次审批、随贷随用、循环使用"的优点，提高了整个授信及放款的效率。

（2）最高额抵押权有利于简化交易程序，降低交易成本。最高额抵押权可以避免普通抵押权制度下，同一抵押财产因多次抵押所面临的分次办理调查、评估、登记等交易程序和交易成本，充分发挥一次登记，多次担保的优势和效果。

（3）由于最高额抵押权有效地解决了普通抵押权连续设定过程中所面临的程序烦杂和成本高昂的弊端，因此，为商业银行与客户之间建立长期、持续性的商业交往和合作提供了便利和支持，有利于提高双方的依赖度的忠诚度。

二、最高额抵押权担保债权确定制度的立法意旨分析

最高额抵押权的特殊性质在极大提高经济效率的同时，也对交易安全和妥当性提出了新的要求，并催生了最高额抵押权制度体系中一项重要法律制度，此即最高额抵押权担保债权的确定制度。

1. 最高额抵押权所所担保的主债权具有流动性，其具体金额甚至具体类型是不确定的。在实现抵押权时，对哪些债权属于优先受偿的范围以及被担保优先受偿的主债权金额等事项，必须加以具体和特定，否则无法实现。因此，

---

① 参见房绍坤、吴兆祥：《论最高额抵押权》，转引自http：//www.civillaw.com.cn/article/default.asp？id=7571，访问时间：2012年9月2日。

最高额抵押权担保债权确定制度的存在具有现实上的必要性。

2. 最高额抵押权的上述特殊性质使其较多地保护了抵押权人的利益。倘若最高额抵押权设立之后，其担保主债权长期处于不确定状态，则无疑使抵押权人独占了抵押物的担保价值；此时，不仅抵押人难以利用抵押物获取新的融资，而且抵押人的一般债权人或抵押物上后顺序的抵押权人的利益也将一直处于不确定状态，并难以得到保障。

正是由于最高额抵押权担保债权的确定制度既具有现实上的必要性，同时，也关系到抵押人的一般债权人和抵押物上其他抵押权人的利益，因此，立法上必须规定最高额抵押权担保债权的确定制度，并使确定之后新发生的债权不能纳入到最高额抵押权的担保范围，以便平衡最高额抵押权人与其他利害关系人之间的利益。而债权确定事由类型——即立法上明确哪些情况导致债权确定的具体规定，恰恰体现了立法者在最高额抵押权人与利害关系人之间所做的价值判断和利益衡量。

在法学理论及立法制度上，国外立法例一般将下列几种情形作为债权确定的具体事由：（1）约定的债权确定期间届满；（2）没有约定债权确定期间或者约定不明确，根据抵押权人或者抵押人的请求确定；（3）新的债权不可能发生；（4）抵押物被强制拍卖；①（5）债务人、抵押人被宣告破产或者被撤销。与国外立法例相比，我国担保法在规范最高额抵押权时，对债权确定的具体事由未予以明确，存在明显的法律漏洞。《物权法》第 206 条吸收了国外立法例的成熟经验及法学理论的研究成果，将"（一）约定的债权确定期间届满；（二）没有约定债权确定期间或者约定不明确，抵押权人或者抵押人自最高额抵押权设立之日起满二年后请求确定债权；（三）新的债权不可能发生；（五）债务人、抵押人被宣告破产或者被撤销"作为债权确定的具体情形。同时，该法将"（四）抵押财产被查封、扣押"也作为最高额抵押权担保债权确定的一种具体事由。

三、对"抵押财产被查封、扣押"作为债权确定事由的辨析

笔者认为，《物权法》第 206 条将"抵押财产被查封、扣押"作为债权确定的具体事由，较"抵押物被强制拍卖"在外部公示和认定上更加直观，在督促抵押权人发放贷款时审慎核实抵押物的权属状况，以及防止最高额抵押权

---

① 曹士兵：《中国担保诸问题的解决与展望——基于担保法及其司法解释》，中国法制出版社 2001 年版，第 267~268 页。

人与抵押人恶意串通，利用最高额抵押权损害其他债权人的合法权益等方面存在合理性。① 但该规定过于简略，未限定"查封、扣押"的具体类型，忽略了利害关系人对抵押财产的查封、扣押的随意性和突发性以及查封、扣押通知机制不健全等现实因素可能对最高额抵押权造成的不利影响。因此，在立法政策上是否妥当，值得商榷。"抵押财产被查封、扣押"根据申请主体的不同，可以分为"抵押权人对抵押财产的查封、扣押"和"利害关系人对抵押财产的查封、扣押"两种类型。在前一种情形下，由于抵押权人着手实行抵押权的行为已客观上表明抵押权人停止与债务人之间的交易往来，因此，其作为债权确定的具体事由自无异议。但在后一种情形下，由于"抵押财产被查封、扣押"非出自抵押权人的意愿，具有突发性和偶然性，甚至超出了抵押权人预料和控制范围，立法上将其作为债权确定的具体事由，对最高额抵押权人施加的注意义务过于苛刻，在利益衡量上矫枉过正，其存在问题和危害具体如下：

1. 在"利害关系人对抵押财产查封、扣押"的情形下，将"抵押财产被查封、扣押"作为债权确定的具体事由和时点与最高额抵押权制度的价值取向不符。最高额抵押权设立目的就是为一定期间内将要连续发生的债权提供担保，促进交易的便捷。例如，为连续发生的贷款、商业汇票、信用证开立等提高担保。而依据上述第206条规定的逻辑结论，作为抵押权人的债权银行在每次办理放款、开证、承兑商业汇票等具体业务之前，都必须实时查询抵押物的查封、扣押情况，否则，该笔具体授信业务项下债权可能不受最高额抵押权的担保并丧失优先受偿的效力。此举无疑将加大债权银行的调查成本。特别是抵押物处异地时，债权银行势必派专人到房产登记部门实地"蹲点"，现场查询抵押物的查封情况，否则，可能存在交易风险。这种查询将大大增加交易成本和时间。

2. 由于利害关系人对抵押财产的查封、扣押具有突发性，抵押权人在发放贷款之前，对抵押物被查封、扣押的确切时间和具体情况事实上难以做到及时和无误的核实，因此，将"抵押财产被查封、扣押"的时间作为债权确定的具体时点对抵押权人的注意义务过于苛刻。在司法实践中，有关"轮候查封"的规定实际上意味着房管部门根据法院送达协助执行文书的具体收件时间来确定执行受偿的顺序，而房管部门从收件至办理正式的查封、扣押登记之间往往需要一定的时间，作为抵押权人的债权银行在这段时间之内不一定能够

---

① 关于"抵押财产被查封、扣押"作为债权确定事由具有合理性理由的详细论述请参见程啸：《如何依据〈房屋登记办法〉办理最高额抵押权的转让登记与确定登记》，转引自 http：//www.civillaw.com.cn/article/default.asp？id=42337，访问时间：2012年9月1日。

核实到抵押物的被查封情况。此时，债权银行依据上述查询结果发放贷款、承兑商业汇票等所形成的债权如果不属于抵押权担保的优先受偿范围，客观上有违公平原则，并且造成法律适用上的困难。

3. 我国现阶段抵押物查封、扣押的通知机制不健全，在客观上放大了利害关系人查封、扣押突发性造成的风险。我国物权法、民事诉讼法并未规定查封、扣押机关在查封、扣押抵押物之后负有立即通知抵押权人的义务。《最高人民法院关于人民法院民事执行中查封、扣押、冻结财产的规定》（法释〔2004〕15号）第27条第1款虽然规定："人民法院查封、扣押被执行人设定最高额抵押权的抵押物的，应当通知抵押权人。抵押权人受抵押担保的债权数额自收到人民法院通知时起不再增加"，但该条第2款却并未将通知抵押权人作为执行法院的强制性义务；[①] 而且，该解释第32条虽然规定财产保全裁定的执行适用本规定，但在司法实践中，多数法院在诉讼阶段采取查封、扣押等保全措施后并未通知抵押权人。至于其他查封、扣押机关，则更无相关法律、法规对其通知义务予以规定并加以约束。

4. "抵押财产被查封、扣押"与"债务人、抵押人被宣告破产或者被撤销"、"抵押物被强制拍卖"等事由在程度上无法相提并论，立法上将二者共同作为债权确定的具体事由在利益衡量上存在矛盾。"宣告破产或被撤销"及"抵押物被强制拍卖"的成就条件十分严格，而且一旦成就通常具有不可逆转性，对各方当事人影响重大。例如，债务人、抵押人被宣告破产或者被撤销时，民事行为能力受到限制，其主体资格即将消亡；[②] 而抵押物通过司法程序被强制拍卖，必然导致抵押权消灭。因此，一旦债务人、抵押人出现该情形，客观上表明其经营状况和资信出现严重风险，抵押权人从审慎经营的角度出发应当立即停止授信，此时，债权确定乃理所当然。相比之下，查封、扣押有"作为诉讼保全措施的查封、扣押"和"作为强制执行措施的查封、扣押"等

[①] 根据《最高人民法院关于人民法院民事执行中查封、扣押、冻结财产的规定》第27条第2款规定，"人民法院虽然没有通知抵押权人，但有证据证明抵押权人知道查封、扣押事实的，受抵押担保的债权数额从其知道该事实时起不再增加"。就反面推论而言，规定未将通知抵押权人作为执行法院的强制性义务。

[②] 根据目前民事主体理论的"清算法人说"观点，企业法人在被宣告破产或者被撤销时，只要未经清算并被注销，其主体资格仍然存在，只是行为能力受到限制。刘俊海：《现代公司法》，法律出版社2008年版，第811~812页。

类型①；前者重在保全，其目的只是为了防止债务人隐匿、转移特定财产，且查封、扣押后解除相关措施的情形也不乏见，因此，其成就条件比较宽松，突发性、随意性较大；而后者除兼具保全财产的作用外，其主要目的是为处置和变现财产做准备，是一种执行措施。从对当事人权益的影响程度而言，仅后者可以与"抵押财产被查封、扣押"相比。因此，笔者认为，《物权法》第206条对"查封、扣押"的具体类型不加以区分，且笼统地视为债权确定的具体事由，在立法政策上过于宽泛，对最高额抵押权人的利益有失偏颇。

四、对物权法第206条修改的若干建议

综上所述，由于《物权法》206条将"抵押财产被查封、扣押"作为债权确定事由的规定过于简单，并导致法律的实际效果与立法初衷存在偏差，因此，笔者建议立法机关或者删除"（四）抵押财产被查封、扣押"的规定，不再将该情形作为主债权确定的具体事由，改以"抵押财产被强制拍卖"来代替；或者修改上述规定，将债权确定事由的"查封、扣押"的具体类型限定为"抵押权人申请人民法院对抵押财产查封、扣押"。

如果立法者从立法政策的角度考虑，需要保留该条款规定的，为了平衡抵押权人与利害关系人的利益，防止该规定因过于笼统可能对交易安全和司法公正造成危害，建议在物权法中明确限定"查封、扣押"的主体为人民法院，并且，将债权确定的具体时点由"抵押财产被查封、扣押"修改为"抵押权人收到人民法院的查封、扣押通知时起"；如果抵押权人未及时收到人民法院通知的，立法上可限定自抵押财产被查封、扣押后一段合理期间届满时债权确定。同时，在物权法、民事诉讼法等相关法律法规中明确规定查封、扣押机关的通知义务，在立法体系上建立健全配套的抵押物查封、扣押的通知机制。

考虑到物权法在执行过程中具有一定的稳定性，不能朝令夕改。而且，修改法律是一项极其严肃的事情，即便是该法的某些规定存在缺陷和不足，也需要通过一定的立法程序加以修改，短期之内可能难以完成。因此，建议在物权法修改之前，由最高人民法院出台物权法的相关司法解释对上述206条第（4）项导致债权确定的具体适用条件予以细化，或者重新进行解释，以便通过司法解释的灵活性来弥补法律的不足。

---

① 除上述两种类型外，还存在"作为行政强制措施的查封、扣押"和"作为侦查措施的查封、扣押"等类型，见我国《刑事诉讼法》《行政强制法》等法律法规对查封、扣押的相关规定。为侧重论述重点，笔者对其他类型的查封、扣押在此不予讨论。

金融机构如何规避信贷资金"执行不能"的风险

吉林省东丰县人民法院 杨宇超

全球经济低迷、金融危机、企业濒临破产倒闭、高失业率、股市动荡等现象,在世界经济一体化的今天,无时不在刺痛着金融业的每一根神经。金融业的发展与经济的繁荣和稳定息息相关,相影随形。经济的衰退首先波及的就是金融业,导致大量的到期贷款无法偿还,资金不能"回笼",形成呆滞,不得不通过诉讼进入到强制执行程序中来。笔者在执行案件过程中,看到银行大把的信贷资金"血本无归",看在眼里,痛在心上。然而,强制执行并非万能之策,对"执行不能"的被执行人也是无可奈何。笔者结合东丰县法院执行工作实践,对信贷资金"执行不能"问题展开了探讨。

何谓"执行不能"? 所谓的"执行不能"就是法院在强制执行过程中,强制措施、手段,用足、用到位,程序穷尽,债权仍得不到实现。执行不能,笔者将其分为绝对的执行不能和相对的执行不能,绝对的执行不能就是被执行人在客观上确无可供执行的财产,而终结执行程序;相对的执行不能是指被执行人尚有财产,但因案外因素而使案件不能执行,如国家宏观政策的调控导致的情势变更、某些特殊被执行主体或特定财产享有执行"豁免权"、抵押物存在严重的瑕疵、地方保护主义干扰等因素。

笔者对本院 2008 年至 2012 年 8 月期间的金融机构作为申请执行人的执行案件进行了初步统计。在此期间,本院共受理金融机构为申请执行人的案件 685 件,标的额 6676 万元,执行到位标的额 2843 万元,到位率仅为 42.58%;终结执行 214 件,占案件数的 31.24%,有一些正在执行中。笔者从 2002 年开始在执行一线执行案件,已有十余载,面对形形色色的执行不能案件,进行了梳理、归纳和总结。下面从执行的角度,针对金融机构作为申请执行人的执行不能案件从产生的原因及如何规避加以剖析、解读,以飨读者。

一、导致执行不能的成因

信贷资金的执行不能原因是多方面的,可谓是多因一果,既有金融机构自身的内因,也有各种外因。其成因主要有以下几个方面:

(一)信贷资金担保不到位、担保不当或担保存在瑕疵

申请信贷资金必须提供充分而有效担保,现在采用的担保形式主要是抵押、质押和保证等,在具体案件执行过程中,出现抵押物、质押物权属存在瑕疵,案外人提出异议,主张所有权,阻却了执行;以保证方式担保的保证人的信用和担保能力失察、评估不准确;对抵押物、质押物高评多贷,与实际价格不符;担保方式不当等。

笔者在审查东丰建行申请执行李某借款合同纠纷执行异议一案中,抵押物为借款人的一处尚未办理产权证的门市房,双方贷款时签订了抵押担保合同,没有进行产权登记部门登记,在该门市房办理产权证后,申请人建行也没有到产权登记部门补办他项权利登记。在执行对该房产拍卖时,案外人王某提出异议,称已购买该房屋,并已实际占有,属善意取得,要求法院停止执行。经审查情况属实,建行对抵押物没有办理抵押登记,不对抗善意第三人,由于抵押不到位,导致对该抵押物执行不能。

笔者在执行某信用社申请执行李某、张某、赵某、崔某借款合同纠纷一案,本案中四被执行人(贷款人)每人从信用社贷款各10万元,担保方式为四人互相联保。按着信用社的操作规范和各自的担保能力,一人贷款10万元的,应有三人以上作担保。本案的四人相互担保看起来似乎符合条件,但仔细琢磨有点自欺欺人的味道。按规定是每一人贷款10万元需有三人以上担保,这就意味着四人才有偿还10万元的能力,而四人联保贷款共计40万元,等于谁都没有为谁担保,这不是自欺欺人吗?这样的案件岂能执行到位!不言而喻。

(二)贻误最佳的执行时机

借款人在经营状况恶化时,都是有前兆的,作为金融部门应严密跟踪观察,发现情况不对,如贷款已逾期,应立即启动诉讼程序,并采取保全措施。不要寄期望于好转来还贷,或碍于情面而观望、等待,要在尚有执行能力时,果断出手。否则,将丧失执行的最佳时机。

如我在执行某信用社与某粮库借款纠纷一案,在贷款之初,粮食企业就已出现了不景气现象,国家正在酝酿对粮库改革方案。可该信用社在这笔贷款逾

期没还二年后才提起诉讼,等到判决生效申请执行时,拖延了近三年时间,法院刚要采取执行措施,这时国务院出台了粮改方案,一切都被叫停。因该粮库已资不抵债,被纳入了破产行列,信用社只能申报债权,本案执行终结,接受近百万贷款执行不能的现实。如果该信用社能及早进入执行程序,该笔贷款是完全能执行回来的,因为破产前粮库还在经营粮食,并有国家拨款,由于拖延贻误了最佳的执行时机,值得反思。

（三）特殊被执行主体或某些特定财产享有执行"豁免权"

执行"豁免权"是指对某些特殊被执行主体或某些特定财产根据法律规定不能执行的制度。如学校、医院、幼儿园、福利院、敬老院等社会公益事业,这类部门的非营利性财产是不得执行的。特定资金如赈灾、扶贫、抚恤、粮食直补等专项资金也是享有豁免权的。这类被执行主体有了这一执行"豁免"的规定,就会以此为由规避执行,法院很难甄别。

（四）地方保护主义的干扰

地方保护主义是法院"执行难"的一个重要顽疾,多年来,法院不遗余力地在千方百计化解"执行难",然而面对地方保护主导致的"执行难"却显得无能为力,这是我国的体制造成的,不是法院自身能解决的。表现形式多种多样,如政府为企业挂重点保护企业牌、一把手打电话写条子阻碍执行,现在许多省、市、县各级纪委都下设了"软环境"办公室,法院若对辖区内受"软环境"保护的企业采取执行措施,必须经"软环境"办公室许可,不被许可不得采取强制措施,否则,纪委按破坏软环境进行问责。这是一条"高压线"碰不得。这些都超越了法律的框架,是一种地方保护主义的表现形式。

（五）恶意套贷及对信贷资金的使用监控不到位,也是导致执行不能的原因之一

有些借款人在申请之初就怀有恶意,制造假象迷惑金融机构,有的勾结贿赂银行内部人员,隐瞒真相,使借款前考察验收过关,骗取贷款。贷款到手后,肆意挥霍,银行对资金的使用也不进行监督,这种情况多发生于个体私营小型企业和商户。我在办案中了解到,多数骗取贷款的个体小老板,贷款到手后,首先都购买豪华轿车,落籍到他人名下,转移资产,经常出入高档场所,当逾期不能还款进入到执行程序时,已是人走物没,案件执行不能,只好本次终结。

二、如何采取有效措施，规避执行不能的各种风险

如何防范和规避执行不能的风险,要针对不同类型的借款人,找准信贷资

金潜在的风险点。以预防为主、救济为辅的原则,司法救济毕竟是被动的事后救济。应在放贷之时,做到未雨绸缪,防患于未然,才是主动的上策。

(一) 严格履行担保手续,选择最适宜的担保方式和标的物

信贷资金要做到无保不贷,选择何种担保方式,选择何为担保标的物,要根据借款人的不同,因地制宜。

1. 确保担保物在权属和质量上无瑕疵。权属无瑕疵就是权属明析无纠纷,无第三人主张权利;质量无瑕疵就是要货真价实,防止发生类似轰动全国的假金缕玉衣骗取上亿元银行贷款的荒唐闹剧。

2. 严格依照法律规定履行担保程序,该登记的必须及时登记公示,权利人为多人的必须由本人签字,不能代签,谨防日后反悔,出现纠纷。

3. 客观、准确的评估担保物的价值,如与当地市场价格不符时应从新评估,并要就低不就高。

4. 以在建工程作抵押的,要考虑到工程款优先权大于抵押权的问题,这是一个风险点。《合同法》第 286 条及最高人民法院对该条的批复规定,建设工程承包人对所承建的工程享有优先受偿权,且该权利优先于一般抵押权。

5. 土地使用权与地上建筑物应一并抵押,不要分离,否则,处分时易发生冲突。

6. 多家银行基于同一土地使用权抵押贷款的,潜在的风险较大,还款不能进行处分时,一旦流拍则很难变现。如我县某企业用一块土地使用权跨地区在三家不同银行贷款近亿元,由于经营不善不能偿还贷款,拍卖无人问津,每家银行都不接收该抵押物,而给其他两家银行返贷款,导致此案已搁置多年至今。

(二) 果断抉择,把握最佳有利的执行时机

对于贷款已逾期仍没有偿还可能的借款人,要立即启动程序,采取措施,而不要盲目乐观的等待、观望,丧失最佳的执行时机。

笔者在此建议,金融机构在与借款人及担保人签订合同之时,可进行债权公证,通过公证处作出赋予强制执行效力的公证债权文书。逾期不能偿还,可直接向法院申请强制执行,免去了诉讼的时间。还可对抵押物依据《物权法》第 195 条第 2 款的规定直接请求人民法院拍卖、变卖抵押财产。另外,新修订的《民事诉讼法》第 196、197 条规定可直接向法院申请实现担保物权。要充分利用这些规定,抢抓有利的执行时机。

（三）采用第三人担保的方式，规避特殊被执行主体的执行"豁免权"

对于借款人为医院、学校、幼儿园、敬老院等公益事业单位，享有执行豁免权的特殊主体的，借款时要求必须由第三人为其提供担保。通过这种方式，将对借款人因享有豁免权而执行不能的风险转嫁给了担保人。

（四）依法排除地方保护主义的干扰

针对地方保护主义导致的执行不能，金融机构应与法院一道，与当地党委、政府、人大进行沟通、协调，力争取得理解和支持。在中国这个国度里，是一个人情关系氛围很浓的社会，把关系理顺了往往问题也能得到解决。通过沟通、协调仍得不到执行的，金融机构可依据《民事诉讼法》第 203 条的规定，申请提级执行，由上一级法院执行；也可申请上一级法院将案件"交叉"到其他法院执行，如此，可有效的排除地方保护主义的干扰。

（五）严格审查借款人的信誉度，严密监控信贷资金的使用，金融机构与法院联手进行诚信系统建设

贷款前要对借款人的社会信誉从多方面进行考查，可通过对其的财务报告、纳税登记、工商年检、工资发放、企业管理状况、登录全国法院执行网站等进行综合考查。款贷出后，对其使用情况要紧密跟踪，监控其使用情况，如与贷款用途使用不符的，立即采取措施。

金融机构应积极与法院联手，参与诚信系统建设，将未履行生效法律文书确定义务的被执行单位、个人的信息数据纳入银行诚信系统，实现法院执行信息与银行诚信系统成功对接及双方信息共享。通过银行的信用不良记录预警和"信用黑名单"录入，达到震慑被执行人的目的，促进法院的执行工作；同时法院执行信息给予银行风险提示，减少银行信贷风险，实现双方共赢。

论金融债权执行中被执行人生存权的保护

吉林延边朝鲜族自治州中级人民法院分院　朴　波

引　言

金融是现代经济的核心，金融债权之保护由于其事关经济发展、社会稳定和国家安全的大局，而备受人民法院的重视。高效、公正地实现金融债权，维护金融秩序始终是人民法院执行机构的工作重心。为了实现金融债权，维护金融秩序，不断加大对被执行人的执行力度，取得显著成效的同时如何更好地保护好被执行人的生存权力。积极探索金融债权案件的执行方式，提高执行效率，保护金融债权，防范金融风险和保障市场经济健康发展都具有重要意义。人民法院执行人员在执行金融债权案件时，应从实际情况出发，根据具体案件中被执行人履行能力和有无逃避执行等情形，因案制宜采取相应的执行方式。但是，不可否认，过去我们在加大执行力度保护金融债权的同时，往往忽视了对被执行人合法权益的保护，特别是其生存权的保护，金融债权的实现往往以牺牲被执行人生存权作为代价。

随着执行理念的不断进步，以及以人为本、构建和谐社会治国方略的不断深入推进，依法保护被执行人的生存权，实现社会公平，变得越发重要。当金融债权和被执行人的生存权发生冲突时，如何平衡两者间的关系，体现法律的正义和公平，近年来金融部门申请执行的金融案件及标的额也呈持续上升趋势。已经成为人民法院民事执行工作一项新的课题。

一、对被执行人生存权的理解

所谓生存权，是指在一定社会关系中和历史条件下，人们应当享有的维持正常生活所必须的基本条件的权利。它不仅指个人的生命在生理意义上得到延续的权利，而且指一个国家、民族及其人民在社会意义上的生存得到保障的权利；不仅包含人们的生命安全和基本自由不受侵犯、人格尊严不受凌辱，还包括人们赖以生存的财产不被掠夺、人们的基本生活水平和健康水平得到保障和不断提高。

被执行人生存权从狭义上来讲，就是指在民事强制执行中，被执行人依法享有的维持其本人及其所抚养家属基本生活条件的权利。它与金融债权相比，具有下列特点：

1. 权利主体不同。金融债权的权利主体为银行、证券、保险等金融机构，一般均为独立法人；而被执行人生存权属于作为被执行人的自然人享有。

2. 权利产生的时间不同。金融债权的产生一般基于金融法律关系主体之间的约定；而被执行人生存权是与生具有的，并且受到宪法和法律的承认和保护。

3. 权利性质不同。金融债权是普通权利，是财产权、请求权、相对权，它必须通过债务人履行债务才能实现，是只能对抗债务人的权利；被执行人生存权是基本权利，是人身权、支配权、绝对权，它无须通过义务人的行为，自己可以直接实现其权利，并可以对抗不特定的人，任何人都不得妨碍和侵犯。此外，金融债权为非专属权，可以让与；而被执行人生存权为专属权，专属于被执行人自身，不可转让。

4. 人民法院保护的方式不同。人民法院对金融债权的保护属于被动保护，即需要金融机构提起诉讼、申请强制执行，人民法院才能启动强制执行程序予以保护。而由于被执行人生存权的特殊性质，人民法院对被执行人生存权的保护具有主动性，无论申请执行人是否反对，或者被执行人是否提出请求，人民法院均应该依职权加以保护。保护被执行人生存权的意义：

（1）保护被执行人生存权是宪法精神在民事执行中的具体反映。我国政府一贯重视对公民生存权的保护，将其和发展权一并视为首要的人权，是享有其他人权的基础。2004年3月的《宪法修正案》也首次将"国家尊重和保护人权"写入宪法，这充分体现了我国政府承认和保护人权的立场和决心。因此，在民事执行中保护被执行人生存权是对宪法规范的贯彻落实，是将宪法文字中抽象的权利具体体现为生动权利的重要途径。

（2）保护被执行人生存权是以人为本，构建和谐社会的必然要求，是法律社会化目的的具体反映。从法律的演进过程来看，法律的价值取向一般都经历了从个人本位到国家本位再到社会本位的三个发展阶段，所谓法的社会本位，即法律社会化，是指法律以维护社会利益为目标，具有担当"社会福利"的职能，具体表现为：维护社会的基本生活条件；维护社会主义市场经济秩序;建立和维护社会诚信体系;促进教育、科技和文化事业的发展等。法律的社会本位的最终目的就是建立民主法治、公平正义、诚信友爱、充满活力、安定有序的和谐社会。保护被执行人生存权充分体现了法律在构建和谐社会方面的作用,反映了法律以社会利益为本位的宗旨。

因此,纵然被执行人身负债务,但他的人格尊严及维持其基本生活条件的权利仍应受到法律的保护,我们不能因为法院的强制执行而剥夺其与生俱来的权利,这不仅违反宪法精神,而且也不符合现代文明社会的价值取向。所以,当金融债权的实现侵犯了被执行人生存权的时候,将会因其损害了我们社会保护公民基本生存条件的宗旨而无法得到法律的支持。

(3)保护被执行人生存权是社会主义法治原则的具体体现。法治原则包括权利保障原则和权力制约原则。权利保障原则的内容包括尊重和保障人权、法律面前人人平等和权利义务相一致,其中充分尊重和保障人权是法治的终极性的目的价值。因此,依权利保障原则,在民事执行中对于被执行人生存权的保护,一方面,它要求债权人应当充分尊重被执行人的生存权,要具有保护被执行人生存权的意识,应当在保障被执行人生存权的前提下依法实现自己的债权;另一方面,它要求人民法院在执行过程中应当严格依照《民事诉讼法》以及《最高人民法院关于人民法院民事执行中查封、扣押、冻结财产的规定》的有关规定,规范执行行为,切实保障被执行人的生存权,当强制执行行为影响到被执行人的生存权时,强制执行行为应当受到必要的限制。

二、被执行人是暂无履行金融债务能力的企业或特困企业的执行方式

1. 代位执行法。金融债权案件执行中的"代位执行"是指被执行人现有财产不能清偿到期金融债务,但对第三人享有到期债务的情况下,人民法院可以根据申请执行人的申请,通知对被执行人负有到期债务的第三人,直接向申请执行人履行债务,第三人在履行期限内不履行的,法院予以强制执行的一种执行方法。

2. 分期执行法。人民法院在执行金融债权案件中,对于被执行人是经营状况暂时困难的企业,或暂无偿还金融债务能力但产品适销有市场的企业,可以采取分期执行的方法,为这些被执行企业创造生存、发展的机会。这样,既可以保证被执行企业生产经营的正常进行,度过暂时的困难,增强其偿还金融债务的能力。同时也可以最大限度地保障金融债权的实现,更有效地维护金融债权人的合法权益。

3. 抵债返租法。所谓抵债返租,又称为以资抵债,返租经营,是指人民法院在执行程序中将被执行人(困难企业)固定资产中的不动产委托评估部门评估作价后折抵债权,不动产所有权(土地只有使用权)归债权人所有,然后由债权人将该不动产返租给债务人经营的执行方式。抵债返租这种以困难企业的不动产变现抵债的方式有利于金融债权的实现。实践中,法院实施抵债返租这一执行方式应注意以下几点:一是要查清被执行企业抵债的不动产的性质。如要查清该不动产是否属于该企业所有,是否设定担保情况;二是对抵债企业所占有的土地使用权不属于该企业的,应征得土地使用权人和所有权人的同意方可实施抵债返租,否则不能采取此种方式;三是原则上一个企业的不动产抵债给一个金融部门。其所欠其他债务的,金融债权人可以代为支付,企业再以等值不动产抵给该金融债权人;四是抵债返租主要是针对还贷无望的企业所采取的执行方式,有履行债务能力或正常生产经营的企业,不能采用这种方式;五是采用抵债返租这种执行方式应征得申请执行人即金融债权人的同意后方可实施;六是被执行企业以房屋等不动产及土地使用权抵债返租的,当事人双方须依法到有关登记部门办理过户手续,以免日后发生纠纷。

4. 以物抵债执行法。所谓以物抵债执行法,又称以物抵债、拍卖执行法,是指在民事执行程序中,负有给付债款义务的被执行人不能偿付到期债务时,用其享有所有权的财产(包括动产和不动产)交付给由当事人双方协商选择的或法院指定的评估拍卖机构进行评估拍卖,拍卖所得款项交付给债权人,以抵其所欠的债务。实践中,对于金融执行案件中被执行企业逾期不能履行生效法律文书确定的义务,账上无钱而有财物可供执行或账上虽有钱但不足以执行的,为使执行得以顺利进行,人民法院可以采取以物抵债、拍卖执行的方式。法院执行人员在具体实施该执行方式时,要正确确认抵债财物的权利归属,执行人员在对被执行人有关财物采取以物抵债和委托拍卖前,应经过一定的公示程序,确认该财物是否存在权利争议,以防止财产权属纠纷和案外人提出异议的现象发生。

5. 债权转股权执行法。所谓债权转股权,是指债权人将其所享有的合法债权依法转变为对债务人的投资,增加债务人的注册资本的行为。它是债权人自愿将其对债务人的债权折资入股,成为债务人股东的法律行为,其包括债权的消灭和股权的产生两种法律行为。债转股既是化解银行不良资产的一种重要方式,也是法院在执行金融案件中,解决被执行企业无力偿还金融债务的一种执行方式。实践中法院采用这种执行方式应注意以下几个问题:一是须被执行人现有财产不能清偿到期金融债务。能够清偿的,不得适用债转股;二是债转股的债权人应是国有商业银行,债务人一般应是大型国有企业或重点国有企业;三是将被执行企业不能归还的贷款转化为银行对企业的投资,需要银行、金融资产管理公司和企业三方相互配合,才能有效实施;四是金融债权人将债权转为股权后,双方当事人须依法到工商管理部门办理注册资本变更登记手续。

三、被执行人有履行能力而拒不偿还金融债务或逃避执行的执行方式

1. 公告执行法。即对于具有履行金融债务能力,经多次教育仍拒不履行法院生效法律文书确定的给付义务的被执行人,执行法院可以在被执行人住所地或一定区域范围内的报纸、广播台、电视台等新闻媒体上公布为"赖账者"予以曝光,同时对其赖账金额等情况一并予以公告。

2. 悬赏执行法。对于金融案件被执行人采取多头开户、隐匿或转移财产拒不履行或逃避履行金融债务的,人民法院可以根据执行案件的实际需要,采取有奖举报公开悬赏的方法,寻找被执行人的财产及财产线索。

3. 搜查执行法。人民法院执行金融债权案件采取搜查执行方法时,须同时具备三个条件:一是生效法律文书确定的履行金融债务期限已经届满;二是被执行人不履行法律文书确定的偿还金融债务义务;三是执行法院认为被执行人有隐匿财产的行为。

4. 财产审计执行法。人民法院在执行金融案件中,可以依法委托审计部门或借用社会审计力量,运用社会审计监督的制度和方法,结合法律规定的执行调查措施,对反应被执行人(金融债务人)履行义务能力的全部资产、负债和所有权益等进行强制审查、统计,发现其可供执行的财产证据,并对发现的被执行人财产予以强制执行的一种执行方法。

5. 限制消费执行法。该方法又称为"限制被执行人高消费制度",即由执行法院对被执行人(恶意欠债不还的金融债务人)发出"限制高消费令",责令其在金融债务没有清偿完毕之前不得进行超过当地生活标准的高消费活动。对限制高消费的金融案件被执行人,法院将其名单在其住所地有关报纸、电视台等新闻媒体上公布,请社会各界和人民群众监督。

四、金融债权与被执行人生存权冲突之成因

依强制执行程序实现金融债权,必然会触及被执行人的基本权利,进而在金融债权和被执行人生存权之间会发生冲突,从表面上看,金融债权与被执行

人生存权之间的冲突完全是人民法院法院的强制执行行为造成的,但是如果我们再从深层次进行分析,我们会发现,事实并非如此,金融债权与被执行人生存权之间冲突的形成其真实、内在的原因主要是:

1. 金融合同关系发生时,金融机构缺乏保障债务人生存权的意识,对债务人何种财产可用于偿还金融债务,以及债务人的资产状况、信用程度缺乏正确的评估,以至于在金融债权产生之时就埋藏了与债务人生存权冲突的隐患。

2. 金融合同关系发生后,债务人生产、生活状况严重恶化,金融机构对信贷资金及债务人财产状况监管不力,延误诉讼和强制执行的时机,人为地造成金融债权与被执行人生存权之间的冲突。

3. 被执行人缺乏诚信意识,或是将借贷资金肆意挥霍,或是不按贷款用途使用资金挪作他用,最终除了尚有生活性资产外,无其他资产可用于偿还金融债务。

4. 被执行人确因生产、生活状况严重恶化,无力偿还金融债务,当人民法院强制执行时,引发金融债权与其生存权之间的冲突。

综上,笔者认为,金融债权与被执行人生存权之间冲突的形成,不是人民法院强制执行行为造成的,在很大程度上应归结于金融机构的自身行为。所以,要从源头上避免发生金融债权与被执行人生存权之间的冲突,金融机构必须从自身的金融行为着手,进一步增强风险防范意识,规范金融行为,只有这样,才能为金融债权的实现提供可靠的保障。

五、金融债权与被执行人生存权之间冲突的平衡

强制执行的目的在于及时、正确地实现生效法律文书确定的债权人的实体权利。因此,当《最高人民法院关于人民法院民事执行中查封、扣押、冻结财产的规定》首次以司法解释的形式具体规定对被执行人生存权的保护时,立即引起了社会各界的巨大反响,有人为之叫好,有人提出质疑。特别是金融机构,一时上下一片恐慌,无所适从,他们普遍认为,最高院这一司法解释太过超前,极有可能成为债务人恶意逃废金融债务的"保护伞",严重影响金融债权的实现,也违背了强制执行的目的和任务。

笔者认为,金融机构的这些顾虑虽然有其合理之处,但是并不完全正确。因为,首先,随着世界各国对基本人权保护的不断重视,强制执行中对被执行人生存权的保护已经成为当今世界民事强制执行法律的一项基本制度。例如:《德国民事诉讼法》第811条规定:强制执行应当保留执行债务人日常所必需的生活资料如家具、厨房用具、床上用品和桌上用品以及执行债务人继续其获

得收入的行为所必需的物品。对于这些物品原则上剥夺执行债权人对此的处分，从而使执行债务人免受"无度扣押"，以保障执行债务人的生存权。最高院司法解释中关于被执行人生存权保护的规定，完全符合现代文明社会的法律原则，充分体现了社会公平和正义。

其次，虽然保护被执行人的生存权可能会影响到债权人的利益，但是，我们应当认识到这是债权人应当承担的经营风险。如果人民法院在民事强制执行中不依法保护被执行人的生存权，国家就必须按照社会救济的规定保障被执行人的基本生活，实际上是国家将被执行人在没有相应的执行保护情况下，已经给予申请执行人的东西再次返还给被执行人，最终国家成了债权人经营风险的实际承担者，这与国家的职能完全是背离的，是没有法律依据的。

最后，依法保护被执行人生存权关键是要合理平衡债权和生存权之间的冲突，只要合理平衡好两者之间的关系，我们依然可以最低限度地降低债权人的风险，最大限度地实现债权。

合理平衡金融债权与被执行人生存权之间冲突，笔者认为可以采取下列措施：

1. 合理界定被执行人生存权的保护范围和标准。合理界定被执行人生存权的保护范围和标准是平衡金融债权与被执行人生存权冲突的前提。

在民事执行中，保护被执行人的生存权主要体现在保障被执行人必需的生活费用、生活用品、居住的房屋这三个方面的基本生活条件，其目的是维持被执行人简朴的、基本的生活水平。从这个意义上来说，这种保护是有限的保护。如果被执行人拒不履行法定给付义务，恶意逃废金融债务，却依然出入高档场所、用高档商品、住豪宅，很显然，这种远远超出了基本生活条件标准的生活水平，非但得不到法律的保护，而且被执行人反而会因其恶意金融逃废债务的行为受到法律的制裁。

由于我国各地经济发展水平差异较大，造成了不同地区的人们基本生活水平不一。因此，笔者认为，对于被执行人基本生活条件的保护标准，不宜机械地统一，应当由各中级人民法院深入调研，结合本地区人民生产、生活的实际状况，合理确定本地区的被执行人基本生活条件的标准：

（1）对于被执行人及其所抚养家属所必需的生活费用，应当依照《最高人民法院关于人民法院民事执行中查封、扣押、冻结财产的规定》第5条第2项的规定，按照被执行人所在地的上年度最低生活保障标准确定。

（2）对于被执行人及其所抚养家属所必须的生活用品范围，应当根据被执行人所在地的人均生活水平和生活状况分别确定，不宜统一。例如，在北方,空调、冰箱可能是奢侈品可以执行,但是在南方,它却是生活必需的普通消费品应当受到保留等。但是,机动车、金银珠宝等饰品、古玩字画不属于被执行人生活必需的物品,无论被执行人生活在何处,人民法院均可以依法执行。

(3) 对于被执行人及其所抚养家属生活必需的居住房屋面积标准,可以依照被执行人所在地的上年度最低生活保障线确定的人均住房面积执行。但是,对于位于农村的房屋,由于其土地性质、房屋用途、风俗习惯等方面的原因,目前还不具备确定标准的条件。

2. 对被执行人生存权的保护应当遵循以当事人主义为主,以职权主义为辅的原则,进一步规范被执行人生存权的保护程序。

首先,在民事执行中,当预计到强制执行行为将侵害被执行人的生存权时,不管被执行人是否主动申请保护和申请执行人是否提出反对意见,人民法院均应依职权对其予以保护。例如,对被执行人银行存款、收入采取冻结措施时,应当保留被执行人及其所抚养家属生活所必须的费用;对被执行人及其所抚养家属居住房屋执行时,如果无证据证明被执行人有其他可以居住的房屋,则应当保护被执行人及其所抚养家属生活必须的居住房屋等。

但是对于被执行人生存权的保护方式及保护标准上,应当充分尊重当事人的意愿,只有当当事人无法协商一致的情况下,人民法院才可以依照本地区生存权的保护标准及案件的实际情况,依职权确定被执行人的保护方式和保护标准。这样既可以合理平衡金融债权和被执行人生存权之间的冲突,又有利于避免激化矛盾,使案件的执行取得较好的法律效果和社会效果。例如:对被执行人超过其基本生活必需的居住房屋执行时,应当由申请执行人提出书面申请,人民法院经审查同意执行的,首先应当组织申请执行人和被执行人就被执行人的房屋安置问题进行协商,或是由申请执行人提供满足被执行人基本生活必需的住房;或是由申请执行人提供被执行人必需的住房安置费用等。如果当事人不能协商一致,则人民法院应当组成合议庭进行讨论,确定安置方案,并报经院长批准。

3. 在执行方法上,应当依照《最高人民法院关于人民法院民事执行中查封、扣押、冻结财产的规定》的规定,合理采取变通执行措施。

一方面,我们要严格执行《最高人民法院关于人民法院民事执行中查封、扣押、冻结财产的规定》(以下简称《查封规定》)第5条、第6条中有关被执行人生存权保护的强制性规定。即对于被执行人及其所抚养家属维持基本生活必需的物品、生活费用一律不得查封、扣押、冻结;对于被执行人及其所抚养家属生活必需的居住房屋,人民法院虽然可以查封,但不得拍卖、变卖或者抵债;另一方面,我们要正确理解和执行《查封规定》第7条中有关依法执行被执行人超过其基本生活必需的房屋和生活用品的变通规定。即根据申请执行人的申请,在保障被执行人及其所抚养家属最低生活标准所必需的居住房屋和普通生活必需品后,可予以执行。

在具体执行中,对于超过被执行人基本生活必须的生活用品,如果申请执行人申请执行的,则应当提供满足被执行人基本生活必需的替代物;对超过被执行人生活必需的住房强制执行时,可以采取提供房屋安置资金以及调换面积、调换区位、调换新旧、调换楼层等方法,在保障被执行人生活必需的住房的前提下予以执行,从而尽可能地保护金融债权的实现。

4. 在执行顺序上,应当以生活消费性财产最后执行为原则。被执行人的财产一般可以分为生产经营性财产和生活消费性财产。由于执行经营性财产相对于执行生活性财产来说,对被执行人的生活状况影响较小,而且丝毫不影响执行效果。因此,人民法院在执行时,应当首先执行被执行人的投资权益、经营资金等生产经营性财产,只有当被执行人没有经营性财产,或者被执行人的经营性财产已执行完毕后,才能执行被执行人的住房、生活用品等生活消费性财产。这样,不仅可以及时保护金融债权,而且还可以有效避免金融债权与被执行人生存权之间的冲突。

六、正确处理好保护生存权和实现金融债权的关系,防止被执行人利用其生存权为"保护伞"恶意逃废金融债务

保护债务人的生存权与保护金融债权同等重要,不能为了保护金融债权而侵害被执行人的生存权。但是,更重要的是,我们不能违背强制执行的目的,必须采取有效措施防止被执行人利用其生存权恶意逃废金融债务,保障金融债权的实现。只有正确处理两者之间的关系,我们才能获得双赢的局面。

1. 人民法院应当依法规范执行行为、公开执行措施,充分利用被执行人申报财产、搜查、公告执行、悬赏执行、听证执行、限制被执行人高消费等一切调查手段和执行措施,在保障被执行人生存权的前提下,公正、高效地办理涉金融执行案件,维护法律的尊严;

2. 金融机构应当逐步树立对债务人生存权保护的意识,提高风险防范能力。在金融合同关系发生和履行过程中,应当严格把关,有效监督,尽量避免经营风险;在强制执行中,要充分发挥自身的调查取证能力,积极配合和监督人民法院开展执行工作,依法维护自身的合法权益。

结 论

综上所述,金融债权执行中对被执行人生存权的保护,应当加快建立统一的社会信用体系、执行案件信息管理体系、滥用生存权的制裁体系、个人破产制度等多种体系制度,使它们能够有机结合成既保护基本生存权又保障金融债权的系统工程,以最终实现债权和生存权的合理平衡,有效防止被执行人滥用生存权恶意逃废金融债务。

商业银行行使抵销权相关法律问题探讨

华夏银行长沙分行 文 惠

商业银行是一国资金融通的枢纽，是与货币相关的众多中间业务的提供者，在一国金融体系中的重要性是不言而喻的。我国的大多数商业银行由于受发展历程和国家政策的影响，目前仍以贷款业务的收益作为主要利润来源。然而，大量借款人到期不归还贷款或者采取各种方式逃废商业银行债务的现象时有发生，直接导致了商业银行资产质量下降和社会信用环境的恶化。因此，如何保障商业银行债权的顺利实现便成为银行界最为关心的问题，抵销权制度在法律层面的设计亦成为有效降低信贷风险的重要手段之一。

一、商业银行抵销权的理论基础

抵销是指二人互负债务时，各以其债权充当债务之清偿，而使其债务与对方的债务在对等额内相互消灭。而抵销权就是可以进行抵销的权利。抵销权依产生根据的不同，又可分为法定抵销和合意抵销，法定抵销是指具备法律所规定的条件时，依当事人一方的意思表示所为的抵销。通常所说的抵销即是指法定抵销。合意抵销又称为协议抵销，是指依当事人双方的合意所为的抵销。合意抵销是由当事人自由约定的，其效力也决定于当事人的约定。法定抵销和合意抵销的最大区别在于构成要件不同，前者严格规定了双方当事人互负债务，债务的给付种类和品质相同，主动债权已届清偿期等条件；后者对这些条件的要求则较为宽松，特别是双方当事人可以约定互负债务的标的物种类、品质不同时也可以抵销。

有关抵销权的规定最早出现在罗马法中。在商品交易还不甚发达的社会，抵销发挥作用的空间狭小，也未受到重视。然而，现代社会，财产日趋债权化，请求权已是主要的财产形式，大量的请求权为抵销发挥作用提供了条件，尤其对于以金钱请求权为主要业务对象的银行来说，抵销更显得重要。随着时代的发展,西方发达国家关于抵销的立法日臻完善并在实践中得到了广泛应用和重视,在金融业务中发挥着几乎与担保制度相同的重要作用。

二、抵销权的作用

随着社会的不断发展,市场经济作为资源配置的有效方式逐渐被各国政府所采纳,作为债权重要组成部分的抵销权制度也因此受到法学理论界和实务界的关注。一般来讲,抵销权的作用主要表现在以下两个方面:

1. 方便债务的履行。任何一项债务的履行都需要成本,如果当事人能够合理运用抵销权制度,不仅可以降低自己的履约成本,还可以最大程度地提高合同履行的效率。这就与市场经济追求效益最大化的特点相符合。

2. 实现公平受偿。当事人互负到期债务,一方当事人主动清偿了自己的债务,另一方当事人却因资信问题无法履行合同,这对先履行债务的一方来说显然是不公平的,抵销权制度恰好能够回避这种不公。

三、我国商业银行抵销权的立法及其现状

我国立法首次出现"抵销"一词,见于1986年12月2日通过的《企业破产法(试行)》第33条的规定,"债权人对破产企业负有债务的,可以在破产清算前抵销。"但是在此之前的《民法通则》第89条第3项也可以看作是有关法定抵销的规定。但是由于上述有关抵销的法律规定的适用范围均受到一定限制,通常认为,在我国首次确立了一般意义上的抵销规则是《合同法》第99条的规定,"当事人互负到期债务,该债务的标的物种类、品质相同的,任何一方可以将自己的债务与对方的债务抵销,但依照法律规定或者按照合同的性质不得抵销的除外。"第100条规定:"当事人互负债务,标的物种类、品质不相同的,经双方协商一致,也可以抵销。"前一条规定的是法定抵销权,后一条是约定抵销权,两者共同构成了我国抵销权制度的基本法律框架。2006年公布的《企业破产法》则对破产抵销权做了进一步规定,该法第40条规定:"债权人在破产申请受理前对债务人负有债务的,可以向管理人主张抵销。"

在司法解释和行政规章方面,1994年《最高人民法院关于银行、信用社扣划预付货款收贷应否退还问题的批复》中规定:"预付款人将预付货款汇入对方当事人账户后,即丧失了该款的所有权。因此,该款被银行、信用社或其他金融机构扣划还贷后,预付款人无权向银行、信用社和其他金融机构请求返还。在预付款人诉收款人的经济纠纷案件中,也不应将银行、信用社和其他金

融机构作为第三人参加诉讼。"这里的"扣划还贷"实质上就是指银行的抵销权。另外,中国人民银行1996年通过的《贷款通则》和2000年通过的《加强金融机构依法收贷、清收不良资产的法律指导意见》进一步明确和细化了银行的约定抵销权和法定抵销权。

四、抵销权在商业银行中的适用

抵销权是我国合同法明确的制度之一,商业银行是使用抵销权制度最频繁的主体之一。在实践过程中,甚至出现了"银行抵销权"的专有名词。下面针对抵销权在商业银行中的具体适用做一些探讨。

（一）银行与客户之间的法律关系

银行与客户间的法律关系应当是一种以债权债务关系为基础的合同约束关系,该合同约束关系基于客户在银行开办业务的多少不同而各异。银行对客户享有抵销权,另一个重要原因是二者之间的债权债务具有相对性,即银行与客户间存在相互的债权债务。具体来说,在存款法律关系中,银行是客户的债务人,客户对银行享有存款及利息的支付请求权;在贷款法律关系中,客户是债务人,银行对客户享有偿还贷款及利息的请求权。可见,银行与客户在这两个基础法律关系中互负债务,互享债权,由此构成了债权债务的相互性。但是,并不是所有的银行账户都可以抵销,如信托类、保管类的账户就不存在抵销的问题,因为此类债权债务不具有相对性。

（二）商业银行抵销权的特点

商业银行主体的特殊性决定了银行抵销权不同于普通抵销权制度的独有特点:

1. 银行抵销权的行使具有单方性。普通债权债务中,双方当事人都可能享有抵销权,但在银行与客户间,银行可以行使抵销权,客户往往不享有该权利。这主要是因为合并账户的主动权掌握在银行手中,客户经常处于被动地位。

2. 银行与客户之间的债权债务具有特殊性。法定抵销权能够成立的一个重要前提是债务的标的物种类、品质相同,但实践中普通企业之间能够达到这一要求的情形并不多。银行与客户间的债权债务恰恰相反,因为借或贷的标的物都是货币,而货币在种类和品质上没有什么差异,这也是抵销权被大量用于银行业的重要原因。

3. 立法者基于银行的先天脆弱性对银行抵销权持包容态度。众所周知,银行是一个高风险、高负债的行业，不良资产的大量积累容易引发银行的信用危机。在发生的多次世界范围内经济危机中，多家商业银行甚至产生挤兑风潮，危及国家经济安全。为了使银行债权能够便捷、高效的实现，立法者在银行抵销权制度的设计过程中往往有偏袒商业银行的倾向。

（三）商业银行行使法定抵销权的条件

结合我国现行法律规定和法学理论，商业银行行使法定抵销权时，通常应当符合以下四个条件：

1. 银行与客户之间存在债权关系

抵销发生的前提是当事人双方既互负债务，又互享债权。在实践中，借款人申请贷款时必须符合的条件之一就是在贷款银行已开立基本账户或者一般存款账户，申请中长期贷款的，还必须在开户银行存入规定比例的资金。在借款合同中，通常还会要求借款人向贷款银行提供所有开户行、账号及存款余额等资料。在这种商业银行贷款给借款人，借款人在该商业银行有存款的情况下，双方既互为债务人，又互为债权人。存款是货币资金的所有者或持有者存入银行或非银行金融机构的货币，实质上是存款人将货币资金的使用权出让给了银行或非银行金融机构。因此，对于吸收存款的银行或非银行金融机构而言，它构成了对存款人的负债；而对于存款人来说，则形成了在存款银行或非银行金融机构的资产。

银行与客户之间存在债权关系，同时也就要求了抵销的债权与债务必须是存在于当事人之间的。也就是说，可以抵销的债权必须是当事人自身所享有的债权，债务人不能以第三人的债权抵销他方的债权。实践中，在一级法人体制下的商业银行及其分支机构常常会遇到这样的问题，当它们准备行使抵销权时，发现借款人的存款存放于本行在其他地区的分支机构。那么，一家商业银行的某一分支机构能否主张将其对借款人的债权与该借款人对同一家商业银行的另一分支机构的债权相互抵销？根据《商业银行法》的规定，商业银行经中国人民银行批准，可以根据业务需要在中华人民共和国境内、境外设立分支机构。经批准设立的商业银行分支机构，由中国人民银行颁发经营许可证，并凭该许可证向工商行政管理部门办理登记，领取营业执照。根据《民事诉讼法》的有关规定，在我国的民事诉讼中通常将商业银行设在各地的分支机构作为一类独立的诉讼主体。考虑到商业银行在上述情形下依法行使抵销权时借款人可能会以主体不适格为由进行抗辩，加之我国现行的法律和司法实践对此问题均未予以明确，我们认为，为稳妥起见，在这种情况下商业银行可以通过在本行不同分支机构之间进行债权转让再行抵销的方式实现债权。根据《合同法》的有关规定，债权人可以将合同的权利全部或者部分转让给第三人，债务人接到债权转让通知时，债务人对让与人享有债权，并且债务人的债权先于转让的债权到期或者同时到期的，债务人可以向受让人主张抵销。

当然，商业银行也可以对此采取事前预防的措施，即在借款合同中与借款人预先订立允许在本行的不同分支机构之间行使抵销权的条款，条文可设计如下："借款人在本行及本行的分支机构中的存款可以抵销借款人在本行及本行的分支机构的任何到期债务。"

另外，实践中还会遇到借款人不能按期偿还贷款，商业银行能否向该借款合同的保证人在本行的存款行使抵销权的问题。我们认为，根据《担保法》第18条的规定，"当事人在保证合同中约定保证人与债务人对债务承担连带责任的，为连带责任保证。连带责任保证的债务人在主合同规定的债务履行期届满没有履行债务的，债权人可以要求债务人履行债务，也可以要求保证人在其保证范围内承担保证责任。"因此，在借款人不能履行债务的情形下，提供连带责任担保的保证人因为与借款人处于同样的清偿地位，此时商业银行可以直接对其行使抵销权。

2. 当事人所负的债务已届清偿期

抵销具有相互清偿的作用，因此只有履行期限届满时，才可以主张抵销。否则，等于强制债务人提前履行债务，剥夺其期限利益。一般情况下，企事业单位在商业银行的存款都是活期存款，对存款的期限并无限制性的约定，不存在到期期限的问题，当贷款到期时，可以说商业银行和借款人的债务都到了履行期限。如果是定期存款，在存款到期之前，商业银行不能对此存款行使抵销权。在实践中，借款合同通常还会约定借款人不按合同规定的用途使用借款时，商业银行有权收回部分或者全部贷款。在这种情况下，我们认为可以视为债务已届清偿期，商业银行不必拘泥于借款合同所规定的还款期限即可行使抵销权。商业银行行使抵销权时，由于不需要人民法院或者仲裁机构的裁决，也不需要强制执行，因此，对于超过诉讼时效的贷款，商业银行也可从借款人的账户上扣划存款进行抵销，因为诉讼时效期间届满权利人丧失的只是胜诉权，实体权利并未丧失。基于同样的法理，超过申请执行期限的债权，商业银行亦可行使抵销权。这样，商业银行就可以使因为超过诉讼时效期间或申请强制执行期间不能通过诉讼途径或强制执行途径收回的贷款有可能得以收回。依此类推，在商业银行与借款人对部分债权债务进行抵销的情形下，亦可发生诉讼时效中断的结果。

3. 该债务标的物种类、品质相同

商业银行在这方面无疑具有先天的便利条件。商业银行与借款人之间所负的债务一般均为同种类的金钱债务，因为存款合同的标的是货币，借款合同的标的也是货币，债权、债务的种类、品质完全相同，在符合法定条件的情形下自可径直进行抵销。但是在实践中经常会遇到这样的问题：在商业银行与借款人之间互负的债务中一方应给付的货币是外币时能否进行抵销？我们认为，在这种情况下，只要商业银行与借款人双方不违反我国外汇管理有关规定，并非利用抵销从事套汇、逃汇等违法行为，法律并不禁止，否则就会导致抵销行为或者是抵销合同无效的法律后果。至于不同货币间抵销额度的换算，自是应当以中国人民银行公布的汇率为准。

4. 不属于不得抵销的情形

按照合同的性质或者依照法律规定不得抵销的债权不得抵销。商业银行行使抵销权时对此需要特别予以注意。此外，如果有关司法机关、行政机关根据法律规定依职权对借款人的存款采取了财产保全措施的情况下，商业银行也不宜行使抵销权。否则可能会被视为妨碍民事诉讼的行为而受到处罚。

《合同法》第100条明确规定："当事人互负债务，标的物种类、品质不相同的，经双方协商一致，也可以抵销。"在约定抵销的情况下，抵销的要件和效力可以由商业银行与借款人双方自由商定，并且不受法定抵销中须双方债务已届清偿期以及双方债务标的物种类必须相同等法定要件的约束。

在约定抵销的情形下，商业银行与借款人双方意思表示一致即可发生抵销的法律效力。而在商业银行行使法定抵销权的情形下，必须符合法定的程序方能发生抵销的法律效力。根据《合同法》第99条的规定，可以发生法律效力的抵销应当满足以下条件：（1）抵销的意思表示必须通知对方，通知自达到对方时生效。由于《合同法》并未明确规定通知的形式，因此，商业银行在行使抵销权时可以按照适合于具体情况的任何方式向借款人发出通知，口头、书面均可。（2）抵销不得附条件或者附期限。附有条件或期限者，该抵销之意思表示无效。因为附有条件或期限，使其效力不确定，有悖于抵销的本旨，也有害于对方当事人的利益。

综上，若商业银行能够从不同的角度将这些散见于不同法律、法规、司法解释、部门规章中关于商业银行抵销权的规定有机地结合起来及时行使债权，同时根据现有的关于商业银行抵销权的规定完善有关合同文本，这对于商业银行依法收贷、减少不良资产并提高资产质量将具有重要的现实意义。

五、实践过程中商业银行行使抵销权时应注意的问题

由于实践中银行抵销权的适用情形纷繁复杂，而社会又处于一个不断发展

变化的过程中,因此,笔者仅针对现实中最有可能遇到的问题进行一些探讨。

1. 行使抵销权是应注意"通知生效"问题。《合同法》第 99 条第 2 款规定:"当事人主张抵销的,应当通知对方。通知自到达对方时生效。"对于该通知的性质学界有不同的认识,有人认为是抵销权生效的必要条件,银行未履行通知义务则意味着抵销权自始不产生法律上的效力;有人则认为通知是免责条件,即银行不履行通知义务须承担因此给客户造成的损失,但抵销权的效力不受影响。笔者赞成第一种观点。抵销通知应当是抵销权生效的必要条件,而非免责条件。这就要求商业银行注意抵销权生效的时间,在具备行使抵销权的条件下,积极履行通知义务。虽然书面、口头的通知均符合法律规定,但从最大程度保护权利的角度考虑,在履行通知义务时建议采用书面形式。

2. 专属于客户的债权不得抵销,如劳动报酬、退休金、养老金、抚恤金、安置费、人寿保险等。我国现行法律对该问题尚无明确规定,但对专属于客户自身的债权给予特殊保护,一方面有利于彰显"以人为本"的法治理念,另一方面也有利于切实保护弱者利益,一定程度上调和银行与客户之间不平等的法律关系。除此之外,从其他立法例中也能推导出类似的立法理念,如《合同法》第 73 条第 1 款规定债权人不得向专属于债务人自身的债权主张代位权。

3. 已设担保的存款不能被抵销。如果客户已将某项存款向第三人设立质押,则银行不得再主张对该存款的抵销权。根据《物权法》相关原理,物权优先于债权,所以第三人的质权优于银行的债权,在质权尚未因债务履行而消灭之前银行无法对该项存款主张抵销权。

4. 超过诉讼时效的银行债权原则上不主张抵销。对该问题也有不同认识,有学者认为超过诉讼时效的债权可以抵销,因为超过诉讼时效只表明胜诉权丧失,并不意味着实体权利消灭,而抵销权本身是一项实体权利。然而事实上,此处银行的抵销权本质上属于形成权,银行主张抵销权时无须征得客户的同意。在银行债权未超诉讼时效而客户债权已超诉讼时效的情况下,银行固然可以主张抵销权;但如果银行的债权已过诉讼时效,则无论客户债权处于何种状态,银行基本无法主张抵销权。

浅析撤销权在银行资产案件中的行使
——以某蔬菜加工厂无偿转让财产案为例

临商银行 刘敬利

近年来，逃废银行金融债务案例时有发生，一些信用不佳的借款人为了逃避还款义务常常和金融机构玩起"金蝉脱壳"的游戏，在借款到期银行收贷时往往财产转移、人去楼空，令银行资产保全无果而终，经常蒙受较大的经济损失。事实上，如果信贷资产管理人员在执行过程中能够及时有效地利用好合同法规定的债权人的撤销权，并辅助于代位权的行使或许可以及时挽回信贷资产的损失，维护银行的信贷资产的合法权益，下面就撤销权在信贷资产管理中的行使进行分析和探讨。

一、撤销权的概念

撤销权又称废罢诉权，起源于古罗马法的撤销之诉，法语译为"废罢诉权"，此诉讼为罗马法学家保罗所创。《合同法》第74条规定："因债务人放弃到期债权或者无偿转让财产，对债权人造成损害的，债权人可以请求人民法院撤销债务人的行为。债务人以明显不合理的低价转让财产，对债权人造成损害，并且受让人知道该情形的，债权人也可以请求人民法院撤销债务人的行为。"我国《合同法》的这条规定第一次在法律上确定了合同保全制度，这是立法上的一个巨大的进步。后来，在合同法解释一、二也做了相关的司法解释，对撤销权的行使进行了进一步的解释完善，这便是信贷资产管理人员行使撤销权的法律规定。概括起来，债权人的撤销权，是指债权人对于债务人实施的危害债权的行为，可请求法院予以撤销的权利。

试举一例说明：某蔬菜加工厂于2006年8月20日在某金融机构贷款2000万元，于2007年8月19日到期，其中300万元贷款以其所有的机器设备办理抵押担保，其余1700万元贷款一以位于该镇的自有办公楼提供抵押担保，并依法办理了抵押登记手续。姜华为该蔬菜加工厂的法定代表人,和姜露为父女关系。2007年3月,姜华与自然人姜露签订一份《债权转让协议》,约定蔬菜加工厂将其对姜露担任法定代表人的万福食品有限公司的1600万元债权无偿转让给姜露个人。2007年4月,姜露将受赠的债权转为股份投入到万福食品有限公司,成为该公司的第一大股东。2007年6月,蔬菜加工厂也由原姜华的私营企业变更为某蔬菜加工有限公司,蔬菜加工厂的原一切债权债务均由某蔬菜加工有限公司概括承担。后来某蔬菜加工有限公司经营出现困难,连续数月拖欠银行利息,金融机构发现该公司已资不抵债,2007年9月,金融机构的资产管理人员前往工商行政管理局查询某蔬菜加工有限公司公司工商档案发现姜华无偿转让资产,涉嫌恶意逃废金融债权,转移资产没有通知债权人,而且严重影响了其偿债能力,有害于债权的行为发生在债权有效成立期间。在客观上,姜华明知蔬菜加工厂有巨额债务仍转让财产,主观上明显具有恶意,属于借款人恶意逃废金融债权的金蝉脱壳的行为。金融机构经过调查,于2007年9月依法提起了撤销权诉讼。法院判决该资产转让行为自始无效,姜露应当将接受的1600万元返还某蔬菜加工公司。

二、撤销权在银行资产案件中的行使要件

要行使撤销权,必须同时具备以下客观和主观要件:

(一)客观要件

1. 债务人的行为。债务人实施以下合同行为或单独行为之一时,债权人可以向人民法院提起撤销权诉讼:(1)债务人放弃其到期债权,对债权人造成损害的;(2)债务人无偿转让财产,对债权人造成损害的;(3)债务人以明显不合理的低价转让财产,对债权人造成损害,并且受让人知道该情形的;(4)债务人放弃其未到期的债权或放弃债权担保,对债权人造成损害的;(5)债务人恶意延长到期债权的履行期,对债权人造成损害的。

对于"明显不合理的低价"的认定,人民法院将会以交易当地一般经营者的判断,并参考交易当时交易地的物价部门指导价或者市场交易价,结合其他相关因素综合考虑予以确认。转让价格达不到交易时交易地的指导价或者市场交易价70%的,一般可以视为明显不合理的低价;对转让价格高于当地指导价或者市场交易价30%的,一般可以视为明显不合理的高价。

债务人以明显不合理的高价收购他人财产,人民法院也可以根据债权人的申请参照《合同法》第74条的规定予以撤销。

本案例中,姜华作为个人独资企业的负责人,明知该企业具有大额的债务

没有归还，确将企业的资产无偿转让给自己的女儿姜露，姜华的行为严重影响了企业的偿债能力，损害了金融机构的利益，金融机构有权提起诉讼，申请蔬菜加工厂撤销蔬菜加工厂与姜露的《债权转让协议》。

2. 债务人的行为必须以财产为标的。债务人的财产因债务人的行为受到直接影响，债务人的财产积极减少或债务的消极增加的行为都是以财产为标的的行为。如果是基于身份关系等不以财产为标的的行为不在撤销权行使的范围内。本案中，姜华无偿转让是1600万元的债权，该债权具有明显的财产性特征，且数额巨大，直接影响了债务人蔬菜加工厂的偿债能力。

3. 债务人的行为须有害于债权。债务人实施有害于债权行为的情形有两种：一是因债务人的行为导致债务人的财产积极地减少，如转移所有权、设定他物权、放弃债权等；二是因债务人的行为使债务消极的增加，为他人设定抵押担保、提前清偿不到期的债务等，致使债务人不再具备承担债务的责任资产能力。本案中，债务人无偿放弃1600万元的债权后，使按照正常蔬菜加工厂本应该拥有的1600万元的财产被积极减少。

4. 债务人的行为必须发生在债权发生后有效成立且在存续期间。本案中，债务人无偿转让1600万元债权的行为发生在债务有效成立且在存续期间，直接影响了债权人的还债能力。

（二）主观要件

债务人具有损害债权人债权的恶意。对于放弃债权或赠与等无偿行为，受让人（收益人）不需要具有恶意撤销权即可成立；对于明显不合理的价格转让财产的有偿行为需要受让人（收益人）具有恶意，此处的恶意是指受让人（受益人）取得财产或收益时，知道债务人所为的行为有害于债权人债权实现的事实，并不是指具有债权人的意图，其构成也不要求受让人（受益人）与债务人串通。本案中，债务人由于是无偿放弃债权，具有明显的主观逃废债务的恶意，受益人姜露由于是无偿接受债权，不需要具有恶意，撤销权的行使的主观要件成立。

三、撤销权在银行资产案件中的具体行使

1. 诉讼的法定期间及管辖法院。根据《合同法》及《合同法解释（一）》的规定，债权人提起撤销权诉讼的，撤销权自债权人知道或者应当知道撤销事由一年内向债务人住所地法院起诉。自债务人的行为发生之日起五年内没有行使撤销权的，该撤销权消灭。在诉讼时应将受益人或受让人列为第三人。本案中，债权人金融机构在2007年9月知道撤销事由后立即提起撤销之诉没有超

过诉讼时效。

2. 诉讼的效果。债权人金融机构对受让人或收益人姜露而言具有形成之诉的效力，已经撤销，债务人蔬菜加工厂与受让人或受益人姜露的无偿转让1600万元债权行为自始无效。债权人金融机构可以请求受让人或受益人姜露将财产返还给债务人蔬菜加工厂。

3. 诉讼费用。债权人金融机构胜诉，律师代理费、差旅费等必要费用由债务人蔬菜加工厂承担，第三人有过错的，适当分担。

四、代位权在银行资产案件中对撤销权行使的辅助

根据民法理论，由于撤销权属于合同效力的扩张，是合同相对性的原则的突破，是意思自治和交易安全的价值的利益平衡，其平衡点在于"债务人的行为是否有害于债权的实现"，虽然撤销权可以保护债权人的合法权利，但由于债权具有平等性，所以债权人金融机构虽然对1600万元的无偿转让债权进行了撤销，但债权人对债务人的1600万元的财产仍然不具有优先性。本案中金融机构在行使撤销权的同时还及时对受益人行使了代位求偿权，有力地防止了行使撤销权后财产回到债务人手里在所有债务人中按比例分配，成功地将1600万元收回归还了蔬菜加工厂贷款1600万元，某金融机构又乘胜追击，行使抵押优先权，将抵押财产公开拍卖归还剩余本息。最终某金融机构成功收回2000万元的借款本息，同时也使恶意逃废债务的老赖的"金蝉脱壳"无功而返。

总之，撤销权于1999年合同制定时确立后，经过最高人民法院审判委员会通过《最高人民法院关于适用〈中华人民共和国合同法〉若干问题的解释（一）》和《最高人民法院关于适用〈中华人民共和国合同法〉若干问题的解释（二）》的两次解释完善，现已成为应对逃废金融债务"老赖"的重要制度。银行资产保全人员在发现债务人恶意逃废金融债务时，可以向法院及时申请行使撤销权，并配合使用代位求偿权，以此来维护金融机构的合法权益。

分配之争
——论最高额抵押最高限额的认定标准

浙江省台州市椒江区人民法院　林　辰

一、简介

浙江某公司系被执行人，法院将该公司所有的一处地产拍卖后，得款5500万元，在随后作出的分配方案中，第一抵押权人A银行的受偿额为3795.27万元，扣除所有案件诉讼费、执行费后，余款9133846.06元由B银行优先受偿。分配方案送达之后，B银行提出异议，认为A银行与被执行人签订的最高额抵押合同，双方约定的最高限额为3272万元，超过最高限额的部分，不应享有优先受偿权；第一抵押权人A银行答辩称：其对被执行人享有的债权本金为2950万元，在最高限额内，利息等附随债权乃抵押权自然所及，不应受最高限额的限制。异议人B银行遂提起分配异议之诉。

二、焦点

本案争议的焦点就是最高额抵押中最高限额的认定标准，《最高人民法院关于适用〈中华人民共和国担保法〉若干问题的解释》第83条"抵押权人实现最高额抵押权时，如果实际发生的债权余额高于最高限额的，以最高限额为限，超过部分不具有优先受偿的效力，如果实际发生的债权余额低于最高限额的，以实际发生的债权余额为限对抵押物优先受偿"的规定，引入了一个最高余额的概念，但最高余额到底是指本金的余额，还是本金加上附随债权的余额，法条并没有给出清楚的界定。因此，关于最高额抵押的最高限额的判定标准，在我国仍然是一项立法盲区。针对这一问题，各国的立法、理论、司法实践中主要存在两种观点，即本金最高限额说和债权最高限额说。前者认为最高限额的限制对象应为债权本金，至于由此而产生的利息、罚息、违约金等，应为抵押权效力自然所及，在享有优先受偿权的同时不受最高限额的限制。后者认为最高限额的限制对象为总债权，应包括本金、利息、违约金等，超过最高限额的部分无优先受偿权。本案经二审改判，终审法院认同了本金最高限额说，笔者对此持相同的观点。

三、案件评析

（一）本金最高限额说更符合合同当事人的意思自治

民法基本原则作为民法基本精神的集中体现，是高度抽象的、一般的民事行为规范和价值判断准则。意思自治原则是民法基本原则中最主要也是最有代表性的原则。意思自治又叫合同自愿或契约自由原则，就是指在不违反法律和社会公共利益的前提下，当事人享有充分的合同自由，合同能完全体现当事人自己的意志，可以根据自己的意志设定权利和义务。《合同法》将意思自治原则条文化，其第4条规定："当事人依法享有自愿订立合同的权利。任何单位和个人不得非法干预"。

意思自治原则的内容包罗万象，并且贯穿于合同法始终，当事人之间有缔约的自由，有选择与何人缔结合同的自由，并且可以自由决定缔约的内容，以及自由地选择以何种方式订立合同，甚至在合同订立之后，双方当事人可以自由地协商合同的变更及解除。合同法以大量的任意性规范赋予了当事人广泛的合同自由。其特点是允许合同当事人在法律许可的范围内自由约定，当合同当事人约定的内容与法律的具体规定不一致时，只要不违反法律、行政法规的强制性规定和社会公共利益，其约定优于法定，约定仍然有效；只有在合同当事人没有作出约定时，才按法律的具体规定来确定当事人之间的权利义务。由此可见，在法律及行政法规不禁止，且不损害社会公共利益的前提下，经双方真实意思表示的合同内容，应该得到法律的认可。

结合本案的实际情况，最高额抵押合同的缔约双方为抵押权人和抵押人。作为抵押权人，债权的安全实现及利益最大化是其所追求的根本目的。当出现本案所述情况，即整个债权数额超过最高限额，而本金数额尚在最高限额内时，相比债权最高限额说，本金最高限额说会使抵押权人获得对总债权的优先受偿权，而债权最高限额说将会使得超过最高限额的债权部分沦为普通债权，这显然是不利于抵押权人实现其债权的。可推断其真实的意思表示更倾向于本金最高限额说。

另一方面，从债务人角度看，其所追求的是最大限度的发挥抵押物的价值，以满足其融资需求，至于最坏状况下的抵押物折现分配，与其利益基本无关。设定最高额抵押权时，利息等附随债权到底会发生多少，往往受利息政策、实现债权的时间、抵押变卖的市场价格以及变卖方式等因素影响，债权人并不能准确地预估。[①] 若采用债权最高限额说，最高额抵押权的最高限额包括本金和附随债权，债权人必然会考虑总债权额溢出最高限额的风险，从而严格控制本金的金额。举一个简单的例子，假设抵押权人与抵押人设立的最高额抵押的最高限额为 2000 万元，抵押物权利价值达到 3500 万，而为了避免总债权额溢出的风险，债权人可能将主债权控制在 1200 万元，甚至更低。这种情况对抵押人十分不利，一方面，抵押人提供了高价值的抵押物，却不能得到与之相当的资金供给。另一方面，双方主动权更进一步偏向抵押权人，抵押人不能把握获得资金的多少，便会打乱其融资计划。从长远角度会影响企业发展，若是采用本金最高限额说，则可以避免上述的弊端，抵押人享有更公平的对话机会，其融资需求也将进一步得到满足。

由此可见，在最高额抵押合同的最高限额争议中，抵押权人、抵押人双方的追求和考量是互不冲突且同向而行的。本金最高限额说更符合合同当事人的利益追求，笔者认为，在合同内容没有对最高限额的标准明确规定的情况下，本金最高限额说更符合双方的真实意思表示，法院应予以确认。

（二）本金最高限额说更能体现最高额抵押的法的价值

从法的目的价值来看，一般认为，法的基本价值主要有正义、秩序、效率等，而安全是秩序价值的核心。古罗马引进了希腊法制，逐步建立了抵押制度，其严格的附随性、特定性和不可分性，彰显了抵押权的核心价值是保障债权人的债权安全。[②] 19 世纪末，德国掀起了全国性的金融活动热潮，融资的领域不断扩大，许多交易由一次性转变为反复、持续的行为，债权的生灭增减颇为频繁，过往的定额抵押难以适应高速运转的金融活动，也不利于连续贸易中的信用供给。在这种社会背景下，《德国民法典》在法的安全价值的基础上，引入了效率价值，首次对最高额抵押制度进行了系统的规范，明确规定了最高债权额、担保债权及范围、设定和登记、抵押权不随部分债权转移而转移等最高额抵押的一系列要素和特征。

最高额抵押权的出现，实现了法的安全价值和效率价值的统一，既给可能发生的履行不能提供了可靠的救济途径，又给错综复杂的融资活动注入了新的动力，大大提高了经济效率。如何甄别最高额抵押的最高限额真正内涵，可以

---

① 吴春林：《最高额抵押权研究》，硕士生学位论文 2007 年 10 月。
② 齐恩平：《最高额抵押的法价值分析》，载《学习与探索》2011 年第 3 期。

从法的价值角度剖析。

1. 从安全价值角度看。安全价值是法的基础性价值。边沁在其功利主义理论中，将安全视为法律所欲达到的四项目标中的最基本目标。最高额抵押权的安全价值，体现在债权人对债权的实现有一个相对稳定的安全预期，使得其利益不受非法侵害并稳定增值。换句话说，债权人在整个借款合同中，通过设立抵押权的方式，以期许其经济利益在增长的同时并能安全得到。在最高额抵押合同中，抵押权人享有的优先受偿权就是抵押权安全实现的保障，当出现本案所讨论的情况时，根据上文分析，本金最高限额说更有利于抵押权人安全行使抵押权。也就是说，本金最高限额说更符合最高额抵押权的安全价值体现。

2. 从效率价值角度看。效率有两个方面的含义：一是指从一个给定的投入量中获得最大的产出，即以最少的资源消耗取得同样多的效果，或以同样的资源消耗取得最大的效果[①]；二是指在不让另外一个人处境更糟的前提下，使得至少一个人的处境更好，即所谓的帕雷托效率[②]。抵押人提供了抵押物作为抵押担保，是为了尽可能地满足其融资需求。在本金最高限额说和债权最高限额说的两种假定情形下，抵押物的权利价值是一定的，但以相同权利价值的抵押物，在本金最高限额说的假定情形下，抵押人能获得更多的资金支持，这是符合效率的第一种含义的。显然，两者相比，本金最高限额说更进一步诠释了最高额抵押权的效率价值。

（三）本金最高限额说更符合法律逻辑

最高额抵押权是特殊的抵押权，一般的定额抵押权具备显著的附随性和特定性。其中特定性是指抵押权仅为特定债权的担保，特定乃是债权特定之意，即不能担保可能归属于债务人之一切债务[③]。担保债权特定主要是指债权额特定，即抵押权发生时，应当存在确定数额的债权（此处债权应解读为主债权，即借款本金，因为利息等附随债权，尽管是基于本金产生的，合同中亦会有明确的登载，但由于债务人履行不能等金融风险的存在，仍然存在很大的不确定因素）。抵押权特定性理论的意义也体现了对抵押权人及抵押人的保护，对抵押权人，债权额特定可明确预知担保的风险；对抵押人，债权额特定有利于防止被担保之债权的不当扩张。抵押权的特定性构筑了担保债权的安全价值，却

[①] 张文显：《法学基本范畴研究》，中国政法大学出版社1993年版，第273页。

[②] 考特罗、尤伦托：《法和经济学》，施少华、姜建强等译，上海财经大学出版社2002年版，第12页。

[③] 刘得宽：《民法诸问题与新展望》，中国政法大学出版社2002年版，第395页。

难免暴露出效率价值的缺陷。为补足抵押权制度的效率价值，法学界出现了抵押权特定性缓和理论，主张缓和抵押权的特定性之刚性特质——如抵押担保为将来之债权，仅需对其最高额特定即可。因此，设定最高限额的目的，是针对最高额抵押权的本金的不确定性，亦为不特定性，是为抵押人、抵押权人评价其交易风险提供一个确定的预期，从而合理实施抵押行为。

（四）对债权最高限额说理论的看法

持债权最高限额说的学者，其最主要的观点是，认为本金最高限额说对担保法律关系中的其他利益主体显示公平。因为在司法实践中，一个债务人往往存在多个债权人，且一块抵押物上经常设置多项抵押权。若是第一抵押权人的优先受偿权不设上限，会损害后顺位抵押权人和普通债权人的利益。这种观点乍看起来，合情合理，但仔细分析，却存在着误区。

笔者现在假设第一抵押权人享有的抵押权是普通抵押权，该抵押物存在后顺位抵押权人，且另有其他普通债权人，当债务人履行不能，而债权人要实现其债权时，随着延迟履行期间的增长，第一抵押权人享有的总债权额不断累加，由于享有优先受偿权，其他债权人的利益势必受到影响。可见，众债权人之间这种此消彼长的关系，是由抵押权人享有优先受偿权和抵押权顺位受偿这种法定特性所决定的，不可将"原罪"归结于最高限额的不作为，从而草率地缩小最高额抵押权人的优先受偿范围，这显然有违最高额抵押权设立的根本目的。

银行执行利器之债务人股东责任追索

华夏银行上海分行 徐云蓉

银行涉及的民事纠纷案件大部分无外乎是一些法律关系清晰、定能稳操胜券的借款纠纷案件，然而，银行即便是赢了官司，也往往会"输"在执行环节上。

一、银行执行难的现状

"银行执行难，难于上青天……"，这是大部分银行人在处置不良资产、追索债务人财产时的心声。在债务人有资产的情况下，银行可能会遇到先予查封处置与抵押权行使之间的矛盾问题，也可能会遇到集体土地无法处置的问题，但凡是有资产的情况，银行尚可以排除万难，获取处置成果、最终实现债权。可是，在较多的借款纠纷案件中，银行面临更多的是"无资产可执行"的困境，除抵质押业务外，许多债务人在银行采取法律途径之前或同时，已将名下财产全部或大部转移，恶意逃废银行债务。从法律上看，银行对债务人的权益很清楚，但往往摆在面前的只有不法债务人留下的几张空壳，经过穷尽处置，最后得到的是一份法院出具的列明"无财产可供执行"的中止执行裁定书。

笔者在这里要强调的是，对于掏空资产、恶意逃废债务的行为，银行并不是没有办法追究相关人员的还款责任，相反，是有一把执行利器可专用于此，这把执行利器便是"揭开公司面纱制度"的执行运用，其实质是根据《公司法》等法律规定直接追究债务人股东的连带还款责任，通过执行股东资产来实现银行债权。

二、新《公司法》开启银行执行维权新方向

（一）《公司法》演进之契机

《公司法》"股东有限责任制度"的确立，极大地调动了投资人兴办企业的积极性和主动性，带动并促进了市场经济的发展，却也给唯利是图的小人提供了可趁之机。他们利用操作环节漏洞或以瞒骗欺诈的方式虚假注资设立公司，或是在逃废银行债务的同时另立门户继续扩张，其实质是通过攫取银行和国家的利益，肥沃了自己，坑害了社会。

好在，为保护债权人的合法利益，2005年《公司法》设立了"揭开公司面纱制度"，当股东利用公司从事不正当活动，谋取不法利益，或有其他危害公司及债权人的法定事由时，股东应对公司及债权人承担一定的法律责任。2010年，我行成功追索了某债务人股东出资不实的赔偿责任，收回了全部债权本金和利息，不仅挽回了资产损失，而且实现了利息收入、创造了一定的经济利润。

（二）执行股东财产案例回放

我行与借款人ZY公司之间的借款纠纷案件执行程序，已经在2006年因ZY公司无财产可供执行而中止，合计有2000多万元的债权本息无法收回。为继续追索债务责任人的还款责任，我行加强了对借款人股东相关线索排查。

本案追索股东责任开始于2008年，经委托律师对该案借款人公司设立过程的再三排查，我行发现、掌握了借款人股东出资不实的证据，并摸清了该股东的财产线索。2008年7月，我行对借款人股东HY公司、SY公司提起诉讼。法院以股东滥用公司法人独立地位和股东有限责任赔偿纠纷为案由立案受理。经审理查明，FX会计师事务所有限公司出具的一份审计报告显示，借款人股东通过将一笔资金重复多次划入验资单位，完成了注册资本的验证和工商登记，完成验资后即将验资款划出银行账户，也就是说，借款人两股东的出资额实际为零。根据《公司法》规定，股东应当足额缴纳公司章程中规定认缴的出资额；股东滥用公司法人独立地位和股东有限责任，逃避债务，严重损害公司债权人利益的，应当对公司债务承担连带责任。同时，最高人民法院1994年《关于企业开办的企业被撤销或者歇业后民事责任承担问题的批复》也明确规定，开办时实际没有投入自有资金，或者是投入的自有资金达不到规定的注册最近最低数额标准的，应当认定该企业不具备法人资格，其民事责任由开办该企业的开办单位来直接承担。就该案而言，借款人两股东未按照章程约定

缴纳出资，致使借款人 ZY 公司注册资本低于该类公司法定资本最低限额。2009 年 9 月，法院认定两股东存在滥用公司法人地位和股东有限责任的行为，并严重损害了 ZY 公司债权人的利益，判决两股东偿付 ZY 公司所欠我行的 2000 多万元本息。

经过二审维持原判后，2010 年 7 月，ZY 公司案件进入执行阶段。由于我行起诉之前已经掌握了被诉股东的财产线索，并在起诉的同时法院已对该些财产采取了保全措施，因而执行过程较为顺利，至 2010 年年末总共收回合计 2400 余万元的本金、利息及相关费用，依法实现了我行合法债权利益。

但是，不得不说，"揭开公司面纱制度"的执行运用难度较大，从我行债务追索历史来看，能够成功追索股东承担还款责任的案例少之又少。

三、执行股东资产的艰辛之路

债权人通过追索股东赔偿责任、执行股东资产这条途径来实现和维护债权利益是一条难走的路。

（一）违法证据、财产线索两者缺一不可

银行必须既抓住债务人股东虚假出资证据，又查实股东财产线索，在两者前提缺一不可的条件下，才能追索股东责任并执行成功。在上述案件办理过程中，如果银行只有股东虚假出资的证据，没有掌握股东财产线索，则即使法院判决我行胜诉，也极可能面临股东无财产可执行，因为涉诉股东可以及早转移财产、另立门户，使得债权人还是赢了官司输了执行；如果银行摸到股东财产线索，而没有足够证据表明股东虚假出资或其他滥用公司法人地位的行为，则更不可能通过"揭开公司面纱"来维护债权利益。

（二）"股东有限责任制度"的"有限性"带来的困扰

"股东有限责任制度"本身就促进规范市场经济健康发展来讲存在一定的"有限性"。一方面，公司债权人受制于"股东有限责任制度"，其债权利益只能以债务人公司财产为保障，即便股东存在违法责任，债权人也受制于身处案外人角色、信息网络不发达的客观现状，对股东违法设立公司行为难以追索。另一方面，在"股东有限责任制度"模式下，公司易成立、易成长，也易关闭。控股股东或实际控制人的名下可以有几十家甚至上百家有限责任公司或股东有限公司，这些关联公司在实际控制人的安排下开立或关闭，其间不乏发生利用法律监管漏洞从而产生利益输送与转移的行为。而同一控股股东名下各家关联公司股权结构关系错综复杂，难以管理与监控，银行要确认其间股东存在的问题不仅要花精力，还要与公司博弈和赛跑，倘若公司股东在银行追责之前即已关闭注销或已转移全部资产，债权银行则将在追责股东之路上一无所获或前功尽弃。

（三）股东与债权人的利益维护不对等

从维护经济活动的社会制度来看，公司股东与公司债权人之间的利益维护存在严重的不对等性。在当前社会信息透明度欠缺，信息共享机制不健全的环境下，债权银行往往只能在偶然机会、偶然场合中可以捕捉到包括出资不实证据等在内的案件关键信息，然后在获得法院裁判支持追究股东赔偿责任后，才可以进一步执行股东资产。而与此同时我们可以看到，在当前市场经济发展繁荣的时期，公司设立的门槛逐渐降低，在中介机构提供"全面代理"服务的条件下，公司设立既简便又迅速，这对于某些投机图利的人来说，可以从中找到非法捷径来满足其私欲。所以，公司设立易，债权追索难，就经济管理结构方面而言，对股东和债权人的利益维护是不对等的。随着经济纠纷矛盾的逐渐暴露，社会各界对这一问题愈来愈重视，提倡加强公司债权人利益保护的呼声也愈来愈高。

四、新公司法"揭开股东面纱"之具体运用

2009年至2011年，最高人民法院相继出台了公司法解释（二）、解释（三）以及相关的会议纪要，加强了"揭开股东面纱"的力度，加重了公司股东对公司设立与管理的责任和义务，扩大了公司设立与管理责任的承担者范围，以及债务责任承担与赔偿的范围，从法律层面加强了对公司债权人的维护。银行作为公司的主要债权人，直接受益于新公司法立法精神，"揭开公司面纱制度"这把执行利器亦更为锋利。

结合2005年《公司法》以及前述最高人民法院批复规定，笔者经过梳理，认为银行执行股东资产、追究股东赔偿责任的法律要素侧重点主要包括以下几个层面：

1. 从注册资金最低标准入手，调查公司出资是否达到注册资金最低限额，以此判断股东是否对公司对外的全部债务承担民事责任。股东注资不足造成公司自有资金低于注册资本要求的，股东对公司全部债务承担责任。股东滥用公司法人独立地位和股东有限责任，虚假出资或抽逃注资，逃避债务，严重损害公司债权人利益的，要对公司债务承担连带责任。其中，股东投入的自有资金达不到规定的注册资金最近最低数额标准的，该公司即不具备法人资格，公司的民事责任由股东直接承担。

2. 从公司发起成立环节入手，调查公司是否存在出资不实的事实，以此确定其他发起人是否可以承担连带注资补足责任。根据规定，公司发起人对出资不足的部分承担补足责任，且其他发起人承担连带责任。包括有限责任公司和股份有限公司，包括货币出资、实物出资等任何形式的出资，只要是发生在公司发起设立环节，出资不足的股东或发起人就应承担补足责任，其他股东或发起人均应承担连带责任。

3. 从公司增资环节入手，调查是否存在因董事和高级管理人员等未尽其义务而导致公司出资不实的事实，进一步追究董事、高级管理人员等的连带注资补足责任。股东在公司增资时未履行或者未全面履行出资义务，而董事、高级管理人员也未尽到法律相关的义务时，可追究董事、高级管理人员的补足责任，董事、高级管理人员承担责任后，可以向未履行出资义务的股东追偿。

4. 在发现股东抽逃出资的情形下，要求其他有过错人员承担注资补足责任。一是协助抽逃出资的其他股东、董事、高级管理人员或是实际控制人应承担连带补足责任；二是公司设立时代垫资金协助发起人设立公司的第三人在证据充分的前提下，须对股东补足出资承担连带责任。

5. 通过强制清算程序发现问题，追究相关人员的民事责任

（1）有限责任公司的股东、股份有限公司的董事和控股股东未在法定期限内成立清算组开始清算，导致公司财产贬值、流失、毁损或者灭失，债权人可要求其在造成损失范围内对公司债务承担赔偿责任的。

（2）有限责任公司的股东、股份有限公司的董事和控股股东因怠于履行义务，导致公司主要财产、账册、重要文件等灭失，无法进行清算，债权人可要求其对公司债务承担连带清偿责任。

（3）上述情形系实际控制人原因造成，债权人可以要求实际控制人对公司债务承担相应民事责任。

我们看到，为规范经济市场秩序，促进社会各经济主体平等开展经济活动，司法部门出台了一系列法律制度和措施，明确并细化了公司投资人的出资义务和责任，还加重并强化了除公司股东以外相关人员对公司的经营管理的义务和职责。从这一点上讲，立法者从更为实际的角度出发，抓住了法律关系的重点，直接切入公司内部实质，作出富有实践、更为有意义的立法精神，使新公司法更有利于健全公司治理结构、保护债权人利益、维护社会公平。

但是，在一般未涉及虚假出资罪、经济诈骗罪等刑事案件的情况下，收集出资不实证据的难度较大。在未能掌握相关证据时，债权人只有通过强制清算程序"先调查、后追责"。在对债务人公司运作整个过程及全部财务活动经由

清算组充分审计和评估之后，债权人才有可能获得相关的追诉依据。然而，在整个强制清算程序完成之后，等到债权人已经掌握了可以追诉公司股东、董事、实际控制人等相关责任人民事责任的证据时，可能为时已晚，有关责任人已经采取了转移财产等对策，债权人还是难以实现其正当权益。当然，强制清算规定中维护债权人利益制度的设立，预防和遏制了不法分子侵害债权人利益的肆意行为，有效促进了公司规范化运作，对于规范市场秩序也起到了重要作用。

五、辅撑新公司法之其他约束范畴

纵观《公司法》自2005年起随着市场经济发展的脚步不断被演变与修缮，笔者深深体会到我国商事法律规范正被赋予其符合时宜、改善社会关系的使命，发挥着社会发展重要调节剂的作用。然而，银行作为公司主要债权人，我们还是要说，"股东赔偿责任追索难，难在线索查找，难在证据搜集，难在资产执行；股东虚假出资行为易，易在自治之意，易在身在暗处，易在监管粗放"。笔者认为，有关部门不仅要继续致力于解决股东资产执行难的问题，而且还要从案件源头抓起，加强道德约束，不断提高市场主体的诚信度，构建公平、有序、健康的市场体系。

1. 继续完善法律法规、行政管理机制，增加惩罚性责任规范与相应的制裁措施

当前，《刑法》对虚假出资、抽逃出资的犯罪行为已有明确的惩罚规定，在实践中对虚假出资、抽逃出资的公司发起人和股东进行了严厉打击，但刑事惩处范围仅限于公司发起人和股东。对于对公司关闭清算负主要责任的董事、高级管理人员、实际控制人等，只是根据公司法规定要求其承担注册资金的补足责任，未免过于轻处。这些董事、高级管理人员，特别是实际控制人通过间接操纵公司虚假出资，从中谋取个人经济利益，扰乱了市场经济秩序，法律制度理应对其课以刑事处罚和经济处罚。

与此同时，在行政管理方面，工商行政管理部门需加强企业管理，不能仅停留在审核书面材料的表面工作，要挖掘公司行为本质，防止虚假出资案件高发。对于有虚假出资、抽逃出资前科的公司、法定代表人、股东、实际控制人等纳入黑名单库统一管理，亮示红灯，不再受理公司设立申请。

2. 着力完善信用系统，加强信用信息管理，实现企业信用信息公开化、透明化

建立完善的企业、中介机构和个人信用档案是维护市场安全稳定的前提条

件。当前，我国信用系统开发与管理还在初级起步阶段，政府部门和一些专业机构掌握的可以公开的企业资讯没有开放，增加了银行对企业信用信息获取的难度。随着市场经济的高速发展，公司数量亦在飞快增长，公司之间的关系已愈发纵横交错，难以监控。建议有关部门综合利用信息网络资源，加快信用信息和开放的管理，实现互联互通、信息共享。对于银行等公司债权人来讲，能够利用信息全面了解借款申请人的真实经营和财务情况，从而做出准确判断，进一步提高信用风险防范的能力。

3. 努力营造诚信文化氛围，提高市场成员的诚信品质和道德修养

在市场经济活动中，信用是市场交易的必备因素，市场经济就是信用经济，只有讲究诚信才能有良好的市场秩序。建议有关部门推动社会经济诚信文化建设与发展，借助商会、协会平台积极倡导诚信，借助媒体平台抓好诚信宣传教育，增强公众的法律意识。

4. 加强社会自律组织自治管理，促进、维护经济活动公平公正开展

注册会计师协会等社会自律组织应当加强管理职能，客观、正义地开展执业，将企业虚假出资、抽逃出资等舞弊违法行为揭示于众，切实承担其应尽的职责。

信用卡汽车分期业务执行实务研究

民生银行　郑　亮　朱安平

当前汽车消费信贷市场面临良好的历史发展机遇。国家"十二五规划"已明确扩大内需、促进消费增长是我国未来五年发展的核心内容，消费信贷市场发展与之密不可分，同时当前居民消费结构升级也为消费信贷市场发展提供了有利时机。以信用卡为主的汽车消费信贷模式已越来越被接受。信用卡发展加快了个人消费信贷商业模式的多元化发展，尤其是信用卡汽车分期信贷通过商户承担全部或部分信贷成本的模式，激发了大量中高端富裕客户的购车需求，进一步打开了汽车消费信贷发展空间。

信用卡分期已经在汽车消费金融中成为主力军。2011年，全国乘用车销量1224万辆，其中信贷方式购车占18%，较上年提高6个百分点。而在信贷方式购车中，信用卡分期购买约占73%，即每千辆车中约有130辆通过信用卡分期购车实现。信用卡汽车分期对汽车消费的促进明显。预计未来五年信用卡将继续保持快速增长的势头，在汽车消费信贷市场发挥越来越重要的作用。针对目前困扰各银行的汽车分期业务中抵押车辆执行难的问题，对信用卡汽车分期抵押车辆执行进行实务研究，对推动我国汽车消费信贷的持续、健康发展有其重要的现实意义。

一、我国抵押物执行制度概述

（一）目前法律法规相关规定

《物权法》第195条规定："债务人不能履行到期债务或发生当事人约定的实现抵押权的情形，抵押权人可以与抵押人协议以抵押财产折价或者以拍卖、变卖该抵押物财产的价款优先受偿。协议损害其他债权人利益的，其他债权人可以在知道或者应当知道该撤销事由之日起一年内请求人民法院撤销该协议。抵押权人与抵押人未就抵押权实现方式达成协议的，抵押人可以请求人民法院拍卖、变卖抵押财产。"

《民事诉讼法》第 236 条规定："发生法律效力的民事判决、裁定，当事人必须履行。一方拒绝履行的，对方当事人可以向人民法院申请执行，也可以由审判员移送执行员执行。"

《民诉法意见》第 301 条规定："经申请执行人和被执行人同意，可以不经拍卖、变卖，直接将被执行人的财产作价交申请执行人抵偿债务，对剩余债务，被执行人应当继续清偿。"第 210 规定："人民法院在执行中需要变卖被执行人财产的，可以交有关单位变卖，也可以由人民法院直接变卖。"

《最高人民法院关于人民法院民事执行中拍卖、变卖财产的规定》第 34 条规定："对查封、扣押、冻结的财产，当事人双方及有关权利人同意变卖的，可以变卖。"

依《物权法》规定，抵押权人想要实现抵押权，诉讼非必经程序，抵押权人完全可以通过向法院申请拍卖、变卖程序来实现抵押权。然而从《物权法》颁布到现在，法院极少受理抵押权人强制申请拍卖、变卖抵押财产的案件，究其原因主要为：

1. 《物权法》关于直接申请法院拍卖、变卖实际操作中存在问题：抵押权人与抵押人双方在债务是否已经履行以及抵押权本身的问题上存在争议，如双方对抵押合同的有关条款或抵押权的效力问题存在争议，这些问题实际上是实现抵押权的前提条件，双方对此发生争议，也就根本谈不上协议以何种方式实现抵押权。抵押权人仍应当采取向人民法院提起诉讼的方式解决。而《物权法》第 195 条没有考虑该情形的存在。

2. 民事诉讼程序法上没有关于直接申请法院拍卖、变卖的规定，这也是程序法和实体法在衔接上存在问题。

3. 直接申请拍卖、变卖担保物的依据不明，担保合同作为执行根据缺乏法律依据。

（二）2013 年 1 月 1 日正式施行的《关于修改民事诉讼法的决定》

2012 年 8 月 31 日修改的《民事诉讼法》第七节第 196 条和第 197 条专门规定了"实现担保物权案件"这一特殊的非诉程序来作为《物权法》第 195 条的配套程序法立法，其第 196 条规定："申请实现担保物权，由担保物权人以及其他有权请求实现担保物权的人依照物权法等法律，向担保财产所在地或者担保物权登记地基层人民法院提出。"第 197 条规定："人民法院受理申请后，经审查，符合法律规定的，裁定拍卖、变卖担保财产，当事人依据该裁定可以向人民法院申请执行；不符合法律规定的，裁定驳回申请，当事人可以向人民法院提起诉讼。"

该条文意味着实现担保物权可通过非诉来实现，对于双方当事人没有争议的担保物权，但就如何实现担保物权履行方式不能协商一致解决的，担保物权人，可以申请法院拍卖、变卖，法院依法受理审查后对符合规定的，依法作出拍卖、变卖抵押物的裁定；对于不符合规定的，依法作出驳回拍卖、变卖抵押物的裁定。在拍卖、变卖抵押物的裁定作出后，如抵押人拒绝履行抵押财产或未全部履行抵押财产，抵押权人可以申请执行。

2012年《民事诉讼法》将第223条改为第247条，明确规定："财产被查封、扣押后，执行员应当责令被执行人在指定期间履行法律文书确定的义务。被执行人逾期不履行的，人民法院应当拍卖被查封、扣押的财产；不适于拍卖或者当事人双方同意不进行拍卖的，人民法院可以委托有关单位变卖或者自行变卖。国家禁止自由买卖的物品，交有关单位按照国家规定的价格收购。"

2012年《民事诉讼法》第247条从基本诉讼法的层面将法院"可以"拍卖被保全的财产修改为"应当"拍卖被保全的财产，对于银行快速处置不良资产意义重大，同时该条还赋予了法院委托变卖和自行变卖的权利，增强了法院执行手段，也为商业银行提供了高效的处置渠道。

二、信用卡分期业务执行实务中存在的问题

根据央行和银监会2004年10月联合公布的《汽车贷款管理办法》第24条规定："贷款人发放汽车贷款，应要求借款人提供所购汽车抵押或其他有效担保。"目前汽车分期消费市场以汽车抵押为担保银行债权的主要方式，而对于车贷这种小额贷款，银行出于成本考虑，一般也不会逐笔做强制执行公证。抵押被称为"担保之王"，因为其具有的物权性质和抵押权人就抵押物优先受偿的权利而使其成为抵押人和银行均愿意接受的一种担保方式。但在法律实践中，因为当事人的法律观念和我国的法律制度等诸多方面的原因，当汽车分期债务人不能清偿到期债务，商业银行要实现抵押权对车辆执行时，在法律上和实际操作中存在诸多问题。

（一）处置手段单一，执行成本过高

根据《民事诉讼法》第223条的规定，法院通过执行抵押物的方式来帮助抵押人实现抵押权的方式是查封、拍卖、变卖抵押物。根据《担保法》第53条的规定，抵押权人通过协议实现抵押权的方式只有一种，即处分抵押物，而排除了银行通过其他方式来实现抵押权。因为在本条中尽管使用了选择性规范"可以与抵押人协议以抵押物折价或者以拍卖、变卖抵押物所得的价款受偿"。

但是，没有出现"或者以其他双方约定的方式处分抵押物"之类的措辞。可见，除了折价、拍卖、变卖外，《担保法》并没有允许当事人就抵押物的处分方式进行约定。

信用卡分期车贷实务中，经常发生的是汽车借款人因未能根据借款合同履行清偿义务，银行多次催收，导致双方关系恶化，在这种情况下，抵押人一般不会配合银行就抵押权的实现达成协议，甚至会采取故意对抵押合同效力或有关条款提出异议等手段来规避《物权法》及2012年《民事诉讼法》的规定，将银行"拖入诉讼泥潭"，并恶意转移抵押车辆或用于清偿所欠第三方的债务。银行只有提起诉讼或申请仲裁，实务中对汽车分期持卡人向人民法院提起诉讼，从立案到终审判决，再到银行根据终审判决向法院提起执行申请书，其耗时太长，一般会在1年至2年才能审理并执行完毕，而车辆本身由于其贬值迅速和流动性的特点，致使商业银行因诉讼时刻面临着抵押物贬值和丢失的风险。据统计，抵押权人实现抵押车辆的成本占抵押车辆价值的比例十分大，有的甚至达到50%以上。即使车辆最后虽然执行完毕，但车辆已严重贬值，无法覆盖银行贷款金额。

（二）财产调查举证责任重，申请执行门槛高

一般情况下，对于查明被执行人财产状况的问题，在申请执行人与被执行人之间应当适用举证责任倒置，即由被执行人负责证明其财产状况。这是其诉讼义务的延续。尽管被执行人可能隐匿财产未履行或未全面履行提供财产状况的义务，但这只能导致其受到法律制裁如被判刑、拘留、罚款、警告等，却并不当然导致其债务被执行。因此在执行时间中，当被执行人未履行偿债义务又未提供可供执行的财产时，申请银行若主张对被执行人强制执行，则其必须举证证明被执行人有何财产可供执行，否则人民法院可推定被执行人没有财产可供执行而拒绝采取执行措施。

要求申请执行人为查明被执行人财产状况负担举证责任，会产生积极的执行效果，既可以提高执行工作效率，在一定程度上解决了执行难的问题，也可以防止部分申请执行人无理缠诉。虽然申请执行人对查明被执行人财产状况应负举证责任，却不应将其责任无限扩大化。目前的执行实践中部分法院严格立案标准，要求申请执行人在申请立案时即提供出被执行人可供执行财产的详细情况，否则不予立案受理。因为这种要求将实体权利与程序权利相混同，类似于混淆了起诉权与胜诉权。债权人的债权经生效法律文书确认之后债务人不清偿债务，债权人即享有申请执行权，这是民事诉讼法赋予他的诉讼权利。如果债务人未清偿债务，债权人也提供不出可供执行的财产，只能导致他的债权不

能客观地实现，而不能产生债权人申请执行权丧失的后果。否则，在很多情况下就会导致由于进入不了执行程序，而免除了被执行人提供财产状况的义务，甚至免除了其偿还债务的实体义务，这对于债权银行显然是极不公平的。

（三）轮候查封车辆期限长，导致执行程序中止

债权银行虽与借款人签订抵押合同并进行抵押登记，如该借款人被其他债权人提起诉讼并先对车辆进行了查封，很多情况下都为多债权人轮候查封。根据《最高人民法院关于法院民事执行中查封、扣押、冻结财产的规定》的规定，对已被人民法院查封、扣押、冻结的财产，其他人民法院可以进行轮候查封、扣押、冻结。查封、扣押、冻结解除的，登记在先的轮候查封、扣押、冻结即自动生效。虽然原则上规定法院查封、扣押动产的期限不得超过一年，申请执行人申请延长期限的，续行期限不得超过前款规定期限的二分之一。但在实践操作中，轮候查封的相关规定，导致实际可以对车辆进行无限期查封，不利于银行及时处置抵押车辆。

对于被查封车辆，银行作为原告和抵押权人向法院提起诉讼后，虽然能拿到胜诉判决申请强制执行，参与案件的执行分配程序，但是执行法院和审理法院往往不是同一家法院，执行法院不会依据审理法院的生效判决书主动解除查封，一般会得到查封人的解封同意后或查封人对债务人的诉讼案件审理完毕后，才会协助执行车辆。其他债权人或查封人也会握住先行查封的优势地位，对银行提出不合理要求，使银行无法通过正常手段执行抵押车辆，再次被"拖入查封泥潭"，只能等待查封车辆解封才能处置，抵押车辆存在被再次转移和贬值的风险。

三、完善信用卡分期车辆抵押执行的法律建议

安全、快捷、高效是抵押权实现制度的最高理念之所在。上述各种问题的存在已严重影响了商业银行的信贷资产质量，也是银行惜贷、怕贷的一个重要原因，影响汽车消费信贷市场发展。为了解决好这些问题，完善我国的汽车抵押和执行制度，建议如下：

（一）加快与《民事诉讼法》第七节"实现担保物权制度"和第247条的"强制拍卖制度"相关的配套司法解释的出台

《民事诉讼法》第七节的"实现担保物权案件"非诉程序以及第247条的"强制拍卖制度"已经确定了较之以前简化了抵押权的实现程序，使得抵押权的实现变得更为经济、便捷，具有里程碑式的重大意义，但《民事诉讼法》

关于该两制度的规定略显简单，急需立法机关在该程序的实现条件、审判组织、具体时限、证据要素等方面出台司法解释予以细化。大陆法系有很多国家，诸如我国台湾地区以及日本、德国等国家，对于法院的强制拍卖都做了专门具体的规定，我国应借鉴国外这些先进立法，尽快出台配套的司法解释，使这一制度具有良好的可操作性。

（二）有条件的许可流押契约

我国法律对于抵押权的实现方式作了较为严格的限制，只规定了折价、拍卖、变卖三种实现方式，不论是当事人协议实现抵押权也好，还是协议不成提请人民法院强制执行也罢，都是要在这三种方式中做出选择，完全忽视了抵押权人的意思自治及其实现抵押权的成本和快捷便利的需求。结合我国司法实务实际以及我国目前的司法环境现状，为了更好地保护抵押权人的利益，便利抵押物的顺利执行，应尊重当事人意思自治，对流押契约有条件的适当解禁。

建议在司法实践中符合条件的情况下，对流押契约加以适当解禁，并给予一定程度的合理限制。比如，在抵押物的价值和所担保的债权数额大致相当，并且抵押物的价值保持基本稳定的情况下，可以允许抵押权人和抵押人在订立抵押合同时予以约定，如果债务人的债务清偿期届满，因债务人不履行债务致使债权人的债权未受清偿的，抵押权人可以直接取得抵押物所有权用以抵偿其债权。从而促使抵押权的实现变得更加快捷、方便，通过非讼程序直接取得抵押物所有权，最大限度地节约抵押权的实现成本，更充分地彰显抵押担保制度的立法宗旨。

（三）建立申请执行人调查权制度

申请执行人的财产调查权，具有事前信息基础、精力集中责任心强、花费较少等优势，具有很强的针对性，因而，立法明确申请执行人具有财产调查权，有利于执行法院有针对性地采取执行措施，确保执行目的的实现。但是，由于我国财产信息透明度不高，加之法律又未规定公权机关就申请执行人财产调查权的协助义务，申请执行人在财产调查中会遇到很大的阻力。因此，立法应当设置一些制度性规定来保障申请执行人财产调查权的可操作性，赋予申请执行人先行扣留权，充分发挥申请执行人财产调查途径的价值。

1. 人民法院签发协助调查令。在申请执行人自行直接取证困难时，可向人民法院提出申请，由人民法院为其或其律师发出协助调查令，就被执行人可供执行的财产状况进行调查。当事人或其律师持协助调查令进行调查的，视同执行员进行调查。这样既克服了申请执行人举证无力的现实问题，又能缓解人民法院执行力量不足的问题。

2. 赋予申请执行人先行扣留权。即在执行过程中，申请执行人发现了被执行人的抵押车辆，且情况紧急不立即采取措施将造成该财产转移时，可以先自行扣留该财产，并报告法院处理，法院则应当立即办理查封手续。未能在二十四小时内报告的，不得继续扣留该财产。

（四）建议对轮候查封进行适当限制，优先保护抵押权人利益

长期查封使抵押车辆执行中止的原因，除了部分案件财产的处置因受相关法律、法规、政策的限制需多方协调等原因外，查封财产拍卖后满足不了本案债权的清偿要求，对查封财产不予处理是一个重要的原因。其中，主要是查封财产上存在抵押权等优先受偿权，根据法律规定，拍卖所得价款优先清偿担保物权人或其他优先受偿权人的债权后已无剩余或所剩无几。由于轮候查封能否及何时生效、到期抵押权等优先受偿权何时实现，均取决于查封法院何时行使其处置权，查封财产迟迟不处理必然会危害到轮候查封债权人、抵押权人的利益，而且不符合执行效率原则的要求。因此，应当对查封法院的处置权予以适当的限制。具体而言，可以明确规定无查封财产卖得价金，清偿执行费用后无剩余可能的，不得查封；查封财产卖得价金，在清偿优先债权及强制执行费用后无剩余可能的，应解除查封；债权人申请继续执行并愿意负担相关费用者除外。

四、结束语

以上为笔者在办理信用卡分期汽车贷款业务执行案件过程中遇到的主要问题及建议，我们深信，信用卡分期汽车贷款这一方兴未艾的金融业务在银行业、法院和社会各界持之以恒的共同努力下，一定会保持快速、健康、持久的发展，成为我国金融业、汽车业和司法保护相互融合、共同前进的典范。

民间借贷案件执行问题研究

山东省青岛市黄岛区人民法院 李连军

近年来,高利贷、高息吸纳社会资金等非法民间借贷暗潮涌动,成为一个复杂的社会问题,应当引起重视。

从黄岛法院 2008 年度至 2011 年度前两个季度执行立案情况看,共受理民间借贷执行案件 379 件,立案执行标的额 8542.06 万元。同期受理金融类借款合同执行案件 204 件,立案执行标的额 7105.93 万元。

2007 年 10 月 10 日至 2011 年 4 月 14 日执行立案情况表

	民间借贷类	金融借款类	比 较
立案案件数	379 件	204 件	+175 件
立案标的总额	8542.06 万元	7105.93 万元	+1436.07 万元

同期民间借贷执行案件比金融案件多 175 件,前者是后者 1.86 倍;立案执行标的额前者比后者多 1436.07 万元。尽管民间借贷均非"非法",但从数字上可见"非法"民间借贷的猖獗。

一、民间借贷类执行案件的情形分析

民间借贷包括合法民间借贷和非法民间借贷。非法民间借贷是非法债务,主要包括赌债、高利贷等不受法律保护的债权债务。近年来,一些灵通人士利用中小企业急需资金、社会闲钱缺少融通渠道等情势,以高于同期银行贷款几倍甚至十几倍的利率出借资金,或者吸纳社会闲钱,并形成一个金字塔式以众多散户为最底层的多级吸纳发放的利益链条。一旦链条中的任一环节出现断裂,便会发生还款不能,"放高利贷"者在通过暴力、威胁等手段逼债不能追回资金的情况下,便通过形式合法的借条、房屋买卖合同、抵押证明等为凭据提起民事诉讼。

在审理程序中，被告虽然口头辩解该借款为高利贷，但无法提供有效证据，而原告提供的证据并未超过法定保护的利率限额，法院只能在形式上确认债权，赋予其强制执行力，案件进入执行程序。

执行实践中，民间借贷类执行案件的主要特点有：

1. 散户很分散，数额不大；中间吸贷和放贷层人员较集中，数额较大；顶层用款者集中在无抵押资产的企业，数额巨大。散户放贷者分散在不同的社会阶层，有无固定职业者，有企业主，有国家机关工作人员；甚至也有公检法机关的干警，如黄岛公安分局职工徐曼丽申请执行薛桂萍，标的额达12万多元，薛桂萍作为被执行人的涉案标的为27万元。

上述379件案件中，重复作为申请执行人的最多为3次，数额多在10万元以下。重复作为被执行人的，出现集中现象，有薛洪栋、薛桂萍、刘忠海、臧坤、赵骐、王环、聂乃顺、张延辉等，个案执行标的在10万元以上，有的接近300万。企业非法借取民间资金执行案件，个案标的一般在100万以上，如被执行人青岛东方科慧电子有限公司借款113万元、青岛农路综合食品公司借款289万等。

2. 放贷散户多为家族式、朋友同事式；吸贷放贷中间层人员社会成分复杂，多为一些社会闲散人员。放贷开始时的巨大利益，很容易在家族、朋友、同事中间"放大"，产生聚集效应，分别跟进。诉讼和审判，及至执行，有一波接一波的规律。如起诉和申请执行臧坤、赵骐、王环的案件自2011年元旦后开始集聚。中间吸放贷层人员作为申请执行人的，对被执行人的基本情况不甚了解，甚至双方互不相识；多数无正当职业，在执行程序中并不出现，而由所谓亲友或代理律师与法院执行人员联系，提供执行线索。他们往往比普通案件申请执行人在查找被执行人信息上手段方法较多。有的是经非法暴力手段不能实现债权而提起诉讼和申请执行。

3. 被执行人去向不明，或以卑鄙手段对抗执行情况增多，无有效资产可供执行等情形增加。

上述被执行人中负债数额巨大的薛洪栋、薛桂萍、刘忠海、臧坤、赵骐、王环、聂乃顺、张延辉等，臧坤扔掉灵珠山办事处公职去向不名，王环扔掉长江路市场管理服务中心公职去向不名；薛桂萍（女）遇到被强制执行时，便撕胸脱衣侮辱执行人员。

中间层是买空卖空的层级，其本身是平民，为吸贷而穷其所有，或借助朋友亲友担保，或将其房屋等生活必需品抵押，在执行程序中无可供执行的财产。

二、非法民间借贷进入执行程序的危害性

非法民间借贷经判决,成为合法的民间借贷,申请执行人可通过执行程序获取利益,干扰了正常的金融秩序,败坏了社会风气,成为社会不安定的重要因素,存在极大的危害性。主要表现在:

1. 非法民间借贷进入执行程序,在无法有效审查的情况下,给非法放贷者提供生存的空间。通过法院诉讼,由于绝大部分对被告的缺席审理裁决,法院获取案件实质真相的可能很小,加之原告通常对借贷关系进行了合法化包装,通过司法程序胜诉的可能性增大,使得此种借贷现象以合法民间借贷存在并获得有强制执行力的国家认可。

2. 容易造成被执行人对抗程序,影响司法公信力。由于非法民间借贷的双方当事人对债权债务的性质在事实上是明知的,而且债权人和债务人的家属、亲戚、朋友对此也有相当的了解,往往对法院的执行有强烈的期望或者存在强烈的抵触情绪。另外,申请执行人一方在申请法院强制执行的同时,仍会采取一些暴力手段逼迫借款人,并可能在采取非法手段时借用法院的名义,从而破坏法院形象,挑起被执行人及其亲友的对抗情绪。更有被执行人以此为由向有关部门信访、上访,影响了法院正常工作。

3. 非法民间借贷进入执行程序,浪费了大量审判、执行资源。法院案多人少,但众多本无法进入正当诉讼程序的非法民间借贷纠纷,占用了大量审判、执行资源,影响其他案件的审判、执行。

三、有效遏制非法民间借贷进入执行程序的对策

为有效遏制法院成为非法民间借贷纠纷的催讨工具,避免借贷人谋取非法利益,笔者认为,在审判程序中应采取以下防范措施:

1. 案件审理阶段,法官应注意甄别防范。承办法官要增强责任意识和庭审能力,不能仅凭原告提供的借条作为惟一证据,应当加强对借款事实的审查。对于一方当事人在庭审中提出借款系"放高利贷"之债时,应当对一个时期和一个阶段当事人发生的借贷行为进行衡平把握,从而发现违法犯罪的破绽,揭开假象,还原债权债务行为的真相。

2. 裁判时加强实质审查和当事人合同履行能力的审查。在民间借贷纠纷案件的审理中,首先看当事人之间的合意,即借据是否真实有效。在该前提下,还应审查履行情况,对于明显超过当事人经济实力的大额借款,还要通过审查债权人和债务人自身的经济实力、债权债务人之间的关系、交易习惯、相

关证人证言、当事人上下交由关系等来判断当事人的主张判断借贷行为的合法性。

四、在执行程序中的解决民间借贷案件的法律对策

非法民间借贷案件一经审判"合法化"而进入执行程序，执行机构应该按照执行程序相关规定进行处理。

在执行程序中，对民间借贷执行案件，应按被执行人的财产状况分类把握。

1. 执行人员要加强调查力度，发现和分析非法借贷线索，及时打击非法借贷。通常来看，在执行阶段也很容易发现非法民间借贷线索。对涉嫌非法高利贷等案件，通过执行过程中各方面信息的反馈以及申请执行人和被执行人的表现，以及采用谈话、询问、查询等手段，对先期取得的证据线索应加以固定，并及时移送有权机关查处。

2. 按照执行程序的规定准确适用有限执行原则和多个债权人对一个债务人申请执行相关规定。

（1）被执行人大量吸收大量社会资金，除被执行人及其所抚养家属生活不低于最低生活保障标准的必需品外，如必要的房屋、衣物、家具、炊具和必需生活费用，无其他资产可供执行，应当中止执行或终结执行。申请执行人对其放贷行为的商业风险自负。

（2）被执行人可供执行的财产不足清偿所有债务，应当按多个债权人对一个债务人申请执行和参与分配的规定依法进行处理。

财产保全限度及相关问题探析

浙商银行　李志强

诉讼（仲裁）是银行不良资产清收的重要手段，而财产保全又是生效法律文书得以及时执行的有力保障。然而，由于相关制度本身规定不十分明确，导致不同法院对财产保全限度的裁量尺度有很大差异，对银行资产保全非常不利，亟待厘清界限，统一尺度。

一、问题的提出

案例一（他人有优先受偿权财产的保全限度问题）：

A 银行有一户 1000 万元的贷款逾期，银行起诉后申请查封了借款人名下房产一处（价值约 500 万元，无抵押），后又申请查封保证人名下一处房产（价值约 2000 万元，已为他行抵押 1400 万元），法院以两项房产总值达到 2500 万元明显超过债权范围为由不再办理查封。对于这种他人有优先受偿权的财产，在保全时，是否应以扣除优先债权后的价值确定保全限度？

案例二（被他人首封财产的保全限度问题）：

B 银行有一户 500 万元的贷款逾期，银行起诉后申请查封了借款人名下房产一处（价值约 500 万元，无抵押），后又申请轮候查封借款人名下另一处房产（价值约 1000 万元，已被他行首先查封），法院以两处房产总值达 1500 万元明显超范围为由不予办理。对于这种已被他人首封的财产，是否也应受到保全限度的约束？

案例三（保全限度导致的逃废债问题）：

C 银行有一户 200 万元的贷款逾期，银行起诉后申请查封了借款人名下房产一处（价值约 250 万元，无抵押），后又申请保全借款人名下股票（价值约 100 万元）及保证人名下房产（价值约 150 万元），法院以超范围为由不再办理查封。后借款人、保证人将其名下股票、房产等财产予以转让变现，转让款项也进行转移。到执行时，法院以借款人被查封的房产系其唯一住房且C银行未设定抵押为由，不予执行。

司法实践中因保全限度理解和执行引发的相关问题非常多，以上三个案件只是与保全限度相关的几个典型例子。各地法院对财产保全限度的理解和执行尺度不一，有些法院甚至无尺度可言，随意性很大，这不仅使债权银行无所适从，而且从根本上影响了银行债权处置效果，甚至在某种程度上纵容了债务人的恶意逃债行为。

那么，相关法律对财产保全限度问题到底是如何规定的？这些规定是否明确具体？其立法本意和价值取向如何？这些问题有必要进行认真梳理和讨论。

二、现有规定梳理分析

（一）现有相关规定梳理

与财产保全限度有关的主要规定试梳理如下：

1. 民事诉讼法（2012年8月31日修正，2013年1月1日施行）

"第一百零二条 保全限于请求的范围，或者与本案有关的财物。

第二百四十二条 人民法院查询、扣押、冻结、划拨、变价的财产不得超出被执行人应当履行义务的范围。"

2. 最高人民法院关于人民法院民事执行中查封、扣押、冻结财产的规定（法释〔2004〕15号）

"第二十一条 查封、扣押、冻结被执行人的财产，以其价额足以清偿法律文书确定的债权额及执行费用为限，不得明显超标的额查封、扣押、冻结。

第三十二条 财产保全裁定和先予执行裁定的执行适用本规定。"

3. 最高人民法院关于人民法院执行工作若干问题的规定（试行）（法释〔1998〕15号）

"39. 查封、扣押财产的价值应当与被执行人履行债务的价值相当。"

（二）现有相关规定分析

1. "保全限于请求的范围"如何理解？

《民事诉讼法》规定，保全限于请求的范围，或者与本案有关的财物。这里的"请求"是指诉讼请求（诉前保全则为权利请求，下同）还是指保全请求呢？

从有关司法解释的规定来看，最高人民法院倾向于认为保全限于"诉讼请求"的范围。将保全限定在诉讼请求之内，固然可以防止当事人滥用财产保全给对方当事人造成损失，却也弱化了通过保全措施保护债权人合法权益的力度。由于现行法律和最高法院司法解释并未明确给予申请保全的债权人以某种程度的优先权，采取保全措施的债权人（包括首轮保全的债权人）与其他符合参与分配条件的普通债权人一样，对保全财产享有平等的参与分配权（后文对此有进一步阐述）。这就导致虽然对债务人足额财产采取了保全措施，但债权人最终往往不能从保全的财产上足额受偿。

实际上，《民事诉讼法》的条文原文并未规定保全限于"诉讼请求"的范围，而只是规定保全限于"请求"的范围。

为最大限度通过保全制度保护债权人合法权益，是否有必要在现有法律规定范围内对保全作出更有利于债权人的解释呢？

2. 如何认定拟保全财产（权益）的价值

保全以"诉讼请求"为限会遇到另一个突出的现实问题，如何认定拟采取保全措施的财产（权益）价值？法律和司法解释对此没有明确规定，实践中基本上是依靠法官的自由裁量。实际上，除了银行存款等少数财产外，大部分财产的价值处于不断变化中，有的财产价值变化幅度还比较大，而且诉前或诉讼保全到进入执行程序往往时间较长，保全的财产价值变动问题更为突出。

保全财产价值认定，不但难在财产的市场价值处于不断变化中，更为复杂的是，拟保全的财产还可能存在优先权或权利负担、限制（以下合称"权利负担"），比如被预售（查封土地使用权但地上房产被预售）、购买、出租，被设定担保物权，存在欠付工程款、税款、土地出让金等情形，以及被其他司法机关或有权部门采取了限制措施等。对于保全申请人而言，只有扣除已存在的权利负担影响后的余值才真正具有保全价值，而要认定是否存在上述权利负担及权利负担影响的具体金额，往往需要实体审理后方能得出准确结论。

3. 非现实保全应否纳入保全限度问题

非现实保全主要涉及两种情况，一种是轮候保全，另一种是对被申请人的收益权、债权等的保全。

民事诉讼法并未对轮候保全进行规定，而最高法院有关司法解释对此进行了规定。司法实践中，有些法院认为轮候保全与现实保全一样，也要遵守保全限度的规定。笔者认为，轮候保全与现实保全（即"在先查封"、"首封"）还是有较大区别的。依现行有关规定，现实保全法院对保全财产有司法处置权。这种制度安排使现实保全申请人对保全财产享有确定的分配权。如果在现实保全相关案件已进入执行程序，而轮候保全申请人尚未取得执行依据时，轮候保全申请人很可能不能参与保全财产的分配（享有担保物权的除外）。另外，现实保全只有一个，轮候保全则可以有很多轮，实践中已有地方法院在保全财产分配时对现实保全申请人进行数额上的倾斜。如果相关制度对现实保全与轮候保全实行差别对待，轮候保全就不应纳入保全限度范围。即使轮候保全嗣后转为现实保全，现实保全财产超过了请求的范围，也应由轮候保全申请人享有保全财产的选择权利，由其在适当限度内根据情况选择继续予以保全的财产。

《民事诉讼法》并未对收益权、债权等财产性权利的诉讼或诉前保全作出规定，《最高人民法院关于适用〈中华人民共和国民事诉讼法〉若干问题的意见》（法发〔1992〕22号）以及《最高人民法院关于对案外人的财产能否进行保全问题的批复》（法释〔1998〕10号）对此进行了规定。对案件当事人的收益权、债权等采取限制措施需要案外人协助，由于案外人异议、债权性权益未到偿付期、案外人偿付能力不足等原因，案外人是否能够偿付、何时偿付以及偿付多少数额等均具有较大不确定性。因此，只有当法院依法实际控制了案外人偿付的相应财物或款项时，对当事人债权性权益的限制措施才具备了现实保全的某些核心特征。在未具备上述条件之前，不应将这种限制措施一并纳入保全限度范围。

4. 保全限度与参与分配制度间的协调问题

如果法律对财产保全申请人赋予分配上的优先权，我们称之为优先的参与分配制度；如果法律对财产保全申请人与其他所有符合参与分配条件的债权人在分配上平等对待，我们称之为平等的参与分配制度；如果法律对财产保全申请人在分配数额上给予适当倾斜，我们称之为折衷的参与分配制度。

民事诉讼法及相关司法解释目前未对保全申请人赋予分配上的优先权利或在分配数额上给予倾斜，即采取了平等的参与分配制度（某些地方法院已尝试对首封债权人参与分配给予适当倾斜）。

在平等的参与分配制度下，在先申请的债权人如果仅就其对应的债权额进行保全，将处于持续不安状态，因为他不知道最终会有多少人一起参与分配。由于保全数额的确定性与参与分配债权额的不确定性之间存在矛盾，使得债权人普遍具有超标的保全的冲动。

而在优先的参与分配制度下，债权人仅就自己的债权额申请保全即可，没有超额保全的必要；在折衷的参与分配制度下，也能一定程度上抑制超额保全的冲动，或者说对不允许超额保全能有所补偿。

由此可见，保全限度应与参与分配制度统筹考虑，协调一致。如果采取优先的参与分配制度，自无允许超标的保全的必要。而在平等的参与分配制度下，则不应过分限制超标的保全否则在某种程度上对债权人是不公平的。折衷的参与分配制度可在一定程度上缓解因保全限度要求过严而对债权人造成的不利影响。

三、建议

为平等保护债权人与债务人的合法权益，防止债务人利用保全制度逃废债务，笔者对保全限度及相关问题提出如下建议（由于对现有相关规定的理解并未统一，相关建议之间可能存在冲突）：

（一）区分情况界定保全限度和范围

对于法院依职权主动采取的诉讼保全措施，可明确保全限于"诉讼请求"的范围，执行中的主动查封措施限于"确保被执行人足额履行"的范围。这样规定一方面并未突破现有法律规定，另一方面，当事人未主动申请也不宜扩大保全范围。

对于应当事人申请而采取的诉讼或诉前保全措施，可明确保全限于"当事人请求保全"的范围。同时可作出以下限制要求：

1. 对于有偿还能力的被申请人一般不得采取超标的保全措施；

2. 对于被申请人的房产、机器设备等财产进行超标的保全的，如继续使用对其价值不会产生重大影响的，原则上允许被申请人继续使用，但不得转让或设定其他权利负担；

3. 对于被申请人的原材料、产品、存货等因正常生产经营需要流通周转的财产以及不及时处置将会使转让价格大幅降低的财产进行超标的保全的，可不限制其流转，但对所得款项仍可以继续超标的保全；

4. 申请保全超过诉讼请求的部分以没有优先受偿或优先分配权利诉讼请求额的3倍为限；

5. 对申请保全超过诉讼请求的部分必须提供足额担保；

6. 被申请人提供相应担保法院应解除保全或不作超标的保全；

7. 因超标的保全造成被申请人损失的，必须赔偿相应损失。

另外，如果原保全金额不足，再次申请保全其他不可分割的财产时，超过了上述"3倍"的限度，应允许申请人选择最终保全的财产。

（二）区分情况确定保全财产价值

对于房地产、股权、知识产权等价值不易准确确定或价值波动幅度较大的财产，在确定或估算价值时，应充分考虑其价值确定难和波动幅度大的特点，予以宽松认定，具体可在其评估价值或类似财产市场价值的2倍以内掌握。

拟保全的财产上有权利负担的，应以扣除该等权利负担对应的影响金额后的余额认定保全财产价值。对于是否具有权利负担，以及权利负担影响的具体金额，法院只需根据申请人提供的证据进行表面审查，除非被申请人能够提供足以推翻相应认定的证据。

(三) 明确非现实保全不纳入保全限度范围

对于轮候保全和对债权类权益进行的保全，不应纳入保全限度范围，除非该等保全已转化为现实的保全。非现实保全转为现实保全后，保全如果因此超过了保全限度，此时亦应允许申请人选择最终保全的财产。

(四) 给予现实保全申请人适当的分配倾斜

由于《民事诉讼》法并未赋予保全申请人以优先受偿权，司法解释直接规定保全申请人享有类似于担保物权的绝对优先受偿权确有不妥。《民事诉讼法》再次修改前，可以通过司法解释形式在法律规定范围内采取变通做法，对首先保全的申请人在参与分配数额上给予适当倾斜，既鼓励了债权人的保全积极性，也可在一定程度上防止超标的保全的发生。某些地方法院目前给予首先保全申请人的倾斜额度一般在可分配金额的 20% 以下，最高人民法院可考虑出台统一规定，并将该倾斜比例扩大至 50% 左右。

参考文献

1. 葛行军、刘文涛：《关于执行财产分配的立法》，载《法学研究》2001年第 2 期。
2. 胡珍玉：《超额查封在参与分配制度中的适用》，见江苏法院网 (www.jsfy.gov.cn) 2010 年 12 月 15 日更新上传。

小额贷款执行难的成因及对策

河南省汝阳县人民法院 张凤雷、王士杰

小额贷款业务是金融机构的一项重要业务，由于各种原因，小额贷款纠纷数量逐年攀升，而且案件诉至法院后难以执行的情况也日益凸现，不仅增加了金融机构信贷资产的风险，也给法院执行工作带来了许多被动。我院执行局针对1998年来涉及小额贷款纠纷案件执行的现状，通过近几年来的司法实践，对该类案件的执行难问题及对策做出粗浅分析。

一、小额贷款纠纷执行案件的特点

1998年到2012年十五年间，各金融机构小额贷款向汝阳法院提起诉讼的相关案件数量高达3000多件，分析这批案件的情况，具有以下"两高两低"的特点：

1. 申请强制执行率高。3000多件诉讼案件最后申请强制执行的有2000多件，申请执行率在66.66%，平均每年有133件左右。而今年上半年汝阳法院执行局已受理该类执行案件60多件，基本与近五年同期持平。

2. 缺席审理的案件比例高。在2000多件申请执行的小额贷款纠纷中，有1300多件判决结案，占总案件数的65%，其中缺席审理案件800多件，占全部判决结案数的61.5%。其中一部分是由于被告确实已下落不明，另一部分是由于被告无能力偿还，对法院判决抱无所谓的态度，无正当理由拒不到庭。

3. 案件调解结案率较低。上述的2000多件案件中，调解结案的为600多件，仅占案件总量的35%。而2012年1~6月份受理的45件小额贷款执行案件中，调解结案仅为15件，占31.3%。而据统计，汝阳法院前四年民商事案件的平均调解结案率为60.3%。

4. 案件有效执结率低。在上述2000多件予以强制执行的案件中，执行完毕的案件只有800多件，有效执结的案件占总受案数40%，程序终结执行或中止执行案件占总受案数的 60%。与同期我院的年平均有效执结率在 70% 左右，相距甚大。

二、形成小额贷款案件执行难的原因分析

小额贷款难以执行而成为不良信贷，固然有贷款对象本身固有的原因，因为贷款用途主要用于种植、养殖和家庭手工作坊产业等，本身抗拒自然灾害和经营风险的能力比较差，从而转化为信贷风险。但从这些案件中反映出的情况来看，更多的是由于金融机构在制度和制度执行方面存在的缺陷造成的。具体来说，主要的有以下几种情形：

1. 贷前审查流于形式，蕴含信贷风险。由于金融机构信贷人力有限，有的网点甚至主任兼信贷员，要对辖区内成百上千农户做详尽了解，工作难度可想而知。因此，对于涉及面广、工作量大、时间要求相对集中的农户经济档案的建立（年审）、信用等级的评定等专项工作，一些信贷员就不得不求助于村、组干部，甚至是不太了解辖区内农户的内勤人员。由于村、组干部及内勤人员的参与，个人主观主义、形式主义、人情因素、有的甚至凭空猜想等情形大量存在，这就造成了信用等级评定标准不统一，给农户小额信用贷款额度核定带来了不准确性。此外，农户信用等级评定方法本身也缺乏系统性、连续性，存在"一评定终身"、"一定永逸"的现象，动态管理、监测缺位。另外，农户小额信用贷款实行"凭证发放、随用随贷、额度控制、周转使用"的办法，大多由临柜人员办理，而临柜人员对其贷款用途的真实性无法加以严格审查，这就造成有些农户乱报贷款用途，而贷款后转借他人，形成顶名贷款；另一些借款人贷款根本没用于其正常的家庭生产、生活等，而是用于个人的不正常消费支出（比如赌博等），造成贷款到期不能按时归还，最终形成贷款风险。

2. 贷后监督机制不健全，逐步形成信贷风险。贷后检查是贷款"三查"制度的重要环节，为降低贷款风险，提高资金的流动性、安全性、效益性，信用社应加强贷后检查工作。但"重发放，轻管理"的传统经营理念依然存在于部分信贷员的头脑。一方面，农户小额信用贷款对象广、额度小、分布散、行业杂，所以工作量相对较大，而金融机构信贷工作人员有限，这就削弱了对农户小额贷款的监管。另一方面，一些信贷员有"重企业，轻农户"的思想意识，认为贷后管理只适应于大额贷款，对小额农贷不适用。有的信贷员甚至认为农户贷款金额小，形成贷款风险每户不过几万余元。再加上有些农户贷款后外出经营（有的甚至举家外出），多年不归，下落不明，这是造成农户小额信用贷款风险的一大重要原因。

3. 部分信贷人员素质低,人为加重信贷风险。由于农户小额信用贷款从建档、评级、授信、发证、到最后放款往往都是单人操作,所以有些信贷人员利用人手不足、审查不严、操作上不规范等漏洞,搞人情贷款,自批自用贷款,有的给客户出主意化整为零,一户多证或一户多贷,有的明知贷款用途不正当仍然发放贷款,最终诱发贷款风险。更有甚者,个别信贷员与借款户勾结骗贷,有的擅自协助收集农户的身份证复印件,利用农户的小额贷款证让其他人冒充农户签名进行联保贷款,用以私营业主投资盈利,一旦私营业主投资经营项目亏损,就无法归还金融机构贷款本息。

三、破解小额农户担保贷款纠纷案件执行难的对策

现阶段要彻底解决小额农户担保贷款纠纷案件面临"执行难"的难题,需要各种措施齐头并进,从严格贷款流程入手,在严格既有管理手续的同时采取一些新的措施,另外要加强法院与金融部门的配合,以期问题得以有效解决。

1. 建立贷款农户申报财产预登记制度。农村土地承包经营和私营业主一般采取的是家庭共同承包经营的模式,家庭人员各自都具有一定的财产,如房产(包括租用集体土地的建房)、有价值生产工具和固定生产资料(农用耕作用具和大棚等)、农村土地、鱼塘、山林等承包经营权。这些财产因其无法办理抵押登记手续而得不到更好的融资方式,而在执行中因为无法确认权属而使执行受阻。因此,对农户贷款的金融机构可以采取由农户自行申报,协调好村级组织配合核实进行预登记制度。这样一旦发生诉讼以至需要强制执行,因财产权属事先得到确认,法院可以准确掌握欠贷农户或私营业主的可供执行财产,及时采取执行措施。

2. 建立诚信调查制度。信贷员在对农户发放贷款前,除了调查以往的信贷记录,还可以着手从农户按时缴纳水费、电费、电话费和农村上交款等方面进行基本诚信度的调查,从中发现农户有否不良信用记录,对收集和掌握到农户从事经营活动情况、收入情况、还款记录等信息资料,应建立完整的农户个人档案。此外还可以依据镇、村干部及贷款农户邻近村民反映的情况作出诚信判断。从而形成一种长效的贷款农户诚信体制管理机制。从源头上减少欠贷农户的诉讼案件。

3. 建议农经部门积极配合。建议参照中国人民银行下发的《封闭贷款管理暂行办法》和新出台的《物权法》有关规定协调农经部门,对于符合国家

扶持农业特色产品政策的特定农户或农村私营业主发放的专项封闭贷款,采取设立专项扶持资金结算专户的封闭贷款管理方式,并由政府农经管理部门对农户种植的农产品、养殖业家禽畜和加工企业农副产品设立动产抵押制度,使金融机构贷款依法享有优先受偿权,有效防止农户小额贷款的风险。

4. 建立法院与金融部门的联席会议制度。由人民银行牵头,各专业银行、信用社和法院执行局定期召开联席会议,由办案法官通报审判、执行过程中发现的金融机构信贷管理方面的疏漏,提出司法建议,以健全金融机构的信贷制度,防范金融风险。法院也可以派员到金融机构授课,结合案例分析,对信贷员法律知识的培训,规范信贷员的行为。

5. 抓好案件审理,提高自动履行率。人民法院要紧紧抓住为社会主义新农村建设服务这一要旨,提高审判案件承办法官责任心,不能就案审案,减少案件审理的缺席判决率;加大案件调解力度,在案件审理中兼顾执行,注重案件的实际解决;可以采取就地审理的方式,以点带面做好农户的宣传工作;对一些"钉子户"、"赖债户",邀请镇村干部一起上门做工作,对拒不执行的严格依法处理,从而提高欠贷农户的自觉履行率,以使此类纠纷得到切实有效的解决,促进农村信贷环境进一步好转。

6. 创新方式,强化执行工作。在执行中法院要与金融机构加强联系,要求金融机构积极举证、提供线索,从而灵活利用债权债务转移、代位权、撤销权等法律制度清收不良贷款,为法院执行创造条件。借助县、镇、村三级执行协作网络的作用,通报反馈信息,发挥综合治理执行难联动工作机制。对欠贷农户就地村、社区和打工单位开展公告曝光活动,征集执行线索,也可适当向社会有偿征求执行线索悬赏执行。对查实有履行能力但拒不履行的被执行人,选择典型案件加大执行力度,在法律规定范围内用足、用好强制措施、制裁措施,让不履行债务的被执行人因拒不履行、不讲诚信而付出更大的经济代价,更高的拒执成本。推行交叉执行制度,排除地方行政干预,减少执行法院压力,加大清收不良贷款的执行力度。

浅谈船舶抵押贷款案件的执行

武汉海事法院 邓 毅

我国拥有漫长的海岸线，又拥有长江、珠江等"黄金水道"，航运事业在发展具备优良的条件，通过长期的经营，我国的航运事业展现了辉煌的成果。交通运输部发布的《2011中国航运发展报告》显示，2011年中国水上运输船舶总规模首次突破2亿载重吨，其中海运船队达到1.15亿载重吨，居世界第四位；全国港口完成货物吞吐量也首次突破100亿吨，集装箱吞吐量达1.64亿标准箱，双双位居世界首位，进一步巩固了我国的世界航运大国地位。在航运事业发展的过程中，船舶抵押贷款的应用也日益增多，船舶抵押贷款执行案件也越来越多。

一、船舶抵押贷款案件执行的现状

船舶抵押制度，源于古代航海冒险事业筹措资金的需要，即船舶抵押人将自己营运的船舶提供给债权人作为还款的担保而取得贷款的一种手段，是作为一种融资方式产生的。这一制度，对造船、水路运输及保险等行业都产生了诸多促进作用，直到如今，仍然得以采用。在现代航运中，随着船舶技术的进步、经济的发展，船舶兼有的不动产性质以及船舶具备的较大价值的优势进一步发挥出来，能够帮助融资人融资时更有保证，绝大部分船舶经营人在开始从事或扩大规模的过程中都会采取抵押的方式，从金融机构或其他组织、个人处获取资金。而且船舶抵押的形式也比较灵活：既可以使用已有船舶作为抵押，也可以使用在建船舶作为抵押。这些都使得船舶抵押的应用范围越来越广泛。船舶抵押应用广泛的同时，相关纠纷也随之增多，表现形式也愈来愈多样化，给我们在执行船舶抵押贷款案件时提出来许多新问题。主要有：

（一）对船舶抵押的成立要件不熟悉

许多金融机构在与融资人办理船舶抵押时，因不了解相关法律规定而出现问题。有的是关系户,或有过业务往来,或贷款数额也不大,便盲目轻信船舶抵押人,在没有签订书面船舶抵押合同的情况下便发放贷款。而按照《海商法》第12条的规定:船舶抵押权的设定,应当签订书面合同。此时,船舶抵押并未真正成立,其主债权并未获得担保,等同于普通债权,导致在执行时难度增加甚至被排除在优先受偿之外。

（二）对船舶抵押登记不了解

依照我国《海商法》的第13条规定:设定船舶抵押权,由抵押权人和抵押人共同向船舶登记机关办理抵押权登记;未经登记的,不得对抗第三人。船舶抵押权登记,包括下列主要项目:(1)船舶抵押权人和抵押人的姓名或者名称、地址;(2)被抵押船舶的名称、国籍、船舶所有权证书的颁发机关和证书号码;(3)所担保的债权数额、利息率、受偿期限。船舶抵押权的登记状况,允许公众查询。从目前看,很多当事人对于船舶抵押登记并不重视,相当一部分当事人并未到船舶抵押登记机构办理抵押登记,有的仅是简单地讲船舶抵押人的船舶登记证书原本扣押以代替登记,有的办理登记但对抵押债权事项不明确等等。出现这些情况后,导致船舶抵押无法取得优先受偿效力,或当事人以船舶证书丢失为由重新到船舶登记机构办理证书使得船舶抵押成为空头支票,或船舶变现后受偿时无法对应债权使得当事人对受偿范围发生争议,或船舶早已转让他人而使案件无法顺利执行。

（三）对抵押的船舶跟踪不足

不少债权人在取得船舶抵押权后,疏忽了对抵押船舶的跟踪管理,加上船舶流动性较强,债权人与船舶管理者利息不便,相关登记备案信息不及时、不完善货不易为公众所知,致使许多船舶抵押权人对船舶的经营、状态等信息了解很少甚至完全不清楚。待到需要执行抵押的船舶时,才发现许多船舶或状态奇差,无法变现或变现价值低,无法偿还债权;或船舶早已被拆解,船舶抵押权无法实现。从最近发现的情况看,不少内河船舶违规进入沿海航线经营,在这种情况下,船舶经营风险高、船舶状态下降快,一旦出现事故或船舶老化无法运行,债务人转移财产,债权人的债权最终实现的概率大大降低。

（四）法院控制船舶难度大

许多船舶抵押人,一旦发生纠纷或发现偿还贷款无望,便想方设法隐匿船舶,甚至将船舶的登记、备案等制度置之脑后。尤其是小型船舶,目标小,相对来说机动性更强,当事人如果刻意隐匿船舶,法院在执行过程中查找船舶十分艰难,甚至无法执行。

（五）涉及船舶处理时的矛盾纠纷压力大

虽然船舶登记条例等相关法规规定了船舶的公司形式、经营等办法，但现实是大部分船舶的实际所有人仍然为个人独有或个人合伙，而在个人经营或个人合伙经营的船舶中，绝大部分船舶都是当事人或是以个人家庭全部财产作为本钱加上借贷等方式筹资建造，或是多人想方设法挤出的资金建造，一只抵押船舶往往关系着一群人的生活和出路问题。在法院执行中，如果对抵押船舶采取转移、变卖等措施，就会遭到相关人员的阻挠甚至攻击，案件处理难度大、化解纠纷难度大，导致执行久拖不决。

（六）当事人财产查询难

目前的做法是通过本省高级人民法院汇总向本省人民银行查询，若涉及外省，则由本省高级人民法院委托外省高级人民法院查询，程序极为复杂。尤其是海事法院，并不局限于地方行政区划，案件往往涉及多个省份，在当事人金融资产的查询上要花费更多的时间，也给当事人转移财产提供了更大的空间和更充足的时间。加上我国的征信制度和系统还处于起步阶段，对当事人的约束力极其有限，若当事人有意隐瞒财产，法院的查询难度极大，案件的执行就更困难。

二、处理好船舶抵押贷款执行案件应采取的措施

处理好船舶抵押贷款案件，维护好金融机构和船舶所有人、经营人的利益，促进航运事业的健康发展，是法院践行科学发展观、构建和谐社会的应有之义。办理船舶抵押贷款执行案件，需要法院、金融机构、船舶抵押人（或债务人）的紧密协作、充分沟通协调，才能真正把这类案件处理好。本文主要谈一下法院和金融机构在船舶抵押贷款案件中需采取的一些措施。

（一）法院执行工作举措

1. 开展涉案船舶建档管理

实践表明，一艘船舶出现问题，往往会表现在多个方面，比如船舶经营状况不佳而拖欠船员工资、拖欠船舶物料供应款甚至在运输货物时出现问题产生争端，直至拖欠贷款等严重问题。法院在处理这类案件时，应该对这些船舶给予重点关注，在办理案件时尽可能详细地了解船舶的情况，为船舶的经营人多提供有益的建议，帮助其摆脱困境，此后出现涉及该船舶的案件时也能及时掌握船舶的信息，办理案件时也会更有针对性。当然，法院对于在办理案件的过程中手机和了解到的信息必须严格管理，不得非法使用。

2. 加强反规避执行制度建设，强化反规避执行措施

由于船舶的经营，尤其是个人所有的船舶的经营，经常性的交易方式为现金交易，且没有完善的会计制度，导致法院无法掌握债务人的财产状况，对于债务人的规避执行常束手无策。因此，急需大力进行反规避执行制度建设，使相关制度细化、可操作化，切合执行工作实际。比如完善司法审计制度、建立一支精干的司法审计队伍，开展被执行人财产状况审计；将曝光"老赖"被执行人方式制度化、常态化，完善曝光后的跟进措施；完善有奖举报方式，形成一个公平合理的举报奖励机制，规范奖励的数额及其承担者，等等。

3. 与海事、港航部门加强信息分享和协作联动

对于法院而言，在没有任何技术条件和情报的情况下，要在广阔水域找到当事船舶，无异于大海捞针。事实上，很多案件中申请人在执行过程中强烈要求强制执行设置抵押的船舶，却因找不到涉案船舶而难以执行。因此，加强与海事、港航等船舶管理、航运管理部门的协作，完善信息分享机制，对于及时发现船舶有着重要意义。目前，许多海事、港航部门都已引入了GIS、GPS等技术，大大加强了对船舶的监管。加强法院与这些部门的信息分享和协作，可以为及时发现船舶、控制船舶提供极大的便利，有利于案件的执行迅速找到突破口从而顺利、快速地处理好案件。

4. 加强船舶抵押贷款执行案件风险预防与化解

船舶抵押案件执行中，既有来自作为债权人的金融机构对法院执行工作的不理解可能产生的风险，更有来自被执行人或船舶所有人、经营人抗拒执行带来的风险。在执行过程中，法院不仅要充分做好债权人的工作，以取得其对法院执行工作的理解与支持，积极配合法院的执行工作；更要及早预防被执行人或船舶所有人、经营人因法院执行可能产生的抗拒心理和行为，在严格依法办事的前提下，避免简单、粗暴的执行方式，尽可能地保留作为当事人主要财产的船舶，防范、化解执行风险，保障执行工作的有序开展。

（二）金融机构应对船舶抵押贷款案件的举措

1. 加强抵押船舶的跟踪管理

对于抵押的船舶，不能以为有抵押权在手就可以完全放任不管。一旦出现债务人转移财产、或不可抗力导致船舶灭失等主、客观原因，其债权将来可能会难以实现。因此，一定要建立起抵押船舶的监管制度，要求债务人除依照约定还款之外，还要结合船舶的状况定期报告和有可能出现船舶价值重大减损即时报告制度，及时了解船舶状况。一旦出现债务人财务状况持续不佳或资产重大减少时，即时实现债权或要求其提供其他可靠担保，确保债权将来能够顺利实现。

2. 建立更加灵活、有效的双方互信、互助机制

船舶在经营中，可能会出现一些暂时性的经营困难情况，需要资金扶助。金融机构在债务人出现暂时困难时，可根据实际情况，比如债务人有良好的预期收入时，灵活采取信用担保、降低贷款利息等方式给予小额短期贷款扶助，保证船舶的稳定、健康运营。这样不仅能够提高债务人的收入、提高还款能力，也能够扩大金融机构的业务，还能够增强双方的互信，债务人拒不还款或规避执行的意愿会大大降低，为可能的纠纷的处理打下良好的基础。

3. 注重做好财产保全

财产保全，是指人民法院在利害关系人起诉前或者当事人起诉后，为保障将来的生效判决能够得到执行或者避免财产遭受损失，对当事人的财产或者争议的标的物，采取限制当事人处分的强制措施。财产保全可以是法院依职权采取，也可以是法院依当事人申请采取。在船舶抵押贷款案件中，债权人一旦发现债务人有无法或不愿偿还债务的情形，准备通过诉讼手段明确债权债务关系，实现债权时，切不可认为有优先抵押权就能高枕无忧了，一定要做好防范，及时申请财产保全，以保障债权将来得以顺利实现。

三、对办好船舶抵押执行案件的一些建议

（一）建立便捷、高效的被执行人财产查询机制

如前所述，我们现行的财产查询制度，查询程序烦琐、耗时长，从查询手续的申报到查询结果的反馈，往往少则半月十天，长则数个月，而依照法律的规定，执行的期限为六个月，这意味着弄清楚被执行人的财产状况的时间往往要占据整个执行期限的相当大一部分，甚至可能要超出期限，整个案件执行完毕需要多长时间也就可想而知。在这漫长的过程中，被执行人有充足的时间转移财产，规避法院执行。因此，现在急需简化财产查询手续，提高财产查询工作效率。这不仅能提高法院工作效率、降低执行经费支出，也能使得法院及时掌握被执行人的财产信息、及时控制被执行人的财产，确保债权人的债权顺利得以实现，确实维护当事人的合法利益。

（二）金融机构要加强服务意识

金融机构的利益的获取，在于其提供了金融服务。在船舶抵押贷款业务中，金融机构获取利息收入，船舶抵押人获取金融服务。在这类案件的执行过程中，我们发现，很多债务人还款意愿低甚至规避执行，除了其财务状况不佳之外，还与金融机构的态度有很大关系。金融机构作为掌握资金者，处于强势

地位，往往只注重自身利益的获取，忽视债务人的感受，在发放贷款时条件过于苛刻、疏于与债务人的共同交流、在收回贷款时手段简单粗暴等等，长期下去，很容易造成债务人的抗拒心理，从而在法院执行时设置障碍，干扰法院执行工作。因此，金融机构在办理船舶抵押贷款时，一定要加强与船舶抵押人的沟通协调，为当事人提供更加专业、周到的金融服务。这不仅是更好地应对将来可能发生的纠纷的要求，也是其自身发展所必需的。

（三）建立和完善社会征信系统

党的十七届六中全会提出，"把诚信建设摆在突出位置，大力推进政务诚信、商务诚信、社会诚信和司法公信建设，抓紧建立健全覆盖全社会的征信系统，加大对失信行为惩戒力度，在全社会广泛形成守信光荣、失信可耻的氛围"。法院执行过程中对部分规避执行的当事人予以公开曝光、提出警告等措施毕竟是短暂的，对当事人的影响时间上并不是长远的，地域上也是比较狭隘的，对那些执意要规避执行的当事人实际影响是有限的。如果我们有着完善的社会征信系统，一旦被执行人拒不履行生效法律文书确定的义务，就将其不履行的行为记录在其社会征信系统中，这种信用记录范围更广、影响一生，对当事人的震慑作用更强，也更能促使当事人积极履行义务。

（四）加强海事、海商政策法规的宣传、教育和引导

船舶本身具有的准不动产特性以及航运行业本身的专业性，使得相关法律法规也具有较强的专业性，《海商法》《船舶登记条例》等法律法规中规范船舶抵押的规定，是我们在办理船舶抵押时的依据，只有严格依据法律的规定，才能真正发挥好船舶抵押在船舶抵押贷款案件中的担保作用，使贷款得到优先受偿。因此，法院在执行工作中，要充分发挥与当事人接触较多的优势，把船舶抵押贷款的相关法律法规宣传好，使当事人自觉、主动地依法做好船舶抵押必备的各项程序。

四、结语

船舶抵押贷款执行案件作为海事法院执行案件的一种，由于其有抵押物担保债权的实现但抵押物又具有不稳定的特性而在执行中变得特殊。我们既要认识到船舶担保债权实现的重要意义，又不能忽视船舶作为抵押物具有的流动性、便于隐匿、相对易灭失等不利因素，不断完善各项法律法规，调动一切可以利用的有利因素，把船舶抵押贷款执行案件办理好，切实维护司法权威，切实维护当事人的合法权益，促进执行工作的顺利开展。

商业银行案件执行理论与实务问题研究

江苏沭阳农村商业银行　王运鸿

一、银行债权保护基本概述

（一）银行债权的内容

银行债权是指具有经营贷款业务的银行机构按合同约定贷给借款人货币而形成的权利，是基于债的关系而发生的、请求特定人为特定行为（作为或不作为）的权利。此时，银行作为债权人，资金借用人贷款到期后，银行有权要求债务人还本付息。基于放贷行为所产生的债权构成银行债权最主要的部分，尤其在我国资本市场不成熟、银行资产比较单一的情况下，银行的债权主要体现为贷款。具体而言，银行的权利主要包括：（1）还本付息请求权，银行有权请求债务人按时还本付息；（2）保护请求权，当债务人不履行债务时，银行有权依法请求司法保护，强制债务人履行。

（二）银行债权法律保护的意义

一个完整的银行债权保护过程应该始于债的发生之际，贯穿于债的存续之中，结束于债的终止之时。法律提供了对结果的保护，银行自身可以实现对债权过程的保护。以银行为中心，过程保护与结果保护相结合，就可以构建起一个对债权的全过程保护体系，从而实现银行债权保护由被动到主动、由事后到事前、由局部到全程的转化。

1. 加强银行债权保护有利于遏制当今社会的信用危机。市场经济体制以信用为核心，银行债权实现的基础以信用的存在为前提。对于债权人而言，债权的实现有赖于债务的有效履行，债务人不履行债务，债权人的债权无法转化为现实利益。目前，社会信用及个人诚信意识的缺失已经成为突出的社会问题，市场交易主体信用意识普遍恶化，使银行债权面临着极大的威胁。因此，加强银行债权的保护，依法追究债务人不履行银行债务的责任，提高银行业案件执行力，将一定程度上遏制市场交易中信用恶化的状况，保护银行债权实现。

2. 加强银行债权保护有利于促进商业银行的转型升级。如果银行债权不能得到有效的法律保护，仍然受到大量逃废债的困扰，不仅会导致大量的银行资产流失，更会阻碍商业银行的转型升级，不利于社会总体经济的发展。农村中小金融机构正积极适应农村经济结构调整和农村金融市场变化，加快转型升级步伐，转变发展方式。如果中小金融机构的债权得不到切实的法律维护，将严重影响到中小金融机构的转型升级。

（三）银行债权保护及协助执行的法律依据

目前我国并没有专门的关于社会信用体系方面的立法，而只是对诚实信用、欺诈等行为在诸如《民法通则》、《反不正当竞争法》、《合同法》、《刑法》进行了概括和简要的规定。

《商业银行法》第 29 条规定："对个人储蓄存款，商业银行有权拒绝任何单位或者个人查询、冻结、扣划，但法律另有规定的除外"，第 30 条规定："对单位存款，商业银行有权拒绝任何单位或者个人查询，但法律、行政法规另有规定的除外；有权拒绝任何单位或者个人冻结、扣划，但法律另有规定的除外。"《民事诉讼法》第 242 条规定："被执行人未按执行通知履行法律文书确定的义务，人民法院有权向有关单位查询被执行人的存款、债券、股票、基金份额等财产情况。人民法院有权根据不同情形扣押、冻结、划拨、变价被执行人的财产。人民法院查询、扣押、冻结、划拨、变价的财产不得超出被执行人应当履行义务的范围。人民法院决定扣押、冻结、划拨、变价财产，应当作出裁定，并发出协助执行通知书，有关单位必须办理。"这些规定是确立银行协助执行义务最根本的法律依据。

二、银行协助执行的操作程序

（一）检查并核实执法人员的执法证件

在执行时，银行应注意审查执法人员所在的单位是否有权要求提供所需的执行协助，证件是否是持证人本人所有，证件是否超过了有效期等。如发现有不符合之处，应将证件退回，要求其提供合法有效的证件并在协助执行通知书回执上注明。作出查询、冻结、扣划决定的人民法院、检察院、公安机关与协助执行的银行不在同一辖区的，银行也应当协助执行，不受辖区范围的限制。

（二）认真审查申请单位执法人员提交的协助执行通知书

经办人员在对协助执行通知书审查时，应注意以下内容：一是协助执行通知书应为有权单位出具；二是协助冻结、扣划存款通知书上载明的被申请冻结或扣划存款的单位或个人开户金融机构名称、户名和账号是否与实际情况一致，大小写金额是否一致；三是协助冻结或扣划存款通知书上的义务人应与所依据的法律文书上的义务人相同；四是协助冻结或扣划存款通知书上的冻结或扣划金额应当是确定的。但有权机关在查询单位存款情况时，只提供被查询单位名称而未提供账号的，金融机构应当根据账户管理档案积极协助查询，没有所查询的账户的，应如实告知有权机关。有权机关在冻结、扣划个人存款时，对个人存款户不能提供账号的，金融机构应当要求有权机关提供该个人的居民身份证号码或其他足以确定该个人存款账户情况的资料。

（三）审查申请单位要求协助执行所依据的相关法律文书

对申请单位要求协助执行所依据的相关法律文书，经办人员也要注意审查。如申请协助冻结的应出示人民法院或其他有权机关出具的冻结存款裁定书；又如申请协助扣划的应出示有关生效法律文书，例如终审判决书、调解书、裁定、支付令、制裁决定书副本、仲裁裁决、经过公证机关公证的法律文书等。此外，根据人民银行发布的《金融机构协助查询、冻结、扣划工作管理规定》（简称《管理规定》）的要求，银行在协助查询、冻结、扣划时，涉及其内控制度中的核实、授权和审批工作的，应当严格按照内控制度办理相关手续，但不得拖延推诿。对此，在接待协助执行时，如与执法人员发生上述程序上的争议，应当做好解释工作，因为作为直接由人民银行管理的商业银行，应当执行人民银行的有关规定，内部审核工作并不是故意推诿与拖延，更不是为被执行人通风报信，而是依照人民银行的规定履行银行的内控管理规定。

银行在按照规定完成协助执行行为后必须将协助执行通知书正本连同生效的法律文书一起附在被执行人账户上，同时必须填写协助执行通知书回执，并退回给执法机关。在填写时，应当按照实际协助的执行事项的内容如实填写协助执行通知书回执，对于被执行人的户名、银行账号及执行金额（被查询、冻结、扣划金额）和协助日期都必须认真细致地核对无误后才能退交执法机关。

三、商业银行执行中存在的问题

1. 串户错划和重复冻结问题。因经办人员不熟悉有关规定或粗心大意，在有权机关手续不全且未认真核对客户资料的情况下进行处理，易导致串户错划纠纷；另一方面在未对账户状况进行核对的情况下就进行冻结，易导致账户重复冻结现象。

2. 房地产案件执行周期长。此类案件一般通过拍卖抵押物来执行，拍卖抵押物要通过执行通知、限期责令搬迁、查封、评估、土地房产交易中心的排期、拍卖、过户等诸多环节，周期较长。

3. 被执行人大多下落不明。被执行人住址往往为抵押物的所在地，但当案件进入执行程序后，被执行人早已不知去向，由于难以确定住户是否在此居住满一年以上，被执行人的经常居住地无法确定。法院执行人员只得在被执行人住所处张贴各种文书，同时又向其户籍所在地邮寄送达文书。但此种邮寄常常无法取得有效的回证，被执行人拒绝签收的现象也时有发生，使得执行中大量的文书送达工作效能较低。

4. 房产拍卖成交后，新业主的实际入住存在困难。由于被执行人在拖欠银行按揭款的同时，也拖欠物业管理处的管理费和水电费等费用，当房产拍卖后，物业管理处往往提出让新业主支付前业主拖欠费用的要求，一旦要求得不到满足，物业管理处则会找出种种理由阻挠新业主办理入住手续，导致拍卖房产难以交付。

5. 地方政府和相关部门对保护金融债权工作支持不够。虽然地方政府认识到金融对经济发展的重要性，但没有认识到企业恶意逃废银行债务会对地方投资环境和对外形象造成严重影响。在对待企业逃废银行债务的问题上，银行与地方政府认识和处理方式差距较大，相对忽视了银行的合法权益。面对一些企业效益低下、亏损严重的现实，地方政府在调整结构、制订企业改制方案时，没有充分考虑银行债权落实问题，对企业逃废债行为采取默许的态度，甚至干预司法公正，造成银行对企业诉讼生效的判决无法执行。还有一些政府官员作为被执行人的特殊主体，他们中有的利用公权也间接地影响或造成执行难。

6. 法制观念淡薄，诚信缺失。一是抗拒执行，甚至暴力抗法。随着我国法制建设的不断完善，人们的法制意识也在不断提高，但社会上仍有不少法制意识淡薄的人。当法院执行人员到依法执行时，有的依靠当地家族势力，围阻执行人员；有的以死相威胁；有的把人民法院已经查封、扣押的财产转移变卖；二是规避执行，转移财产现象严重。不少被执行人为躲避执行，长年外出躲藏，甚至全家搬迁，使案件无法执行。有的当事人待案件审结后，甚至案件审理过程中就转移、隐匿财产，当申请执行人向法院提供了被执行人的财产状况后，执行人员依法执行时，被执行人早已将其财产转移。他们一般心存侥幸，不正面对抗，而是推、拖、躲、赖。当执行人员找上门时，或笑脸相迎，表示一定要积极筹措，暗地里则隐匿转移财产，能拖则拖；或谎称无钱，见机行事；或软磨硬泡，讨价还价；或找人说情，能赖则赖；或闭门不见，能躲则躲。

7. 柜面协助人员业务不熟练。冻结或者扣划的业务代码不清楚，柜面协助人员经常一边打电话询问上级主管部门，一边进行操作，这无形中加大了被执行人转移存款的风险。同时，还有的柜面协助人员对于法院执行时所需手续不明确，有时银行协助人员连民事裁定书都不要就办理了冻结、扣划手续。

四、对商业银行案件执行的建议

1. 严格业务操作，避免出现错误。经办人员对有权机关提出的对个人进行查询要严格审查客户信息，以免造成查询串户，侵犯其他存款人的合法权益。在受理协助冻结前，应当首先查询账户状态，避免重复冻结。

2. 对非法阻挠合法新业主入住的物业管理机构加大宣传和执行力度。在执行过程中，执行人员应将相关法律关系对物业管理处释明，责令其对于前业主拖欠管理费纠纷另寻其他法律途径解决，而不得借机阻挠新业主的入住。

3. 法院可根据银行房贷执行的规律制定相应流程，提高执行效率。银行按揭类案件具有较强的代表性、同类性的特点，法院可以制定该类案件的执行流程，对执行的各个阶段作出具体的规定，例如对送达方式、搬迁期限、不足案款的执行等问题进行统一明确的规范，以统一的标准办案规范指导执行工作，减少执行的盲目性，提高执行效能。

4. 健全法院执行法治体系。现阶段我国执行立法工作滞后，应加强研究、探索法院执行的理论和实践，尽快把执行程序从民诉法中分离出来，建立健全一套系统的、完善的和操作性强的法院执行法律规范。对法院执行程序涉及的执行主体、职权、程序、措施及法律责任等所有环节进行科学、合理、明确、具体和系统的规定，以专门篇章强化对民事案件执行的规定。在个案的执行过程中，紧紧抓住时机，用足用活强制手段。不是采取简单粗暴的做法，使矛盾激化，而是在强化力度的同时，讲究执行方法，提高执行艺术。要强调执行与审案一样都必须做到程序公正，执行活动应严格按照法律规定的程序进行。建立公开、公正、高质、高效的优良运行机制，提高执行效益。

5. 在基层配备既精通法律又懂金融业务的复合型人才，是银行业正确协助人民法院依法执行的有效途径。银行的经营决策、业务处理一般都涉及到商业秘密、银行专业知识及法律专业知识，从金融机构经营安全性、专业性、时效性的要求，社会法律服务人员无法提供相应的法律服务。因此，金融机构配备法律金融复合型人才，负责本层级的法律事务工作，指导辖区法律事务工作，意义重大。

6. 注重及时诉讼。在贷款难以收回时，存在一种错误观念：不到万不得已就不起诉借款人。在这种观念的引导下，许多案件都是在主债务人出现经营严重恶化、巨额亏损、严重资不抵债，几乎没有财产可供执行时，为了避免因丧失诉讼时效而承担责任的情况下，才不惜花费巨额费用被迫起诉。在此情况下，还未起诉时结果已十分明确：官司肯定胜诉，但胜诉判决肯定无法执行。结果是花费巨额诉讼费用，只能得到一张无法执行的判决书。所以，信贷人员的贷后监管尤其重要，当贷后监管发现借款人有经营状况恶化、管理人员发生重大变化、作为被告卷入法律纠纷、无正当理由不愿意提供财务报表、存款发生异常变化等情况时，可及时启动诉讼程序，以避免赢了官司输了钱的情况反复出现。

7. 建立全国统一的法院执行系统。银行业案件胜诉多，执行难，很多案件是因为被执行人在异地，当地法院无法准确把握被执行人信息，导致无法执行现象普遍。如果建立全国统一的执行网络，信息资源共享，被执行人将无处藏身。

浅谈农村信用社贷款案件执行存在的问题及对策

福建省长泰县人民法院　刘春建

农村信用社开展贷款业务，为农户自主创业，发展当地特色产业提供资金保障，解决了部分农民"贷款难"问题，在支持农村经济和农户个体业主经营发展方面发挥了重大作用。但是，由于各种主客观因素的影响，一部分农户和个体业主未能按约还贷，给信用社信贷资金的流转造成很大的困难。近年来，涉及农户、个体业主与相关担保人之间的贷款纠纷案件不断起诉到法院，在执行中折射出一些不容忽视的问题。笔者试图通过分析这些问题的特点、现状、成因来对此提出个人建议。

一、农村信用社执行案件现状与特点

1. 贷款期限较短，均有担保人。借款人借款多是急需现金，贷款的期限不长，少则一年，多则两年，最多不超过五年。在借款合同签订时，贷款人还与借款人签订了五人或者三人联保协议书，每一位贷款人贷款都有其他的五人或三人作担保，且均为连带责任担保，互负连带偿还责任。

2. 借款合同的内容完备，手续齐全，担保流于形式。这些案件中，借款人与贷款人之间均有书面借款合同，合同的内容均写明了借款的种类、用途、数额、利率、期限和还款方式等条款。此外，借款人、担保人均提交了身份证明、户籍证明、担保协议书等手续，部分款额较大的还设置了抵押。债务人之间互相担保，担保人重复担保。在执行中会经常发现此贷款的债务人又是彼贷款的担保人，有的担保人在几起案件中同时出现，担保流于形式。

3. 逾期贷款执行案件呈上升趋势，从 2003 年每年几十件到以后每年上百件，至现在几百件，对法院执行工作带来巨大压力，在实际执行中执结率低，执行到位率低，执结时间长。

4. 大量涉农村信用社执行案件已基本处于"呆账"、"坏账"状态，一般

不具备继续执行的可能和条件;

5. 执行中,农村信用社对贷款本息不作让步,不放弃本金利息。信用联社作为地方农村信用社,放弃部分执行标的,意味着增加信用社兑付风险,信用社很大部分不同意执行和解,造成一批案件不能在有效执行期内执结。

6. 案件执行周期较长。目前,由于农村信用社的资金回收政策不够灵活,仅限于以现金的方式回收债权,债务人不能以物抵债。因此,这些执行案件一般都要涉及评估、拍卖程序,耗时较长;加之40%以上的被执行人下落不明,虽已在审理阶段进行了公告,但执行过程中还需再次履行公告程序,明显增加执行周期,影响了执行效率。

7. 很多借款农户下落不明,担保农户不愿承担保证责任,以谁借钱谁还债,借款人有还款能力等,不愿还款,同时,也不愿意重新换据担保。采取拘留措施也无法执结。

二、农村信用社贷款案件执行难的主要原因

(一)农村信用社自身原因

1. 农村信用社对放贷不够规范且审核不够严格。当前农村信用社在放贷时审核不够严格,对借贷人的经济履约能力和诚实守信能力不够重视,且在借贷时较少采用房产等财产抵押担保,而多采用担保人个人信用担保,甚至多人联保的方式,且操作上不够规范,随意性较大,由于借贷人借贷时一般无需用房产、汽车等大额资产做抵押,故不触及其切身利益,致使对借贷无约束性和规范性,对担保人的担保能力审核也不够严格,致使担保人无法承担担保责任和归还借款。

2. 信贷人员依法收贷意识淡薄。许多案件因逾期起诉,时过境迁而丧失执行良机或者在诉讼时未申请财产保全,使得借贷人趁机转移财产。同时,执行过程中拘泥于仅以现金的方式清偿债权,不愿用以物抵债等其他方式来清偿债权。

3. 放贷环节中存在手续瑕疵。"人情"、"关系"、"金钱"面前,需要信贷员严格遵守行业纪律,但是部分信贷员无法过好这几关,存在贷款手续不完备或违规放贷的现象,具体表现有:有的借款农户或担保农户并未到场签字;有的签了字没拿到钱;有的农户在贷款时请信贷员吃饭、送礼等。案件判决进入执行程序后,使用借款的农户已无财产可供执行,而担保农户却与执行人员有明显的对抗情绪,为避免矛盾的激化,有时候人民法院只能暂时中止执行。

4. 农村信用社与被执行人订立合同时,风险意识淡薄,担保流于形式。

放贷时对贷款方资信审查不严,对担保的设立审查不严、不细,存在严重的瑕疵。有的担保方根本不具备担保资格,或不符合担保条件,致使执行时缺乏执行能力;有的则属"一女多嫁",重复抵押,进入执行程序便引发案外人异议,难以执行。

5. 对贷款资金监管力度不够,监管手段滞后。贷后检查是贷款"三查"制度的重要环节,为降低贷款风险,提高资金的流动性、安全性、效益性,信用社应加强贷后检查工作。但"重发放,轻管理"的经营理念已在大部分信贷员脑中烙下了深刻的印记。农户信用贷款对象广、额度小、分布散、行业杂,所以工作量相对较大,而信用社信贷工作人员有限,这就削弱了对农户贷款的监管。信贷员对借款户生产及经营状况了解不够,特别是农村私营业主的流动强,所经营的项目变化多,信贷员对其监控力度差。虽然贷款手续合法,表面形式上符合信用社规定的贷款制度,但很可能其在实际经营中已严重亏损而信用社仍未察觉。再加上有些农户贷款后外出经营,多年不归,下落不明,由于不能及时掌握贷款方的经营状况,往往错过诉讼和执行的最佳时机。这是造成执行难的一大重要原因。

(二) 被执行人方面的原因

1. 存在恶意贷款、规避还款的现象。有的借款人在贷款之初就没有打算还款,擅自改变借款用途,将借款挥霍。有的借款人债务观念淡薄,为躲避还贷,转移、隐匿财产,给执行工作设置障碍。

2. 部分农民法律意识淡薄、对贷款恶意不还。部分农民认为集体财产是个大草堆,谁人不扯就吃亏,有的则抱有侥幸心理,认为贷款可还可不还,缺乏诚实守信和诚实信用意识,对借款能赖则赖,能拖则拖,能躲则躲。

3. 借贷人在借贷后多下落不明。部分借贷人缺乏诚信意识,一旦钱借到后,往往采取"三十六计,走为上策""一走了之"的方法、甚至变卖财产、举家外出,并极其严格封锁信息,由于下落不明,法院无法知道其行踪,致使法院难以查找造成执行难。

4. 担保人代借贷人受过,抵触情绪大。多数借贷人在借到钱款后一跑了之,而金融部门往往出于诉讼的方便考虑,直接起诉易找的担保人,而法院受"不告不理"的影响,在立案审查时又不便追加借款人为被告。由于不起诉真正用款的借款人,担保人实际上没有真正用款,担保人则心理不平衡,抵触情绪大,造成抗拒执行或躲避和迟延履行,造成执行难。

5. 部分借贷人无履约能力。部分借贷人没有履行能力,特别是收入有限的部分农民和无固定收入的社会群体,由于受劳动技能、资金、技术、年成收入以及天灾人祸等多种因素的影响,造成致富能力不均,借贷到期后无履行能力。

6. 部分私营企业借贷后不予还贷。农村私有企业或家庭企业盲目上马或扩大经营,受金融危机的影响,有的盈利较少甚至亏损。在办企业时往往大额借款,一旦亏损无法还贷,则逃避执行,而部分别有用心之人则将钱款借到手后携款外逃。

(三)法院自身存在的原因

1. 审判流程中存在的问题。涉金融案件诉前保全、诉讼保全较少,审理过程中缺乏对执行后续程序的考虑,对被执行人的有关信息查证不全,执行立案时对申请人所提供线索审查不严等,造成执行难度的加大。

2. 执行方式、方法还不够灵活。涉农村信用社执行案件具有其特殊性,执行人员应拓宽思路,认真研究,积极探索以土地、财产使用权和所有权抵债以及债权转股权,资产抵债、返租经营等行之有效的执行措施,促进案件的顺利执行。

3. 执行力度不够大,缺乏有效惩治措施。由于人力、物力、财力等因素的制约,执行中时机的把握、连续集中执行等措施、力度不到位,对被执行人缺乏明确的惩治措施,也是造成执行难的重要原因。

三、农村信用社贷款执行难的对策及建议

造成农村信用社"执行难"的原因是复杂的、多层次、多方面的。要解决这一问题,需要社会的共同努力,从源头着手,从制度等各个方面进行综合整治,以建立良好的信用金融秩序。

1. 农村信用社应严格规范管理,建立诚信调查制度

农村信用社要加强管理,严格把关、控制源头。要规范金融秩序,加强对企业开户的监管力度,在信贷中要严格"三查"制度,确保信贷质量,只有从源头上控制住,才能为以后的执行到位打下坚实的基础。严格审查贷款方的资信证件,并深入进行实地考察;严格审查担保方的担保资格和抵押物的情况,确保担保的切实有效,防止重复抵押。同时,农村信用社要注重对放贷资金的管理,从中间环节上强化监督。对贷款人的资金使用、经营状况以及担保物资的保管、处置等情况,随时加以了解掌握,以便及时发现问题,请求法律保护。应当主动取消对人民法院采取执行措施的各项限制性规定,积极依法协助人民法院做好案件的执行。及时了解掌握借款人的财产状况和商业信用状况,确保贷款的安全,并为在执行阶段能够向法院提供被执行人财产情报创造

基础条件。

2. 建立贷款农户申报财产预登记制度

农村土地承包经营和私营业主一般采取的是家庭共同承包经营的模式，家庭成员中各自都具有一定的财产，如房产、有价值生产工具和固定生产资料、农村土地、鱼塘、山林等承包经营权。这些财产因其无法办理抵押登记手续而得不到更好的融资方式，信用社对农户贷款前可以采取由农户自行申报，协调好村级组织进行预登记，一方面，可以充分发挥村级组织对预登记财产的所有权确认和起监督作用，另一方面，欠贷农户一旦因发生诉讼和执行，可以使执行法院准确掌握欠贷农户和私营业主的可供执行财产情况，及时采取执行措施，避免财产所有权权属的争议。

3. 加强内部培训管理

要加强对信贷员法律知识的培训，规范信贷员的行为，以降低诉讼中的对立情绪。信用社对欠贷农户和农村私营业主的名册进行通报，人民银行负责做好账户的查询工作和建立开户"黑名单"在金融系统内部曝光，协调专业银行利用所掌握的信息资源履行好举证的义务。在农村信用社内部形成一种联防机制，使信用差的农户和农村私营业主无立足之地。

4. 创新执行方式，加大执行力度

（1）建立县、镇、村三级执行协作网络，发挥综合治理执行难联动工作机制，通报信息反馈，加强协调、沟通各联动工作机制部门的联系，调动村级执行协作员的积极性，动员全社会的力量参与和协助人民法院的执行工作，提高执行效率。对欠贷农户就地村、社区和打工单位开展公告曝光活动，征求执行线索，也可适当向社会有偿征求执行线索悬赏执行。对查实有履行能力但拒不履行的被执行人，选择典型案件加大执行力度，在法律规定范围内用足、用好相关规定，坚决采取强制措施。让不履行债务的被执行人因拒不履行、不讲诚信而付出更大的经济代价，更高的拒执成本。

（2）推行交叉执行制度。交叉执行制度是指申请人在受理执行案件的人民法院在合理的期限内不能满足申请人的请求时，申请人民法院将执行案件移送上一级人民法院，由上一级人民法院将执行案件指定给其他人民法院执行的一种法律制度。交叉执行制度有利于排除地方行政干预，减少执行压力，加大执行力度，有利于农村信用社依法清收不良贷款。

（3）共享信息，共商对策，相互协助，全面建立联动机制。构建法院和银行的信息共享机制，进一步与银行的征信系统相链接。适时向同级人民银行、银行监管机构通报被执行人的相关信息；通过共享机制对被执行人的银行账户信息进行掌握,进而迅速实现对其在各营业点财产账户的冻结和扣划。

5. 注重案件的实效解决,在案件审理中兼顾执行,提高欠贷农户的自觉履行率

(1) 要求以案件审理为抓手,大幅度减少申请执行率。由于这类案件大多属于事实清楚,权利义务关系明确,争议不大的简单民事案件,可直接适用简易程序审理。适用简易程序后,在起诉手续、传唤当事人、审理程序等方面都可以简化处理,提高审判效率。原告申请诉讼保全提出后,对于被告的财产应及时的予以查封、扣押或冻结,以保证案件的顺利执行。对于有还款能力而拒不履行法院生效的判决、裁定的,应及时采取拘留、罚款等措施强制执行,以便更好地维护当事人的合法权益及法律的尊严。

(2) 充分运用速裁审案程序,化解纠纷,减少争议。农户担保贷款纠纷案件标的小、双方争议不大,速裁审案程序可以快捷、有效采取诉讼保全措施,及时地找到欠贷农户就地审案和调解。通过现场速裁审理,对赖账农户起到威慑作用,促使部分农户主动还贷;耐心做调解工作,让农户分清利弊,努力达成和解;利用巡回速裁审理,提高农户的出庭率,并积极邀请镇村干部和群众旁听案件,使其了解农村金融政策,强化信用观念;对一些"钉子户"、"赖债户",邀请镇村干部一起上门做工作,对拒不执行的严格依法处理,维持信贷安全及良好的信贷秩序。

6. 根据农村信用社作为申请执行人的特殊性,尝试悬赏执行,以调动全社会的力量对被执行人及其财产进行查找,有利于扭转涉农村信用社执行案件执行难的被动局面。

7. 提高农民的法律意识。法院要通过电视广播等新闻媒体以及开展"送法进农村、送法进企业、送法进社区、送法进机关",加强巡回审判以及法律释明、判后答疑等多形式加大对农民的法制宣传力度,尤其加大对《合同法》及《担保法》等法律法规的宣传,不断提高农民的法律意识,积极提高农民对履行借款义务的自觉性。

关于农村信用社民事诉讼案件"执行难"的思考

山西省大同市新荣区联社 赵 江

作为服务三农的金融"主力军",山西省农村信用社的服务范围辐射城乡,在解决农民"贷款难"、促进"三农"经济发展、支持地方基础设施建设等方面起到了不容忽视的作用。但是由于经营的特殊性和所处的客观经济环境,农村信用社涉及的借款合同纠纷案件逐年累积增多,而在案件的执行过程中更是面临着这样或者那样的问题。笔者通过分析××市农村信用社民事诉讼案件的现状和存在的问题,以求得解决该问题的思路和对策。

一、××市农村信用社民事诉讼案件执行现状

××市农村信用社辖内共有9个法人机构,其中:县区联社8个,农商行1个,县级以下分支机构(包括:联社营业部、信用社、信用分社、支行、分理处、储蓄所)共205个,员工人数2380多名。从2005年至2012年间,全市农村信用社共发生各类民事诉讼案件128起,全部为自诉案件和借款合同纠纷案件。案件具体情况如下表:

案件进展情况	数量(起)	占比(%)
立案	9	7
开庭审理	1	0.78
判决(调解)	17	13.28
进入执行程序案件	101	78.89
其中:正在执行	31	24.21
执行中止	2	1.56
债权凭证	19	14.84
支付令	49	38.28

上述数据显示,近年来,××市农村信用社所发生的128笔民事诉讼案件中,进入执行程序的案件101笔,除正在执行的31笔外,其余70笔均由于种

种原因，导致案件执行中止、申请债权凭证或支付令，占进入执行程序案件的69.31%。其中发放债权凭证最早的案件为2005年，意味着近年来案件执行毫无进展，且在此类案件中，农村信用社作为债权人，虽然申请了债权凭证可以保证债权的法律效力，但由于种种原因，案件确无实质进展，致使农村信用社耗费大量人力、物力保全的债权，因"执行难"被"悬空"。

二、案件执行难的原因分析

从××市农村信用社近年来发生的民事诉讼案件分析，陷于执行难的案件形成原因主要有以下几种情况：

（一）被执行人方面的原因

具体情形有两种：一是被执行人偿还能力受限。主要反映为被执行人由于投资失败等原因，确实缺乏履行能力。以煤炭行业为例，煤炭行业曾是××市的支柱产业，当地多数煤炭企业曾得到过金融部门的支持，然而随着煤炭行业进入关停并转阶段，企业效益急剧下滑，直至2009年整合基本完成，部分煤矿、煤运站相继倒闭，企业无力偿还银行债务，导致债务难以落实的情况比比皆是；二是被执行人故意逃避银行债务。主要反映为被执行人通过频繁搬迁、外出打工等方式故意逃避银行债务。由于我国目前征信体系建设不完备，征信信息共享程度低，导致社会对逃避银行债务行为缺乏有效的监督制约，社会对此类行为的谴责、批判力度远远不够；同时，由于被执行人财产形式趋于多样化，财产隐匿、转移方式也越来越多，也在一定程度上加剧了案件执行难度。

（二）农村信用社方面的原因

一是信贷调查不全面。农村信用社的客户构成复杂，且多是一些中、小、微型企业和农户，受客观情况限制，信贷人员面对辖内成百上千农户及企业，特别是对涉及面广、工作量大、时间要求相对集中的农户经济档案的建立、信用等级的评定等专项工作，面对大量调查工作，信贷人员存在片面依赖于对借款人财务状况的考察结果，而忽略了对借款人还款意愿、道德品行等方面考察，造成了贷款调查不全面，存在风险隐患的现象发生；二是贷后跟踪监督不到位。受客观条件制约，农村信用社贷款普遍存在金额小、笔数多的特点，受人员数量及专业能力限制，由于贷后跟踪检查不到位最终导致贷款难以收回的情况仍然存在；三是追偿能力受限。农村信用社毕竟不是执法机关，在取证、落实债务上先天能力受限，缺乏强制措施，特别是对流动强、经营项目变化多端的私营业主，信贷人员对其监控力度差，往往存在即便当时找到了借款人，但经历了通知法院、申请执行等一系列程序后，借款人早已将财产转移，更有甚者，借款人从此杳无音讯，造成债权得不到保障。

（三）地方政府方面的原因

以×县联社为例，根据上级加大对"三农"服务的精神，该县联社积极响应地方政府大力发展养殖业号召，由政府担保并承诺贴息，2002 至 2005 年间累计发放养奶牛贷款 1000 多万元，但由于市场因素，特别是"三鹿事件"，导致养奶牛户多数破产，而政府以当初承诺贴息属往届领导决定且政府财务紧张为由，拒不兑现当初贴息的承诺，农民也因此抵触情绪较高，一直不予归还贷款，虽然通过起诉贷户该县联社赢了案件，但只能陷于执行困难。另外，地方政府机关不配合甚至干扰严重也是造成农村信用社借款纠纷案件执行难的一大因素。如：××市在过去关停煤炭企业中，因多属于乡办企业，不论政策性关停，还是通过法院申请破产，政府和企业从未考虑过农村信用社的债权问题，在这些企业被起诉后，政府也多表现为不配合甚至进行干预，给此类案件执行带来了较大的困难。

（四）立法体制方面的原因

1. 执行法规不完善。我国民事案件执行的主要依据《民事诉讼法》第三编中的第 224 条至 258 条关于执行的相关规定，规定中对执行方法、措施等有规定的不具体或不详细的地方。如：股票、股权执行问题，知识产权如何执行问题，执行中发现被执行人确属亏损且无财产可供执行如何进入破产程序，多个债权对同一被执行人申请执行的执行竞合如何处理，这些问题既有原立法不周详的一面，也有随着社会经济犯罪导致立法滞后的一面，不仅如此，现行执行方法上也存在一些法律问题，如登报限制被执行人高消费问题，假如某单位是被执行人，限制的是法定代表人的高消费，还是限制所有员工高消费，法定代表人私人性质的高消费是否同时被限制，如何限制，法律依据何在，实践中如何界定等一系列问题。虽然，最高人民法院于 1998 年 7 月出台了《关于人民法院执行工作若干问题的规定（试行）》、2009 年 7 月印发了《关于进一步加强和规范执行工作的若干意见》的通知，以及其他一些针对执行工作中出现的具体问题的司法解释，解决了不少问题，但缺乏系统性、规范性，且效力远低于正式颁布的国家法律，难以满足现实生活中的需要。

2. 现行"审判"执行体制，导致执行效果难以保证。目前，我国审判与执行环节严重脱节，执行程序复杂，各环节之间缺乏紧密衔接，给债务人转移财产留下了间隙，且执行程序立法中有关当事人救济手段的内容较少，执行程序缺乏必要的监督,导致执行效果难以保证。

三、缓解和克服民事案件执行难的思路和建议

执行难作为一种社会历史现象,其形成由来已久,农村信用社借款纠纷案件执行难只是其中的一部分,要解决当前"执行难"问题,需要各部门共同合作,协力推进。农村信用社作为案件执行成果的直接承担者,要加强与政府、政法委等部门的沟通联系,力争从加强自身管理、完善外部环境的角度,最大限度地降低因案件"执行难"给农村信用社带来的风险。

（一）完善征信体系,建立执行信用制度

我国征信体系建设不完备,是民事案件陷入执行困境的重要原因之一。征信系统的完善有助于各行业、部门对所掌握的信用信息数据共享,将当事人准确、详尽的信用交易、出资置产、缴费纳税、违法犯罪等基本信息进行登记共享,一旦被执行人有涉案未处理记录或财产交易有新动向,上述部门将延缓、阻止其进行一定的商事行为,督促被执行人主动履行义务,有助于良好社会信用环境的形成;并有助于债权人及时发现财产线索,进一步采取保全措施,降低执行成本,提高执行效率。社会征信体系的完善不仅使相关部门实现了信息共享,降低了执行风险,更有利于良好社会信用环境的构建[1]。

（二）营造社会化执行格局,争取社会力量支持

仅通过农村信用社自身力量来实现债务的追偿,显然心有余而力不足。在实践中,适时建立与相关部门的协调联动机制,既是做好农村信用社债权保护、防范化解农村信用社协助执行风险工作的重要措施,从长远看来,更是优化农村信用社司法环境、维护自身合法权益的必要举措。农村信用社可以借助社会方方面面的力量,力求事半功倍的效果:一是要争取地方政府的支持。借助政府的强制力和公信力,通过政府从中参与协调,对贷款的收回有着积极有益的作用;二是要争取公检法部门的支持。作为国家的强制机关,公检法部门对被执行人的威慑力大大强于农村信用社本身,取得他们的支持将极大地加快我们清收进度,如 2011 年开展的集中清理国家公职人员到逾期贷款;三是要争取乡镇、村干部的支持。农村信用社以支持三农经济发展为主要任务,发放的贷款中农户贷款占到了相当大的比例,通过获取乡镇、村干部的支持不仅有利于农村信用社及时掌握被执行人的财产情况,更有利于疏导被执行人及其亲

---

[1] 蒋陆军:《论民事"执行难"之地方保护主义》,载《法制与经济》2010 年。

属情绪，促使被执行人主动配合农村信用社的工作①。

(三) 加强银行业间沟通联系，强化执行领域同业联动

银行作为执行后果的直接承担者，应不断加强同业之间的沟通交流，尤其是与银行业协会的沟通联系。银行业协会作为第三方，在案件执行过程中，能以更有利的身份与相关部门进行协调，从而实现对银行合法权益的有力维护。因此加强与银行业协会的沟通联系，对农村信用社化解案件风险、做好银行间债权维护意义重大。同时加强同业信息交流沟通，有利于债权人及时发现被执行人的财产线索，防止被执行人转移、隐匿财产。

(四) 审慎发放贷款，从源头堵塞案件发生

农村信用社在发放贷款时，要通过多种方式降低风险。一是加强贷前调查。要通过信用评价体系，建立客户准入制度，对客户实行名单制管理，对客户的贷前调查不仅包括对客户还款能力及资产实力的调查，更应注重客户道德品行、还款意愿等主观方面的考察，力求调查结果的科学、全面、准确；二是加强贷后管理。要密切监控贷款资金使用情况，对于出现风险预警信号的贷款客户，及时跟踪调查，确定具体应对措施，属于重大风险事项的应及时上报，及早处理，从源头上防范案件的发生。

(五) 推动立法工作，规范强制执行行为

我国现行的立法，是把强制执行规定在民事诉讼法中，仅借助民法、民事诉讼法等相关法规中的条款来操作，远远不能满足极其复杂而又重要的执行工作的需要。将执行和诉讼、审判加以分立，已经成为世界各国有关立法的一种趋势。我国建立执行法的社会条件已经成熟，亟待建立起一部审执分立、涵盖执行机构体制、执行原则、执行范围、执行管理、执行程序、执行措施、执行费用等问题的法规，并对协助执行义务以及妨碍执行的法律后果等问题做出具体明确的规定，确保执行实施权与执行裁决权分离，将执行工作不断推向规范化。最高人民法院执行局应充分发挥最高执行机关对各级法院执行局的统一协调作用，通过建立执行联动和监督机制，形成全国执行上下"一盘棋"，对相关案件合并、统一执行，节约司法成本，防止执行混乱，保障执行工作顺利进行②。

解决民事案件执行难问题不可能一蹴而就，同样，仅靠农村信用社自身的

---

① 陈泽伟：《破解民事"执行难"》，载《消费导刊（法制园地）》2010年第1期。
② 袁建平：《司法公正视角下的执行难及其矫治》，载《民主与法制》2010年第7期。

努力也是不现实的，只有通过社会各界共同努力改善执法环境，遏制被执行人在市场经济活动中规避法律、违反法律、践踏法律的行为，着力构建良好的社会信用环境，才能真正促使农村信用社走出民事案件"执行难"的怪圈，使执行工作步入良性循环的轨道。

农村信用社小额贷款执行难问题对策研究

山东省无棣县人民法院　刘国清

一、农村信用社小额贷款纠纷执行案件的特点

1. 受理案件数量逐年持续增长。随着小额贷款业务的展开，近年来，小额贷款引起的诉讼和执行案件也在不断地增多，各农村信用社向人民法院提起诉讼的相关案件数量增多，申请强制执行的贷款案件增多。

2. 缺席审理的案件比例高、案件调解结案率较低。分析近四年申请执行的信用社小额贷款纠纷中，判决结案，占总案件数的65.2%，其中缺席审理案件，占全部判决结案数的60.2%。缺席审理的主要原因有二：一是被告下落不明，公告送达应诉通知书和开庭传票；二是经法院传票传唤，作为借款人的被告抱着借款是事实，反正没钱偿还，法院怎么判都无所谓的心态，无正当理由拒不到庭。经统计，调解结案的仅占案件总量的34.8%。

3. 案件有效执结（毕）率低。在立案执行案件中，执行完毕的案件占总受案数35.6%，程序终结执行或中止执行案件占总受案数的64.4%。涉及信用社小额贷款纠纷诉讼案件申请执行率高。案件进入执行程序后，执行难度比较大，执行到位率比较低，仅次于法院立案执行的交通事故案件和损害赔偿案件的执行难度。

二、农村信用社小额贷款案件执行难原因分析

1. 客观原因形成的风险。（1）农户小额信用贷款是基于农户信用发放的贷款，贷款本身从借款人方面就潜在着"信用风险"；（2）农户贷款的用途主要是用于种植和家庭手工作坊产业的投入以及消费性贷款，而种养业又是弱质产业，存在着较大的自然风险和市场风险。

2. 贷前调查流于形式。信用社信贷人力有限，有的网点甚至主任兼信贷

员，要对辖区内成百上千农户做详尽了解，工作难度可想而知。个人主观主义、形式主义、人情因素、有的甚至凭空猜想等情形大量存在，这就造成了信用等级评定标准不统一，给农户小额信用贷款贷款额度核定带来了不准确性。

3. 贷款审查存在漏洞。临柜人员对其贷款用途的真实性是无法严格予以考察的，这就造成有些农户乱报贷款用途，而贷款后转借他人，形成顶名贷款；另一些借款人贷款根本没用于其正常的家庭生产、生活等，而是用于个人的不正常消费支出（比如赌博等），造成贷款到期不能按时归还，最终形成贷款风险。

4. 贷后检查监督机制不健全。贷后检查是贷款"三查"制度的重要环节，为降低贷款风险，提高资金的流动性、安全性、效益性，信用社应加强贷后检查工作。一方面，农户小额信用贷款对象广、额度小、分布散、行业杂、所以工作量相对较大，而信用社信贷工作人员有限，这就削弱了对农户小额贷款的监管。另一方面，一些信贷员有"重企业，轻农户"的思想意识，认为贷后管理只适应于大额贷款，对小额农贷不适用。

5. 部分信贷人员素质低，人为形成信贷风险。由于农户小额信用贷款从建档、评级、授信、发证、到最后放款都是人为操作，加之有些信用社人员相对不足，所以有些信贷人员利用人手不足、审查不严、操作上不规范等漏洞，搞人情贷款，自批自用贷款，假冒贷款，有的甚至给客户出主意化整为零，一户多证或一户多贷，形成实质上的"垒大户"，最终诱发贷款风险。

三、法院执行小额贷款案件面临的困难

1. 借旧还新增加还款风险。信用社为完成新增贷款回收任务，要求借款的农户将原欠贷款本息合计，重立新借据，这种做法不仅虚增账面利润，掩盖信贷管理风险，助长了逃债、赖债现象的出现，更增加了案件执行难度，进一步恶化了农村信用环境。

2. 部分农户违反贷款用途。有的农户忽视贷款性质，认为"不借白不借，借了是白借"，以生产为由借款，却用于建房、婚嫁等消费方面，甚至个别农户在贷款后直接用于赌博，还有的转借给他人无法按期收还或投资非农的高风险行业经营亏损，致使无法还贷现象大量存在。法院在执行此类案件时，被执行的贷款人要么长期出逃在外，要么连其基本最低生活也难以保障。

3. 部分信贷员欲盖弥彰，以合法形式掩盖非法目的。有的信贷员素质较低，在"人情"、"关系"、"金钱"面前，存在贷款手续不完备或违规放贷的现象，如：有的借款农户或担保农户并未到场签字，有的签了字没拿到钱，有

的农户在贷款时请信贷员吃饭、送礼等。诉讼中借款农户、担保农户不承认签字的真实性，调解时甚至要求从贷款本息中扣除其送的钱物，与信贷员对立情绪严重。案件判决进入执行程序后，使用借款的农户已无财产可供执行，而担保农户却与执行人员有明显的对抗情绪，为避免矛盾的激化，法院只能先中止执行。

4. 信贷员违法违纪致使联保贷款无法收回。部分镇村干部引导个别信用不良业主使用农户的小额贷款证进行联保贷款，并将贷款用于偿还赌债等违法活动，信贷员明知违规而放贷，导致联保贷款无法收回。法院在审理联保贷款案件中，联保农户对法院所送达的法律文书不够重视，或觉得自己未向信用社借过款无所谓，往往不出庭应诉。执行法院在对联保农户采取强制措施时，联保农户才提出借款合同中签名的真实性问题（或在借款合同中被诱骗签名），导致法院重新审查案件。

5. 有的信贷员甚至与借款户勾结骗贷。个别信用社信贷员利用职务便利、违反信贷规定，擅自收集农户的身份证复印件，利用信用农户的小额贷款证，让其他人冒充农户签名进行联保贷款。一旦私营业主投资经营项目亏损，就无法归还信用社贷款本息，给法院的审理和执行带来很大的难度。

6. 信贷员对借款户生产及经营状况了解不够，农村私营业主的流动强，经营的项目变化多，信贷员对其监控力度差。涉及私营业主对外债务的执行，特别是在执行过程中发现私营业主还拖欠大量职工工资款时，法院对依法拍卖被执行财产取得的价款，在支付工人工资后，再由债权人按比例受偿，信用社即使是有抵押财产的贷款也可能造成债权的损失。

7. 债务人转移资产，逃避债务。贷款信用社工作人员一方面不及时发送贷款到期催收通知单，导致诉讼时效结束，使贷款信用社丧失胜诉权；另一方面，贷款信用社在法律文书生效后不在法定期间内申请执行，导致执行时效结束。同时，贷款信用社很难搜集有关债务人的财产线索及提供债务人逃债的证据，法院也很难执行。

四、对策分析

1. 建立贷款农户申报财产预登记制度和诚信调查制度。农村土地承包经营和私营业主一般采取的是家庭共同承包经营的模式，家庭成员中各自都具有一定的财产，这些财产因其无法办理抵押登记手续而得不到更好的融资方式，信用社对农户贷款前可以采取由农户自行申报，协调好村级组织进行预登记，一方面，可以充分发挥村级组织对预登记财产的所有权确认和起监督作用，另一方面，欠贷农户一旦发生诉讼和执行，可以使执行法院准确掌握欠贷农户和私营业主的可供执行财产情况，及时采取执行措施，避免财产所有权权属的争议。

2. 建立法院与金融部门的联席会议制度。由县人民银行牵头，各专业银行、信用社和法院执行局定期在每季度召开一次联席会议。执行法官要针对审判、执行过程中发现的金融机构信贷管理方面的疏漏，通过司法建议的形式予以反馈，以健全金融机构的信贷制度，防范金融风险。在金融机构内部形成一种联防机制，使信用差的农户和农村私营业主无立足之地。

3. 以案件审理为抓手，减少申请执行率。法院司法工作要紧紧抓住为社会主义新农村建设服务这一要旨，小额贷款纠纷案件必须以审理开始为抓手，提高审判案件承办法官责任心，不能就案审案，减少案件审理的缺席判决率，注重案件的实效解决，以点带面做好农户的宣传工作。加大案件调解力度，在案件审理中兼顾执行，提高欠贷农户的自觉履行率，以使此类纠纷得到切实有效的解决，促进农村信贷环境进一步好转。

4. 加大执行力度、创新执行方式，动员全社会的力量参与和协助人民法院的执行工作，提高执行效率。对欠贷农户，征求执行线索，也可适当向社会有偿征求执行线索悬赏执行。针对小额贷款被执行人财产难查实、人难找的特点，在执行立案时公开执行干警的手机号码。在接到信息后快速出击并及时有效地采取执行措施。对标的虽小、人难找、财产难寻的案件可以起到了四两拨千斤的功效。查实有履行能力但拒不履行的被执行人，选择典型案件加大执行力度，让不履行债务的被执行人因拒不履行、不讲诚信而付出更大的经济代价，更高的拒执成本。

金融债权转股权探析

广西壮族自治区南宁市中级人民法院　赵　丹

一、金融债权转股权的由来

无论是发达国家还是发展中国家，都会遇到银行等金融机构与企业之间的债权债务关系问题。由于我国金融体系以间接融资为主，直接融资一直欠发达，因此，我国企业的生产周转资金几乎全部依靠银行贷款，资产负债率一直偏高，当企业生产经营遭遇困境，银行债权的实现就会陷入困境。

党的十五届四中全会通过的《中共中央关于国有企业改革与发展若干重大问题的决定》提出，结合国有银行集中处理不良资产的改革，通过金融资产管理公司等方式，对一部分产品有市场、发展有前景，但因负债过重而陷入困境的重点国有企业实行债转股，解决企业负债率过高的问题。根据国家经贸委、中国人民银行1999年7月5日发布的《关于实施债权转股权若干问题的意见》（以下简称《意见》）的规定，债转股主要是为支持国有大中型企业改革与脱困。

金融债权转股权就是指银行债权转为资产管理公司对债务企业持有的股权。国家通过组建金融资产管理公司，收购银行的不良资产，把原来银行与企业间的债权债务关系，转变为金融资产管理公司与企业间的控股（或持股）与被控股（或被持股）的关系。债转股后，原来的还本付息转变为按股分红。金融资产管理公司实际上成为企业阶段性持股的股东，依法行使股东权利，参与公司重大事务决策。在企业经济状况好转以后，通过上市、转让或回购形式回收这笔资金。

二、适用金融债权转股权的积极意义

1. 减轻企业负担。企业脱困的梗阻之一就是债务问题。债转股之后，企业不用还本付息，负担随之减轻，资产负债率也趋于健康。而且债转股触及企业的产权制度，有利于现代企业制度的尽快建立。

2. 提高银行的信用地位，保障银行权益。我国资本市场不发达，国有企业的资金严重依赖银行贷款，但银行的债权人地位使银行无法约束企业的行为。盘活银行资金，把银行的不良资产分离出去，转为企业的股权，一定程度上防范和化解了金融风险，同时，银行可以取得对企业生产经营管理的参与权与监管权，防止企业的经营行为短期化，从而保障银行权益。

3. 社会震动小，有利于改革的推进。金融债权转股权，没有简单地勾销债务，而是改变了偿债方式，从借贷关系转变为投资合作，其兼顾了财政、银行、企业三方面的利益，实现了被执行人与申请执行人的合作，是一种代价最小的债务重组方案。一般而言，在执行案件中，被执行人和申请执行人的地位是对立的，二者对法院执行的态度也往往是不同的。通过对金融债权转股权的探索，被执行人与申请执行人完全可以在强制执行中互利双赢。

三、金融债权转股权的可行性分析

目前，国有企业债务过重，银行不良资产比例过高，这实际上是一个问题的两个方面，而组建金融资产管理公司以实施债转股，可以较好地解决这一问题。金融债转股是否可行的核心问题就在于金融债权能否用于出资。根据《公司法》的规定，股东可以用货币出资，也可以用实物、知识产权、土地使用权等可以用货币估价并可以依法转让的非货币财产作价出资；但是，法律、行政法规规定不得作为出资的财产除外。一种观点认为，金融债权转股权在《公司法》上难以找到合法的依据，许可债权出资违背了资本充实的原则，从《公司法》是一种强制性法律规范角度讲，金融资产管理公司以债权出资，成为债务企业的股东，其权利不受法律保护。笔者认为，上述观点值得商榷，《公司法》虽未明确规定可以用债权这种信用方式出资，但是亦没有明确规定不得以债权这种信用方式出资。金融债权作为一种可用货币评估、并可依法转让的非货币性资产，符合《公司法》关于出资方式的规定。此外，一些有关金融不良资产方面的行政法规和行政规章均认可债转股这样一种出资形式，并作出了相应的安排。因此，金融资产管理公司以金融债权出资是符合法律的规定的，是合法有效的。

2011年11月23日国家工商行政管理总局令第57号公布，于2012年1月1日起施行的《公司债权转股权登记管理办法》亦明确认可金融债权转化为股权的出资形式。该办法还对债转股的条件、程序和限制作了详细的规定，具有很高的可操作性。

综上，以金融债权出资入股的合法性问题在现有的法律框架内已得到解决，这就为金融债转股的实行扫清了一个根本性的法律障碍。

四、金融债权转股权的法律障碍及风险

债转股在国际上和我国司法实践中都有成功的案例，并取得了良好的社会和法律效果，但是这一模式也面临诸多道德风险和亟待解决的法律问题。

（一）商业银行是否为独立承担民事责任的法人实体

债转股实质上是将金融资产管理公司受让的银行债权转为股权，而不是直接将银行对企业的债权转为股权。之所以引入金融资产管理公司作为投资中介，主要在于规避《商业银行法》第43条第2款关于"商业银行在中华人民共和国境内不得向非银行金融机构和企业投资"之规定。然而这一法律规避行为却暴露出另一个法律障碍。从理论上讲，金融资产管理公司收购不良资产的资金来源主要有国家商业银行融资等手段。从实际操作来看，如信达资产管理公司注册资本100亿元人民币是由财政全额拨付的，这就是说银行资产剥离所暴露出来的资金不足将由国家注资来弥补，国家承担了银行不良经营的损失。对这一点，它违背了《商业银行法》所确立的"商业银行以效益性、安全性、流动性为经营原则，实行自主经营、自担风险、自负盈亏、自我约束"，"商业银行以其全部法人财产独立承担民事责任"之原则。

（二）金融资产管理公司的投资能力

《公司法》对公司对外投资能力的强制性规定，限制了金融资产管理公司债权转股权的规模。为了限制公司的过度扩张，保护公司股东和债权人的利益，《公司法》第12条第2款规定："公司向其他有限责任公司、股份有限公司投资的，除国务院规定的投资公司和控股公司外，所累计投资额不得超过本公司净资产的50%，在投资后，接受被投资公司以利润转增的资本，其增加额不包括在内。"如果严格遵守《公司法》的规定，各金融管理公司债转股的法定规模明显不适应债转股的正常需要，但实际上，各金融资产管理公司均未遵守《公司法》第12条关于投资额的限制性规定，其投资额远远超出了法律允许的限度。[1]

---

[1] 据《人民日报》2000年2月19日报道，截至2000年1月下旬，国家经贸委已审查推荐了债转股企业601家，拟转股总额4598亿元，但目前金融资产管理公司的注册资本仅为100亿元人民币。

(三) 金融债转股公司股权退出中的法律障碍

根据《意见》的相关规定，金融资产管理公司不参与公司的日常生产经营活动，其代表人（董事、监事）仅参与企业的重大决策。这一规定体现了我国对金融资产管理公司参与企业经营决策的审慎性。财政部于 2005 年 8 月 2 日发布的《财政部关于建立金融资产管理公司债转股股权资产处置回收考核责任制的通知》第 6 条第 2 款规定："资产公司应采取合理的处置策略，积极探索与各级政府国有资产管理部门协商打包出售、向社会机构投资者公开出售等多种有效方式，择机转让所持股权。"这一规定表明政府不主张金融资产管理公司长期持有公司的股权，而是要求金融资产管理公司在条件成熟时择机转让股权。但是，目前关于资产管理公司股权退出机制还缺乏相应的法律手段予以保障，金融债转股后的股票转让和回购的条件和程序缺乏实质性的、具有可操作性的规范。

(四) 担保失效的法律风险

《担保法》规定，债权人需要以担保方式保障其债权实现的可以依法设定担保。制定《担保法》的根本目的是为了促进资金融通和商品流通，保障债权的实现。因此，担保方式的设计，从根本上说是专门为保护债权人利益而提供的法律保护措施。但金融债权转股权之后，金融资产管理公司与商业银行借款的法律关系改变为出资人与公司的关系。这样一来，原保证人、抵押人、质押人与债权人的法律关系自行消灭，其担保的法律义务也不复存在。而且，股权的性质是权利与义务的统一，它既有投资收益，也面临着丧失全部投资额的风险。此外，最高额抵押也是商业银行担保其债权实现的常见方式。《担保法》第 61 条规定，最高额抵押的主合同债权不得转让。《合同法》规定，法律规定不得转让的合同，债权人不能将合同权利的全部或部分转让给第三人。据此，如果商业银行将附有最高额抵押合同的银行债权转让给金融资产管理公司，一旦操作不慎，就有可能导致该抵押担保失效。当金融资产管理公司转股未获成功而向抵押人主张实现抵押权时，抵押人若以违反《担保法》第 61 条规定为由抗辩，拒绝履行担保责任，金融资产管理公司将面临债权落空的风险。

五、债转股立法政策之建议

债转股作为一种国有企业解困、盘活银行不良资产、实现银企双赢的政策选择，其本意是要从呆账经济走向信用经济。这需要用法律的手段解决在具体运作中遇到的法律障碍。短时间内修改相关法律规定的可行性不大。根据特别法优于普通法的原则,通过制订《资产管理公司特别法》,一揽子解决债转股的法律障碍的方法较为可行,为债转股工作创造良好的法律环境,同时规范操作程序,避免潜在的金融风险。《资产管理公司特别法》至少应明确以下几方面的问题:

1. 金融债权转股权的适用条件:一是须被执行人现有财产不能清偿到期金融债务,能够清偿的,不得适用债转股;二是债转股的债权人应是国有商业银行,债务人一般应是大型国有企业或重点国有企业;三是将被执行企业不能归还的贷款转化为银行对企业的投资,需要银行、金融资产管理公司和企业三方同意;四是金融债权人将债权转为股权后,双方当事人须依法到工商管理部门办理注册资本变更登记手续。

2. 对国有资产管理公司的一些特别规定。一是明确国有资产管理公司属于《公司法》中"国务院规定的投资公司",具有投资职能,其投资额度不受《公司法》相关条款的约束;二是对国有资产管理公司入股后的各项权利和义务作出规定。

3. 对适用金融债权转股权企业范围进行限定。一般来说,有条件进行债转股的企业主要是国家重点支持的,在国民经济中占有举足轻重地位的大型和特大型企业。实施债权转股权的企业必须具备五个条件,一是产品品种适销对路,质量符合要求,有市场竞争力;二是工艺装备为国内、国际领先水平,生产符合环保要求;三是企业管理水平较高,债权债务清楚,财务行为规范;四是企业领导班子强;五是转换企业经营机制的方案符合现代企业制度要求,各项改革措施有力,减员增效、下岗分流的任务得到落实。

4. 对国有资产管理公司股权退出的条件和程序作出相关规定。明确国有资产管理公司股权退出的方式主要包括以下几种:即上市退出、股权转让和股权回购,并针对每种股权退出方式的不同设置不同的退出条件和退出程序。另外,在金融债权转股权的过程中还可以引入优先法人股的概念,优先法人股具有利润有限分配及破产清偿的优先权。该种股权不参与公司的经营管理,不上市流通,可以被公司回购,也可以在约定的情况下转化为普通股。在进行金融债权转股权时要约定好回购条件,以确保条件成就时能够顺利实现国有资产管理公司股权退出。同时,也应当对国有资产管理公司债转股失败后,附随于借款合同之上的担保合同的效力作出规定。

任何一项措施的推出和执行都离不开相应的法律环境,实行"金融债权转股权"的过程中,离开法律的支持将使债转股工作从根本上不具备可操作性。因此，应尽快完善配套的法律环境，规范债转股行为，防止和避免不利因素，从而保证这一措施的执行力度，以达到预期目的。

民事执行案件中迟延履行利息问题探讨

陕西省宝鸡市太白县人民法院　屈振江

一、问题的提出

案例：

原告王某与被告林某系朋友关系，被告向原告借款50万元，约定月利率按同期银行贷款利率四倍计，借期12个月。到期后被告未返还借款本金及支付利息，原告林某向法院提起诉讼，法院判决：被告林某应于判决生效后十日内返还原告王某借款50万元并支付利息及迟延履行期间的债务利息，利息按同期银行贷款利率四倍从借款之日起计算至清偿之日止。如被告林某未按本判决指定期限履行，按《中华人民共和国民事诉讼法》（以下简称《民事诉讼法》）第253条的规定，加倍支付迟延履行期间的债务利息。

这个案例判决主文简单明了，但在执行过程中，就本案如何适用民事诉讼法第253条的规定加倍支付迟延履行期间债务利息的理解产生了歧义：第一种意见认为，迟延履行期间债务利息是对原债务利息的加倍，判决书主文利息已是同期银行贷款利率四倍，还要加倍，就是同期银行贷款利率的八倍，这显然是违反法律规定的。第二种意见认为，迟延履行期间债务利息应按同期银行贷款利率标准加倍计算，将主文中的借款本金及支付利息作为迟延履行的债务基数。第三种意见认为，在本案中不存在该法条规定的加倍支付迟延履行的债务利息，其理由是判决主文中利息已是法定保护最高限，且已计算到债务清偿之日止，在本案中判决主文不必再注明该法条的适用。

《民事诉讼法》第253条规定虽然明确，但在执行实践中，经常出现对该规定理解和认识不一致，实际执行时难以把握的情况。针对该事项，最高人民法院作出了《关于在执行工作中如何计算迟延履行期间的债务利息等问题的批复》，但是该司法解释也未能根本解决本文案例中出现的问题。由于分歧太大,加上当事人迟延履行的原因也非常复杂,按执行依据确定的标的执行完毕难度本来就很大,如果再按照此规定执行利息,会增加案件的执行难度。如何理解《民事诉讼法》第 253 条规定,正确执行迟延履行期间债务利息是目前执行工作的重点和难点。

二、如何认定迟延履行利息的性质

依据《民事诉讼法》第 253 条法条内容的规定,生效法律文书判决给付债务根据其性质可区分两种情形:(1)是金钱给付的义务,未履行义务,加倍支付迟延履行期间的债务利息;(2)是非金钱给付义务,应当支付迟延履行金。迟延履行利息的迟延履行期间,就是指法律文书指定到时日期的次日起至义务实际履行完毕之日。关于加倍支付债务利息的含义,《最高人民法院关于适用〈中华人民共和国民事诉讼法〉若干问题的意见》第 224 条①规定"是指在按银行同期贷款最高利率计付的债务利息上增加一倍"。

在《民事诉讼法》编纂的法律体系中,迟延履行利息的加倍支付问题规定在第 3 编执行程序的第 21 章执行措施之中,可见该条款的诞生是以其程序性价值为基础的,目的在于维护法律秩序,督促被执行人早日履行义务,同时也是对迟延履行法律义务的制裁性措施。基于这种观点,人民法院将该条直接在判决书中予以表述,是实现法院审执分离的要求,可以防止执行权扩张。《最高人民法院关于在民事判决书中增加向当事人告知〈中华人民共和国民事诉讼法〉第 232 条②规定内容的通知》明确规定,一审判决中具有金钱给付义务的,应当写明如果未按本判决指定的期间履行给付金钱义务,应当依照《民事诉讼法》第 229③之规定,加倍支付迟延履行期间的债务利息。

通过对法条剖析可知:因加倍支付产生了两份数额相同而作用相异的债务利息,一份是用于弥补因债务人没有于法律文书规定履行期间给付造成的债务利息损失,另一份则是对债务人不履行生效法律文书的惩罚,这两份利息归属于债权人,如在实体法范畴内理解会带来以下问题:

1. 法条的规定与"填补法益"的立法原则相悖。在实体法范畴内有损失才有补偿,法律仅仅是保护权利人权益受损的部分,当然这种损失包含直接损失与间接损失,实体法保护达到填平亏损法益的作用。而多于一倍的利息并非权利人实际损失,而直接给予权利人,有悖立法"填补法益"的本意。

2. 公权力的行使与私权利主张之间产生冲突、引发矛盾。从程序法的角

---

①②③ 此处所指条文均为原民事诉讼法的条文。

度来看《民事诉讼法》第253条具有惩罚性、法定性，体现的是公权力性质，法院作为惩罚实施主体，惩罚所得给予权利人。从法律逻辑上推理国家机关惩罚所得应上缴国库，而非给予权利人；但是《民事诉讼法》第253条规定受益者显然是债权人，于此产生了公权力和私权利的冲突。如果该权利属公权力则必须履行，若属私权利则应由申请人选择而非强制适用。

3. 法条规定与立法本意背道而驰。如果必须在判决文书中加以明确的《民事诉讼法》第253条，在执行中才适用，就会导致对该条款的适用范围被无形限定在判决文书，然而调解书等其他生效法律文书的主文并无第253条引用的禁止性规定，那么，被执行人在不履行义务时就不需要加倍支付迟延期间的利息吗？显然是否定的，法条指向的执行依据是所有生效法律文书，判决书中有无引用不是必要条件。

综上分析，《民事诉讼法》第253条对于支付迟延履行债务利息的规定应认定为一种执行措施较为妥当，是对当事人未按期履行法定义务时执行机构可以采取的强制措施。因此，《民事诉讼法》第253条的规定从制度上规定了被执行人因不履行法院判决而导致产生的加倍支付利息法律责任，也正好体现了法律对申请人所期待利益的一种保护。

三、如何解决迟延履行期间债务利息的确定问题

（一）如何计算迟延履行利息期间

1. 迟延履行利息的起始时间。一是执行依据有明确规定给付期限的，应从执行依据确定的给付期限届满的次日起计算，计算至执行中实际履行之日止，被执行人只有将执行款项交到法院或汇入法院指定的账户内，即视为实际履行；二是执行依据未明确规定给付期限的，应从执行生效法律文书确定之日开始计算。

2. 关于迟延履行利息的其他期间。一是执行过程中，因被执行人的原因，而致案件暂缓执行或中止执行的，暂缓执行或中止执行期间应计入迟延履行期间；二是执行过程中，非因被执行人致案件暂缓执行或中止执行的，如被执行人的财产进入评估、拍卖等情形，该期间不应计入迟延履行期间；三是分期付款的，出于双方当事人达成和解协议而形成的分期给付，或得到申请执行人同意的分期给付，该期间不应计入迟延履行期间；被执行人出于单方面考虑而分期给付的，计入迟延履行期间。

（二）如何确定迟延履行债务利息标准问题

1. 如何确定迟延履行债务利息利率。《民事诉讼法》第253条未明确利息

标准，在执行中对此产生就如本文所举案例中提到的种种不同理解，最高人民法院在《关于在执行工作中如何计算迟延履行期间的债务利息等问题的批复》中明确规定，人民法院根据《民事诉讼法》第253条计算迟延履行期间的债务利息时，应当按照中国人民银行规定的同期贷款基准利率计算。

2. 如何确定迟延履行债务利息对"同期贷款利率"的规定。对"同期贷款利率"理解有不同观点：有人认为是迟延履行发生时的贷款利率，也有人认为是债务实际履行时的贷款利率。我认为：按利率的期限长短，分为短期贷款利率、中长期贷款利率。按贷期的标准划分利率档次，分为六个月、六个月至一年、一至三年（含三年）、三至五年（含五年）、五年以上。根据迟延履行期间的长短比照贷款的期限划分的相应利率档次来确定。

(三) 如何确定迟延给付金钱之债的基数

如本文的案例中判决给付金钱之债有本金与利息两部分，那么迟延履行的债务基数应该是多少？讨论时有两种意见：第一种意见认为，迟延履行的债务仅是借款本金部分，利息再计收迟延履行利息，就会有"利滚利、驴打滚"之嫌，重复计算复利，甚至会出现借款本金的利息超过法律保护的四倍限额。第二种意见认为，迟延履行的债务仅是给付金钱的本金和利息之和，迟延履行利息与法律文书主文中确定的利息是两种不同性质的支付。判决中确定的支付利息，是对债务人由于不履行作为判决基础的债务而确定的债务人对债权人的实体责任。而迟延履行期间的债务利息是对被执行人不履行判决确定的义务而设定的一种责任，虽然迟延履行利息也具有补偿损失的意义，但主要是惩罚性质，是对不履行法律文书行为的一种惩罚。笔者认同第二种意见，因为被执行人给付金钱的义务范围包括本金和利息，迟延履行的债务并不排斥利息给付内容，迟延履行利息是强制执行措施一种，加重被执行人因不履行而承担的义务；其次法律文书确定的利息应包括在债务人给付权利人的一定数额金钱之内。利息是货币依照合同的约定或法律的规定产生的约定孳息或法定孳息。法律文书确定的利息即是将约定孳息或法定孳息用法律文书形式确定下来，这种确定使约定孳息或法定孳息具有了可强制执行的效力。

四、关于在民事执行中迟延履行期间债务利息处理程序的思考

(一) 迟延履行期间债务利息适用的提出的主体

对于具有金钱给付内容的执行案件在执行过程中适用加倍支付迟延履行利息是否需当事人申请？是否一定要在法律文书中写明《民事诉讼法》第253

条才能执行？

笔者认为，由谁申请或需不需要申请等问题，应根据执行依据不同和申请人的主观意愿区别对待，法院执行机构持当事人申请与依职权采取相结合原则，以促进被执行人及时履行给付义务。因为《民事诉讼法》第13条规定，民事诉讼应当遵循诚实信用原则。当事人有权在法律规定的范围内处分自己的民事权利和诉讼权利。迟延履行利息接受者是执行案件的申请人，申请人可以主张，也可以放弃，所以区分情形处理：（1）如果执行依据的法律文书已明确判决被执行人不按期履行，申请人可以按《民事诉讼法》第253条规定要求被执行人加倍支付迟延履行利息，申请人未申请的，法院执行案件时应视为申请人放弃主张迟延履行利息的权利。加倍支付迟延履行利息的主张需要申请人在执行申请书中明确提出。（2）如果作为执行依据的法律文书（如调解书）没有写明《民事诉讼法》第253条规定的，申请人在执行申请书中主动提出加倍支付迟延履行利息的请求，法院通知被执行人除履行法律文书中的标的外，还要支付迟延履行利息。（3）作为执行依据的生效法律文书没有按《民事诉讼法》第253条的规定判决或调解的，申请人也没有提出主张，法院依据《民事诉讼法》主动告知申请人有权主张迟延履行利息，申请人提出主张的，法院可以依职权通知被执行人应支付迟延履行利息；申请人如明确表示放弃，也应予以支持。针对第二、第三种情形，申请人是否申请并非是必要条件，法院依法主动适用。这既体现迟延履行利息支付的法定性，又体现了对被执行人强制执行的惩罚性。

（二）民事执行中对迟延履行利息适用的司法审查

1. 依据迟延履行原因划分。被执行人未按生效法律文书和其他法律文书指定的期间履行给付金钱情形，我认为：按被执行人履行能力可以划分客观上履行不能与主观上履行不能。客观上履行不能是被执行人因无财产或经济困难导致无法按期履行义务的情形；主观上履行不能是被执行人有履行能力而迟延履行金钱义务的情形。迟延履行利息支付是一种执行措施，目的是催促被执行人及时履行法定义务，主要针对的是主观履行不能的情形。由于客观上履行不能造成迟延履行的情形，如果采取该项执行措施采取也就失去前提条件，背离了立法本意。因此，对该项执行措施的适用应区别对待，否则不加区别加以适用，就有违法律对被执行人的公平保护。

2. 迟延履行利息支付的除外情形。法律实务中有的判决书是这样表述的：某某于本判决生效后10日内支付某银行逾期付款的利息（自某年某月某日起至实际付清欠款之日止，按照中国人民银行规定的利率及罚息标准计算）或

（自某年某月某日起至实际还清借款之日止，按照中国人民银行规定的利率计算），其中："至实际付清欠款之日止"或"至实际还清借款之日止"的写法。在这种主文中给付金钱本金日期是固定的，利息支付不确定的，也就是即使迟延本金履行时，而逾期利息已经加以预设，被执行人的金钱给付义务没有一个确定期间，因此在这种情形下，申请人提出迟延履行利息支付申请不能支持。

（三）生效法律文书判决执行款与清偿迟延履行利息冲突的清偿顺序

被执行人执行到位的全部执行款不足以偿付其理应支付全部债务又无偿债能力时，申请人要求被执行人支付迟延履行利息的，依据《最高人民法院在执行工作中如何计算迟延履行期间的债务利息等问题的批复》的规定，法院应当根据并还原则按比例清偿法律文书确定的金钱债务与迟延履行期间的债务利息，除非当事人在执行和解中对清偿顺序另有约定。具体执行清偿操作方法如下：执行款等于清偿的法律文书确定的金钱债务与清偿的迟延履行期间的债务利息之和，对于具体的执行案件视情况而定。

对于民事执行案件的启示：我国《民事诉讼法》第253条关于迟延履行利息的规定，是民事强制执行中对于迟延履行给付金钱义务确立的一项重要制度，《最高人民法院关于在民事判决书中增加向当事人告知〈民事诉讼法〉第二百三十二条[①]规定内容的通知》和《在执行工作中如何计算迟延履行期间的债务利息等问题的批复》，对此作了进一步完善。笔者认为，将这项规定视为法院的一种执行措施和债权人的一种权利，并赋予法院对该措施适用的审查权、债权人选择权，对审判和执行实践中统一认识和统一处理尺度，对于指导民事执行案件中关于迟延履行加倍支付利息具有指导意义。

参考书目

1. 陈征：《略论迟延履行金的执行》，载《法治论坛》（第8辑）。
2. 柴发邦主编：《民事诉讼法学》，法律出版社出版，第402页。
3. 于绍元、陈世华主编：《民事诉讼法学新论》，杭州大学出版社出版，第323页。
4. 吴胜林：《论迟延履行期间债务利息的执行》。
5. 申国锋：《执行案件中迟延履行期间的债务利息的计算》。

---

① 此处所指法条为原民事诉讼法的条文。

对法院在银行业案件执行中计算
迟延履行期间债务利息的思考

贵州花溪农村合作银行 李榛

一、金融借款纠纷执行案例分析

被告某房地产开发有限公司向原告某银行办理被办理两笔借款，总金额2000万元，尚欠1970万元本金及利息。第一笔借款：借款金额1000万元，借款期限为2009年3月10日至2011年3月9日，借款用途为商住楼项目建设。由被告提供房产抵押。第二笔借款：借款金额1000万元，借款期限为2010年9月29日至2012年9月28日，借款用途为在建商住楼装修。由被告提供商办住楼在建工程抵押。被告对以上两笔放贷款利息付至2011年6月20日，尚欠贷款1970万元本金及利息，因被告股东发生纠纷，导致被告未按照《借款合同》约定偿还贷款本息，原告于2011年10月25日向法院起诉，法院2011年11月28日作出一审判决：一、被告在本判决生效后十日内偿还原告1970万元本金及利息（利息从2011年6月21日起按借款合同约定利息计算）；二、原告对于被告用于抵押的房产享有优先受偿权。如果未按本判决指定的期间履行给付金钱义务的，应当依照《中华人民共和国民事诉讼法》第229条①之规定，加倍支付迟延履行期间的债务利息。判决生效后，原告于2011年12月15日向法院申请执行，法院对被告的部分抵押物进行拍卖，拍卖所得款项1500万元。原告于2012年5月31日向法院申请划执行款，法院与银行对被告未按判决指定期间履行债务的利息支付发生分歧：

银行认为，被执行人迟延履行的，迟延履行期间的利息或迟延履行金自判决、裁定和其他法律文书指定的履行期间届满的次日起应当按照中国人民银行规定的同期贷款基准利率计算。银行除按照原借款合同约定利率计算利息外，

---

① 2012年《民事诉讼法》已将此条修订为第253条。下同。

还应计收被执行人迟延履行期间的利息。即本案被告应偿还原告银行第一笔 1000 万元的贷款利息为：原合同约定的利息 = 贷款本金 1000 万元 × 14.487‰ ÷ 30（贷款逾期在原利率基础上上浮 50%）× 天数（345 天，该天数延续至划款之日）= 1267744.46 元（含复息）。迟延履行期间的利息 = 清偿的迟延履行期间的债务利息 = 清偿的法律文书确定的金钱债务 × 同期贷款基准利率 × 2 × 迟延履行期间 = 1000 万元 × 4.5‰ ÷ 30 × 2 × 天数（173 天）= 519000 元。故被执行人应支付原告的债务利息 = 1267744.46 元 + 519000 元 = 1786744.46 元。

而法院对原告银行利息的支付有两种意见：一种意见认为：判决生效之前的利息按合同约定利率计算，判决生效后被告未按照判决指定期间履行义务的，被执行人支付给原告的利息只是迟延履行期间的债务利息，而不包括银行按照原合同约定计收的利息。就本案而言，被执行人支付原告银行的利息 = 1000 万元 × 14.487‰ ÷ 30（贷款逾期在原利率基础上上浮 50%）× 天数（191 天）= 922339 元 + 迟延履行期间的债务利息（清偿的法律文书确定的金钱债务 × 同期贷款基准利率 × 2 × 迟延履行期间 = 1000 万元 × 4.5‰ ÷ 30 × 2 × 天数（173 天）= 519000 元）= 1441339 元。另一种意见认为：被执行人支付原告银行的利息全部按照迟延履行期间的债务利息计算，即免除原合同约定利息，即被执行人支付原告银行的利息 = 迟延履行期间的债务利息（清偿的法律文书确定的金钱债务 × 同期贷款基准利率 × 2 × 迟延履行期间 = 1000 万元 × 4.5‰ ÷ 30 × 2 × 天数（345 天）= 1035000 元）。

以上三种意见计算的利息相差高达 70 多万元，其原因在于现行的立法不完善，在实际操作中意见分歧较大。最终，原告银行按原合同约定利率计收该笔贷款本息。被执行人未在法院的判决文书指定的期间履行偿还银行债务，未受到相应的经济上的惩罚性制裁，违背民诉法立法的宗旨。

评析：被执行人未按法院的判决指定的期间履行偿还银行债务的行为，按照《民事诉讼法》立法的目的，理应承担加倍支付迟延履行期间的债务利息，这是督促债务人积极履行义务，对"赖账户"实行的经济性处罚和威慑，对保护申请人的合法债权，维护司法权威，缓解执行难具有重要的意义。然而在金融借款纠纷执行的实践中，由于法律对加倍支付利息是否还要履行原合同约定合法利息，利息的计算起止期间等约定不明确，导致法院和当事人对加倍支付利息存在不同的理解，最终往往是债权人的合法权益难以得到保障，债务人拒绝履行法律文书，反而会得到一定的不当利益，司法实践中存在的此种现象在银行业金融借款执行中表现较为普遍，违背《民事诉讼法》的立法宗旨。

二、立法不足及成因

（一）现行法律及司法解释规定

2012年《民事诉讼法》第253条规定："被执行人未按判决、裁定和其他法律文书指定的期间履行给付金钱义务的，应当加倍支付迟延履行期间的债务利息。被执行人未按判决、裁定和其他法律文书指定的期间履行其他义务的，应当支付迟延履行金。"

《最高人民法院关于在执行工作中如何计算迟延履行期间的债务利息等问题的批复》（法释〔2009〕6号）第1条规定："人民法院根据《中华人民共和国民事诉讼法》第229条计算'迟延履行期间的债务利息'时，应当按照中国人民银行规定的同期贷款基准利率计算。"具体计算方法：（1）执行款＝清偿的法律文书确定的金钱债务＋清偿的迟延履行期间的债务利息。（2）清偿的迟延履行期间的债务利息＝清偿的法律文书确定的金钱债务×同期贷款基准利率×2×迟延履行期间。

（二）立法不足及成因分析

1. 立法未对合同约定利息是否继续计算作出规定

《民事诉讼法》关于被执行人未按判决、裁定和其他法律文书指定的期间履行给付金钱义务的，应当加倍支付迟延履行期间的债务利息的规定，未明确合同约定的利息是否继续计算，如果不计算合同约定利息，则应当按照中国人民银行规定的同期贷款基准利率计算。如此规定在农村金融借款纠纷和约定支付利息的合法民间借贷纠纷的执行中违反法律立法的本意，放纵债务人拒绝在判决、裁定和其他法律文书指定的期间履行给付金钱义务，损害债权人的利益。原因在于：农村金融机构的贷款利率执行的是浮动利率，农村信用社现行的贷款利率可在人民银行基准利率的基础上上浮2.3倍，如果农村信用社在贷款的利率上执行人民银行基准利率的基础上上浮2.3倍或2倍以上，再加之债务人逾期未履行还款手续在借款合同项下利率的基础上加收50%的罚息，若债务人违反贷款用途的，在借款合同项下利率的基础上加收100%的罚息，农村信用社与债务人对借款利息的约定符合人民银行规定，而当农村信用社的此类借款纠纷到法院诉讼执行后，出现债务人故意不履行法院生效法律文书指定的期间履行还款手续，因为如果债务人履行，即按照借贷双方约定的合同利率执行，债务人需要承担更多的贷款利息，若果在法院生效法律文书指定的期间不履行还款手续，即应当加倍支付迟延履行期间的债务利息，此处的加倍利息为同期贷款基准利率的 2 倍，以此方法计收的利息大大低于法院指定期间履行还款手续的利息，如此农村金融借款纠纷的执行与法律立法意图相违背，对农村金融借款的执行造成不利的影响。同样，对于合法的约定支付利息的民间借贷来说，也存在同样有损债权人利益的问题，根据《合同法》第 211 条规定："自然人之间的借款合同约定支付利息的，民间借款的利率不得违反国家有关限制借款利率的规定"。同时根据《最高人民法院关于人民法院审理借贷案件的若干意见》的有关规定："民间借贷的利率可以适当高于银行的贷款利率，但最高不得超过银行同类贷款利率的四倍"。当债务人未履行债务诉讼到法院执行后，债务人未在法院法律文书指定期间履行义务，最多承担的利息支付为中国人民银行规定的同期贷款基准利率的 2 倍，而实际上如果债权人与债务人约定的利息支付为银行同类贷款利率的四倍时，法院法律文书指定期间支付债务的利息为银行同类贷款利率的四倍，债务人违反法院指定期间履行债务只支付同期贷款基准利率的 2 倍，结果导致债务人不在法院法律文书指定期间履行债务不但不是惩罚，而实际上是鼓励债务人故意违反法院指定履行债务期间履行债务，因为这样债务人可以承担更低的利息支付成本。如此立法不足，不但没有对农村金融机构和合法的民间借贷形成有力的保护，而是有损于债权人利益的保护，也违反《民事诉讼法》的立法宗旨。

2. 对同期贷款基准利率的计算起点及期限未明确

《民事诉讼法》第 253 条：被执行人未按判决、裁定和其他法律文书指定的期间履行给付金钱义务的，应当加倍支付迟延履行期间的债务利息。《最高人民法院关于在执行工作中如何计算迟延履行期间的债务利息等问题的批复》（法释〔2009〕6 号）："人民法院根据《中华人民共和国民事诉讼法》第 229 条计算'迟延履行期间的债务利息'时，应当按照中国人民银行规定的同期贷款基准利率计算。"具体计算方法：清偿的迟延履行期间的债务利息 = 清偿的法律文书确定的金钱债务 × 同期贷款基准利率 × 2 × 迟延履行期间。同期贷款基准利率是按合同约定贷款期限的人民银行的贷款基准利率计算，还是按照被执行人未按判决、裁定和其他法律文书指定的期间满后确定人民银行贷款基准利率计算，司法解释未予以明确。就上述案例而言，如果是按合同约定贷款期限的人民银行的贷款基准利率计算，被执行人应加倍支付的迟延履行期间的债务利息为 519000 元，如果是按照被执行人未按判决、裁定和其他法律文书指定的期间满后确定人民银行贷款基准利率计算，被执行人应加倍支付的迟延履行期间的债务利息为 638946 元。

三、立法完善建议

1. 在今后《民事诉讼法》的修订中,应当对《民事诉讼法》第253条作出进一步的明确,建议将《民事诉讼法》第253条修订为:被执行人未按判决、裁定和其他法律文书指定的期间履行给付金钱义务的,在履行合同约定合法利息的基础上,应当加倍支付迟延履行期间的债务利息。被执行人未按判决、裁定和其他法律文书指定的期间履行其他义务的,应当支付迟延履行金。

2. 司法解释应当对《民事诉讼法》第253条的规定进一步明确,增强司法实践中的可操作性。司法解释应对同期贷款基准利率的计算起点及期限进行明确。即人民法院根据《民事诉讼法》第253条计算"迟延履行期间的债务利息"时,应当按照中国人民银行规定的同期贷款基准利率计算,同期贷款基准利率的计算起点及期限为合同约定的债权期限。

3. 加强法官培训,进一步提高执行法官的素质和办案质量,以维护司法权威。一是加大基层法官培训力度,采取多种多样的培训方式,提高办案法官的综合素质和办案质量;二是建立沟通、协调联动机制,对部分专业性较强的执行案件,如金融借款等,应做好与相关部门的沟通和协调,建立长效机制;三是要大力培养专家型法官,加强与专业研究机构、高校的合作与资源共享,努力打造金融专家法官队伍。

融资租赁物取回权行使与执行的法律困境

民生金融租赁股份有限公司　郑　颖

融资租赁租赁物的取回权，是指出租人作为融资租赁合同项下租赁物的所有权人，在具有法律规定、合同约定的特定情形下，一般为承租人违约时，有权从承租人手中取回租赁物。

各个国家、地区的法律如《美国统一商法典》《澳门商法典》《塞尔维亚融资租赁法》《哈萨克斯坦金融租赁法》等对租赁物取回权都作了较为详细的规定。这些规定一般分为两类：一类为自行取回，属于自力救济范畴；另一类为司法取回，属于公力救济范畴。自力救济是权利人依靠自己的力量予以取回，以不违反公共秩序为前提。公力救济则必须向法院起诉或申请执行的方式取回，包括法律规定的简便执行、普通审判执行等等。

我国融资租赁物的取回权在有关法律中作了原则性的规定。但由于过于简略，不利于保护融资租赁出租人所享有的租赁物的取回权，使租赁物取回权行使与执行陷入法律的困境。

一、自力取回的法律困境

《合同法》第248规定："承租人应当按照约定支付租金。承租人经催告后在合理期限内仍不支付租金的，出租人可以要求支付全部租金；也可以解除合同，收回租赁物"。根据这一规定，当承租人违约时，出租人可以有两种选择：一是宣布债权提前到期，请求承租人支付全部租金；二是收回租赁物。但如何行使，运用自力救济方式如何取回，我国法律并没有更进一步的规定。

而《美国统一商法典》在这方面规定是十分完备的。如规定取回权的权利内容、第三人的协助义务、公共秩序对取回权的限制等。

1. 出租人有不将货物特定于租赁合同的权利。这是用于融资租赁货物的货物还未特定，尚处半成品状态，《美国统一商法典》第2A－524条规定：

"经行使合理之商业判断,为避免损失和实现货物的价值,受损出租人或供货人可以完成货物的制造,并将货物完全特定于租赁合同,也可以停止制造、出租、出售或者另外将货物作为废料或残值处置,还可以以任何其他合理方式行事。"①

2. 出租人有占有货物的权利。《美国统一商法典》第 2A-525 条规定:"出租人有权占有货物。租赁合同有规定的,出租人还可以要求承租人聚合货物,并将货物置于出租人指定的对于双方均为合理的地点。出租人无须移动货物即可以使用于贸易或商业中的任何货物不可使用,并可以在承租人的住处处分货物。"②

3. 出租人有停止交付在途货物的权利。《美国统一商法典》第 2A-526 条规定:"出租人可以停止交付由承运人或者其他受托人占有的货物"。为保障出租人行使这项权利,《法典》还规定了第三人的协助义务:"受托人接到通知后,应依照出租人的指示特有和交付货物",只有在承运人已签发不可转让提单时除外。③

4. 出租人有处分货物的权利。《美国统一商法典》第 2A-527 条规定:"出租人可以通过出租、出售或者其他方式处分有关货物或者尚未交付之剩余货物"只要"此种处分是善意的并且是以商业上合理之方式进行的。"④

5. 公共秩序对出租人权利的限制。《美国统一商法典》第 2A-525 条规定:"假如不违反治安,出租人可依第(2)款规定办理而不提起司法程序。"⑤ 这是取回权自力救济的底线。在有违反治安及公共秩序时,不能适用自力救济。

本来自力取回的方式是出租人行使取回权最经济、简便的方式。但在我国,关于取回权的内容,派生权及第三人对取回权的配合义务,公共秩序对取回权的限制等,由于缺乏配套的法律规定,当事人只能寄希望于法官认识、法院人情、司法环境、执行现状的博弈。加上我国的法治理念不足、社会信用不足,使自力取回方式成为融资租赁交易中出租人最少能采用的方式。出租人行使取回权大量采用的是审判方式和执行方式。这不仅浪费了大量的司法资源,

---

① ALI[美国法学会]、NCCUSL 美国统一州法委员会:《美国〈统一商法典〉及正式评述》(第一卷),孙新强译,中国人民大学出版社 2004 年版,第 388 页。
② 《美国〈统一商法典〉及正式评述》[第一卷],中国人民大学出版社 2004 年版,第 389~390 页。
③ 同上,第 391~392 页。
④ 同上,第 393~394 页。
⑤ 同上,第 390 页。

而且由于被执行人的不配合,导致租赁物在漫长的执行程序中的耗损、贬值,使出租人的取回权益损失殆尽。

二、非诉执行取回的法律困境

不能说我国没有简便的直接执行制度,目前我国立法上涉及物的执行共有两种直接执行制度,学术界称之为非诉执行制度:一种是物权法规定的处置抵押物的非诉执行制度,另一种是公证法和民事诉讼法规定的"具有强制执行效力"公证债权文书的非诉执行制度。

《物权法》第 195 条规定:"抵押人与抵押权人未就抵押权实现方式达成协议的,抵押权人可以请求人民法院拍卖、变卖抵押财产。"这是物权法规定的非诉执行制度,只限于抵押财产,融资租赁租赁物的取回并不能参照适用。但这项当时被认为是"好端端"的制度在《物权法》颁布实施的 5 年后却没有任何法院受理抵押权非诉直接执行的案件。这也可能是法院的原因;更有可能是诉讼法的配套规定问题,没有具体的条款可依照使用;更重要的应当是与《物权法》实体法的矛盾、冲突问题。《物权法》已明确在我国所有抵押、质押等所有担保物权的合同只是从合同。《物权法》第 172 条规定:"担保合同是主债权债务的从合同。主债权债务合同无效,担保合同无效,但法律另有规定除外"。据解释,"法律另有规定"只是指涉外担保合同,国内担保独立的约定无效。由于法律的统一适用,《担保法》第 5 条关于可约定担保效力的规定在国内亦不再适用。一方面,《物权法》的原则性条款不承认担保物权的任何独立性,而《物权法》的具体条款又规定抵押权可以单独行使和单独处置,这等于说担保物权可以独立审判和独立执行——就与《物权法》的原则性规定相矛盾了:抵押合同只是从合同,主合同有效才能处置抵押物;法律同时又允许不经确定主合同的效力即可处置抵押物!在主合同效力尚未确定的情况下,法院执行部门拍卖、变卖抵押物似乎是游走于法律的悬崖边:一旦主合同被确认为无效,法院就应当执行回转,特别是由第三人提供的抵押就更是如此。如法院执行错误,是否还要负赔偿责任,这是执行法院考虑的更为深层次的问题。

我国非诉执行制度还规定对公证机关赋予强制执行效力的债权文书直接执行,但问题是:

1. "具有强制执行效力"的公证债权文书是否包括融资租赁物的取回权?2000 年 9 月 21 日最高人民法院、司法部发布的《关于公证机关赋予强制执行效力的债权文书执行有关问题的联合通知》(以下简称《联合通知》)第 1 条规定的公证机关赋予强制执行效力的债权文书限于给付货币、物品、有价证券等内容。融资租赁物的取回也具有给付内容，从法律性质来说，融资租赁物的取回包括在物的给付之中。

2. "具有强制执行效力"的公证债权文书是否包括原权利派生的救济权？取回权一般以承租人违约为前提。在承租人违约时，出租人在原合同中所享有的租金取得的权利已经不能实现，出租人继而用取回权补救或替代租金取得权，使取回权能替代获得有与原租金取得权同等的利益。

但是这种派生权或替代权，首先要确定原权利是否受到侵害；是否可在原权利的基础上进行救济；原权利受损的程度是否足以派生出替代权；使用替代权是否会使对方的原权利严重失衡？以上问题必须经审理程序才能确定。故派生权或替代权不能直接赋予强制执行效力。在上述情况下，融资租赁物的取回权在公证债权文书之中不应赋予"具有强制执行效力"。

3. "具有强制执行效力"的公证债权文书是否包括有担保的《融资租赁合同》。《联合通知》第2条规定：公证机关赋予强制执行效力的债权文书的范围只包括"无财产担保的租赁合同"。有财产担保的租赁合同及融资租赁合同，假如公证机关赋予其强制执行的效力，法院还是不会认可其具有直接强制执行的效力。在天津市高级人民法院召开的融资租赁座谈会上，有关租赁公司就介绍了有担保的《融资租赁合同》直接申请法院强制执行，法院不予执行的情况。这应该是法院受理执行案的正常现象。

4. 最高人民法院司法解释〔2008〕17号批复对"具有强制执行效力"公证债权文书执行的影响。合同发生纠纷，债权人可以向法院起诉；依"具有强制执行效力"的公证债权文书公证直接向法院申请执行的两种选择。在《融资租赁合同》或其他金融机构的贷款合同的标准文本中，一般都有本合同系"具有强制执行效力的公证债权文书"的约定。根据以前的司法惯例，即使有该约定，当事人如选择向法院起诉法院也都会受理。故约定债权"具有强制执行效力"就成了银行或其他金融机构合同的备用条款。

2008年12月8日，最高人民法院作出《关于当事人对具有强制执行效力的公证债权文书的内容有争议提起诉讼人民法院是否受理问题的批复》（法释〔2008〕17号，以下简称《批复》），于2008年12月26日起施行。《批复》载明："经公证的以给付为内容并载明债务人愿意接受强制执行承诺的债权文书依法具有强制执行效力。债权人或者债务人对该债权文书的内容有争议直接向人民法院提起民事诉讼的，人民法院不予受理。但公证债权文书确有错误，人民法院裁定不予执行的，当事人、公证事项的利害关系人可以就争议内容向人民法院提起民事诉讼。"这一司法解释,引发了广泛争议,适用中存在不少问题。

1. 约定公证文书"具有强制执行效力"可否选择向人民法院起诉

从解释起草者的角度是绝对不允许起诉的。"具有强制执行效力的公证债权文书与法院生效裁判、仲裁裁决具有同等的法律效力,都是执行依据。既然债权人取得了一份具有法律效力的执行依据,就不能再取得另一份执行依据。债权人另行起诉,不符合'一事不再理'的基本原则"①。另一种观点是相对允许起诉,"在司法实践中,如果严格按照其规定进行裁决,可能存在由于当事人对具有强制执行效力的公证债权文书的效力认识不清而没有及时申请强制执行,申请强制执行期限经过后其诉权及实体权利得不到保护。与该制度的设定目的相悖问题的发生。……既要维持现有司法解释的基本观点,同时也增加衔接诉讼的多种途径及放宽适用条件"②。该文作者是最高人民法院民二庭的法官,从该文所引证的最高人民法院民二庭对《批复》后新近发生的四起案件的处理过程来看,存在很大争议。其中一个案例是在公证文书执行期限到期后银行进行过催收,最高人民法院二审以此为理由不适用《批复》。这实际上是对《批复》作了更宽泛的解释。最高人民法院尚且如此,全国各地法院对《批复》理解不一更是可想而知的了。

2. "具有强制执行效力"排除了约定管辖,原合同中选择的管辖法院反而没有管辖权,限制了当事人对法律救济途径的选择

在《批复》实施前,由于在合同中既约定了"具有强制执行效力的公证债权文书"的直接执行条款,又约定了提起诉讼的约定管辖条款,被当事人或金融机构看成是保障权益的双保险。但由于《批复》的实施具有溯及力,在有双保险的情况下,法院会先行对"具有强制执行效力的公证债权文书"的效力予以确定,确定后即排除了约定管辖。这样,合同中原约定的管辖选择被排除,双保险变成单保险,统统变为由被执行人所在地的法院为管辖执行。未被预先任何告知,当事人或金融机构就被捆绑到被执行人所在地的法院申请执行,而不能再有起诉的机会。这对于占全国商事审判案件绝大多数的包括金

---

① 罗东川、林文学:《〈关于当事人对具有强制执行效力的公证债权文书的内容有争议提起诉讼人民法院是否受理问题的批复〉的理解与适用》,转引自张雪梅:《当事人对具有强制执行效力的公证债权文书的内容有争议提起诉讼,人民法院应否受理》,最高人民法院民二庭编,《商事审判指导》2010年第3辑,第73~74页。

② 张雪梅:《当事人对具有强制执行效力的公证债权文书的内容有争议提起诉讼,人民法院应否受理》,同上书,第77~78页。

融租赁公司在内的金融机构来说,其实是很不公平的。

3. 对债务人所在地的法院既不执行,也不裁定的行为没有相应救济措施

《批复》规定:"公证债权文书确有错误,人民法院裁定不予执行的,当事人、公证事项的利害关系人可以就争议内容向人民法院提起民事诉讼。"什么是"公证债权文书确有错误"?还是当事人认为"确有错误",还是执行法院认为"公证债权文书确有错误"。如果执行法院认为"公证债权文书没有错误",又不去执行,消极地不作为,申请人又不能另行起诉,申请人的债权就有可能被"烂"在法院。《批复》又未规定其他救济措施。正如有些文章指出的,如果《批复》不能正确地被适用,就有可能成为债务人逃避债务的保护伞。

三、破产取回的法律困境

1996年,《最高人民法院关于审理融资租赁合同纠纷案件若干问题的规定》第17条规定:"在承租人破产时,出租人可以将租赁物收回;也可以申请受理破产案件的法院拍卖租赁物,将拍卖所得款用以清偿承租人所欠出租人的债务。租赁物价值大于出租人债权的,其超出部分应当退还承租人;租赁物价值小于出租人债权的,其未受清偿的债权应作为一般债权参加破产清偿程序,或者要求承租人的保证人清偿。"但出租人如何收回,如何申请拍卖,是否需要另行起诉等没有具体规定。

1999年颁布的《合同法》第242条规定,"承租人破产的,租赁物不属于破产财产",但对破产中如何行使取回权亦无具体规定。

2006年的《企业破产法》关于破产取回权的程序性条款,规定了一般取回权。第38条规定:"人民法院受理破产申请后,债务人占有的不属于占有人的财产,该财产的权利人可以通过管理人取回。但是本法另有规定的除外。""本法另有规定的"指的是第39条规定的出卖人的特殊取回权。而融资租赁物一般在企业破产时已存在于破产企业,故融资租赁物的取回权,多数属一般取回权。

《企业破产法》关于破产取回权的实体性条款是第76条的规定:"债务人合法占有的他人财产,该财产的权利人在重整期间要求取回的,应当符合事先约定的条件"。何谓"符合事先约定的条件",即事先在合同是对破产时是否取回是否有约定,最典型的应为买卖合同中保留所有权的约定。融资租赁租赁物的取回虽然也属于约定条件,但即使未约定,根据法律规定和交易规则也可以确定,如《合同法》第242条的规定。只要没有相反的规定,融资租赁物

属于法定取回物，出租人行使取回权在法律上是不会有争议的。

《企业破产法》第38条只规定："财产的权利人可以通过管理人取回"。但未规定有关取回权的主要程序。

1. 未规定取回权的申请程序。包括取回权利人申请形式，申请期限；管理人收到权利人的申请后的回复形式、回复期限；是否需要公开听证，是否可申请复议，由哪一机关受理复议，复议后提起诉讼的期限，等等。

2. 未规定取回物的扣押或保全程序。当管理人收到取回权利人的申请后，应规定由管理人提请法院作出扣押或保全裁定，进行强制扣押或保全。应规定扣押或保全命令不因债权人或债权人会议的申请而解除。

3. 未规定对取回权的公示程序和第三人对取回权异议的审查程序。对受理破产申请后权利人申请的取回权，因涉及对取回物所有权的处置，可能影响债务人或第三人的利益，因此应规定由管理人或人民法院向社会公告，并规定公告期。在公告期内，债务人，第三人都可以提出异议。由人民法院进行审查，如异议成立，驳回取回权。如异议不成立；或超过公告期裁定取回权成立。对人民法院作出的取回权的裁定，可以上诉，以保证取回权的公开性和公正性。

4. 未规定取回物的取回程序或执行程序。当管理人决定取回后，是在破产的哪一程序中可以实现取回。在破产宣告之前的重整阶段、和解阶段能否取回。由管理人作出取回决定后由管理人协助取回还是移交法院执行取回，是否还要由法院作出执行裁定取回。适用一般执行程序取回还是适用特殊的程序取回。管理人的取回期限、取回程序；法院的执行期限、执行程序都没有予以规定。

5. 未规定管理人怠于行使取回权的责任和权利人的救济方式。如果管理人怠于行使取回权，在规定应作决定的期限不作决定，不及时将取回物扣押或保全；作出决定后未按期限执行，致使取回物灭失和毁损，应规定管理人应承担的责任和权利人的救济方式。

6. 未规定融资租赁物的出租人在有出卖人特殊取回权的情形下，适用一般取回权。《企业破产法》第39条规定的出卖人的特殊取回权，是指"人民法院在受理破产申请时，出卖人已将买卖标的物向作为买受人的债务人发运，债务人尚未收到且未付清全部价款的，出卖人可以取回在运途中的标的物。但是管理人可以支付全部价款，请求出卖人交付标的物"。融资租赁合同的出租人作为租赁物所有权人，可以指示委托人、承运人不向承租人交付货物，应赋予出租人与出卖人一样的取回在运途中的标的物的权利；同时还应与《美国统一商法典》一样，规定委托人、承运人在法律上的协助义务。不解除第三人的协助义务，委托人、承运人不能配合出租人和出卖人，"出卖人的取回权"就没有实际意义。在一般买卖的特殊取回中，管理人可以支付全部价款为对价，请求出卖人交付标的物。但在融资租赁交易中，管理人不应该有要求出租人交付租赁物的请求权。与一般转移所有权的买卖关系不同，在融资租赁合同项下，所有权约定或规定为出租人所有；当承租人违约或出现破产等重大事项，不交付或取回租赁物是法律赋予出租人的特别权利，不是承租人所享有的权利。管理人只是破产企业即承租人在破产程序中特定的法定代理人，代理人的权利不能大于被代理人本身。既然承租人都不享有租赁物交付的请求权，管理人同样不享有租赁物交付的请求权。故应规定融资租赁项下出租人的在途租赁物的取回权，属《企业破产法》第38条规定的一般取回权。

7. 未规定不可分割、不可移动物取回的特别程序。在取回权的物已发生添附、混合，如房屋中的电梯、经改进后的机器设备，已为不可拆分之物；取回物为不可移动之物，或因拆分、移动后对取回物的价值有重大损害的，如车间的锅炉等，应由取回权人申请，由管理人决定或由法院裁定进行整体拍卖或与厂房等土地使用权、房屋所有权一起整体拍卖。拍卖的价款优先、全额支付取回权人的取回物的价款，多余部分再作为破产财产。如属混合物，则在拍卖之前对各方在混合物中的比例作出评估，拍卖后再确定取回权人应得的份额。这样，既满足了取回权人的权利要求，又使得其他债权人的破产财产没有大的损害，又符合使债务人财产价值最大化的清算要求。

8. 未规定破产企业全部或主要资产系由取回权资产组成的特殊管辖权。如果破产企业的全部或主要财产都是由具有取回权的财产组成，如航运企业的融资租赁单船公司，主要由融资租赁汽车组建的汽车租赁公司，由融资租赁飞机组建的航空公司，在取回权以外债务人已无破产财产，这时取回权的行使和执行就会变得十分困难了。地方政府或一般债权人就会刻意阻拦取回权的行使和执行。应当规定取回物占破产财产的一定比例后破产管辖权自动转由受理法院的上一级人民法院管辖或由省一级人民法院指定管辖；或规定由取回权人申请，破产管辖权由受理法院的上一级人民法院管辖或省一级人民法院指定管辖。

9. 未规定执行法院不按期执行取回物的管辖权的转移。法院执行取回权如超过法定期限，基于取回权人的申请，由上一级人民法院或省一级人民法院管辖或另行指定管辖权，以保障取回权的执行。

以上涉及取回权的重要条款，《企业破产法》都没有作出相应规定，严重影响了进入破产程序后取回权利人行使权利。

四、诉讼执行取回的法律困境

在目前的法律制度下,出租人行使租赁物的取回权,除当事人协商一致外,一般都需要经过起诉、审理、判决、执行等阶段。在破产程序中,出租人取回权的行使,也要由管理人、债权人会议、受理破产法院按照破产程序处理。如出租人对取回权的行使仍有异议,最终还需要向破产法院提起诉讼予以解决。

诉讼程序下高昂的救济成本,是取回权行使困难的原因之一。目前尚无针对取回权行使成本的统计资料,但可参考担保债权的相关统计。据2004年到2005年期间被调查的样本中,94%的机构选择实现担保债权一般要经过法庭的程序;85%的银行认为执行担保合同的费用昂贵,整个司法费用占诉讼标的金额的22%以上,有的类似案件费用高达34%以上。担保物权实现的时间(包括判决和执行)超过两年的占50%,一年半至两年的占25%。法院判决担保违约案件时间平均为7.6个月。比较而言,担保债权案件执行的还有不动产,无须转移占有;而融资租赁的取回物一般都是动产,都需要转移占有,执行整体难度要大于担保债权案件。司法救济成本比担保债权案件更为高昂。

关于参与分配制度相关问题的探析

宁波银行南京分行　陈鹏远

在商业银行的资产保全工作中，由于参与分配制度具有不同于一般执行程序的法律功能，在债务人资不抵债的情形下能够保护债权人公平受偿，因此日益受到重视。但由于法律对参与分配制度的规定较少且不够明确，实践过程中银行对如何运用参与分配制度还存在诸多困惑。笔者根据现行法律规定，从立法价值出发，对参与分配制度进行探析，以期对制度完善、银行债权保护有所帮助。

一、参与分配制度的法律功能

参与分配制度是指被执行人为公民或其他组织，其全部或主要财产已被一个人民法院因执行确定金钱给付的生效法律文书而查封、扣押或冻结，无其他财产可供执行或其他财产不足以清偿全部债务的，在被执行的财产被执行完毕前，对该被执行人已经取得金钱债权执行依据的其他债权人可以申请对被执行人的财产参与分配的一种法律制度。

由于目前我国的破产制度仅适用于企业法人，而不适用于公民和其他组织，如果发生资不抵债情况的是公民和其他组织，各债权人就无法利用破产程序来获得公平清偿。为了在公民和其他组织资不抵债时，为各债权人提供一条维护自身权益的途径，最高人民法院在《关于适用〈中华人民共和国民事诉讼法〉若干问题的意见》（以下简称"《民诉法意见》"）中确立了参与分配制度。此后，《最高人民法院关于人民法院执行工作若干问题的规定》（以下简称《执行规定》）对参与分配的适用条件进一步作出了规定。

二、参与分配制度在实践中的几点问题

目前，我国仅有《民诉法意见》和《执行规定》两个司法解释对参与分

配制度进行规定,并且这两个解释的规定较为笼统,对许多具体问题存在一些模糊、冲突之处。现列举实践中常见的几个问题进行分析:

(一) 参与分配的申请资格问题

1. 法人机构能否适用参与分配制度

法人机构包括企业法人和非企业法人。就企业法人而言,《执行规定》96条规定:"被执行人为企业法人,未经清理或清算而撤销、注销或歇业,其财产不足以清偿全部债务的,应当参照本规定第90条至第95条的规定,对各债权人的债权按比例清偿"。按照此规定,企业法人如果未经清算即被撤销或歇业的,可参照适用参与分配制度。但随着新企业破产法的颁布,该条款已经不再适用,而应适用破产清算程序。《企业破产法》第7条第3款规定:"企业法人已解散但未清算或者未清算完毕,资产不足以清偿债务的,依法负有清算责任的人应当向人民法院申请破产清算"。因此,当被执行人为企业法人时,不论是否经过清算,债权人只能申请其破产,而不能通过参与分配程序请求清偿。

而当被执行人为非企业性质的法人时则不同。在破产程序不能对其适用的情况下,虽然现有法律未有明确规定,但从平等公平保护债权人的原则来看,应当允许参照被执行人为公民或其他组织时的参与分配程序进行。

2. 申请参与分配是否必须取得执行依据

《民诉法意见》第297条规定,有资格申请参与分配的债权人为已经取得执行根据或已经起诉的债权人。但在298条又要求债权人在申请参与分配时要提交申请书并附有执行依据。并且《执行规定》第92条再次肯定了债权人申请参与分配要有执行依据。按后法优于前法的法律原则,现在应按取得执行依据要求。但笔者认为,如果依此处理,将严重损害那些已经起诉但裁判尚未确定的债权人的利益,客观上也违背了参与分配制度要让所有债权人平等受到保护的立法初衷。

因此,应当允许那些已经起诉的债权人申请参与分配,甚至对于其他尚未起诉的债权人,也不应直接关闭参与分配的大门。特别是对于那些通过其他渠道积极主张债权的债权人应当保留他们参与分配的权利。在这里,对于"执行依据"或可以进行扩张解释,不限定为生效的法律文书,而且还应包括:标志案件已经起诉并且受理的案件受理通知书、证明债权人积极行使债权的催收函等。

至于如何确认已经起诉尚未判决或者尚未起诉的债权在实体法上是否合法,曾有学者提出这样一种方案即由执行机关提存尚未取得生效判决的债权人所应分得的款项，或可以解决此问题。

(二) 参与分配的司法程序问题

1. 如何认定"被执行人的财产不足以清偿所有债务"

被执行人的财产不足以清偿所有债务是申请参与分配的前提条件之一。对于这一条件如何认定，笔者认为，由于公民和其他组织的财产较企业法人有较强的隐蔽性，而且不同于企业破产的是，公民和其他组织的财产来源不会因为被法院执行就完全终止，财产收入可能是一个持续的过程。因此，申请人一般难以准确掌握并证明被执行人的财产情况。故对于该问题的判断，法院只需进行形式审查即可，对具备以下情形之一的，都应当认定被执行人不能清偿所有债务：申请人提供了被执行人不能清偿所有债务的证据；债务人或其他债权人无法提供债务人能够清偿申请人的证明；债务人明示或默示其不能清偿所有债务的。只有这样，参与分配制度才具有更高的可操作性，其功能价值才能得以体现。

2. 具体参与分配工作是否必须等到主持参与分配的法院审理案件终结后进行

《执行规定》第91条规定："对参与被执行人财产的具体分配，应当由首先查封、扣押或冻结的法院主持进行。首先查封、扣押、冻结的法院所采取的执行措施如系为执行财产保全裁定，具体分配应当在该院案件审理终结后进行"。按照此规定，只要首先查封的法院尚未审理终结案件，其他债权人都不能进行财产分配，此举可能会拖延其他债权人的债权，对其他多数债权人造成不公。而且在目前参与分配制度尚未对参与分配债权额是否包括利息进行界定的情况下，如果法院持债权额包括利息的立场，首先查封的债权人特别是大额债权人可能怠于推进案件审理，推迟进入参与分配程序，最终导致分配结果对其他小额债权人造成不利。因此，建议法律适当放松约束，允许有条件的在案件审理终结前开始参与分配程序，对尚未审理结束的债权按比例先进行提存，事后再进行分配。

(三) 参与分配的担保物权问题

1. 担保物权的债权人未取得执行依据是否可申请参与分配并主张优先权

对于债权人是否必须取得执行依据才能申请参与分配的问题，本文前面已经有过论述。但就债权人具有担保权的情形，《执行规定》第93条专门进行了规定："对人民法院查封、扣押或冻结的财产有优先权、担保物权的债权人，可以申请参与分配程序，主张优先受偿权"。因此，笔者认为，法律有意将该规定置于第 91 条之下即说明了它所具有的特殊性，即对于具有担保权的债权人而言，无论其是否取得执行依据，均可申请参加参与分配程序，主张优先受偿权。

2. 对于具有担保物权的债权人，法院是否必须履行通知义务

目前，《民诉法意见》和《执行规定》对此尚未有规定。从其立法价值来看，参与分配制度是为了保障所有债权人在债务人资不抵债的情况下都能够享有申请参与受偿的权利。从这个角度出发，主持参与分配的法院应当尽其所能通知到其所知道的债权人，而具有担保物权的债权人特别是履行了抵押登记等公示手续的担保物权人也是最易被法院知晓的，因此应当被法院通知，以便其行使担保物权。

三、商业银行运用参与分配制度应注意哪些问题

尽管参与分配制度有如上诸多不明确之处，但由于其独特的效用功能，商业银行在实践中仍有必要去研究它、运用它。并且，为了最大程度减少不确定因素对银行维护自身债权的影响，银行除了在制度层面配合国家有关机构的立法工作外，还要从自身入手，加强内部管理，防范法律风险。

1. 优化合同设计，明确贷款加速到期的条款

实践中，法院对于申请参与分配是否需要取得执行依据普遍采取谨慎态度。因此，商业银行在合同设计时，应当对贷款加速到期的相关条款进行明确和细化，保证一旦在合同约定的到期日前，发现被执行人财产被查封可能影响债权回收，能够利用贷款加速到期条款立即向法院主张提前收贷进而申请参与分配，避免出现债权受到威胁却无法主张的尴尬局面。

2. 加强贷后管理工作，重视担保物的后续管理

由于目前司法实践中，法院很少会将参与分配的情况通知其他债权人包括担保物权人，因此，商业银行应当主动加强对借款人和担保物的跟踪管理，一旦发现相关财产被查封，应当立即启动应急机制，分析判断是否会对债权回收造成不利影响。如会造成不利影响，则应当立即采取相应措施。同时，在进行债务催收活动中，注意留存相关催收材料，以防止在尚未起诉的情形下，争取作为"执行依据"向法院申请参与分配。

3. 加强理论研究工作，动态关注当地司法实务

在理论方面，注重研究参与分配制度与破产制度在各自不同领域的功能和适用条件，为此后灵活运用打下基础。另外，因各地法院对参与分配制度的理解和实践不一，商业银行应当多与当地法院进行沟通，掌握当地法院对于参与

分配制度的适用范围和条件，及时调整资产保全工作的方向和措施。

参考文献

1. 黄金龙：《关于人民法院执行工作若干问题的规定实用解析》，中国法制出版社 2001 年版。
2. 柴国安、李强：《执行中参与分配若干疑难问题之处理》，见周口平安网 2008 年 6 月 22 日。

银行借款案件诉讼文书送达问题分析

华夏银行南京分行 徐 磊

送达,是人民法院民事审判活动中的一个重要环节,法律文书送达是人民法院依据法定方式,将法律文书送交当事人或其他诉讼参与人的诉讼行为。送达,是诉讼的基础制度,贯穿整个诉讼活动,是连通程序法、实体法的媒介,是裁判发生法律效力的重要条件,是贯彻诉讼法核心原则的途径和手段。在目前的审判活动中,因送达不能导致诉讼迟延,效率低下是困扰我国法院特别是基层法院的主要问题之一。而银行借款纠纷案件的特点是,一方面,该类案件诉讼参与人权利义务关系较为明晰,抵质押担保措施较为完备,标的物权属、价值较为明确。这一特点决定了该类案件的调审工作不会过于复杂,只要原告银行能够承担相应的举证责任并举证得当,案件的调审过程比较简单;另一方面,银行借款纠纷案件关系到国家金融资产安全以及金融秩序的稳定,该类案件的处理更加强调快速、有效。因送达不能导致的诉讼迟延,对于银行借款案件及时获得胜诉判决、尽快处置抵质押物以偿还债务造成巨大障碍。

一、我国民事诉讼送达制度的现状

1. 我国民事诉讼送达制度的立法现状。目前,关于民事诉讼送达制度的规定,主要体现在《民事诉讼法》及《最高人民法院关于适用〈中华人民共和国民事诉讼法〉若干问题的意见》里面,民诉法中明确规定了送达方式包括直接送达、留置送达、委托及邮寄送达、转交送达和公告送达。若干问题的意见关于送达的条文有10个,是在民诉法规定的基础上,为便于操作所作的细则解释。除上述法律文件之外,最高法院就送达还发布了一系列司法解释和文件:1993年的《法院公告刊登办法》、2001年《最高人民法院办公厅关于改进人民法院公告发布工作的通知》、2004年《最高人民法院关于以法院专递方式邮寄送达民事诉讼文书的若干规定》等,以上这些法律规范构成我国民事送达制度的依据。

2. 我国民事诉讼送达制度的运行现状。各地法院以"公正和效率"为主题进行的改革之后，提出了"三个至上"的精神。最高人民法院提出大立案模式的方案，各法院因部门职责交叉及人手少等原因，起诉状副本、传票、判决书等诉讼材料一律先通过法院专递的方式送达，这种方式可以在一定程度上提高法院的办案效率，节约人力、物力。但改革开放以来，人口的流动、迁徙非常活跃，随着户籍制度的逐步放开，当事人的流动性极强，以致当事人难找，法院专递难以送达，法院送达工作面临空前挑战。

二、银行借款案件送达中存在的问题

1. 银行借款案件送达工作量大。单就送达工作而言，在普通案件（两个当事人和两个代理人）中至少有 12 个诉讼文书，需要 11 人次进行送达：向原告分四次送达受理通知书、答辩状副本、开庭传票、裁判文书，向被告分三次送达应诉通知书和起诉状副本，开庭传票、裁判文书，向两个代理人各送达两次出庭通知书和裁判文书。而银行借款案件往往并非两个当事人，可能涉及多个诉讼当事人、代理人，法院的送达工作量巨大，严重影响案件的调审、裁判、执行工作。

2. 银行借款案件被告人地址难以确定。以自然人为被告的借款案件中，由于自然人身份证上的住址与实际居住地址不一致，导致无法确定诉讼文书送达地址；以法人为被告的借款案件中，法人的工商登记地址与实际经营地址不一致，或者经营地址为租用办公场所，在发生无法清偿情形时，常常人去楼空，法院无法完成直接送达、邮寄送达。

3. 留置送达地点有限、签收人范围狭窄。即使原告银行能够提供被告借款人能够送达的住址，或者法人经营单位有人员值守或者工作，根据民诉法的相关规定，受送达人是自然人的，本人不在，交受送达人的同住成年家属签收；受送达人是法人、其他组织的，应当由法定代表人、主要负责人签收，上述人员不在，由法人、其他组织的负责收件的人签收，限定上述人员拒绝签收才适用留置送达，给当事人规避法律留下空间。实践中，受送达人若是单身，家中只有保姆等非家属人员，就不适用留置送达；受送达人的法定代表人等故意规避法院送达人员，在的工作人员常以不是法定代表人或负责人为由拒绝签收。

4. 银行借款案件被告人主客观原因拒接法律文书，致诉讼进程迟延。由于人员流动、单位变迁等原因，送达难困扰司法实践，人民法院为尽快进入调审程序，越来越多的采用推定送达方式，包括公告送达。银行借款案件在无法直接送达或邮寄送达时，为了推进案件的处理，会要求法院进行公告送达。但在诉讼实务中，经常会出现两种情形：一种是借款纠纷被告人被采取刑事强制措施；另一种是被告人接到法院通知后，拒不前去领取或签收相关法律文书。第一种情形不能适用转交送达，因为被告人被采取刑事强制措施时，一般是在案件的侦查阶段，根据刑诉法的相关规定，对于被告人的管辖权利属于刑事案件侦查机关，而不属于被告人所在的监所，监所通常无权进行转交；更不能进行公告送达，被采取刑事强制措施的被告不属于公告送达的下落不明；第二种情形，法官通常与被告能够进行电话沟通，一般不能认定其下落不明，不能进行公告送达。

公告送达的法律文书有着严格的范围，根据民诉法的相关规定，并非所有的法律文书都可适用公告送达，可送达的诉讼文书有起诉状或上诉状副本、判决书、裁定书及传票等，而调解书、执行被执行人到期债权的履行通知书及支付令等法律文书不可公告送达，对于银行借款案件而言，执行过程关乎案件的最终有效解决，执行阶段的很多法律文书不能公告送达，一方面维护了实体权利的公平公正，也阻碍了抵质押资产的有效、及时处置。

三、完善银行借款案件送达地址的诉前确认

（一）送达地址的诉前确认构想

目前银行的借款合同中，只有对纠纷管辖法院进行了约定，并没有对诉讼文书的送达地址进行条款性的规定。在银行金融机构日常的信贷业务合同（包括借款合同、承兑协议、保证合同、抵质押合同等）中，可以增设：（1）诉讼文书直接送达地址条款，由借款人对诉讼文书送达地址进行确认，并履行地址更改的书面通知义务，否则自行承担送达不能责任。（2）受送达人是法人的，其签收人不局限于法定代表人、其他组织的负责人以及负责收件的人，可以由办公地点的其他有辨识能力的职员或雇员签收。

（二）送达地址的诉前确认的理论支持

诉前地址确认符合公正、效率、诚实信用等价值，同时体现了当事人意思自治的原则，可以进一步完善银行金融借款合同文本，为可能发生的诉讼风险规避程序上存在的不利因素。

1. 在借款合同等文本中加入送达地址的诉前确认，能够很好地解决公正和效率的问题。送达是诉讼公正和效率的交叉点之一，也是两者冲突或协调的

平台之一。公正是法律最古老的价值,效率是最具现代化特征的理念,在送达问题,特别是银行金融机构案件的送达问题上,尤为重要。现代社会生活节奏的日益加快要求案件尽快以最短时间解决,使诉讼导致的不稳定社会秩序趋于稳定,越短时间保证金融资产不受损失的收回,能够更好地维护我国金融秩序的稳定。

2. 诚实信用原则是民法中的基本原则,其已从实体法走入程序法,在送达问题上,彰显诚信也是一个重要的理念。诚实信用的含义是讲究信用、恪守承诺、诚实无欺,在不损害他人利益的前提下追求自己的利益。具体到送达上,他要求受送达人能够诚实履行义务,诚实实施诉讼行为。在合同文本中,加入送达地址的诉前确认条款,一方面可以直接约束受送达人的不合理行为,另一方面,又可以间接达到节约诉讼成本、提高诉讼效益、促进司法公正的目的。在合同中约定送达地址,促使借款人出于诚信也是出于关心自己利益的目的,为了确保与自己有关的重要事项能够被送达到而主动如实的确认自己的送达地址。

3. 意思自治原则是民法的基本原则之一,目前我国正在进行的民事审判方式改革的方向,就是在职权主义诉讼模式的基础上,适当吸收当事人主义的诉讼行为模式的某些优点,从鼓励当事人参加诉讼活动的角度出发,适度明确当事人的民事程序选择权,让其自主参与、自主选择、自主行为、自主负责。在银行金融机构的合同文本中,确认送达地址的条文的最终确认是合同双方意思自治的结果,能够有效确认各自权利,明确相互义务,有效的解决程序可能造成的障碍,促进纠纷的及时有效解决。

4. 国外司法实践有较为丰富的成果。《日本民事诉讼法》第106条关于留置送达的规定"在就职场所之外的应送达场所未会见应受送达人时,可以将文书交付给具有相当辨别能力的雇员及其他职员或同居人。"《法国民事诉讼法》第665条第2款规定:"送达文书之副本可交给在场的任何人;如无人在场,可交给楼房的看门人;最后,还可交给任何邻居。"

四、结语

受经济下行趋势影响,企业经营状况出现波动,部分企业资金面趋紧,银行借款纠纷案件出现较大幅度的增长。为加大不良资产处置力度,尽快收回信贷资金,维护金融资产安全,稳定良好的金融秩序,减少案件诉讼审理过程中由于送达不能问题导致的案件迟延情况,在银行金融机构的借款等合同中增加送达地址的确认条款,符合诉讼参与各方的利益要求,有利于案件的最终解决。

创新完善送达制度　提升银行债权维护效率

工商银行浙江分行　胡轶乐

我国《民事诉讼法》规定了包括直接送达、留置送达、委托送达、邮寄送达、转交送达以及公告送达多种送达形式。但看似体系十分完善的送达制度，其制度规定却存在众多弊端，导致部分送达或是难以实现，或是适用情形单一，又或是具体操作困难等，部分法院最后往往把"公告送达"看成是最后一根可以使用的"救命稻草"，大大降低了送达效率，严重影响了银行合法债权的实现。

一、当今送达制度存在的主要问题

我国 2008 年 4 月 1 日起施行的《民事诉讼法》（下称旧民诉法）第 77 条至第 84 条总共 8 个条文规定了 6 种不同的送达方式，包括直接、留置、委托、邮寄、转交、公告多种途径。但如此多种送达模式却只有 8 个条文予以规范，可见，旧民诉法对于送达的相关规定是比较粗略的。即使《最高人民法院关于适用〈中华人民共和国民事诉讼法〉若干问题的意见》中第 81 条至第 90 条共计 10 个条文对送达制度作了进一步解释，但条文中也只是说明了送达的方式、适用对象、适用情形等，却没有明确相关人员或组织当不履行义务时所需要承担的责任，也没有根据送达时可能遇到的实际问题规定不同状况下的处理方式，因此在实际操作中，现行送达制度存在诸多弊端，对银行业合法债权的维护产生不利影响。具体来说，主要存在以下问题：

（一）直接、邮寄送达衔接困难

按照当前的司法实践，由于近年来诉讼案件数量的激增，特别是基层法院，专门的送达人员严重不足，直接送达人力成本费用过高，耗时长，因此直接送达的比例无法达到一个较高水平，更多的是采用邮寄送达的方式，但由于邮寄送达的"先天缺陷"无法做到与直接送达的完全衔接，最大问题在于，当受送达人拒绝签收时,无法适用留置送达的规定。

我国现行法律没有明确邮政机关的送达人地位[①],由此存在两个问题:(1)送达人地位不明确导致义务不明确,部分邮政人员对此类事宜责任心不强;(2)邮政人员送达时对方拒收,无法适用留置送达的规定。实践中,邮寄送达经常遭到受送达人拒签的情况,此时不能适用留置送达,对邮政人员的义务也没有明确的法律规定,这直接导致邮寄送达的效率低下。

(二)转交、委托送达因义务不明确而导致配合程度不高

我国法律没有明确对受委托法院或者转交人的义务,也没有对延迟送达的具体责任做明确规定,实践中由于种种原因,受委托法院和转交人对此类送达形式配合程度并不高,导致送达效率低下。

虽然在浙江地区,《浙江省高级人民法院关于民商事案件诉讼文书送达问题的若干规定(试行)》(浙高法〔2009〕129号,以下简称《送达规定》)第9条将转交送达的范围扩大到公安派出所、村民委员会或居民委员会、人民调解组织等基层单位以及与受送达人有密切联系的人,但这些机关和个人转交还是以自愿为前提,效率没有保障。

(三)留置送达始终无法避免寻找见证人的流程

虽然浙江省高级法院《送达规定》对留置送达中见证人的范围进一步予以明确,并规定见证人拒绝到场或者找不到见证人时,可以用拍照或者录像的方式记录现场,视为送达,一定程度上增加了留置送达的可行性。但实际操作中仍然无法避免寻找见证人这个流程。而又由于对"找不到见证人"的标准不明,以及流动人口确定见证人的困难,操作难点仍然颇多,且耗时长,对人力成本提出更高要求。此问题在2013年1月1日起施行的《民事诉讼法》中予以了规定。

(四)被告人下落不明,诉讼阶段,执行阶段公告送达耗时长

由于部分被告在诉讼之初就已经为了躲避债务而下落不明,从诉讼阶段开始,直到执行阶段送达执行通知书,包括起诉状副本、传票、判决书或裁定书、执行通知书等法律文书,通过多次公告送达,每次公告时间都需要60日之多,甚至更久,消耗大量时间。

二、送达制度与银行债权维护之关联

对于银行来说,除了实体判决结果以外,银行债权能否有效得到维护,很

---

① 《破解留置送达难题》,见 www.9ask.cn,中顾法律网。

大程度上与送达制度有关，具体表现在以下三个方面：

(一) 银行债权时效性极强，送达制度效率的高低直接影响银行业实现债权的最终程度

现行的送达制度体系，对受送达人为了逃避债务而下落不明的情况鲜有有效对策，如直接送达时因无人能够签收，转而欲使用留置送达又因为地方保护或者相关机构配合度问题，在寻找见证人上花费大量时间，到了最后再适用公告送达，期限又延长两个月。

遇到此类情形时，往往容易拖长整个诉讼和执行周期，而银行案件往往是诉讼金额较大的案件，在整体经济形势欠佳的今天，"老赖"债务人和担保人频繁出现，这也给现行送达制度带来巨大考验。送达效率低下将为这些债务人转移资产，逃避债务留有时间。

(二) 执行送达规定不明，银行业案件保障存疑

对于银行融资、信用卡等相关业务产生纠纷的案件，由于现代银行业管理制度和业务制度设置的进一步完善，在诉讼阶段中，胜诉已经成为一种常态，而银行债权能否真正得到实现，重在执行，执行制度完善与否对于银行实现合法权益至关重要，而执行送达就是这之中的一个关键部分。

但遗憾的是，我国现行法规对执行送达这一领域的规定少之又少，只有在《最高人民法院关于人民法院执行工作若干问题的规定（试行）》（以下简称《执行规定》）中第25条简单地提到了执行通知书的送达，适用民事诉讼法关于送达的规定。至今没有一个专门的法律法规或者司法解释用于统一规范执行程序中送达制度，这就导致各法院在把握执行送达问题时做法不一，效率不一的情况，很难建立起一个有序高效的执行送达流程。

如今，包括评估报告、执行程序中的裁定书等执行相关的文书送达方式还没有统一的法律予以规范，对于由大量抵押物作为担保物的银行债权来说，执行送达制度急需完善。

(三) 部分送达制度的规定给被执行人逃废债务留下可乘之机

主要指执行通知书"应当"送达的一些相关规定。《执行规定》第24条规定，人民法院决定受理执行案件后，应当在3日内向被执行人发出执行通知书，责令其在指定的期间内履行生效法律文书确定的义务，并承担民事诉讼法第232条规定的迟延履行期间的债务利息或迟延履行金。第25条又规定，执行通知书的送达，适用民事诉讼法关于送达的规定。虽然执行通知书的规定是对被执行人权利的保护的体现，符合法律公平、正义的价值取向，但若不具体

细化该制度，却会被债务人利用，逃避责任。

1. 执行人员在受理执行案件后，往往需要一定的时间对被执行人的财产进行查询、保全等措施，3 天的时间很难完成法院对执行财产的完全控制，为债务人转移财产留下了机会；

2. 旧民诉法第 216 条的规定，把执行通知书设置成强制执行的前置程序，除非被执行人出现不履行义务的情况，并伴有可能隐匿、转移财产的，执行员才可立即采取强制措施，这样的规定对采取强制执行的时机把握提出了过于严苛的要求。此条规定也终于在 2013 年 1 月 1 日即将施行的民事诉讼法修正案中作出了相应调整，改为"执行员接到申请执行书或者移交执行书，应当向被执行人发出执行通知，并可以立即采取强制执行措施"。

三、现行送达制度之完善，提升银行债权维护效率

（一）加强各送达方式间之衔接，完善制度规定。

1. 完善送达制度，首要需从法律大环境的实际出发。随着案件数量的与日俱增，今后直接送达的适用率必将受到执行人员数量瓶颈问题的限制。如此，邮寄送达将成为另一大主要送达方式，制定针对邮寄送达的专门司法解释，赋予邮政机关"送达人"的法律地位，明确邮政人员送达时可适用留置送达等问题，是提升送达效率的一个有效方式。此外，还应当进一步明确邮政人员送达法律文书的相关责任，防止送达人员的消极处理。

2. 公告送达在特殊情况下，应当设定缩短期限的特殊规定，以增强公告送达期限的合理性。如可以规定在诉讼立案阶段当事人就已经为逃避债务而下落不明时，由于已经可以预见到之后将产生一系列的文书需要经历公告送达阶段，因此，在这个情况下可以规定缩短公告期限，以把诉讼周期控制在一个合理范围内。

（二）完善执行送达制度，克服"执行难"问题，保障银行债权及时、有效、全额实现

民事诉讼奉行"审执分立"，审判程序负责裁判当事人之间的纠纷，确认民事权利义务关系，而民事执行的使命则是将生效判决或法律文书付诸实施。我国现行法律将民事执行程序作为民事诉讼程序的一部分，在《民事诉讼法》中加以规范，已经很难适应如今复杂多变的执行问题。

虽然在浙江地区，省高级法院通过《浙江省高级人民法院关于民商事案件诉讼文书送达问题的若干规定（试行）》的指导性意见，在现行《民事诉讼

法》及《民诉法意见》的基础上,对一些送达制度进行了变通处理,但地方性的指导意见始终受到地域限制,并且受上位法的约束,调整力度是有限的。需要进一步完善执行送达制度,最根本的途径是制定独立的《执行法》,从而更深入细致的规范包括执行送达问题在内的相关制度。

(三) 在制定法律规范时多注重送达效率的体现

从 2012 年 8 月 31 日刚通过的《民事诉讼法》最新修正的情况来看,送达章节对留置送达见证人问题进行了一定变通,第 86 条后半段规定了"也可以把诉讼文书留在受送达人的住所,并采用拍照、录像等方式记录送达过程,即视为送达"。此规定排除了寻找见证人的必要性,对提高送达效率起到了一定的积极作用。

除此之外,新修正案增加了部分如传真、电子邮件等新型送达方式,增加了"强制性教育机构"为转交送达的法定主体,但仍然没有对"转交送达、委托送达的受委托方及转交方的法定义务,转交送达及委托送达具体的期限"作出明确规定,如何促使这些单位或者个人积极作为,提高送达效率,是今后我们值得思考的一个重要问题,希望能在日后的司法解释及立法过程中,能够多考虑送达效率的提升问题,确立提高诉讼效率的法律依据。

四、送达制度创新之建议

(一) 大力发展电子送达途径

当今社会,电子网络已经成为大部分社会群众生活的一部分,包括网络社区、微博、各大网络媒体、论坛已经成为现代人获取信息的最常用途径之一,甚至大有赶超传统媒体(如报纸、电视等)的趋势。因此,采用电子途径进行送达,不但可以适应时代,提高送达的成功率和效率,也符合送达制度"有效通知相对人,使其知晓所发生的法律事件"这个根本目的,以此为维护相对人合法权益提供保障。相较在《人民法院报》这类一般公众关注程度不高的报刊上刊登公告送达,采用电子途径送达也许更能保证被送达人的合法权益。

日前,英国一起商事案件的原告律师申请通过 Facebook 向被告送达。该律师称,被告的 Facebook 账号近期增加了两个好友,也就可以证明该账号仍在使用,故申请通过 Facebook 向该账户发送起诉书,此举获英格兰高等法院大法官批准。这是英国法院首次授权通过 Facebook 发送起诉书[①]。

而我国通过多年的司法制度改革,也终于在 2012 年修正的《民事诉讼法》中将传真、电子邮件等电子送达方式正式写入了这部法律,这是我国司法创新迈进的又一大步。虽然在形式上还存在相当的局限性,但这一立法思路将对今后产生指导性作用,日后还可以沿用这一思路,进一步扩大电子送达的范围,适应时代,提高送达效率。

但也应该看到,新生的互联网技术也存在一些固有缺陷以及技术风险,给电子送达带来了不确定性。因此,还是需要在实践中不断摸索前进,推进新型送达方式的健康发展。

(二)在法律允许的范围内,结合当地实际,变通送达方式。

根据浙江省高级法院下发《关于民商事案件诉讼文书送达问题的若干规定(试行)》(浙高法〔2009〕129 号)关于"送达地址确认书"的规定,并借鉴了仲裁中的一些做法,工商银行浙江省分行积极进行送达方式的创新探索,根据上述规定在与法院充分沟通的情况下,制定了《债务催收及诉讼(仲裁)文书送达地址确认书》。浙江省高级法院将在台州玉环法院进行先行试点,当借款人出现违约诉讼情况的,银行方可以凭借该事先签订的确认书避免法律文书的公告送达程序,提高诉讼清收效率。

债务人、担保人填写《债务催收及诉讼(仲裁)文书送达地址确认书》,提供确切的送达地址,确认的送达地址规定一定的有效期;在有效期内,如发生送达地址变更情形的,债务人、担保人通过重新填写送达地址确认书的方式予以通知,否则原确认的送达地址继续有效,债务人、担保人自行承担由此可能产生的法律后果。如填写的信息不准确,变更后未重新填写确认书,本人(本单位)或代收人拒绝签收,导致催收及诉讼(仲裁)文书未能被本人(本单位)实际接收的,文书退回之日视为送达之日。

债务人、担保人填写该确认书后,如出现违约诉讼情况的,我行可以凭借该确认书避免法律文书的公告送达程序,提高诉讼清收效率。

五、总结

送达制度是诉讼制度中各环节串联的重要环节,送达的有效性和效率性直接影响诉讼制度的进程和效率,对维护债权人合法权益起到十分重要的作用。特别是银行作为债权人时,由于债务人生产经营状况的不断变化,抵押财产价

[①] 陈耀权、郑厚哲:《社交网络或可破解民商事诉讼送达难题》,载《天下》2012 年第 5 期。

值的变化等,债权实现的成败更体现在程序的效率上。

实践中,银行业应加大与立法机关、司法机关、执法机关的沟通与交流,反映债权实现中遇到的实际困难和好的经验做法,在法律允许的范围内,多争取制度上的保障,提高送达效率,维护合法权益。

银行按揭贷款保证金扣划案例分析

平安银行海口分行　段丽娟

一、案件背景

2012年6月25日,某银行营业部收到当地法院协助扣划存款通知书,要求扣划A公司在银行11＊＊＊＊02账户存款人民币32万元。据悉,A公司为该银行按揭开发商客户,11＊＊＊＊02账户为A公司在银行开立的按揭保证金账户,由于A公司与高某买卖合同纠纷,法院作出民事调解书,高某依据调解书所确定的履行义务向法院申请执行扣划11＊＊＊＊02账户款项。

协助扣划过程中,银行向法院说明了该账户资金性质,并提出《最高人民法院关于适用〈中华人民共和国担保法〉若干问题的解释》(以下简称《担保法解释》)第85条"债务人或者第三人将其金钱以特户、封金、保证金等形式特定化后,移交债权人占有作为债权的担保,债务人不履行债务时,债权人可以以该金钱优先受偿"的法律依据,但法院执行人员认为该法条只能确认优先受偿,没有说明不能划扣。银行配合法院执行划扣后,及时按程序向法院提出执行异议与优先受偿的申请,请求法院暂缓对扣划款的执行,待该保证金所担保银行主债权实现后或达到解除条件后方予以支付。

二、争议焦点

银行在提出执行异议与优先受偿申请时,一并提交了与A公司签订的按揭贷款业务合作协议(以下简称"协议")、银行与借款人签订的房地产买卖抵押贷款合同(抽样样本)、借款人(购房人)贷款余额明细表、账户11＊＊＊＊02基本信息、交易流水、会计交易凭证、银行内部会计科目使用说明等证据材料。在听证过程中,争议的焦点集中在两个方面:(1)"11＊＊＊＊02"账户资金是否特定化?(2)"11＊＊＊＊02"账户是否为协议当中的"指定账户",该账户性质是否为 A 公司所知晓？

(一) 高某认为:

1. 根据《担保法解释》第 85 条规定的特户要求,资金特定化要求账户内资金处于"冻结"状态,而 11＊＊＊＊02 账户资金在 2006～2007 年有五笔资金分别转入,不符合账户的"特定化"要求。

2. 银行与 A 公司签订的按揭贷款业务合作协议（以下简称"协议"）中"指定账户"与 11＊＊＊＊02 账户的关联性存有异议:

首先,该协议第 5 条约定:"在《房屋他项权证》未办妥前,开发商同意为借款人（购房人）提供偿还贷款本息的阶段性连带保证金担保责任,并在银行指定账户上存入相当于全部按揭贷款余额 10% 的款项,作为履约保证金,未经银行同意,开发商不得动用该款项。如借款人在乙方提供阶段性担保期间未按合同约定履行还款义务,乙方保证在接到甲方书面催收通知后 7 日内履行还款义务。如乙方未主动履行上述还款义务,即表示乙方授权甲方从其开立的账户中扣收。"银行未能提供充分证据证明其提供的 11＊＊＊＊02 账户即为协议中的"指定账户",且无法证明该账户中五笔存入金额总和与全部按揭贷款余额 10% 相匹配,因此,不能认定协议中的"指定账户"即为"11＊＊＊＊02 账户"。

其次,银行未能提供 11＊＊＊＊02 账户开户资料,保证金账户的开立及内部入账单只是银行单方行为,开发商并未申请,且账户开立未与开发商进行确认,开发商不一定认为该账户是保证金账户。

(二) 银行方面认为:

该账户完全符合《担保法解释》第 85 条规定:

1. 该账户资金已特定化。首先,根据银行会计科目使用说明中记载,251 为保证金科目,而该账户基本信息显示账户存款类型为 2511101 房屋按揭贷款开发商短期保证金。银行在内部记账时,该账户入的是银行按揭保证金会计科目,具有保证金账户性质及其约束力。其次,根据该账户交易流水,除 2006～2007 年分别转入五笔保证金及正常结息外,未发生过任何交易记录。

2. 该账户为协议中所约定的指定账户,且为开发商知晓。首先 A 公司转账支票上记载了开发商签章,且写明了支票用途为转保证金,此转账凭证间接说明 A 公司知晓 11＊＊＊＊02 为保证金账户;根据协议对"指定账户"的约定,可以推断"指定账户"应当为 11＊＊＊＊02 账户。

3. 11＊＊＊＊02 账户五笔存入金额总和与全部按揭贷款余额 10% 相匹配

问题。因银行方面提供的借款人（购房人）贷款余额明细表只是截至扣划时的明细表，部分借款人的钱已经还清，不在贷款余额明细表中体现，而银行也未退还相应部分的保证金给A公司，因此造成明细表统计出来的贷款总额的10%与5笔转账流水总额不匹配，但这恰恰保证了该账户资金符合"特定化"要求。

（三）法院裁定

8月29日法院作出裁定，认为11＊＊＊＊02账户上的存款来源清楚，用途明确，银行提供的证据能充分证明该存款属于其与A公司约定的保证金，该保证金的设立和履行符合《最高人民法院关于适用〈中华人民共和国担保法〉若干问题的解释》第85条的规定，最终裁定暂缓对已扣划款项的执行。

三、案例评析

（一）按揭贷款质押保证金被扣划原因

关于按揭贷款质押保证金能否被法院扣划的问题，司法界与银行实务界一直有不同的意见，有些法院认为保证金具有担保性质，可参照适用最高人民法院的司法解释；有些法院则不予认同，他们往往基于如下理由：（1）法律没有明文规定不得扣划，即使套用《担保法解释》第85条规定，也只能确认银行有优先受偿权，正如本案中法院执行人员的观点。（2）银行与开发商的约定不足以构成《担保法解释》第85条金钱以特户形式特定化及金钱移交债权人占有的规定，因此，不能产生质押的法律效力。

（二）按揭贷款质押保证金被扣划的救济措施

1. 充分沟通，耐心解释。遇到法院进行冻结或扣划按揭贷款质押保证金时，柜面人员应在积极接待、规范操作的基础上，及时通知相关职能部门，职能部门相关人员应耐心向执法人员解释，并提供相关保证金质押性质的证明材料，请求法院保护银行优先受偿权。

2. 注意时效，及时提出执行异议。我国《民事诉讼法》第227条规定："执行过程中，案外人对执行标的提出书面异议的，人民法院应当自收到书面异议之日起十五日内审查，理由成立的，裁定中止对该标的的执行；理由不成立的，裁定驳回。案外人、当事人对裁定不服，认为原判决、裁定错误的，依照审判监督程序办理；与原判决、裁定无关的，可以自裁定送达之日起十五日内向人民法院提起诉讼。"又依据《最高人民法院关于适用〈中华人民共和国民事诉讼法〉执行程序若干问题的解释》第16条的规定"案外人异议审查期间,人民法院不得对执行标的进行处分。"因此,如果在先行沟通不奏效,法院仍要强行扣划的情况下,应当向执行法院一并提出执行异议和优先受偿的申请;人民法院如驳回申请,应于10日内向做出裁定的上级人民法院申请复议一次。如对上级人民法院裁定仍有异议,应在收到裁定十五日内提起诉讼,主张质押权优先,依据《最高人民法院关于适用〈中华人民共和国民事诉讼法〉执行程序若干问题的解释》第17条、第18条规定,案外人提起诉讼,对执行标的主张实体权利,并请求对执行标的停止执行的,应当以申请执行人为被告;被执行人反对案外人对执行标的所主张的实体权利的,应当以申请执行人和被执行人为共同被告,并由执行法院管辖。如果法院判决确认质押保证金为有效,将通过执行回转的形式,返还保证金。

3. 熟读条款,有甄别地提交证据材料。由于按揭贷款保证金被扣划的执行异议仅适用《担保法解释》第85条,因此银行应认真理解该条含义,包括收集专家学者的各种观点、司法判例等,以提高应诉能力。同时,在收集证据时要重点围绕该条提交银行与开发商对保证金质押约定、保证金账户及其资金特定化等相关有利证据材料,形成有力的证据链。

本案中,银行在法院执行扣划时能积极与执行人员沟通,在沟通未达预期效果的情况下,及时向执行法院提出执行异议及优先受偿的申请,并根据法律条文积极收集证据,最终法院支持了银行对按揭贷款保证金账户优先受偿权。

(三) 按揭贷款质押保证金被扣划的风险防范

1. 完善银行与开发商合作协议

合作协议中应明确保证金形式、性质、账号、具体数额、担保范围等关键问题,或者银行另外单独与开发商签订一份质押担保协议,明确上述事项。

本案中,银行与A公司签订的按揭贷款业务合作协议中约定了A公司同意为借款人(购房人)提供偿还贷款本息的阶段性连带保证金担保责任,也约定了"指定账户"的性质、金额确定标准及使用限制等条件,但该保证金以什么形式存在、保证金账号、具体数额等关键问题未做明确,从而引起了申请执行人的质疑。

2. 规范保证金账户的开立

一是为补充质押担保协议或条款的不足,保证金账户开立时应经开发商申请,并有开发商书面签字,材料中明确记载着保证金账户相关信息;二是进一步规范保证金科目的使用,银行应不断完善会计科目的设置,并统一规范操作。

本案中，银行按照本行内部会计科目对保证金账户进行了相应入账，但是在高某看来只是银行单方内部处理行为，外部有权机关并没有对此类保证金科目做统一规定；另外，在开户方面，该保证金账户开立仅为银行单方行为，此账户的开立开发商是否知悉并同意等都成为法院及高某质疑点。因此，银行客户经理在与客户签订按揭贷款业务合作协议的同时，应及时到柜台开立按揭保证金账户，并与客户签订确认书，说明账户属性，以确保按揭保证金账户特定化属性。

3. 加强保证金账户的管理

账户质押[①]，指账户的权利人以账户向银行出质，承诺将账户中的资金作为偿还贷款担保的融资方式。由于账户本身没有交换价值，不能变现，故账户质押的本质是以账户中的资金作为担保财产，构成金钱质押。《担保法解释》第85条规定的特户形式的金钱质押的规定，系账户质押在法律上的直接依据。根据金钱性质，占有即所有，客户将钱存入银行，即将该款的所有权转移给银行。

要符合上述定义，则必须达到两个条件：一是账户特定化。债务人以账户向开户行质押，账户符合特户要求，账户出质后不能再由出质人自由使用，资金在账户出质后处于冻结状态，作为债权人的开户行取得对账户的实际控制权；二是账户资金特定化。对于"特定化"，通常理解为在种类物中，给某一个物品做了特殊的记号，使得区别于其他种类物，保证交付的金钱与债权人的财产相区分。银行将用来承担担保责任的那部分金钱存入某一特殊账户，并约定该账户内的资金具体的存入理由、时间、方式、数额、特殊的资金用途及债务人出质后使用限制等条件，以区别于其他账户，才可以构成了"特定化"要求。

为此，银行在账户管理方面应做到：

（1）专款专用，不允许开发商用作其他用途。即资金在账户出质后应当"冻结"，不能浮动，在所担保的债权减少时，也不可以随着贷款余额的减少而减少。

（2）规范保证金资金流动。要完全符合资金特定化要求，银行则必须做到每笔资金转入都必须重签质押担保协议。对于存入的每一笔保证金都要有详细的时间、原因及其担保的范围，对每次因正式的抵押登记办理后即部分担保责任解除时，最好与开发商就现存的担保责任及担保范围、对象、方式重新签

[①] 曹士兵：《中国担保制度与担保方法——根据物权法修订》，第301~304页。

订质押合同,并重新开立保证金专户,如此操作虽然手续烦琐,但是从账户往来看形成质押保证金账户严格控制,有序管理的特征,符合法律上有关"特户"的规定,为促使法院认定其为质押担保的性质提供直接的证明。

本案中,11＊＊＊＊02账户的流水除分批存入五笔保证金及正常结息外,无其他流动情况,但是这五笔保证金的流入,已经造成账户资金在严格意义的"浮动",且该五笔资金对应的担保范围、对象无从知晓,银行未能提供这方面的关联证据,严格来说,具有"非特定化"的特征,若银行每笔担保债权保证金都能分别签独立的质押担保合同,明确约定相关事项,则所承担的诉讼风险将会大大降低。

四、银行债权保护风险提示

在目前房地产受国家调控的大环境下,开发商出现资金链断裂而跑路的现象屡见不鲜。开发商为还债,往往会提供其在银行的按揭保证金账户供债权人执行。一旦债权人申请执行扣划按揭保证金账户,银行便不可避免承担法律诉讼风险。

为此,银行在办理该业务时,应做到事前认真调查客户资质,事中规范与客户签订各项协议、手续,事后建立持续跟踪机制,在借款人办妥他项权证之前,及时发现问题,当开发商出现重大风险隐患时,银行要及时采取应对措施,督促借款人向法院提起确权之诉,如借款人怠于行使,银行也可以代位向法院提起确权之诉,请求法院确认房产归属,如法院判决房产属借款人所有,借款人则可以办理房产证,银行也可以取得相应他项权证,银行在取得全部他项权证后即可解除相应的保证金,撇开了开发商,避免了与第三方的诉讼纠纷,也确保了银行债权的顺利实现。